재미있고 신나는, 성서의 세계

멀고도 가까운 이야기 탐험

조 신권 지음

아가페문화사

The joyful world of the Bible

● The exploration of historic, yet present stories ●

by

SHIN KWON CHO

1999
Agape Culture Publishing Company
Seoul, Korea

재미있고 신나는 성서의 세계
—멀고도 가까운 이야기 탐험—

머 리 말

   좋은 책은 우리 인생의 영원한 연인이요 동반자라 할 수 있습니다. 그러므로 어디를 가든 늘 같이 있어야 합니다. 그것은 일생동안 같이 길을 가며 믿고 의지하고 동거동락(同居同樂)할 수 있는 가장 좋은 파트너이기 때문입니다. 오늘날 참으로 많은 책들이 쏟아져 나오고 있습니다. 그 중에서도 우리의 존재의식을 늘 일깨워줄 수 있는 책은 그리 많지 않습니다. 우리에게 재미와 동시에 유익한 영양분을 줄 수 있는 책은 고전 뿐입니다.
   고전 중에서도 우리가 늘 사랑하고 아껴야 할 고전은 성서라고 생각합니다. 성서는 옛날 히브리 민족의 생각이나 느낌 즉 그들의 체험을 기록해 놓은 것이기는 하지만, 그것은 오늘에 있어서도 읽는 사람들의 마음을 깊은 샘에서 갓 길어올린 물처럼 시원하게 하기도 하고, 뒤흔들어 변화시키기도 하며, 새로운 삶을 결단케 하는 힘을 주기도 합니다. 또한 그것은 연인처럼 가까이 다가와 나의 삶의 꽃밭에 각종 아름다움과 향기를 풍겨줍니다. 그 아름다움과 향기로운 냄새는 사람의 마음을 아름답게 그리고 향기롭게 해줍니다.
   그리고 성서는 우리의 경험 세계를 확대시켜 줍니다. 우리 인간은 늘 우리 존재의 확대를 바라고 있습니다. 우리는 현재의 자기 이상의 것이 되기를 원하기도 합니다. 우리는 우리들의 눈과 상상력과 가슴뿐 아니라 다른 사람들의 눈과 상상력과 가슴으로 보고, 상상하고 느끼고자 합니다. 그런데 성서의 시나 또는 설화 등은 우리로 하여금 다른 사람들의 체험과 삶을 들여다 볼 수 있게 하는 창문과 렌즈가 되어 줍니다. 우리는 성서를 통하여 초월적인 존재를 인식할 수 있을 뿐 아니라 인생의 다양한 체험들을 볼 수가 있습니다.

또한 성서는 우리에게 풍부한 삶의 방식을 제공해 줍니다. 오늘날처럼 사회적 많은 문제들이 일어나고 있는 현실 속에서는 시간과 정력을 예술적이고 창조적인 일에 쏟기가 쉽지 않습니다. 그러면서도 우리는 풍부한 삶을 영위하기를 원하고 있습니다. 이 풍부한 삶은 많은 물질과 세상 지식에 의해서 이루어지는 것은 아닙니다. 그것은 하나님께서 피조물에게 부여해 주신, 그리고 성서의 기록자들이 그 속에 부여한 미를 충분히 인식하는 데서부터 시작되는 것입니다. 아름다움과 즐거움이라는 속성은 우리의 풍성한 삶을 위하여 하나님께서 주신 것이기 때문에 원칙적으로 선합니다. 하나님이 주신 다른 선물들과 마찬가지로 이것들도 또한 타락한 인간들의 손에 의해서 악한 목적으로 이용될 수도 있습니다. 그러나 그것은 근본적으로 나쁜 것은 아닙니다. 선물을 받았을 때 감사함으로 받아 누리는 것이 바로 우리에게 주어지는 은총인 것입니다.

더욱 성서는 우리의 의식을 고양시켜 준다고 생각합니다. 읽는 사람들의 심성을 거칠게 하거나 덕성을 무너뜨려서 나쁜 쪽으로 이끌어 가는 저질 문학이 많이 있습니다. 그러나 영감의 소산인 성서는 우리의 의식을 높은 향기로 그윽하게 고양시켜 줍니다. 곧 우리 자신과 세계, 다른 사람들과 하나님에 대한 의식을 고양시키는 수단이 된다는 말입니다. 성서는 우리로 하여금 우리 주변의 세계와 우리의 내면 세계에 대해 민감해지도록 만들고 새로운 느낌으로 바라보게 합니다. 즉 성서는 우리 인생에게 살아 숨쉬는 감수성을 갖게 하여 주변에 대해서 **따뜻한 정감(情感)**과 동정심을 갖게 해준다고 생각합니다.

이런 풍성한 인류의 고전 중의 고전인, 생명의 말씀 곧 성서를 믿는 사람들만이 소유하는 것은 죄악이라고 생각합니다. 바울 사도는 때를 얻든지 못얻든지 그 복음을 전파하라고 하였습니다. 그 말씀을 전하지 않는 것은 죄라고 하였습니다. 우리는 이 복음을 아낌없이 나누어 주어야 합니다. 나누어 주면 줄수록 더욱 풍성해지고 더욱 많은 결실을 맺게 될 것입니다. 나누어 주되 불신자나 초신자(初信者)가 쉽게 이해할 수 있도록 전하는 것이 중요합니다. 성서를 더욱 맛있게 그리고 재미있게 읽을 수만 있다면 그만큼 그 생명의 씨앗은 더 깊게 뿌리내려 많은 결실을 맺게 되리라고 믿습니다. 이런 생각을 하고 있던 차에 월간 {신앙세계}에서 "성서 속의 우화들"이라는 연재물을 써달라는 요청이 있었습니다. 재미있는 글을 잘 쓰지는 못하지만 신앙의 글을 써달라는 청탁은 여지껏 거절해 본 적이 없습니다. 이번에도 사양하지 않고 꼭 1년 반 신앙세계사가 허락하는 대로 연속적으로 글을 실었습니다. 그러다 보니 꽤 많이 원고가 쌓이게 되었습니다. 누구나 다 마찬가지겠지만 글쓰는 사람들은 대부분 자기가 쓴 글을 사랑합니다. 못난 자식이라도 제 자식이니까 사랑하듯이 글도 자기가 쓴 글은 자기 자식이나 마찬가지이기 때문에 사랑하게 되고 그 글이 좀더 다른 사람들에게 사랑받기를 희망합니다.

그래서 그 글들을 모아서 단행본으로 출간하기를 바라고 있었습니다. 때마침 아가페문화사 김영무 대표이사를 만나게 되었고 나의 요청을 선뜻 받아들여 출간하기로 하였습니다. 원래 원고는 연재물에 실었던 것이므로 지면의 제약을 받아 충분히 쓰지 못했던 부분들이 있습니다. 그 부분들을 좀 더 보충하고 어떤 부분은 약간 수정해서 『재미있고 신나는 성서의 세계 ─멀고도 가까운 이야기 탐험─』이라는 제목으로 내놓게 되었습니다. 이런 제목을 붙인 것은 신구약 속에 들어있는 이야기들은 매우 오래고 먼 것이면서도 오늘을 살아가는 현대인들에도 아직도 가깝게 다가와 삶의 유익한 지혜를 주고 있기 때문입니다.

먼저 하나님께 감사를 드리며 이 글들을 읽는 사람들에게 하나님의 축복이 함께 하기를 빕니다. 그리고 "성서 속의 우화들"이라는 글을 연재할 수 있는 기회를 주었던 『신앙세계』와 호의적으로 출간을 허락해 주신 아가페문화사 김영무 대표이사님께 감사를 드립니다. 또한 원고 교정을 세밀하게 보아준 셋째 아들 조준용 집사와 홍영미 선생께 고마움을 표합니다. 또한 겉표지를 디자인해 준 셋째 자부 황현정 집사에게도 고마운 마음을 표합니다.

재미있고 신나는 성서의 세계
―멀고도 가까운 이야기 탐험―

하나님께서는 그 자신의 메시지를 전달하시기 위해서 영감을 통해 다양한 문학 양식을 동원하셨습니다. 그러므로 성서를 해석하는데 있어서 문학 양식은 결정적인 역할을 한다고 생각합니다. 성서에서 제일 많이 사용된 문학 양식은 강론 형식입니다. 이 강론 형식은 구약에서보다는 신약에서 더 많이 찾을 수 있습니다. 강론이라 함은 여러분도 잘 아시는 바와 같이 객관적 진리에 대한 직접적인 논리 전개나 설명을 의미합니다. 바울의 서신(書信)들이 이 강론적인 형태의 대표적인 글들입니다. 그 다음으로 많이 발견되는 문학 양식은 설화(narrative)와 전기의 형태라 할 수 있습니다. 구약의 상당 부분과 사복음서(四福音書)가 이 설화와 전기의 형태를 취하고 있습니다. 그러나 성서에서 가장 눈에 뜨이는 문학 형태는 시(poetry)입니다. 시편을 비롯해서 많은 예언서와 지혜서들이 시의 형태를 갖추고 있습니다. 그리고 성서에서는 연설, 비유, 풍자, 비극, 지혜문학, 예언문학 등의 형태도 찾을 수 있습니다. 물론 이 보다 더 많은 문학 양식을 들 수 있고, 또한 더 상세하게 구분할 수도 있지만, 이 가운데서 많은 부분들이 겹쳐지기도 합니다.

이처럼 다양한 문학양식 중에서도 이 책에서는 성서에 나오는 설화들만 모아서 가능한 한 쉽게 이야기를 전개하겠습니다. 설화란 곧 이야기를 말합니다. 이야기에는 등장 인물이 나오고 배경이 나오고 사건이 나옵니다. 물론 소설에도 등장 인물이 나오고 배경이 나오고 사건이 나옵니다. 그러나 성서의 설화는 꾸며낸 허구(fiction) 즉 소설이 아니라 일어난 사실들을 다루는 역사 이야기입니다. 성서의 역사를 말할 때에는 소설이나 이야기(story)라는 말보다는 설화(내러티브)라는 말을 쓰는 것이 더 좋습니다. 왜냐하면 이야기는 가령 "옛날 옛적에…"로 시작되는 이야기처럼 지어낸 어떤 것을 의미하는 말로 더 많이 쓰이기 때문입니다.

이 설화의 목적은 하나님께서 그의 창조 세계에서, 또 그의 백성들 가운데서 일하고 계심을 보여주고자 하는 데 있습니다. 또한 설화는 우리로 하여금 그에게 영광을 돌리며, 그를 깨닫고 인식하도록 도와 주며 또한 그의 섭리와 보호하심의 면면을 보게 해 줍니다. 동시에 설화는 기타 우리의 삶에 중요한 많은 교훈들을 실례로 제시해 주기도 합니다. 구약의 40퍼센트가 이 설화로 구성되어 있습니다.

창세기, 여호수아, 사사기, 룻기, 사무엘상하, 열왕기상하, 역대상하, 에스라, 느헤미야, 다니엘, 요나, 학개는 책 전부가 설화의 형태로 되어 있고, 출애굽기, 민수기, 예레미야, 에스겔, 이사야, 욥기 등도 사실상 많은 설화적인 부분을 포함하고 있습니다. 신약 성서에서도 사복음서의 많은 분량과 사도행전 거의 전체가 설화로 구성되어 있습니다. 여기서는 설화와 이야기를 동일한 의미로 사용하였습니다.

차 례

6
- 머리말
- 재미있고 신나는 성서의 세계

17
1. 창조와 타락

- 하나님과 그의 천지창조 (天地創造) • 19
- 아담과 하와가 살던 에덴동산 • 30
- 가인과 그 후예(後裔)들 • 38
- 노아의 홍수와 하늘의 무지개 • 46
- 니므롯과 그가 쌓은 바벨탑 • 54

61
2. 족장 시대

- 아브라함과 모리아산 • 63
- 롯과 소돔에 내린 불비 • 77
- 이삭과 그의 아내 리브가 • 84
- 야곱과 하나님과의 씨름 • 93
- 욥과 그의 시련 • 108

117
3. 애굽으로부터 가나안까지

- 요셉과 그의 형제들 • 119
- 모세와 그의 지팡이 • 132
- 여호수아와 가나안 정복 • 153

161
4. 사사 시대

- 옷니엘과 왼손잡이 에훗 • 163
- 여사사 드보라와 시스라와의 싸움 • 168
- 기드온과 그의 삼백 명의 병사 • 173
- 길르앗의 장사 입다와 그의 외동딸 • 181
- 투사 삼손과 들릴라 • 187
- 보아스와 효녀 룻의 사랑 • 196
- 사무엘과 그가 세운 기념비 에벤에셀 • 205

차 례 11

215
5. 통일 왕국 시대

- 사울과 그의 아들 요나단 • 217
- 다윗과 선지자 나단 • 225
- 솔로몬과 스바 여왕 • 236

243
6. 분열 왕국 시대

- 엘리야와 바알 선지자들과의 대결 • 245
- 엘리사와 나아만 장군의 문둥병 • 252
- 요나와 큰 물고기 • 261
- 요아스와 그의 창의적인 우화 • 268
- 여로보암 2세와 정의의 예언자 아모스 • 276
- 호세아와 그의 사랑을 저버린 고멜 • 284
- 아하스와 사회 부정을 꾸짖는 미가 • 292
- 히스기야와 이사야의 메시야 왕국 예언 • 302
- 요시야와 용감한 눈물의 예언자 예레미야 • 316

327
7. 바벨론 포로 시대와 그 이후

- 다니엘과 그의 세 친구 • 329
- 에스겔과 해골 골짜기의 환상 • 338
- 스룹바벨과 그의 성전 재건 • 352
- 에스라와 그의 종교개혁 운동 • 360
- 에스더와 유다 민족 • 368
- 느헤미야와 예루살렘 성벽 재건 • 376

385
8. 예수 그리스도의 신세계

- 예수의 길을 예비하러 온 세례 요한 • 387

우리의 구주 예수
- 사람의 아들로 태어난 예수 • 398
- 가르치시는 예수 • 408
- 병을 고치시는 예수 • 416
- 하늘 나라의 복음을 전파하시는 예수 • 424
- 기적을 행하시는 예수 • 430
- 우리의 구주가 되시는 예수 • 435

예수의 문학
- 예수의 풍성한 상상력과 시적 자질 • 447
- 예수의 비유와 그 사상 • 453

471
9. 예수와 만난 사람들

예수와 만난 제자들
- 부름받은 갈릴리 어부들 : 베드로, 야고보, 요한 • 473
- 복음 전도자 안드레와 빌립 • 484
- 의심 많은 제자 도마 • 488
- 세리(稅吏) 출신의 제자 마태 • 491

예수와 만난 여자들
- 일곱 귀신이 나간 여자 막달라 마리아 • 493
- 베다니의 두 여인: 마르다와 마리아 • 498
- 남편 다섯을 두었던 사마리아 여인 • 503

예수와 만난 사도들
- 『마가복음』을 쓴 저자 요한 마가 • 507
- 최고의 교육을 받은 최초의 의료 선교사 누가 • 511
- 기독교 최초의 세계 선교사 바울 • 515

523
10. 바울의 문학

바울 서신의 세계 • 525
- 로마인들에게 보낸 편지 • 526
- 고린도인들에게 보낸 첫째 편지 • 528
- 고린도인들에게 보낸 둘째 편지 • 530
- 갈라디아인들에게 보낸 편지 • 532
- 에베소인들에게 보낸 편지 • 534
- 빌립보인들에게 보낸 편지 • 536
- 골로새인들에게 보낸 편지 • 537
- 데살로니가인들에게 보낸 첫째 편지 • 538
- 데살로니가인들에게 보낸 둘째 편지 • 540
- 디모데에게 보낸 첫째 편지 • 541
- 디모데에게 보낸 둘째 편지 • 542
- 디도에게 보낸 편지 • 543
- 빌레몬에게 보낸 편지 • 545
- 히브리들에게 보낸 편지 • 549

바울 서신의 문학적 특징 • 548

555

11. 요한 사도의 문학

하나님의 역사
- 생명사(生命史)의 시작 : 『요한복음』과 『요한의 일 이 삼서』
  • 557
- 생명사의 종결 : 『요한 계시록』
  • 562

요한 문학의 묵시문학적 특징 • 565

571

끝 맺는 말

1 창조와 타락

- 하나님과 그의 천지창조(天地創造)
- 아담과 하와가 살던 에덴동산
- 가인과 그 후예(後裔)들
- 노아의 홍수와 하늘의 무지개
- 니므롯과 그가 쌓은 바벨탑

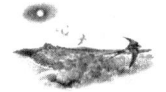

하나님과 그의 천지창조(天地創造)

처음, 중간, 끝을 갖는 사건의 연속을 이야기라고 한 아리스토텔레스의 정의를 받아들인다면, 분명 『창세기』(Genesis)는 시작이요 『요한 계시록』(The Book of Revelation)과 예언서는 끝이며, 그밖의 다른 모든 사건들은 중간이라 할 수 있습니다. 『창세기』는 시간(time)이 어떻게 시작되었는가를 기술하고 있고, 『요한 계시록』은 그것이 어떻게 끝날 것인가를 예시해 주고 있습니다.

창조 이야기의 주역(主役)은 하나님이십니다. 그 하나님은 이 시간(때)이 시작되기 훨씬 이전부터 계셨습니다. 『창세기』의 기록자는 하나님은 "태초"(창 1:1) 그 이전부터 계셨다고 하였습니다. 창조의 주역으로서의 엘로힘 하나님은 우주의 밖에 있으며(초월성) 자신의 위대하고 강력한 말씀으로 만물을 창조하고 그것을 통제하며 보존해 가십니다. 동시에 만물에 아름다운 형태를 부여한 장인(匠人)이십니다(창 1:2). 그는 참으로 좋은 분이시고 무엇이든지 다 하실 수 있습니다. 하나님은 하늘에 계신 영적인 존재이지만, 닿을 수도 없고 알 수도 없는 어떤 신령한 에너지가 아니고 인간들이 개인적으로 만나서 교제를 나눌 수 있는 인격적인 분이십니다.

이 하나님께서 이 세상을 만드시기 전에는 아무것도 없었습니다. 하늘도, 땅도, 소리도, 빛도 없었고, 살아서 움직이는 것도 전혀 없었습니다. 오직 땅에는 어둠과 고요, 그리고 생명이라고는 전혀 없는 공허(空

하나님의 이름들

이 름	뜻	관 련 성 구
엘 (단 수)	나는 주	신 5:9
엘 샷 다 이	전능하신 하나님	
엘 엘 욘	지극히 높으신 하나님	
엘 올 람	영생하시는 하나님	창 21:33
엘 로 힘	창조주	창 1:1-3
여호와 (야훼)	스스로 있는 자	출 13:14
의로운 가지		렘 23:5-6
지 혜		골 1:13-19, 2:1-3
목 자		사 40:11
여호와의 말씀		시 33:4, 6
종		사 42:1-4, 49:1-7, 52:1-12
영 광		마 25:31, 출 16:7

虛), 마치 수렁과도 같은 텅 빈 허공만 있었습니다. 그런데 하나님께서 이 세상과 사람을 만드시고 꼴(form)과 색깔(color)을 주었고 무질서하던 것을 질서있게 하셨으며 텅텅 비어있던 것을 살아 움직이는 것들로 가득 채우셨습니다. 삼위일체(三位一體)이신 하나님은 서로 사이좋게 도모하고 협동하면서 이 일을 하셨습니다. 그렇게 해서 그분은 가장 아름답고 보기에 좋은 최선의 작품을 만드셨습니다. 아버지 하나님(Father God)은 전지전능(全知全能)의 능력을 가지시고 창조의 기본 계획(masterplan)을 세웠고, 아들 하나님(Son God)은 지혜의 말씀

(Word)으로써 창조물들을 구체적으로 배열하는 작업을 하셨으며 성령 하나님(Holy Spirit God)은 사랑(love)으로써 공허한 지면을 감싸듯 운행하시면서 새로운 생명의 요소와 그 깊은 수면을 채워 창조의 마무리를 짓는 일을 하셨습니다. 이 일은 따로따로 시간차를 두고 이루어진 것이 아니라 동시적으로 이루어졌다고 할 수 있고, 삼위(三位) 하나님의 기능은 각기 달라도 그것은 한 하나님으로부터 나오는 일체(一體)의 행위요 작업이라 할 수 있습니다.

성서의 창조 이야기는 두 곳에 나오는데, 하나는 『창세기』 1장 1절부터 2장 4절까지이고, 다른 하나는 2장 4절부터 3장 24절까지입니다. 『창세기』 1장의 하나님은 위엄은 있지만 아주 멀리 떨어져 있는 전지전능하시고 초월적인 동시에 질서와 천사들의 하나님으로 나타나십니다. 그 하나님이 "태초에 천지를 창조"(창 1:1) 하셨습니다. 이 구절은 히브리 문학의 보편적 특색이라 할 수 있는 일반론이라 할 수 있습니다. 이 일반론으로부터 시작하여 창조의 과정을 좀더 구체적으로 서술 전개시키고 있습니다.

하나님은 "빛이 있으라"(창 1:3)고 말씀하셨습니다. 그러자 어둠과 고요함 위로 빛이 비쳐 왔습니다. 하나님이 그것을 보시니 참 좋았습니다(창 1:4). 하나님은 빛과 어둠을 갈라 놓으시고 빛을 "낮", 어둠을 "밤" 이라 하였습니다(창 1:5). 밤이 지나고 낮이 되니 하나님이 세상을 만드신 첫째날이었습니다.

하나님은 말씀으로 물가운데 궁창(firmament)을 창조하시고, 궁창 아래의 물과 궁창 위의 물을 나누었습니다. 밤이 지나고 낮이 되니 둘째날이었습니다. 셋째날, 하나님은 하늘 아래의 물을 한 곳으로 모아서 땅을 창조하고 채소와 풀과 열매 맺는 과목을 창조하셨습니다. 넷째날, 하나님은 낮과 밤을 가르는 큰 빛(sun)과 작은 빛(moon)을 창조해서 낮과 밤을 다스리게 하셨습니다. 다섯째날, 하나님은 물 속의 각종 물고기와 공중의 각종 새를 창조하고 생육번성하라고 하셨습니다. 여섯째날, 하나님은 땅의 육축과 기는 것과 짐승을 창조하고 마침내 그 자신의 모습대로 인간을 창조하셨습니다. 일곱째날, 하나님은 모든 창조를 끝내고 쉬셨습니다. 이것이 안식일의 기원이 되는 것입니다(창 1:6-31).

하나님은 세상, 즉 하늘과 땅 그리고 그 안에 살아 움직이는 모든 것을 만드셨습니다. 우리는 이 창조 이야기 속에서 이스라엘 민족의 드높은 양심과 놀라운 진실 곧 그 민족 특유의 신관과 역사관을 이해할 수 있습니다. 『창세기』의 기록자는 과학적으로 정확한 사실을 기록하려고 했다기 보다는 보다 깊은 종교적 상상력으로써 그 민족 특유의 신관을 제시하여, 그 보편적인 진리를 인류에게 암시해 주려고 한 것입니다.

다음 도표에서 보듯이 하나님의 창조 행위는 평행 구조 속에서 진행되었음을 알 수 있습니다. 첫째날의 빛의 창조와 빛과 어두움을 나눈 것은 넷째날의 큰 빛(해)과 작은 빛(달)의 창조와 병행을 이룹니다. 둘째날의 궁창 창조와 궁창 아래의 물과 궁창 위의 물로 구분한 것은 다섯째날의 물과 공중의 각종 생물을 창조한 것과 병행을 이룹니다. 셋째날의 땅과 채소의 창조는 여섯째날의 땅 위에 각종 생명과 채소류를 창조한 것과 병행을 이룹니다. 이와 같이 하나님은 일정한 틀 속에서 처음 삼일 동안에 창조한 것을 그 후 삼일 동안에 움직이게 하였습니다. 넷째날 해와 달에다 빛과 어두움, 낮과 밤의 주기적 패턴(cyclical

하나님의 창조패턴

	배 경		완 성
첫 째 날	우주, 빛(1:1-5)	넷 째 날	해, 달, 별(1:14-19)
둘 째 날	궁창(1:6-8)	다섯째날	새, 물고기(1:21-23)
셋 째 날	바다, 땅, 식물(1:9-13)	여섯째날	짐승, 사람(1:24-31)
일곱째날	안식하심(2:1-3)		

pattern)을 주어 해와 달을 운동시킨 후, 하나님은 땅과 공중과 바다에다 고기와 새와 인간을 포함한 동물을 살게 하고 생육하고 번성하라고 축복해 주었습니다. 이처럼 하나님은 하늘과 땅, 해와 달, 빛과 어두움, 낮과 밤, 궁창 아래의 물과 궁창 위의 물, 공중의 각종 생물과 땅의 각종 생명과 채소류와 같은 창조의 병행구조 안에서 창조했던 것을 축복으로 재창조했던 것입니다.

『창세기』 1장의 창조 이야기의 구조 분석을 통해 몇 가지 하나님의 계획과 뜻을 살펴볼 수 있습니다. 첫째로 하나님은 만물을 만드신 창조자이지만, 하늘에서는 해와 달을 그의 대리자 또는 수임자(受任者)되게 하셨고, 땅에서는 사람을 그의 대리자 또는 수임자로 만드셨다는 것입니다. 둘째로 하나님은 처음 삼일 동안에 창조한 하늘과 땅을 그뒤 삼일 동안에 운동시키셨고, 셋째로 하나님은 창조의 위계질서에 따라 생물을 창조하셨다는 것입니다.

이 창조의 이야기 속에 스며있는 예술적 형식의 한 요소는 반복이라 할 수 있습니다. "하나님이 말씀하시기를, …있으라, 그러니 그렇게 되었다"(God said, let…, and it was so). 이런 반복적 형식은 시의 후렴과 같이 창조의 긴 여운을 남겨 주는 동시에 흥겨운 축제나 신비로운 천상의 연도(連禱)와 같은 효과와 율동감을 자아내고 있습니다.

또한 창조의 구상을 보면, 선포(announcement : 하나님이 말씀하시기를), 명령(command : …있으라), 보고(report : 그러니 그렇게 되었다), 평가(evaluation : 하나님이 보시니 좋았다)로 이루어진 것을 알 수 있습니다. 일시적인 틀 안에서의 배치(placement in a temporal frame : 저녁이 되고 아침이 되니…날이다)와 같은 일정한 패턴을 사용하여 무엇보다 질서를 중시한 것을 알 수 있습니다. 이런 창조의 리듬과 질서는 땅의 수임자인 우리 사람들로서는 무엇보다 먼저 본따야만 할 창조 행위의 원형이 되는 것입니다.

다음으로는 『창세기』 2장 4절 이후에 나오는 창조 이야기로 넘어가 보겠습니다. 그 이야기는 이렇게 시작됩니다.

"여호와 하나님이 천지를 창조하신 때에 천지의 창조된 대략이 이러하니라. 여호와 하나님이 땅에 비를 내리지 아니하셨고 경작할 사람도 없었으므로 들에는 초목이 아직 없었고 밭에는 채소가 나지 아니하였으며 안개만 땅에서 올라와 온 지면을 적셨더라. 여호와 하나님이 흙으로 사람을 지으시고 생기를 그 코에 불어 넣으시니 사람이 생령이 된지라. 여호와 하나님이 동방의 에덴에 동산을 창설하시고 그 지으신 사람을 거기 두시고 여호와 하나님이 그 땅에서 보기에 아름답고 먹기에 좋은 나무가 나게 하시니 동산 가운데에는 생명나무와 선악을 알게 하는 나무도 있더라" (창 2:4-9).

이 창조 설화를 읽어 보면 『창세기』 1장에서와는 달리 인간의 생활과 그 환경에 더 관심이 집중되었다는 것을 알 수 있습니다. 여기서는 창조나 시간의 시초를 강조하는 것이 아니라 시간 속에서 이루어지는 역사의 기원을 강조하고 있습니다.

하나님은 흙으로 사람을 빚어 만드시고 거기에 숨을 불어넣으셨습니다. 그러자 사람은 숨을 쉬기 시작하였습니다. 하나님의 숨은 사람에게 죽지 않는 영혼과 지성과 의지와 마음을 지니게 하여 자유와 선택의 능력을 갖추게 하였습니다. 하나님은 그를 '아담' (Adam)이라고 이름 지어 주셨습니다. 그것은 '흙으로 만들어졌다' 는 뜻입니다.

아담은 주위를 둘러보았습니다. 하늘을 나는 새들, 물 속을 헤엄쳐 다니는 고기들, 땅 위를 기어다니고 뛰어 다니는 갖가지 짐승들, 그리고 온갖 과일과 풀과 곡식들을 보니 참으로 보기 좋고 매우 즐거웠습니다. 아담은 이 모든 것을 바라보며 이름을 지어 주었습니다. 그런데 이것들 가운데는 아담과 이야기를 나눌 만한 친구가 없었습니다. 하나님은 혼자 있는 아담의 쓸쓸함을 보시고 그에게 어울리는 짝을 만들어 주기로 생각하셨습니다. 그래서 그는 깊이 잠든 아담의 갈빗대를 한 개 뽑아서 그것으로 여자를 만드셨습니다. 이렇게 하여 아담은 그의 짝을 갖게 되었으며, 그녀를 '하와'라고 이름을 지었습니다. 하와란 '생명이 있는 것의 어머니'라는 뜻입니다. 아담은 자기 짝인 하와를 보며 기뻐서 이렇게 소리쳤습니다.

> "이는 내 뼈 중의 뼈요,
> 내 살 중의 살이로구나.
> 남자에게서 취하였으니
> 여자라고 부르리라"(창 2:23)

그 후 두 사람은 꽃과 향기로 가득 찬 에덴 동산에서 사랑하며 행복하게 살았습니다. 17세기 영국의 청교도 시인인 밀턴(John Milton)은 인간의 타락을 주제로 하는 작품 『잃어버린 낙원』(Paradise Lost)을 썼습니다. 그는 이 작품에서 인간을 다음과 같이 시적으로 묘사하고 있습니다.

> 그 중에서도 몸이 곧고 키 큰 보다 고상한 두 모습,
> 마치 하나님처럼 곧고 나체지만 위엄있는 그 몸엔
> 타고난 존귀함이 주어져 만물의 주 같고
> 또한 그만한 가치 있어 보인다. 그들의 거룩한 얼굴엔
> 영광스러운 창조주의 모습, 의로움과 지혜와
> 엄하고 순결한 거룩함이 빛난다.
> 엄하지만 아들로서의 참된 자유에서 연원되는 것,
> 그러기에 인간의 참된 권위 거기서 난다.(IV. 288-95)

밀턴은 첫째로 아담과 하와의 모습을 "하나님처럼 곧고"(Godlike

erect) 키가 크고 고상한 것으로 그리고 있습니다. 그것은 외면적으로는 키가 크고 곧은 직립의 자세를 묘사한 것이지만, 또한 다른 피조물과 대조해서 특별히 인간의 청렴 강직함(uprightness)을 강조하는 고전적 전통의 빛에서 보면 "만물의 주"(Lords of all)를 표현한 것이라 할 수 있습니다. 그리고 "나체지만 위엄있는"(naked majesty)이라는 표현은 그들에게 나타나는 신의 순결함의 반영이라 할 수 있고, 무엇보다 그들에겐 "아들로서의 참된 자유"(true filial freedom)가 있었다는 뜻입니다. 그들은 신의 아들이 되는 자유를 누릴 수 있는 하나님의 자녀들이라는 말입니다. 아들은 아버지의 상속인이 되는 것입니다. 상속인으로서의 아들은 아버지(하나님)로부터 참된 권위와 존엄성을 물려받은 것입니다.

또한 밀턴은 아담과 이브의 외모에 나타나는 아름다움과 특성을 여러 곳에서 이렇게 묘사하고 있습니다. 아담의 남성미(男性美)에 대한 묘사부터 보겠습니다.

> 그의 아름답고 넓은 이마와 숭고한 눈에는
> 절대권이 나타나 있고, 히아신드의 머리채는
> 가리마를 탄 앞머리에서 수북이 늘어져
> 사나이답지만, 넓은 어깨 밑까지는
> 이르지 않는다.(IV. 300-303)

그의 넓은 이마와 숭고한 눈에는 "절대권"(Absolute rule)이 주어졌고, 히아신드의 꽃처럼 흐르는 듯한 "머리채"(Hyacinthine locks)는 그의 초인적인 신성한 미를 암시하고 있습니다. 하와의 여성미(女性美)도 다음과 같이 구체적인 표현으로 그리고 있습니다.

> 그녀의 꾸밈없는 금발은 마치 베일처럼
> 호리호리한 허리까지 흐트러져 내려진 채,

> 포도덩굴의 수염이 꼬부라지듯
> 제멋대로 곱슬곱슬 굽이친다.(IV. 304-307)

> 그녀의 부푼 젖가슴이
> 미끈하게 풀어 늘어뜨린 황금빛 머리채에 가리워져
> 반쯤 드러난 채로 그의 가슴에 닿는다.(IV. 495-497)

이러한 하와의 외적인 미가 그녀의 내면적인 미와 직결될 때 더욱 깊은 의미를 갖게 됩니다.

> 이는(금발) 복종을 의미하지만,
> 너그러운 주권의 요구를 받아
> 그녀 스스로 응하는 것, 수줍으면서도 공손하게,
> 겸손하면서도 자랑스럽게, 달콤하면서도 마음내키지
> 않는 듯 망설이며 정답게 응하는 것이기에, 그는 이를
> 극진히 받아들인다.(IV. 307-312)

결국 하와는 외적으로도 아름답지만 내면적으로 "신성하고" "순진한" "순종하는" "겸손한" 여성으로 묘사되어 있습니다.

『창세기』 2:4-9절의 창조 설화에 따르면, 밀턴이 그린 대로 하나님께서는 자기의 형상대로 먼저 사람을 만들었고 그 다음으로 그가 살아 갈 사회적 환경을 만들어 주었다는 것을 알 수 있습니다. 따라서 두번째 창조 이야기는 병행구조로 이루어진 것이 아니라 순환구조로 이루어졌다고 봄이 옳을 것입니다. 이런 구조 속에서 본다면, 인간은 그의 물리적 환경과 깊은 관계 아래 있는 존재로서 밭을 갈고 그것을 잘 보존하며 에덴동산을 돌보지 않으면 안 된다는 것을 알 수 있습니다. 또한 사람은 다른 생물들을 분류하고 정의하는 따위의 책임을 갖고 있으며, 다른 사람과 서로 사랑의 관계를 맺고 서로 돕고 의존하지 않으면 존재성을 상실할 수밖에 없다는 것도 알 수 있습니다. 남자와 여자가 부모

를 떠나 서로 연합하여 한몸이 되는 진리가 여기에 있는 것입니다.

하나님의 모습도 이 창조 설화에서는 지극히 인간적으로 묘사되고 있어서 하나님의 예지를 의심할 정도입니다. 동산을 만들고 저녁에 산책을 하는가 하면, 손가락 사이에 진흙을 묻혀서 사람을 빚어 만든 후 코에 입김을 불어 생명을 주기도 하고, 갈빗대를 뽑아 여자를 만들고 땅을 주어 살아가게 하는 것을 볼 때 우리는 무척 단정하신 아버지같은 느낌을 받기도 하고 정원사나 토기장이같은 느낌을 갖게도 합니다. 뿐만 아니라 아담과 하와가 선과 악을 알게 하는 나무 열매를 따 먹었을 때 동산으로 찾아오시는 것이라든지, 죄를 지은 아담과 하와를 불쌍히 여겨 가죽옷을 지어 입혀주시는 것 등을 보아서도 두번째 창조 이야기에 나타난 하나님의 모습은 지극히 인간적이라는 것입니다.

그러나 창조의 주체는 역시 "여호와 하나님"이십니다. 각 절 첫머리에서 반복되어 사용된 "여호와 하나님"이라는 표현은 전지전능하신 초월적인 하나님을 가리키는 것이 아니라 우리를 찾아와서 말씀하시고 자비를 베풀어주시는 구원의 하나님을 가리킵니다. 이처럼 우리를 찾아오셔서 창조를 통하여 우리에게 사랑을 베풀어주시는 그 하나님을 우리 인간들은 목소리를 높여 찬송하여만 합니다.

앵글로 색슨 시대의 밀턴이라고 불리우는 캐드몬(Caedmon)은 원래 휫트비 수녀원장 힐다(Hilda) 밑에서 일하는 무식한 마부(馬夫)였는데 하룻밤은 성령의 감화를 받아 그 영감을 통하여 하나님의 천지창조에 대한 노래를 창작하게 되었습니다. 그의 "찬미"라는 시는 아주 짧은 시지만 영적인 감동력을 갖고 있어서 읽는 사람들의 마음을 흔들어 놓았다고 합니다.

> 이제 우리는 천국의 수호자
> 그의 능력과 그의 지혜,
> 영광스러운 아버지 하나님의 업적을

찬양하여야 하리라. 이는 영원한 주님께서
놀라운 만물의 시초를 마련하였음에서이니라.
거룩하신 창조주께서는 먼저 사람의 아들들을 위하여
하늘을 지붕으로 만드셨고 인류의 보호자이신,
영원한 주님이시며, 전능하신 기쁨이 되시는 주님께서는
후에 땅 위의 사람들을 위하여 이 땅을 꾸미셨느니라.

  우리 인간의 첫째 의무는 태초에 만물을 창조하신 하나님을 찬미하는 것이라는 것입니다. 이런 의미에서 캐드몬은 성서의 정신을 철저하게 형상화했다고 할 수 있습니다. 왜냐하면 성서의 출발점은 창조에서부터 시작되기 때문입니다. 하나의 체계로서의 기독교는 구주이신 그리스도와 함께 시작되는 것이 아니라, 태초에 천지를 창조하시고 역사의 흐름 속에서 인간을 의미심장한 존재로 만드신, 무한하시고 인격적인 하나님과 함께 시작합니다. 모든 창조의 목적과 기능이 우리의 궁극적 관심사인 창조하고 통치하는 하나님을 찬양하는데 있다고 봅니다.

아담과 하와가 살던 에덴동산

창조 설화에 이어지는 이야기는 하나님께서 만드신 사람과 뱀, 그리고 에덴의 동산에 관한 설화입니다. 이 이야기는 『창세기』 2장 7절로부터 3장 24절까지에 나옵니다. 『창세기』 2장 8절을 보면 "여호와 하나님이 동방 에덴에 동산을 창설하시고 그 지으신 사람을 거기 두시고" 라는 말씀이 있습니다. 성서에는 에덴동산에 대한 자세한 묘사가 없지만 밀턴의 『잃어버린 낙원』을 보면 실로 에덴동산이야 말로 너무나 아름답고 풍요로운 곳이라는 것을 알 수 있습니다.

> 이렇게 사탄이 전진하여 에덴의 경계에
> 이르니, 이제 더욱 가까워진 아름다운
> 낙원은 시골집의 토담처럼
> 푸른 울타리가 황막한 산의 평평한 봉우리에
> 씌워졌고, 덤불이 뒤덮인 우거진
> 산비탈은 기괴하고 험해서

가까이 갈 수가 없다. 그리고 머리 위에는
삼나무 소나무 전나무 가지 뻗은 종려 등
지극히 높은 수목들 하늘 닿는 높이로 자라
삼림의 장면을 이루며, 숲 위에 숲으로 층층이
올라갔으니 아주 장엄한 숲의 극장이다.
수목들의 꼭대기보다 훨씬 높게
낙원의 푸른 울은 솟아 있고,
여기서 우리들의 조상은 그 부근 가까이 있는
아래 세상을 널리 둘러본다.
이 울보다 높이 뺑 둘러 열을 진,
아름다운 열매 가득하고 금빛 꽃도 피고
열매도 맺는 훌륭한 나무들은
화려하고 찬란한 갖가지 빛깔에 물든 듯하였다.
그 위에 태양은 아름다운 저녁 구름보다도,
또는 하나님이 대지에 소나기를 내리실 때의
무지개보다도 더 찬란하게 빛을 뿌린다. 그 경치
그렇게 아름다웠다.(IV. 131-53)

그에 따르면 에덴동산은 녹음이 우거진 자연의 향기 속에 둘러 싸여 있는 장엄한 숲의 극장과 같습니다. 햇빛은 늘 아름답고 저녁 노을은 하늘을 수놓고 맑은 공기에 봄바람이 항상 불어오는 이곳이 바로 지상 낙원입니다.

이 에덴동산은 동쪽 에덴이라는 아주 넓은 지역 그 어느 곳에 하나님 께서 창설하신 동산(garden)을 말합니다. 하나님께서 인간을 위해 창 설한 에덴동산은 참으로 아름답고 먹음직스런 열매가 가지마다 휘어 지도록 달려 있고, 깨끗한 네 개의 강물이 동산에서 흘러 내려 땅을 적 시고 세상을 유택하게 만들었습니다. 이 네 강의 이름을 비손강(2:11), 기혼강(2:13), 힛데겔강(2:14), 그리고 유브라데강(2:14)이라 하였습니 다. 에덴을 극동(極東)에 있었다고 주장하는 학자들은 그 증거로서 이

강들의 위치를 들고 있습니다. 그들은 네 강 중에서도 비손강을 인도의 인더스강 또는 갠지스강으로, 기혼강을 이집트의 나일강으로 보고 있기 때문에 그렇게 주장합니다.

에덴동산에는 꽃들이 철따라 예쁘게 피었고 갖가지 과일나무에서는 맛있는 열매가 열렸습니다. 그리고 여기저기에서 아름다운 새소리가 들렸습니다. "에덴"이라는 말은 "즐겁다, 기쁘다"는 뜻이고 "동산"은 헬라어로는 "파라데이소스"라 하는데 "낙원"이라는 뜻입니다. 그래서 에덴동산을 "낙원"이라고도 합니다. 이 낙원에서 아담과 하와는 매우 행복하게 지냈습니다. 그들은 알몸이었지만 부끄러운 줄을 몰랐고 자유로웠으며 악을 모르고 살았습니다. 서늘한 저녁 바람이 불어올 때면 하나님께서 동산을 거니시다가 그들에게 말을 건네시기도 하였습니다.

"에덴"이라는 말은 지리적인 지역을 지칭하는 말로도 쓰였지만, 상징적으로 쓰이는 경우가 더 많습니다. 이사야 51장 3절에 보면 "대저 나 여호와가 시온을 위로하되 그 모든 황폐한 곳을 위로하여 그 광야로 에덴 같고 그 사막으로 여호와의 동산 같게 하였나니 그 가운데 기뻐함과 즐거워함과 감사함과 창화(唱和)하는 소리가 있으리라"는 표현에서 보는 바와 같이 에덴의 동산은 상징적으로 말해서 온갖 기쁨, 만족, 안식, 창화, 미덕, 아름다움, 자연과의 합일, 젊음, 조화, 및 자유 따위가 충만한 곳을 뜻합니다.

『창세기』 2장에 나오는 에덴동산은 여러 면에서 전통적인 몇 가지 특징이 첨가되어 있습니다. 그 중에서도 가장 중요한 것은 하나님께서 에덴동산을 마련했다는 것입니다(창 2:8). 이것은 두 가지 기본적인 원리를 의미하고 있는데, 그것은 첫째 자연은 하나님의 창조적 기교를 나타내 보여주는 예술품으로써 특별히 인간을 위해 마련된 것이라는 것이고, 둘째 낙원은 누구도 침범할 수 없는 은둔처가 아니라 처음부터 시련의 장소였다는 것입니다. 다시 말해서 에덴동산은 완전한 곳이기는 하지만, 잠재적 변화의 가능성을 내포하고 있는 상태였다는 것을 뜻합니다.

그리고 나서 하나님 보시기에 아름답고 좋은 먹음직스런 열매를 가지마다 휘어지도록 달리게 하셨고, 깨끗한 강물을 동산에서 흘러 내려 땅을 적시고 세상을 윤택하게 만드셨습니다. 이곳은 정말 아름답고 평화로운 낙원이었습니다. 하나님은 아담을 데려다가 에덴에 있는 동산을 돌보게 하며 이렇게 말씀하셨습니다. "여호와 하나님이 그 사람에게 명하여 가라사대 동산 각종 나무의 실과는 네가 임의로 먹되 선악을 알게 하는 나무의 실과는 먹지 말라 네가 먹는 날에는 정녕 죽으리라 하시니라"(창 2:16-17).

하나님께서는 인간을 만드시고 그들을 바로 이 에덴동산에 살게 하신 후, 그들과 매우 중요한 기본적인 조건을 세우셨습니다. 그것이 아담과 하와가 짝을 이루어 살며 서로 협동하여 에덴의 동산을 돌보며 그것을 지켜가라는 것이었습니다(창 2:15). 이 첫째 조건만 보아도 에덴에서의 생활에는 어떤 분명한 목적이 있었던 것을 알 수 있습니다. 둘째로 하나님께서 그들에게 세운 조건은 에덴동산 한 가운데 생명나무와 선악을 알게 하는 나무를 두고 선악과는 따먹지 말라는 것이었습니다. 그 명령을 따르는 것이 창조주 하나님께 대한 경외와 사랑의 표징이었습니다. 그러나 만일 불순종하는 날에는 반드시 죽음이 이 세상에 들어오게 되리라는 것입니다.

이 금지된 나무는 몇 가지 이유 때문에 중요합니다. 첫째로 그것이 중요한 말뿐 아니라 행동으로 하나님께 애정과 감사를 표현할 수 있는 기회를 인간에게 주기 때문이며, 둘째 그것은 하나님께서 창조하신 우주는 육체적인 법만이 아니라 도덕적 정신적 법에 따라 움직인다는 것을 보여주기 때문입니다. 셋째로 그것이 중요한 것은 인간에게 전인적인 자유를 주체적으로 활용할 수 있는 기회를 주기 때문이요, 마지막으로 그것이 중요한 것은 금지된 나무는 타락 이전의 인간의 완전성이 조건적이라는 것과 인간 실존의 가장 기본적인 요건이 도덕적 선택이라는 것을 시사해 주기 때문입니다. 이런 점에서 금지된 나무는 매우 중요한 의미를 갖는 것입니다.

아담과 하와는 한 몸이 되어 모두 벗은 채 부끄러운 줄도 모르며, 순결한 상태에서 끝없는 자유와 사랑과 조화와 안식을 누리며 살았습니다. 그런데 에덴의 동산에는 갖가지 동물이 있었는데, 그 중에서 가장 약삭빠르고 교활한 것이 뱀이었습니다. 어느 날 이 뱀이 하와에게 말했습니다. "하나님이 참으로 너희더러 동산 모든 나무의 실과를 먹지 말라 하시더냐?"(창 3:1).

여자가 뱀에게 말하되 "동산 나무의 실과를 우리가 먹을 수 있으나 동산 중앙에 있는 나무의 실과는 하나님의 말씀에 먹지도 말고 만지지도 말라. 너희가 죽을까 하노라 하셨느니라"(창 3:2-3) 하였습니다. 이렇게 정직하게 하와가 대답하자, 뱀은 아주 교활하게 웃으며 말했습니다. "너희가 결코 죽지 아니하리라. 너희가 그것을 먹는 날에는 너희의 눈이 밝아 하나님과 같이 되어 선악을 알 줄을 하나님이 아심이라"(창 3:4-5).

그 말을 들은 하와의 마음은 움직이기 시작했습니다. 쳐다보니 과연 먹음직스럽고 보기만 해도 탐스러우며 지혜롭게 해줄 것만 같았습니다. 그래서 하와는 손을 뻗어 그 열매 두 개를 따 가지고 한 개는 자신이 먹고 다른 한 개는 남편에게 주었습니다. 그 열매를 먹자 뱀의 말대로 두 사람은 눈이 밝아져 자신들이 벌거벗은 알몸인 것을 알게 되었고 처음으로 부끄러움을 느끼게 되었습니다. 그래서 그들은 무화과 나무 잎을 엮어서 치마를 만들고(창 3:7) 그것을 허리에 둘렀습니다. 이것이 인간이 옷을 걸치게 된 시초라고 합니다.

결국 아담과 하와는 "먹지 말라"고 한 선악을 알게 하는 나무 열매를 따먹음으로써 하나님으로부터의 형벌을 면치 못하게 됩니다. 뿐만 아니라 뱀도 다음처럼 저주를 받게 됩니다. "네가 모든 육축과 들의 짐승보다 더욱 저주를 받아 배로 다니고 종신토록 흙을 먹을지라. 내가 너로 여자와 원수가 되게 하고 너희 후손도 여자의 후손과 원수가 되게 하리니 여자의 후손은 네 머리를 상하게 할 것이요 너는 그의 발꿈치를 상하게 할 것이니라"(창 3:14-15). 이 이야기에 나오는 뱀을 사탄(Satan)과 동일시할 수 있는 곳은 한 곳도 없지만, 그것이 어떤 악령이나 또는 악의 상징이라고는 말할 수 있습니다. 악이라는 추상적 개념을 뱀이라는 동물로 의인화해서 하와를 꾀어 넘어뜨리게 합니다. 뱀이 악의 주동자로서 등장하는 일종의 동물우화입니다. 후일 요한도『요한계시록』12장 9절에서 사탄과 뱀을 동일시했습니다. 여기서 예언된 "여자의 후손"은 메시야를 가리키는 말로서 메시야에 대한 최초의 예언이라는 점에서 "원시 복음"이라고 불리우기도 합니다. 그리고 "머리"와 "발꿈치"는 공격의 강약을 표시하는 말로서, 장차 오시게 될 메시야가 사탄의 생명의 근원이 되는 머리를 쳐서 이김으로 영생에 이를 것을 약속하신 말씀입니다.

아무튼 간교한 이성을 표상하는 뱀과 육체의 나약성을 상징하는 하와의 심성(감성)이 결탁하여 하나님과 같이 되려는 교만을 낳았습니다. 이 교만은 악의 어머니로서 결국은 하나님의 명령을 거역하는 불복종(disobedience)을 초래했습니다. 이런 불복종의 결과로 이 세상에는 죽음과 온갖 악 즉 잉태하는 고통, 남편을 사모하는 애타는 마음과 그의 다스림을 받아야 하는 고통, 그리고 이마에 땀을 흘려야 먹고 사는 고통이 들어오게 되었습니다(창 3:16-19). 원죄의 결과 마침내 인간은 에덴의 동산에서 이처럼 쫓겨나게 되는 것입니다. 창세기 3장 24절을 보면 "이같이 하나님이 그 사람을 쫓아내시고 에덴 동산 동편에 그룹들과 두루 도는 화염검을 두어 생명나무의 길을 지키게 하시니라"는 말씀이 있습니다. 이때부터 인간의 비극적인 역사는 시작되는 것입니다.

에덴의 동쪽으로 추방된 인간은 필연적으로 잃어버린 고향을 되찾을 때까지는 "나그네"(wayfarer) 인생으로 생존할 수밖에 없고 이마에 땀을 흘리며 땅을 갈지 않으면 안되었습니다. 나그네의 삶이란 원래 고달픈 것인데, 인간은 원죄(original sin)의 결과로 그런 수고와 고생의 짐을 짊어지고 살아갈 수밖에 없는 비극적인 실존이 되었던 것입니다.

뿐만 아니라 인간은 온갖 맹수와 질병 그리고 이 세상에 들어온 온갖 죄악들과 더불어 싸우지 않으면 안되는 고독한 투쟁자(warfarer)가 되었습니다. 악과의 투쟁없이는 꿈에도 소원인 낙원을 되찾을 수 없는 것입니다. 고통

창세기에 나타난 그리스도의 예표

예 표	관련성구
여자의 후손	3:15
짐승의 가죽으로 만든 옷	3:21
아벨이 드린 피의 제사	4:4
노아의 방주	7:6-24
희생제물이 된 이삭	22:1-19
높이 들린 요셉	41:37-45
유다 지파의 왕권	49:8-10

과 투쟁 그것은 에덴의 동쪽에 살고 있는 추방당한 인간의 두 가지 삶의 양식을 이루고 있습니다.

이 우화를 통하여 배울 수 있는 것은 죄의 결과는 사망이지만, 하나님은 그런 인간을 불쌍히 여겨 가죽옷을 지어 입혀 주신다는 것입니다. 가죽옷은 동물을 죽여 얻을 수 있는 것으로 그리스도의 십자가를 예표한다고 할 수 있습니다. 그것은 하나님의 자비와 사랑을 표상하는 것으로 종말론적으로 해석한다면 예수 그리스도를 통해서 인간을 비극적인 질곡에서 해방시켜줄 것을 예표하는 것이라 할 수 있습니다.

이런 하나님의 자비와 사랑은 생명나무와 관련된 부분에서도 나타납니다. 하나님은 아담과 하와를 에덴의 동산에서 쫓아내고 동산 입구에는 늘 하나님의 임재와 관련이 되는 그룹 천사들과 불꽃이나 칼의 형

상으로 나타난 하나님을 일컫는 "화염검"을 두어 생명나무에 접근하는 것을 막고 있지만, 동산의 문이 되는 예수를 통하여 그 생명 세계로 다시 들어갈 수 있게 하셨습니다. 생명나무라는 명칭은 하나님께서 인간에게 이미 부여해 주신 생명을 상징합니다. 따라서 인간이 하나님의 뜻에 계속 순종한다면 인간은 영원한 생명을 누리게 될 것을 의미하는 동시에 불순종으로 인해 인간이 타락하게 될 때에는 하나님과의 관계 회복을 통해 잃었던 생명을 다시 찾게 될 것을 의미하기도 합니다. 하나님과의 관계 회복은 그의 독생 성자인 예수 그리스도를 통해서만 가능하므로, 어거스틴이 말한 바와 같이 그리스도는 이 생명나무에 이르는 문이라 할 수 있습니다. 생명의 문이 되시는 그리스도를 통해서만 영원한 생명을 얻을 수 있다는 것입니다. 영원하신 하나님의 이런 오묘한 섭리가 이 이야기 속에 들어 있습니다.

가인과 그 후예(後裔)들

가인과 그 후예들의 역사는 한 마디로 말해서 죄악의 역사(罪惡史)라 할 수 있습니다. 그들의 역사는 아담과 하와가 에덴동산에서 쫓겨난 다음부터 시작됩니다. 에덴에서 쫓겨난 후 시간이 흐름에 따라 아담은 먹을 것을 얻기 위해 땅을 가꾸기 시작하였고, 하와는 아담과 자신을 위해 집안 일을 하기 시작하였습니다. 그리고 그들은 하나님과 직접 이야기할 수는 없었지만, 하나님을 사랑하는 표시로 땅을 일구어 얻은 곡식과 짐승을 하나님께 바치는 일을 게을리하지 않았습니다.

그들은 새 생활에 익숙해지기 위해 열심히 노력하며 살아갔습니다. 그러는 동안 『창세기』 4장 1절을 보면 "아담이 그 아내 하와와 동침하매 하와가 잉태하여 가인을 낳고 이르되 내가 여호와로 말미암아 득남(得男)하였다 하니라"라는 말씀 그대로 하와는 가인이라 이름 붙인 첫 아이를 낳았습니다. 얼마 후에 두 번째 아이가 태어났습니다. 이번에도 아들이었습니다. 아담과 하와는 두 번째 아기의 이름을 아벨이라 지었습니다. 가인이란 "창"이라는 뜻이고 "아벨"이란 "입김"이라는 뜻입니다.

형 가인은 밭일을 좋아하여 농사꾼의 조상이 되었고, 동생 아벨은 양을 길러서 양치기의 조상이 되었습니다. 여기서 "양치는 자"와 "농사하는 자"(4:2)는 인류의 가장 오래된 형태의 직업으로, 아담의 범죄 이후 하나님께서 남자에게 내리신 저주의 내용(창 3:17-19)과 깊은 관계가 있다고 생각합니다. 어떤 학자들은 이를 근거로 해서 이 이야기를 두 가지 생활형태 곧 목축과 농경 사이의 대립관계로 해석하려고도 하지만, 하나님께서는 양쪽 생활 방식 즉 농경과 목축을 다 인정하고 계시므로(신 8장 참조), 그 해석은 옳지 못합니다. 그보다는 생업과 예배를 함께 연관시켜 보는 것이 더 옳다고 생각합니다.

어느 날 가인과 아벨은 제단을 쌓고 하나님께 제물을 바쳤는데, 하나님께서는 아벨이 바친 양의 첫새끼는 받고 가인이 땀 흘려 일해서 거둔 곡식은 받지 않으셨습니다. 이를 놓고 역시 학자들 간에 많은 논란이 있습니다. 어떤 학자의 주장에 따르면 가인은 피가 없는 제물을 바쳤기 때문에 실격당했다고 합니다. 그러나 히브리 사회에서는 동물을 제물로 드리기도 했지만 더 흔하게는 곡물제사도 드렸으니까(레 2:1), 하나님께서 피없는 제물은 싫어하신다는 주장은 정당하지 않습니다. 하나님께서 기쁘게 받아들이고 받아들이지 않고 하는 것은 제물 그 자체에 달렸다기보다는 드리는 사람의 인격과 믿음(히 11:4)에 달려 있는 것입니다.

이 사실을 보고 가인은 하나님께서 아벨만을 사랑하는 것으로 착각하고 실망 낙담하여 안색이 변하였습니다. 안색이 변했다고 하는 것은 일반적으로 불만과 분노를 나타낼 때 사용되는 말입니다(렘 3:12; 욥 29:24). 다시 말하면 가인의 얼굴 표정 속에 그 자신의 못마땅한 심기가 드러났다는 뜻입니다. 또한 "네가 분하여 함은 어찜이며 안색이 변함은 어찜이뇨"(4:6)에서 "어찜이며… 어찜이뇨"라는 반복적 표현은 가인의 잘못된 태도에 대한 시인과 동의를 구하는 하나님의 절박한 호소라 할 수 있습니다. 또한 "선을 행치 아니하면 죄가 문에 엎드리느니라. 죄의 소원은 네게 있으나 너는 죄를 다스릴지니라"(4:7)라는 말씀에도 죄를 다스리라는 하나님의 간절한 소망이 나타납니다. 이 말씀은 마치 죄는 집안에 있는 사람을 향하여 으르렁거리면서 달려드는 짐승처럼, 죄가 달려들고 있으나, 난폭한 야생동물을 길들이면 유용하듯이 죄를 잘 길들이면 하나님께서 그를 회복시켜 주시겠다는 약속이라 할 수 있습니다. 이처럼 간곡한 호소만이 아니라 그에게 회복의 언약까지 주었는데도 불구하고 가인은 끝내 회개하지 않았습니다. 그 오만무례함이 하나님께서 그의 제물을 받지 않게 된 주 원인이 되는 것입니다.

이미 마귀에게 사로잡혀 마음이 비뚤어진 가인은 더욱 하나님을 원망하게 되고 동생인 아벨을 미워하게 되어 마침내 동생을 들로 끌어내 돌로 쳐 죽였습니다. 그것을 본 하나님은 가인을 불러 물었습니다.

"네 아우 아벨이 어디 있느냐?"

"(그걸 제가 어떻게 압니까?) 내가 내 아우를 지키는 자니이까?"(4:9) 하고 가인은 시치미를 떼었습니다.

그러나 하나님은 가인을 향해 이렇게 말씀하셨습니다. "네가 무엇을 하였느냐. 네 아우의 핏소리가 땅에서부터 내게 호소하느니라. 네가 땅에서 저주를 받으리니 네가 밭 갈아도 땅이 다시는 그 효력을 네게 주지 아니할 것이요 너는 땅에서 피하며 유리하는 자가 될지라"(4:10-14). 고대인들은 무죄하게 흘린 피는 보복될 때까지 계속하여 부르짖고 있다는 사상을 가지고 있었다고 합니다.

이 본문에 나타난 바와 같이, 무고한 동생 살해로 인하여 가인이 받은 형벌중 첫째는 그의 생존의 기본 토대였던 땅에서 추방당한 것입니다. 둘째는 땅 그 자체가 생산 능력을 더 이상 풍성하게 베풀지 않게 되었다는 것입니다. 어머니의 품과 같은 곳으로 생각했던 고대인들의 생각에 비추어 볼 때, 인간과 땅의 유대가 완전히 파괴되었음을 알 수 있습니다. 셋째는 주의 앞에서 쫓겨나 "기쁨"을 뜻하는 "에덴"과 좋은 대조를 이루는 "놋"(방황하는 땅)이라는 이름 속에 표현된 유리 방랑 생활을 하게 된 것입니다. 이 형벌은 아담이 받은 형벌보다 훨씬 무거운 형벌이라 할 수 있습니다.

이렇듯 무거운 벌을 받고 가인은 "내 죄벌이 너무 중하여 견딜 수 없나이다. 무릇 나를 만나는 자가 나를 죽이겠나이다"(4:14)라고 하나님께 호소하였습니다. 그러자 하나님께서는 "가인을 죽이는 자는 벌을 칠 배나 받으리라"(4:15)고 말씀하시고, 그의 이마에 표를 찍은 후 그를 내쫓으십니다. 곧 가인은 그 땅에서 물러 나와 에덴의 동쪽 "놋"(Nod)이라는 곳에서 자리를 잡게 되었습니다. 가인의 이마에 찍힌 표는 일종의 통행증과 같은 것으로 하나님께서 그를 보호해 주시겠다는 자비의 약속으로 볼 수 있습니다. 4장 16절로부터 26절까지는 참회를 거절하고 하나님 앞을 떠나 독립적인 인간이 된 가인의 후예들이 자기 만족에 빠져 그들 나름대로의 죄악된 문화를 발전시키면서 급속히 불어나는 과정을 서술하고 있습니다. 본문에 따르면 가인 후예들의 죄된 문화는 그들의 이름을 통해 알 수 있습니다. 즉 라멕(힘센 자 4:18), 아다(꾸민 자 4:19), 씰라(알랑거리는 자 4:19) 등의 이름은 그 당시의 폭력상과 세속적 아름다움을 추구하는 타락상을 대변하는 이름들입니다. 타락의 역사 중에서 제일 먼저 나타난 것이 형제 살해이고, 그 다음이 두 아내를 취한 행위입니다. 그리고 폭력이 앞서게 되는 것입니다. 그것은 라멕의 노래에서 일 수 있습니다.

"아다와 씰라여 내 소리를 들으라. 나의 창상을 인하여 내가 사람을 죽였고 나의 상함을 인하여 소년을 죽였도다. 가인을 위하여는 벌이 칠

배일진대 라멕을 위하여는 벌이 칠십 칠 배이리로다"(4:23-24)

이 노래는 두발가인이 만든 무기와 유발이 만든 악기를 양손에 각각 들고 교만한 마음으로 부른 라멕의 증오와 복수의 노래입니다. 이 노래 속에서, 우리는 문명의 진보와 발전 배후에 있는 인간 심성의 타락상을 여실히 볼 수 있습니다. 그는 하나님의 복수 금지법을 비웃고, 자기 손으로 복수할 것을 주장합니다. 즉 한군데 상처를 입으면 한 사나이를 죽이고, 한 번 손찌검을 받으면 한 아이를 죽이며 자기를 다치게 한 자에 대해서는 일곱 배로 보복하겠다는 야수적인 정신을 노래한 것입니다. 이런 노래를 서슴없이 부르는 라멕을 보면, 하나님의 보호의 필요성을 느꼈던 가인과는 정반대로 그는 완전히 하나님과의 단절을 주장하면서도 죄의식의 흔적조차 갖지 않았다는 것을 알 수 있습니다. 그의 이 증오와 복수의 노래는 하나님과 생명의 존엄성을 철저히 무시한 그 시대의 포악성과 잔학성을 대변하고 있다고 할 수 있습니다.

가인의 후예들이 이룩한 타락상은 또한 그들이 행한 일을 통해 알 수 있습니다. 그들은 놋 땅에 자리를 잡은 후 "성을 쌓았습니다"(4:17). 성은 그 규모가 크건 작건 간에 인간이 세운 정착지에 적용될 수 있는 용어라 할 수 있습니다. 그곳 즉 놋 땅을 세속적인 쾌락의 정착지로 삼았던 것입다. 그 다음으로는 라멕의 두 아내 중에서 아다가 낳은 유발은 수금이나 퉁소 같은 악기를 만들었고, 씰라가 낳은 두발가인은 강철 무기와 각양 날카로운 기계를 만들었습니다(4:19-22). 이것은 그 이후의 생활 문명으로 이어지는 예술과 기술을 일으킨 최초의 행위로 높이 찬양 할 수도 있지만, 사실상 그 행위는 정복과 압제 그리고 향락적 생활을 단적으로 드러낸 일이라 할 수 있습니다. 또한 그들의 타락상은 결혼제도를 통해 알 수 있습니다. 하나님께서는 남자와 여자를 만들고 그들에게 최선의 가정 질서 유지 체제인 일부일처제의 가족제도를 수립해 주었는데 반해 가인의 후예들은 그것을 거역하고 근친 결혼과 일부

다처제를 그들 자신의 마음대로 따랐던 것입니다.

　결론적으로 "가인과 그 후예들"의 이야기를 통하여 우리가 배워야 할 것은 첫째로 회칠한 무덤같은 바리새적인 형식적 예배를 하나님께서 싫어하신다는 것입니다. 제사(예배)에 아무런 차별이 없다면 가인의 제물이나 아벨의 제물은 둘 다 선택되었어야 할 것입니다. 그런데 하나님께서는 아벨의 제물은 기쁘게 받아들였으나 가인의 제물은 받아들이지 않으셨습니다. 그 이유는 무엇이겠습니까? 그것은 가인의 제물사상(際物思想)이 잘못되었기 때문입니다. 그런데도 가인은 그것을 뉘우치지 않고 오히려 하나님이 원망스럽고 동생이 미워서 폭력을 휘둘러 살인극을 벌였던 것입니다.

　둘째는 가인의 후예들이 어떤 의미에서 현대 문명의 선구자라고 할 수도 있지만, 그들이 이룩한 기술문명과 예술은 실로 잘못 이용하게 되면 사람들을 더욱 속화시키고 더욱 타락시켜 엄청난 비극으로까지 몰고 간다는 것입니다. 문화는 선용되든 악용되든 그 자체가 인간에게 구속을 제공하지는 못하는 것입니다.

　그러나 이러한 소망의 빛이 4장 마지막 두 절에 나타나는데, 이것은 하나님의 선물과 인간의 응답으로 이루어집니다. 아담이 일백 삼십세에 낳은 셋과 셋이 일백오 세에 낳은 에노스 그리고 그 자손들을 통하여 하나님의 이름이 다시 불려지게 되었고, 무신문화(無神文化)를 대신하는 하나님 있는 문화(有神文化)가 형성되면서 영성이 회복되었던 것입니다.

　이 설화는 역사라기보다 역사에 대한 해설로서 비록 간결하기는 하지만 진실되고, 사람을 설복할 수 있는 힘을 갖고 있으며 용의주도하게 구성되어 있습니다. 아담과 하와의 이야기는 물론이지만, "가인과 그 후예들"의 이야기도 죄(sin)와 형벌(punish-ment) 그리고 자비(mercy)라는 패턴에 의해 제어되어 있습니다. 가인이 아벨을 죽임으로써 동생과 이웃을 거스리는 죄를 지었고, 그 결과 세상을 떠돌아다니는 떠돌이 신세가 되었던 것입니다. 그러나 하나님께서는 그를 해치지 못하도록 그의 이마에 표를 찍어 주셨습니다. 그것은 "죄의 표"(mark of sin)인 동시에 하나님의 자비를 표상하는 "용서의 표"(mark of forgiveness)이기도 한 것입니다. 또한 가인의 후예들은 더욱 무서운 독버섯같은 무신 문화를 만들어 스스로 자기 만족에 도취되어 하나님께서 세우신 가정 질서와 사회 질서를 파괴하여 스스로 비극을 자초하였지만, 하나님께서는 그것을 그대로 방치하지 아니하시고 셋과 에노스와 같은 의인의 세력을 다시 세워 영성을 회복하고 새로운 희망의 문화를 이룩해 가도록 그 지위를 회복시켜 주십니다. 그것이 하나님의 자비인 것입니다.

밀턴이 쓴 『잃어버린 낙원』의 제11권을 보면 아담과 하와를 에덴의 동산으로부터 쫓아내기 전에 미가엘 천사가 아담을 이끌고 높은 산으로 올라가 그들이 지은 원죄의 결과를 보여주는 장면이 나옵니다. 아담이 맨처음 본 것은 가인이 아벨을 죽이는 장면이었고 그 다음으로 본 것은 나병자 수용소인 듯한 장소에서 온갖 질병으로 인해서 비참하게 죽어가는 모습입니다. 아담은 눈물로 탄식하며 "하나님의 모습을 받은 / 인간은 전에는 그토록 훌륭하고 곧게 / 창조되었는데 그 후 죄를 지었다 해서 이렇게 / 비인간적 고통 속에 보기 흉한 수난으로 떨어져야 하는가"라고 절규합니다. 아담의 이 절규소리를 듣고 미가엘은 이렇게 대답합니다.

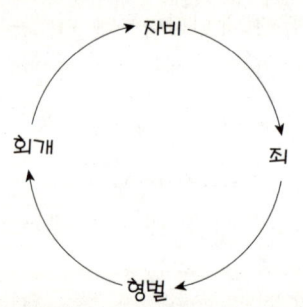

이스라엘 구속 역사의 패턴

그들이 스스로 타락하여 방자한 식욕의
노예가 되고, 그들이 섬기던 그분의 모습을

주로 하와의 죄로 유도하는 짐승 같은 악덕을
취했을 때, 그들을 저버렸도다. 그래서 그들의
벌이 그렇게 비열하기 때문에 하나님 아닌
자기 자신들의 모습을 추하게 하도다.
한편 순결한 자연의 건전한 법을
꺾고 가공할 질병을 일으키도다.
그들이 자신 속의 하나님의
모습을 존중치 않으니 그것은 당연하니라. (XI. 515-525)

아담은 미가엘에게 "그러나 이 괴로운 길 이외에 다른 방도가 없나이까?" 하고 물었습니다. 미가엘은 "그대 만약 '도를 넘지 말라'는 법을 지키고 / 먹고 마시는 일에 절제를 배워 살다보면 / … 거세게 꺾이는 일없이 편안히 / 성숙한 죽음에 이를 수도 있으리라"라고 가르쳐 줍니다. 다시 말하면 회개하고 주의 계율을 지켜 살면 주의 자비를 얻어 구원을 얻으리라는 것입니다. 위의 이스라엘 구속 역사의 패턴이 바로 그 사실을 보여줍니다.

노아의 홍수와 하늘의 무지개

노아의 홍수와 하늘에 세워진 무지개 이야기는 『창세기』 6장에서 10장까지 이어집니다. 가인이 동생 아벨을 죽이고 아담과 하와의 곁을 떠난 뒤, 시간이 지남에 따라 아담과 하와 사이에는 자식들이 많이 태어났습니다. 제일 먼저 태어난 사내아이는 '셋'이라고 이름을 지어 주었습니다. 아담은 셋을 낳은 다음에도 팔백 년 동안이나 더 살았으며 그 무렵 땅 위에는 많은 사람들이 살고 있었습니다. 그러나 사람들이 많아지면서 하나님을 잊고 살 뿐 아니라 나쁜 짓을 하는 사람들도 점차 늘어났습니다.

셋은 어른이 되어 가정을 이루고 그의 자식들이 태어났습니다. 셋의 자손 가운데에는 에녹이라는 사람이 있었는데, 그는 하나님과 함께 거닐며 이야기를 나누기도 하는 착한 사람이었습니다. 그의 아들들 중에는 므두셀라라는 아들이 있었습니다. 그리고 므두셀라의 아들들 중에는 라멕이라는 사람이 있었습니다. 라멕에게는 노아라는 아들이 있었는데, 그는 셋의 자손 중에서 가장 뛰어난 사람이었습니다. 이들은 모두 900세 이상 산 사람들입니다. 그 당시 900세 이상 산 사람들을 도표로 나타내면 다음과 같습니다.

노아는 "안식과 위로"라는 뜻이며 이 이야기의 중심 인물입니다. 노아는 아담의 10대 손입니다. 아담으로부터 10대가 지난 이후 노아 시대의 사

900세 이상 산 사람들

이 름	연 수	성경구절
아 담	930세	창 5:3-5
셋	912세	창 5:6-8
에 노 스	905세	창 5:9-11
게 난	910세	창 5:12-14
야 렛	962세	창 5:18-20
므두셀라	969세	창 5:25-27
노 아	950세	창 9:29

회는 도덕적으로 타락한, 악하고 음란한 시대(마 12:39)였습니다. 이러한 시대에 노아는 살았습니다. 어느 정도였는가 하면 하나님의 아들들 즉 경건한 셋의 아들들이 사람의 딸들 즉 가인 계통의 불경건한 자들 중에서 마음에 드는 아름다운 여자를 골라 아내를 삼을 정도였습니다 (창 6:2). 이것은 철저한 타락과 배신의 단적인 증거였습니다.

이처럼 이 시대 사람들은, 카인의 후손이든 셋의 후손이든, 동물처럼 못된 생각만 하고 성적으로 문란한 생활만 일삼아 왔던 것입니다. 이런 인간의 패악상을 하나님께서 보셨을 때, 몹시 슬펐고 인간을 창조한 것이 후회스럽기까지 했습니다. 그래서 하나님께서는 그 퇴폐한 인간계를 물로 심판키로 했습니다. 그것을 6장 3절에서는 "나의 신이 영원히 사람과 함께 하지 아니하리니"라고 표현하였습니다. 여기서 "나의 신"이란 성령을 가리키는 말이 아니라 하나님이 인간의 몸속에 불어넣어 주신 생기(창 2:7) 즉 생명(life)을 의미합니다. 그리고 "나의 신이 영원히 사람과 함께 하지 아니하리니"라는 말은 인간이 죽어야만 하는 것 즉 영원히 죽지 않고 살 수 없다는 것을 뜻입니다. 덧붙여 말하면 타락이 절정에 달했기 때문에 이제는 하나님께서 주신 생명을 거두

어 들이겠다는 홍수 대심판을 암시하는 표현이라 할 수 있습니다.

이 정도로 노아 시대의 모든 것이 다 타락했지만, 오직 한 사람 노아만은 이 시대의 예외적인 인물이었습니다. 그는 비록 늙은 몸이었지만, "의인이요 당세에 완전한 자로서 하나님과 동행하는"(창 6:9) 사람이었습니다. 그에게는 아들이 세 명 있었는데, 셈, 함, 야벳이라 하였습니다. 하나님은 노아가 있는 곳에 나타나서 "그들을 땅과 함께 멸하리라"(창 6:13) 하였습니다. 그리고 하나님께서는 노아에게 할 일을 지시했습니다. "너는 잣나무로 너를 위하여 방주를 짓되 그 안에 간들을 막고 역청으로 그 안팎에 칠하라"(창 6:14).

그리고는 교회와 그리스도의 모형인 방주(ark)를 만드는 방법까지 자세히 가르쳐 주셨습니다. 길이는 삼백 규빗(약 150m, 1규빗 = 약 44.4cm), 폭은 오십 규빗(약 25m), 높이 삼십 규빗(약 15m)으로 하고 삼층으로 만들되, 지붕을 만들어 한 규빗 치켜올려 덮고 옆에는 출입문(그리스도는 양의 문이라는 뜻)을 내라는 것이었습니다. 그 명령에 따라 노아는 조롱을 받으면서도 하나님의 말씀만을 믿고 열심히 작업을 하였습니다. 마침내 큰배 즉 방주가 완성되었을 때 하나님은 "이제 이레가 지나면, 사십일 동안 밤낮으로 땅에 비를 쏟아, 내가 만든 모든 생물들을 땅위에서 다 쓸어 버리리라. 그러니 너는 어서 네 식구들과 함께 새와 깨끗한 짐승들을 데리고 배에 들어 가거라"고 다시 명령하셨습니다.

이 말을 들은 노아는 땅 위에 있는 모든 짐승(2,000여종)과 새(약 6,500종류)들을 한 쌍씩 배 안에 다 몰아 넣었습니다. 그리고는 그의 아내와 아들들과 며느리들을 데리고 배에 들어간 다음 노아는 그 입구를 튼튼히 닫고 역청(송진류)으로 칠했습니다. 바로 그 날 땅 밑에 있는 큰 물줄기가 모두 터지고 하늘의 구멍이 뚫려 사십일 동안 밤낮으로 땅 위에 폭우가 쏟아졌습니다. 즉 모든 자연의 법칙은 깨지고 질서는 일시에 무너져 버렸던 것입니다. 모든 것이 비정상적으로 될 수밖에 없었습니다. 물이 점점 불어나서 그 큰 배는 물 위에 떠다니게 되었지만, 땅위의 생명력 있는 모든 것은 모두 홍수에 휩쓸려 죽고 말았습니다. 비는 하나님이 예고한 대로 사십일 동안 밤낮으로 쏟아지다가 멎었지만, 그 물은 백오십일 동안이나 땅 위에 괴어 있었습니다.

물이 줄어들기 시작한 지 백오십일 되던 날, 그 배는 마침내 흑해와 카스피해 사이에 있었다고 하는 아라랏(Ararat) 등마루에 머물렀습니다. 그 후 사십일이 지난 후 노아는 배의 창을 열고 까마귀 한 마리를 내보냈는데, 앉을 만한 지면이 었었으므로 되돌아왔습니다. 그로부터 일 주일이 지난후 이번에는 비둘기를 내보냈지만, 비둘기도 발 붙일 만한 장소를 찾지 못하고 되돌아왔습니다. 다시 일주일이 지난후 노아는 비둘기를 내보냈습니다. 저녁 때가 되어서야 비둘기는 올리브 잎사귀를 물고 돌아왔습니다. 물이 점차 빠지고 있는 것이 틀림없었으나, 노아는 매우 조심성 있는 사람이었으므로 그로부터 일주일을 기다려 비둘기를 다시 내보냈습니다. 이번에는 방주로 끝내 돌아오지 않았습니다.

폭우가 내리기 시작한 날로부터 삼백 십사일만에 지면에서 물이 걷혔고 삼백 칠십 일이 되는 그 해 이월 이십칠일에야 겨우 땅이 말라서 노아는 가족과 모든 생물을 데리고 배에서 나왔습니다. 노아는 배에서 나오자마자 그곳에 제단을 쌓고 제물을 바치며 감사를 드렸습니다. 제단에서 그 제물을 태우는 향기가 하늘 높이 치솟았습니다. 하나님은 그 향긋한 냄새를 맡으시며 새로운 삶을 시작하는 노아에게 다시는 홍수로 모든 생물을 없애 버리지 않겠다는 언약을 하셨습니다.

『창세기』 9장 8절에 보면 이런 언약의 말씀이 나옵니다. "하나님이 노아와 그와 함께 한 아들들에게 일러 가라사대 내가 내 언약을 너희와 너희 후손과 너희와 함께 한 모든 생물, 곧 너희와 함께 한 새와 육축과 땅의 모든 생물에게 세우노니, 방주에서 나온 모든 것, 곧 땅의 모든 짐승에게니라. 내가 너희와 언약을 세우리니 다시는 모든 생물을 홍수로 멸하지 아니할 것이라. 땅을 침몰할 홍수가 다시 있지 아니하리라."

노아의 홍수는 자연법칙의 파괴요 창조질서의 중단이라고 이미 앞서서 말한 바 있습니다. 그러나 하나님께서 세우신 언약은 노아 시대에 내렸던 그 대심판 즉 그런 창조질서를 파괴하는 홍수 심판은 다시는 없을 것이라는 것을 보증하신 것이었습니다. 이 언약의 징표로 구름 사이에 세우신 것이 무지개(rainbow)입니다. 『창세기』 9장 12절에서 15절까지를 보면, "하나님이 가라사대 내가 나와 너희와 너희와 함께 한 모든 생물 사이에 영세까지 세우는 언약의 증거는 이것이라. 내가 내 무지개를 구름 속에 두었나니 이것이 나의 세상과의 언약의 증거니라. 내가 구름으로 땅을 덮을 때에 무지개가 구름 속에 나타나면 내가 너희와 및 혈기 있는 모든 생물 사이의 내 언약을 기억하리니, 다시는 물이 모든 혈기 있는 자를 멸하는 홍수가 되지 아니할지라"는 말씀이 나옵니다.

무지개란, 우리가 다 아는 바와 같이, 태양이 수분층을 통과할 때 햇빛이 굴절되면서 나타나는 현상인 것입니다. 그것은 빛의 파장의 길이에 따라 나뉘어지면서, 빨주노초파남보의 아주 아름다운 색깔을 드러내게 됩니다. 물론 홍수 이전에도 이런 아름다운 무지개는 있었지만 홍수 이후 언약을 세우면서 그것에 특별한 의미가 부여됩니다. 노아와 그 가족들 아니 모든 사람들은 아름다운 하늘의 무지개를 바라보면서 세상 마지막 순간까지 노아의 홍수 때와 같은 자연 질서의 파괴는 일어나지 않을 것을 믿고 안심하며 살아가게 됩니다. 이것은 믿는 사람에게만 주신 특별한 은총이 아니라 세상 모든 사람들에게 주신 일반 은총인 것입니다. 사람들은 이 하나님의 일반 은총에 대해서 감사하며 살 때 새로운 삶의 의미를 지니게 됩니다.

하나님께서는 여러 가지를 통해서 언약의 증거를 세우십니다. 가령 선악을 알게 하는 나무는 그냥 평범한 나무에 불과했습니다. 그 나무의 실과를 따먹는다고 해서 더 악해지는 것도 더 선해지는 것도 아니었습니다. 다만 하나님께서 그 나무를 언약의 표증으로 삼으심으로 그것은 특별한 의미를 갖게 되고 또한 순종의 표지가 될 수 있었습니다. 또 하나님께서는 아브라함의 자손들과는 할례 언약을 세우셨는데, 이 의식은 아브라함의 자손들만 행하던 특별한 의식은 아니었습니다. 그것은 많은 부족들이 행하고 있었던 일반적인 의식이었습니다. 다만 하나님께서 그의 소유의 표증으로 아브라함의 자손들에게 특별히 할례를 받도록 명했을 때 비로서 그것은 새로운 의미를 갖게 되는 것입니다. 성찬식에 행하는 잔의 언약은 이미 유월절에 포함되어 있었던 것인데, 예수님께서 그것을 거룩한 새 언약의 표증으로 정함으로써 그것은 새로운 의미를 갖게 됩니다. 무지개 언약도 마찬가지였습니다. 그리고 무지개 언약이 보여주는 것은 하나님 이외의 어느 누구도 이 세상을 멸망시킬 수도 없으며 또한 자연질서를 파괴할 수도 없다는 것입니다. 이 얼마나 놀라운 하나님의 은총이라 할 수 있는가?

　노아와 대홍수의 이야기는 단순히 일어난 사건을 말해주는 역사적 기록이 아니라, 도덕적으로 문란하고 인간 중심적인 교만이 팽창할 때는 하나님께서 공의에 따라 심판하신다는 역사적 교훈을 설화해주는 서사시적인 일화라 할 수 있습니다. 카인은 이웃을 거슬리는 죄를 지었지만, 노아 시대의 사람들은 인간성을 거슬리는 죄를 지었습니다. 카인은 그 형벌로 세상을 떠돌아 다니는 신세가 되었지만, 노아 시대의 사람들은 물로 파멸당했습니다.

　그리고 하나님은 가인에게 그 자비의 표상으로 이마에 표를 주었지만, 노아와 그 가족에게는 "생육 번성하라"라는 축복과 함께 용서의 표로 무지개를 구름 속에 세우셨습니다. 무지개는 아득한 옛날부터 살을 당긴 신의 활을 상징한다고 생각해 왔습니다. 따라서 하늘에 무지개가 나타난 것은 하나님께서 노여움을 풀고 그 당겼던 활을 내려 놓으셨다는 자비의 언표(言表)라 할 수 있습니다. 이렇게 볼 때 노아와 대홍수 이야기에 나타나는 서사적 교훈도 죄, 형벌, 자비라고 하는 틀 속에서 엮어 짜여진 것임을 알 수 있습니다.

또 홍수 이후 사람들은 고기를 먹을 수 있게 되었지만, 생명을 상징하는 피(blood)는 뽑아내야만 했습니다. 그것은 하나님의 명령에 따른 것으로 이는 피의 언약(Covenant of Blood) 곧 예수 그리스도의 피흘림으로 말미암아 인류는 구원받을 수 있다는 묵시적 표상이 되는 것입니다. 따라서 노아의 이야기에 나오는 무지개와 피의 언약은 둘 다 구원의 예표라 할 수 있습니다. 이런 의미구조는 성서의 설화를 풀어가는 데 있어서 매우 중요한 기능을 갖습니다.

영국의 19세기 낭만파 시인들 중의 대표격이라고 할 수 있는 윌리엄 워즈워스(William Wordsworth)의 많은 자연을 노래한 시 가운데 "무지개"라는 시가 있습니다. 그 시를 먼저 소개하겠습니다.

> 하늘에 무지개 바라보면
> 내 가슴 뛰노라.
> 내 목숨 시작할 때 그러했고
> 어른이 된 지금도 그러하니
> 늙어서도 그러하리라.
> 아니라면 죽음만도 못하리!
> 어린이는 어른의 아버지
> 원컨대 내 생애의 하루하루가
> 자연에 대한 경외로 이어지기를.

자연을 바라볼 때 우리는 그 어떤 놀라움, 그 어떤 기쁨, 그 어떤 신비감이 그 속에 깃들어 있다고 늘 생각하게 됩니다. 살아나가느라, 감각의 거울에 땟물을 끼게 하고, 그로써 자연을 바라보며 놀라움이 없는 분별 없는 눈만 가졌다면, 그야말로 이 시의 구절처럼 "살아서 무엇하겠는가!" 우리의 더럽혀진 눈을 그리스도의 보혈의 강수(江水)로 깨끗이 씻음받아 무지개를 바라보게 된다면 실로 그 옛날 노아시대 있었던 대홍수와 다시는 물로는 심판하지 않으시겠다는 언약의 표로 세우신 하나님의 그 긍휼하심과 놀라운 사랑을 새롭게 느끼며 감사하게 될 것입니다. 그렇지 못하다면 살아서 무엇하겠는가?

니므롯과 그가 쌓은 바벨탑

노아와 그의 세 아들(셈, 함, 야벳)은 "땅에 충만하라"(창 9:1)는 하나님의 축복을 받고 새로운 세상에서 새 생활을 하기 시작하였습니다. 노아는 물난리를 겪고 난 후 배에서 나오자 마자 포도원을 가꾸기 시작하였습니다(창 9:20). 하루는 포도주를 마시고 취하여 벌거벗은 채로 천막에 누어 있었는데, 마침 함(Ham)이 그것을 보고 밖으로 뛰어나가 형과 아우에게 그 추태를 비난하는 투로 이야기했습니다. 그러나 셈(Shem)과 야벳(Japheth)은 겉옷을 집어 어깨에 걸치고 뒷 걸음으로 들어가 그 벗은 몸에 덮어드렸습니다. 술이 깬 노아는 함이 행한 일을 알고 가나안을 저주하였습니다.

> 가나안은 저주를 받아
> 그 형제의 종들의 종이 되기를 원하노라(창 9:25)

가나안은 함의 막내아들입니다. 노아의 벗은 하체를 보고 조롱한 자는 함이었는데 왜 그 아들 가나안이 저주를 받았는가 하는 문제에 대해서는 여러 가지 의견들이 있습니다. 즉 함이 받을 형벌의 가혹함을 더 분명하게 나타내려고 가나안으로 대표되는 그 후손들을 저주하고 있다는 견해와 가나안도 이미 그의 아버지의 불경건함과 죄악을 답습하고 있었기 때문에 저주받았다는 견해 그리고 노아는 예언의 은사를 통하여 장차 가나안족이 징계를 받을 것이라는 사실을 알고 있었다는 견해 등입니다. 어느 견해든 상관이 없다고 생각합니다. 왜냐하면 그 주장은 모두 다 일리가 있기 때문입니다. 여하튼 가나안족에 대한 저주는 모두 성취되었습니다. 즉 여호수아 시대에 가나안 족속은 셈족인 이스라엘인들에 의해 비천한 종의 형태로 전락되었고(숫 9:23), 나머지는 솔로몬 시대에 완전 정복당했습니다(왕상 9:20-21). 그 후 원래 가나안 족속의 거주지의 일부였던 베니게 지역이 야벳 족속인 페르시아인들과 마게도니아인들 및 로마인 등에 의해 철저히 정복당하고 말았습니다. 이처럼 하나님의 사람의 저주는 정말 무섭게 성취되는 것입니다.

맥크 코넬리(Marc Connelly)라는 극작가는 그의 현대극 『초록빛 목장』(Green Pastures)에서 노아를 술을 좋아하는 남자로 묘사하고 있습니다. 노아가 술을 좋아했는지는 알 수 없으나 그는 하나님을 경외하는 그 당시의 의인이었습니다. 농사를 짓기 시작하면서 제일 먼저 심은 것이 포도나무였습니다(창 9:20). 포도나무를 재배하면서 자연스럽게 생산되는 포도주가 주음료수로 되었을 것입니다. 그러니까 그 당시에 포도주를 마시는 것은 크게 문제시되지 않았을 것으로 생각합니다. 그러나 대취(大醉)해서 그것도 겉옷을 모두 벗은 채 알몸으로 누워있었다고 하는 것은 큰 실수요 수치스러운 일이라 아니 할 수 없습니다. 그것은 영적으로 나태해진 징조요 실로 무분별한 행위라 아니 할 수 없습니다. 따라서 노아는 끝까지 참지 못하고 함을 저주하는데 이르는 것입니다.

아래의 도표에서 보는 바와 같이, 시간이 흐름에 따라 노아에게는 후손들이 많이 태어나 큰 무리를 이루게 되었습니다. 셈과 야벳은 선택

노아의 아들들과 그 후손들 아들

아들	후　　손　　들	관련성구
셈	엘람　앗수르　아르박삿　　　　　　롯　　아람 　　　　　　　↓　　　　　　　　　↓ 　　　　　　　셀라　　　　　　　　　우스 　　　　　　　↓　　　　　　　　　↓ 　　　　　　　에벨　　　　　　　　　훌 　　　　　　　↓　　　　　　　　　↓ 　　　　　　　벨렉→르우스　　　　　게델 　　　　　　　↓　　　　　　　　　↓ 　　　　　　　스룩　　　　　　　　　마스 　　　　　　　↓ 　　　　　　　나홀 　　　　　　　↓ 　　　　　　　데라 　　　　　　　↓ 　　　　　　아브람(후일 아브라함)	창 10:21-31
함	구스　　미스라임　　붓　　가나안 ↓　　　↓　　　　　　　↓ 스바　　불레셋　　　　　　사돈 ↓　　　(페르시아)　　　　↓ 하윌라　　　　　　　　　헷 ↓　　　　　　　　　　　↓ 삽다　　　　　　　　　다음 족속의 ↓　　　　　　　　　　조상 ; 여부스 라아다→스바　　　　　　↓ ↓　　　↓　　　　　　　아모리 삽드가　드단　　　　　　↓ ↓　　　　　　　　　　　가르가스 니므롯　　　　　　　　　↓ 　　　　　　　　　　　히위 　　　　　　　　　　　↓ 　　　　　　　　　　　알가 　　　　　　　　　　　↓ 　　　　　　　　　　　신 　　　　　　　　　　　↓ 　　　　　　　　　　　아르왓 　　　　　　　　　　　↓ 　　　　　　　　　　　스말 　　　　　　　　　　　↓ 　　　　　　　　　　　하맛	창 10:6-20
야벳	고멜　마곡 마대　야완　두발 메섹 다라스 ↓　　　　　　　↓ 아스그나스　　　엘리사 ↓　　　　　　　↓ 리밧　　　　　　달리스 ↓　　　　　　　↓ 도갈마　　　　　깃딤 　　　　　　　　↓ 　　　　　　　　도다님	창 10:2-5

56 재미있고 신나는 성서의 세계

된 백성의 줄기를 형성해 가는 반면 함은 유기된(버림받은) 백성의 줄기를 형성해 가게 됩니다. 셈과 야벳 중에서도 야벳의 후손은 구속사와는 깊은 관련이 없습니다. 이스라엘 민족의 구속사는 셈의 후손들이 그 줄기를 이어가게 됩니다. 셈의 아들 다섯 가운데서 셋째 아들인 아르박삿은 셀라를 낳았고 셀라는 에벨을 낳았는데, 이 에벨이 바로 히브리 혹은 히브리 사람이라고 불리워지게 됩니다. 그러나 노아로부터 저주를 받은 함의 막내 아들 가나안 일족은 지금의 가자에서부터 사해변의 소돔과 고모라에 이르는 강력한 영토를 확보하고 살아가게 됩니다. 그리고 함의 맏아들인 구스의 동생 미스라임은 마침내 히브리인의 별칭인 이스라엘의 원수가 되는 블레셋(페르시아)인의 조상이 됩니다.

당시 사회는 개개 부족이나 씨족이 자기들의 통치자를 두고 있었던 족장 시대였습니다. 따라서 힘있는 부족이 보다 약한 부족을 정복해서 지배하는 즉 힘의 논리만이 팽배한 양육 강식의 참담한 시대였습니다. 이러한 때 구스의 막내아들인 니므롯은 스스로 왕이 되어 왕국을 이룩하였습니다. 그는 왕국을 건설하는 과정에서 백성의 자유를 잔혹하게 압제하고 신적 권위에 도전하는 최초의 군주로 나타나는 것을 봅니다. 특히 니므롯을 "여호와 앞에서 특이한 사냥군"(창 10:9)이라 하였는데, 이 "사냥군"이라는 사실에는 복합적인 의미가 내포되어 있습니다. 즉 "사냥군"이라는 말은 전쟁에서도 사용되던 말이었습니다. 이것은 당시 사냥은 전쟁의 한 훈련 과정이었고, 고대의 전쟁 영웅들을 가리켜 사냥군의 제자라고 호칭한 것에서도 짐작할 수가 있습니다.

니므롯은 실로 문자 그대로 널리 침략 전쟁을 펼쳤던 영걸(英傑)이요 특이한 사냥군이었습니다. 그는 처음 메소포타미아나 갈대아 남부 지역인 시날 땅을 점령하여 바벨, 에렉(Erech), 악삿(Accad), 갈레(Calneh) 등의 성읍을 세운 후 계속 북쪽으로 나아가 앗수르를 침략하여, 니느웨, 르호보딜, 갈라, 레센 등의 큰 성읍을 세웠습니다(창

10:11). 이중 바벨은 후일 바벨론 국가로 발전하게 되었고, 니느웨는 앗수르의 수도로서 고대 세계에서 가장 크고 번창한 도시가 되었습니다.

대홍수 이후 사람들은 아라랏 산지를 떠나 생활의 편리한 장소를 찾아 동방으로 향하다가 시날 땅에 머물면서 살게 되었는데, 그 때 그들은 모두가 한 가지 말을 사용하고 있었습니다. '구음(口音)이 하나' 였기 때문이었습니다. 구음(입술)이 하나인 것은 단결을 의미하는 것입니다. 이들은 아주 비옥한 평야에서 땅을 경작하거나 양을 치는 일을 했을 뿐 아니라, 벽돌을 구워서 집을 지어 큰 도시를 이루었습니다. 그래서 끝내는 그들 자신의 힘과 슬기를 믿고 하늘까지 닿는 크고 높은 탑을 쌓게 되었습니다. 이 바벨탑을 쌓는 일을 선동하고 지도한 사람이 니므롯이었습니다.

이 폭군같은 힘센 장사 니므롯이 바벨탑을 쌓는 일에 앞장 선 까닭은 무엇일까요?『창세기』11장 4절 "성과 대(臺)를 쌓아 대 꼭대기를 하늘에 닿게 하여 우리 이름을 내고 온 지면에 흩어짐을 면하자"는 말씀에 잘 나타나듯이, 그것은 그들 자신의 이름과 안전을 자신들의 단결력에 의해 도모하려 했던 인간주의적인 과시욕 때문이었습니다. 이것은 그들 자신의 힘과 기술을 악용해서 에덴을 창조하려던 행위라 할 수 있으므로 분명 하나님의 뜻을 거역하는 죄의 행위라 할 수 있습니다. 그러나 하나님은 그들의 교만을 못 본 채 내버려두지 않고 말을 혼란케 하여 그들의 세력을 꺾었을 뿐 아니라 서로 의사 소통이 되지 않게 하셨습니다. 구음이 하나가 아니기 때문에 의사 소통이 되지 않았고 따라서 마음도 통하지 않게 되었습니다. 그래서 그들은 그 이상 탑 쌓는 일을 진행하지 못하고 서로 다투기만 했습니다. 왜냐하면 하나님께서 그들의 말을 혼란케 했기 때문입니다.

그들은 마침내 쌓던 탑을 버리고 자기와 같은 구음을 가진 사람들끼리 모여 사방으로 흩어지게 되었습니다. 경악과 두려움으로 어쩔 줄 몰라하면서, 탑도 도시도 어중간 상태로 방치해 두었습니다. 그 도시가 "바벨"(혼잡의 문) 또는 "바빌"(많은 신들)로 불리게 된 것은 이러한 데서 연유된 것입니다. 그리고 그 탑을 흔히 바벨탑(Tower of Babel)이라 하는데, 그것은 "혼란의 장면"(sense of confusion), "시끄러운 모임"(noisy assembly), "의미없는 허튼 소리"(meaningless noise) 따위로 통하게 되었습니다. 자기지상주의와 자기도취의 오만은 인간 사회의 일치를 파괴하고 마음의 교통을 흐트러 수많은 파벌을 만듦으로써 세상을 분열시키기 때문에 그런 이름이 붙게 된 것입니다.

밀턴은 『잃어버린 낙원』에서 히브리어로 "적대자"(adversary)를 뜻하는 니므롯을 폭군의 원형 또는 영적으로는 사탄의 모형으로 내세우고 있습니다.

> 그들(니므롯과 그 일당들)은 벽돌과 그 밖의 재료로
> 그 꼭대기가 하늘에 닿는 도시와 탑을
> 세워, 이름의 좋고 나쁨은 불문하고 스스로
> 이름을 얻고자 하리라, 아니면 그 이름
> 멀리 이국으로 흩어져 자기들의 기억
> 잃을까 해서. 그러나 가끔 보이지 않게
> 내려와 인간을 찾고 그 거처 사이를
> 거니시며 그들의 행위를 살피시는
> 하나님께서 곧 그것을 바라보시고, 그 탑이
> 하늘 탑을 막기 전에 내려오시어 그 도시를
> 보고 비웃으시며, 그들의 혀에 불화의 정신을
> 심고 그들 본래의 언어를 완전히 빼앗아 버리고,
> 대신 알지 못하는 말의 소음을
> 뿌리셨느니라. 갑자기 건축자들 사이에
> 무서운 지껄임 소리가 요란하게 일어나,
> 서로 부르지만 알아듣지 못하고,
> 결국은 목이 쉬고 분개하여

> 하나님께서 비웃으신 대로 야단법석이
> 났느니라. 하늘에 웃음소리
> 높고, 이 기이한 소동을 내려다보며
> 또한 그 소음 듣는도다.
> 이리하여 건축은 우습게 중단되고,
> 이 공사는 혼란이라 부르게 되리라. (XII, 43-62)

위의 인용문에서 보는 바와 같이, 니므롯은 사탄과 마찬가지로 교만과 야심 때문에 하나님의 바른 길을 거역하고 인간생활의 지침이 되는 자연의 법칙을 파괴하였습니다. 뿐만 아니라 그는 그의 포악한 주권에 대항하는 자들을 전쟁으로 점령했고 바벨탑을 쌓아서 하나님과 동등한 지위를 얻으려 했던 것입니다. 이것은 그들 자신의 힘과 기술을 악용해서 에덴을 창조하려던 행위라 할 수 있으므로 분명 하나님의 뜻을 거역하는 죄의 행위라 할 수 있습니다.

그러므로 하나님께서는 그들의 인간주의적 거역 행위를 묵과하지 않고 그들의 언어를 혼란시켜 그들로 하여금 탑을 버리고 사방으로 흩어지게 했던 것이다. 즉 그들의 공동체가 파산되는 형벌을 받게 되는 것입니다. 그러나 하나님은 인류의 구속사를 이어가시기 위해서 아브라함이라는 인물을 부르십니다. 여기에 하나님의 자비가 나타납니다. 따라서 이 이야기의 구조도 죄, 형벌, 자비로 이루어졌다고 규정지을 수 있습니다.

족장 2 시대

- 아브라함과 모리아산
- 롯과 소돔에 내린 불비
- 이삭과 그의 아내 리브가
- 야곱과 하나님과의 씨름
- 욥과 그의 시련

아브라함과 모리아산

노아의 맏아들인 셈의 자손 중에 데라(Terah)라는 사람이 있었습니다. 그는 바벨에서 그리 멀지 않은 우르(Ur)라는 도시에서 살았는데, 이 도시는 바빌론 제국 안에 있었습니다. 데라에게는 아브람, 나홀, 하란이라는 세 아들이 있었습니다(창 11:26- 32). 그들이 우르에서 살던 때는 기원전 1800년 경으로 그들은 풀이 많은 곳을 찾아다니며 양이나 그 밖의 가축들을 기르며 사는 유목민이었습니다. 갈대아 우르는 유프라테스가 페르시아 만으로 흘러들어가는 하구 근처에 있는 인류 문화를 최초로 밝혔던 수메르 문화의 중심지였습니다.

발달한 도시교통을 비롯하여 관료기구와 무역, 설형문자로 기록된 엄청난 문서와 서적, 그리고 다신교와 범신론의 종교와 철학, 태양과 달을 숭배하는 신앙, 그 모든 것이 데라에게도 많은 영향을 끼쳤을 것이 틀림없습니다. 세 아들과 함께 우르에 살고 있던 데라는 그 어떤 불가사의한 충동에 이끌려 부와 번영의 도시 우르를 떠나 사막 서쪽의 가나안으로 갈 결심을 하였습니다. 그러나 떠나기 얼마 전에 그의 아들 하란이 죽었습니다. 그리하여 데라는 하란의 아들인 손자 롯과 아들 아브람, 그의 아내 사래, 둘째 아들 나홀과 그의 아내 밀가, 그리고 가축들을 데리고 가나안을 향하여 길을 떠났습니다. 그 노정은 우선 유프라테스 강과 티그리스 강 사이의 대초원을 북서로 거슬러 올라가 도시 하란으로 갔다가 다시 지중해변의 폭 좁은 팔레스틴 녹지대를 지나 남으로 향하는 것이었습니다. 위험하기 짝이 없는데다가 식수 조달이 어려운 아라비아 사막을 피해서 가자면 초생달 지대의 우회로를 이용할 수밖에 없었습니다. 그들은 일단 하란이라는 곳에 이르러 자리를 잡게 됩니다. 하란에서 살던 데라는 이백오 세에 죽었습니다.

데라가 산 시대, 다시 말해 기원전 1900년경의 하란은 동서남북으로 이어지는 대상로(隊商路)의 중심지요 정치 문화의 중심지이기도 하였습니다. 아버지를 이어 족장이 된 아브람은 오래도록 하란에 머물렀습니다. 그 동안 재산이 많이 늘어나서 양, 소, 염소, 당나귀 등의 가축이 많아지고 따로 이것들을 돌보는 종들도 필요해졌습니다. 둘째 아들 나홀은 아버지가 숨을 거둔 곳 하란을 고향으로 삼아 정주하기로 마음을 정했습니다.

그러나 아브람(창세기 11장으로부터 29장까지에 걸쳐서 나오는 믿음의 조상 아브라함의 본명)은 칠십오 세가 되던 해에 하나님의 부르심을 받았습니다. "너는 너의 본토 친척 아비 집을 떠나 내가 네게 지시한 땅으로 가라. 내가 너로 큰 민족을 이루고 네게 복을 주어 네 이름을 창대케 하리니 너는 복의 근원이 될지라. 너를 축복하는 자에게는 내가 복을 내리고 너를 저주하는 자에게는 내가 저주하리니 땅의 모든 족속이 너를 인하여 복을 얻을 것이니라"(창 12:1-3).

이미 나이 75세가 된 아브람은 하나님이 이런 늙은이를 어디로 데려가려고 하는 것인지 불안했습니다. 또한 그에게는 대를 이어나갈 자식도 없었습니다. 그리고 평안히 살 수 있는 정든 하란을 떠난다는 것은 매우 어려운 일이었습니다. 하란은 가축들을 기르는 데 기후가 알맞았고 아브람은 그곳에서 족장으로서 존경을 받으며 살고 있었기 때문입니다. 실로 어디로 가는지도 모르면서 떠난다고 하는 것은 큰 위험이 따르는 모험이었습니다. 그러나 그는 믿음으로 하나님의 명령에 따라 길 떠날 준비를 했습니다. 그리고 아브람의 조카인 롯(Lot)도 함께 가기로 했습니다. 그들의 길고 긴 여행은 사막과 황폐한 땅을 지나 계속되었고 괴로운 일도 많이 있었습니다. 더구나 하나님이 어디로 데리고 갈 지도 모르는 여행이었습니다. 그러나 믿음이 깊은 아브람은 하나님이 어디로 인도하든 따라가기로 했습니다.

마침내 가나안의 세겜 땅에 이르렀을 때 하나님은 "내가 이 땅을 네 자손에게 주리라"(창 12:7)고 말씀하셨습니다. 그곳에는 큰 상수리 나무가 한 그루 있었는데, 아브라함은 하나님이 나타나셨던 그 자리에 제단을 쌓고 하나님께 감사 기도를 드렸습니다. 그러나 그 지방에 마침 흉년이 들어서 아브람과 그 일가는 애굽(이집트) 땅으로 옮겨 갈 수밖에 없었습니다. 그가 이집트라는 남의 땅에 발을 들여 놓으므로 파라오에게서 자기 아름다운 아내 때문에 어려움을 당한 일도 있지만, 일반적으로는 이상적인 족장의 전형으로 묘사되고 있습니다. 조카 롯이 궁지에 몰렸을 때(엘람 왕에게 사로잡혀 갔을 때) 자신이 길러낸 사병 삼백 십 팔명을 이끌고 나가 그를 구해 주었으며, 롯의 목자들과 아브람의 목자들이 서로 다툴 때 그는 롯에게 좋은 땅을 양보했으며, 또 소돔성의 멸망을 구원하기 위하여 하나님께 중보의 탄원을 드리기도 하고, 가정의 평화를 이루기 위하여 부득이한 처사이긴 했지만 이스마엘과 하갈을 내쫓기 전 그들의 먹을 것과 마실 것을 준비해 준 것 등은 모두 아브람이 이상적인 부족장의 모습을 보여주는 실례들입니다.

하나님은 아브람이 한 이런 일들을 보고 기뻐하여 환상 가운데 나타나 아브람에게 말씀하셨습니다. "아브람아 두려워 말라. 나는 너의 방패요 너의 지극히 큰 상급이니라"(창 15:1). 이에 아브람은 "주 여호와여 무엇을 내게 주시려나이까. 나는 무자(無子)하오니 나의 상속자는 이 다메섹 엘리에셀이니이다"(창 15:2)라고 하였습니다. 여기서 언급한 "엘리에셀"은 아브람의 집에서 자란 가장 신임하는 종(창 24:2)이었습니다. 아브람은 자식이 없으므로 그 종 엘리에셀을 자신의 후사로 추천하게 되었던 것입니다.

이렇게 아브람이 말하자 하나님은 그를 밖으로 데리고 나가 하늘의 별을 보여주며 말씀하셨습니다. "하늘을 우러러 뭇별을 셀 수 있나 보라. 또 그에게 이르시되 네 자손이 이와 같으리라"(창 15:5). 아브람은 속으로 웃었습니다. 이미 그의 나이 아흔아홉살이요, 사래도 아흔 살이나 되어 아이를 낳기에는 너무 늙었기 때문입니다. 그러나 하나님은 사래가 아들을 낳을 것이라고 아브람에게 말씀하셨습니다.

"나는 전능한 하나님이라. 너는 내 앞에서 행하여 완전하라. 내가 내 언약을 나와 너 사이에 세워 너로 심히 번성케 하리라… 내가 너와 언약을 세우니 너는 열국의 아비가 될지라. 이제 후로는 네 이름을 아브람이라 하지 아니하고 아브라함이라 하리니 이는 내가 너로 열국의 아비가 되게 함이니라"(창 17:1-5).

하나님이 이름을 바꾸신 신앙인물

본 이름	새 이름	관련성구
아 브 람	아브라함	창 17:5
사 래	사 라	창 17:15
야 곱	이스라엘	창 32:28
오 세 아	여호수아	민 13:16
솔 로 몬	여디디야	삼하12:25
시 몬	베 드 로	요 1:42
사 울	바 울	행 13:9

그리하여 위의 도표에서 보는 바와 같이 "높은 가문의 사람"이라는 뜻인 아브람은 "많은 민족의 조상"라는 뜻인 아브라함으로 바뀌게 되었고, "나의 여왕"이라는 뜻인 사래는 "많은 민족의 어머니"라는 뜻인

사라로 불리우게 되었습니다.

어느 무더운 날 오정(午正) 즈음, 아브라함은 마므레의 상수리나무 근처에 처놓은 천막 입구에 앉아서 한낮의 뜨거운 열기를 피해 쉬고 있었습니다. 아브라함이 고개를 들어 보니 낯선 나그네 세 사람이 자기를 향해 걸어오고 있었습니다. 그 당시 관습에 의하면 나그네를 친절하게 대접하는 것은 유목민들의 가장 중요한 덕 중의 하나였습니다. 아브라함은 천막에서 달려나가 나그네들 앞에 엎드려 절하며 그들을 맞이했습니다. 우선 먼지 투성이가 된 발을 씻을 물을 가져왔습니다(창 18:4). 아브라함은 속히 사라가 만든 떡과 하인들이 만든 기름진 송아지 요리와 버터 및 우유(창 18:6-8) 등을 가지고 와 정성껏 나그네들을 대접하였습니다. 아브라함이 베푼 이런 손님 후대의 모습은 그의 일상적인 신앙 인격을 드러내 보여주는 좋은 사례라 할 수 있습니다. 그는 실로 그 자신도 모르는 동안에(히 13:2) 하나님 앞에 겸손히 엎드려 경배했고, 또한 기쁜 마음으로 정성껏 하나님을 손님으로 모시게 되었습니다.

음식을 먹고 잠시 쉬고 난 나그네들은 아브라함에게 "네 아내 사라가 어디 있느냐"(창 18:9)고 물었습니다. 아브라함은 천막 안에 있다고 대답하였습니다. 그러자 그들 중의 하나가 아브라함에게 "기한이 이를 때(1년 뒤)에 내가 정녕 네게로 돌아오리니 네 아내 사라에게 아들이 있으리라"(창 18:10)고 말하였습니다. 천막 안에서 이 소리를 듣고 있던 사라는 속으로 웃었습니다. 왜냐하면 아브라함도 자기도 나이가 들대로 들어 아기를 갖는다는 것은 생각도 할 수 없는 처지였기 때문이었습니다.

나그네의 모습으로 아브라함을 찾아온 하나님은 사라가 웃는 것을 아시고 "여호와께서 능치 못한 일이 있겠느냐"(창 18:14)고 꾸짖었습니다. 사라는 갑자기 나그네들이 두려워졌습니다. 그래서 사라는 "내가 웃지 아니하였나이다"(창 18:15)라고 뚝 잡아뗐습니다. 하나님은

"아니라 네가 웃었느니라"고 말씀하시고 소돔을 향하여 떠났습니다.

하나님이 세우신 언약의 말씀에는 거짓이 없었습니다. 그 후 1년이 지나 아내인 사라는 아들을 낳았습니다. 그들은 크게 기뻐하며 하나님의 말씀대로 그 이름을 이삭이라 지어 주었습니다. 이삭이란 말은 "웃음"이라는 뜻인데, 그 말대로 이삭은 아브라함의 가정에 웃음과 기쁨을 가져다 주었습니다. 이삭은 부모의 귀여움을 받으며 훌륭한 아이로 자랐습니다.

어느 날 하나님은 느닷없이 아브라함에게 이렇게 말씀하셨습니다. "네 아들 네 사랑하는 독자 이삭을 데리고 모리아 땅으로 가서 내가 네게 지시하는 한 산 거기서 그를 번제(burnt offering)로 드리라"(창 22:2). 아브라함은 심히 괴로웠으나 끝까지 하나님의 명령을 따르기로 했습니다. 그는 아침 일찍 일어나 나귀에 안장을 얹고 장작을 실은 다음 두 종과 아들 이삭을 데리고 모리아 산을 향해 떠났습니다. 모리아 산은 원래 여부스 사람 오르난(Oman)의 타작마당(대하 3:1)이었는데 다윗이 그것을 그로부터 사들여 거기에다 그의 아들 솔로몬이 성전을 건축한 곳입니다. 바로 이곳에서 백세에 얻은 자식을 번제물로 바치라는 지시를 아브라함은 받았던 것입니다. 삼일 후에 모리아 산기슭에 도착하자 종들을 그 기슭에 남겨 둔 채, 아브라함은 이삭의 등에 번제물을 태울 장작을 지우고 자신은 양을 잡을 큰 칼과 불씨를 챙겨 들고 산으로 올라갔습니다. 아버지의 거동이 이상하게 느껴진 이삭은 아버지에게 물었습니다.

"불과 나무는 있거니와 번제할 어린 양은 어디 있나이까"(창 22:7).
"아들아 번제할 어린 양은 하나님이 자기를 위하여 친히 준비하시리라"(창 22:8). 이렇게 말은 했지만 아브라함의 마음은 천근 만근되는 양 무거웠습니다. 그러나 아브라함은 하나님이 일러주신 자리에 제단을 쌓고 장작을 얹은 다음 별안간 아들을 묶어 제단 장작더미 위에 올려

놓았습니다. 그리고는 양을 잡을 때의 칼을 꺼내어 아들을 찌르려 했습니다. 이런 믿음과 순종으로써 아브라함은 믿음의 조상이 되었고 복의 근원이 되었습니다. 이런 믿음과 관련해서 "아브라함의 품"(Abraham's bosom, 눅 16:22)이라는 관용 표현이 생겼는데, 그것은 "복되게 죽은 사람의 거처"(the abode of the blessed dead) 혹은 "하늘의 축복"(the blessedness of heaven)의 뜻으로 사용됩니다.

월리엄 워즈워스는 "바다 옆에서"(By the Sea)라는 시를 썼는데 거기서 아브라함의 품이라는 비유를 성서에서 끌어다가 인유(引喩)하였습니다.

>고요하고 풍만하고 아름다운 저녁,
>숨죽이고 예배드리는 수녀처럼
>조용하고 거룩한 시간, 환한 대낮의 해는
>고요히 지고 있고
>바다에는 하늘의 안온함이 깔린다.
>들으라! 힘센 존재(하나님)는 깨어나
>그 영원한 거동으로 끝없이
>천둥과 같은 소리를 낸다.
>
>여기서 나와 함께 걷고 있는 귀여운 아이! 귀여운 소녀!
>네가 엄숙한 사상에 사로잡히지 않은 듯해도
>너의 본성이 덜 성스러운 것은 아니다.
>너는 일년 내내 아브라함의 품에 안겨
>성전의 지성소(至聖所)에서 경배하기에
>우리가 알지 못할 때에도 하나님은 너와 함께 있도다.

이 시는 영국의 19세기 낭만파 시인 중의 한 사람인 워즈워스의 것입니다. 그는 프랑스 혁명이 일어나자 곧 큰 기대를 안고 프랑스로 달려갔습니다. 거기에 머무는 동안 발롱(Anette Vallon)과의 사랑의 결과로 얻은 캐로린(Carolin)과 도우버 해협의 프랑스 항구인 칼레(Calais) 해안을 거닐며 체험한 신비로운 감정을 형상화하여 이 시를 썼습니다. 숨을 죽이고 예배드리는 수녀처럼 경건하고 고요한 저녁, 해가 지고 바다에 하늘의 안온함이 깔리는 순간, 파도 소리는 우뢰와 같이 울려퍼졌습니다. 그 순간 워즈워스는 경이로운 힘을 묵시하며 수면에 운행하는 하나님의 신을 느꼈던 것입니다.

구약 시대의 성전 구조는 세 부분으로 나뉘어져 있었습니다. 즉 그것은 이방인의 뜰, 성소, 지성소(Holy of Holies)로 구분되어 있었습니다. 이방인들은 성전 밖에 있는 이방인의 뜰에만 들어올 수 있었고, 이스라엘 사람들은 성전 안에 있는 성소에 들어와 예배할 수 있었습니다. 그러나 성전 가운데서도 가장 거룩한 곳으로 성별된 지성소에는 기름부음을 받은 대제사장만이 들어가 하나님과 직접 교제를 나눌 수 있었습니다. 이런 성전 구조와 묘사를 배경으로 하여 워즈워스는 자연과 직접 영교(靈交)하는 딸을 지성소에서 경배하는 대제사장에 비유했던 것입니다. 결국 이 시에 나타나는 성서적인 지식을 통해서 볼 때 자연은 하나님이 늘 계시는 성전이요 심신이 모두 가난하고 천진난만한 캐로린과 같은 사람은 지성소에서 직접적인 영교를 하나님과 나누며 합일의 축복과 환희("아브라함의 품에 안겨")를 누리는 대제사장과 같다 할 수 있습니다.

제단 장작더미 위에 묶은 아들을 올려 놓았을 그때, 하늘에서 큰 소리가 들려왔습니다. "아브라함아 아브라함아, 아무 일도 그에게 하지 말라. 네가 네 아들 네 독자라도 내게 아끼지 아니하였으니 내가 이제야 네가 하나님을 경외하는 줄을 아노라"(창 22:12). 그 소리를 듣고 아브라함이 고개를 들어보니 뿔이 덤불에 걸려 허우적거리는 숫양 한 마리가 눈에 띄었습니다. 아브라함은 곧 가서 그 숫양을 잡아 아들 대신 번제물로 드렸습니다.

다음 도표에서 보는대로 아브라함은 그 곳을 "여호와 이레"라 이름 붙이고 아들과 함께 무사히 집으로 돌아왔습니다. 그때 또 다시 큰 소

여호와에서 파생된 하나님의 이름들

이 름	뜻	관 련 성 구
여 호 와 이 레	예비하시는 하나님	창 22:13-14
여 호 와 닛 시	나의 깃발이 되시는 하나님	출 17:15
여 호 와 살 롬	평강의 하나님	삿 6:24
여 호 와 삼 마	거기 계시는 하나님	겔 48:35
여 호 와 라 파	치료하시는 하나님	출 15:26
여 호 와 라 아	목자가 되시는 하나님	시 23:1
여호와 치드케뉴	만군의 하나님	삼상 1:3

리가 들렸습니다. "네가 이같이 행하여 네 아들 네 독자를 아끼지 아니하였은즉 내가 네게 큰 복을 주고 네 씨로 크게 성하여 하늘의 별과 같고 바닷가의 모래와 같게 하리니 네 씨가 그 대적의 문을 얻으리라"(창 22:16-17). 여기 "네 씨가 그 대적의 문을 얻으리라" 하였는데, 그 일차적 뜻은 아브라함의 후손인 이스라엘이 자기 원수들을 물리치고 그들의 성읍을 점령할 것이라는 것입니다. 그러나 그보다 더 깊은 영적 의미는 장차 메시야를 통하여 그를 믿는 모든 성도들 즉 아브라함의 영적 후손들이 복음으로 세상을 점령하며 모든 암흑의 세력들을 극복할 것이라는 의미입니다(갈 3:7-9, 14).

나이 많은 아브라함은 아들 이삭을 자기가 살아 있을 때 결혼시키고 싶어 가장 나이 많고 믿을 수 있는 종에게 마지막으로 가장 중요한 수고를 해 달라고 부탁했습니다. 리브가라는 아리따운 아가씨를 며느리로 맞이했습니다. 이것이 아브라함의 이야기에 나오는 큰 줄거리입니다. 이 줄거리를 보아서 알 수 있듯이 아브라함의 이야기는 하나님이 그 고향에서 아브라함을 불러내신 일부터 시작됩니다. 그가 아브라함을 불러 명령한 것은 "여행"(journey)을 떠나라는 것입니다. 여행이란

원래 낭만적이면서도 모험과 위험이 따르기 마련입니다. 왜냐하면 그것은 일종의 탐구(quest)의 과정이기 때문입니다. 더구나 아브라함의 여행은 그 행선지조차 명확하지 않은 상태였으므로, 하나님의 언약(covenant)을 절대적으로 믿고 받아들이는 순종의 신앙없이는 이루어질 수가 없었습니다. 약속의 땅(천국의 예형)과 후손을 바라며 찾아가는 아브라함의 추구는 하나님과의 계약 관계 위에 기초를 두고 전개됩니다. 그 계약은 스토리가 진행됨에 따라 점진적으로 구체적인 내용이 계시되는 것을 볼 수 있습니다. 따라서 하나님의 약속은 아브라함의 이야기를 구성하는 가장 기본적인 구조적 원리가 됩니다.

처음 아브라함이 가나안 땅에 이르렀을 때, 하나님은 아브라함에게 "내가 이 땅을 네 자손에게 주리라"(창 12:7)고 약속하셨습니다. 이것이 아브라함에게 주신 첫 번째 계시(revelation)입니다. 이 계시의 내용은 『창세기』 13장 14-17절에서 보다 심화되고 확대됩니다. 아브라함이 롯의 의사를 존중하여 헤브론 땅을 거주지로 선택했을 때, 하나님은 "네 자손으로 땅의 티끌 같게 하리니 사람이 땅의 티끌을 능히 셀 수 있을진대 네 자손도 세리라"고 약속하므로써 그의 계약을 확증하고 보다 구체적으로 발전시켰습니다.

이런 점진적인 계시(progressive revelation)는 『창세기』 15장에서 더욱 구체화되는 것을 볼 수 있습니다. 이 경우 하나님은 아브라함의 친아들이 후사가 될 것과 그 후손들이 사백 년 동안 남의 나라에서 종살이를 한 후 4대만에야 가나안 땅을 차지하게 되리라는 것을 계시하십니다(창 15:13-21). 『창세기』 17장에 와서는 아브람이 아브라함(창 17:5)으로, 사래는 사라(창 17:16)로 바뀌게 되고, 하나님은 "계약 관계의 표"(창 17:11)로 할례(circumcision)를 제도화했습니다. 그리고 아들을 낳으면 이삭이라고 부르라는 계시를 내리십니다.

이런 점진적인 계시의 절정은 아브라함이 모리아 산에서 이삭을 번제물로 드리는 마지막 장면에서 나타납니다. 그 계시의 내용을 보면 "내가 네게 큰 복을 주고 네 씨로 크게 성하여 하늘의 별과 같고 바닷가의 모래와 같게 하리니 네 씨가 그 대적의 문을 얻으리라"(창 22:17)는 것으로 되어 있습니다.

이렇게 볼 때 이 설화에 있어서 가장 주된 관심은 하나님과 아브라함 사이에 맺어진 계약 관계라 할 수 있고, 그것이 중심적인 의미구조를 이루고 있다는 것을 알 수 있습니다.

이상과 같은 의미구조와 원리를 축으로 하여 플롯을 전개함에 있어서 자주 내적인 갈등 또는 투쟁이 나타나는데, 그 예를 들면 첫째 자연의 힘, 특히 기근과 관련되어 있음을 볼 수 있습니다. 아브라함이 가나안 땅에 이르렀을 때 그곳은 극심한 기근에 쌓여 있었습니다. 그래서 아브라함은 하는 수 없이 이집트로 옮겨 갈 수밖에 없었습니다. 이로 인해서 아브라함의 탐구는 일단 좌절됩니다. 그리고 아브라함의 내면에는 갈등이 일어납니다.

다음은 아브라함과 다른 인물들 사이에 나타나는 갈등을 들 수 있습니다. 아브라함은 자신의 생명의 위험을 느끼고 아내 사라에게 누이로 처신하도록 했는데, 그 결과 이집트의 파라오는 아리따운 사라를 궁정으로 불러들여 아내로 삼게 되었던 것입니다. 그때 상황으로 보아서 아브라함은 슬기롭고 현명한 사람이었다고 할 수 있으나 결국은 난처한 입장에 빠져들었습니다. 그때 하나님은 파라오의 궁정에 재앙을 내려 아브라함과 사라를 보호했습니다. 아브라함은 믿음이 부족했지만 하나님은 은총으로 그 갈등을 극복하게 하여 계약 관계를 지속시켰던 것입니다.

그리니 상황에 벗어나는 두 번째 시건은 하녀 하갈(Hagar)을 통해 자식을 얻으려 한 것이었습니다. 사라가 출산할 능력이 없다고 판단한 아브라함은 아내의 권고에 따라 하갈과 동침하여 이스마엘이라는 아들을 얻습니다. 이것은 그때의 상황으로 보아 불가피하고 현명한 결단으로 돌릴 수도 있지만, 결국은 하나님의 약속을 불신한 처사라 할 수 있습니다. 이런 불신의 직접적인 결과로 단란하고 행복하던 가정에 불화(discord)가 일어납니다. 사실상 하갈의 후손은 이스라엘 민족의 적이 됩니다. 그러나 하나님은 하갈과 이스마엘을 아브라함의 가정에서 추방시킴으로써 그 약속을 진실되게 지켜갑니다.

믿음과 상황을 둘러싸고 벌어지는 또 다른 아브라함의 갈등은 그랄 땅에 정착해서 살 때 일어납니다. 여기서도 아브라함은 그랄 왕 아비멜렉에게 아내 사라를 누이라고 했다가 변을 당합니다. 그러나 하나님은 사라를 궁정으로 불러 들인 아비멜렉의 꿈에 나타나 사라는 남편이 있는 몸이니 너는 죽으리라고 했습니다(창 20:3). 그래서 아비멜렉은 아브라함에게 양떼와 소떼와 함께 사라도 돌려 주었습니다. 하나님은 이번에도 그 사건에 직접 개입하여 아브라함과 사라를 보호했습니다.

아브라함은 이와 같이 인간적 또는 도덕적 약점을 갖고 있으면서도 근본적으로는 하나님의 명령과 약속에 순응하는 믿음의 용장이었습니다. 결국 이 이야기는 인간은 누구나 연약하지만 믿음과 순종만 있으면 위대한 일을 성취할 수 있다는 것을 보여준 것입니다. 아브라함의 이야기를 특히 그가 믿음으로 이삭을 제물로 드리는 이야기와 관련하여 한 가지 살피고 넘어가야 할 것은 히브리적 화법(話法)의 특질입니다.

오우엘바하(Erich Auerbach)는 그의 『미메시스』(Mimesis)에서 아브라함의 제사 이야기와 호메로스가 서술한 한 장면을 비교하면서, 히브리 화법의 특질을 면밀히 논하였는데, 그것은 이 설화의 새로운 해석법을 시사해 주고 있습니다. 호메로스의 『오딧세이아』를 보면, 오딧세우스가 자기 발을 씻어주는 늙은 시녀에 의해 들키는 장면이 있는데, 그 서술이 비길 수 없이 소상합니다. 사건을 둘러싼 외적 상황이 극히 정확히 묘사되고, 부차적인 것들마저도 샅샅이 밝혀져 뚜렷한 윤곽을 드러내고 있습니다. 그저 지나가다가 꺼내서 좋을 말도 그냥 덮어두는 법이 없습니다. 그래서 눈으로 보고 손으로 만지는 듯한 느낌을 줍니다. 그것은 외적 상황에 있어서만 그런 것이 아닙니다. 등장 인물들의 느낌이나 생각도 그대로 술회되어 있습니다. 한 마디로 호메로스가 뜻한 바는 일어난 일, 또 있는 일을 모두 어둠에서 건져 실감나게 보이려는 데 있었습니다.

그러나 성경의 이야기는 아무런 감각적 매력도 없이 전개되고 있습니다. 우선 첫머리로부터 일련의 물음을 그대로 내버려 둡니다. 아브라함이 불리웠을 때 그는 도대체 어디에 있었는가? 집에 있었는가, 들에 있었는가? 그 일은 낮에 일어났는가, 아니면 밤에 일어났는가? 또 무엇보다도 그 부름이 어떻게 이루어졌단 말인가? 일종의 신발현(神發現)의 형태를 취한 것일까, 아니면 안에서 들려오는 소리였을까? 그것도 아니면 꿈으로 나타난 것일까?

"여기 있나이다"라는 소리도 그렇습니다. 여기가 어디였는지에 대해 아브라함은 아무 말도 없습니다. 그것은 어떤 장소를 가리킨다기보다 하나님 앞에 선 아브라함의 도덕적 위치, 즉 듣고 행하려는 그의 용의를 가리킵니다. 그런가 하면 머슴 둘을 데리고 사흘길을 갔다고 하는데 여기서도 도중의 풍경을 비롯하여 모든 것이 불투명할 따름입니다. 그야말로 짙은 안개 속을 걷고 있는 듯한 느낌입니다. 사흘날 아브라함이 눈을 드니 그 곳이 멀리 보이더라는 말이 고작 전부입니다. 다만 누가 무엇을 맡아서 가지고 가야 할 것이라던가, 또 제대를 짓고 나무를 쌓고 이삭을 묶어 제단에 눕히는 일이라던가 하는 것만 상세히 전할 뿐, 그밖에는 대체로 침묵으로 이어집니다.

흔히 이것은 호메로스가 그처럼 탁월하게 구사한 온갖 표현법을 터득하지 못한 데서 오는 결점이라고 할 수 있을는지 모르나, 이런 표현양식이야말로 은밀하고 독특한 화법이라 할 수 있습니다. 호메로스는 모든 것을 전면의 조명으로 밝혀 사물이나 말이나 느낌의 윤곽을 뚜렷이 드러내는 데 비해, 성경의 저자는 선명한 감각을 추구하지 않습니다. 오히려 감정의 표현을 극히 삼가면서도 무진한 감정을 불러 일으키는 데 그 예술성이 있습니다. 말로 나타내지 않았는데도 명령을 들었을 때의 놀라움, 길을 가면서 느끼는 비통함, 걸음을 되돌리고 싶은 유혹, 이삭의 공포, 종국에 느끼는 말할 수 없는 기쁨 등이 말로 표현했을 때보다도 더 강렬하게 현존할 수 있다는 데 그 특색이 있는 것입니다. 줄과 줄 사이에는 넓은 여백이 있는 것이 사실인데, 그 넓은 여백은 독자의 상상력으로 채워야 하는 것입니다. 왜냐하면 이 이야기에 나타난 사상이나 감정은 단층적인 것이 아니고 심층적이요 중층적(重層的)인 것이기 때문입니다.

이러한 심층적인 심리구조와 내면적인 중층성을 통합적인 감수성과 상상력으로 바로 파악해서 넓은 여백을 채워 넣을 때, 아브라함의 침묵과 묵종(默從)의 의미는 더욱 선명해질 것입니다. 또한 그런 관점에서 볼 때, 아브라함의 내면적인 갈등에도 불구하고 하나님의 언약만 믿고 그 냉혹한 명령에 주저하는 빛 하나 없이 그대로 순종하는 믿음이 얼마나 존귀한 것인가를 알 수 있을 것입니다.

롯과 소돔에 내린 불비

롯은 갈대아 우르에서 함께 떠나온 아브라함의 조카입니다. 아브라함과 롯은 한 때 가나안 땅에서 함께 살았습니다. 그러나 그들의 양떼와 소떼는 너무나 많이 늘어났습니다. 그 결과로 아브라함의 목동들과 롯의 목동들 사이에 목초지와 물을 둘러싸고 자주 다툼이 생겼습니다. 그래서 그들은 서로 갈라져 살기로 했습니다. 아브라함은 롯과 헤어져서 서쪽에 있는 산악 지방으로 옮겼고 롯은 요단 분지를 모두 차지하기로 하고 그리로 옮겨 갔습니다. 그곳 사해 부근에는 부유함으로 이름 높고 또 퇴폐와 끝없는 욕망의 남색(男色)의 도시 소돔(Sodom)과 고모라(Gomorrah)가 있었습니다. 소돔과 고모라는 죄악으로 가득찼고 의인라고는 찾아볼 수 없었습니다. 그래서 하나님께서는 그 두 도시를 멸망시키기로 마음먹었습니다. 그 계획을 아브라함에게 숨길 수가 없었음으로 하나님께서는 아브라함에게 이렇게 말씀하셨습니다.

"소돔과 고모라에 대한 부르짖음이 크고 그 죄악이 심히 중하니 내가 이제 내려가서 그 모든 행한 것이 과연 내게 들린 부르짖음과 같은지 그렇지 않은지 내가 보고 알려하노라"(창 18:20-21). 아브라함이 대접한 세 사람은 사람의 모습을 한 하나님과 그와 함께 온 두 천사들이었습니다. 아브라함은 걸음을 멈추고 하나님 앞에 섰습니다. 소돔에 사는 롯이 걱정스러웠기 때문입니다.

아브라함은 하나님이 하시려는 이 일을 잠자코 지켜보기만 해서는 안 될 것 같았습니다. 그래서 하나님께 아브라함은 물었습니다.

"(하나님, 소돔에 사는) 의인을 악인과 함께 멸하시려나이까? 성중에서 의인 오십인이 있을지라도 그들을 위하여 용서치 아니하시리이까?"(창 18:23-24).

하나님은 걸음을 멈추시고 아브라함에게 대답하셨습니다.

"오십 명. 오십 명의 의인이 있다면 온 지경을 용서하리라"

"그러시면……" 아브라함은 다시 말했습니다.

"오십 명의 의인 중에 오 명이 부족할 것이면 그 오 명이 부족함으로 인하여 온 성을 멸하시렵니까?"

"멸하지 아니하리라."

"사십오 명이 사십 명이 되면 어찌 하시겠습니까?"

"사십 명으로 인하여 멸하지 아니하리라"

"주여, 만약 삼십 명밖에 없으면 어떻게 하시겠습니까?"

"멸하지 아니하리라"

"이십 명이라면……"

아브라함은 다시 물었으나 하나님의 대답은 한결 같았습니다. 아브라함은 다시 한번 물었습니다.

"이번 한번만 더 묻게 하소서. 거기서 십 명을 찾으시면 어떻게 하시겠습니까?"

"벌하지 아니하리라"

하나님께서는 의인 십인만 있어도 소돔과 고모라를 멸망시키지 않겠다고 아브라함에게 약속했습니다.

하나님은 이렇게 여러번 아브라함의 물음에 대답하고 나서 그 자리를 떠났습니다. 아브라함도 자기 천막으로 돌아와 소돔에 사는 조카 롯을 생각하며 하나님이 소돔에서 의인 열 사람만이라도 찾아내시어 소돔이 무사하기를 바랐습니다. 아브라함이 하나님과 이야기를 하고 있을 때 소돔과 고모라를 향해 걸어간 두 나그네는 하나님의 천사였습니다.

날이 저물 때에 소돔의 성문 앞에 두 나그네는 도착했습니다. 왜 하필이면 날이 저물 때에 두 나그네는 소돔 성을 찾아온 것일까? 그것은 음란과 방탕과 온갖 사악한 일들이 활개치는 시간은 주로 어두운 밤 시간이기 때문이었습니다. 소돔 성의 타락상을 가장 잘 살필 수 있는 시간을 택하여 두 천사는 소돔을 찾으셨습니다. 그것은 "우리가 거리에서 경야(經夜)하리라"(창 19:2)라는 말씀이 입증해 주고 있습니다. 거리는 성안의 넓은 공터나 광장을 뜻합니다. 그곳에서 바로 소돔의 타락상을 가장 바로 살필 수가 있었을 것입니다. 옛 소돔의 암흑가를 상상으로 바라보고 있을 때 떠오르는 것은 헨리라고 시인의 다음과 같은 시구였습니다.

> 어둠이 짙구나―
> 해쪽으로, 아 해쪽으로!
> 길이 거칠구나―
> 앞으로, 끊임없이 앞으로!
>
> 정녕 새벽은 동쪽 그늘에
> 숨겨져 있지만,
> 언젠가는 우리들의 눈 앞에
> 아름다운 풀밭이 펼쳐지리라.

2. 족장 시대

위로 그리고 앞으로!
세월이 우리를 회복시켜 주리니.
빛은 우리 위에 있고
안식은 우리 앞에 있도다.

이 시를 쓴 윌리엄 어네스트 헨리(William Ernest Henley, 1849-1993)는 영국의 시인이요 극작가였습니다. 그는 『운문시집』(A Book of Verses, 1888)으로 명성을 얻었고, 그 후에 서정시 『산사나무와 라벤더』(Hawthorn and Lavender, 1899), 애국적인 노래 『영국을 위하여』(For England's Sake, 1900)을 내놓았습니다. 그밖에 평론집과 극시 등이 있습니다. 헨리의 시에는 어둠 속으로 동터오는 아침의 햇살이 보이지만 소돔의 거리에는 어둠만 짙게 깔려 있습니다.

날이 저물 때 소돔의 성문 앞에 도착한 낯선 두 나그네를 본 롯은 그들 앞에 엎드려 절하며 말했습니다. "내 주여 돌이켜 종의 집으로 들어와 발을 씻고 주무시고 일찍이 일어나 갈 길을 가소서"(창 19:2). 나그네를 맞아들인 롯은 식탁을 베풀고 빵을 구워 저녁식사를 정성껏 대접하였습니다. 두 나그네가 식사를 마치고 잠시 앉아 있는데, 소돔에 사는 노소 남자들이 롯의 집으로 몰려와 문을 두드리며 외쳤습니다. "이 저녁에 네게 온 사람이 어디 있느냐. 이끌어 내라. 우리가 그들을 상관하리라"(창 19:5). 여기서 "상관한다"는 말은 성교 즉 동성애(同性愛)를 가리키는 완곡한 어법으로 사용된 것입니다(삿 19:22). 동성애의 죄악은 아비의 하체를 비웃은(창 9:22) 함의 후손인 가나안인 가운데 특히 만연된 죄악이었습니다. 성서에서는 하나님의 창조 원리(창 2:24)와 인간의 본성에 어긋나는 동성애를 엄격히 금지하고 있으며(롬 1:26-27; 고전 6:9), 모세의 율법에서 이 죄는 죽음에 해당되었습니다(레 20:13). 남색(男色)을 의미하는 영어 "소도미"(Sodomy)라는 말은 성적 문란으로 타락한 소돔(Sodom)에서 파생된 말로 영원한 치욕의 단어가 되었습니다.

롯은 벌떡 일어나 장막 입구의 휘장을 걷어올리고 밖으로 나왔습니다. 두 팔을 벌려 장막 입구를 막으면서 온통 욕망으로 이글거리는 무리를 향해 입을 열었습니다. "내 형제들아 이런 악을 행치 말라. 내게 남자를 가까이 아니한 두 딸이 있노라. 청컨대 내가 그들을 너희에게로 이끌어 내리니 너희 눈에 좋은 대로 그들에게 행하고 이 사람들은 내 집에 들어왔은즉 이 사람들에게는 아무 것도 하지 말라"(창 19:7-8). 무리들은 롯을 밀치며 장막 입구로 몰려들며 이렇게 모욕적인 언사를 퍼부었습니다. "이 놈이 (얼마 전에 흘러 들어와) 우거하면서 우리의 법관이 되려느냐"(창 19:9).

나그네 가운데 한 사람이 급하게 팔을 뻗어 롯을 장막 안쪽으로 끌어당겨 들였습니다. 그는 문을 거칠게 닫으면서 "네 아내와 두 딸을 이끌라. 이 성의 죄악 중에 함께 멸망할까 하노라…(뒤를) 돌아보거나 들에 머물거나 하지 말고 산으로 도망하여 멸망함을 면하라"(창 19:15-17). 롯은 두 나그네에게 부탁했습니다. "내가 도망하여 산까지 갈 수 없나이다. 두렵건대 재앙을 만나 죽을까 하나이다. 보소서 저 성은 도망하기 가깝고 작기도 하오니 나로 그곳에 도망하게 하소서"(창 19-20). 두 나그네는 롯의 청을 들어 주었습니다. "네 소원을 들었은즉 너희 말하는 성을 멸하지 아니하리니 그리로 속히 도망하라"(창 19:21-22). 그날 이후 그 작은 성은 "소알"(작은 성)이라고 불리게 되었습니다.

롯의 가족과 함께 소돔을 빠져나오자 하늘에서 유황과 불비가 내려 소돔은 온통 불바다가 되어 성벽이 무너져 내리는 소리가 요란했습니다. 롯의 아내는 소돔에 모든 것을 두고 빠져나오는 것이 너무 안타까웠습니다. 그래서 나그네가 뒤를 돌아보지 말라고 했는데도 소돔에 대한 미련 때문에 뒤를 돌아다보고 말았습니다. 그러자 롯의 아내는 그만 목숨을 잃고 소금기둥으로 변해 버렸습니다.

롯은 소알에서 생활하는 것이 두려운 나머지 두 딸과 함께 산으로 올라가 동굴 속에서 살았습니다. 동굴 속에 살면서 두 딸은 아비 롯에게 술을 마시게 한후 동침하여 아들을 얻게 되는 데, 큰 딸에게서 난 아들은 모압(아버지로 말미암아)이고 둘 째 딸에게서 얻은 아들은 암몬(내 아비의 아들)이라 하였습니다.

다음 도표에서 보는 바와 같이 성서에 나타나는 몇 안되는 근친상간의 실례들 가운데 맨 처음에 오르게 된 것이 롯의 두 딸입니다. 그리고 그들이 낳은 아들들의 이름은 근친 상간을 나타내는 이름들로서 그 아비의 수치를 영원히 후세에 전하고 있습니다. 그 결과 롯은 언제 어디서 어떻게 죽었는지 성서에 기록되지도 못한 채 의혹 속에 사라져 버렸습니다.

성경에 나타난 근친상간의 실례들

이 름	관련성구
롯의 딸들	창 19:33
르우벤	창 35:22
유다	대상 2:4
암논	삼하 13:14
암살롬	삼하 16:2 2
헤롯	마 14:3, 4

미국의 소설가 존 스타인벡(John Steinbeck)은 그의 소설 『에덴의 동쪽』(The East of Eden)에 등장하는 새뮤얼 해밀튼(Samuel Hamilton)을 통해 이렇게 말을 합니다. "창세기로부터 우리를 괴롭히고 따라 붙는 것은 두 이야기가 있는데 그것은 원죄의 이야기와 카인과 아벨의 이야기이다. 그런데 나는 이를 모두 이해하지 못한다."

이러한 이야기의 패턴으로 스타인벡은 우선 아담과 그의 형제 찰스의 불행한 삶과 또 아담의 쌍둥이 칼렙과 아론의 삶 속에서 재현되는 악과 물려받은 죄의 신비함을 파헤쳐 봅니다. 철학자의 본능을 지니고 있고, 신앙심이 깊은 중국인 리(Lee)는 죄의 저주는 제거할 수 있다고 주장합니다. 그는 성서 속에서 하나님이 가인에게 말씀하실 때, 하나님은 '팀쉘'(Timshel)이라는 히브리어로 말씀하신다고 주장합니다. 리의 설명에 따르면 이 말씀은 약속이 아니라면 적어도 "너는 죄를 이길 수도 있다"라는 승리의 가능성을 의미합니다. 이 소설은 다음과 같은 말로써 끝이 납니다. "너는 할 수도 있다. 할 수도 있어! 무한한 영광이여!"

아담 트라스크(Adam Trask)는 아내 캐디(Cathy)와 함께 새로운 행복의 가정을 꾸미려는 희망으로 살리나스 계곡에 도착합니다. 아담은 자기 이름에 걸맞는 에덴을 만들어 놓으려 합니다. 그러나 캐디는 이브(Eve)가 아닙니다. 쌍둥이 아들을 낳은 후에, 그녀는 악의적으로 남편을 해치고 떠나갑니다. 아담은 더욱 어두운 삶으로 돌아갑니다. 새뮤얼 해밀튼의 도움으로 그는 삶의 의지를 다시 얻게 되지만 결국은 자신의 두 아들이 자기 소년시절의 가정을 파괴시켰던 적대감과 형태를 다시 거듭 반복하고 있다는 끔찍한 사실만을 발견하게 됩니다.

리(Lee)라는 중국인은 "너는 죄를 이길 수도 있다"라고 인간 승리의 가능성을 말하고 있지만, 결단코 원죄의 뿌리에서 태어난 모든 인간은 자기 힘으로 죄를 이기고 자기의 힘으로 에덴을 만들 수가 없습니다. 롯도 비옥한 소돔 땅을 택했을 때는 아담 트라스크나 같은 생각을 했을 것입니다. 그러나 말할 수 없는 죄를 물먹듯 저지른 소돔은 결국 불비에 의해 망하고 말았습니다.

노아 때는 물로 심판하셨고 저주받은 도시 소돔을 심판하실 때 하나님께서는 유황과 불비를 사용하셨습니다. 심판의 도구는 그때그때마다 다를 수 있지만 죄악의 결과는 멸망이라는 진리는 어제나 오늘이나 변하지 않습니다. "롯과 소돔에 내린 불비" 이야기는 아브라함의 이야기 속에 포함될 수 있는 하나의 짧은 에피소드지만 실로 전율을 느끼게 하는 한편의 현장르포와 비슷합니다. 너무나 생생하고 박진감이 넘치는 죄악상의 폭로 기사요 무서운 심판의 기록이라 아니 할 수 없습니다.

이삭과 그의 아내 리브가

이삭은 사라를 통하여 아브라함이 얻은 유일한 아들입니다. 그 때의 아브라함의 나이는 100세였고 사라의 나이는 90세였습니다. 이삭이 자라 이집트 태생의 여종 하갈이 낳은 이복형 이스마엘(창 16:4)과 상속문제가 대두되자, 사라는 "이 여종과 그 아들을 내쫓으라. 이 여종의 아들은 내 아들 이삭과 함께 기업을 얻지 못하리라"(창 21: 10)고 아브라함에게 요청하였습니다.

아브라함은 그 이튿날 아침 일찍 일어나 떡과 물 한 가죽 부대를 준비하여 하갈의 어깨에 메워주고 그 자식을 이끌고 마므레 상수리나무 장막을 떠나게 했습니다. 하갈은 고향인 이집트로 갈 생각이었습니다. 그러나 남쪽의 뜨거운 모래언덕 브엘세바에 이르렀을 때 가죽 부대의 물이 바닥을 드러냈습니다(창 21:15). 물 한 방울 없는 메마른 사막, 어머니와 아들 이스마엘은 마주 앉아 방성 대곡(放聲 大哭)하였습니다. 그때 홀연히 하늘에서 소리가 울리며 이런 말이 들렸습니다. "하갈아,

무슨 일이냐. 두려워 말라. 저기 있는 아이의 소리를 들었으니, 일어나 아이를 일으켜 네 손으로 붙들라. 그로 큰 민족을 이루게 하리라"(창 21:12-13). 하나님께서 하갈의 눈을 밝히시니 하갈은

축첩으로 불화한 가정

가 정 이 름	관 련 성 구
아브라함의 가정	창 21:8-21
야곱의 가정	창 29:16-30:24
기드온의 가정	삿 8:30-9-57
엘가나의 가정	삼상 1:1-8
다윗의 가정	삼하 3:2-5

메마른 사막에서 샘물을 볼 수가 있었습니다. 하갈은 그리로 가서 가죽 부대에 물을 채워다가 그 아이에게 마시게 했습니다. 하나님께서 그 아이와 함께 하시니 이스마엘은 장성하여 광야에서 활쏘기의 명수가 되었습니다(창 21:20). 이스마엘이 바란 광야에 있을 때에 그 어미 하갈이 이집트 여인을 취하여 아내를 삼게 했습니다. 말타기와 활의 명인인 아라비아인은 이스마엘의 후예로 알려져 있습니다. 그러나 그보다 더 중요한 것은 이 쫓겨난 아브라함의 아들 이스마엘의 정신적 또는 종교적 후예가 이슬람의 시조 마호메트라는 사실입니다. 마호메트는 자신을 아브라함 신앙의 정통을 물려받은 상속자라고 말하고 있습니다. 실제로 그 종교가 받드는 대상은 유일신이며 천지의 주인인 알라입니다. 위의 도표에서 보는 바와 같이 축첩한 가정은 어느 가정이나 예외없이 불화가 싹튼다는 것을 알 수 있습니다. 아브라함의 가정도 예외는 아니었습니다.

세월이 흘러 이삭은 건강한 소년으로 자랐습니다. 아브라함은 그에게 모든 희망을 걸고 있었습니다. 이삭이 청년으로 자란 어느 날, 사라는 백이십 칠세의 나이로 세상을 떠났습니다. 사랑하던 사람의 죽음은 아브라함에게 매우 큰 슬픔을 가져다 주었습니다. 아브라함은 이웃에 사는 헷 사람인 에브론의 밭에 있는 막벨라 동굴을 은 사백 세겔을 주고 사서 그곳에 사라의 시체를 안장했습니다(창 23:1-20). 아브라함은 자기도 죽을 날이 멀지 않았다는 것을 알고 아들 이삭의 결혼을 서둘러야

겠다는 생각을 하였습니다. 그 당시의 풍습에 의하면 이삭의 신부는 반드시 친척의 딸이어야 했습니다. 고향을 떠나 가나안에 살던 아브라함은 가장 나이 많고 믿을 수 있는 늙은 종 다메섹 사람 엘리에셀(창 15:2)을 불러 말했습니다. "하늘의 하나님, 땅의 하나님이신 여호와를 가리켜 맹세하노니 너는 나의 거하는 가나안 족속의 딸 중에서 내 아들을 위하여 아내를 택하지 말고 내 고향 내 족속에게로 가서 내 아들 이삭을 위하여 아내를 택하라"(창 24:3-4).

엘리에셀은 아브라함에게 물었습니다. "여자(신부감)가 이 땅으로 오고자 아니하면 내가 주인의 아들을 주인의 나오신 땅으로 인도하여 돌아가리이까?"(창 24:5).

"삼가 내 아들을 그리로 데리고 돌아가지 말라. 고향을 떠나 이곳으로 나를 인도하시고 나에게 아들을 주시며 '이 땅을 네 씨에게 주리라' 고 약속하신 하나님의 천사가 너를 인도하여 어려움 없이 이삭의 아내를 고르게 해 줄 것이라"(창 24:7)고 아브라함은 그 종에게 말하였습니다.

엘리에셀은 그렇게 하겠다고 주인에게 맹세하였습니다. 엘리에셀은 낙타 열 마리에 아브라함이 보내는 귀한 선물을 가득 싣고 다른 하인과 함께 하란을 향해 떠났습니다. 메소포타미아를 향해 사막을 가로지르는 이 여행은 참으로 힘들었습니다. 그들은 여러 날의 여행 끝에 하란 성 밖에 있는 우물가에 도착하였습니다. 마침 여자들이 물을 길러 나오는 저녁때였습니다.

에벤에셀은 하나님께 이렇게 기도하였습니다.

"우리 주인 아브라함의 하나님, … 나로 좋은 아가씨를 순적(順適)히 만나게 하사 니의 주인 아브라함에게 은혜를 베푸시옵소서. 성중 사람의 딸들이 물 길러 나오겠사오니 내가 우물 곁에 섰다가 한 소녀에게 이르기를 청컨대 너는 물항아리를 기울여 나로 마시게 하라 하리니 그의 대답이 마시라 내가 당신의 약대에게도 마시우리라 하면 그는 주께서 주의 종 이삭을 위하여 정하신 자라. 이로 인하여 주께서 나의 주인에게 은혜 베푸심을 알겠나이다"(창 24:12-14).

엘리에셀이 기도를 막 마치려 할 때 다음 도표에서 보는 바와 같이 나홀의 손녀인 리브가(Rebekah)가 성 밖으로 나오는 것이 보였습니다. 매우 건강해 보이고 아름다운 아가씨였습니다. 물동이를 가지고 우물로 내려가 물을 긷고 있는 리브가에게 엘리에셀이 다가가 말했습니다. "네 물 항아리의 물을 내게 조금 마시우라"(창 24:17). 그러자 리브가는 급히 그

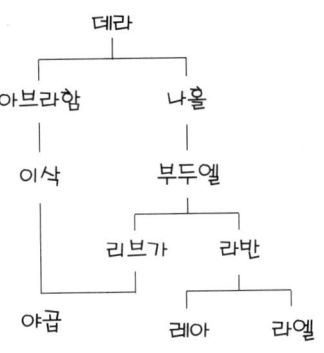

아브라함에서 야곱까지의 가계도

물 항아리를 손에서 내려 놓으면서 "주여 마시소서"(창 24:18)라고 말하였습니다. 그리고 나서 덧붙여 말하기를 "당신의 약대도… 물을 길어… 마시게 하리이다"(창 24:19)라 하였습니다. 그리고 리브가는 물을 길어다가 낙타에게 먹였습니다.

엘리에셀은 이 아가씨야말로 하나님께서 기도를 들어 주시고 보내 주신 아가씨가 틀림없다는 생각을 했습니다. 그런데 이 친절한 아가씨가 누구네 집 딸인지 알 수가 없었습니다. 그래서 엘리에셀은 자기가 가지고 있는 금고리 한 개와 금 손목고리 한 쌍을 주머니에서 꺼내어 리브가에게 감사의 표시로 주면서 물었습니다. "네가 뉘 딸이냐? 네 부친의 집에 우리 유숙할 곳이 있느냐?"(창 24:23).

"저는 브두엘의 딸 리브가입니다. 유숙할 곳도 있나이다." 리브가의 아버지는 아브라함의 조카였습니다. 말을 마친 리브가는 물동이를 들고 성 안으로 들어갔습니다. 엘리에셀은 머리 숙여 여호와께 경배하고

그를 인도하신 주님을 찬송하였습니다(창 24:26-27). 리브가는 집으로 달려가 우물가에서 있었던 일을 온 식구에게 고했습니다. 리브가의 오빠 라반은 동생의 말을 듣고 우물가로 달려와 엘리에셀의 일행을 자기 집으로 안내하였습니다.

엘리에셀의 일행이 리브가의 집에 도착하자, 리브가의 식구들은 낙타의 짐을 부리고 짚과 보리를 낙타에게 주고 엘리에셀과 그의 일행에게는 발 씻을 물을 갖다 주었습니다. 그들이 발을 씻고 나자 맛있는 음식을 차려놓았습니다. 그러나 엘리에셀은 음식을 먹기 전에 먼저 자기가 무슨 일로 이곳에 왔는지 이야기했습니다.

"나는 아브라함의 종입니다. 여호와께서 나의 주인에게 크게 복을 주어 창성하게 하셨습니다. (나의 주인은) 양과 소(우양), 금과 은(은금), 노비, 약대와 나귀를 매우 많이 가지고 있습니다. 나의 주인의 부인은 사라인데 아주 늙어서 아들 이삭을 낳으셨습니다. 이삭은 나의 주인의 재산을 물려받을 것입니다. 나의 주인이 이곳 하란으로 보내시며 고향 땅에 사는 친척 중에서 이삭의 아내를 택하라고 하였습니다."(창 24:34-38).

엘리에셀은 계속해서 성 밖 우물가에서 자기가 하나님께 기도했는데, 마침 물을 길러 온 리브가가 자기와 낙타에게 물을 마시게 해 주었고 이것은 하나님이 나의 주인의 소원을 들어 주신 표시라고 설명하였습니다. 엘리에셀은 리브가의 아버지에게 리브가가 이삭과 결혼할 것을 허락해 달라고 부탁했습니다. 이 말을 듣고 리브가의 아버지 브두엘은 대답했습니다.

"이 일은 여호와 하나님께서 하시는 일인데 어떻게 우리가 좋다, 싫다 할 수 있겠습니까? 리브가를 데리고 가셔서 하나님의 뜻대로 당신 주인의 며느리로 삼으십시오"(창 24:50-51).

엘리에셀은 아브라함이 보낸 금은으로 된 패물과 옷감, 그리고 가나안에서 만든 아름다운 옷들을 꺼내어 리브가와 가족들에게 주었습니다. 엘리에셀과 그 일행은 융숭한 대접을 받고 하룻밤 편히 쉬었습니다. 이튿날 아침, 엘리에셀은 리브가를 데리고 주인에게로 돌아가겠다고 했습니다. 그러자 라반과 그의 어머니는 며칠만 더 머물고 떠나라고 애원했습니다. 그러나 엘리에셀은 거절하였습니다.

"나를 만류치 마소서. 여호와께서 내게 형통한 길을 주셨으니 나를 보내어 내 주인에게로 돌아가게 하소서"(창 24:56).

할 수 없이 그 어머니는 딸 리브가에게 물어 보기로 하였습니다. "네가 이 사람과 함께 가려느냐?" 리브가는 엘리에셀과 함께 떠나겠다고 하였습니다. 리브가는 유모와 함께 엘리에셀을 따라 가나안을 향해 떠났습니다.

하란을 떠난 리브가와 엘리에셀의 일행은 여러 날의 여행 끝에 가나안에 도착하였습니다. 엘리에셀은 이삭에게 여행 중에 있었던 일, 하나님이 리브가를 만나게 해 주신 일 등을 자세하게 들려 주었습니다. 이삭은 매우 기뻐하면서 리브가를 아내로 맞이하였습니다. 그는 어머니 사라가 살던 브엘세바에 있는 천막에서 새 가정을 꾸미고 리브가와 행복하게 살았습니다.

그들을 바라보는 아브라함은 이제야말로 안심하고 눈을 감을 수 있을 것 같았습니다. 하나님과 맺은 계약은 진실한 열매를 맺고 있었습니다. 지상에서의 시간이 다 되어 복받은 노인으로서 아브라함이 눈을 감은 것은 그의 나이 175세 때였습니다. 유해는 마므레에 면한 막벨라 동굴 안에 안장된 사라 옆에 안치되었습니다. 막벨라 동굴에는 아브라함, 이삭, 야곱, 사라, 레아 및 리브가가 묻혀 있습니다(창 49:30-31).

가나안 땅에 흉년이 들어 이삭은 리브가를 데리고 불레셋의 한 도시 그랄(Gerar)에 머물렀습니다. 리브가의 아름다움으로 인하여 이삭은 죽임을 당하지나 않을까 두려워(창 26:7) 아내를 누이라고 속였던 것입니다. 이런 신앙과 언약을 떠난 두려움에서 자기의 아내를 부인한 것으로 인하여 그는 블레셋 왕 아비멜렉(Abimelech)에게 질책을 받았습니다. 그러나 이삭은 여호와로부터 복을 받아 양과 소가 많이 늘어났고 노복이 심히 많아졌습니다. 마침내 거부(巨富)가 되었습니다. 그래서 블레셋 사람들이 시기하였습니다(창 26:12-13). 아비멜렉의 요청에 따라 이삭은 그랄 골짜기에 장막을 치고 우거하게 되었습니다. 그러나 블레셋 목자들과 이삭의 종들 사이에 우물을 놓고 자주 다툼이 있었습니다. 그 다툼을 인하여 첫 번째 얻은 우물의 이름을 에섹이라 하였고 또 다시 판 두 번째 우물의 이름을 싯나라 하였습니다. 이삭이 거기서 옮겨 다른 우물을 팠더니 다투지 아니하므로 그 이름을 르호봇이라 하였습니다(창 26:20-22). 이삭이 그곳으로부터 브엘세바로 옮기던 그날 밤 여호와께서 이삭에게 나타나 "나는 네 아비 아브라함의 하나님이니 두려워말라. 내가 너와 함께 있어 네게 복을 주어 네 자손으로 번성케 하리라"(창 26:24) 하셨습니다. 이삭은 그 은혜에 너무 감격해서 "그곳에 단을 쌓아 여호와의 이름을 부르고"(창 26:25) 찬미했습니다. 이는 아이작 와츠(Issac Watts, 1674-1748)라고 하는 영국의 찬미가 작가가 부른 "하나님의 사랑"이라는 찬미와 거의 비슷합니다.

　　　　나의 하나님, 당신의 사랑은 참으로 끝이 없도다.
　　　　당신의 은혜 밤마다 새롭고,
　　　　아침이면 당신의 사랑 새벽 이슬처럼
　　　　하늘로부터 방울져 듣는도다.

　　　　당신은 밤의 장막을 드리워
　　　　잠자는 나의 시간을 지켜 주시고,
　　　　그 뛰어난 말씀으로 햇빛을 돌이켜
　　　　졸리는 나의 감각을 일깨워 주시도다.

나는 나의 모든 능력을 당신의 명령에 따르게 하고
나의 날들을 당신께 바치리라.
당신의 손으로부터 받는 영원한 축복이 있기에
영원한 찬미의 노래를 당신께 드리리라.

아이작 와츠는 경건한 비국교도로서 찬미가를 600편 정도 썼습니다. 그는 신학적으로는 칼빈주의자였기 때문에 원죄의 깊은 뜻을 찬미가 속에 담으려고 애썼습니다. 그의 시집으로는 『성서 역사』(Scripture History, 1732)와 『마음의 개선』(The Improvement of the Mind, 1741) 등이 있습니다. 와츠가 하나님의 일상적인 돌보심과 영원한 하나님의 축복을 찬미하듯이 이삭도 그런 심정으로 단을 쌓고 그의 이름을 부르며 기도와 찬미를 올렸으리라고 생각합니다.

"이삭과 그의 아내 리브가"의 이야기는 아브라함의 이야기에 포함시킬 수 있는 아주 짧은 에피소드입니다. 이삭에 관한 기록은 그리 많지 않습니다. 그러나 이삭은 이스라엘의 제2대 족장으로 훌륭한 성격을 가지고 있었다는 여러 증거를 찾을 수 있습니다. 그는 순종의 사람이었고(창 22:6, 9) 묵상의 사람이었으며(창 24:63), 하나님을 깊이 신뢰한(창 22:6, 9), 애정의 사람이었으며(창 24:67), 그리고 평화를 사랑하는 사람이었습니다(창 26:20-22). 또한 그는 일평생 기도와 믿음 생활을 충실하게 행하면서 살았습니다(창 26:25, 히 11:11-17).

신약을 보면 이삭은 약속의 자식이라 불리워졌고(갈 4:22-23) 최초로 난지 8일 만에 할례를 받았으며(행 7:8), 장자권에 의해 최초로 하나님의 축복을 받은 사람으로 소개되기도 합니다(롬 9:7). 바울은 하나님의 약속 안에서 믿음으로 의롭다 함을 받은 자들을 논할 때 역사적인 인물로서 이삭과 그의 어머니를 예로 들고 있습니다(갈 4:21-31).

이삭은 4대 족장들 중에서 제일 장수한 사람이었습니다. 아브라함은 175세를 살았고(창 25:7), 야곱은 147세를 살았으며(창 47:28), 요셉은

110세를 살았고, 이삭은 180세를 살았다(창 35:28). 이처럼 이삭은 4대 족장 중에서 가장 장수한 사람이었지만, 그에 대한 기록은 가장 짧았습니다. 그것은 족장들의 생활 중에서 그의 생활이 가장 단순했고 평범했기 때문입니다. 그러나 그의 평범한 생활 속에서 우리는 평화를 사랑하는 그의 마음과 깊은 신앙을 찾을 수 있습니다.

야곱과 하나님과의 씨름

이삭이 리브가를 아내로 맞아들였을 때 그는 마흔 살이었습니다. 그런데 결혼한 후 여러 해 동안 리브가는 아기를 낳지 못했습니다. 이삭은 열심히 하나님께 잉태하지 못하는 아내를 위하여 기도했습니다(창 25:21). 이삭은 결혼한 후 20년이 지나서, 60세 때에, 처음으로 아들을 얻었습니다. 리브가는 달이 차서 아기를 낳았는데 아들 쌍둥이었습니다. 먼저 태어난 아기는 살결이 붉고 털투성이어서 그 이름을 에서(Esau―"털이 많은 자"라는 뜻)라 하였습니다. 그것은 그의 야성적이고 육욕적인 성품을 보여주는 전조(前兆)라 할 수 있습니다. 나중에 태어난 아기는 살결이 희고 털이 없었지만 형의 발꿈치를 잡고 나왔기 때문에 그 이름을 야곱(Jacob―"발꿈치를 잡은 자"라는 뜻)이라 하였습니다(창 25:25-26).

그들은 점점 자라면서 서로 판이한 성격과 행동을 나타내 보였습니다. 에서는 들판을 돌아 다니는 날쌘 사냥꾼이 되어 아버지가 좋아하는

"사냥한 고기" 음식을 대접하였으므로 그의 사랑을 받았습니다. 그러나 동생 야곱은 조용하고 차분한 성격의 소유자로서 천막(집안)에 거하면서 가정적이고 교양적이며 경건한 생활을 했기 때문에 모친 리브가의 사랑을 받았습니다(창 25:27-28). 이로 보건대 에서는 남성적인데 비해 야곱은 여성적이요, 내성적인 인물이었던 것을 알 수가 있습니다.

이러한 성격의 차이 때문에 두 사람은 쌍둥이면서도 서로 다른 인생길을 걷게 되었습니다. 에서는 성격상 밖에 나가 지내기를 좋아했고, 배가 고파 죽을 지경이 되어서야 집에 들어오곤 했습니다. 그렇기 때문에 그는 부모의 교육을 충분히 받을 수가 없었고, 야곱은 늘 집안에서 지냈기 때문에 부모의 감화와 교육을 충분히 받을 수가 있었습니다. 그러므로 야곱은 아브라함과 이삭에게 주어진 하나님의 약속이 얼마나 존귀한 것인지도 알게 되었던 것입니다. 아버지 이삭은 날쌘 사냥꾼 에서를 더 사랑하였고 어머니 리브가는 성격이 차분한 야곱을 더 사랑하였습니다.

에서는 장남이었으므로 아버지 이삭이 죽고 나면 그의 뒤를 이어 족장이 되어서 하나님의 약속과 축복을 이어받는 장자권을 갖고 있었습니다. 그 당시 장자권을 가진 사람은 아버지로부터 유산을 물려받을 때 다른 형제들 몫의 두 배를 받게 되어 있었습니다. 특히 아브라함이나 이삭과 같은 족장의 가정에서 갖게 되는 장자권은 다른 가정의 경우보다 더 중요한 것이었습니다. 왜냐하면 재산뿐만 아니라 하나님의 갖가지 축복까지도 아버지의 유언을 통해 주어지기 때문입니다. 그리고 족장이 장자에게 내려주는 축복의 유언은 오직 한 번밖에 할 수 없으며 취소할 수도 없는 것이었습니다. 아브라함의 자손의 경우, 장자권에는 하나님 백성의 선조가 되고 하나님이 주시겠다고 약속한 땅을 물려받을 권리도 포함되어 있었습니다. 그러나 에서는 하나님의 크나큰 축복이 따르는 장자권에는 별로 마음이 없었습니다.

리브가는 야곱을 더 사랑했기 때문에 어떻게 하든지 에서의 장자권을 야곱에게 잇게 하려고 마음먹고 있었습니다. 어머니의 생각이 그러했고, 야곱 자신도 아버지의 후사가 되고 싶어했습니다. 그래서 어머니 리브가와 야곱은 그런 기회만을 노리고 있었습니다. 그러던 어느날 평소와 마찬가지로 사냥에서 돌아온 에서는 배가 몹시 고팠습니다. 때마침 부엌에서는 동생 야곱이 죽을 끓이고 있었습니다. 에서는 야곱에게 "내가 곤비하니 그 붉은 것을 나로 먹게 하라"(창 25:30)고 부탁하였습니다. 이때 야곱은 붉은 팥죽 한 그릇을 줄테니 당장 장자권을 팔라고 했습니다(창 25:31). 배가 고픈 에서는 앞 뒤 가릴 것 없이 야곱이 끓인 팥죽 한 그릇에 그의 장자권을 팔아 버렸습니다. 이처럼 그는 상속권을 대수롭지 않게 여겼습니다. 그것은 하나님의 약속을 경홀히 여긴 것으로, 하나님은 이런 에서를 망령된 자 곧 믿음을 배반한 자라 했습니다(히 12:16).

이런 일이 있은 다음에도 변함없이 에서는 사냥을 하고 야곱은 양을 치며 살았습니다. 몇 년이 지나 에서가 마흔 살이 되던 해, 그는 언어도 다르고 혈통도 다른 헷 사람 브에리의 딸 유딧과 헷 족속 엘론의 딸 바스맛을 아내로 맞아들였습니다. 이삭과 리브가는 이 일로 마음이 몹시 상했습니다(창 26:34-35).

세월이 흘러 이삭은 나이가 많아져 앞을 볼 수 없을 만큼 눈이 어두워졌습니다. 언제 죽을는지 알 수 없게 된 이삭은 에서를 불러 "내 아들아…… 내가 이제 늙어 어느 날 죽을는지 알지 못하노니 그런즉 네 기구 곧 전통과 활을 가지고 들에 가서 나를 위하여 사냥하여 나의 즐기는 별미를 만들어 내게로 가져다가 먹게 하여 나로 죽기 전에 내 마음껏 네게 축복하게 하라"(창 27:1-4)고 하였습니다. 이 말을 엿들은 리브가는 편벽된 사랑에 눈이 어두어 둘째 아들 야곱과 공모, 염소 새끼로 별미를 만들고 떡도 만들어 교활하게 이삭을 속여 에서가 받을 축복을 가로채기로 하였습니다. 에서는 털이 많은 사람이요, 야곱은 매끈매끈한 사람이었습니다. 그래서 야곱은 어머니 리브가가 시키는 대로 에서의 좋은 옷을 골라 입고 염소 새끼의 가죽으로 그 매끈매끈한 손과 목을 감추고 아버지 앞에 나가 그를 속여 축복해 줄 것을 요청했습니다. 그래서 이삭은 야곱이 만들어 온 별미를 먹고 나자 아무 생각없이 야곱을 옆으로 불러놓고 축복하며 자신의 후사가 될 권리를 주었습니다.

야곱이 아버지 방에서 나올 때 에서가 사냥길에서 돌아왔습니다. 그도 별미를 만들어 아버지에게로 들고 가 권하였습니다.

"아버지여 일어나서 아들의 사냥한 고기를 잡수시고 마음껏 내게 축복하소서"

"너는 누구냐?"

"나는 아버지의 아들 곧 아버지의 맏아들 에서로소이다."

"그런즉 사냥한 고기를 가져온 자가 누구냐? 너 오기 전에 내가 다 먹고 그를 위하여 축복하였은즉 그가 정녕 복을 받을 것이니라."

"내 아버지여, 내게 축복하소서. 내게도 그리하소서"(창 27:31-34).

에서는 소리내어 통곡하면서 애원하였습니다. 그러나 한 번 하나님께 맹세하며 베푼 축복을 취소할 수는 없었습니다. 미칠 것 같은 에서는 아버지가 돌아가시기만 하면 동생을 죽여버릴 작정이었습니다. 이것을 눈치 챈 어머니 리브가는 야곱을 몰래 자기의 오빠인 라반이 있는 곳으로 도망치게 했습니다. 야곱은 혼자서 먼 길을 떠났습니다. 그 여행은 험한 바위산과 사막을 지나야 하는 매우 힘든 것이었습니다. 긴 여행을 계속하던 중 어떤 곳에 이르러 그 곳에서 돌을 하나 주워 베개 삼고 그 자리에서 자다가 꿈을 꾸었습니다. 꿈 속에서 높은 탑같이 생긴, 땅에서 하늘까지 닿는 사닥다리를 보았습니다. 그 위를 하나님의 천사들이 오르내리고 있었습니다. 그 천사들 가운데 하나님이 나타나

시어 야곱에게 말씀하셨습니다.

"나는 여호와니 너의 조부 아브라함의 하나님이요 이삭의 하나님이라. 너 누운 땅을 내가 너와 네 자손에게 주리니 네 자손이 땅의 티끌 같이 되어서 동서 남북에 편만할지며 땅의 모든 족속이 너와 네 자손을 인하여 복을 얻으리라. 내가 너와 함께 있어 어디로 가든지 너를 지키며 너를 이끌어 이 땅으로 돌아오게 할지라. 내가 네게 허락한 것을 다 이루기까지 너를 떠나지 아니하리라"(창 28:13-15).

야곱은 다음날 아침 일찍 일어나 간밤에 베고 잤던 돌을 세워 작은 제단을 만들고 그 위에 기름을 붓고는 그곳을 '베델' 즉 '하나님의 집'이라고 불렀습니다. 그곳의 본래 이름은 루스(Luz)였습니다(창 28:18-19). 그 뜻은 아몬드(편도나무 : Amond tree)었습니다. 하나님은 이 꿈을 통해서 야곱이 에서를 대신하여 하나님의 약속과 축복을 받을 사람으로 뽑혔다는 것을 알려 주신 것입니다.

이 꿈에 본 야곱의 사닥다리는 영문학사상 많은 작가들이 영적인 체험을 표현할 때 인유하는 예입니다. 19세기 영국의 시인 프랜시스 톰슨(Francis Thompson, 1859-1907)도 "하나님의 나라"(The Kingdom of God)라는 시에서 그런 영적 비전을 보여주고 있습니다.

하나님의 나라

─낯설지 않은 땅에서─

오 보이지 않는 세계여, 우리는 그대를 보며,
오 만질 수 없는 세계여, 우리는 그대를 만지며,
오 알 수 없는 세계여, 우리는 그대를 알며,
이해할 수 없어도 우리는 그대를 붙잡는다!

물고기는 대양을 찾기 위해 하늘로 날아오르는가,
독수리는 하늘 찾기 위해 땅으로 뛰어내리는가—
저 하늘에서 당신 소식을 들었느냐고
운행하는 별들에게 물어 보아야 하다니?

회전하는 천체가 희미해 보이는 곳도
우리의 마비된 지각이 비상하는 곳도 아니다—
우리들이 귀를 기울이기만 한다면, 떠 다니는 날개가
바로 우리들의 흙덧문을 두드리리라.

천사들은 옛 위치를 지키고 있으니—
다만 돌을 굴리고 날개를 쳐라!
그렇다, 찬란한 광채를 놓치게 되는 것은
바로 그들, 그대들의 외면한 낯 때문이다.

그러나(더 슬플 수 없을 만큼 슬플 때)
부르짖으라— 그러면 그대의 그처럼 아픈 상실 위에
하늘과 췌어링 크로스 사이에 세운
야곱의 사닥다리로 천사들이 왕래하는 모습이 비치리라.

그렇다 나의 영혼, 나의 딸이여, 밤에
부르짖으라— 하늘의 치맛단을 비어 잡고서.
그때에 그리스도는 게네사렛 호수가 아닌
테임즈 강 위로 걸어오시라!

　　이 시를 쓴 톰슨은 1859년 로마 카톨릭 개종자의 아들로 태어났고 아쇼대학(Ashaw college)를 다녔습니다. 그는 성직자가 되려고 하였으나 적임자가 아니라는 것을 알고 그것을 포기했고 뒤에는 의학을 공부하였으나 그것도 끝내질 못했다고 합니다. 그는 런던에서 떠돌이 생활을 하였는데, 그의 빈곤은 말로 다 표현할 수가 없었습니다. 더욱 아편

중독으로 그의 건강은 파멸 일보 직전이었습니다. 1888년 가톨릭 잡지의 편집자인 월프레드 메이넬(Wilfred Meynell)과 그의 아내 엘리스(Alice)가 그를 구출해 냈다고 합니다. 그는 주로 종교시를 썼는데 그 정신을 보면 17세기 형이상학 시인 중의 한 사람인 리쳐드 크래쇼(Richard Crashaw)의 그것과 흡사합니다. 그의 시집으로는 『자매시』(Sister Songs, 1895)와 『신시들』(New Poems, 1897) 등이 있고 그가 좋아했던 셸리(Shelley)에 대한 평론도 있습니다.

"하나님의 나라"라고 하는 이 시는 그가 별세한 뒤에 발견된 것으로 그의 신비적인 체험을 담고 있습니다. 하나님의 나라는 보이지 않는 세계요, 만질 수 없는 세계요, 알 수 없는 세계입니다. 그러나 시인은 그 세계를 영으로 보았으며 그것을 소유했습니다. 그에 따르면 세계 만물 가운데서도 하나님에 가장 가깝고 창조된 인간의 영혼 속에는 하나님의 영원한 빛이 모여 있다고 보았습니다. 그래서 우리는 이해할 수 없어도 하나님의 나라를 튼튼히 붙잡을 수 있는 것입니다. 물고기가 태양을 찾기 위해 하늘로 날아오르는 일이 없고, 독수리가 하늘을 찾기 위해 땅으로 뛰어내리는 일이 없듯이, 우리 인간도 운행하는 별들에게 하나님의 소식을 물을 만큼 어리석어서 되겠느냐는 것입니다. 영의 영역은 육체적 감각으로 의식할 수도 없고 인간의 이성으로 파악할 수도 없습니다. 그러나 야곱처럼 영적 체험을 갖는다면 우리의 영혼은 보이는 세계보다 더 보이지 않는 세계를 향해 열리게 되고 그 영혼의 세계를 사모하며 살게 된다는 것입니다.

그러기 위해서 먼저 돌을 굴리라고 합니다. 단단하고 강퍅한 마음은 영원한 그 빛을 향해 날개치며 비상할 수 없기 때문입니다. 그 찬란한 빛을 놓치게 되는 것은 그 빛이 없어서가 아니라 그 빛을 외면하고 있는 영혼의 눈 때문이라고 합니다. 그래서 톰슨은 영혼의 어두운 밤, 더 슬플 수 없을 만큼 슬플 때 하늘을 향해 부르짖으라고 합니다. 그러면 야곱이 돌베개를 베고 야숙할 때 꿈 속에서 천사들이 사다리로 왕래하는 것을 보았듯이, 하나님과 우리의 영혼 사이에는 신비로운 교통이 이루어질 것입니다. 그러면 하늘나라 체험은 바로 우리의 것이 될 수 있고 우리는 야곱이 다시 벧엘을 떠날 때와 마찬가지로 이로써 새로운 기쁨을 누릴 수 있을 것입니다.

벧엘을 떠나는 야곱의 마음은 한없이 기뻤고 그의 발걸음은 가벼웠습니다. 긴 여행 끝에 그는 외삼촌 라반이 살고 있는 하란 땅에 이르렀습니다. 그는 그 곳에서 당분간 살기로 했습니다. 외삼촌 라반은 기꺼이 야곱을 맞아 주었습니다. 라반에게는 두 딸이 있었습니다. 동생 라헬(Rachel)은 몸매도 아름답고 용모도 예쁜 미녀였습니다(창 29:17). 야곱은 라헬을 연모한 끝에 그녀를 아내로 삼기 위해 7년간 외삼촌의 일을 해주었습니다. 그러나 외삼촌 라반으로부터 속아 안력(眼力)이 부족한(창 29:17) 즉 총기가 좀 떨어지는 레아(Leah)를 맞게 되었고 라헬을 사모하는 야곱은 다시 7년간 외삼촌의 일을 해주기로 결심했습니다. 그리고 라헬을 아내로 맞았습니다.

다음 도표에서 보듯이 레아는 르우벤, 시므온, 레위, 유다, 잇사갈, 스불론이라는 아들들과 딸 디나를 낳았습니다. 라헬의 하녀 빌하는 단과 납달리를, 레아의 하녀 실바는 갓과 아셀을, 그리고 라헬은 요셉을 낳았습니다. 야곱은 밧단아람에 사는 동안 열한 명의 아들들과 한 명의 딸을 자녀로 두게 되었습니다(창 35:22-26). 그 중에서도 라헬이 낳은 아들 요셉을 야곱은 가장 사랑하였습니다.

야곱은 레아와 라헬 두 아내를 맞은 대가로 십사 년 동안이나 라반의 집에서 머슴살이를 하면서 뼈빠지게 일을 했지만 보수는 한 푼도 받지 못했습니다. 그래서 그는 독립을 할 수가 없었습니다. 그 고생은 말로 다 할 수 없었습니다. 이윽고 아버지 집을 떠나온 지 20년이란 세월이 흘러갔습니다. 야곱은 그때서야 고향으로 떠나겠다고 말했습니다(창

30:25). 그러나 라반은 조금만 더 일을 해 달라고 하였습니다. 야곱은 더 이상 속지 않으려고 라반의 양떼와 염소떼 중에서 검고 얼룩지고 점이 있는 것은 자기에게 달라고 하였습니다. 라반이 생각하기에 그런 양이나 염소는 몇 마리 없었으므로 그렇게 하라고 하였습니다. 아버지 이삭의 양떼를 친 경험이 있는 야곱은 양과 염소를 교묘하게 길러내 양과 염소는 물론 나귀와 낙타도 많이 늘어나 재산이 많아졌습니다(창 30:37-43).

야곱의 12아들

어머니	이 름	서 열	관련성구
레 아	르우벤	1	창 35:23
	시므온	2	
	레 위	3	
	유 다	4	
	잇사갈	9	
	스불론	10	
빌 하	단	5	창 35:25
	납달리	6	
실 바	갓	7	창 35:26
	아 셀	8	
라 헬	요 셉	11	창 35:24
	베냐민	12	

그리하여 아내와 자녀를 데리고 라반의 집을 나와 고향으로 향했습니다. 그 여행길에 야곱은 이상한 일을 만났습니다. 고향 땅 가나안에 가까이 요단강 지류인 얍복강을 건널 때에 있었던 일입니다. 야곱이 진을 친 곳에 괴이한 풍문이 돌았습니다. 형 에서가 4백 명의 부하를 이끌고 야곱이 있는 곳으로 쳐들어온다는 것이었습니다. 옛날 형을 속인 일을 생각한 야곱은 버럭 겁이 났습니다. 야곱은 걱정이 되어 모든 재산과 하인들을 두 편으로 갈라놓았습니다(창 32:7). 만일 형의 부하들이 공격하여 한 편을 쳐죽이더라도 다른 한 편은 살아남게 하려는 의도에서였습니다. 야곱은 아내들과 자식들을 얍복강 건너편으로 보내놓고 천막으로 돌아와 하나님께 간절히 기도했습니다. "나의 조부 아브라함의 하나님, 나의 아버지 이삭의 하나님 여호와여 주께서 전에 내게 명하기를 네 고향, 네 족속에게로 돌아가라. 내가 네게 은혜를 베풀리

라 하셨나이다"(창 32:9).

마침내 저녁 해가 떨어지고 사막 위에는 캄캄한 어둠이 찾아들었습니다. 그 때 별안간 누군가가 야곱을 꼭 잡았습니다. 캄캄한 밤중이어서 상대가 누구인지 알 수는 없었으나 그는 대단한 힘을 가지고 있었습니다. 야곱도 질 수는 없는 일이었습니다. 맹렬한 기세로 씨름은 벌어졌으나 승부는 좀처럼 나지 않았습니다. 끝내 그 상대는 야곱이 휘감은 팔에서 빠져나갈 수 없음을 알아차리자 야곱의 엉덩이 뼈를 쳐서 다리의 관절을 삐게 만들었습니다. 그래도 야곱은 상대를 놓아 주지 않았습니다. 그러는 동안에 날이 밝아왔습니다. 동이 밝아 오니 나를 놓아 달라고 했지만, 야곱은 그 말을 듣지 않고 복을 빌어 주지 않으면 놓아줄 수가 없다고 했습니다. 일이 이쯤 되자 그는 야곱에게 물었습니다.

"네 이름이 무엇이냐"

"(내 이름은) 야곱이니이다."

"네 이름을 다시는 야곱이라 부를 것이 아니요 이스라엘이라 부를 것이니 이는 네가 하나님과 사람으로 더불어 겨루어 이기었음이니라"(창 32:27-28).

야곱은 밤새 씨름을 한 끝에 하나님으로부터 축복을 받았습니다. 이 때부터 야곱은 절름발이가 되었지만, 이스라엘이라는 새로운 이름을 얻었습니다. 야곱이 축복을 받은 그곳을 브니엘이라 이름 붙이고 절뚝거리며 떠날 때 해가 떠올랐습니다.

야곱이 고개를 들어 보니 마침 에서가 4백 명의 부하를 거느리고 오고 있었습니다. 그러나 야곱은 이제 무섭지가 않았습니다. 밤새도록 고생한 덕택으로 그의 마음이 굳게 단련되었고 또한 정결하게 되었기 때문입니다. 그래서 그는 형 에서 앞으로 뛰어 나아가 일곱 번 절을 하면서 지난 날의 잘못을 사과했습니다. 이것은 이 고장 사람들이 지위가 높은 사람을 대할 때 하는 인사 방법이었습니다. 본디 마음씨가 고운

에서는 동생이 오래간만에 돌아온 것을 보자 너무나 기뻐서 야곱을 껴안고 입을 맞추었습니다. 형제는 꼭 껴안은 채 울음을 터뜨렸습니다(창 33:4). 동생 야곱을 죽여 버리겠다고 벼르던 복수심은 온데간데없이 사라지고 사랑하는 마음으로 동생을 맞이하였습니다.

에서는 야곱에게 함께 가자고 하였으나(창 33:12) 야곱은 아이들과 가축들을 데리고 가야 했으므로 함께 갈 수 없다고 하였습니다. 그래서 에서는 다시 에돔으로 돌아갔고 야곱은 방향을 바꾸어 가나안으로 향했습니다. 야곱은 형 에서와 함께 살고 싶은 생각이 없었기 때문입니다. 야곱은 세겜에 이르러 천막을 치고 거기에 머물렀습니다. 어느날 하나님께서 야곱에게 나타나 말씀하셨습니다. "일어나 벧엘로 올라가서 거기서 거하며 네가 네 형 에서의 낯을 피하여 도망하던 때에 네게 나타났던 하나님께 거기서 단을 쌓으라 하신지라"(창 35:1).

야곱은 가족을 이끌고 벧엘로 가서 제단을 쌓아 하나님께 바쳤습니다. 그때 하나님께서 나타나 "네 이름이 야곱이다마는 네 이름을 다시는 야곱이라 부르지 않겠고 이스라엘이 네 이름이 되리라 하시고 그가 그의 이름을 이스라엘이라 부르시고 그에게 이르시되 나는 전능한 하나님이라 생육하며 번성하라. 국민과 많은 국민이 네게서 나고 왕들이 네 허리에서 나오리라. 내가 아브라함과 이삭에게 준 땅을 네게 주고 내가 네 후손에게도 그 땅을 주리라"(창 35:10-12).

야곱과 그의 가족들이 벧엘을 떠나 에브랏으로 가던 도중에 임신 중이던 라헬이 아들을 낳았습니다. 그런데 라헬은 어렵게 아기를 낳다가 그만 숨을 거두고 말았습니다. 야곱은 아기 이름을 베냐민이라고 지어 주었습니다. 그는 사랑하는 라헬을 베들레헴에 묻고 고향인 마므레를 향해서 떠났습니다.

어머니 리브가는 벌써 죽고 없었으나 아버지 이삭만은 살아 계셔서 그를 반갑게 맞아 주었습니다. 이삭은 아들 야곱과 손자들과 함께 살다가 백여든 살에 세상을 떠났습니다. 에서와 야곱은 아버지 이삭을 막벨라 동굴에 묻었습니다. 이때부터 야곱은 이스라엘이라는 이름으로 이삭의 뒤를 이어 족장이 되었습니다. 그리고 그의 아들 열두 명은 이스라엘 열두 지파의 우두머리가 되었고, 그들과 그들의 자손들은 이스라엘의 자손이라 불리게 되었습니다. 이렇게 야곱의 이야기는 얽혔던 모든 사건들이 잘 풀리면서 행복된 결말로 끝납니다.

야곱의 이야기는 『창세기』 25장 19절로부터 35장까지 기술되어 있는데, 그 줄거리를 훑어보면 서로 고리처럼 연결되면서 삼부(三部)로 전개되고 있음을 알 수 있습니다. 제1부는 부친의 집에서 함께 지냈던 초기생활로 이뤄져 있고, 제2부는 20년 동안 하란에서 보냈던 추방생활로, 제3부는 고향 땅으로 다시 돌아오게 되는 사건으로 구성되어 있습니다. 한 마디로 말해서 야곱의 일생은 그의 할아버지 아브라함과 마찬가지로 여행으로 이루어졌다고 해도 과언은 아닙니다. 브엘세바 (Beersheba)에 있는 집을 떠나 벧엘(Bethel)로 가고(창 28:10-22), 후에는 세겜(Shechem, 창 33:18-20), 벧엘(35:6-7), 헤브론(Hebron, 창 35:27)으로 돌아옵니다. 세겜과 벧엘에서 아브라함이 그랬듯이(창 12:6-7; 12:8) 제단을 쌓습니다. 생의 마지막에는 이집트로 이주했다가 거기서 죽습니다(창 46:-49:). 이 여행의 패턴에서 발견하게 되는 것은, 그 여행의 단계 때마다 하나님과의 만남이 이루어져, 그 신적 충격에 의해 유도 되어가고 있다는 것도 알 수 있습니다.

야곱의 초기생활을 지배하는 것은 리브가에게 계시된 하나님의 말씀(창 25:23)입니다. 그 계시에 따르면, 에서와 야곱 형제 사이에 투쟁이 일어날 것과 결국은 야곱이 승리할 것이라는 것입니다. 제2부의 스토리를 끌어가는 환상은 벧엘에서 받은 것으로(창 28:11-17), 야곱의 술수에도 불구하고 그의 자손이 번성할 것이라는 전통적 계약 관계가 그 중점을 이루고 있습니다. 그리고 고향으로 돌아오는 이야기에 있어서 중요한 것은 하나님의 천사와 씨름한 끝에 이스라엘이라는 이름을 새로 얻은 것이었습니다(창 32:22-31). 이렇게 볼 때 야곱의 이야기는 연쇄적 구조(circular structure)와 삼부적 전개(three-part movement) 및 유도적인 환상(vision) 즉 꿈의 틀로 짜여져 있다고 할 수 있겠습니다.

그리고 이 이야기의 사건을 이끌어 가는 플롯은 주로 갈등과 투쟁이라는 요소로 구성되어 있습니다. 야곱의 이야기에 있어서 주된 갈등은 가정의 불화, 특히 에서와 야곱이 태어나기 전에 시작된 동기간의 투쟁으로 집약될 수 있습니다. 리브가가 임신 중 "아이들이 그의 태 속에서 서로 싸우는지라"(창 25:22)는 기록이 있는데, 이것을 통해 그 갈등은 이미 태어나기 전부터 시작되었다는 것을 알 수 있습니다. 그리고 그러한 투쟁은 에서와 야곱을 조상으로 하는 두 민족 사이에 적대 관계가 이루어질 것이라는 하나님의 예고 속에서 확대됩니다. 이와 같은 두 형제간의 갈등은 그들의 성격적 차이에서 연유되는 것이고, 그것은 결국 부모의 갈등으로 확산됩니다.

형제 간의 갈등적 사건들 중에서 맨 먼저 꼽을 수 있는 것은 에서가 붉은 죽 한 그릇에 장자권을 팔아 넘긴 사건입니다. 야곱은 모사꾼으로, 에서의 허기를 이용, 그에게 넓은 아량으로 음식을 주는 것이 아니고 그와 장자권을 놓고 흥정을 벌입니다. 이 에피소드에 있어서 에서는 비난을 받아 마땅합니다. 왜냐하면 그는 장자권의 영적 의미(하나님의 약속)를 가볍게 여겼기 때문입니다. 영적 실재를 중시하는 믿음보다는 순간적인 충동에 따라 살아갔다는 뜻에서 에서의 가치 척도는 그릇된 것이었습니다. 이런 가치 척도 때문에 동기간의 싸움은 시작되었던 것입니다.

장자권을 둘러싼 형제 간의 투쟁은 눈 먼 아버지를 속여 축복을 빼앗는 이야기(창 27장) 속에서 그 절정을 이룹니다. 이 충격적인 설화의 중심적 요소로는 치열한 투쟁과 음모, 극적인 아이러니와 갑작스런 발견

등을 들 수 있습니다. 첫째 갈등은 두 쌍의 인물들 즉 이삭과 에서, 리브가와 야곱 사이에서 일어나고, 교묘한 음모는 리브가와 야곱에 의해 꾸며집니다. 그리고 설화적 기교 중에서도 가장 보편화되고 있는 극적인 아이러니로는 눈 먼 이삭이 위장한 야곱의 속임수에 걸려드는 장면을 들 수 있겠습니다. 야곱과 그의 아버지 사이에서 진행되는 대화라든가 그 아들의 정체에 대해 끊임없이 의심을 품는 이삭의 태도 따위에서 우리는 불안하고 마음 졸이게하는 서스펜스(suspense)를 느끼게 됩니다. 그런 서스펜스는 에서가 사냥한 짐승을 가지고 돌아오는 장면에서 절정을 이루게 되고, 그것은 야곱의 교묘한 음모에 속았다는 이삭과 에서의 갑작스런 발견과 이어지면서 더욱 전율과 울분을 불러 일으킵니다. 이런 두 형제 사이의 투쟁은 에서가 야곱을 죽이려고 음모를 꾸미는 장면에서 더욱 강화되고 확대됩니다.

야곱의 이야기에 있어서 다음 단계는 생명의 위협을 느껴 도피하는 과정이라 할 수 있는데, 그것은 우리에게 있어서는 매우 친숙한 원형이 됩니다. 즉 그것은 일종의 가입의식(加入儀式)의 테마로, 젊은 주인공이 밤에 남몰래 위험스런 여행을 떠나 성년에 이르게 되는 것을 뜻합니다.

야곱의 여행은 부조(父祖)의 고향 하란을 찾아가는 추적의 형태를 취합니다. 그는 탐구의 목적지에 이르기 전에 매우 뜻 깊은 하나님과의 만남을 갖게 됩니다(창 28:10-17). 밤에 그는 땅으로부터 하늘까지 닿는 사닥다리가 놓이는 것을 꿈에 보았다. 흔히 문학에 있어서 꿈은 영적 계시의 도구가 됩니다. 그리고 천사들이 오르락 내리락하는 사닥다리는 하나님과 야곱 사이의 영적 교제를 상징합니다. 천사들이 매개자의 역할을 함으로써 하나님과 야곱은 연합됩니다.

뿐만 아니라 꿈은 보다 깊고 특수한 의미를 갖습니다. 하나님은 사닥다리 꼭대기에 나타나 아브라함과 맺었으며 이삭에게 다시 확약했던 계약 관계를 되풀이하여 들려 주었습니다. 하나님은 야곱의 후손이 불어나서 널리 퍼질 것과 모든 족속이 그 후손을 통해 축복을 받게 될 것을 약속하면서, "내가 너와 함께 있어 네가 어디로 가든 너를 지켜 주리라"(창 28:15)고 했습니다. 야곱은 부조의 하나님으로부터 계약의 상속자로 인정을 받게 됩니다. 그래서 야곱은 영적 의미에서 영적 성인에 가입되는 것입니다.

하란에 24년간 머무는 야곱의 이야기(창 29장-31장)는 주로 그의 가정적인 생활과 성격의 발전에 할애됩니다. 이 부분에 있어서 투쟁은 야곱과 라반 사이에 벌어집니다. 라반이 신부를 바꿔치기한 사건(창 29:23-25)은 일종의 시적 정의(poetic justice)로 알려진 설화적 기교의 한 예라 할 수 있겠습니다. 왜냐하면 그것은 일찍이 부친을 속인 야곱의 죄에 대한 보상이 되기 때문입니다.

마침내 고향으로 돌아오던 중 얍복강가에서 천사와 만나 밤새 씨름하고 나서 야곱은 이스라엘이라는 새 이름을 얻게 되는 것입니다. 옛 사람 야곱은 형의 장자권을 붙잡았고(장 25:29-34), 그의 아버지의 축복을 잡았으며(창 27:1-29), 외삼촌 라반의 양과 가축을 붙잡은 사람이었습니다(창 30:25-43; 31:1). 그러나 귀향 도중 얍복강가에서의 치열한 투쟁을 통해 옛 사람 야곱은 죽고 새로운 야곱이 탄생하게 됩니다. 새로운 야곱의 이름이 이스라엘입니다. 그 표적이 바로 하나님의 천사로부터 환도뼈를 얻어 맞아 상한 힘줄이라 할 수 있습니다. 야곱과 에서가 회개하는 마지막 장면에서 화해는 이루어지고 그는 명실공히 그 가문의 족장이 됩니다. 야곱의 이야기는 이와 같이 희극적 결말로 끝맺음됨으로써 실제로 하나님의 계약이 야곱에게 전수된 것을 보여줍니다.

욥과 그의 시련

욥기의 주인공은 욥입니다. 그는 말할 수 없는 고통과 좌절 및 의심의 순간에도 불구하고 인내(약 5:11)와 굳건한 신앙을 보여준 사표(師表)였습니다. 『욥기』는 설화의 형태로 욥의 인물을 소개하는 서론 부분(1:-2:)과 욥과 그의 친구들 사이에 벌어진 극적인 논쟁 형태의 본론 부분(중심부)(3:-37:), 그리고 시의 형태로 이루어진 하나님의 계시 부분(38:-42:6) 및 회개한 욥이 그 이전의 번영과 행복을 되찾는 설화 형태의 결론 부분(42:7-17)으로 구성되어 있습니다.

이 『욥기』에 따르면 욥은 에돔과 아라비아 사이에 있는 우스라는 곳에 살았던 역사적 실존 인물이었습니다. 그는 마음을 다하여 하나님을 섬기고 악을 멀리하며 진실되게 살았습니다. 『욥기』의 저자는 욥을 "순전하고 정직하여 하나님을 경외하며 악에서 떠난 자"(욥 1:1)라 하였습니다. 욥은 일곱 명의 아들과 세 명의 딸을 두었으며 하인들도 많았고 양, 낙타, 소, 암나귀 등 가축도 수천 마리나 되는 이름난 부자였습니다. "이 사람은 동방 사람 중에 가장 큰 자"(욥 1:3)였습니다. 고대 사회에서는 많은 자녀를 둔 것이 곧 권세와 부의 상징이었습니다. 욥의 자녀들도 아버지 욥의 가르침에 따라 하나님을 섬기며 착하게 살았습니다. 그러나 욥은 그의 아들들이 생일이면 각각 자기 집에서 잔치를 베풀고 그 누이 셋도 청하여 함께 먹고 마셨는데, 혹 그 과정에서 죄를 범하지 않았는가 해서 아침만 되면 그들의 명수대로 번제를 드렸던 것입니다. 이처럼 그는 가정 제사장의 역할을 성실하게 수행한 인물이었습니다. 또한 욥은 고아나 과부, 가난한 사람들을 돌보아 주며 하나님의 법에 따라 살았습니다. 그것을 보시고 하나님은 기뻐하셨습니다.

어느 날 하늘의 천사들이 하나님 앞에 모였습니다. 그 자리에는 사람들에게 악한 일을 일삼는 사단도 끼어 있었습니다. 하나님은 사단에게 "네가 어디서 왔느냐?"라고 물으셨습니다. "땅에 두루 돌아 여기 저기 다녀 왔나이다"(욥 1:7)하고 사단이 대답하자, 하나님은 그에게 "(그러면) 네가 내 종 욥을 유의하여 보았느냐? 그와 같이 순전하고 정직하여 하나님을 경외하며 악에서 떠난 자가 세상에 없느니라"(욥 1:8)고 말씀하셨습니다. 사단도 욥이 착한 사람이라는 것을 부인할 수 없었습니다. 그러나 순순히 그것을 사탄은 인정하기가 싫었습니다. "욥이 어찌 까닭 없이 하나님을 경외하리이까. 주께서 그의 집과 그 모든 소유물을 산울로 두르심이 아니니까…… 주께서 그 손을 펴사 그 소유물을 치소서. 그리하시면 정녕 대면하여 주를 욕하리다"(창 1:9-11). "그의 소유물을 다 네 손에 붙이노라. 오직 그의 몸에는 네 손을 대지 말지니라." 하나님의 허락을 받아 사단은 곧 그의 소유물에 손을 대기 시작하였습니다.

하나님 앞에서 물러나온 사단은 욥의 자산과 자녀들을 빼앗기로 하였습니다. 욥의 가축은 풀밭에서 한가로이 풀을 뜯고 있었고 자녀들은 큰아들 집에서 식사를 하고 있었습니다. 그런데 그때 이상한 일이 벌어졌습니다. 욥의 하인이 달려와 전하기를 스바 사람들이 쳐들어와 소와 나귀를 모두 빼앗아 가고 일꾼들을 칼로 베어 죽였다는 것이었습니다. 그 하인이 채 말을 마치기도 전에 다른 하인이 달려와 "갑자기 하늘에서 벼락이 떨어져 양떼와 양치기들을 다 불살라 버렸다"고 보고하였습니다. 그의 말이 채 끝나기도 전에 또 다른 하인이 달려와 갈대아 사람들이 몰려와 낙타를 빼앗아 가고 일꾼들을 모두 죽였다고 전하였습니다. 또 다른 하인이 새파랗게 질린 얼굴로 달려와 광야에서 강한 바람이 불어와 무너지면서 집 안에 있던 사람이 모두 깔려 죽었다는 것이었습니다. 이렇게 크고 무서운 사건을 당한 욥은 자기 옷을 찢으며 땅에 엎드려 울부짖었습니다.

그러나 욥은 "내가 모태에서 적신이 나왔사온즉 또한 적신이 돌아가올지라. 주신 자도 여호와시요 취하신 자도 여호와시오니"(욥 1:21)라고 하나님을 원망하기는커녕 그 이름을 찬송하였습니다. 그러나 사단은 주의 손을 펴서 그의 뼈와 살을 치면 정녕 욥은 대면하여 주를 욕할 것이라고 말합니다. 하나님은 "내가 그를 네 손에 붙이노라. 오직 그의 생명은 해하지 말지니라"(욥 2:6) 하였습니다.

사단은 욥에게 큰 시련을 주었습니다. 갑자기 욥의 온 몸에 종기(악창)가 생겨 아프고 가려워서 견딜 수가 없었습니다. 욥은 땅바닥에 주저앉아 기와 조각으로 몸을 긁으며 괴로워했습니다. 재산과 자녀를 모두 잃고 자기 몸에 몹쓸 병까지 생겨 이제는 아무 희망도 가질 수 없는 상태였습니다. 그러나 욥은 하나님을 신뢰하였습니다. 그는 온 세상과 사람을 사랑하시고 다스리시는 창조주 하나님을 믿었습니다. 그래서 그는 온갖 고통 속에서도 하나님을 조금도 원망하지 않았습니다. 욥의 아내는 그러한 욥의 태도를 보고 "당신이 그래도 자기의 순전을 지키느뇨 하나님을 욕하고 죽으라"(욥 2:9)고 하였습니다. 욥은 하나님을 원망하는 아내를 "어리석은 여자 중 하나와 같도다"(욥 2:10)라고 꾸짖었습니다.

욥이 무서운 시련을 당하고 있다는 소식을 전해들은 친구 세 사람이 욥을 위로하기 위하여 찾아왔습니다. 그러나 너무도 흉하게 변한 욥의 모습을 보고 친구들은 어떻게 위로해야 좋을지 몰라 칠 일 동안 한 마디 말도 하지 않았습니다. 보다 못해 욥이 먼저 입을 열어, "왜 사람은 고통을 당하여야 하고 죽어야 하는지, 왜 죄없고 의지할 데 없는 사람에게 고통이 닥치는지, 그리고 하나님은 참으로 공평하신 분인지"에 대한 의문과 한탄을 털어놓았습니다.

욥의 한탄을 들은 친구들은 그가 하나님을 모독하는 줄로 알았습니다. 욥이 살던 시대의 사람들은 죄를 지은 사람은 벌을 받고 착하게 산 사람은 보상을 받는다는 생각을 가지고 있었기 때문에 그들은 욥이 하나님으로부터 이처럼 큰 벌을 받는 것은 욥이 자기들 모르게 큰 죄를 저지른 잘못 때문이라고 생각했습니다. 그래서 그들은 욥이 자기 잘못을 인정하고 회개하여야 한다고 생각했습니다. 욥의 세 친구, 데만 사람 엘리바스, 수아 사람 빌닷 그리고 나아마 사람 소발은 한결같이, 신한 자는 흥하고 악한 자는 망하는 법인데, 욥이 이처럼 심한 고통을 겪는 것은 그의 잘못이 있기 때문이라고 욥을 나무랍니다.

욥은 그 자신을 위로하기 위하여 찾아왔던 친구들까지 그렇게 몰아세우는 것을 보고는 더욱 괴로워서 참을 수 없게 되었습니다. 욥은 성실치 아니한 친구를 가리켜 "나의 형제는 내게 성실치 아니함이 시냇물의 마름 같고 개울의 잦음 같구나"(욥 6:14-15)라 하였습니다. 즉 성실치 못한 친구를 근원이 빈약한 광야의 개울에다 비유한 것입니다. 여기서 개울은 팔레스타인에서 흔히 발견되는 "와디"(wadi)를 가리키는데 비가 오면 갑자기 물이 불어 범람하다가도 비가 그치면 얼마 안가서 바닥이 드러나는 시내처럼 그 친구들은 달면 삼키고 쓰면 뱉아버리는 끝까지 욥을 사랑하지 않고 있다는 것입니다.

욥은 이 친구들을 환자를 위하여 취하여야 할 처방을 알지 못하는 돌팔이 의사에다 비유하고 있으며(욥 13:4) 하나님의 낯을 좇는 자(욥 13:8) 즉 하나님의 눈치나 살피고 그것에다 비위를 맞추려고 애를 쓰는 아첨군에다 비유하였습니다. 그들이 많은 변론을 늘어 놓고 방어하는 말을 하지만 쉽게 부서질 토성(土城, 욥 13:12) 같다고 하였습니다. 그리고 그런 친구를 "너희는 다 번뇌케 하는 위로자"(욥 16:2)라고 비난하였습니다. 욥은 그런 불성실한 친구들과 더 이상 이야기를 하지 않았습니다. 욥은 너무 고통이 심해 이제는 몸도 제대로 가누지 못할 정도로 절망에 사로잡혀 있었습니다. 그때 비로소 하나님은 침묵을 깨고 도표에서 보듯이 폭풍 가운데 나타나셨습니다.

하나님의 나타나심의 방식

방식	관련성구
불과 연기 가운데	출 3:2
세미한 소리 가운데	창 16:13
폭풍우 가운데	욥 38:1
그룹 가운데	행 9:3-5
빛 가운데	행 9:3-5
천사로서	창 16:3
성육신 하심으로	요 1:14, 18
교회 안에	엡 2:21-22
새 예루살렘 가운데	계 21:3

즉 하나님께서는 계시(욥 38:-39:)를 통하여 찾아와 욥과 말씀을 나누셨습니다.

> 무지한 말로 이치를
> 어둡게 하는 자가 누구냐?
> 너는 대장부처럼 허리를 묶고
> 내가 네게 묻는 것을 대답할지니라.
> 내가 땅의 기초를 놓을 때에 네가 어디 있었느냐?
> 네가 깨달았거든 말할지니라.
> 누가 그 도량을 정하였는지,
> 누가 그 준승(準繩)을 그 위에 띄웠는지 네가 아느냐?
> 그 주초(柱礎)는 무엇 위에 세웠으며
> 그 모퉁이 돌은 누가 놓았었느냐?

> 그 때에 새벽 별들이 노래하며
> 하나님의 아들들이 다 기쁘게 소리 하였느니라.(욥 38:2-7)

욥은 한 마디도 대답을 할 수가 없었습니다. 그래서 욥은 하늘과 땅을 만드시고 그 안에 있는 모든 것들을 다스리는 하나님 앞에 머리를 숙였습니다. 그리고 하나님이 하시는 일에 불평을 한 것에 대해 용서를 청하고 모든 것을 하나님께 맡기기로 결심하였습니다.

> 주께서는 무소 불능하시오며
> 무슨 경영이든지 못 이루실 것이 없는 줄 아오니
> 무지한 말로 이치를 가리우는 자가 누구니이까?
> 내가 스스로 깨달을 수 없는 일을 말하였고
> 스스로 알 수 없고 헤아리기 어려운 일을 말하였나이다.
> 내가 말하겠사오니 주여 들으시고
> 내가 주께 묻겠사오니 주여 내게 알게 하옵소서.
> 내가 주께 대하여 귀로 듣기만 하였삽더니
> 이제는 눈으로 주를 뵈옵나이다.
> 그러므로 내가 스스로 한하고
> 티끌과 재 가운데서 회개하나이다.(욥 42:2-6)

하나님은 욥의 호소를 들어 주셨습니다. 하나님은 당신께 충실한 사람을 결코 저버리시는 분이 아니시기 때문에 욥의 의로움을 인정해 주시고 그 동안 잃었던 것을 갑절로 돌려주셨습니다. 일곱 아들과 세 딸, 그리고 수만 마리의 가축을 돌려주셨는데 세상에서 욥의 세 딸만큼 아름다운 여자는 찾아볼 수 없었다고 합니다(욥 42:14). 욥은 그 큰 시련을 이겨낸 후 일백 사십 년을 더 살면서 아들, 손자 등 사대손을 보며 행복하게 살았습니다. 시련을 받았을 때의 욥의 나이가 육십 정도였으니까 욥은 적어도 이백 살 이상 살았다고 생각합니다(욥 42: 17).

『욥기』에는 두 차례에 걸친 천상(天上) 회의 장면이 나타나는데(욥 1:6; 2:1), 이는 인간사 배후에 영적인 존재의 역사(役事)가 개입되어 있음을 의미합니다. 특히 사단은 본문에서 이간자 또는 고소자로 등장함으로써(계 12:10), 우리의 중보자되시는 예수 그리스도의 모습과 뚜렷이 대조됩니다(딤전 2:5). 천상 회의의 광경은 마치 욥을 가운데 두고 하나님과 사단이 일종의 내기를 벌이는 듯한 인상을 줍니다. 그러나 하나님은 터무니없이 사람을 시험하시는 분도 아니시고(창 22:1), 또한 인간 세상의 포악한 전제 군주마냥 함부로 권력을 휘두르는 분도 아니십니다. 하나님은 우리 인간의 장래를 확연히 다 아시는 분이시기 때문에 모든 일을 언제나 선하게 처리하시는 것을 볼 수 있습니다(시 119:68).

본서의 주인공 욥은 하나님을 순전히 경외하고 불우한 자들을 구제하는 등 악에서 멀리 떠난 당시로서는 가장 모범적인 신앙인이었습니다. 그러한 욥이 말로는 이루 표현할 수 없는 불행과 곤경을 당하게 됩니다. 물론 우주에 도덕적인 인과 관계가 없는 것은 아니지만 모든 고통이 다 죄로 연유되는 것은 아닙니다. 하나님께서 사단을 통하여 의인 욥에게 고통을 허락하신 것은 욥의 죄 때문이 아니라 욥에게 보다 심오한 영적 통찰력을 주시고자 하시는 인간으로서는 이해할 수 없는 그의 깊은 뜻에 따른 것이었습니다. 하나님과 욥과의 관계는 실로 현실적인 이해 관계를 초월한 것이었습니다. 이와 같이 이해 관계를 초월하지 못하게 되면 그 믿음은 천박해질 수밖에 없습니다.

하나님의 계시를 통하여 지금까지 협소했던 욥의 시계(視界)가 아주 빠르게 우주적인 차원으로 확대되었습니다. 즉 췌스터튼(Chesterton)이 "우주적 철학은 인간에게 적합하도록 구성되어 있지 않고 우주에 적합하도록 구성되어 있습니다. 사람은 자기 개인의 해와 달을 가질 수 없는 것과 마찬가지로 개인적인 종교를 가질 수 없다"라고 한 그런 역설적 진리에 눈을 뜨게 되는 것입니다. 그러면서 욥은 "하나님은 어떤 사람의 의지에 종속되지 않으시고 오로지 자신의 의지대로 하신다는 것과 하나님의 뜻을 인간의 지식을 가지고 해석하려했던 것"이 어리석은 죄였다는 것을 깨닫게 됩니다. 그것은 지적인 교만의 죄로써 그것을 회개하지 않으면 하나님과의 간접적인 관계를 벗어날 수가 없습니다. 그러나 욥은 참다운 회개와 겸손한 기도를 통하여 간접적인 관계에서 직접적인 관계로 들어가게 됩니다. 그 결과 욥은 고통에서 벗어날 수 있었고 물질적인 축복도 전보다 배나 더 받을 수 있었습니다. 기도는 테니슨이 다음의 시에서 노래한 바처럼 이 세상이 생각하는 것보다는 더 많은 것들을 이루게 합니다.

기 도

나의 영혼을 위해 기도하라. 이 세상이 생각하는 것보다는
기도에 의해 더 많은 것들이 이루어진다.
그러므로 나를 위해 밤낮으로 그대의 기도 소리를
샘솟듯 솟게 하라. 만일 하나님을 알면서도 그 자신들과
친구들을 위해 기도의 손길을 들지 않는다면,
머리 속에 맹목적인 삶을 품고 있는
양이나 염소들보다 사람이 무엇이 나은가?
둥근 지구는 모든 면에서 황금사슬에 의해
하나님의 발 둘레에 묶여 있다.

이 "기도"는 19세기 유명한 영국의 시인 알프레드 테니슨(Alfred Tennyson, 1809-1892)의 시입니다. 테니슨은 랭카서의 새머즈비에서 목사의 아들로 태어났습니다. 14세 때 이미 시극을 썼으며, 케임브리지 입학 후에는 핼럼 등과 친교를 가지면서 교양과 인간적인 깊이를 넓혔습니다. 1830년 경에 시집을 내어 차차 시단의 주목을 끌었지만, 그 친

구 핼럼의 죽음으로 약 10년간 침묵을 지켰습니다. 1842년에 펴낸 『시집』(Poems) 2권은 그의 지위를 확고하게 해주었고 워즈워스의 후계자로서 계관시인에 추대되었습니다. 하나님을 알면서도 기도하지 않는 사람은 양이나 염소나 다름없다는 것입니다. 욥은 자신의 지적인 교만을 회개하고 겸손한 기도를 통하여 하나님과 화해하게 되었고 또한 친구들과도 화해하게 되었습니다. 그때 욥의 모든 곤욕은 풀렸습니다.

본 『욥기』가 욥의 회복 및 번영으로 끝나는 것은 단순히 행복한 결말(happy ending)을 유도하기 위한 저자의 유치한 발상에서 비롯된 것이 아니라 모든 성도들에게 확약된 종말론적 승리를 예표하는 것이라 할 수 있습니다.

애굽으로부터 3 가나안까지

- 요셉과 그의 형제들
- 모세와 그의 지팡이
- 여호수아와 가나안 정복

요셉과 그의 형제들

요셉의 이야기는 『창세기』 37장에서부터 50장까지에 나옵니다. 그 중에서 38장의 유다와 다말의 이야기는 요셉의 이야기와는 별도로 취급되는 독립된 것으로 간주됩니다. 아무튼 요셉의 이야기는 크게 두 부분으로 구성되어 있는데, 그 일부는 요셉과 그의 가족과의 관계이고, 다른 한 부분은 애굽(Egypt)에서의 그의 생활에 초점을 두었습니다.

야곱에게는 열두 아들이 있었습니다. 야곱은 그 중에서도 열한번째 아들 요셉을 "노년에 얻은 아들이므로"(창 37:3) 가장 사랑했습니다. 어린 베냐민을 빼놓고 야곱의 아들 열 명은 양떼를 치고 있었습니다. 그 당시 양치기들은 단색의 소매가 없는 짧은 옷을 입었습니다. 야곱의 아들들도 그랬습니다. 그러나 야곱은 요셉에게는 귀인이나 영주만이 입는 소매가 길고 장식까지 달린 "채색 옷"(장옷 창 37:3)을 입혔습니다. 요셉은 형들보다도 더 성실하고 착했지만 단 한 가지 형들의 실수나 잘못을 아버지에게 고자질하는 나쁜 버릇이 있었습니다.(창 37:2). 이렇게 아버지가 유별나게 그만을 더 편애하는 것을 보고 형들은 그를 미워했습니다. 더욱이 요셉은 두 번씩이나 꿈 이야기를 형들에게 하여 그 때문에 형들은 그를 더욱 미워하게 되었습니다.

그 꿈 이야기는 대충 이런 것이었습니다. 하나는 밭에서 곡식단을 묶고 있는데, 요셉이 묶은 단이 우뚝 일어서더니 형들이 묶은 단이 그 둘레에 모여 절을 하더라는 것이었고(창 37: 7), 다른 하나는 해와 달과 별 열 하나가 요셉에게 절을 하더라는 것이었습니다(창 37:9). 요셉의 꿈은 비록 두 개였지만, 근본적으로는 같은 것이라고 볼 수 있습니다. 즉 형들이 동생 요셉에게 무릎을 꿇을 것이라는 것입니다. 이런 꿈 이야기를 들은 형들은 요셉을 미워했고, 기회만 있으면 요셉을 혼내주려고 생각했습니다.

요셉이 열일곱 살이 되던 어느 날, 형들은 세겜을 거쳐 도단에서 양떼에게 풀을 뜯기고 있었는데, 그때 요셉이 아버지의 심부름을 받고 그들을 찾아왔습니다. 평상시에 꿈장이라 하여 요셉을 미워하던 형들은 이때가 좋은 기회라 생각하여 그를 죽여 없애버릴 음모를 꾸몄습니다. 대부분은 요셉을 죽여 짐승이 잡아 먹은 것처럼 꾸미자고 했지만, 맏형 르우벤은 구덩이에 처넣되 죽이지는 말자고 했습니다. 맏형의 제의에 따라 그들은 옷을 벗기고 요셉을 물 없는 빈 구덩이에 처넣었습니다. 때마침 이스마엘 상인들이 낙타를 타고 구덩이 곁으로 다가왔습니다. 그들은 길르앗에서 향료, 향유, 몰약 등을 싣고 애굽으로 가는 도중이었습니다.

그때 형들 중의 하나인 유다가 말했습니다.

"우리가 우리의 동생을 죽이고 그의 피를 은닉한들 무엇이 유익할까? 자, 그를 이스마엘 사람에게 팔고 우리 손을 그에게 대지 말자. 그는 우리의 동생이요 우리의 골육이니라"(창 37:26-27).

형제들은 유다의 의견을 받아들이기로 하였습니다. 그렇게 하면 돈도 생기고 요셉을 멀리 쫓아 버릴 수도 있기 때문이었습니다. 이스마엘 상인들이 그들 가까이 이르렀을 때, 형제들은 요셉을 구덩이에서 끌어내어, 그 당시의 노예값인 은 이십 개(세겔)를 받고 상인들에게 팔아 버렸습니다.

이스마엘 상인들이 멀리 사라진 다음 양떼를 돌보러 갔던 르우벤이 요셉을 구해 주려고 돌아와 보니 구덩이 속에 있던 요셉이 보이지 않았습니다. 그는 빈 구덩이 속을 들여다 보며 애타게 요셉을 불렀으나 아무런 대답도 없었습니다. 르우벤은 동생들을 불러 요셉이 없어졌다고 말하자 그들은 요셉을 팔아 버렸다고 사실대로 말했습니다(창 37:29-30).

요셉의 형제들은 염소 한 마리를 잡아 그 피를 요셉의 옷에 바르고는 그 채색 옷을 아버지 야곱에게로 가지고 와 "우리가 이것을 얻었으니 아버지의 아들의 옷인가 아닌가 보소서"(창 37:32)라고 하였습니다. 피가 묻은 요셉의 옷을 본 아버지 야곱은 요셉이 들짐승한테 잡혀 먹힌 줄만 알고 슬퍼하며 자기 입은 옷을 찢고 베옷을 몸에 걸친 채 아들을 생각하면서 날마다 울기만 하였습니다. 야곱은 아버지 이삭을 속여 장자의 축복을 받아냈는데, 그 아버지는 아들의 옷을 알아내지 못했지만 야곱은 아들 요셉의 옷을 알아냈으나 결과적으로는 아들들에게 속은 것입니다. 아버지를 속인 야곱이 자기 아들들에게 속은 것이라고 보고 있습니다.

이스마엘 상인들이 요셉을 애굽에 있는 노예시장으로 데리고 간 것은 기원전 1700년경이었습니다. 요셉이 애굽으로 이렇게 팔려간 것은 다음 도표에서 보는 바와 같이 요셉과 그의 형제들 간의 갈등의 결과였던 것입니다. 잘 생긴 요셉은 애굽 왕의 한 신하인 경호대장 보디발 (Potiphar)에게로 팔려갔지만, 다행히도 주인의 신용을 얻어 그 집안의 관리인이 되었습니다. 요셉이 열심히 일했으므로 보디발의 재산은 나날이 늘어 갔습니다.

그런데 요셉은 "용모가 준수하고 아담한"(창 39:6) 사나이이기 때문에, 주인 보디발의 아내가 눈짓을 하며 그를 유혹하는

구약에 나타난 형제간의 갈등

이 름	관련 성구
가인과 아벨	창 4:1-8
이스마엘과 이삭	창 25:17-34
에서와 야곱	창 25:27-34
요셉과 그 형제들	창 37:2-36
다윗과 큰형 엘리압	삼상 17:17-30
암논과 압살롬	삼하 13:1-19

것이었습니다. 그러나 그는 주인의 신임을 생각하며, 그것은 하나님과 주인께 죄가 되는 것이라고 했습니다. 어느 날 요셉이 주인의 일을 돌보려고 집 안으로 들어갔을 때였습니다. 주인의 아내는 집안에 아무도 없는 것을 알고는 요셉의 옷을 붙잡고 침실로 같이 가자고 졸랐습니다. 그러나 요셉은 손에 잡힌 옷을 뿌리치고 밖으로 뛰쳐 나갔습니다. 그러자 몹시 화가 난 보디발의 아내는 큰 소리로 집안 사람들을 부르며 요셉이 자기에게 겁간(劫姦)하려다가 자기가 소리를 지르자 도망쳤다고 거짓말을 하였습니다. 그리고 남편에게도 요셉의 옷을 증거로 그가 자기를 강간하려고 했다고 보디발의 아내는 교묘하게 중상했습니다. 보디발은 아내가 하는 말을 듣고 화가 치밀어 요셉을 감옥에 가두었습니다(창 39:7-20).

그러나 어디를 가나 요셉은 하나님의 돌보심으로 보디발의 집에서 노예로 살 때처럼 감옥에서도 충실하고 정직하고 지혜로웠기 때문에 간수장의 신임을 얻게 되었습니다. 간수장은 감옥에 있는 모든 죄인을 요셉에게 맡겨 돌보게 하였습니다. 즉 요셉은 죄수들을 돌보는 감독역(監督役)이 되었던 것입니다(창 39:21-23).

얼마 후에 죄수 두 사람이 들어왔습니다. 한 사람은 왕에게 술잔을 드리는 관원장이었고 다른 한 사람은 떡을 구워 올리는 관원장이었습니다. 이 두 사람은 왕의 노여움을 샀기 때문에 감옥에 갇히게 되었던

것입니다. 두 사람은 높은 지위에 있었지만 앞으로 어떻게 될 것인지 전혀 예측할 수 없는 처지가 되고 말았습니다.

어느 날 밤 그들은 각기 풀 수 없는 이상한 꿈을 꾸었습니다. 조금씩 다른 꿈이었는데, 두 사람은 그 꿈이 무엇을 뜻하는지 알 수가 없었습니다. 요셉은 그들의 얼굴에 수심이 가득한 것을 보고 "당신들이 오늘 어찌하여 근심 빛이 있나이까"(창 40:7)라고 물었습니다. 그들이 그에게 대답하기를 "우리가 꿈을 꾸었으나 이를 해석할 자가 없도다"(창 40:8)라고 하였습니다. 그 당시 사람들은 꿈을 대단히 중요하게 여겨서 하나의 예언이라고 믿고 있었습니다. 그러자 요셉은 꿈을 풀이하는 것은 하나님만이 하실 수 있는 일이지만 "청컨대 내게 고하소서"(창 40:8)라고 하였습니다.

그들의 말에 따르면 술 맡은 관원장은 포도주에 대해, 떡 굽는 관원장은 빵에 대해 꿈을 꾸었던 것입니다(창 40:9-19). 한 그루의 포도나무 옆에 서있자니 별안간 그 나무에 세 개의 가지가 돋아나고 그 가지마다 포도가 휘어지게 열리더라는 것입니다. 그래서 그 사람은 포도를 따 가지고 왕의 잔 속에 짜넣고 바쳤다고 했습니다.

또 한 사람이 꾸었다는 꿈은 그 관리가 떡을 가득 든 광주리 세 개를 머리에 이고 왕궁에 가려고 하니 별안간 새떼가 하늘에서 내려와 그 떡을 먹어치웠다는 내용이었습니다. 요셉은 그들의 꿈을 풀어, 전자는 사흘 뒤에 풀려나 복직되고 후자는 사흘 뒤에 사형당할 것이라 했는데, 그 꿈 풀이는 그대로 들어맞았습니다. 사흘 후에는 왕의 생일이었습니다(창 40:20). 왕은 모든 신하를 초대하여 잔치를 베풀었습니다. 왕은 여러 신하들 앞으로 술 시중을 들던 관원장과 떡 굽는 관원장을 데려오게 하였습니다. 그리고 술 시중을 들던 관원장에게는 다시 자기의 술 시중을 들게 하였고, 떡을 구워 바치던 관원장은 나무에 매달아 죽이라고 명하였습니다. 본래의 관직으로 되돌아간 관리는 왕에게 아뢰어 요셉이 옥에서 풀려나도록 해줄 것을 약속했습니다. 그러나 아무리 기다려도 요셉은 옥에서 풀려나올 수가 없었습니다. 그 후에도 2년 동안 요셉은 옥중에서 고생을 해야만 했습니다.

왕의 술 시중을 드는 관원장이 감옥에서 풀려난 지 이년이 지난 어느 날 이번에는 애굽 왕이 이상한 꿈을 꾸었습니다. 살찌고 잘 생긴 일곱 마리의 암소를 여위고 볼품없는 일곱 마리의 암소가 잡아 먹는가 하면, 토실토실 여물어가는 일곱 이삭을 갓 돋아 여물지 못한 일곱 이삭이 삼켜 버리는 그런 꿈이었습니다. 왕은 날이 밝자 나라 안에 있는 마술사, 지식인, 현자들을 모두 불러들여 자기의 꿈 이야기를 하였습니다. 그러나 한 사람도 속 시원히 왕의 꿈을 풀이해 주지 못했습니다. 술 시중을 들던 관원장은 요셉을 까마득하게 잊어버리고 있었지만, 왕의 꿈이야기를 듣고서야 비로소 요셉을 생각하고 옥중에서 있었던 꿈 해몽 이야기를 왕에게 아뢰었습니다(창 41:1-9).

요셉은 곧 왕 앞으로 불려 나와 왕이 꾼 꿈의 뜻을 풀이하게 되었습니다. 요셉은 꿈을 풀어, 7년 동안의 풍작 뒤에 7년 동안의 흉작이 계속되리라 했습니다. 왕은 요셉의 해몽과 제안이 옳게 생각되어 곧 그를 총리로 삼았습니다. 왕은 자기 손에서 반지를 빼어 요셉에게 끼워 주고 고운 모시옷(세마포)을 입히고 금목걸이를 걸어 주며 요셉이 지나갈 때에는 하인들이 앞서가며 사람들이 물러서도록 하였습니다. 삼십의 젊은 나이에 총리가 된 요셉은 그가 제안했던 대로 7년 동안 풍작이 계속될 때 그 오분의 일을 창고에 비축해 두어 그것으로 7년 간의 기근을 메꾸어 나갔습니다(창 41:14-57).

왕은 요셉의 이름을 사브낫바내아라 하고 그와 제사장 보디베라의 딸 아세낫과의 결혼을 주선했습니다. 요셉은 그녀와 결혼해서 두 아들을 두었는데, 큰 아들은 "잊어버리다"라는 뜻으로 므낫세라고 이름을 지었고, 작은 아들은 "창성하게 하다"라는 뜻으로 에브라임이라고 이름을 지어 주었습니다(창 41:45-52).

흉년은 이 지역에만 든 것이 아니라, 그 인접국가 모두가 마찬가지였습니다. 가나안도 역시 기근이 극심했습니다. 그래서 어디서든 곡물을 사들이지 않으면 안 되었습니다. 그 일을 위해 야곱은 십 명의 자식을 애굽에 보내게 되었습니다. 여기서 요셉과 그 형제들의 이야기는 다시 이어지게 됩니다. 야곱의 열 아들은 애굽의 총리대신 요셉 앞에 나아가 얼굴을 땅에 대고 큰 절을 하였습니다. 요셉 자신이 꾸었던 꿈은 결국 거의 다 맞은 셈이었습니다. 요셉은 그들을 알아봤지만, 형들은 요셉을 곧 알아보지 못했습니다. 그러나 요셉은 현재 그들이 어떤 성격을 가지고 있는가를 알기 위해 전혀 모르는 체 하였습니다. 그리고는 간첩들이라 울러대고, 그렇지 않다면 한 사람을 보내어 고향에 남아 있는 동생을 데려 오라고 했습니다. 그들은 요셉을 괴롭혔던 죄의 대가라고 자기들끼리 수근거리며 회한에 싸여 있었습니다. 이것을 본 요셉은 눈물을 금할 수 없었으나, 둘째 형 시몬을 인질로 잡아두고 고향의 베냐민을 데려온다는 조건아래 그들에게 양식을 팔았습니다. 그러나 그는 형들이 모르는 사이에 각자의 자루 속에 돈을 넣어 주었습니다(창 42:1-25).

야곱은 막내 아들 베냐민을 내놓으려 하지 않았지만, 기근이 극심하여 다시 양식을 사올 수밖에 없는 처지라 하는 수 없이 베냐민을 딸려 보냈습니다. 그들은 선물을 마련하고 돈을 갑절로 준비하여 다시 요셉 앞에 나타났습니다(창 42:26-38). 그들을 맞은 요셉은 베냐민을 보고 그냥 애처로와 견딜 수가 없었습니다. 요셉은 그들을 자기 집으로 불러 나이 순서대로 앉히고 그들에게 잔치를 베풀어 주었습니다. 그리고는 자루에 양식을 가득 채워 주었습니다. 뿐만 아니라 그들이 모르는 사이에 자루마다 그들의 돈을 도로 넣어 주었고, 특히 베냐민의 자루에는 요셉이 항상 술을 따라 마시고 점을 치는데 사용하는 은잔을 넣어 주었습니다(창 43:1-15).

그리고 그들이 그 도시에서 멀리 가기 전에, 요셉은 집안 관리인으로 하여금 그들의 뒤를 쫓아서 은잔을 훔쳐간 것을 힐책케 하고 베냐민을 인질로 잡아오게 했습니다. 그들은 두려워 떨며 관리인을 따라 다시 요셉의 관저로 돌아왔습니다(창 44:1-13). 형제들은 눈물을 흘리면서, 늙은 아버지가 이 베냐민을 얼마나 사랑하고 있는지를 아뢰고 이 아이 대신 자기들을 노예로 삼을지언정 이 아이만은 꼭 돌아가게 해달라고 진정으로 간청했습니다(창 44:14-34).

마침내 요셉은 복받치는 감정을 억누를 길이 없어 통곡을 하며 자기가 요셉이라고 털어 놓았습다. 요셉은 자기를 이집트로 보낸 것은 그의 일족을 기근에서 구출해 내기 위한 하나님의 뜻에 의한 것이라고 했습니다(창 45:1-15). 그로부터 흉작이 계속되는 5년 간 왕의 허락을 받아 그들을 애굽에 와서 살게 했습니다. 야곱과 그 자손들은 이스라엘에서 가까운 고센 지방에 정착하여 목축업을 하며 70년 간을 지냈습니다. 야곱은 베냐민과 요셉을 축복하며 고센 땅에서 숨을 거두었습니다. 요셉은 아버지의 유언에 따라 그를 가나안에 장사지냈습니다(창 50:4-14).

어렸을 때의 요셉은 아주 건방진 면이 있어서 형들에게 미움을 받았으나 오랜 세월이 걸린 고생과 경험으로 이제는 생각이 깊고 어진 인간이 되었습니다. 그 후로도 요셉은 훌륭한 정치를 하여 국민들의 사랑을 받았습니다. 그는 백십 세까지 향수한 후 뼈라도 가나안 땅으로 가져다 묻어달라고 유언을 남기고 잠이 들었습니다.

요셉의 이야기는 비교적 규모가 큰 설화로 고통받는 종의 모티브를 다루고 있습니다. 이런 모티브를 전개하는 이야기에 있어서 주인공은 늘 당치않은 고통을 당하게 되고 그런 고통을 거쳐 그는 다른 사람들에게 큰 유익을 주게 됩니다. 요셉은 인류의 구세주가 되는 죄없는 수난

자(受難者)의 원형이라 할 수 있습니다. 고난받는 종(suffering servant)의 이야기에 나타나는 가장 중요한 주제는 인간의 고통을 뜻 깊게 보는 이념인 것입니다. 왜 그것이 의미있느냐 하면 하나님은 악과 인간의 고통을 이용하여 보다 큰 유익을 주기 때문입니다. 요셉 자신이 그의 고난의 체험을 겪고난 후 이런 사실을 두 번이나 강조하고 있는 것을 볼 수 있습니다.

"당신들이 나를 이곳에 팔았으므로 근심하지 마소서. 한탄하지 마소서. 하나님이 생명을 구원하시려고 나를 당신들 앞서 보내셨나이다. 하나님이 큰 구원으로 당신들의 생명을 보존하고 당신들의 후손을 세상에 두시려고 나를 당신들 앞서 보내셨나니 그런즉 나를 이리로 보낸 자는 당신들이 아니요 하나님이시라. 하나님이 나로 바로의 아비를 삼으시며 그 온 집의 주를 삼으시며 애굽 온 땅의 치리자를 삼으셨나이다" (창 45:5, 7-8).

이것은 요셉이 자기 정체를 형들에게 밝히면서 인생의 비극을 하나님은 역이용, 선한 길로 인도하신다는 것을 개진한 것입니다. 그리고 야곱이 죽은 후 과거에 저지른 잘못으로 어떤 보응이라도 받을까 해서 형들이 두려워하고 있을 때, 요셉은 다시 다음처럼 말합니다. "당신들은 나를 해하려 하였으나 하나님은 그것을 선으로 바꾸사 오늘과 같이 만민의 생명을 구원하게 하시려 하셨나이다" (창 50:20).

이런 깊은 뜻이 담겨 있는 수난에 비추어 볼 때, 요셉의 생애는 가히 하나님의 영원한 섭리 안에서 이루어진 것임을 알 수 있습니다. 요셉뿐아니라 우리 모든 인간의 생애는 하나님의 주권적 섭리 안에 있습니다. 이런 의미에서 윌리엄 쿠퍼의 "섭리"라는 시를 함께 읽어보면 좋을 것 같습니다.

하나님은 그 기적을 이루시기 위해
신비로운 길로 움직이신다.
그는 바다에 그 발을 놓으시고
폭풍 위에 올라타신다.

결코 그르침이 없는 솜씨로 이룩한
무한한 보고(寶庫) 속 깊이
그는 그 찬란한 설계를 비장해 두고
그 높으신 뜻을 이루신다.

그대 두려워하는 성도들이여,
새로운 용기를 가져라.
그대들이 그토록 두려워하는 구름들이지만
자비로 가득 차 있고, 언젠가는 흩어져
그대들에게 축복을 내려 주리니.

그 힘없는 감각으로 주를 판단하지 말고
그의 은총을 믿으라.
그 찌푸린 섭리 뒤에 그는
웃음짓는 얼굴을 숨겨두고 있도다.

그의 의도는 시간시간이 펼쳐져
속히 무르익으리라.
그 싹은 쓴 맛이 돌지 모르지만
그 꽃은 달콤하리라.

맹목적인 불신은 정녕 잘못된 것,
그의 솜씨를 헛되게 살핀 것이니라.
하나님은 그 나름의 해석자,
그것을 뚜렷하게 풀어 주리라.

 윌리엄 쿠퍼(William Cowper, 1731-1800)는 알렉산더 포프(Alexander Pope)와 윌리엄 워즈워스(William Wordsworth)를 연결하는 낭만주의의 선구자라 할 수 있습니다. 그는 1731년 11월 26일, 신앙심이 깊은 가정에서 태어났고 웨스트민스터 학교에서 공부를 하였습니다. 학교를 마친 뒤 17세가 된 쿠퍼는 변호사 채프만의 법률사무소에서 일을 하면서 주일에는 근처에 있는 숙부댁에서 하루를 보내는 것이 유일한 즐거움이었습니다.

 1752년 그가 20세가 되던 해에 쿠퍼는 무서운 우울증에 걸렸는데 이 병은 악마처럼 그의 일생을 위협하였다고 합니다. 심신을 요양한 결과 얼마 후 건강이 다소 회복되었으나 애인 데오도라와 결별하면서 우울증이 재발하였습니다. 1763년 32세 때에는 거의 이성을 잃은 광인(狂人)이 되어 정신병원에 입원하지 않으면 안 되게 되었습니다. 그러나 주위의 온정과 덕망 높은 정신병원 원장 카튼 박사의 치료로 그의 병은 호전되어 1765년 여름에는 헌팅든이라는 평화로운 마을로 이주하였고, 거기서 그는 전도자겸 교육가인 언원(Unwin)씨와 친교를 맺게됩니다. 그후 그는 언원 씨의 집에서 동거하면서 그들의 가정예배와 성경연구에 참석하며 매일매일을 기도와 찬송으로 풍요하게 보낼 수 있었습니다. 그러나 불행하게도 언윈 씨가 낙마(落馬)한 상처로 4일 만에 별세하여 그의 고적은 말로 표현할 길이 없게 되었습니다. 그는 마음의 위로를 받기 위하여 뉴튼(John Newton, 1725-1807) 목사가 살고 있는 올니(Olney)로 이사하였습니다. 여기서 그는 깊은 신앙체험을 쌓으며 번뇌와 발작증과 싸웠고 그런 가운데서도 많은 찬송시를 지었습니다.

1767년부터 1779년까지 쓴 찬송시를 존 뉴튼 목사와 합동으로 모아 『올니 찬송가집』(Olney Hymns)을 출간하였습니다. 이 찬송가집에 수록된 총수는 348편인데, 뉴튼의 것이 281편이고 쿠퍼의 것이 67편입니다. 뉴튼 목사는 쿠퍼를 복음주의(Evangelicalism)로 인도한 신앙의 지도자였지만, 회심하기 이전에는 노예선(奴隷船)의 선장 노릇을 하였다고 합니다. 외향성(外向性)이 강한 뉴튼과 내향성(內向性)이 짙은 시인 쿠퍼가 결합하여 합동시집을 낸 것은 기이한 느낌을 주지만, 쿠퍼의 우울증을 전환시켜 찬미시를 창작한 데에는 뉴튼의 공이 크다 아니 할 수 없습니다. 특히 쿠퍼의 인격을 형성하는 원천이 되었던 "복음운동"(福音運動)과 접촉할 수 있었던 것은 뉴튼의 덕이었습니다.

영문학사를 통하여 18세기만큼 감정이 메말랐던 시기는 더 없었을 것입니다. 알렉산더 포프가 군림한 문학계는 천박한 사상과 간명한 표현을 추종하는 경향으로 기울었고, 철학과 종교의 세계에서는 이성(理性)을 바탕으로 한 합리적 실증주의가 지배하였으며, 시대 사조로서는 기계적 세계관이 압도적 세력을 이루고 있었습니다. 이런 풍조 속에서는 종교도 실증할 수 있는 하나의 과학적 사실로 인식되었고 따라서 정서적 및 실천적 요소는 그 본질적 영역에서 배제될 수밖에 없었습니다. 종교가 그 생명을 상실한 채 형해화(形骸化)의 길을 걸어가고 있을 때, 존 웨슬리(John Wesley)와 찰스 웨슬리(Charles Wesley) 형제가 나타나 복음주의운동(The Evangelical Revival)을 일으킨 것은 참으로 시의 적절한 것이었습니다. 이 운동으로 인해서 잠들어 있던 영국민의 종교적 본능은 각성되었고, 종교의 세계에서는 이성이란 일종의 무력한 방관자(傍觀者)에 불과하고 심정(心情)과 실천의 생활이 종교의 본래의 영역이라는 것이 실증되었습니다. 이러한 종교부흥운동이 영국 전역에 확대되면서 일대 영적인 반향을 불러 일으켰던 것입니다.

다시 말하면, 웨슬리 형제에 의한 종교부흥운동은 이성에 의해 폐쇄되었던 종교감정의 해방이라 할 수 있습니다. 이와 같은 종교적 충격에 의해 영국민의 생활감정은 일대 혁신을 가져왔고, 시인의 상상력은 점화되어 점차 낭만주의운동으로 확산되어 갔던 것입니다. 하나의 종교적 각성이 문학부흥의 숨은 원천이 되었고 국민 전체의 감정에 자극을 준 정서적 압력이 되었습니다.

뉴튼 목사를 통하여 쿠퍼에게 미친 종교부흥운동의 영향은 『올니찬송가집』으로 결실되었습니다. 쿠퍼는 신고전주의와 낭만주의를 연결하는 영시사상 매우 중요한 작가로 윌리엄 블레이크나 윌리엄 워즈워스에게도 직접 간접으로 영향을 많이 미친 시인입니다. 그의 "섭리"라는 찬송시는 하나님의 창조는 받아들이면서도 섭리는 받아들이지 않고 부정하던 그 시대에 일대 경종을 울리는 신앙시입니다. 이는 요셉의 생애를 주관하는 힘이 바로 섭리라고 믿는 신앙과 거의 동일한 그런 깊은 신앙체험이라 할 수 있습니다.

요셉의 설화만큼 내용과 형식, 주제와 구조가 아주 교묘하게 서로 유기적으로 얽혀 짜여진 이야기도 찾아보기 드물다고 생각합니다. 요셉은 네 차례에 걸쳐 각기 다른 상황에서 지배적인 위치에 오르게 됩니다. 즉 그가 어렸을 적, 본가에서는 형들보다 우월한 입장에 있게 되고(창 37장), 보디발의 집에서는 그의 종들을 다스리는 위치에 있게 되며(창 39:4-6), 감옥에서는 동료 죄수들을 그리고 그 후에는 이집트의 땅을 관리하고 다스리는 위치에 오르게 됩니다(창 39:21-23, 41:39-41).

이런 단계 변화에 있어서 중요한 상징적 구실을 하는 것은 요셉의 옷 (garment)이라 할 수 있습니다. 형들은 요셉을 구덩이에 처넣기 전에 그의 옷을 벗겼고(창 37:23), 보디발의 아내는 유혹에 실패하자 그의 옷을 붙잡고 늘어져 그것을 이용하여 그를 고발했으며(창 39:12-18), 감옥에서 나와 애굽 왕을 만날 때 요셉은 그의 옷을 갈아 입었고(창 41:14), 애굽의 총리대신이 되어 나라를 다스릴 때는 고운 모시 옷을 차려 입었습니다(창 41:42). 여기서 그의 옷은 지배(dominance)와 변이 (transition)의 상징이며, 그리고 각 단계의 변이가 있을 때마다 요셉은 박해와 보존을 상징하는 구덩이, 감옥 및 이집트의 땅에 감금됩니다. 이것은 하나의 역설(paradox)로써 죄없는 수난자가 당하는 고투의 과정을 묵시적으로 보여줍니다.

요셉의 이야기를 해설하는데 있어서 또 다른 중요한 요소는 꿈(dream) 이라 할 수 있습니다. 이 이야기에 나오는 많은 꿈들은 요셉과 형들 사이에 벌어지는 갈등을 더욱 강렬하게 해주는가 하면, 요셉이 궁극적으로 성취할 성공을 예형적으로 예시해 주면서 요셉의 생이 처음부터 운명적이라는 것을 보여주고 있습니다. 이런 꿈의 기능으로 보아 요셉은 처음부터 하나님의 예언적 묵시 가운데서 살아가고 있음을 알 수 있습니다.

요셉의 초기 생활은 그의 아버지 야곱의 생활과 흡사합니다. 형제간의 불화와 질투는 구덩이에 던져 넣었다가 이집트의 노예로 팔아버리는 대목에 이르러 절정에 이르게 됩니다. 애굽에 팔려간 요셉은 보디발의 아내의 유혹과 무고로 죄없이 감옥에 갇혔다가 마침내는 애굽의 총리대신까지 되어 나라를 잘 다스리므로 국민들의 사랑을 받게 됩니다.

이것만 보더라도 요셉의 이야기는 U형태의 구조 즉 상승―하락―상승의 구조를 갖는다는 것을 알 수 있습니다. 고난받는 종의 원형으로서의 요셉은 하락과정에서 위험스런 여행을 거치게 되고 그 과정을 거쳐 그는 정신적 및 사회적 성년에 입문(入門)하게 되는 것입니다.

모세와 그의 지팡이

요셉의 배려로 야곱과 그 일족(一族)은 애굽으로 옮겨와 고센 땅에 자리잡고 오랜 세월 동안 거기서 살았습니다. 세월은 흐르고, "요셉을 알지 못하는 새 왕"(출1:8)이 나라를 다스리게 되었는데, 그 왕은 라암셋(람세스 2세, 출 1:11)였습니다. 그는 히브리 사람들의 수가 점점 많아져 큰 힘을 가진 민족이 되는 것을 두려워했습니다. 또한 그는 만일 전쟁이 일어날 때 그들이 우리의 적군과 힘을 합하여 우리에게 대항할지도 모른다고 생각했습니다(출 1:10).

그때부터 왕은 감독관을 두어 히브리 사람들을 노예로 만들어 강제로 심한 노동을 시켰습니다. 곡식을 쌓아 둘 창고나 건물을 짓는 일, 진흙으로 벽돌을 구워 내는 일, 큰 궁전과 신전, 제방 만드는 일 같은 것만 시켰습니다. 왕은 감독관을 불러 히브리 사람들에게 노동을 더 많이 시키라고 하였습니다. 히브리 사람들은 감독관들의 채찍과 힘들고 위험한 노동에 시달려 죽어가는 사람들이 날이 갈수록 많아졌습니다. 그래도 히브리 사람들의 수는 점점 늘어났고 더욱 강인해졌습니다.

히브리 사람들의 증가를 두려워한 애굽 왕은 히브리 산파 십브라와 부아를 불러 놓고, "너희는 히브리 여인을 위하여 조산할 때에 살펴서 남자여든 죽이고 여자여든 그는 살게 두라"(출 1:16)는 무서운 명령을 내렸습니다. 이것은 이스라엘의 씨를 말리려고 계획한 매우 잔혹한 술책이었습니다. 이때 나일강 가까이에 아므람이란 히브리 사람이 살고 있었습니다. 아므람은 제사를 대행하는 레위 집안 출신으로 그의 아내 요게벳 사이에 아론이라는 아들과 미리암이라는 딸을 두었고, 또 세 번째로 아들을 갖게 되었습니다.

양친은 이 아이의 생명을 구하려고 석달 동안이나 애굽 관리들의 눈에 띄지 않도록 집 안에 숨겨 두었으나 더 이상은 숨겨 둘 수가 없게 되었습니다. 그래서 어머니 요게벳은 나무진(역청)을 칠하여 물이 스며들지 않도록 만든 갈대(파피루스) 바구니에 아이를 담아 강 기슭의 우거진 갈대숲 속에 숨겨 두었습니다. 그로부터 얼마 지난 후, 바로의 딸 공주가 목욕하려고 시녀들과 함께 하수(河水)로 왔다가 갈대숲의 바구니를 발견하고 시녀들에게 가져오라고 하였습니다. 그 속에는 아주 귀여운 사내 아이가 들어 있었습니다. 공주가 구한 유모는 바로 그 아이의 친어머니 요게벳이었습니다.

드디어 아이가 성장하자 유모는 그 아이를 공주에게 돌려 주었고, 공주는 그 아이를 모세라 불렀습니다(출 2:1). 모세는 공주의 보살핌 가운데 바로의 궁정에서 훌륭한 애굽식 교육을 받고 자랐습니다. 그러나 그의 혈관에는 히브리인의 피가 흐르고 있었고 그의 마음에는 자기는 히브리인이라는 의식이 강하게 자리잡고 있었습니다. 그것은 친어머니 유모 요게벳의 가르침 때문이었을 것입니다. 성년이 된 어느 날 모세는 자기 나라 사람들이 잔인하게 학대받는 것을 보고 그만 격분하여 애굽의 한 감독을 살해하였습니다. 이 사건이 일어난 것이 모세의 나이 40이 되는 해였습니다.

바로가 이 사건을 알게 되었을 때, 그는 곧 궁전을 떠나 애굽과 가나안 사이에 있는 미디안 땅으로 도망칠 수밖에 없었습니다. 미디안에 도착한 모세는 어떤 우물가에 앉아 있었

애굽에 내린 10가지 재앙

재앙	의미	관련 성구
피	죽음 경고	출 7:17-18
개구리	우상의 허구성	출 8:2-3
이	악인의 고통	출 8:16
파리	대적자 심판	출 8:21
악질	우상 심판	출 9:3
독종	재앙의 근원	출 9:9-10
우박	심판 경고	출 9:18
메뚜기	심판으로 인한 소멸	출 10:4-5
흑암	하나님이 빛을 주관	출 10:21
장자사망	하나님의 생사주관	출 12:29-30

습니다. 그때 미디안의 제사장인 르우엘(=이드로)의 딸 일곱 명이 양떼를 몰고 와 물을 먹이려고 하고 있었습니다. 그런데 목자들이 와서 그들을 내쫓고 자기들의 양떼들에게 먼저 물을 먹이려고 하였습니다. 이것을 본 모세는 그들에게 다가가 르우엘의 딸들이 몰고 온 양떼에게 먼저 물을 먹이게 해주었습니다.

딸들이 다른 날보다 일찍 우물가에서 돌아왔으므로 르우엘이 그들에게 물었습니다. "오늘은 어찌하여 이같이 속히 돌아오느냐?"(출 2:18). 그 딸들은 우물가에 있던 어떤 애굽 사람이 우리에게 행패를 부리는 목자들을 제치고 우리 양들에게 먼저 물을 먹이게 해 주었기 때문이라고 아버지에게 말하였습니다. 아버지는 "그 사람이 어디 있느냐? 너희가 어찌하여 그 사람을 버리고 왔느냐? 그를 청하여 음식으로 대접하라"(출 2:20)고 말씀하셨습니다. 딸들은 아버지가 시키는 대로 하였습니다. 모세는 르우엘의 집에서 음식을 먹고 머물러 살게 되었습니다. 얼마후 모세는 르우엘의 딸 시뽀라(Zipporah)와 결혼하였고(출 2:21), 그 이후 40년 동안 거기서 장인의 양무리를 치면서 광야 생활을 하였습니다.

이 기간 동안 모세는 목자로서 시내 반도의 광야에 대해 익숙하게 되었고, 황폐한 땅에서 겪는 그 고된 삶과 양들을 인도하는 일에 관해서 많은 것을 알게 되었습니다. 여기서 배운 기술은 모세로 하여금 후일 이스라엘 사람들을 애굽으로부터 이끌어내어 시내 반도의 광야를 지나 가나안으로 인도해 가는 데 큰 도움을 주었습니다.

 어느 날 양떼를 이끌고 풀이 많은 땅을 찾아 호렙 산 기슭에 이르렀는데 거기서 불이 붙은 가시덤불을 보았습니다. 그런데 불꽃은 일고 있는데도 그 떨기나무는 전혀 타지 않고 있었습니다. 모세는 이상히 여겨 가시덤불 가까이 다가가는데 어디선가 자기를 부르는 소리가 들렸습니다. "모세야 모세야…… 이리로 가까이 하지 말라. 너의 선 곳은 거룩한 땅이니 네 발에서 신을 벗으라…… 이제 내가 너를 바로에게 보내어 너로 내 백성 이스라엘 자손을 애굽에서 인도하여 내게 하리라"(출 3: 4-10). 이와 같이 모세는 불붙는 떨기나무 사이에서 극적인 민족 구출의 사명을 부여받았습니다. 그러나 모세는 그 소명 감당하는 것이 두려워 여러 차례 사양했습니다. 하나님께서는 사양하는 모세에게 "내가 너를 바로에게 보내어 너로 내 백성 이스라엘 자손을 애굽에서 인도하여 내게하리라…… 정녕 너와 함께 있으리라. 네가 백성을 애굽에서 인도하여 낸 후에 너희가 이 산에서 하나님을 섬기리니 이것이 내가 너를 보낸 증거니라"(출 3:10-12)고 하셨습니다.

 모세는 만일 내가 가서 하나님께서 나를 애굽으로 보내셨다고 했을 때, 그들이 나에게 묻기를 "그의 이름이 무엇이냐?"(출 3:14)고 물으면 그들에게 무엇이라고 하여야 할 것이냐고 물었습니다. 하나님이 모세에게 이르시기를 "스스로 있는 자가 나를 너희에게 보내셨다 하라"고 말씀하셨습니다. 하나님께서는 여러 가지 이적(출 4:1-9)을 통하여 능력으로 그가 모세와 함께 하신다는 증거를 보여 주셨는데도, 모세는 더욱 사양하면서, "주여 나는 본래 말에 능치 못한 자라. 주께서 주의 종에게 명하신 후에도 그러하니 나는 입이 뻣뻣하고 혀가 둔한 자니이다"(출 4:10)라고 말하였습니다. 그러자 하나님께서는 노를 발하시며 (출 4:14) 말 잘하는 네 형 아론과 함께 "지팡이를 손에 잡고"(출 4:17) 가라고 하였습니다.

하나님의 이런 말씀을 듣고서야 용기를 얻어, 모세는 형 아론과 함께 바로 왕에게로 달려갔습니다. 그러나 마음이 굳은 왕은 모세의 요구를 거절하였습니다(출 5:1-2). 그 때문에 모세는 하나님의 능력을 입증하기 위하여 아래 도표에서 보는 바와 같은 열가지 재앙을 내렸습니다. 물을 피로 만들기도 하고, 개구리 소동을 일으키기도 하고, 티끌을 이로 만들기도 하고, 파리 떼의 소동을 일으키기도 하고, 생축(牲畜)을 심한 악질로 죽이기도 하고, 재가 온 땅의 티끌이 되어 독종(毒腫)으로 나타나게 하기도 하고, 우박을 퍼붓기도 하고, 메뚜기 소동을 일으키기도 하고, 온 땅을 흑암으로 덮기도 하였지만, 끝내 왕은 고집을 부렸습니다. 하는 수 없이 하나님의 지시대로 마지막 재앙으로 초태생(初胎生)을 죽이는 재앙을 내렸습니다.

그러나 하나님의 말씀대로 어린양의 피(벧전 1:19 참조)를 문설주에 칠한 이스라엘 사람들은 그 재앙에서 벗어날 수 있었습니다. 죽음의 천사는 약속대로 피의 표증이 있는 집 앞은 피하여 지나갔기 때문에, 이스라엘 사람들은 이 재앙에서 면제된 그날을 기념하여 유월절(Passover)을 지키게 되었습니다. 그날 밤 이스라엘 사람들은 모세와 아론을 선두로 하여 일제히 홍해 바다 건너편에 있는 광야를 향해 출발했습니다. 하나님께서는 모세의 일행이 길을 잃지 않도록 낮에는 구름기둥으로, 밤에는 불기둥으로 인도해 주셨습니다(출 7:14-12:51).

애굽 왕 바로는 이스라엘 사람들이 애굽을 떠났다는 말을 듣자 마음이 변했습니다. 군대를 동원하여 그들의 뒤를 쫓아 이스라엘 백성을 잡아오라고 명하였습니다. 모세의 일행이 홍해에까지 왔을 때 애굽의 대군이 전차를 앞세우고 뒤쫓아왔습니다. 앞에는 바다, 뒤에는 적의 대군이 쫓아오니 앞으로 나갈 수도 없고 물러설 수도 없고 정말 진퇴양난(進退兩難)이었습니다. 하나님의 명령대로 모세는 손에 든 지팡이를 바다 위로 내밀었습니다(출 14:16). 그러자 바다는 둘로 갈라지고 길이 트였습니다. 이렇게 해서 모세의 일행은 한 사람의 희생자도 내지 않고 바다를 건너갈 수가 있었습니다. 그러나 애굽 군대가 뒤따라 바다를 건너려고 하자 갑자기 바닷물이 밀려와서 그들은 높은 파도에 휘말려 장군도 병사도 전차도 모두 바다 속에 가라앉고 말았습니다. 그때서야 이스라엘 사람들은 하나님의 전능한 힘을 비로소 알게 되었고 마음 속으로 모세의 지시에 따르게 되었습니다. 그리고 그들은 소리 높여 주를 찬양하였습니다(출 15:1-2).

홍해를 건넌 다음 더위에 시달려 가며 수르 광야로 들어선 모세와 이스라엘 백성들은 사흘 동안 길을 걸었으나 먹을 물이 없었습니다. 마라에 이르러 보니 물은 있었지만 써서 마실 수가 없었습니다(출 15:22-23). 모세가 하나님께 기도하였더니 하나님께서 나무 한 그루를 보여 주셨습니다. 그 나뭇가지를 꺾어 물 속에 넣었더니 쓴 물이 단 물로 변했습니다. 모두 물을 마시고 다시 여행을 계속해서 엘림에 있는 오아시스를 지나 시내 산과 엘림 중간에 있는 신 광야에 이르렀습니다(출 16:1). 그런데 먹을 것이 거의 떨어져 이스라엘 사람들은 모세와 아론에게 불평을 하였습니다.

"우리가 애굽 땅에서 고기 가마 곁에 앉았던 때와 떡을 배불리 먹던 때에 여호와의 손에 죽었더면 좋았을 것을. 너희가 이 광야로 우리를 인도하여 내어 이 온 회중으로 주려 죽게 하는도다"(출 16:3).

이런 백성들을 보며 슬퍼하던 모세가 하나님께 간구했더니 저녁에는 고기를, 아침에는 떡을 내려 먹게 하겠다고 약속했습니다. 하나님의 약속 그대로 저녁때에 메추라기떼가 천막으로 날아들어왔습니다. 이스라엘 사람들은 오래 만에 그 메추라기 고기를 배불리 먹었습니다. 다음 날 아침에는 천 막 주위에 이제껏 보지 못했던 이상한 것들이 가득 널려 있었습니다. 사람들은 "만나"라고 하는 이 빵을 모아들였습니다. 그리고 엿새째에는 여느 때의 곱절로 모았습니다(출 16:4-30). 그것은 그 다음날이 안식일이기 때문이었습니다.

그런데도 어떤 사람들은 이레째 되는 날에도 거두어 들이려고 나갔습니다. 그러나 하나도 찾을 수가 없었습니다. 그때부터 사람들은 안식일에는 쉬면서 밖으로 나가지 않고 맛있는 벌꿀 과자와 같은 흰 만나를 먹었습니다.

이스라엘 백성들은 계속 걸어서 르비딤 근처에 천막을 쳤습니다. 그러나 그 곳에는 마실 물이 없었습니다. 백성들은 모세에게 또 다시 외쳤습니다.

"우리에게 물을 주어 마시게 하라"

모세는 하나님이 가르쳐준 대로 호렙 산으로 가서 손에 잡은 지팡이로 반석(바위)을 쳤습니다. 그러자 크고 단단한 바윗돌에서 물이 흘러 나왔습니다. 사람들은 마음껏 물을 마실 수 있었습니다. 이렇듯 하나님은 언제나 이스라엘 백성을 구해 주었습니다(출 17:1-7).

이스라엘 백성들이 르비딤에 있을 때 아말렉 사람들이 쳐들어왔습니다. 모세는 여호수아에게 명령하였습니다. "우리를 위하여 사람들을 택하여 나가서 아말렉과 싸우라. 내일 내가 하나님의 지팡이를 손에 잡고 산꼭대기에 서리라"(출 17:9)

여호수아는 모세가 시키는 대로 장정들을 뽑아 그들과 함께 싸우러 나갔습니다. 한편 모세와 아론과 훌은 산꼭대기로 올라갔습니다. 모세가 손을 들면 여호수아가 이겼고, 손을 내리면 아말렉 사람들이 이겼습니다. 그러나 모세는 팔이 점점 무거워지므로 같은 높이로 계속 들고 있을 수가 없었습니다. 그러자 아론과 훌은 돌을 주워다 쌓아 그 위에 모세를 앉게 하고 모세의 양 옆으로 가서 그의 손을 쳐들고 있었습니다. 그렇게 하여 해가 질 무렵에는 아말렉 군사들을 모두 쳐부술 수가 있었습니다(출 17:8-16). 모세는 단(壇)을 쌓고 그 이름을 여호와 닛시(Johovah-Nissi)라 하였습니다(출 17:15).

애굽을 떠난 지 3개월 후에 그들은 시내 산 기슭에 도착했습니다. 이곳은 모세가 타오르는 불꽃 속에서 하나님의 음성을 들었던 곳입니다. 모세는 일행을 산기슭에 머물게 하고 혼자서 하나님의 산으로 올라갔습니다. 산은 빽빽한 구름으로 뒤덮여 있었고 번개와 우뢰 소리가 땅을 흔들었습니다(출 19:16). 사흘이 되자 우뢰 소리는 더 크게 진동하고 시내 산 전체가 옹기집 연기 같은 연기로 휩싸였습니다(출 19:18). 하나님이 그 산위로 내려오신(강림) 것이었습니다. 모세는 땅에 엎드려서 하나님의 음성을 들었습니다. 하나님은 다음 도표에서 보는 것과 같은 열 가지 계명을 주셨습니다.

이와 같은 십계명과 각종 율례(출 21:-23:)를 받으며 모세가 40일 40야를 산 위에 머무는 동안, 산기슭에서 기나리고 있던 이스라엘 백성들은 더 이상 참지를 못하고 하나님 대신 다른 신을 만들기로 하였습니다

모세가 받은 십계명

순 서	내 용	관련성구
제일 계명	너는 나 외에는 다른 신들을 네게 있게 말지니라	출 20:3
제이 계명	너를 위하여 새긴 우상을 만들지 말지니라	출 20:4
제삼 계명	너는 너희 하나님 여호와의 이름을 망령되이 일컫지 말라	출 20:7
제사 계명	안식일을 기억하여 거룩히 지키라	출 20:8
제오 계명	네 부모를 공경하라	출 20:12
제육 계명	살인하지 말지니라	출 20:13
제칠 계명	간음하지 말지니라	출 20:14
제팔 계명	도적질하지 말지니라	출 20:15
제구 계명	네 이웃에 대하여 거짓 증거하지 말지니라	출 20:16
제십 계명	네 이웃의 집을 탐내지 말지니라	출 20:17

3. 애굽으로부터 가나안까지   139

다. 그리하여 여자들이 몸에 지니고 있던 금 장식품들을 모두 모아서 금송아지 상을 만들었습니다. 그것은 예로부터 애굽 사람들이 풍작의 신으로 모시던 신이었습니다.

모세가 산에서 내려왔을 때 이스라엘 백성들은 그 상을 에워싸고 춤을 추고 있었습니다. 마치 애굽의 마을과 같은 소란을 피우고 있었습니다. 모세는 화가 나서 금송아지 상을 제단 위에서 내려 부숴버렸고 하나님으로부터 받은 돌판들을 산 아래로 던져 깨뜨려버렸습니다(출 32:19-20). 그리고 두 번 다시 이러한 일이 생기지 않도록 소란을 피운 무리를 엄하게 처벌하였습니다. 여호와 하나님을 믿지 않는 사람들을 함께 데리고 간다는 것은 위험한 일이었기에 모세는 무려 3천명 가량을 죽이고 말았습니다(출 32:28).

사건이 매듭지어지자 모세는 다시 한 차례 시내 산에 올라갔습니다. 그는 십계명이 적힌 두 개의 돌판을 받아가지고 왔습니다. 이스라엘 백성들은 이 하나님의 가르침을 지키겠다고 맹세했습니다. 이로써 하나님과 이스라엘 백성 사이에는 새로운 언약이 맺어졌습니다. 그러나 해이해지기 쉬운 것이 인간의 마음입니다. 그래서 모세는 여럿이 함께 예배할 신전이 있어야겠다고 생각했습니다. 그러한 이유로 시내 산으로부터 가지고 온 두 개의 돌판을 아카시아 나무로 만든 큰 상자에 넣고 그것을 "하나님의 법궤"(언약궤)라고 불렀으며 유형적인 하나님의 몸으로 삼았습니다. 그리고 그 위를 천막으로 덮고 소박한 장막 교회를 만들었습니다. 이것이 이름 높은 예루살렘 성전의 시초라 할 수 있습니다.

길을 떠나기에 앞서 언제나 모세는 이 언약궤를 선두에 세웠습니다. 그리고 이 상자 위에는 언제나 높은 구름기둥이 세워져 이스라엘 백성의 길을 안내해 주었습니다. 그러나 이스라엘 백성의 여행은 괴로운 것이었습니다. 무려 7천명이 되는 무리가 사막 속을 방황하며 간다는 것이 그리 쉬운 일이 아니기 때문이었습니다. 더구나 이스라엘 백성은 12지파로 나뉘어져 있었으므로 때로는 다툼도 일어났습니다. 그때마다 손에 잡은 지팡이로 기적을 행하여 어려운 문제들을 풀어 주었고, 또한 재덕이 겸전(兼全)한 돕는 자들을 세워서 처리하게도 하고 재판도 하게 하였습니다(출 18:13-20: 7).

온갖 역경을 뚫고 모세의 일행은 요단 강 근처에 이르렀습니다. 그러나 그 지방에는 예로부터 가나안 사람과 헷 사람과 아모리 사람들이 살고 있었습니다. 그러한 땅이 그렇게 쉽사리 이스라엘 백성의 손에 들어올 리가 없었습니다. 모세는 우선 형편을 알아보기 위해 12지파에서 한 사람씩 선발하여 요단 강 가까이에 있는 마을 가나안으로 들여보냈습니다. 열 두 사람의 정탐꾼들은 열심히 조사했습니다. 작은 시내까지 갔을 때 그들은 포도송이가 주렁주렁 달린 포도나무 가지 하나와 석류와 딸기를 따가지고 이스라엘 백성들이 있는 곳으로 와서 그 열매를 보였습니다. 이곳에서 모세는 정탐꾼을 가나안으로 파견했습니다. 이 중 열 명은 백성들을 두려워 떨게 하는 이야기를 가지고 돌아왔습니다(민 13:1-25).

이에 백성은 하나님의 능력을 잊어버리고 아우성쳤고 모세에게 대적했습니다. 더욱 이스할의 아들 고라와 엘리압의 아들 다단과 아비람, 벨렛의 아들 온이 짜고 여러 사람들 가운데서 뽑힌 250명의 우두머리들과 한패가 되어 모세에게 대들었습니다(민 16:1-2). 그들은 모세와 아론에게 이렇게 대들었습니다. "너희가 분수에 지나도다. 회중이 다 각각 거룩하고 여호와께서도 그들 중에 계시거늘 너희가 어찌하여 여호와의 총회 위에 스스로 높이느뇨"(민 16:3).

모세는 고라와 그 한패들에게 말했습니다.

"아침에 여호와께서 자기에게 속한 자가 누구인지 보이시고 그 자를 자기에게 가까이 나오시게 하시되 곧 그가 택하신 자를 자기에게 가까이 나오시게 하시리니"(민 16:5).

　이튿날 250명의 우두머리들은 모두 향을 지핀 향로를 들고 성막으로 모였습니다. 그러자 하니님은 사람들 앞에 나타나시어 모세와 아론에게 말씀하셨습니다. "너희는 이 회중에서 떠나라. 내가 순식간에 그들을 멸하려 하노라"(민 16:21).

　모세와 아론은 땅에 엎드려 부르짖었습니다. "한 사람이 범죄하였거늘 온 회중에게 진노하나이까?"(민 16:22). 이렇게 간곡하게 빌자 하나님은 네 사람의 우두머리만 빼고는 모두 용서해주셨습니다.

　이스라엘 백성들은 방황하던 나머지 신 광야로 들어가 가데스란 곳에 머물렀습니다(민 20:1). 모세는 가데스에서 에돔 왕에게 사자를 보내어 그 땅으로 통과하게 해달라고 간청했습니다(민 20:14-17). 그러나 에돔 왕은 그들을 지나가게 해주지 않았습니다. 그러자 이스라엘 백성들은 에돔쪽으로 가지 않고 호르 산으로 갔습니다(민 20:22). 산 위에서 아론이 죽어 그의 아들 엘르아살이 아론의 제사장 옷을 입고 모세와 함께 산을 내려왔습니다. 아론이 죽었다는 소식을 듣고 백성들은 30일 동안을 울면서 지냈습니다(민 20:23-29).

　에돔의 땅을 지나지 않고 호르 산에서 홍해를 지나 나아갈 때 백성들은 지쳐서 하나님을 원망하며 거역했습니다. 그러자 하나님은 무서운 뱀을 백성들이 있는 곳으로 보냈습니다. 백성들은 모세한테로 와서 하나님께 빌어주기를 부탁했습니다.

　그때 모세는 여호와께서 지시한 대로 이렇게 말했습니다. "불뱀을 만들어 장대 위에 달라. 물린 자마다 그것을 보면 살리라"(민 21:8). 이것은 하나님의 명령이었으므로 사라들이 장대 끝에 불뱀을 매달아 놓자 뱀에 물린 사람은 그것을 보고 죽지 않았습니다.

　이스라엘 백성들은 아모리 사람의 나라에 가까운 브엘로 갔습니다(민 21:16). 모세는 아모리 사람의 왕인 시혼에게 사자를 보내어 그 땅으로 지나가게 해달라고 간청을 했습니다. 그러나 시혼 왕은 자기 나라를 지나가지 못하게 할 뿐만 아니라 군대를 동원해서 이스라엘 백성들에게 전쟁을 걸어왔습니다. 매우 치열한 전쟁이었으나 이스라엘 백성들은 칼을 잘 써서 이길 수 있었고 아모리 사람의 성읍과 마을을 빼앗기도 하였습니다(민 21:21-32).

그러던 중 가까운 곳에 있는 바산이라는 나라의 왕인 옥이 군대를 이끌고 이스라엘 백성들과 싸우려고 왔습니다(민 21:33). 이스라엘군과 바산군이 싸웠으나 옥 왕의 부하로서 살아 남은 사람은 하나도 없었습니다. 이리하여 이스라엘 백성들은 이 땅도 자기네 것으로 만들 수가 있었습니다.

세월이 흘러서 이스라엘 백성들은 여리고 근처의 요단 강가의 모압 평야에 살고 있었습니다. 모압 왕 발락은 이스라엘 백성들이 바산과 아모리 두 나라를 빼앗은 것을 알고 있었으므로 자기 나라도 빼앗지나 않을까 걱정했습니다. 그래서 그는 대단한 영력을 갖고 있었던 발람(Balaam)에게 사자를 보내어 자기들을 위해 복을 빌어달라고 했습니다. 발람이 발락의 사자들과 함께 가는 것을 거절했을 때, 발락은 더 지위가 높은 사자를 보내어 "그대가 내게 말하는 것은 무엇이든지 시행하리니"(민 22:17)고 하였습니다.

발람은 하나님의 명령을 거역하지는 않았지만, 발락에게로 가는 것을 금하지 않을 때는 가서 금은 보화를 요구할 작정이었습니다. 그는 꿈 속에 "일어나 함께 가라. 그러나 내가 네게 이르는 말만 준행할지니라"(민 22:20)는 하나님의 명령을 듣고 그는 두 번째 사자를 따라 나섰습니다. 그러나 하나님은 신비로운 방법으로 그의 길을 가로막았습니다.

그의 가는 길 앞에 하나님의 사자가 칼을 빼들고 나타났습니다. 발람은 그것을 보지 못했지만, 그가 타고 가던 나귀가 보고 두려워하여 길에서 벗어나 밭으로 들어서자 발람은 채찍질 했습니다. 그러나 하나님의 사자는 포도원 사이 좁은 길에 서서 그의 길을 가로막았습니다. 그의 나귀는 그 사자를 보고 또 놀라 포도원 사이 좁은 길 좌우에 있는 담에다 발람의 발을 갖다대고 부비었습니다. 발람의 발에 상처가 나자 화가 난 발람은 나귀에게 다시 채찍질을 했습니다. 이에 하나님의 사자는 더 나아가 좌우 어느 쪽으로도 전혀 피할 수 없는 곳에 섰습니다. 나귀는 그것을 보고 급기야는 발람의 발 밑에 엎드렸는데, 그것을 보지 못한 발람은 오히려 대노하여 가지고 있던 지팡이로 나귀를 내리쳤습니다.

이때 하나님께서는 나귀의 입을 열어 나타내셨습니다. 그때야 비로소 물질로 어두워졌던 그의 눈은 밝아졌고, 마침내는 하나님의 사자가 손에 칼을 빼어들고 곁에 서 있는 것을 본 발람은 그 앞에 무릎을 꿇었습니다. 천사는 발람에게 이렇게 말했습니다. "어찌하여 네 나귀를 이같이 세 번 때렸느냐. 보라 네 길이 내 앞에 패역하므로 내가 너를 막으려고 나왔노니"(민 22:32).

발람은 무릎을 꿇어 사죄하고 하나님께서 원치 않으시면 돌아 가겠노라고 하였습니다. 그러나 천사는 "가라. 내가 네게 이르는 말만 말할지니라"(22:35)고 명하였습니다. 발람은 발락에게로 갔으나 하나님의 명령대로 세 번씩이나 이스라엘을 위해 축복했습니다. 그리고 나서 그는 자기 나라로 돌아왔습니다(민 24:14, 25).

어느 덧 모세 일행이 떠나온 지 40년이란 세월이 흘렀습니다. 모세도 이미 120세나 되어 죽음을 바라보게 되었습니다. 그래서 그는 친구들을 불러 모아놓고 "눈의 아들 여호수아에게 안수하였습니다"(신 34:9). 여호수아에게 하나님의 신이 충만하니 이스라엘 자손들이 그의 말을 순종하였습니다.

그리고 모세는 여러 친구들과 헤어져서 홀로 사해 동쪽 기슭에 있는 느보 산으로 올라갔습니다. 느보 산 꼭대기에 올라서니 아름다운 가나안의 평야가 멀리 눈 앞에 펼쳐져 보였습니다. 40년이나 방황하는 동안 몇 번씩 꿈에 보이던 동경의 땅이었습니다. 모세는 그처럼 그리던 땅을 밟지 못한 채 느보 산 꼭대기에서 눈을 감고 말았습니다(신 34:1).『신명기』3장 27절에서 말하고 있는 비스가(Pishah) 산은 느보 산의 정상을 가리킵니다.

"모세와 그의 지팡이" 설화의 주인공 모세는 이스라엘 역사 상 가장 위대한 민족의 지도자(사 63:12)로, 믿음의 용사(히 23-31)로, 위대한 기도의 사람(시 99:6)으로, 그리고 율법의 시여자(施輿子)로, 성막의 설계도를 받은 인물(출 20:1-17)로서 길이 기억됩니다. 모세는 이스라엘 민족을 이끌고 약속의 땅으로 들어가기 위해 기나긴 여행을 하는데, 그 동안 그는 자연 환경과 적대적인 종족 및 여행 집단의 반역과 불평 불만 같은 장애물을 극복해 나가지 않으면 안 되었습니다. 이 일을 행함에 있어서 가장 중요한 구실을 한 것은 하나님의 "지팡이"이었다고 할 수 있습니다.

하나님은 모세에게 이스라엘 백성들을 애굽에서 해방하라는 명령을 내리실 때 "손에 지팡이"를 들고 가라고 하였고, "(그 지팡이로) 이적을 행하라"(출 4:17)고 하셨습니다. 모세는 이스라엘 백성에게 유월절에 식사를 할 때에는 허리에 띠를 띠고 발에 신을 신고 지팡이를 손에 잡고 먹어야 한다고 명령했습니다(출 12:11). 이처럼 "지팡이"는 유랑 생활의 상징인 동시에 여호와 하나님의 능력과 보호와 인도의 상징이 되었습니다. 모세는 아내와 아이들과 함께 "하나님의 지팡이를 손에 잡고"(출 4:20) 애굽으로 돌아갔습니다. 모세와 아론은 하나님의 능력이 가득찬 지팡이로 수많은 기적을 행하였습니다. 예를 들면 물을 피로 변하게 하고 우박을 내리고 번개를 치게 했습니다(출 7:17-21, 9:22-25). 이 지팡이의 의해서 홍해는 둘로 갈라지고 맛사와 므리바라는 곳에서는 바위에서 물이 솟아 나옵니다(출 14:16-31, 17:1-7). 이런 기적의 지팡이가 이스라엘의 자녀들이 가는 광야 여행의 행정(行程)을 따라서 가게 됩니다.

　광야 생활 중 지팡이를 손에 잡고 숙곳에서 발행하여 광야 끝 에담 장막을 칠 때까지 여호와 하나님께서 낮에는 구름기둥으로 그들의 길을 인도하시고 밤에는 불기둥으로 비추사 주야로 진행하게 하셨습니다. 구름기둥과 불기둥은 백성 앞에서 결코 떠나지 아니하였습니다. 광야 40년 생활의 주님의 인도를 생각하면서 헨리 뉴먼(John Henry Newman, 1801-1890)은 "구름기둥" 이라는 시를 썼습니다.

구름기둥

빛되신 주여, 에워싼 어둠 속에서 나를 인도하소서!
오 주여, 나를 인도하소서!
밤은 어둡고 고향 찾아가는 길 머오니
오 주여, 나를 인도하소서!
저 머나먼 길 내 알지 못하니, 한 걸음씩
내 발길 늘 지켜 줍소서!

이전엔 방탕하여 주의 인도를
받지 않고, 맘대로
내 갈길 고집하던 나였지만,
이제는 나를 인도하소서, 오 주여!
화려한 날을 사랑하고 두려우면서도 교만하여
내 뜻대로 행한 나였지만, 그 지난 날을 기억하지 마소서!

그토록 오랫동안 그 크신 힘으로 나를 축복했던
주여, 장래에도 정녕 나를 인도하소서,
황야와 늪, 바위와 급류를 지나, 밤이 사라질 때까지.

그 밝은 아침에 잠시 잊고 있었지만 그토록 오래
사랑했던 주의 얼굴을 기쁨으로 뵙게 하소서.

이 시를 쓴 뉴먼은 19세기 영국의 종교가요 예술가입니다. 런던 태생으로 옥스퍼드를 졸업한 후 1824년 23세의 젊은 나이에 영국 국교회의 목사가 되었습니다. 그는 당시의 영국 국교회의 무능력과 지도자들의 비리를 척결하는데 온 정열을 쏟았으며, 아울러 초대교회의 경건하고 단순했던 신앙을 갈망하여 속화된 교회에다 고대의 엄숙한 의식과 진지한 신앙을 이식하고자 전력을 기울였습니다. 그것이 케블과 더불어 일으킨 소위 영국 국교회 개혁운동인 옥스퍼드 운동인 것입니다. 그 일에 너무 무리한 나머지 몸이 상하게 되어 32세 때에 요양차, 그리고 신앙문제의 해결차, 이탈리아의 시실리섬을 방문했습니다. 그렇지 않아도 병약하던 그는 거기서 그만 열병에 걸려 도무지 살아날 가망이 없게 되었습니다. 그러나 하나님의 은혜로 죽음의 고비를 넘기고 다시 팔레모로 떠났습니다. 여기서 그는 귀국하여 해야 힐 일이 있었기 때문에 빨리 귀국하기를 원했지만, 그의 의도와는 달리 선편이 없어서 3주간을 더 머물게 되었습니다. 때마침 귤 운반선이 있어 그 배를 타고 귀국하던 중 파도에 흔들리는 선상에서 이 찬송시를 지었다고 합니다.

뉴먼은 1845년에는 로마 카톨릭으로 개종하여 추기경까지 되었습니다. 그의 작품으로는 소설 『손실과 이득』(Loss and Gain, 1848)과 시집 『게론티어스의 꿈』(The Dream of Gerontius, 1866) 등이 있습니다.

"모세와 그의 지팡이" 이야기는 여러 가지 에피소드를 내포하고 있는 길이가 매우 긴 설화 곧 서사시입니다. 우리는 이 서사시를 일컬어 소위 출애굽의 서사시(Epic of thd Exodus)라 합니다. 이 설화의 내용은 주로 『출애굽기』 1장-24장과 『민수기』 10장-14장, 16장-17장 및 『신명기』 32장-34장에서 찾을 수 있습니다.

서사시는 사실상 규모가 크고 길이가 길기 때문에 장구한 시대에 걸쳐 일어난 사건들과 가치를 다루게 됩니다. 전통적으로 서사시는 강렬한 민족주의적 관심을 갖고 있으며 많은 역사적인 관련성을 포섭하게 됩니다. 구조와 연관지어 볼 때 서사시의 에피소드는 정치적 인물로서 등장하는 주인공을 중심으로 통일되며, 매우 강한 교훈적 성격을 갖습니다. 또한 서사시는 지상에서 일어나는 사건들 속에 참여하는 존재들 이른 바 초자연적 장치를 이용하게 되고, 대부분 탐색(quest)의 구조를 갖습니다. 이런 내용적 특성 이외에도 서사시는 전통적으로 고결한 문체(high style), 반복적 형식, 서사시적 직유 및 인유(allusion) 등을 채용합니다.

이와 같은 전통적 규범이 되는 서사시의 특징들에 비추어 보더라도 "모세와 그의 지팡이" 이야기는 거의 손색이 없는 성서적 서사시라 할 수 있습니다. 애굽으로부터 탈출해서 가나안으로 이주하는 이야기로서 이스라엘 국가의 형성과 그 초기 역사에 나타나는 중요한 사건들을 기록한 것이므로 역시 강조점은 민족주의적인 관심에 두고 있다는 것을 알 수 있습니다. 그 이야기는 대체로 시가 아니라 산문적인 역사로 제시되며 역사적 암시와 인유로 채워져 있습니다. 일면 그것은 모세라는 규범적인 인물을 중심으로 통일되며 약속의 땅을 찾아가는 탐색의 양식을 취하고 있습니다.

또한 출애굽의 서사시는 강렬한 교훈적 성격을 강하게 풍기고 있으며 신적인 존재들도 그 속에 참여하고 있습니다. 다만 서사시의 전형적인 문체라 할 수 있는 고결한 문체나 반복적 형식 또는 서사시적 직유가 부족한 것이 흠이라 하겠습니다.

모든 유명한 서사시들 중에서 출애굽의 서사시와 유사한 것을 찾는다면 베르길리우스(Publius Vergilius)의 『아이네이스』(Aeneis)를 들 수 있겠습니다. 두 서사시는 한 나라의 형성을 노래하고 있으며 그 민족의 초기 역사를 깊이 생각해 볼 수 있게 합니다. 또한 두 서사시는 공히 약속한 땅에 한 안정된 국가를 세우기 위하여 한 지리적 공간으로부터 다른 지리적 공간으로 일단의 무리가 이동하는 탐색 이야기로 그 민족의 지도자인 주인공을 중심으로 통일되어 있으며, 그 사회적 규범이 되는 가치와 미덕을 형상화하고 그것을 찬미하고 있습니다. 이런 점에서 두 작품은 유사성을 공유하고 있습니다.

이처럼 출애굽의 서사시와 다른 전통적 서사시 사이에 유사성이 있다 하더라도 근본적인 차이점만은 묵과할 수 없을 것입니다. 대체로 전통적인 서사시는 인간적인 영웅을 찬미하고 미화하고 있다는 점에서 인본주의적이라 할 수 있습니다. 아이네아스, 아킬레스, 베오울프 같은 영웅들을 찬미하는 것도 따지고 보면 그들의 초인간적인 행동과 위공(偉功) 때문입니다. 전통적인 서사시인들도 어쩌다 가끔은 신들을 찬미하는 때도 있지만, 어떤 경우에 있어서나 그들이 관심을 쏟는 것은 위업을 이룩하는 초인가적 노력이지 신 자체는 아닙니다.

전통적인 서사시의 영웅적 가치구조를 간단히 살펴보아도 알 수 있는 바와 같이, 분명 출애굽의 서사시는 전통적인 서사시에 비하면 서사시와 흡사한 일종의 반서사시(anti-epic)라 할 수 있습니다. 출애굽의 서사시를 훑어볼 때 어디서나 느끼는 것은 서사적인 가치가 전도되어 있다는 것입니다. 즉 성서적 서사시는 인간을 찬미하는 대신 하나님께 영광 돌리고, 인간의 힘(능력)을 묘사하는 대신 인간의 약함과 죄악상을 표현하고. 민족을 초인간적인 힘을 가지고 승리로 이끌어 가는 영웅 대신 위험에 직면한 인간을 구원해 주시는 하나님의 전능적인 행위를 찬미하고 있습니다. 또한 서사시가 대상으로 하고 있는 민족을 찬양하는 것이 아니라 오히려 이스라엘 민족의 반역과 불신 및 불만을 강조하고 있습니다. 뿐만 아니라 전통적인 서사시에서는 육적인 투쟁에 역점을 두지만 성서적 서사시에서는 영적인 투쟁에 역점을 두고 있습니다.

출애굽의 서사시가 전통적인 서사시와는 다른 반서사시라는 것을 몇 가지 사례를 들어 입증해 보겠습니다. 가령 모세가 하나님의 소명을 받고도 주저하는 것이나, 언변이 없다고 다른 사람을 보내달라고 요청하는 것, 또는 자기가 가서 말하더라도 사람들이 믿지 않으리라고 한 것(출 4:1, 10) 따위는 모두 전통적인 영웅들의 언동과는 다르다 할 수 있습니다.

더욱이 애굽을 떠난 후 백성들에게 하는 모세의 말을 보면, 인간적인 영웅의 행위를 강조하고 찬미하는 전통적 서사시와는 달리 모든 서사시적 행위를 신에게 귀속시키는 것을 알 수 있습니다. "여호와께서 그 손의 권능으로 너희를 그곳에서 인도하여 내셨음이니라"(출 13:3). "여호와께서 너를 인도하여 가나안 땅. . .에 이르게 하시거든"(출 13:5). "너는 그 날에 네 아들에게 뵈어 이르기를 이 예식은 내가 애굽에서 나올 때에 여호와께서 나를 위하여 행하신 일을 인함이라 하고"(출 13:8). "여호와께서 그 손의 권능으로 우리를 애굽에서 곧 종이 되었던 집에서 인도하여 내실새"(출 13:14). "여호와께서 애굽 나라 가운데서 처음 낳은 것을 사람의 장자로부터 생축의 처음 낳은 것까지 다 죽인 고로"(출 13:15). 요컨대 설화자는 인간적 영웅 대신 신을 찬미하고 있다는 말입니다. 이와 같이 찬미의 대상을 역전시켰다는 점에서 반서사시라 할 수 있습니다.

이러한 반서사시적 주제는 이스라엘 민족의 고질적 원망과 변덕 및 영적 죄악으로도 나타납니다. 약속의 땅 가나안으로 가는 길은 멀고 험한 여정이었지만, 애굽에서 구출해주신 하나님께 감사하고 그를 찬미하기보다는 위험을 당할 때 마다 또는 생존의 위협을 받을 때 마다 이스라엘 백성들은 모세와 하나님을 원망했으며, 애굽을 동경하며 우상을 만드는 불신의 의지를 노출했고, 서로 작당해서 반역을 도모하기도 하였습니다. 전통적 서사시에서는 서사시의 대상이 되는 민족을 이처럼 격하시키는 일이 거의 없습니다. 이로 보아도 출애굽의 서사시는 반서사시의 계열에 속한다는 것을 알 수 있습니다.

"모세와 그의 지팡이" 설화가 일종의 반서사시지만 몇 개의 원형(archtype)을 내포하고 있습니다. 그 첫째는 모세의 어릴 때(출 2:1-10)를 둘러싼 이야기에서 발견되는 죽음―재생의 원형입니다. 이 원형은 극화하기 위하여 설화자는 두 가지 대표적인 애굽인을 모세가 죽이는 사건(출 2:11-15)으로, 그것은 극화되기는 했지만, 죽음의 원형이 될 수 있고, 다른 하나는 모세가 미디안 땅으로 달아나 그 곳 우물가에서 횡포한 목동들에게 학대를 받고 있는 미디안 제사장의 딸들을 도와준 사건(출 2:15-22)으로, 그것은 재생의 한 원형이 될 수 있습니다.

이 두 에피소드를 표층적 의미구조로만 볼 때에는 상호 무관한 것 같지만, 원형적으로 보면 매우 깊은 뜻을 갖고 있습니다. 즉 억압당하고 있는 자들의 정신적 죽음과 예수(구원자)의 원형으로 수용되고 있는 서사적 주인공 모세의 도움을 통해 그런 구속에서 벗어나는 재생적 원형이 될 수 있다는 것입니다.

두 번째로 발견할 수 있는 것은 변화와 구속의 보편적 상징이 되는 영웅의 원형입니다. 이 원형은 일반적으로 세 단계―입문(initiation), 탐색(quest), 속죄양(scapegoat)―를 거쳐 완성됩니다. 그 첫째 단계는 영웅이나 서사적 주인공이 미성숙한 상태로부터 벗어나 사회적으로나 정신적으로 성숙한 어른다운 상태로 접어드는 것을 뜻하는데, 이런 입문(또는 가입)은 격리. 변화. 복귀의 단계로 이루어집니다. 모세는 일단 애굽 사회로부터 격리된 후 소명(출 3:4:)을 통해 변화되고 이스라엘의 구원자로서 그들을 구하기 위하여 그들이 노예 생활을 하고 있는 애굽 사회로 다시 복귀하게 됩니다.

두 번째 단계는 영웅은 긴 여행을 떠나게 되는데, 이 기간 중에 왕국(약속의 땅)을 세우려고 견디기 어려운 장애물을 극복하여야만 하는 과정으로 흔히 탐색의 단계라고 합니다. 모세의 경우, 그는 이스라엘 민족을 이끌고 약속의 땅으로 들어가기 위해 기나긴 여행을 하는데, 그 동안 그는 자연 환경과 적대적인 종족 및 여행 집단의 반역과 같은, 그 길을 가로막는 장애물을 극복해 가며 고통스러운 체험을 겪습니다.

세 번째 단계는 종족이나 민족의 번영을 꾀하고 백성의 죄를 속죄하며 국토의 황폐를 풍요로 회복시키기 위해 제물로 죽어야만 하는 과정으로, 그 때의 희생 제물을 속죄양이라 합니다. 모세의 경우, 민족 국가를 형성하고 백성들의 죄를 속하며 약속의 땅을 쟁취하기 위해 이스라엘의 속죄양이 됩니다. 모세가 속죄양으로서 내쫓기는 광야(사막)는 정신적 황폐와 절망 또는 죽음을 상징하는 또 하나의 원형이 됩니다. "모세와 그의 지팡이" 설화는 이런 영웅의 원형으로 구성되어 있습니다.

원형적으로 보아 세 번째로 중요한 의미를 갖는 것은 모세가 산에 올라가 초자연적 계시를 받는 것입니다. 실제적으로 산정은 하늘과 땅이 맞닿는 지점으로 초자연적 존재와 만나는 곳이 됩니다. 아브라함은 모리아 산에서 이삭을 드리는 순종의 행위를 보였고(창 22:) 아론과 모세는 산 위에서 죽었으며(민 20:28; 신 34:1-6), 사무엘은 높은 언덕에서 제사를 드렸고(삼상 9:11-14), 엘리야는 산 위에서 하나님을 만났고(왕상 19:9-12), 그리스도는 높은 산 위에서 변화했으며(마 17:1-8) 감람산에서 하늘로 올라가셨습니다(행 1:6-12). 모세는 시내 산에서 이스라엘 민족의 법적인 기초가 되는 십계명을 받았습니다.

결국 이 이야기의 전체적 틀을 이루는 것은 죽음과 재생의 원형이라 할 수 있습니다. 하나님은 불신(不信)의 이스라엘 민족을 40년간 광야로 내몰아 방황하게 하고(민 14:26-35), 과거의 죄된 생활에 젖어 있던 사람들의 죽음으로부터 정화의 단계를 거쳐 약속의 땅에 들어갈 만한 영적인 자격을 갖추었을 때 새로운 나라가 세워지게 된다는 것을 배우게 됩니다.

여호수아와 가나안 정복

　여호수아와 가나안 정복이야기는『여호수아서』1장으로부터 12장까지에서 찾아볼 수 있습니다. 여호수아("하나님은 구원이시다"라는 뜻)는 이스라엘 광야에 있는 동안 군대를 이끌 지도자로 선택되었고, 열두 명의 가나안 정탐꾼 중에서 하나님의 도우심으로 이스라엘이 그 땅을 정복할 수 있다고 믿었던 두 사람(여호수아와 갈렙) 중의 하나였습니다. 하나님께서 그들의 그런 믿음을 보시고 보상하였으므로, 애굽에서 출생한 모든 이스라엘 사람들 중 그들만이 살아서 가나안을 정복하게 되었습니다.

　모세가 죽은 뒤(수 1:1), 그의 시종(侍從) 눈의 아들 여호수아는 하나님의 명령을 받들어 이스라엘 사람들을 가나안으로 인도하게 됩니다. 가나안은 이스라엘 자손들에게 하나님께서 주시기로 약속한 땅(수 1:2)으로서, 남으로는 아라비아 사막과 경계하고, 북으로는 레바논 산맥에 이르며, 동서로는 유프라데스 강에서 지중해 연안에까지 이르는 지역을 일컫습니다(창 15:18). 원래 가나안은 이스라엘 사람들의 선조인 아브라함과 이삭이 살던 곳입니다. 그러나 심한 흉년이 들어 이스라엘 사람들이 애굽으로 내려가 몇백 년을 살다가 다시 들어가려고 했을 때의 가나안은 매우 달라져 있었습니다.

이스라엘 사람들은 가나안 사람들이 매우 높은 문화 생활을 하는 것처럼 보였습니다. 그들은 성벽으로 둘러싸인 도시에서 살고 있었으며 천막이 아니라 집을 짓고 살고 있었습니다. 아름답게 만든 금, 은, 청동 그릇, 장식품을 사용하면서 농사도 짓고 장사도 하고 있었으므로 자기들보다 훨씬 나은 생활을 하는 것 같았습니다.

특히 그중에서도 그 입구에 있는 여리고 성은 튼튼한 성벽으로 둘러싸여 있었고 그 수비가 대단히 엄중했습니다. 여호수아는 하나님의 도우심을 굳게 믿고 그 성을 쳐들어가기 전 두 사람을 뽑아 그곳을 정탐하고 오게 하였습니다. 두 사람은 여리고 성벽 주위를 여기저기 살펴보았습니다. 저녁이 되자 정탐꾼은 성벽 위에 있는 한 집으로 들어갔습니다. 그 집은 라합이라는 기생의 집(수 2:1)이었습니다. 수상한 사람이 라합의 집으로 들어가는 것을 보고 어떤 사람이 여리고 왕에게 일렀습니다. 여리고의 왕은 두 사람의 첩자가 스며들었다는 정보를 듣고 놀라서 라합의 집으로 부하를 보냈습니다.

"네 집에 들어간 사람들을 끌어내라. 그들은 이 온 땅을 탐지하러 왔느니라"(수 2:3). 여리고 왕의 부하들은 라합에게 소리쳤습니다.

그러나 라합은 정탐꾼들을 이미 숨겨 두었기 때문에 안심하고 그 부하들과 태연히 이야기를 할 수 있었습니다. "그 사람들이 내게 왔었으나 그들이 어디로서인지 나는 알지 못하였고 그 사람들이 어두워 성문을 닫을 때쯤 되어 나갔으니 어디로 갔는지 알지 못합니다"(수 2:4-5).

라합이 살고 있는 집은 성벽에 붙어 있었습니다. 왕의 부하들이 성문 쪽으로 사라지자, 라합은 두 사람을 창문에서 밧줄로 달아내려 주면서 그들에게 "산으로 가서 사흘 동안 숨었다가 따르는 자들이 돌아간 후에"(수 2:16) 가라고 말하였습니다. 그들은 라합에게 "우리가 이 땅에 들어올 때에 우리를 달아내리운 창에 이 붉은 줄을 매고 네 부모와 형제와 네 아비의 가족을 다 네 집에 모으라"(수 2:18)는 말을 남기고 떠나갔습니다. 라합은 두 사람을 멀리 떠나 보낸 후 창에다 붉은 줄을 매달았습니다. 두 사람은 산에서 사흘 동안 숨어 있는 동안 왕의 부하들은 두 사람을 계속 찾았으나 찾을 수 없었으므로 하는 수 없이 포기하고 성으로 돌아갔습니다. 그러자 두 사람은 산에서 내려와 강을 건너 여호수아한테로 돌아왔습니다. 무엇을 알아보고 왔느냐고 묻는 여호수아에게 두 사람은 "그 땅의 모든 거민이 우리 앞에서 간담이 녹더이다"(수 2:9)라고 대답했습니다.

이 보고를 들은 이스라엘 백성들은 용기백배하여 여리고 성을 향하여 출발했습니다. 제사장들은 언약궤를 메고 앞섰습니다. 마침 추수 때였으므로 요단 강은 둑에까지 물이 넘쳐 흐르고 있었습니다. 그러나 언약궤를 멘 제사장들의 발이 물에 닿자 마자 물은 흐름을 멈추고 둑과 같이 솟구쳐 올랐습니다. 언약궤를 멘 제사장들이 강 한복판 마른 땅에 서 있는 동안, 온 이스라엘 백성들은 마른 땅을 밟고 요단 강을 건넜습니다.

이스라엘 백성들은 하나님의 지시대로 요단 강에서 갖고 온 돌 열 두 개로 길갈에 기념비를 세우고, 행진하여 거의 여리고 성가까이까지 나아갔습니다. 그때 여호수아가 하늘을 우러러 보니 그 곳에 칼을 뽑아 든 사람이 서 있었습니다. 그들은 하나님의 군대장관이었습니다. 여호수아는 엎드려 얼굴을 땅에 대고 절하며 "주여 종에게 무슨 말씀을 하려 하시나이까"(수 5:14)라고 물었습니다.

여호와 하나님의 군대장관은 여호수아에게 "네 발에서 신을 벗으라. 네가 선 곳은 거룩하니라"(수 5:15)고 하였습니다. 여호수아는 그대로 행하였습니다. 그런 그에게 군대 장관이 가르쳐 준 여리고 정복 방법은 사람의 상식으로서는 이해가 가지 않는 방법이었습니다. 하나님의 군대 장관이 시키는대로, 이튿날 아침 사람들은 그 성을 한 바퀴 돌며 나팔을 불었습니다. 사람들은 이 일을 엿새 동안 반복했습니다. 이레째가 되는 날 여리고 사람들은 나팔 소리와 큰 고함 소리를 들었습니다. 그러자 여리고 성벽은 형편 없이 부서져 허물어지고 말았습니다. 이스라엘 사람들은 그 성으로 쳐들어가 닥치는 대로 칼로 죽여 버렸습니다. 그러나 두 정탐꾼의 생명을 구해준 창녀 라합과 그 가족만은 약속대로 그 허물어진 성에서 구출하여 이스라엘 백성의 진지로 데리고 왔습니다. 여호수아는 성에 불을 질러 그 안에 있는 모든 것을 모조리 태워 버렸지만 라합의 목숨은 물론 세간까지 모두 찾아 주었습니다. 여리고 성의 사정을 정찰하러 갔던 두 사람을 숨겨준 공이 있었기 때문이었습니다.

라합의 구원 과정

과정	내 용	관 련 성 구
1	멸망받을 죄인	수 2:1
2	말씀을 들음	수 2:9, 10
3	말씀을 믿음	수 2:11;롬 10:10
4	믿음의 행위를 보임	약 2:25
5	가족과 함께 구원 받음	수 6:23, 25
6	예수의 조상이 됨	마 1:5

다. 실로 기생 라합은 도표에서 보듯이 믿음으로 구원을 얻었습니다.

미국의 시인 키서는 라합의 구원을 이루는 요소들 중의 가장 중요한 믿음에 대해서 이렇게 노래했습니다.

신 앙

신앙은 단순히 밤에
무릎을 꿇고 기도하는 것만은 아니다.
신앙은 단순히 어둠을 지나
빛으로 나가는 것만은 아니다.

신앙은 단순히 있을 수 있는
영광을 기다리는 것만은 아니다.
신앙은 단순히 죄로 가득찬
기쁨을 미워하는 것만은 아니다.

신앙은 과감한 노력이요
강렬한 모험이요
어떤 상황 아래서도
봉사할 수 있는 힘인 것이다.

키서(Samuel Ellsworth Kiser)는 펜실베이니아와 오하이오에서 교육을 받은 후 클리블랜드에서 신문기자 생활을 시작했습니다. 1900년으로부터 1914년까지 시카고『레코드 헤롤드』(Record Herald)지의 편집 책임을 맡은 일이 있습니다. 그는 해학적인 필치로 유명하며 주로 패배에 직면하는 불굴의 용기를 묘사했습니다. 그의 작품으로는『조오지』(Georgie),『운전자 차알즈』(Charles the Chauffeur),『한 사무직원의 연가』(Love Sonnets of an Office Boy) 등이 있습니다. 라합의 신앙은 키서가 노래한 바와 같이 과감한 노력이었고 강렬한 모험이었으며 가장 위급한 상황 아래서도 봉사할 수 있는 힘이었습니다.

그 후 여호수아의 명성은 온 땅에 널리 퍼졌지만, 그러나 전쟁이 쉽게 풀리지는 않았습니다. 여호수아는 하나님의 명령대로 건장한 장정 이삼천 명을 뽑아(수 7:3) 아이성을 공격케 했습니다. 그러나 어이없게도 대패했습니다. 그는 부하 장병 중에 누군가가 나쁜 짓을 하여 하나님께서 노하신 것이라고 생각하였습니다. 엄밀하게 조사해 보니 과연 그러했습니다. 여리고를 공격하기 전에, 하나님께서는 병사들에게 전리품을 멋대로 착복하지 말라고 엄격히 명령한 일이 있었습니다. 그럼에도 불구하고 아간이라는 병사가 수백 개의 금화와 은화, 그리고 아름다운 외투 한 벌을 몰래 훔쳐 숨겨두었던 것입니다. 그래서 여호와 하나님은 아골 골짜기로 아간을 끌고가서 돌로 쳐 죽이고 금화와 은화 및 외투는 불태워버리게 하였습니다.

그 후 여호수아는 다시 아이성을 공격했습니다. 이번에는 군대의 대부분은 골짜기에 숨겨두고 군사 삼만 명만 이끌고 성문을 향하여 진격했습니다. 첫 번 싸움에서 승리를 거두고 마음 놓고 있던 아이성의 군사는 이스라엘군을 얕보고 성문을 연 채 진군해 왔습니다. 여호수아는 도망치는 척하며 그의 대군이 숨어있는 골짜기까지 유인해 온 다음 기습을 가했습니다. 좁은 골짜기에서 앞 뒤로 공격을 받은 아이성의 군대는 전멸했고, 아이성은 보기 좋게 이스라엘 군사에게 점령당하고 말았습니다.

이렇게 해서 이스라엘 군사는 큰 성 두 개를 손에 넣게 되었습니다. 이쯤되니 가나안의 옛 성주들은 공포에 떨었고 이스라엘의 위세는 더욱 치솟았습니다. 아이에서 별로 멀지 않은 곳에 기브온이라는 마을이 있었습니다. 기브온 사람들은 사신(使臣)들에게 헤어진 전대와 헤어지고 찢어져서 기운 가죽 포도주 부대를 나귀에 싣고 그 발에는 낡아 기운 신을 신고 낡은 옷을 입고 마르고 곰팡이가 난 떡을 가지고 여호수아를 찾아가게 했습니다(수 9:3-5). 기브온이 가난하다는 것을 알면 여호수아가 쳐들어오지 않을 것으로 믿었기 때문입니다.

여호수아는 헌 옷을 걸치고 먼 곳에서 왔다고 하는 기브온의 사신들을 보고는 하나님의 지시도 받지 않은 채 그들과 우호관계를 맺고 그들의 목숨을 보장한다는 조약을 체결해 주었습니다. 실제로 사흘 뒤, 이스라엘 백성들이 기브온에 가보니 그렇게 먼 나라도 아니요 그렇게 가난한 나라도 아니었습니다. 속은 것이 틀림없지만, 이미 엄숙한 맹세를 했으므로 이스라엘 백성들은 그들의 목숨을 살려두는 대신 그 날로부터 나무를 패고 물을 길어 그들을 섬기게 했습니다.

남방 팔레스틴 왕들 중에서 가장 막강한 군력을 소유하고 있던 예루살렘의 왕 아도니세멕(수 10:1)은 여호수아가 기브온 사람들과 손을 잡은 것을 알고 대단히 두려워했습니다. 기브온은 부자이고 그 곳에 사는 사람들은 용감하기로 유명했기 때문입니다. 그래서 예루살렘 왕은 이웃 나라의 네 왕들과 의논해서 같이 힘을 모아 기브온을 쳐부수려고 했습니다. 기브온 사람들은 성 밖의 진지에 있는 여호수아에게 사자를 보내어 도움을 청하였습니다(수 10:6).

여호수아는 전군을 동원하여 밤새도록 진군해서 그들을 기습했습니다. 치열한 전투가 벌어졌으나 다섯 왕의 군사는 여호수아의 호된 공격을 받고 혼비백산 달아났습니다. 그는 그 남은 적들을 모두 무찌르고 여호수아는 진지로 돌아왔습니다. 그러나 하솔의 왕 야빈은 여호수아에 대한 말을 듣고 동서남북에 있는 가까운 나라들의 왕들과 손을 잡고 이스라엘 백성들과 싸우기 위해 모여들었습니다. 그 군대는 바닷가 모래알처럼 많았으며 말과 전차도 엄청난 수였습니다(수 11:4). 그러나 하나님은 여호수아에게 말씀하시기를, "그들을 인하여 두려워 말라" 하셨습니다.

아주 큰 싸움이었으나 이스라엘 백성 이외에는 한 사람도 남지 않고 모두 죽었습니다. 그래서 여호수아는 모든 땅을 차지 했고 그는 그 땅을 이스라엘의 열 두 부족에게 공평하게 나누어 주었습니다. 드디어 모든 전쟁은 끝났습니다. 여호수아는 세겜과 길갈 중간에 있는 길로에다 여호와 하나님의 성전을 세우고 이곳을 새 이스라엘 민족의 도시로 삼았습니다. 많은 나이를 먹은 여호수아는 하나님만을 섬기겠다는 백성들의 다짐을 받고 110세로 가아스 산 북쪽에서 잠들었습니다.

모세가 시작했던 약속의 땅을 찾아가는 탐구 여행은 여호수아가 그 땅을 정복함으로써 종결됩니다. 이런 의미에서 "여호수아와 가나안 정복" 이야기는 모세로부터 시작되는 설화의 한 부가물로 보기 쉽습니다. 그러나 엄격히 말하면 "여호수아와 가나안 정복" 이야기는 출애굽 설화의 필연적으로 이어지는 한 부분이 아니라, 그 자체로서 만족할 만한 종교적 가치를 가지고 있고 여호수아라는 인물을 중심으로 구성된 정복담(征服談)이라 할 수 있습니다.

"여호수아와 가나안 정복" 이야기는 표층 구조만을 보면 전쟁과 무차별한 학살을 다루는 세속적 영웅시 같이 보이지만, 심층구조를 보면 매우 심오한 종교 서사시(epic poetry)입니다. 가나안 정복은 단순히 지리적 공간을 탈취하기 위한 싸움이 아니라 영적 의미를 심화 확대시켜 주고 있는 하나님의 성전(holy war)인 것입니다. 그러므로 이교적 우상 숭배에 젖어있는 가나안으로부터 근원적 죄악을 깨끗이 쓸어버린 후 그 곳을 하나님을 중심으로 하는 신민(信民)들의 주거지로 삼기 위해서는 어떤 잔악한 행위도 용납될 수밖에 없습니다.

완전한 가나안 정복이 일면 전투적인 여호수아로 말미암아 성취되었다고 하는 것은 이스라엘 백성이 처음부터 위험한 것으로 여겨서 적극적으로 배척하였던 혼합주의를 피하려는 민족적 자긍심과 의지를 표상한 것이라 할 수 있습니다. 다시 말하면 그것은 이 혼합주의, 다시 말하면 이방 종교에 동화되어 버리기 쉬운 경향을 가나안에 들어가기 전에 완전히 근절하여야 한다는 깊은 종교적 의미구조를 갖고 있다는 말입니다. 가나안 정복 후에도 혼합주의를 근절하는 작업은 계속될 수밖에 없고, 그때 비로소 여호와 하나님만이 주관하고 다스리는 성지(holy land)가 이룩된다는 신학적 의미도 또한 내포하고 있습니다. 이렇게 본다면 여호수아는 하나님의 도구로써 겉으로는 잔악해 보이지만 믿음이 강하고 죄를 죽도록 미워하는 매우 순종적인 전사(戰士)였다는 것을 알 수 있습니다.

사사 시대 4

- 옷니엘과 왼손잡이 에훗
- 여사사 드보라와 시스라와의 싸움
- 기드온과 그의 삼백 명의 병사
- 길리앗의 장사 입다와 그의 외동딸
- 투사 삼손과 들릴라
- 보아스와 효녀 룻의 사랑
- 사무엘과 그가 세운 기념비 에벤에셀

옷니엘과 왼손잡이 에훗

이스라엘 백성들은 길고도 어려운 여행과 매우 힘든 전쟁 끝에 약속된 땅에서 하나님을 섬기며 평화롭게 살게 되었습니다. 모세와 여호수아가 이스라엘 백성을 위해 행한 수고와 하나님께서 베푸신 수많은 기적들을 알고 있는 장로들이 살아 있는 동안은 별 문제가 없었습니다. 그러나 그들이 세상을 떠나 버린 뒤 이스라엘 백성들의 생활에는 변화가 일어나기 시작하였습니다. 가나안 사람의 생활풍습을 따르는 사람, 가나안 사람과 결혼하는 사람, 심지어는 가나안의 여러 잡신을 섬기는 사람까지도 생겨났습니다. 바알 신이나 아스다롯 신을 섬기기도 하였습니다.

이스라엘 백성이 이처럼 빗나간 생활을 하고 있을 때, 하나님은 그들을 깨우쳐 주시려고 일부러 주위에 있는 적들의 침략을 받게 하여 죽게 하기도 하고 때로는 적의 노예가 되게 하기도 하였습니다. 그러다가 백성이 잘못을 뉘우치고 하나님께 용서와 도움을 청하면 그들 사이에 힘있는 지도자인 사사(Judge)를 보내어 구해 주어서 그들은 당분간 하나님을 섬기며 평화롭게 살았습니다. 그러나 다시 하나님을 저버리는 것이었습니다. 여호수아가 죽은 다음 백칠십여 년 동안 이같은 생활이 계속 되풀이 되었습니다. 이것을 도표로 나타내면 다음과 같습니다.

사사 시대의 역사 도적

죄(우상)

용서(화합)　　　　　　　심판(외침)

회개

사사란 대개 자기 민족을 원수의 압박으로부터 영웅적으로 구원했다는 점과 왕국을 세우지 않고 죽기까지 집정관으로서 지배했다는 점, 즉 이 두 기능을 행사한 민족의 지도자들입니다. 그러한 이스라엘의 사사들로는 다음 도표에서 보듯이 옷니엘, 에훗, 삼갈, 드보라, 기드온, 돌라, 야일, 입다, 입산, 엘론, 압돈, 삼손을 들 수 있습니다. 이상 12명의 사사에 관한 기록으로써 어떤 사사에 대해서는 극히 간단하게 언급되어 있기도 하나 드보라, 기드온, 입다, 삼손에 관해서는 세밀하게 기록하고 있습니다.

여기서는 세밀하게 기록된 사사들에 대해서만 살펴보겠습니다.

이스라엘 최초의 사사가 된 옷니엘은 메소보다미아 왕 구산 리사다임을 물리치고 이스라엘의 위세를 떨친 사사였습니다. 여기서 말하는 메소보다미아는 연대상으로 고려하건대 구바벨론으로 추정됩니다. 사사 옷니엘은 여호와의 신에 감동되어(삿 3:10) 구산 리사다임을 물리치고 이스라엘 백성들에게 사십 년 동안 태평성대를 가져다 주었습니다(삿 3:11). 그런데 옷니엘이 죽자 이스라엘 백성들은 마음이 해이해져서 동족끼리 싸움을 하고 하나님의 은혜를 잊고 가나안 사람들의 신들을 섬기기 시작하였습니다. 그러자 틈만 보아오던 모압 사람과 아말렉 사람들이 습격해 왔습니다. 이스라엘 백성들은 대패하여 그토록 고생

끝에 손에 넣은 가나안 땅도 잃게 되고 말았습니다. 그리고 18년 동안 을 모압의 나쁜 왕인 에글론의 지배를 받게 되었습니다.

이스라엘의 사사(判官)들

사사	소속 지파	이방대적	압제기간(평화기간)	관련성구
옷니엘	유다	메소보다미아	8(40)	삿 3:9-11
에훗	베냐민	모압	18	삿 3:12-30
삼갈	납달리(?)	블레셋		삿 3:31
드보라	에브라임	가나안	20	삿 4:4-5:31
바락	납달리			
기드온	므낫세	미디안	7(40)	삿 6:1-8:35
아비멜렉	므낫세			삿 9:1-57
돌라	잇사갈		(23)	삿 10:1-2
야일	므낫세		(22)	삿 10:3-5
입다	길르앗(갓?)	암몬	18(6)	삿 11:1-12:7
입산	스불론(?)		(7)	삿 12:8-10
엘론	스불론		(10)	삿 12:11-12
압돈	에브라임		(8)	삿 12:13-15
삼손	단	블레셋	40(20)	삿 13:2-
엘리	레위	블레셋		16:31
사무엘	레위	블레셋		

에글론 왕의 지배하에서 혹사당하고 있던 이스라엘 백성 중에 에훗 (삿 3:12-30)이라는 사나이가 있었습니다. 그는 베냐민 지파 게라의 아들로 왼손잡이 용사였습니다. 마침 이스라엘 백성이 모압 왕 에글론에게 바치는 조공을 에훗이 갖고 가게 되었는데, 그는 한 자 남짓(한 규빗) 되는 좌우에 날선 칼을 만들어 우편 다리 옷 속에 차고 갔습니다(삿 3:15-16). 에훗은 비계덩이처럼 살찐 뚱보 왕 에글론 앞에 나아가 조공을 바친후 은밀히 드릴 말이 있다고 아뢰었습니다(삿 3:19).

왕은 에훗의 말을 듣고, 부하들을 모두 밖으로 물러가게 했습니다. 왕은 여름 별장 다락방에 홀로 앉아 있었습니다. "내가 은밀한 일을 왕에게 고하려 하나이다"(삿 3:19).

이 말을 듣자마자 왕은 자리에서 일어섰습니다. 그때 에훗은 왼손으로 우편 다리에서 칼을 빼어 왕의 몸을 찔렀습니다. 살이 너무 찐 왕이었으므로 칼자루까지 뱃속으로 들어가 기름이 칼날에 엉기었습니다. 에훗은 다락방을 나오면서 문을 자물쇠로 잠갔습니다. 에훗이 사라지고 난 뒤 왕의 부하들이 돌아왔습니다. 그러나 자물쇠가 채워져 있는 것을 보고 변소에서 뒤를 보고 있거니 생각하여 기다리기로 했습니다. 그러나 아무리 기다려도 문이 열리지 않았습니다. 열쇠를 가져와 문을 열어 보니 왕은 죽어 있었습니다(삿 3:24-25).

에훗은 그 곳을 빠져나와 우상들이 서 있는 곳을 지나 스이라로 도망쳤습니다. 그 곳에 이르러 에훗은 나팔을 불어 이스라엘 백성을 모아 모압 진영을 쳐서 이겼습니다. 그 후 80년 동안 세상이 평온하였다고 합니다. 이와 같이 에훗은 영웅적으로 이스라엘 백성을 모압의 압제로부터 구출했던 것입니다(삿 3:30).

이스라엘 사람들은 그 후에도 몇 번인가 주위에 있는 나라와 싸웠는데, 제일 귀찮은 적은 해안 지방에 있는 블레셋 사람들이었습니다. 그들은 문화가 진보된 민족으로 전쟁에 사용하는 무기도 새로운 것을 가지고 있었습니다. 이스라엘 백성의 무기는 나무 방패와 돌촉이 박힌 화살이 고작이었는데, 블레셋 사람들은 구리 방패와 쇠로 만든 칼 외에 말이 끄는 전차까지 가지고 있었습니다. 한번은 블레셋 군대가 쳐들어왔을 때 삼갈이라는 사사는 소를 모는 막대기로 블레셋 사람 600명을 죽인 일도 있습니다(삿 3:31). 그로써 이스라엘을 구했던 것입니다.

에훗은 겨우살이와 같은 존재입니다. 겨우살이는 나무에 붙어 있을 때에만 뿌리도 있고, 자랄 수도 번성할 수도 있는 식물입니다. 에훗은 왼손잡이 검객입니다. 검객으로서 왼손잡이라는 것은 사실 대단한 약점일 수밖에 없습니다. 그러나 그는 겨우살이가 나무에 붙어 있으므로 자라고 번성할 수 있듯이 하나님을 전적으로 의지하는 사람이므로 하나님께서는 그를 들어 쓰셨습니다. 헤릭이라는 시인은 에훗처럼 약한 존재인 우리 인생을 겨우살이에 비교해서 다음과 같이 노래했습니다.

하나님께

주여, 나는 뿌리도 없고, 자랄 수도
번성할 수도 없는 겨우살이와 같습니다.
그러나 그것이 그같은 나무에
붙어 있듯이, 나도 당신께 붙어 있나이다.
그러니 내가 당신의 둘레를 휘감고 있는 한
무엇을 두려워할 필요가 있으리까?
그러나 그 나무가 쓰러져 죽는다면
하늘은 굴러 떨어질 것이고 나도
그러할 것입니다.

이 시는 로벗 헤릭(Robert Herrick, 1591-1674)의 시입니다. 헤릭은 영국의 시인이면서 성직자입니다. 런던에서 출생한 그는 케임브리지를 졸업한 후, 생애의 대부분을 시골 목사로서 보냈습니다. 성직자 시인으로서 그는 감미로움과 우아함으로 유명합니다. 그는 영국 시인 가운데서 가장 솔직한 이교시인이라 할 수 있는데, 그의 대표작으로서는 『성시집. 47』(聖詩集. 47)과 『헤스페리디즈』(Hesperides, 1648)가 있습니다. 위에서 인용한 "하나님께"라는 시는 인간의 약함과 하나님의 절대 주권을 노래한 매우 훌륭한 시입니다.

여사사 드보라와 시스라와의 싸움

에훗이 죽자, 이스라엘 백성들은 다시 하나님의 말씀을 거역하는 일을 했습니다. 그래서 다음 도표에서 보듯이 하나님은 그들을 가나안의 왕 야빈에게 넘겨 주었습니다.

야빈의 군대 지휘관은 이방 하로셋에 거하는 시스라라고 했는데 쇠로 만든 전차(철병거)를 무려 900대나 가지고 있었습니다(삿 4:1-2). 시스라가 전차를 이끌고 마치 풀을 베듯이 이스라엘 군을 짓밟은 후 20년 동안 야빈은 잔악하게 이스라엘 백성을 지배하며 심한 압제를 가했습

사사 시대의 일곱 번의 압제와 구원

압제자	구 원 자	관련 성구
메소보다미아	옷 니 엘	삿 3:7-11
모 압	에훗, 삼갈	삿 3:12-31
가 나 안	드 보 라	삿 4:1-5:31
미 디 안	기 드 온	삿 6:1-8:32
미 디 안	돌라, 야일	삿 8:33-10:5
블레셋과 암몬	입다,입산,엘론,압돈	삿 10:6-12:15
블 레 셋	삼 손	삿 13:1-16:31

니다. 압제자 야빈은 이스라엘 여인들을 더럽히는가 하면 그들의 포도밭을 파손시키거나 없애 버렸습니다. 심지어 이스라엘 백성들을 죽이기까지 하였습니다. 야빈의 역사상 유례 없는 이런 압제는 다음과 같은 시구에도 나타납니다.

> 아낫의 아들 삼갈의 날에,
> 또는 야엘의 날에는
> 대로(大路)가 비었고,
> 행인들은 소로로 다녔도다.
> 이스라엘에 관원(官員)이 그치고
> 그쳤더니
> 나 드보라가 일어났고
> 내가 일어나서 이스라엘의 어미가 되었도다.(삿 5:6-7)

야빈의 군사들이 어찌나 못살게 굴었던지 위의 시에서 보듯이 큰 길로 다니는 사람들이 줄었고 마을 사람들은 평지를 버리고 산지로 피해 살았던 것입니다. 이처럼 야빈의 압제가 극심한 때에 랍비돗의 아내 여선지 드보라(Deborah)가 이스라엘의 사사가 되었습니다. 드보라에 대한 기사는 많지 않지만 다음 기록을 보면 어느 정도 그녀의 면모를 알 수 있습니다. "그는 에브라임 산지 라마와 벧엘 사이 드보라의 종려나무 아래 거하였고 이스라엘 자손은 그에게 나아가 재판을 받더라"(삿 4:5).

드보라는 팔레스타인의 한 지역인 에브라임 산지에 살고 있었던 여성으로 남편 랍비돗의 사랑스러운 아내였고 완전한 가정 주부였습니다. 그러나 그녀는 늘 종려나무 아래서 살았다는 기록으로 미루어 보건대 그녀는 기도의 용장이요 경건한 믿음의 여선지였다는 것을 알 수 있습니다. 또한 그녀의 명성은 지혜와 명석한 재판 그리고 게릴라 전투까지 수행하는 애국적인 대담성으로 널리 알려져 있었습니다.

미국의 여류소설가 스토우처럼 드보라는 종려나무 밑에서 재판도

했지만 늘 거기서 하나님과 만났습니다. 종려나무는 하나님이 임재하시는 성소(sanctuary)의 상징으로 사용되었습니다. 스토우 부인도 드보라와 마찬가지로 하나님의 신비로운 그늘 아래서 그분과 늘 함께 하기를 원하는 마음을 다음처럼 노래했습니다.

언제까지나 당신과 함께

언제까지나 늘 당신과 함께 있으렵니다, 자주빛 아침이
터오며, 새들이 잠을 깨고, 어둠의 그늘이 사라질 때면,
내가 당신과 함께 있으면, 아침보다도 곱고
햇빛보다도 아름답게, 상쾌한 의식은 싹트기 시작합니다.

홀로 당신과 단 둘이만 있으렵니다, 그 신비로운 그늘,
새로 태어난 자연의 침묵 속에서,
홀로 당신과 단 둘이만 있으렵니다, 그 숨가쁜 사랑,
평온한 이슬과 아침의 신선함 속에서.

파도 한 점 없는 바다 위로 터오는 여명 속에
샛별의 모습이 드리워 있듯이,
이 고요함 속에서 당신은 나의 가슴의
물결 속에 비치는 당신의 모습만을 보이다.
노고에 억눌려 영혼이 잠으로 기울 때면,
감기는 두 눈을 처들어 당신을 바라보며 기도하렵니다.
어둠 위에 드리우는 당신의 날개 밑에서 쉬는 것도 즐겁지만,
잠을 깨어 당신을 거기서 만나게 되면 더욱 기쁩니다.

이 시를 쓴 스토우(Harriet Elizabeth Stowe, 1811-1896) 부인은 유명한 비이쳐(Beecher) 목사의 딸로 『톰 아저씨의 오두막집』(Uncle Tom's Cabin, 1852)을 썼습니다. 이 소설은 노예의 비참한 생활상을 그린 것으로 남북전쟁의 기운을 촉진시키는 역할을 했습니다. 그밖에 칼빈주

의의 결함을 지적한 『목사의 구애』(The Minister's Wooing, 1859) 등 종교, 역사, 사회를 풍자한 소설을 썼습니다. 많은 시를 쓰지는 않았지만, 위에서 든 "언제까지나 당신과 함께"라는 시는 하나님과 단 둘이만 함께 있고 싶은 마음을 사랑하는 남편과의 관계처럼 묘사했습니다.

종려나무 밑에서 늘 하나님을 만났던 드보라도 이스라엘 백성이 당한 큰 위기를 보고 분연히 일어났습니다. 그녀는 우선 하나님의 지시대로 사람을 보내어 바락이라고 하는 사나이를 불렀습니다. "이스라엘 하나님 여호와께서 이같이 명하지 아니하셨느냐 이르시기를 너는 납달리 자손과 스불론 자손 일만 명을 거느리고 다볼 산으로 가라. 내가 야빈의 군대 장관 시스라와 그 병거들과 그 무리를 기손 강으로 이끌어 네게 이르게 하고 그를 네 손에 붙이리라"(삿 4:6-7).

바락은 이스라엘 사람들 가운데 유명한 용사였지만, 시스라와 맞서 싸울 용기를 내지 못하고 이렇게 말하였습니다. "당신이 나와 함께 가면 내가 가려니와 당신이 나와 함께 가지 아니하면 나는 가지 않겠노라"(삿 4:8). 드보라는 바락과 함께 일만 명의 군사를 이끌고 다볼 산 기슭에 있는 게데스로 떠났습니다.

게데스 근처 사아난님 상수리나무 곁에 겐 사람 헤벨이 천막을 치고 살고 있었습니다. 그는 이스라엘 동족이면서도 야빈에게 돈을 받고 정보를 파는 매수된 스파이였습니다(삿 4:11-12). 그는 이스라엘 군대가 게데스에 집결한 것을 보고 그 상황을 야빈에게 알려 주었습니다. 이 첩보를 받은 시스라는 전차 900대와 전군을 이끌고 기손 강으로 출동했습니다. 이에 비하면 이스라엘의 보병은 그 반수도 채 안 되었습니다. 드보라와 바락의 유일한 소망은 기습전이었지만 그것마저 야빈과 시스라에 매수된 스파이 헤벨의 밀고로 탐지되었던 것입니다. 이런 여러 점을 고려해 볼 때 이스라엘이 싸워 이길 승산은 전혀 없었습니다.

그러나 별들이 하늘에서 싸우고 땅이 진동하고 비가 쏟아져 삽시간에 기손 강이 범람하고 평원이 홍수의 바다가 되어 시스라의 군대는 그만 놀라 달아났습니다(삿 5:4-5). 바락은 시스라의 군사를 추격하여 모두 죽여버렸습니다(삿 4:16). 시스라는 전차를 버리고 도보로 달아났습니다. 게데스로 달아난 시스라는 야빈 왕의 친구인 스파이 헤벨의 천막에 숨어들었습니다. 헤벨의 아내 야엘이 시스라를 나와 맞으며 "나의 주여 들어오소서. 내게로 들어오시고 두려워하지 마소서"(삿 4:18)라고 말하였습니다. 시스라가 천막에 들어오자 야엘은 이불로 그를 덮어 주었습니다.

그러자 시스라는 "내게 물을 조금 마시우라. 내가 목이 마르도다"(삿 4:19)라고 야엘에게 요청하였습니다. 야엘은 물 대신 젖부대를 열어 우유를 마시게 했습니다. 그리고 다시 이불로 덮어주니 시스라는 이렇게 청하는 것이었습니다. "장막문에 섰다가 만일 사람이 와서 네게 묻기를 여기 어떤 사람이 있느냐 하거든 너는 없다 하라"(삿 4:20).

시스라가 잠이 들자 야엘은 장막 말뚝과 방망이를 들고 와서 시스라의 관자놀이에 힘껏 박아 그를 죽여버렸습니다. 마침 바락이 뒤쫓아왔습니다. 야엘은 바락을 장막 안으로 들어오게 하여 죽은 시스라를 보여 주었습니다(삿 4:22).

이렇게 해서 이스라엘 백성들은 애국적인 여성 드보라의 도움으로 야빈의 압제로부터 벗어나 40년 동안 평화를 누리게 되었습니다. 그러나 평화 시대가 오면 반드시 백성들은 해이해져서 하나님의 은혜를 잊고 죄를 범했고, 나라는 위기에 빠졌습니다. 그럴 때마다 훌륭한 예언자와 사사가 나와서 국민을 채찍질하며 나라를 건져 주었습니다. 이처럼 사사 시대는 죄, 위기, 평화, 타락 그리고 전쟁의 반복이었습니다. 드보라의 이야기는 역사적 설화로서 사건의 연속성을 중시하고 있습니다.

기드온과 그의 삼백 명의 병사

사기 6장-8장을 보면 기드온(Gideon)에 대한 자세한 기록이 나옵니다. 므낫세 지파 출신의 기드온은 이스라엘의 유명한 사사 중의 한 사람이었습니다. 주전 1100년경 그 주변에 살고 있던 미디안족은 가나안 땅을 침범하여 7년간이나 이스라엘 백성을 괴롭혔습니다. 미디안 족은 이 무렵 사막에서 유목 생활을 하고 있던 베드윈(Bedouin) 사람들로, 약탈과 파괴를 일삼고 있었습니다. 그들은 한 곳에 정착하지 않고 떠돌아 다니면서 무엇이나 물질적 가치가 될만한 것이면 강탈해 달아나곤 하였습니다. 성서는 이 반갑지 않은 잔혹한 침입자들을 그림을 보듯이 묘사해 주고 있습니다.

이스라엘 자손이 미디안을 인하여 산에서 구멍과 굴과 산성을 자기를 위하여 만들었으며 이스라엘이 파종한 때면 미디안 사람, 아말렉 사람, 동방 사람이 치러 올라와서 진을 치고 가사에 이르도록 토지 소산을 멸하여 이스라엘 가운데 식물을 남겨 두지 아니하며 양이나 소나 나귀도 남기지 아니하니 이는 그들이 그 짐승과 장막을 가지고 올라와서 메뚜기떼 같이 들어오니 그 사람과 약대가 무수함이라 그들이 그 땅에 들어와 멸하려 하니 이스라엘이 미디안을 인하여 미약함이 심한지라 이에 이스라엘 자손이 여호와께 부르짖었더라"(삿 6:2-6)

어느 날, 요아스의 아들 기드온도 숨어서 밀 타작을 하고 있었습니다. 평상시 같으면 산 꼭대기에서 손으로 떨지 않고 짐승으로 하여금 밟아 떨게 하고는 쭉정이는 바람에 날려 보냈겠지만, 이처럼 위험한 때는 그럴 수가 없었던 것입니다. 산 꼭대기에서 짐승으로 하여금 밀 이삭을 밟아 떨게 하다가는 근처의 미디안 사람에게 노출될 것이기 때문입니다. 마침 기드온이 숨어서 일을 하고 있을 때 하나님의 천사가 나타나 "큰 용사여 여호와께서 너와 함께 계시도다"(삿 6:12)라고 말하였습니다. 기드온은 이 말을 듣고 이렇게 물었습니다.

"나의 주여 여호와께서 우리와 함께 계시면 어찌하여 이 모든 일이 우리에게 미쳤나이까 또 우리 열조가 일찍 우리에게 이르기를 여호와께서 우리를 애굽에서 나오게 하신 것이 아니냐 한 그 모든 이적이 어디 있나이까?"(삿 6:13).

"너는 이 네 힘을 의지하고 가서 이스라엘을 미디안의 손에서 구원하라"

"주여 내가 무엇으로 이스라엘을 구원하리이까? …… 나는 내 아비 집에서 제일 작은 자니이다"(삿 6:15)

"내가 반드시 너와 함께 하리니 네가 미디안 사람 치기를 한 사람을 치듯 하리라"고 천사는 말했습니다.

그날 밤 기드온은 열 사람의 장정과 함께 거짓 신인 바알의 제단을 부숴 버리고 그곳에 여호와 하나님의 제단을 만들었습니다. 그 이튿날 아침, 마을 사람들은 기드온이 해놓은 것을 보고 그의 아버지 집으로 몰려가서 "네 아들을 끌어내라. 그는 당연히 죽어야 하리라"(삿 6:30)

고 말했습니다.

그러나 기드온의 아버지는 말했습니다. "너희가 바알을 위하여 쟁론하느냐. 너희가 바알을 구원하겠느냐. 그를 위하여 쟁론하는 자는 이 아침에 죽음을 당하리라."(삿 6:31). 이때부터 기드온을 여룹바알이라 하였는데 그것은 기드온이 바알의 단을 훼파하였은즉 바알이 그와 더불어 쟁론하리라는 뜻입니다.

그러자 모두들 조용히 물러갔습니다. 마침 미디안 사람들이 이스르엘 골짜기에 진을 치고 있었는데, 그때 하나님의 영이 기드온을 사로잡았습니다. 그러자 그는 나팔을 불어 사람들을 불러 내었습니다. 그리고는 하나님께 빌었습니다. "주께서 이미 말씀하심같이 내 손으로 이스라엘을 구원하려 하시거든 보소서 내가 양털 한 뭉치를 타작마당에 두리니 이슬이 양털에만 있고 사면 땅은 마르면 주께서 이미 말씀하심같이 내 손으로 이스라엘을 구원하실 줄 내가 알겠나이다"(삿 6:36-37).

다음날 아침 기드온이 일어나 보니 양털은 젖어 있고 땅은 말라 있었습니다. 그래도 기드온은 용기가 나지 않았습니다. 그는 또다시 하나님께 청했습니다. "주여 내게 진노하지 마옵소서. 내가 이번만 말하리이다. 구하옵나니 나로 다시 한번 양털로 시험하게 하소서. 양털만 마르고 사면 땅에는 다 이슬이 있게 하옵소서"(삿 6:39).

이번에도 그대로 되었습니다. 기드온은 이런 기적을 통하여 여호와 하나님께서 자기 자신과 같이 하신다는 확신을 갖게 되었습니다. 회의와 불안한 마음을 갖고서는 어떤 큰 일도 할 수가 없습니다. 그래서 새뮤얼 존슨은 하나님께 힘을 달라고 다음처럼 비는 기도를 드리었습니다.

힘을 달라고 비는 기도

아버지시여, 신비로운 당신 앞에 무릎 꿇고,
우리의 영들은 기꺼이 당신의 뜨거운 사랑을 느낍니다.
우리는 모두 힘이 없사오니 하늘로부터
그 어떤 확신과 힘과 평정을 감명깊게 보여 주소서.

주여, 우리는 줄곧 회의와 슬픔으로 헤메었지만,
당신은 한 걸음씩 한 걸음씩 앞으로 전진하게 하셨습니다.
우리는 언제나 미지의 내일을 믿사오니
그 일이 끝날 때까지 우리를 떠받쳐 주소서.

맑고 거룩한 평화가 마음 속 깊은 곳에
머물고 있지만, 고통이 그 뜻을 이루는 듯하거나
우리가 절망할 때면, 고뇌보다 더 강한
평화를 천천히 불러 일으켜 우리도 평온하게 하소서.

이젠, 아버지시여, 사랑하는 당신 앞에 무릎 꿇고,
우리들의 영은 당신의 뜨거운 사랑을 느낍니다.
이젠 우리들을 굳세게 하시고, 하늘로부터
확신과 힘과 평정을 감명깊게 보여 주소서.

이 시를 쓴 존슨(Samuel Johnson, 1709-1784)은 18세기 영국의 문학가이며 저술가입니다. 그는 시와 소설 등의 창작 활동으로 18세기 문단의 중진이 되었습니다. 풍자시 "런던"(London), "인간 욕망의 허무함"(The Vanity of Human wishes)을 완성했습니다. 그 후 『라셀라스』(Rasselas) 등의 소설과 『영국 시인전』(Lives of Englsih Poets)을 집필했습니다. 그는 문필을 가지고 45년이라는 긴 세월을 보냈지만, 그의 위대성은 오히려 그의 인간됨에 있었다고 할 수 있습니다. 존슨은 인간의 욕망을 의지하지 아니하고 하늘로부터 오는 확신과 힘과 평정을 간구했습니다.

기드온도 "네 힘을 의지하고 가서 이스라엘을 미디안의 손에서 구원하라"고 여호와 하나님의 천사가 그에게 명하였을 때, 자기는 아비 집에서 가장 작은 존재라고 회의했습니다. 다시 말해서 기드온은 자기가 이스라엘의 구원자라는 사실을 믿을 수가 없었습니다. 그래서 그는 하나님이 자기와 함께 하신다는 표적을 요구했고 그 표적을 보았습니다. 이에 확신을 얻은 기드온은 다음 도표에서 보듯이 이만이천 명의 군사를 모아 하롯샘 근처에 진을 치게 되었습니다.

기드온의 32,000의 추종자 분석

추종자	특 징	관련성구
22,000	두려워하는 자	삿 7:3
9,700	부주의한 자	삿 7:5-6
300	치밀하고 용감한 자	삿 7:5-6

미디안 사람들이 그 북쪽에서 언덕을 따라 골짜기 안에 모여 있었기 때문이었습니다. 그러나 하나님은 기드온에게 말씀하셨습니다. "너를 좇는 백성이 너무 많은즉… 누구든지 두려워서 떠는 자여든 길르앗 산에서 떠나 돌아가라 하라"(삿 7:2-3).

기드온의 말을 듣고 삼만이천 명이나 되는 병사 중에서 이만이천 명이 집으로 돌아갔습니다. 기드온은 불안해졌습니다. 그러나 하나님이 보시기에 남은 병사들도 너무 많았습니다. 하나님은 기드온에게 병사들을 이끌고 물가로 가서 물을 마시게 하라고 하였습니다. 기드온은 하나님의 명령대로 일만 명의 병사들을 물가로 데리고 가서 물을 마시라고 했습니다. 일만 명 중 구천칠백 명은 개처럼 물을 핥아 마셨고 나머지 삼백 명만이 무릎을 꿇고 손으로 물을 마셨습니다. 기드온은 삼백 명의 정병만 남기고 나머지는 모두 집으로 돌려보냈습니다.

기드온은 남아 있는 삼백 명의 병사를 백 명씩 세 부대로 나누어 싸우기로 하고 전략을 세웠습니다. 그는 한 사람 한 사람에게 나팔, 빈 항아리, 횃불을 나누어 주면서 이렇게 말했습니다. "너희는 나만 보고 나의 하는 대로 하되 내가 그 진 가에 이르러서 하는 대로 너희도 그리하여 나와 나를 좇는 자가 다 나팔을 불거든 너희도 그 진 사면에서 또한 나팔을 불며 이르기를 여호와를 위하라. 기드온을 위하라 하라… 여호와와 기드온의 칼이여 하라"(삿 7:17-18, 20).

사람들이 나팔을 불며 "여호와의 칼이여, 기드온의 칼이여"라고 외치자 적은 놀라서 달아났습니다. 그 백성들은 기드온이 왕이 되기를 원했지만, 기드온은 왕위를 거절하고 고향으로 돌아와 살면서 그 곳을 여호와 하나님의 예배 중심지로 만들었습니다. 그러나 그는 노략해 온 금으로 에봇을 만들어 후일 화를 입었습니다. 기드온이 살아 있는 동안은 평화로웠으나 그 후로 이스라엘 백성들은 하나님 앞에 또다시 범죄하였습니다.

기드온의 이야기는 성서적인 영웅주의의 개념을 잘 설명해 주는 좋은 예화라 할 수 있습니다. 기드온은 이스라엘 민족이 아닌 다른 민족의 압제자와 싸워 자기의 민족을 구해낸 영웅입니다. 그의 영웅주의에는 두 가지 요소가 있는데, 그 하나는 하나님과의 대면(對面)이고 다른 하나는 남자다운 견인 불발의 정신입니다. 이 두 요소는 "큰 용사여 여호와께서 너와 함께 계시도다"(삿 6:12)라고 한 천사의 진술에 의해 요약될 수가 있습니다. 동일한 뜻의 강조는 하나님께서 기드온을 불러 "너는 네 힘을 의지하고 가서 이스라엘을 미디안의 손에서 구원하라. 내가 너를 보내신 것이 아니냐?"(삿 6:14)라는 말씀을 하시며 그를 이스라엘의 지도자로 임명하셨을 때 나타났습니다. 기드온 자신의 불굴의 힘과 하나님의 동사적(同事的) 역사, 이것이 그의 영웅주의를 구성하는 요소였습니다. 그러니까 성서적 영웅은 그 자신의 요지부동하는 힘도 있어야 하지만 하나님이 같이 해 주시는 특별한 사랑을 받지 않고서는 존재할 수 없습니다.

이런 요소들을 살펴보면 기드온은 대체적으로 이상적 영웅이라 할 수 있습니다. 그의 최초의 영웅적 행위는 그가 섬기던 우상과 싸우는 것으로 나타났고, 다음으로는 침략해 온 미디안 군과 전투를 벌여 승리로 이끈 사건으로 나타났습니다. 미디안 군대와 싸울 때, "여호와 기드온의 칼이여"(삿 7:20)라고 외친 이스라엘 군의 함성은 하나님과 인간이 합세하여 이상적 영웅주의의 개념을 단적으로 표현해 준 것이라 할 수 있습니다.

대부분의 성서적 설화가 그렇듯이 기드온의 이야기에도 가벼운 비극적 사건을 내포하고 있습니다. 그것은 미디안 군을 정복한 후 전리품 가운데서 금고리를 모아 에봇(ephod)를 만든 것입니다. 그 후의 역사에 있어서 에봇은 우상 숭배의 대상이 되었고, 그래서 그것은 기드온과 그의 집안에 올가미가 되었던 것입니다(삿 8:27). 이런 비극적 사건에도 불구하고 기드온의 이야기는 전통적인 영웅 설화와 흡사합니다.

일반적으로 아킬레스와 같은 전통적 영웅은 자신의 독자성을 의존하며 육체적 힘과 용기를 무엇보다 중시합니다. 그는 자신의 명예를 얻기 위해 싸우고 그 명예는 전투에서 세운 용감한 훈공(勳功)을 통하여 얻게 됩니다. 또한 그는 과장된 연설을 하여 모든 주의를 그 자신의 능력에 집중시키려고 합니다. 기드온은 이와 흡사한 영웅상을 보이고 있기는 하지만 그 특성은 정반대로 나타나는 것을 볼 수 있습니다.

전통적 영웅은 왕족이거나 신의 후예로 되어 있지만, 기드온은 그의 부족 중에서도 가장 약하고 그의 가문 중에서도 가장 낮은 자로 자기를 묘사하고 있습니다. 다만 그에게는 그를 영웅적으로 만드는 하나님의 지속적인 힘이 있을 뿐입니다. 그가 이스라엘을 구했다면 그것은 기드온 자신의 능력과 힘 때문이 아니라 하나님이 그와 함께 했기 때문입니다. 그래서 기드온은 자신의 영웅적 행위와 용기에 의존하는 것이 아니라, 하나님의 도우심을 믿는 것입니다. 그가 왕위권을 거절한 것도 결국은 참된 구원자는 하나님이시므로 그가 통치해 주실 것으로 믿었기 때문입니다. 흔히 전통적인 서사시에서는 영웅에게 영광과 명예를 돌리지만 기드온은 그 영광을 하나님께 돌리고 있습니다. 이런 의미에서 기드온은 반영웅(anti-hero)이라 할 수 있습니다. 그러나 그는 하나님을 신뢰하는 영적인 영웅이었고, 이 이야기 속에는 이런 영웅주의의 개념이 깔려 있습니다.

길리앗의 장사 입다와 그의 외동딸

사사들의 이야기 중에서 빼놓을 수 없는 것은 "길르앗의 장사 입다와 그의 외동딸"에 관한 이야기입니다(삿 10:6-12:6). 이스라엘 백성이 적의 공격을 받아 어려움을 당할 때마다 하나님께서 구해 주셨지만, 그들은 번번히 하나님을 저버리고 우상을 섬기며 살았습니다.

이번에는 요단 강 건너편에 있는 암몬 사람들이 십팔 년 동안(삿 10:8) 이스라엘 사람들을 억압하며 괴롭혔습니다. 고통을 견디다 못해 이스라엘 사람들은 하나님께로 마음을 돌리고(회개) 도움(구원)을 요청하였습니다. "우리가 우리 하나님을 버리고 바알들을 섬김으로 주께 범죄하였나이다"(삿 10:10).

하나님께서는 노하시어 이스라엘 백성들에게 이렇게 말씀하셨습니다. "너희가… 가서 너희가 택한 신들에게 부르짖어서 너희 환난 때에 그들로 너희를 구원하게 하라"(삿 10:13). 이스라엘 사람들은 하나님께

매어달려 이렇게 애원했습니다. "우리가 범죄하였사오니 주의 보시기에 좋은 대로 우리에게 행하시려니와 오직 주께 구하옵나니 오늘날 우리를 건져 내옵소서"(삿 10:15).

하나님은 이스라엘 백성을 불쌍히 여기시어 그들을 도와 주기로 하셨습니다. 그런데 이스라엘 백성이 암몬 사람의 손에서 벗어나려면 군대와 지휘관이 필요했습니다. 암몬 사람들이 길르앗으로 몰려와 진을 치고 이스라엘 사람들을 위협하였습니다. 그때 하나님은 그들을 도울 수 있는 힘세고 용감한 입다를 사사로 뽑아 세우셨습니다.

입다(Jephthah)는 이름을 알 수 없는 기생이 길르앗(Gilead)에게 낳아 준 사람으로 굉장한 장사였습니다. 그는 본처의 아들들에게 쫓겨 돕(Top) 땅으로 가서 건달패들(雜類)을 모아 그들의 두목이 되었습니다(삿 11:3). 그러나 암몬이 이스라엘을 쳐들어 왔을 때 길르앗의 원로(장로)들은 그에게 나가 입다에게 간청했습니다. "우리가 암몬 자손과 싸우려 하나니 당신은 와서 우리의 장관이 되라"(삿 11:6).

그러나 입다는 냉정하게 거절했습니다. "너희가 전에 나를 미워하여 내 아버지 집에서 쫓아내지 아니하였느냐. 이제 너희가 환난을 당하였다고 어찌하여 내게 왔느냐"(삿 11:7). 길르앗 사람들은 암몬 군을 무찌르면 입다를 자기들의 우두머리로 섬기겠다고 약속했습니다(삿 11:8). 어쩔 수 없이 입다는 그들의 부탁을 들어 주기로 하였습니다.

입다는 전쟁보다는 평화스러운 해결책을 모색하기 위하여 사람을 보내어 암몬 왕에게 왜 이스라엘을 괴롭히는지를 물었습니다. 암몬 왕이 대답하였습니다. "이스라엘이 애굽에서 올라올 때에 아르논에서부터 얍복과 요단까지 내 땅을 취한 연고니 이제 그것을 화평히 다시 돌리라"(삿 11:13). 그러나 이스라엘 사람들은 암몬 사람들의 땅을 빼앗은 적이 없었습니다. 입다는 다시 사람을 보내어 "이스라엘이 모압 땅과 암몬 자손의 땅을 취하지 아니하였느니라"(삿 11:15)고 말했습니다.

그러나 암몬 왕은 입다의 말을 받아들이지 않았습니다.

입다는 어쩔 수 없이 싸움 준비를 할 수밖에 없었습니다. 그러나 암몬 군대와 싸워 이긴다고 하는 것은 그리 쉬운 일이 아니었습니다. 그래서 입다는 하나님께 도움을 요청하며 다음과 같이 서원했습니다. "주께서 과연 암몬 자손을 내 손에 붙이시면 내가 암몬 자손에게서 평안히 돌아올 때에 누구든지 내 집 문에서 나와서 나를 영접하는 그는 여호와께 돌릴 것이니 내가 그를 번제로 드리겠나이다"(삿 11:30-31).

그리고 나서 입다는 암몬 진지로 쳐들어갔습니다. 하나님께서 그들을 그의 손에 붙여 주셨으므로 입다는 암몬 군을 쳐부수고 승리를 거두었습니다. 입다가 미스바에 있는 그의 집으로 돌아왔을 때, 그의 외동딸이 소고를 잡고 춤을 추며 그를 맞이했습니다. 입다는 자기 딸이 나오는 것을 보고 옷을 찢으며 외쳤습니다. "슬프다 내 딸이여 너는 나로 참담(慘憺)케 하는 자요 너는 나를 괴롭게 하는 자 중의 하나이로다. 내가 여호와를 향하여 입을 열었으니 능히 돌이키지 못하리로다"(삿 11:35-36).

그러자 딸은 입다에게 이렇게 말했습니다. "나의 아버지여 아버지께서 여호와를 향하여 입을 열었으니 아버지 입에서 낸 말씀 대로 내게 행하소서. 이는 여호와께서 아버지를 위하여 아버지의 대적 암몬 자손에게 원수를 갚으셨음이니이다… 두 달만 용납하소서. 내가 나의 동무들과 함께 산에 올라가서 나의 처녀로 죽음을 인하여 애곡하겠나이다"(삿 11:36-37).

두 달이 지나자 입다는 그의 딸을 번제물로 드렸습니다. 그 때부터 길르앗 여인들은 매년 4일씩 입다의 딸의 죽음을 애곡하게 되었습니다. 그로부터 얼마 지나 이번에는 에브라임 장로들이 몰려와, "네가 암몬 자손과 싸우러 건너갈 때에 어찌하여 우리를 불러 너와 함께 가게 하지 아니하였느냐"(삿 12:1)하고 시비를 걸었습니다.

입다는 그들에게 이렇게 대답했습니다. "나와 나의 백성이 암몬 자손과 크게 다툴 때에 내가 너희를 부르되 너희가 나를 그들 손에서 구원하지 아니했거늘… 너희가 어찌하여 오늘날 내게 올라와서 나로 더불어 싸우고자 하느냐"(삿 12:2-3).

결국 길르앗과 에브라임 사이에는 싸움이 벌어졌습니다. 입다는 길르앗 전군을 이끌고 나가 요단 강 나루터에서 에브라임 사람 사만이천 명을 죽이고 승리를 거두었습니다(삿 12:6). 그 후 입다는 육년 간 다스리다 죽어 길르앗에 묻혔고, 그에게는 후계할 아들이 없으므로 그의 족속은 그만 사방으로 흩어져 버리고 말았습니다.

이 간단하고 슬픈 "길르앗의 장사 입다와 그의 외동딸"에 관한 이야기에는 입다 그 자신 뿐 아니라 딸에 관한 비화(悲話)가 들어 있습니다. 입다는 천한 기생의 아들로서 형제들로부터 쫓겨났지만 후일 그들의 지도자가 됩니다. 그것은 운명의 아이러니라 아니 할 수 없습니다.

또한 입다는 그를 멸시했던 사람들의 지도자가 된다는 것이 두려워서 하나님을 즐겁게 해 드릴 수 있는 방법으로 사람을 번제물로 드릴 생각을 했습니다. 결국 이런 앞뒤를 가리지 않은 조급한 약속은 외동딸을 번제물로 바쳐야만 하는 비극적인 결과를 가져왔습니다. 여기서도 우리는 야릇한 운명의 아이러니를 느끼지 않을 수 없습니다. 더욱 입다와 희생 제물이 될 그의 딸 사이에 오고 간 매우 간단한 대화 속에서 우리는 절통한 비애와 아이러니를 맛보게 됩니다. 이런 표층구조(表層構造)로만 보면 입다의 이야기는 히브리적이라기보다는 변덕스러운 운명의 장난에 희롱당하는 인물들을 다루고 있는 그리스 비극에 가깝다고 아니 할 수 없습니다.

『사사기』를 보면 많은 약한 자들이 여호와 하나님께 선택되어 쓰임 받은 경우가 다음 도표에서 보는 바와 같이 많습니다. 입다도 그런 사람들 중의 하나입니다. 그는 천한 기생의 아들이지만 여호와 하나님 이외의 다른 신들을 인정하지 아니 하므로 하나님께서 그를 선택하여 크게 쓰셨습니다. 하나님을 향하여 경솔하게 입을 벌린 잘못이 있음에도 불구하고 그는 하나님의 소명(召命)을 받들어 이스라엘을 암몬 자손의 손에서 구한 신앙의 영웅이었습니다.

사사기에 나오는 약하지만 쓰임받는 자들

쓰임받은 자	관련 성구
왼손잡이 사사 에훗	삿 3:15-30
소몰이군 사사 삼갈	삿 3:31
헤벨의 아내 야엘	삿 4:17-22
여선지 사사 드보라	삿 5:4
농군 기드온	삿 6:11, 15
기드온의 300 무명용사	삿 7:6-23
맷돌 윗짝을 던진 무명의 한 여인	삿 9:53
기생의 아들 입다	삿 11:1-33
블레셋에 잡힌 삼손	삿 16:28-30

　미국의 흑인 시인 던바아의 "찬미"라는 시에서 보는 것처럼 입다는 천민이지만 하나님께서 그 힘센 팔로 어떤 상해(傷害)도 접근하지 못하도록 막아주신 선택된 사람이었습니다.

찬 미

　　폭풍이 일고
　　검은 구름이 낮게 깔려
　　내 주변이 을씨년스러울 때면,
　　오 주여, 나는 당신께 두 눈을 쳐들며,
　　나의 괴로운 영혼은 당신께로 날아가
　　그 시간에 위로를 구합니다.

　　당신은 그 힘센 팔로
　　어떤 상해도 나에게 접근하지 못하도록 막아 주시고
　　어떤 일도 일어나지 않게 해주십니다. 당신은 그 목소리로
　　나의 놀라움을 달래 주시니, 생명의 대 전투가
　　치열해진다 해도, 대적이 나를 두렵게 할 수 없나이다.

> 당신의 가슴에 안겨
> 나는 슬픔과 고통을 잊고
> 편히 안식을 누립니다.
> 더 이상 죄악된 근심에 짓눌리지 않고
> 당신 앞에서 영원히 축복을 받으며,
> 오 나의 구원의 하나님이시여!

이 시를 쓴 던바아(Paul Laurence Dunbar, 1872-1906)는 19세기 미국의 흑인 시인입니다. 그는 흑인 방언으로 흑인의 생활을 노래한 서정시인으로 알려져 있습니다. 그의 대표적인 작품으로는 『낮은 생활의 노래』(Lyrics of Lowly Life, 1896), 『노변의 노래』(Lyrics of Hearthside, 1899), 『사랑과 웃음의 노래』(Lyrics of Love and Laughter, 1903), 『신들의 놀이』(The Sport of Gods, 1903) 등과 네 편의 소설이 있습니다.

던바아는 미국에서 흑인 노예 해방 전쟁이 일어난 19세기를 "폭풍이 일고 검은 구름이 낮게 깔려 내 주변이 을씨년스러운 때"라고 사나운 일기에 비유했습니다. 이러한 처지에서 당하는 흑인의 심령에는 오직 슬픔과 고통만 가득했을 것입니다. 그러나 괴로울 때면 늘 하나님께 두 눈을 쳐들어 위로를 구하고 그의 가슴에 안겨 편히 안식을 누리게 해달라고 기도하였습니다.

입다도 이 흑인 설화자처럼 천한 기생의 아들로 태어나 이복형제들의 천대를 받고 그들의 집에서 쫓겨난 매우 불우한 존재였습니다. 그러나 그는 하나님 이외의 다른 신을 섬기지 않았습니다. 그래서 자기 동족이 어려울 때 하나님은 그를 불러 그의 나라를 구하라고 명령을 내렸습니다. 그는 그 명령을 받들어 강대한 적국 암몬 자손들의 압제의 손으로부터 구해냈습니다.

투사 삼손과 들릴라

 여호수아가 죽은 뒤 유다, 시몬, 므낫세와 같은 사람들이 이어가며 나라를 나스렸시만, 삼손(Samson)의 시내는 이스라엘 역사 중에서 찾아보기 드물 정도로 매우 어둡고 무법적(無法的)인 그런 시기였습니다. 그 당시의 이스라엘 사람들 모두가 하나님 목전(目前)에서 악을 행하고(삿 13:1) 그가 싫어하는 일을 수 없이 하였기 때문에 하나님은 대단히 노하셨습니다. 그래서 하나님께서는 그레데에서 남부 팔레스틴 지대로 이주해 온 블레셋 족속을 통해 이스라엘을 징계하시고자 하였습니다(삿 13:1). 블레셋은 그 당시로서는 체계적인 조직력과 철제(鐵製) 무기를 비롯한 우수한 물질 문화를 소유한 사람들이었습니다.
 이스라엘 사람들은 이런 블레셋인들의 오랜 압제를 받게 되면서, 그들은 해방을 위한 투쟁은 커녕 그런 의욕조차도 갖지를 못하게 되었고 심지어 그들을 구원하고자 하는 삼손의 노력까지도 부질없는 일로 여겨 원망하고 지탄하기 일수였습니다. 삼손은 소라(Zorah) 땅에 살고 있던 단 지파 가족 중 하나인 마노아(Manoah)라고 하는 사람의 아들로서, 12명의 사사 중에서 마지막 사사였습니다.

"투사 삼손과 들릴라"에 관한 이야기는 『사사기』 13장으로부터 시작해서 16장까지에 계속됩니다. 이 이야기는 가장 복잡한 비극적 설화 중의 하나입니다. 대체적으로 고전 비극의 주인공은 다른 사람과는 다른 큰 인물들입니다. 삼손도 다른 사람과는 달리 날 때부터 그 출생이 천사에 의해서 예고되었고 태아적부터 나실인(Nazirite)으로 성별되었던 것입니다(삿 13:4). 나실인에게 규정된 금기 사항 즉 "포도주와 독주를 마시지 말지며 무릇 부정한 것을 먹지 말지니라… 그 머리에 삭도를 대지 말라"(삿 13:4-5)는 명령으로 미루어 보건대, 그 명령은 삼손이 그 사회 속에서 구별받은 인물이 될 것이라는 것을 예시해 준다고 할 수 있습니다. 이 나실인은 하나님 앞에서 온전한 제사로 자신을 드려 헌신 봉사한 예수 그리스도를 예표한 것입니다(히 7:26).

삼손은 보통 사람과는 다른 정신적인 탁월성을 갖고 있었는데, 그것은 "아이가 자라매 여호와께서 그에게 복을 주시더니… 여호와의 신이 비로소 그에게 감동하시니라"(삿 13:24-25)라는 말씀 속에 잘 나타나 있습니다. 삼손은 정신적으로만 큰 것이 아니라 실로 육체적으로도 괴력을 지닌 영웅이었습니다. 그는 맨주먹으로 그를 공격하는 어린 사자를 죽인 일이 있고(삿 14:5-6), 여우 삼백 마리를 붙들어 함께 그 꼬리와 꼬리를 매고 홰(torches)를 취해 그 두 꼬리 사이에 달고 그 홰에 불을 켜 곡식밭으로 몰아 넣어 곡식단과 아직 베지 아니한 곡식과 감람원을 사르게 하기도 하였습니다(삿 15:4-5). 한번은 원수가 그에게 묶었던 밧줄을 불탄 삼처럼 끊은 일도 있고(삿 15:14), 나귀의 새 턱뼈를 취해서 그것으로써 일천 명을 죽인 일도 있습니다(삿 15:15). 마침내 삼손은 가사(Gaza)에서 원수의 덫에 걸린 것을 알고 밤중까지 누웠다가 밤중에 일어나 성문짝들과 두 문설주와 빗장을 빼어 그것을 모두 어깨에 메고 헤브론 산 꼭대기로 간 일도 있습니다(삿 16: 1-3).

삼손은 투사요 하나님의 선택받은 나실인이었지만 어리석고 도덕적으로 매우 약한 인물이었습니다. 바로 그것이 그의 비극적 오류 또는 약점이었던 것입니다. 그의 치명적 약점은 여자와의 관계와 결부되어 있으며, 그와 관련된 여자들은 모두가 음란한 여성들이었습니다. 음란한 여인들은 사람을 꾀어서 죄짓게 하는 악의 근원으로서, 성결된 삶을 살아야 하는 삼손으로서는 마땅히 피했어야만 했습니다. 그러나 그는 그런 여인의 꾀임에 넘어가 마침내 비참한 최후를 마치게 됩니다.

삼손의 생애에 있어서 첫 번째 위기적 상황은 딤나(Timnath)에 있는 블레셋 여인과 결혼하는 순간이었습니다(삿 14:1-4). 한번은 딤나라는 곳에 갔다가 블레셋 여인을 보고는 그만 그 아름다움에 매혹되어 그녀와 결혼하기로 마음 먹었습니다. 이방인과 결혼해서는 안된다고 하는 법이 있고, 이스라엘의 구원자가 될 것이라고 하는 소명이 있었는데도 불구하고, 또한 부모들의 반대에도 불구하고, 그는 블레셋 여인을 아내로 삼기 위해 딤나로 내려갔습니다. 그는 블레셋 여인의 집에 이르러 칠일 동안 잔치를 베풀었습니다. 그때 그는 결혼 잔치에 참석한 삼십명의 블레셋 친구들에게 "먹은 자에게서 먹는 것이 나오고, 힘센 자에게서 단것이 나오는데, 그것이 무엇이겠느냐?"(삿 14:14)고 하는 수수께끼를 내놓았습니다. 그러나 사흘이 지나도록 아무도 그 수수께끼를 풀지 못했습니다. 그것을 본 블레셋 여인은 삼손에게 울며 매어달려 정녕 나를 사랑한다면 비밀을 알려달라고 졸랐습니다. 그래서 삼손은 그 마음이 약해져 그만 그 비밀을 알려 주었고, 블레셋 손님들은 칠일째 되던 날에 그 아내가 일러주는대로 수수께끼에 대한 대답을 내놓을 수 있었습니다.

하나님의 명령을 어기면서 이방 여인과 결혼한 것이나 아내의 눈물에 마음이 약해져 수수께기의 비밀을 알려준 것은 결국 그를 파멸로 몰고갈 비극적 약점이 되는 것입니다. 왜냐하면 그것은 하나님의 명령을 어긴 것이요 또한 자신의 소명의식을 잃고 경솔히 행동한 것이기 때문입니다. 물론 영웅적 설화의 관점에서 보면, 그 사건은 긍정적으로 받아들일 수도 있습니다. 그 일은 하나님이 꾸민 일, 다시 말하면 이방 여인과의 결혼을 이용해서 이스라엘을 구원하고자 하시는 하나님의 의도로 이루어진 것으로 받아들일 수도 있다는 말입니다(삿 14:4). 그러나 목적이 수단을 정당화할 수는 없습니다. 블레셋을 격퇴하고자 한 목적은 하나님께로부터 나온 계획이었으나 굳이 이방 여인과 불순한 혼인을 하면서까지 그 일을 도모할 필요는 없었습니다. 결국 삼손은 자신이 사용했던 불순한 방법으로 말미암아 비참한 최후를 맞게 되었던 것입니다(삿 16:21, 30).

사실상 삼손은 아내의 눈물에 속아 수수께끼의 답을 알려준 후 곧 속은 것을 알고는 아스글론(Ashkelon)으로 내려가 삼십 명을 쳐죽였습니다. 또한 얼마 후 삼손이 장인 집을 찾아 가서 아내를 보고자 했으나 이미 그 아내는 블레셋 친구와 결혼을 하고 없었습니다. 그는 화가 나서 앞에서도 말한 것처럼 곡식 가리뿐 아니라 베지 않은 곡식과 포도덩굴 그리고 올리브나무를 불태워 버렸습니다. 이것은 상스러운 개인적 복수의 행위로써 힘을 악용한 것이라 할 수 있습니다. 그러나 블레셋과 이스라엘 사이의 국제적 전쟁이라고하는 맥락에서 본다면 민족적 영웅으로서 군사적 구출을 보여준 예라고 할 수도 있을 것입니다.

삼손의 육정적 약점은 가사에 있는 창녀와 통정한 사건 속에 또 다시 나타나지만(삿 16:1), 성문을 두 문설주와 빗장째 뽑아 어깨에 메고는 그것을 헤브론 맞은편 산 꼭대기에 갔다가 던져버린 그의 영웅적 행위에 의해 균형을 이루게 됩니다. "투사 삼손과 들릴라"에 관한 이야기를 단순히 비극으로 볼 때에는 이 모든 사건들이 비극적 약점이 되지만, 영웅담으로 볼 때에는 초자연적인 힘으로 이스라엘을 블레셋 적군의 손에서 구출해 낸 영웅적 행위가 될 수도 있습니다. 그러나 이 이야기는 영웅담이라기 보다는 비극적 성격이 더 강한 설화라 할 수 있습니다.

삼손의 이야기에 있어서 중심이 되는 사건은 소렉(Sorek) 골짜기에 살고 있던 들릴라(Delilah)라는 여성과의 사랑이라 할 수 있습니다. 들릴라는 네 차례에 걸쳐 그의 힘이 어디서 나오는가를 알려달라고 졸라댄 끝에 그 힘이 머리에서 나온다는 것을 알게 되었습니다. 마침내 들릴라는 잠이 든 삼손의 머리를 깎아버렸습니다. 이는 "그 머리에 삭도를 대지 말라"(삿 13:5)고 하는 하나님의 명령에 어긋나는 것으로 결국 불순종이 됩니다. 따라서 하나님은 그를 떠나시게 됩니다(삿 16:20). 홀몸으로 일천 명의 군사들을 물리친(삿 15:16) 삼손이었지만, 사랑을 빙자한 한 아리따운 여인의 끈질긴 유혹(삿 16:15)에 넘어지게 되자 하나님은 그를 떠나시게 되는 것입니다.

아래 도표에서도 보다시피 유혹의 힘은 번뇌로 나타나며 분별력을 상실케 하여 결국 범죄로 떨어지게 만들어서 하나님으로부터 분리되게 한다는 것을 알 수 있습니다.

유혹의 힘

유혹이 미치는 결과	관 련 성 구
번 뇌	삿 16:16; 사 57:20-21
분별력의 상실	삿 16:17-19; 사 44:18-19
하나님과의 분리	삿 16-20-22; 신 13:5, 9

삼손이 소렉 여인 들릴라로 말미암아 개인적 윤리적 차원의 범과(犯過)를 넘어 하나님의 사명을 망각하는 심각한 죄악을 저지르고 그 결과 무할례자들인 블레셋인들로부터(삿 15:18) 지독한 수치와 고통을 당하게 되는 데, 여기서 들릴라는 성도들을 죄악의 길로 유도하는 온갖 죄악된 육신의 정욕들을 상징하는 것으로 생각할 수 있습니다(요일 2:16).

결국 그는 블레셋의 포로가 되어 두 눈알을 뽑힌 후에 연자매를 돌리게 됩니다. 비극의 주인공은 다곤 신전의 기둥 사이에서 블레셋 사람들의 놀림감이 되지만, 마침내는 신전의 기둥을 무너뜨려 많은 블레셋 고급관리들을 죽이고 자신도 같이 장렬한 죽음을 맞습니다. 민족적 영웅이라고 하는 관점에서 볼 때 "죽인 자가 살았을 때에 죽인 자보다 더욱 많았더라" (삿 16:30)고 하는 표현에서 보듯이 그의 죽음은 일종의 승리가 될 수 있습니다.

그러나 이 이야기를 비극으로 볼 때 그는 초자연적인 힘을 자신을 위해 썼으며 여자의 유혹에 쉽게 넘어가는 약점 때문에 결국은 파멸하는 비극적인 인물인 것이 틀림없습니다. 아무리 힘센 무적의 장사라 하더라도 정신적으로 타락하고 자제력을 잃어 도덕적 약점을 극복하지 못하면 참다운 영웅이 될 수 없고 따라서 비극적 최후를 면할길이 없게 됩니다.

삼손이 하나님의 율례를 무시하고 음란한 행실에 빠졌을 때 그에게 임한 환난은 실로 엄청났습니다(삿 16: 21). 즉 그때에 하나님께서는 블레셋인들을 삼손을 심판하는 도구로 사용하였던 것입니다. 그러나 삼손이 하나님 앞에 다시금 철저히 회개하는 마음으로 부르짖었을 때에 하나님의 권능이 함께 하였고 그로 말미암아 삼손은 자신에게 맡겨진 영광스러운 사명을 수행하며 최후를 장식할 수가 있었습니다(삿 16:28-30). 삼손이 마지막으로 하나님께 부르짖어 가로되 "주 여호와여 구하옵나니 나를 생각하옵소서. 하나님이여 구하옵나니 이번만 나로 강하게 하사… 나의 두 눈을 뺀 원수를 단번에 갚게 하옵소서"라는 최후의 기도를 드립니다.

이 최후의 기도 후 그는 힘을 얻어 다곤 신당의 기둥을 뽑아 블레셋 사람들과 함께 죽습니다. 이런 신앙의 행위는 삼손으로 하여금 그의 생명을 내놓게 하였지만, 그것으로 인해서 그는 믿음의 영웅들이 차지하였던 그 반열(班列)에 앉게 됩니다(히 11:32).

시력을 빼앗긴 채 노예가 된 삼손은 자기 자신의 비참한 처지를 애달 파하며 이렇게 그의 심정을 토로하는 독백이 밀턴이 말년에 쓴 『투사 삼손』에 나옵니다.

> 오 시력의 상실, 너를 나는 불평하노라!
> 적중에서 눈이 멀다니, 오 사슬보다도
> 감옥이나 구걸이나 노쇠보다도 더 못하구나!
> 하나님이 최초로 만드신 빛이 내겐 꺼지고,
> 내 슬픔을 좀 덜어 주었을
> 온갖 여러 기쁨의 대상물을 무효로 되었도다.
> 이젠 최하의 인간이나 벌레보다
> 더 못해졌으니, 가장 천한 것들도 나보다는 낫도다.
> 그들은 기어가나 볼 수는 있지만, 나는 빛 속에서 캄캄히
> 나날의 기만과 멸시, 욕설과 학대에
> 노출되어 있구나. (67-76행)

삼손은 그 누구와도 비교될 수 없는 초인적인 힘을 소유한 나실인이 었습니다. 나실인이란 하나님의 선택된 사람을 가리킵니다. 그는 그 당시의 강대국 블레셋으로부터 이스라엘 민족을 구할 구원자의 소명을 받은 인물이었습니다. 그러나 그는 한 여인의 눈물과 애원에 못이겨 나약하게도 그이 힘의 비밀을 누설함으로써 그의 힘은 무력하게 되고 맙니다. 특히 그는 실명으로 인해 하나님의 최초의 창조물인 빛이 자신에게서 완전히 꺼져버렸음을 슬퍼하면서 태양과 낮에 대한 희망마져 사라져버렸음을 한탄합니다. 삼손이 잃은 시력의 상실은 단순히 육안을 잃은 것을 뜻하는 것이 아니라 생명의 본질인 빛과 미래의 희망의 상실을 의미하는 것입니다. 그러므로 빛의 상실은 생명의 상실과도 동일시 되는 것입니다. 이 "투사 삼손과 들릴라"에 관한 이야기는 "죽음"으로

끝나는 이야기라는 점에서 비극이라 할 수 있습니다.

여기서 문제로 제기하고 싶은 것은 기독교 비극이 존재할 수 있느냐 하는 것입니다. 이 문제는 문학 비평가들 사이에 널리 논의된 것인데, 대체적으로 기독교 비극은 가능하지 않다는 쪽으로 기울어지고 있습니다. 칼 야스퍼스(Karl Jaspers)는 "구원받을 수 있다는 가능성은 비극적 의식을 없애준다. 그러므로 순수한 기독교 비극은 존재할 수 없다"라 하였고, 라파엘(D. D. Raphael)은 『비극의 역설』(The Paradox of Tragedy)이라는 책에서 "성서의 종교는 비극과 배치된다"고 하였습니다. 또한 시월(Richard B. Sewall)도 『비극의 비전』(The Vision of Tragedy)이라는 책에서 "기독교는 비극적 관점을 바꾸어 놓으며 비극을 불가능하게 만든다"라 하였고, 미첼(Lawrence Michel)은 『기독교 비극의 가능성』(The Possibility of a Christian Tragedy)이라는 글에서 "기독교는 비극과 비타협적이다"라 하였습니다.

위에 든 몇 비평가들의 진술 속에 들어 있는 논지는 명백합니다. 간단히 말해서 기독교는 구원과 희망을 기본적인 메시지로 삼고 있기 때문에 비극은 성립될 수 없다는 것입니다. 그러나 믿음을 통한 승리 또는 구원을 보편적인 사실로 받아들일 수 있느냐 하는데 문제가 있습니다.

『요한복음』 3장 36절에 "아들을 믿는 자는 영생이 있고 아들을 순종치 아니하는 자는 영생을 보지 못하고 도리어 하나님의 진노가 그 위에 머물러 있느니라"라는 말씀이 있습니다. 이 성서의 교훈은 인간의 도덕적 또는 신앙적 선택 여하에 따라 그 운명이 결정된다는 것입니다. 인간의 선택이 그 운명을 결정한다는 성서적 원리를 바울은 다음과 같이 요약해 주고 있습니다. "사람이 무엇으로 심든지 그대로 거두리라"(갈 6:7). 이 원리에 따르면 인간의 운명은 희극적일 수도 있고, 비극적일 수도 있습니다. 즉 사람은 삶을 선택할 수도 있고, 죽음을 선택할 수도 있다는 것입니다. 그런데 예수에 따르면 사람의 선택은 비극적인 경우가 더 많다고 합니다. "좁은 문으로 들어가라. 멸망으로 인도하는 문은 크고 그 길이 넓어 그리로 들어가는 자가 많고 생명으로 인도하는 문은 좁고 길이 협착하여 찾는 이가 적음이니라"(마 7:13-14). 많은 문학 평론가들은 기독교 비극의 불가능성을 말하고 있지만, 성서의 교리나 실례로 보아서 기독교 비극은 가능하다고 할 수 있습니다.

그러나 기독교 비극은 영속적인 성격을 띠지는 않습니다. 왜냐하면 아들을 믿지 않는 자는 궁극적인 비극을 체험하게 되지만, 아들을 믿는 자는 궁극적인 승리를 맛보게 되기 때문입니다. 아들을 믿는 자도 비극적인 선택을 하지만 그 믿음의 공로 때문에 궁극적으로는 영생을 얻게 되는 것입니다. 그렇다고 해서 비극적인 선택의 결과가 희극적일 수는 없습니다. 아담과 하와가 하나님의 회복을 체험하기는 하지만 에덴 동산으로부터 쫓겨나 고된 삶을 누리게 된 것은 그들의 비극적 선택 때문입니다. 삼손도 하나님과 새롭게 친화하는 상태에서 그의 생을 마치지만, 비극적인 선택 때문에 두 눈을 빼앗긴 채 자기의 정한 때를 다 살지 못하고 일찍 비극적인 죽음을 맛보게 되었던 것입니다. 비록 그들의 비극이 일시적이라고는 하지만 비극이 아니라고는 할 수 없습니다.

성서의 비극은 그리스 비극과는 달리 강렬한 정신적인 차원을 갖고 있습니다. 그리스 비극의 주인공은 육체적 영웅이지만 성서 비극의 주인공은 정신적으로 탁월한 인물이라는 점에서 정신적 차원이 강하다고 할 수 있습니다. 또한 그리스 비극의 영웅은 운명의 희생물로 처리되지만 성서 비극에 있어서 그 결과는 주인공의 선택에 달려있다는 점에서도 다릅니다. 그리스 비극의 주인공들은 비정한 운명의 힘과 대결하므로 동정을 받지만, 성서 비극에 있어서는 정의로운 하나님이 정의를 행사하는 것으로 나타나기 때문에 그와 같은 동정도 받을 수가 없습니다. 그러므로 비극적인 선택을 하게 되면 삼손처럼 마땅히 그 책임을 질 수밖에 없는 것입니다.

보아스와 효녀 룻의 사랑

룻기는 구약의 역사서(歷史書) 중의 하나로서 총 4장으로 이루어진 구속사(救贖史)에 편입되는 보아스와 룻의 사랑 이야기라 할 수 있습니다. 이 이야기는 사사 시대(1:1)를 배경으로 하고 있습니다. 사사 시대란 여호수아의 사후부터 왕정시대가 시작될 때까지에 해당하는 약 3세기 반 가량의 기간을 의미합니다. 이 시대에는 미디안을 비롯한 이방민족의 침입이 잦았고 안으로는 우환이 밀어닥쳐 말할 수 없는 고통을 겪었던 시기입니다. 또한 우상숭배와 종교적 혼합주의 및 사회적 불의가 말로 다 표현할 수 없을 정도로 성행하고 있었던 시대였습니다.

바로 이때 베들레헴에 엘리멜렉(뜻 : "하나님은 왕이시다")이라는 사람과 그의 아내 나오미(Naomi—뜻 : "나의 기쁨")가 살고 있었습니다. 그들에게는 말론(뜻 : "병약")과 기룐(뜻 : "소모")이라는 두 아들이 있었습니다. 엘리멜렉 일가는 유복(有福)하게 살았었으나 베들레헴 일대가 흉년으로 시달리게 되었을 때 재산을 모두 잃게 되었습니다. 그리하여 그들은 고향을 떠나 모압(Moab) 땅으로 이사를 갔습니다. 모압 땅에서 그들은 열심히 일하며 행복하게 살았습니다. 그러나 얼마 지나지 않아 돌연 엘리멜렉이 죽었습니다. 그 뒤 두 아들은 모압 여자를 아내로 맞이하였는데, 그 하나는 오르바(뜻 : "목")요, 다른 하나는 룻(Ruth—뜻 : "우정")이었습니다. 오르바와 룻은 남편과 함께 10년 가량 열심히 살았으나 불행하게도 그녀들의 남편도 죽고 말았습니다.

그 무렵 유다 땅에는 다시 풍년이 들었습니다. 그 소식을 전해 들은 나오미는 말도 잘 통하지 않는 이방 땅에서 사느니보다 고향으로 가서 사는 편이 낫겠다고 생각했습니다. 나오미는 고향으로 돌아갈 결심을 하고 어느 날 두 며느리를 불러 앉히고 이젠 "너희는 각각 어미의 집(친정)으로 돌아가라"(룻 1:8) 말하였습니다. 그러자 기룐의 아내 오르바는 정든 고향을 떠나기 싫어 모압에 남을 생각으로 떠나갔고 말론의 아내 룻은 시머어니를 어디든지 따라가겠다고 나섰습니다.

> 어머니께서 가시는 곳에 나도 가고
> 어머니께서 유숙하는 곳에 나도 유숙하겠나이다.
> 어머니의 백성이 나의 백성이 되고
> 어머니의 하나님이 나의 하나님이 되시리니
> 어머니께서 죽으시는 곳에서 나도 죽어 거기 장사될 것이라.
> 만일 내가 죽는 일 외에 어머니와 떠나면
> 여호와께서 내게 벌을 내리시고
> 더 내리시기를 원하나이다.(룻 1:16-17)

위에 이용한 룻의 고백에서 보듯이 구약 시대에도 이방인들이 이스라엘 백성이 될 수 있는 길은 열려져 있었음을 알 수 있습니다. 이스라엘은 여호와를 믿는 신앙 공동체였기 때문에 이방 남자는 할례를 통해서, 이방 여자는 신앙 고백을 통해서 이스라엘 백성 가운데 편입할 수 있었습니다. 이스라엘 사회는 폐쇄적이 아니라 오히려 개방적인 성격을 띠고 있었습니다. 하나님께서 이스라엘의 이방화(異邦化)는 금했으나 이방의 이스라엘화는 환영하였습니다. 룻은 그모스를 섬기는 비록 이방 여인이었지만 여호와에 대한 신앙 고백을 통해서 이스라엘 백성의 일원이 되었습니다.

룻은 시어머니 나오미를 모시고 베들레헴을 향하여 길을 떠났습니다. 그들은 긴 여행 끝에 보리 추수기(3, 4월경)에 베들레헴으로 돌아왔습니다. 따라서 대부분의 남자들은 밭으로 나가고 베들레헴 성읍에는 부녀자들만 남아 있었을 것입니다. 그러나 룻은 생계를 이어가기 위해 밭에 나가 추수하는 일꾼들 틈에 섞여서 매일 이삭을 주웠는데, 공교롭게도 그 밭은 엘리멜렉의 친척벌이 되는 보아스(Boaz)의 것이었습니다. 어느 날 보아스는 밭에서 일하는 룻을 보고 한 머슴에게 물었습니다. "이는 뉘 소녀냐?" 이에 사환이 대답하기를 "이는 나오미와 함께 모압 지방에서 돌아온 모압 소녀입니다"(룻 2:6)라 하였습니다. 보아스는 룻을 몹시 측은하고 귀엽게 여겨 룻에게 말하였습니다. "여기서 떠나지 말고 나의 소녀들과 함께 있으라······ 내가 소년들에 명하여 너를 건드지 말라 하였느니라"(룻 2:8). 식사 때가 되자 보아스는 룻을 불러 함께 식사를 하자고 권했습니다. 보아스가 주는 밀청대를 배불리 먹고 남은 음식을 가지고 룻은 마을로 돌아왔습니다. 그날따라 룻이 주운 이삭은 보통 때 주은 1주일분 보다도 많았습니다. 그것은 보아스가 머슴들에게 명하여 보릿단에서 이삭을 떼내어 흘려주도록 했기 때문이었습니다.

추수하는 젊은이들이 곡식을 거두어 수레에 높이 싸놓고 그 뒤로 룻이 다른 여인들과 더불어 따라가며 떨어진 이삭을 줍는 장면은 19세기 영국의 낭만주의 시인인 존 키츠(John Keats)의 "나이팅게일에 부치는 노래"(Ode to a Nightingale)라는 유명한 시를 낳게 했습니다. 이 시의 7연만을 인용하겠습니다.

> 너는 죽게 태어나지 않았도다, 불멸의 새여!
> 어떤 굶주린 새도 너를 짓밟지 못하리라.
> 덧없이 흘러가는 이 밤에 내가 듣는 이 목소리는
> 그 옛날 황제와 어릿광대가 들었었고,
> 아마도 향수에 젖어, 눈물지으며 남의 땅
> 밀밭 사이에 서 있을 때 룻의 슬픈 가슴속으로
> 흘러들어갔던 바로 그 노래이리라.
> 이것이 쓸쓸한 선경의 위험한 바다
> 물거품을 향해 열려 있는 마술의 창문을
> 자주 요술 걸었던 바로 그런 노래이리라.

룻은 보아스가 베푼 호의에 대해 사실 그대로 시어머니 나오미에게 말했습니다. 나오미는 보아스가 룻에게 호감을 가지고 있음을 대단히 기뻐했습니다. 그래서 나오미는 보아스가 시키는 대로 하라고 룻에게 일러 주었습니다. 룻은 보아스의 따뜻한 배려 밑에서 추수가 끝날 때까지 보아스 집안의 아낙네들과 어울려 다니며 이삭을 주워 시어니를 모시며 살았습니다. 보리 추수가 끝날 무렵 나오미는 룻에게 말했습니다. "내가 너를 위하여 안식할 곳을 구하여 너로 복되게 하여야 하지 않겠느냐? …보아스는 우리의 친척이 아니냐? 그가 오늘 밤에 타작 마당에서 보리를 까불리라. 그런즉 너는 목욕하고 기름(향수)을 바르고 의복을 입고 그 댁 타작 마당에 내려가서 그 사람이 먹고 마시기를 다하기까지는 그에게 보이지 말고 그가 누울 때에 너는 그 눕는 곳을 알았다가 들어가서 그 발치에 이불을 들고 거기 누우라. 그가 너의 할 일을 네게 고하리라"(룻 3:1-3).

룻은 어머니가 이른 대로 타작 마당에 숨어 있었습니다. 보아스는 실컷 먹고 마시고 나서 보리가리 옆에서 잠이 들었습니다. 룻은 살며시 나와 보아스의 발치에 누웠습니다. 한밤중에 보아스는 한기를 느껴 잠에서 깨어 보니 웬 여자가 발치에 누워 있었습니다. "네가 누구뇨?" "나는 당신의 시녀 룻입니다. 당신의 옷자락으로 시녀를 덮으소서. 당신은 우리 기업을 무를 자가 됨이니이다"(룻 3:9). 보아스는 두려워하는 룻에게 "두려워 말라 내가 네 말대로 네게 다 행하리라"(룻 3:11) 하였습니다.

룻이 보아스의 발치에서 하루 밤을 보내고 아침에 일어나자 보아스는 룻에게 말했습니다. "네 겉옷을 가져다가 펴서 잡으라"(룻 3:15). 룻이 겉옷을 가져다가 펴서 잡자 보아스는 보리 여섯 됫박을 퍼 담아 주었습니다. 룻은 그것을 가지고 나오미한테로 돌아갔습니다. 나오미는 룻의 모든 이야기를 듣고 말했습니다. "이 사건이 어떻게 되는 것을 알기까지 가만히 앉아 있으라. 그 사람이 오늘날 이 일을 성취하기 전에는 쉬지 아니하리라"(룻 3:18).

나오미와 룻은 사람들에게 엘리멜렉이 유산으로 남겨 준 밭을 팔겠다고 말했습니다. 모세의 법에는 대를 이어갈 자손이 없는 미망인의 땅을 살 권리는 미망인의 친척에게 있었으며, 그 땅을 사는 친척은 그 미망인과 결혼을 해야 하는 규정이 있었습니다. 친척 중에서도 가장 가까운 인척 순위에 따라 우선권이 주어지며, 그가 이 권리를 포기할 때에는 다음으로 가까운 친척이 그 권리를 갖게 되어 있었습니다. 엘리멜렉과 가장 가까운 친척이 자기 재산만 손해볼 것이라고 생각해서 그 권리를 포기하는 표시로 신발 한 짝을 벗어 보아스에게 주었습니다. 보아스는 그 신 발을 받아들고 장로들에게 가서 증거를 보이고 그들 앞에서 나오미의 밭을 사고 룻과 결혼을 하였습니다. 보아스와 룻은 물론 나오미도 오랫 동안 매우 행복하게 살았습니다. 룻은 보아스의 아내가 되어 아들을 낳아 그 이름을 오벳이라 했습니다. 이 오벳의 아들이 이새이고 이새의 아들이 다윗인데, 그의 혈통을 통하여 예수 그리스도가 탄생하게 되는 것입니다.

"보아스와 룻의 사랑 이야기"는 단순한 남녀의 사랑 이야기가 아니라 구속사에 편입되는 거룩한 사랑의 이야기입니다. "떡집"(house of Bread)이라는 뜻을 갖고 있는 베들레헴은 예루살렘에서 남방으로 약 8킬로미터 떨어진 곳에 있는 고원지대로서, 영적으로는 하나님의 나라 또는 교회의 모형이 됩니다. 그런데 예루살렘의 사람들과 사사들은 우상숭배와 성적 음란 및 여호와의 명령에 순종치 않는 죄를 지었습니다(삿 2:16-17). 출애굽하여 가나안을 점령하고 살면서 여호와 제사를 멸시하고 바알(태양신, 남근의 상징)과 아사다롯(여신, 음부의 상징)을 풍년을 들게하는 농사의 신으로 섬긴 것입니다(민 22:41, 삿 2:13, 왕상 16:31-32). 이런 죄로 인하여 하나님은 이스라엘을 징계하셨는데, 그 내용이 곧 흉년이었습니다. 그 결과 엘리멜렉의 가족은 모압으로 이주하게 됩니다. 이것은 신자의 영적인 타락을 의미하고 완전한 세속화를 뜻합니다.

모압은 요단 건너편 사해 동편에 있는 풍요한 땅입니다.『창세기』 19장 36-38절에 따르면 롯의 큰 딸이 아버지 롯에게서 낳은 아들 모압이 세운 나라입니다. 이 모압은 우상(그모스)숭배가 극심했고(민 25:29), 선민을 무척 괴롭혔으며(민 22:1-25, 대상 19:1-6), 매우 교만하고(사 16:6-7), 하나님과 관계가 전혀 없는(신 23:3) 멸망의 땅(렘 48:42, 겔 25:8-11)이었습니다. 이런 기록들로 미루어 볼 때 모압은 영적으로 이 세상과 이 세상 것들을 표상합니다. 엘리멜렉이 베들레헴에서 모압으로 이주했다고 하는 것은 일시적인 괴로움을 구실로 삼아서 축복의 땅을 버리고 이 세상으로 내려간 것을 뜻합니다. 모압으로 내려간 결과 결국 죽음과 낭패와 실망을 당하게 되었던 것입니다(사 51:12).

베들레헴이 다시 풍년들었다는 소식을 듣자마자 나오미를 따라 베들레헴으로 온 룻은 효심을 다하여 시어머니를 잘 모셨습니다. 그 일로 인하여 보리밭에 나가 이삭줍는 일을 마다하지 않았고 열심히 시어머니를 섬기다가 유력한 인물(룻 2: 1-) 보아스를 만나게 됩니다. 영적으로는 보아스는 주님의 모형이 됩니다. 그는 재산도 많고 용맹하고 존경할만한 위인었다는 점에서 유력한 인물이었던 것입니다(룻 2:1). 또한 그는 예의 바른 사람(2:14)이었습니다.

보아스가 영적으로 우리의 구속자인 그리스도의 모형이라면 룻은 그리스도의 신부인 교회요 선택받은 하나님의 백성의 모형인 것입니다. 불쌍한 사람을 안식할 곳으로 인도하는 전도자의 역할을 한 나오미의 중개로 보아스와 룻은 보리밭에서 만나 서로 사랑하게 되고 마침내 결혼을 합니다. 보아스는 아주 유력한 사람이므로 복잡한 회의와 절차를 밟지 않고도 룻을 소유할 수가 있었을 것입니다. 그러나 그는 합법적인 절차를 밟았습니다. 그것은 양심에 꺼리끼는 일을 하지 않겠다고 하는 확고한 결의의 표시이고 하나님의 말씀을 준수하는데 모범을 보인 것입니다. 이런 합법적인 절차를 밟아 보아스와 룻은 한 몸이 되었습니다.

룻이 보아스의 품에 안기던 날 밤, 하나님은 룻의 태 속에 한 생명을 심었습니다. 태어난 아들은 나오미가 맡아 길렀습니다. 엘리멜렉의 대를 이어야 하기 때문에 법적으로는 나오미의 아들이었던 것이었습니다. 이름은 오벳이라고 지었습니다. 세월이 흘러 오벳은 성인이 되었습니다. 그의 맏아들은 이새이며 또 이새는 저 유명한 다윗 왕을 낳습니다. 다윗 왕에서 헤아려 28대손 예수 그리스도가 태어나는 것입니다. "여호와께서 이 소년 여자를 네게 후사로 주사 네 집으로 다말이 유다에게 낳아 준 베레스의 집과 같게 하시기를 원하노라"(4:12)고 기록된 대로, 룻은 베레스의 후손인 보아스를 통하여 예수 그리스도의 조상이 되는 것입니다.

성서적인 사랑의 이야기는 흔히 말하는 낭만적인 사랑의 차원을 넘어서 가정적인 여주인공을 성모(聖母)로 만드는데 최종적인 목적을 둡니다. 그것은 몇대에 걸쳐 열거되는 다윗의 계보 등을 보아 알 수 있습니다.

다음 도표에서도 보듯이 룻은 홀시어머니를 헌신적으로 모시며 지극한 효성을 보인 여성이었으며 종교적 신심도 깊은 여성이었습니다. 그녀가 모압 사람들이 섬기던 신을 버리고 시어머니의 종교를 따른 것만 보아도 알 수 있다. 그리고 룻의 남편이 된 보아스는 많은 이스라엘 사람들과는 달리 모세의 율법을 지켰던 의로운 이스라엘 사람이었습니다. 즉 보아스는 『레위기』

현숙한 여인의 특징

특 징	관련 성구
하나님을 경외함	룻 1:17
육체의 정욕을 피함	룻 3:10
부모를 공경함	룻 3:5
이웃의' 칭찬받음	룻 3:10
남편에게 선을 행함	잠 31:12
가사를 충분히 돌봄	잠 31:13-19
구제에 힘씀	잠 31:20
지혜를 갖춤	잠 31:26
남편의 칭찬과 자식의 공경 받음	잠 31:28-29
사치하지 않음	딤전 2:9-10

19장 9-10절에서 명한 "이삭 남겨두기"와 『레위기』 25장 23-24절에서 명한 "기업 무르기"의 율법을 그대로 지킨 사람이었습니다. 효심이 두텁고 여호아 종교심이 강했던 룻과 주의 계명을 잘 지켰던 유력한 인물 보아스가 결혼하여 예수 그리스도의 조상이 됩니다. 이렇게 보아스와 룻의 사랑은 단순히 가정적인 차원에 머물지 않고 구속사에 편입되는 중요한 사건이라 할 수 있습니다.

성경의 설화들이 우리에게 귀중한 것은 그것들이 세상에 대한 하나님의 관여하심(God's involvement in the world) 즉 그의 섭리를 생생하게 증거해 줄 뿐아니라 그 원리들과 소명(召命 calling)을 뚜렷하게 실례로써 보여 주기 때문입니다. 『룻기』의 중요성은 이스라엘이라는 작고 좁은 틀이 광대한 만민 제국의 틀 속으로 흡수되어 인류만민을 구원할 구세주가 나타난다는 약속을 구체적으로 그리고 역사적으로 표현해 준 데 있습니다. 즉 온 인류의 구세주는 이스라엘의 틀 밖인 모압 여인을 어머니로 하여 이방의 피를 타고 태어나게 됨을 강조하고 있는 것입니다.

   룻 이야기의 플롯은 비극으로 시작해서 주인공이 모든 난관을 극복하고 행복한 결말로 끝내는 아주 전형적인 훌륭한 이야기의 구성을 갖고 있습니다. 주인공이 처음에는 사회로부터 소외되지만 나중에는 모든 주위 사람들의 칭찬까지 받게 됩니다. 비록 단편적이기는 하지만 룻의 이야기는 그 진행과정이 클라이막스를 향해 점진적으로 흥미를 이끌어 나가고 있습니다. 『룻기』의 제1장은 이야기의 배경이고, 제2장은 룻과 보아스의 초기 로맨스이며, 제3장은 타작마당에서 밤에 서로 만나는 클라이막스이고, 제4장은 룻과 보아스가 결혼하는 행복한 결말(happy ending)이라 할 수 있습니다. 실로 문학 작품 가운데서도 이처럼 아름다운 감동을 주는 작품은 그리 많지 않습니다.

사무엘과 그가 세운 기념비 에벤에셀

모세 다음가는 이스라엘의 지도자요, 마지막 사사(삼상 7:15)였으며 모세 후의 첫 선지자였던(대하 35:18) 사무엘의 이야기는 구약 성서『사무엘서』에 기록되어 있습니다. 에브라임 산악 지대에 살고 있던 엘카나라는 사람에게는 한나와 브린나라는 두 아내가 있었습니다. 그의 남편인 엘카나는 한나를 무척 사랑했습니다. 브린나는 아이가 있었지만 한나는 아이가 없었기 때문에 늘 한탄하며 슬픔에 잠겨 있었습니다.

어느 날 한나는 실로에 있는 엘리의 예배소로 가서 제사를 드리며 자식을 낳게 해달라고 여호와 하나님께 기도했습니다. 그리고 자식을 낳으면 평생 하나님을 섬기는 자로 바치겠다고 서원했습니다. 엘리는 기도를 드리고 있는 한나를 보았으나 조용히 입술만 움직이고 있었으므로 술취한 줄로만 알았습니다. "네가 언제까지 취하여 있겠느냐. 포도주를 끊으라"(삼상 1:14). 그러자 한나는 이렇게 대답했습니다. "나의 주여 그렇지 아니하나이다. 나는 마음이 슬픈 여자라. 포도주나 독주를 마신 것이 아니요 여호와 앞에 나의 심정을 통한 것 뿐(이니이다)"(삼상 1:15).

"평안히 가라. 이스라엘의 하나님이 너의 기도하여 구한 것을 허락하시기를 원하노라"(삼상 1:17). 엘리가 이렇게 말하자 한나의 얼굴이 밝아졌습니다. 마침내 한나는 일년만에 사내 아이를 낳아 그 이름을 사무엘이라 했습니다. 사무엘이 젖을 떼었을 때부터 한나는 엘리의 예배소로 데리고 가서 그를 돕게 했습니다.

사무엘이 섬기던 실로의 제사장 엘리에게는 홉니와 비느하스라는 두 아들이 있었는데, 그들은 제사의 제물을 훔쳐 먹기도 하고 제사드리러 오는 여자들을 유인하여 잠자리를 같이 하기도 했습니다. 아들들이 온갖 못된 짓을 일삼고 있다는 소문을 듣고 늙은 제사장 엘리는 한탄하며 아들들을 꾸짖었습니다. "너희가 어찌하여 이런 일을 하느냐. 내가 너희의 악행을 이 모든 백성에게서 듣노라…… 사람이 사람에게 범죄하면 하나님이 판결하시려니와 사람이 여호와께 범죄하면 누가 위하여 간구하겠느냐"(삼상 2:23, 25).

그런데도 엘리의 아들들은 아버지의 말을 들으려 하지 않았습니다. 한편 어린 사무엘은 사람들의 귀여움을 받으며 무럭무럭 자랐습니다. 엘리는 늙어서 눈이 보이지 않게 되었습니다. 그러자 사무엘이 엘리의 눈의 구실을 하게 되었습니다. 어느 날 밤 엘리가 잠자고 있을 때 사무엘도 누워 있었는데 하나님의 음성이 들려 왔습니다. 사무엘은 일어나 엘리에게로 가서 "당신이 나를 부르셨기로 내가 여기 있나이다"(삼상 3:5)라고 하였습니다.

"나는 부르지 아니하였으니 다시 누우라"(삼상 3:5). 엘리의 말을 듣고 돌아와 누웠을 때 하나님은 세 번째로 사무엘을 부르셨습니다. 사무엘이 일어나 엘리한테로 가니 엘리는 하나님께서 사무엘을 부르신 것을 알고 이렇게 말했습니다. "가서 누웠다가 그가 너를 부르시거든 네가 말하기를 여호와여 말씀하옵소서. 주의 종이 듣겠나이다 하라"(삼상 3:9).

사무엘이 돌아 와 자리에 누웠을 때 하나님은 네 번째로 그를 불렀습니다. 사무엘은 벌떡 일어나 "말씀하옵소서. 주의 종이 듣겠나이다"(삼상 3:10)라고 대답했습니다. 그러자 하나님은 사무엘에게 말씀하셨습니다. "내가 그 집을 영원토록 심판하겠다고 이른 것은 그의 아는 죄악을 인함이니 이는 그가 자기 아들들이 저주를 자청하되 금하지 아니하였음이니라"(삼상 3:13).

그런 뒤 하나님은 사라졌으나 사무엘은 잠이 오지 않아 그냥 누워 있었습니다. 날이 밝자 엘리는 사무엘을 불러 물었습니다. "네게 무엇을 말씀하셨느냐. 청하노니 내게 숨기지 말라. 네게 말씀하신 모든 것을 하나라도 숨기면 하나님이 네게 벌을 내리시고 또 내리시기를 원하노라"(삼상 3:17). 그래서 사무엘은 조금도 숨기지 아니하고 세세하게 말하였습니다.

이때부터 이스라엘 사람들은 옆의 도표에서 보듯이 사무엘을 하나님으로부터 선택받은 선지자로 믿게 되었습니다. 그 무렵 불레셋 군이 이스라엘을 쳐들어왔습니다.

사무엘의 세 직분

직 분	관 련 성 구
제사장	삼상 2:35
선지자	삼상 3:20
왕	삼상 7:15-17

이스라엘 군도 그들을 맞아 싸우려고 출동했습니다. 그러나 첫 싸움에서 이스라엘 백성은 4천명이나 죽었습니다. 그러자 사람들은 엘리의 예배소로 사자를 보내어 언약궤를 가져오게 했습니다. 그러나 이것은 하나님의 율법에 어긋나는 일이었습니다. 사자가 예배소에 닿았을 때 엘리의 두 아들이 언약궤를 지키고 있었으나 사자는 그 궤를 예배소에서 들고 나왔습니다.

언약궤가 진지에 도착하자 이스라엘 사람들은 좋아서 함성을 울렸습니다. 블레셋 사람들은 이스라엘 백성들이 언약궤를 가지고 온 것을 알고 겁이 났습니다. 그러나 블레셋 군은 물러서지 않고 이스라엘 백성을 덮쳤습니다. 싸움이 치열했기 때문에 3만명이나 되는 이스라엘 백성들이 죽었습니다(삼상 4:10). 블레셋 군은 언약궤를 빼앗고 엘리의 두 아들을 죽였습니다.

성문 곁 의자에 앉아 있던 엘리는 언약궤를 빼앗겼다는 말을 듣고 뒤로 넘어져 목이 부러져 죽었습니다. 또한 비느하스의 아내는 언약궤를 빼앗긴 데다 시아버지와 남편마저 죽었다는 소식을 듣고 충격을 받아 웅크린 채 어린 아이를 낳다가 그만 죽고 말았습니다. 이처럼 언약궤를 빼앗기고 시아버지와 남편마저 죽었다고 해서 그 어린 아이의 이름을 이가봇(Ichabod)이라 했습니다. 즉 하나님의 "영광이 이스라엘에서 떠났다"는 뜻입니다(삼상 4:21). 하나님의 영광이 떠난 이스라엘은 말할 것도 없거니와 언약궤를 빼앗은 블레셋도 그로 인해 벌을 받았습니다.

블레셋 사람들은 그 궤를 아스돗으로 옮겨 다곤의 신전에다 두었습니다. 이튿날 아침 일찍 다곤의 신전으로 가보니 다곤은 언약궤 앞 바닥에 쓰러져 있었습니다. 블레셋 사람들은 자기들의 신상을 본래대로 갖다 놓았습니다. 이튿날 아침 사람들이 다시 갔을 때 다곤은 또 땅바닥에 굴러떨어져 있었습니다. 그런데 이번에는 몸통만 성한 채로 남아 있고 부러진 목과 동강난 두 손은 문지방께에 딩굴고 있었습니다. 그리고 아스돗에는 온통 종기가 돌았습니다(삼상 5:1-6).

그래서 겁이 난 블레셋 사람들은 그것을 갓으로, 또 갓에서 에크론으로 옮겼습니다. 하나님께서 그 손으로 호되게 치시니 그 궤가 옮겨지는 곳마다 떼죽음이 일어났고 죽음을 면한 자는 종기에 걸려 있었습니다. 언약궤는 7개월 동안이나 블레셋 사람들한테 있었으며, 그 동안 재앙은 계속되었습니다. 하는 수 없이 사람들은 제사장들과 복술가들을 불러놓고 물었습니다. "우리가 여호와의 궤를 어떻게 할꼬"(삼상 6:2).

그러자 제사장들은 속건(贖愆) 제물과 함께 이스라엘로 돌려보내자고 제의했습니다. 속건 제물로는 황금으로 종기 모양(금독종)을 다섯 개, 금쥐 형상 다섯 마리를 만들어 보내기로 하였습니다.

블레셋 사람들은 제사장들의 지시에 따라 새 수레를 만들어 멍에를 메어 본 적이 없는 어미 소 두 마리를 끌어다가 그 수레를 끌게 하고, 그 위에 하나님의 궤와 면죄 제물을 싣고 벧세메스의 국경까지 끌고 갔습니다. 그 때 골짜기에서 밀을 거둬들이고 있던 벧세메스 사람들은 하나님의 궤가 들어오는 것을 보고 크게 기뻐했습니다. 그러나 벧세메스 사람들은 궤 안을 들여다 보았기 때문에 벌을 받아 5만70명이나 죽었고 심한 고통을 당하였습니다(삼상 6:10-19).

그로부터 20년이 지난 후 이스라엘 사람들은 모두 하나님께로 마음을 돌렸습니다. 사무엘은 온 이스라엘 가문에게 말하였습니다. "너희가 진심으로 여호와께 돌아오려거든 이방 신들과 아스다롯을 너희 중에서 제하고 너희 마음을 여호와께로 향하여 그만 섬기라. 너희를 블레셋 사람의 손에서 건져 내시리라"(삼상 7:3).

사람들은 모두 미스바에 모여 하루를 금식(禁食)하며 하나님께 죄를 고백했습니다. 블레셋 사람들은 이스라엘 사람들이 미스바에 모여 있다는 소문을 듣고 습격해 왔습니다. 그러나 블레셋 사람들이 가까이 가자 하나님은 천둥을 크게 울려 혼비백산하게 만들었고, 이스라엘 백성들은 벧갈 아래까지 추격하여 블레셋 군을 무찔렀습니다. 그것을 기념하기 위해 그는 돌을 하나 가져다가 미스바와 센 사이에 기념비를 세우고 그것을 에벤에셀(Ebenezer)이라 하였는데, "여호와께서 여기까지 우리를 도우셨다"(삼상 7:12)라는 뜻입니다.

블레셋 사람들에게 빼앗겼던 성읍들을 되찾았고, 사무엘은 사사가 되어 이스라엘을 다스렸습니다. 그는 사람들의 어려운 일을 처리해 주기 위해 다음 도표에서 보듯이 여러 곳을 순회하였으나 항상 자기가 사

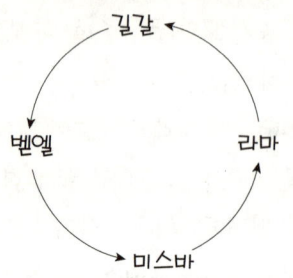

사무엘의 순회 성읍들

는 라마로 돌아왔습니다.

사무엘은 나이가 많아지자 두 아들, 요엘과 아비야를 사사로 임명하여 이스라엘을 다스리게 했습니다(삼상 8:1-2). 그러나 두 아들은 경건한 아버지와는 달리 잇속만 차려 뇌물을 받고 법대로 다스리지 않았습니다. 그래서 나라의 안전과 기강이 흔들리기 시작했고, 따라서 이스라엘 사람들은 왕권을 요구하게 되었습니다. 그 당시에 왕은 위력있고 위대한 인물로 생각되었습니다. 만일 이스라엘이 여러 민족 중에서 뛰어난 위치를 차지하려면 왕이 있어야만 한다고 백성들은 생각했습니다. 그러나 사무엘이 볼 때 왕을 요구하는 것은 자기의 지배는 물론 하나님의 지배를 거부하는 것이라고 생각되었습니다. 사무엘은 군주 정치가 되면 필연코 압제를 당하게 될 것이라고 백성에게 힘을 다하여 경고하였으나, 백성들은 끝까지 군주 정치를 강력하게 요구했습니다. 그래서 사무엘은 하나님의 지시대로 왕을 세우기로 하였습니다(삼상 8:7-9).

그 때 베냐민 지파에 기스라는 사람이 있었습니다. 사무엘은 하나님의 지시대로 기스의 아들 사울을 왕으로 뽑아 세웠습니다. 이로써 이스라엘의 신정(神政)은 끝나고 군주의 정치의 막이 올랐습니다. 그 후의 사무엘의 행적은 알 수 없지만, 그가 죽었을 때, 온 국민이 슬퍼하며 애도한 것을 보면(삼상 28:3) 그에 대한 국민의 신임은 계속되었다는 것을 알 수 있습니다. 그는 결국 기름 부음을 받은 다윗이 이스라엘의 왕이 되는 것을 보지 못하고 죽었습니다.

사무엘은 사사 시대가 끝나고 왕국이 건립되는 전환기에 살았던 인물로 이 시대는 블레셋 군이 일어나 이스라엘을 부단히 침범하여 괴롭히던 때였지만, 여호수아, 바락, 기드온 같은 군사적, 종교적 지도자들이 없어서 매우 위급한 상황에 놓여 있던 때였습니다. 이런 위급한 전환기에 사무엘이 나타났습니다. 『히브리서』에 열거되어 있는 믿음의 영웅들 중의 하나로 추존되고 있는 사무엘은 이스라엘 역사에서도 잊을 수 없는 인물로 길이 남습니다.

사무엘의 이야기를 다 읽고 나서 떠오르는 시는 윌리엄 워즈워스의 "런던, 1802년" 이었습니다.

런던, 1802

> 밀턴이여! 그대 지금도 살아 있었으면,
> 영국이 그대를 필요로 하고 있으니.
> 이 나라는 지금 썩은 물 괴인 늪, 교회도, 군대도,
> 학문도, 가정도, 웅장한 저택의 귀족 사회도
> 영국의 유서깊은 유산, 그 내면적 행복을
> 잃었다. 우리는 모두 이기주의자,
> 아, 우리를 일으켜 우리에게로 다시 돌아가게 하라.
> 그리고 우리에게 예절과 덕행과 자유와 힘을 달라.
> 그대의 영혼은 별처럼 멀리 떨어져 있었고
> 그대의 목소리는 바다처럼 우렁찼었다.
> 구름 한 점 없는 하늘처럼 맑고 장엄하고 자유롭게
> 그대는 상쾌한 믿음 갖고 인생의 평범한 길을
> 걸어갔다. 그러면서도 그대 마음은
> 가장 비속한 의무도 늘 떠맡으셨다.

이 시를 쓴 워즈워스(William Worthwords, 1770-1850)는 영국의 19세기 낭만파 시인 중의 하나입니다. 그는 영국 북부 지방, 이른 바 호수 지방에서 법률가의 둘째 아들로 태어났습니다. 그는 케임브리지 대학을 졸업한 후 유럽 대륙을 여행하면서 프랑스 혁명을 직접 보고 공화주의에 공명했으나, 혁명의 추이에 심한 환멸을 느꼈습니다. 더구나 이

무렵 실연도 겹쳐 정신적 위기에 부닥쳤지만 누이 도로시와 친구 코울리지의 우애로 인해 구출될 수 있었습니다. 특히 코울리지의 우정은 함께 합동 시집 『서정 민요집』(Lyricall Ballads, 1798)의 출판으로 결실되었고, 그것은 영국 낭만주의의 발단을 일으켰습니다. 자연적 장시『서시』(The Prelude)를 통해 그의 정신적 성숙과정을 살펴 볼 수 있습니다.

워즈워스가 지금도 영국이 필요로 하고 있었으니 살아 있기를 바라는 밀턴은 사무엘처럼 맑고 장엄하고 자유롭게 그대는 상쾌한 믿음 갖고 인생의 평범한 길을 걸어갔던 예언자라고 해도 과언이 아닙니다. 사무엘의 시대는 밀턴의 시대와 마찬가지로 온통 사회가 썩은 물과 같고 괴인 늪과 같이 부패했었습니다. 사무엘은 이스라엘 민족의 지도자로서 그에게 하나님께서 맡기신 모든 의무를 성실하게 감당한 사람이었습니다.

사무엘의 이야기는 전 이스라엘의 설화 중에서도 가장 빛나는 것 중의 하나라 할 수 있습니다. 특히 그림을 보는 듯한 생생한 묘사, 활발한 기술 방법과 인물 묘사, 생명감이 넘치는 대화법, 비교적 정확한 역사성 따위는 가히 일품이라 할 만합니다.

브닌나와 한나의 사이에 벌어지는 갈등, 브닌나는 아이를 낳았는데, 아이가 없어서 늘 한숨과 눈물로 지새는 한나의 절통한 아픔, 아이를 얻고 기뻐하며 부르는 한나의 노래, 엘리의 두 아들 홉니와 비느하스의 용서받을 수 없는 못된 짓, 이런 리얼한 상황 묘사를 통하여 우리는 현대 단편 소설을 대하는 듯한 느낌을 갖게 됩니다.

또한 사무엘이 부름을 받는 장면에서는 극적인 효과도 맛볼 수 있고, 엘리의 두 아들의 죽음, 엘리가 뒤로 넘어져 목이 부러져 죽는 것 또는 비느하스의 아내가 웅크린 채 아이를 낳다가 죽은 사실 등을 대할 때는 전율적인 비극감을 느끼게 됩니다.

언약궤를 빼앗긴 일, 다곤 신상이 부서진 사건, 종기와 쥐가 들끓는 모습, 면죄 제물 따위는 몸을 오싹하게 만들면서도 매우 흥미로운 감각과 신비로운 호기심을 불러 일으키고 있습니다. 일일이 다 분석하지 않더라도 사무엘의 이야기는 재미있게 읽을 수 있는 짧은 단편 같은 설화입니다.

통일 왕국 시대 5

- 사울과 그의 아들 요나단
- 다윗과 선지자 나단
- 솔로몬과 스바 여왕

사울과 그의 아들 요나단

사울과 그의 아들 요나단에 관한 이야기는 『사무엘상』 8장-11
장, 13장 8절-15절 그리고 15장-16장, 18장-24장, 28장-31장에
나오는 데, 이 성경 구절들을 자세히 살펴보면 사울은 비극적인 인물로
서 전통적인 비극적 본(패턴 pattern)을 따르고 있음을 알 수 있습니다.
사울의 이야기는 일종의 비극입니다. 비극(Tragedy)은 일반적으로 행
복한 상태로부터 파멸로 떨어지는 과정을 그리는 설화 형식을 말합니
다. 그러므로 비극에 있어서 무엇보다 그 초점은 비극적 주인공에 두게
됩니다. 그 주인공은 보통 사람보다 사회적 신분이 높고 약간의 성격적
결함은 있지만 선량하며 정신적으로 뛰어난 특질을 갖고 있어서 대표
적 위치에 오를 수 있는 인물이어야만 합니다. 그리고 비극은 그 주인
공이 시도하는 행동을 중심으로 전개됩니다. 만일 주인공이 수동적인
희생자라면 비극이 될 수 없습니다. 보통 비극적 행동은 주인공이 직면
하는 딜레마(진퇴양란의 궁지)로부터 시작되기 때문에 반드시 그는 도

덕적인 선택을 하지 않으면 안 됩니다. 그 자신이 비극적인 선택을 했으므로 그 자신의 파멸에 대해서 또한 책임을 질 수밖에 없습니다. 흔한 경우는 아니지만 비극적 선택에 따르는 파멸 속에서 주인공은 때로 일종의 승리 곧 도덕적인 또는 지적인 지각에 이를 수도 있습니다. 요컨대 비극은 다음과 같은 행동의 패턴―딜레마, 선택, 파멸, 고통, 지각, 죽음에 따라 전개되는 것이 보통입니다. 다시 말해서 비극은 사회적인 신분이 높고 정신적으로 뛰어난 주인공이 어떤 딜레마에 부딪쳐 비극적인 선택을 하고, 그 결과 행복한 상태로부터 육체적이며 정신적인 고통 또는 죽음으로 떨어지는 설화적 형태의 문학인 것입니다.

사울은 다음 도표에 나타나는 대로 3차에 걸친 과정을 통하여 이스라엘의 초대 왕이 됩니다.

사울의 왕위 즉위 과정

과 정	내 용	관 련 성 구
1차	기름부음 받음	삼상 10:1
2차	공식적으로 선출됨	삼상 10:17-24
3차	길갈에서 왕위에 오름, 화목제 드림	삼상 11:14-15

이스라엘의 초대 왕으로서 격동기에 나라를 다스리게 됩니다. 매우 오랜 동안 이스라엘은 단일한 지도자 없이 부족 국가 형태로서 이어져 왔습니다. 위기 때마다 여러 명의 지도자들이 일어났지만 통일된 통치 기구는 없었습니다. 사무엘은 사울의 선임 이스라엘의 지도자였지만 그는 왕이 아니라 종교 지도자였을 뿐입니다. 호전적이고 잔인한 블레셋인들의 위협을 받으면서 이스라엘 백성들은 적군과 대항해 싸우는 데 있어서 그들을 이끌어갈 지도자 즉 왕을 세워주도록 사무엘에게 압력을 가하였습니다(삼상 8:19-20). 그는 하나님의 지시대로(삼상 8:22) 사울에게 기름을 부어 이스라엘의 초대 왕으로 세웠습니다.

사울은 한 나라의 왕으로서 사회적 탁월성과 모든 사람을 대표할만한 신분을 갖고 있었습니다. "이스라엘 자손 중에 그보다 더 준수한 자가 없고 키는 모든 백성보다 어깨 위는 더 하더라"(삼상 9:2)는 말씀대로, 우선 그는 용모가 수려하고 준수한 인물이었습니다. 게다가 그는 에브라임과 유다의 경계선에 위치한 베냐민 지파의 사람이었습니다. 그래서 그는 이스라엘의 남북 지역의 모든 사람들의 마음에 들었습니다. 더욱 그는 초기에 전쟁의 승리를 통해서 보여준 바와 같이 능력있는 군사 지도자였습니다.

또한 그의 정신적 자질도 다른 사람들보다 월등하게 뛰어났습니다. 사무엘에 의해 그는 기름부음을 받았고(삼상 10:1), 그 후 여호와 하나님의 신이 크게 임하니 변하여 새사람이 되었습니다(삼상 10:6). 또 다른 곳에서는 "하나님이 그에게 새 마음을 주셨고"(삼상 10:9), "하나님의 신이 큰 감동을 그에게 주었다"(삼상 11:6)고 기록되어 있습니다. 사무엘이 이스라엘 온 지파를 불러 모으고 제비를 뽑아 왕을 세우려 할 때 사울은 자기에게 쏠리는 관심을 피하기 위하여 짐작들 틈에 숨은 일이 있는데(삼상 10:20-22), 그것은 한 인간으로서 겸손을 보여준 것입니다. 사울은 이와 같이 외모가 준수하고 체구가 장대하였을 뿐 아니라 뛰어난 정신적인 자질과 덕성을 갖춘 인물이었습니다.

그러나 사울은 나이 사십에 왕이 된지 얼마 안 되어 사악한 행동을 하기 시작합니다. 제사를 드리는 일은 제사장만이 드리는 고유한 직능인데도, 사울은 정한 날 안에 사무엘이 오지 않자 그 고유한 직능을 무시하고 편법을 좇아 번제(burnt offering)를 드린 일이 있습니다. 사울은 왕이기는 하지만 제사장직을 겸한 것은 아니므로 번제를 드릴 수 없는 일입니다(삼상 13:8-9). 사무엘은 사울의 이 부당한 처사를 보고 이렇게 질책하였습니다. "왕이 망령되이 행하였도다. 왕이 왕의 하나님 여호와께서 왕에게 명하신 명령을 지키지 아니 하였도다. (그리하였더면) 여호와께서 이스라엘 위에 왕의 나라를 영영히 세우셨을 것이어늘 지금은 왕의 나라가 길지 못할 것이라. 여호와께서 그 마음에 맞는 사람을 구하여 그 백성의 지도자를 삼으셨느니라"(삼상 13:13-14).

이것은 사울이 저지른 불법적인 제사 행위를 신에 대한 불순종과 본질상 동일시한 것입니다. 비극적인 이야기의 전체적 의도와 관련지어 볼 때 이 사건은 비극을 구성하는 배경의 일부분이 됩니다. 이 사건은 사울의 성격적 결함을 최초로 나타내 보인 것이지만, 결국 그의 파멸을 예시해 주는 조짐이 되기도 합니다. 이미 여기서 사울은 편법과 신에 대한 순종 사이에서 갈등을 겪게 되고 정신적인 가치보다는 편의하게 보이는 것을 행하는 그릇된 선택을 하게 된 것입니다.

또한 사울의 비극적인 선택에 관한 이야기는 『사무엘상』 15장에도 나옵니다. 한번은 이스라엘과 아말렉 사이에 큰 싸움이 벌어졌는데, 사무엘은 하나님의 대언자로서 사울에게 다음과 같은 명령을 했습니다. "지금 가서 아말렉을 쳐서 그들의 모든 소유를 남기지 말고 진멸하되 남녀와 소아와 젖먹는 아이와 우양과 약대와 나귀를 죽이라 하셨나이다"(삼상 15:3). 그래서 사울은 총동원령을 내리고 보병 이십 일 만을 모아 아말렉을 쳐서 무찔렀습니다. 그러나 하나님의 명령대로 하지 않고, 사울은 쓸모없고 하찮은 것들만 없애버린 후 양과 소 중에서도 좋은 놈, 탐스럽고 기름진 짐승들은 아까워서 살려 두었습니다. 이것은 하나님의 명령에 불순종하고 물질적인 가치를 선택한 것이라 할 수 있습니다. 그리고 자기의 전승비(삼상 15:12)를 세운 것은 사울의 교만한 행위를 드러낸 것이었으면서도, 그는 사무엘을 만나자 "내가 여호와의 명령을 행하였나이다"(삼상 15:13)라고 거짓말까지 하였습니다. 또한 사무엘이 "여호와께서 오늘 이스라엘 나라를 왕에게서 떼어서 왕보다 나은 왕의 이웃에게 주셨나이다"(삼상 15:28)라고 책망하자, 사울은 "그것은 무리가 아말렉 사람에게서 끌어 온 것인데 백성이 당신의 하나님 여호와께 제사하려 하여 양과 소의 가장 좋은 것을 남김이요 그

외의 것은 우리가 진멸하였나이다"라고 변명도 하였습니다(삼상 15:15).

사무엘은 사울의 행동과 변명에서 보인 비극적인 규범을 다음과 같이 간단한 말로 요약해 주고 있습니다. "여호와께서 번제와 다른 제사를 그 목소리 순종하는 것을 좋아하심 같이 좋아하시겠나이까. 순종이 제사보다 낫고 듣는 것이 수양의 기름보다 나으니 이는 거역하는 것은 사술(점장이 노름)의 죄와 같고 완고한 것은 사신 우상에게 절하는 죄와 같음이라. 왕이 여호와의 말씀을 버렸으므로 여호와께서도 왕을 버려 왕이 되지 못하게 하셨나이다"(삼상 15:22-23).

결국 사울은 불순종으로 인해 왕의 자리에서 파멸로 떨어지게 되는 것입니다. 그의 행복이 그랬듯이 그의 몰락도 영적인 차원에서 해석되어야 합니다. 비극적인 오류의 결과 "여호와의 신(영)이 사울에게서 떠나고 여호와의 부리신 악신이 그를 번뇌케 하였다"(삼상 16:14). 동일한 주제는 사무엘이 엔돌에서 사울에게 말할 때 다시 나타납니다. "여호와께서 너를 떠나 네 대적이 되셨거늘 네가 어씨하여 내게 묻느냐…… 네가 여호와의 목소리를 순종치 아니하고 그의 진노를 아말렉에게 쏟지 아니하였으므로 여호와께서 오늘날 이 일을 네게 행하셨도다"(삼상 28:16, 18).

사울의 파멸은 일차적으로는 그의 성격의 분열로 나타났고 그런 정신 분열 현상은 주로 다윗에 대한 질투로 폭발했습니다. 말년의 사울은 나라를 다스리는 일보다 다윗을 죽이는 데 혈안이 되어 있었습니다. 다윗은 두 번이나 사울을 죽일 기회가 있었지만 그를 죽이지 않는데, 그것은 사울의 비극적 몰락과 대조를 이룹니다. 사울은 편법의 윤리에 굴종하지만 다윗은 그런 편법적인 일을 거절합니다.

사울은 불레셋과의 싸움에서 다급해지자 엔돌에서 신접한 여인(삼상 28:7)을 찾아갔는데, 그것은 정신적인 의미의 타락과 몰락을 단적으로 드러내 준 것입니다. 그리고 그 무당을 찾아갈 때 남이 알아보지 못하게 옷을 갈아 입은 것(위장)(삼상 28:8)은 일찍이 그가 가졌던 정체성(identity)을 잃어버린 외적인 증거가 됩니다. 마침내 불레셋의 막강한 군대에 쫓겨 달아나다가 요나단을 포함한 세 아들은 그들에게 죽임을 당하고(삼상 31:2), 부상당한 사울은 자신의 칼을 뽑아 그것으로 자살을 하고 맙니다(삼상 31:4). 이것은 정신적인 타락에 수반되는 육체적인 몰락인 것입니다.

사울은 구약에 나오는 가장 비극적인 인물들 중의 한 사람입니다. 그는 많은 기대 속에 왕이 되어 통치를 시작했지만 이처럼 수치스럽게 그의 일생을 끝맺습니다. 이스라엘의 초대 왕으로서 미래 정치의 모든 지도자들을 위한 표본을 세울 기회가 참으로 많았습니다. 그러나 그는 많은 비극적인 약점을 갖고 있었습니다. 그의 비극적인 약점은 그 반항적인 불순종의 성격과 그 많은 시간과 에너지를 다윗을 죽이려는 일에다 쏟은 것이었습니다. 그 결과 그는 한 나라의 왕이었지만 여러 부족들을 하나로 통일하지 못하고 결국은 수치스럽게 자살로써 생을 마감하고 말았습니다.

요나단이라는 이름은 구약 성서에 십사 명이 나오지만 여기 말하는 요나단은 사울의 맏아들이며 다윗의 절친한 친구였던 요나단입니다. 요나단이 기브아(Geba)에서 불레셋 부대를 공격했을 때, 이스라엘 민족을 점령하고 그들에게 굴욕을 안겨주었던 불레셋 군대에 의해 즉시 보복당하고 말았습니다. 그러나 요나단과 그의 병기를 든 소년은 용기를 잃지 않고 믹마스(Michmash)에서 불레셋 부대를 공격해서 성공하였습니다. 이 전투 행위는 이스라엘 사람들로 하여금 그들의 압제자들을 정복할 수 있는 큰 힘이 되었습니다(삼삼 14:1-23).

요나단은 용감하였고 다윗과도 뗄 수 없는 남다른 우정을 나눈 친구였지만, 결국은 그의 아버지 사울과 그의 두 형제가 불레셋 군에 의해 길보아 산에 살해될 때 그의 비극적인 최후도 찾아왔습니다(삼상 31:1-2; 대상 10:1-6). 다윗이 이 소식을 들었을 때 그는 일명 "활의 노래"라고 하는 애가(哀歌)를 지어 그들의 죽음을 애도했습니다(삼하 1:19-27).

> 이스라엘의 영광이 산 위에서 죽었구나.
> 아, 용사들은 쓰러졌구나.
> 이 소문을 가드에도 알리지 말며
> 아스글론 거리에도 전파하지 말라.
> 블레셋 사람들의 딸들이 좋아하고,
> 할례 받지 못한 자들의 딸들이 좋아 날뛰리라.
> 길보아 산들아
> 너희 위에는 비도 이슬도 내리지 아니하고,
> 제물을 낼 밭도 없으리라.
> 거기서 용사들의 방패는 버린바 되고,
> 사울의 방패는 기름부음을 받지 않음 같이 버려졌구나.
> 죽은 자의 피에서
> 요나단의 활은 물러가지 않았으며,
> 사울의 칼은 헛되이 돌아오지 않았었는데,
> 사울과 요나단은 살았을 때 그렇게도 정이 두텁더니,
> 죽을 때도 갈라지지 않았구나.
> 그들은 독수리보다도 날쌔고,
> 사자보다도 힘이 세더니,
> 이스라엘의 딸들아,
> 주홍색 옷을 화려하게 입혀 주고
> 그 옷에 금장식을 달아 주던
> 사울을 생각하며 울지어다.
> 아, 용사들이 싸움터에서 쓰러졌구나.
> 요나단이 산 위에서 죽었구나.
> 나의 형 요나단이여, 형 생각에 가슴이
> 미어짐은 형이 나를 즐겁게 해주었음이라.
> 형의 그 남다른 사랑,

어느 여인의 사랑도 따를 수 없었는데,
아, 용사들은 쓰러지고
무기는 사라졌구나!

"아 용사들은 쓰러졌구나"하는 반복적 후렴은 애절하고 비통한 감회를 전해 줍니다. 이 번역은 필자의 사역이므로 개역본의 표현과는 조금 다를 것입니다. 이 시는 세계 애가들 중에 넣어도 손색이 없는 좋은 작품입니다.

다윗과 선지자 나단

다윗은 베들레헴에 사는 농부인 이새(Jesse)의 여덟 아들 중 막내 아들이었으며 목자였습니다(삼상 17:12-15). 또한 다음 도표에서 보듯이 다윗은 하나님의 마음에 합의한 신앙의 인격자였습니다.

사실상 이새의 막내 아들 다윗은 신분도 낮고 이름도 없는 인물이었으므로 그가 왕으로 선택될 것이라고는 아무도 예상할 수 없었습니다. 그러나 외모를 보지 아니하고 중심을 보시는(삼상 16:7) 하나님에 의해 다윗은 이스라엘의 제2대 왕으로 선택되었습니다. 이렇게 다윗이 선택되자 그의 형제들은 그를 시기하고 미워했습니다.

다윗의 신앙 인격

내 용	관련 성구
순 종	삼상 17:17-22
용 감	삼상 17:34-35
믿 음	삼상 17:37
자 비	삼상 26:6-12
지 혜	삼상 21:13
신 실	삼상 20:1-42
정 직	삼상 29:6
의	삼하 8:15
온 유	삼하 16:11
경 건	삼하 7:18
회 개	삼하 12:13

다윗은 볼이 붉고 눈이 반짝이는 잘생긴 젊은이로 수금을 잘 탈 뿐아니라 씩씩하고 날랜 용사로서 말도 잘하고 풍채도 좋은 데다 하나님께서 함께 해주시는 사람으로 묘사되어 있습니다(삼상 16:12, 18). 수금 타는 솜씨가 출중하여, 그것으로 사울의 악신(광기)을 진정할 수 있었고(삼상 19:9) 사울의 궁정에도 드나들 수가 있게 되었습니다.

영국 19세기 빅토리아 시대의 대표적 시인이라 할 수 있는 로벗 브라우닝(Robert Browning)은 그의 종교시 [사울』(Saul)에서 악령에 사로잡힌 사울과 수금타는 다윗의 모습을 묘사하고 있습니다. 『사울』은 우수가 가득 깃든 천막 속에 양심의 가책과 악령에 쫓겨 기둥을 감아 올라가는 뱀처럼 온 몸을 뒤틀고 있는 사울 왕 앞에 부름을 입은 목동 다윗이 수금을 들고 노래를 연주하는 장면으로부터 시작됩니다. 다윗이 연주한 제1곡은 일종의 목양송이었는데, 그 고운 수금의 선율과 노래로도 사울의 마음을 감동시킬 수는 없었습니다. 그리하여 다윗은 곡을 바꾸어 인생의 노래, 수확의 노래, 축혼의 노래, 진군의 노래, 축제의 노래 등을 연주하였지만, 어두운 그늘에 덮인 사울의 마음은 움직일 줄을 몰랐습니다. 다시 다윗은 선율을 가다듬어 사울에 대한 하나님의 선택과 그의 전공 및 명성을 노래하였습니다. 사울은 이 노래에 다소 감동되는 듯했지만, 여전히 어둠 속을 헤메고 있었습니다. 이리하여 다윗은 깊은 사랑의 심정으로 육체의 삶을 초월해서 영적인 생활로 나갈 때 비로소 그의 영혼이 소생할 수 있음을 노래했습니다.

    그대, 나의 왕이여
    나는 입을 열었다— 당신은 지금 사람도 짐승도 모두 함께 갖고 있는
    다만 죽어 없어질 생활에서 나오는 단순한 위로만을 즐기고 있습니다.
    우리의 육체에서는 이 생의 가지가 자라고,
    우리의 영혼에서는 그 가지가 열매를 맺습니다.
    …………

육을 그 적합한 운명에게 맡기고, 영을 그대의 것으로 삼으십시오!

마침내 다윗은 정상적인 의식을 회복한 사울에게
그리스도의 성육신 진리와 사랑을 노래하면서 이 시의 끝을 맺고 있습니다.

아, 사울, 당신을 맞아 주는
얼굴은 나의 얼굴과 같습니다. 나와 흡사한 사람을
당신은 사랑하고 영원히 그로부터 사랑을 받을 것입니다. 이 손과 흡사 한 손이
신생의 문을 당신에게 열어 주실 것입니다. 보십시오, 그리스도가 서 있는 모습을.

다윗의 사랑은 깊은 감동의 여운을 남기는 비극의 카타르시스와도 같은 것입니다.

이런 사울 왕이 이스라엘을 다스리던 때에는 이스라엘과 블레셋 사이에 싸움이 끊이지 않았습니다. 블레셋이 다시 이스라엘을 공격하기 시작하였습니다. 그들은 많은 군대를 몰고 와서 소고에 있는 산에 진을 쳤습니다(삼상 17:1). 사울과 그의 아들 요나단은 이스라엘 군대를 모아 적군 맞은편에 진을 쳤습니다. 이 두 진영 사이에는 엘라 골짜기가 있었습니다. 이스라엘 사람들은 그곳에서 전투가 벌어질 것이라고 예상하고 있었습니다. 이 전투에는 다윗의 형들도 끼여 있었습니다.

후일, 군무(軍務)에 나간 형들에게 줄 음식을 들고 다윗은 전장터에 갔다가(삼상 17:17-18) 블레셋의 거인 골리앗(Goliath)과 맞서 매끄러운 물매 돌 다섯 개와 막대기로(삼상 17:40) 그를 죽였습니다. 실로 골리앗은 블레셋 제1의 용사로 용맹을 날리던(삼상 17:33) 인물로서 그의 키는 여섯 규빗(2m 93cm)이고, 머리에는 놋투구를 쓰고 있었고 청동으로 만든 투구와 57 킬로그램짜리(오천 세겔) 갑옷을 입었으며 그것으로 다리와 어깨에도 감싸고 있었습니다(삼상 17:4-7). 그가 가진 창의 날도 대단히 큰 것이어서 그 무게가 자그만치 7 킬로그램(육백 세겔)이나 되었습니다. 이런 거인 무장 골리앗을 소년 다윗이 죽인 것입

니다. 블레셋 병사들은 골리앗이 죽는 것을 보고 뒤로 돌아서서 앞을 다투어 도망하기 시작하였습니다. 이것을 본 이스라엘의 병사들은 기쁨과 승리의 함성을 지르며 뒤쫓아가 그들을 무찌르고 큰 승리를 거두었습니다. 여기에 나오는 골리앗은 무력과 권력과 온갖 힘으로 무장하고 도전하여 오는 세력에 대한 상징이라 할 수 있습니다. 그러므로 소년 다윗이 골리앗을 죽인 것은 하나님의 자녀들이 갖는 영적 능력의 승리를 뜻합니다. 이런 영적 능력은 신분이나 연령 및 가진 소유를 초월합니다.

전쟁이 끝나고 돌아올 때 여인들이 이스라엘 모든 성에서 나와 노래하고 춤추며 소고를 가지고 왕 사울을 환영하면서 "사울이 죽인 자는 천천이요 다윗은 만만이로다"(삼상 18:6-7)라고 창화(唱和)하였습니다. 그때부터 사울은 다윗을 매우 시기하여 여러 차례 그를 죽이려 하였습니다. 사울의 아들 요나단은 그와 절친한 친구였기 때문에 이 사실을 다윗에게 알려 그로 하여금 도망가도록 했습니다(삼상 19:1-2). 그래서 다윗은 방랑자가 되는 것입니다. 비록 다윗은 두 번이나 사울의 목숨을 건져 주었지만, 사울은 무자비하게(삼상 19:15) 그를 추적하였습니다.

사울과 요나단이 블레셋과의 전투에서 죽자(삼하 1:4), 다윗은 유다 헤브론에서 왕(삼하 2:4)으로 등극하였습니다. 그때 나이가 서른 살이었습니다. 그러나 온 이스라엘 열두 부족의 왕이 된 것은 칠 년 후인 서른일곱 살 때였습니다. 다윗은 사십 삼 년 동안 온 이스라엘을 다스렸습니다(삼하 5:4-5).

이스라엘의 왕이 된 다윗은 온 나라의 중심이 될 만한 큰 도시가 필요했습니다. 사울 왕은 기브아에 왕좌를 두고 다스렸으나 다윗은 예루살렘에 왕좌를 두는 것이 좋겠다고 생각하였습니다. 예루살렘은 시온산 위에 높이 쌓은 성벽으로 둘러싸여 있어서 적의 침략을 막아 내기에는 아주 안성맞춤이었습니다. 지리적, 군사적 측면에서 볼 때 이스라엘의 수도로서 가장 적합한 곳이었습니다. 예루살렘은 매우 오래된 도시로서 아브라함 시대에 이미 세워졌고 여부스 사람들이 살고 있었습니다.

다윗이 예루살렘을 치기 시작하자 여부스 사람들이 놀려댔습니다. "네가 이리로 들어오지 못하리라. 소경과 절뚝발이라도 너를 물리치리라"(삼하 5:6). 그러나 다윗의 용맹스러움에 힘을 얻어 이스라엘 병사들은 성벽을 기어 올라가 예루살렘 즉 시온의 성을 점령하였습니다. 다윗은 예루살렘을 수도로 정하고 왕궁을 지어 놓고 살면서 "다윗의 성"(삼하 5:9)이라 불렀습니다.

다윗은 예루살렘을 정치, 군사의 중심지로 만든 다음 종교의 중심지로 만들어야겠다는 생각을 하였습니다. 예루살렘을 하나님의 도성으로 만들려고 했던 것입니다. 그러려면 하나님의 언약궤를 예루살렘으로 옮겨 와야 했습니다. 다윗은 이스라엘 백성의 대표와 십만여 명의 군사를 이끌고 아비나답의 집으로 갔습니다. 많은 사람들과 백성의 대표들이 여러 악기에 맞춰 노래하고 춤을 추는 동안 언약궤는 예루살렘으로 옮겨졌습니다(삼하 6:1-5).

다윗은 새로 친 장막 한가운데에 언약궤를 모셔놓고 번제와 화목제를 지낸 다음 예루살렘의 모든 사람을 위해 기도하고 잔치를 베풀었습니다(삼하 6:16-19). 그런데 다윗의 아내 미갈은 왕이 여호와 앞에서 뛰놀며 춤추는 것을 보고 마음 속으로 업신여기며 비아냥거렸습니다.

그 동안 많은 세월이 흘렀습니다. 하나님께서는 용감한 다윗을 통하여 늘 사방에서 쳐들어오는 적을 막아 주셨기 때문에 이스라엘 백성은 평안하게 살 수 있었고, 여러 부족들은 하나로 뭉쳐서 쳐들어오는 많은 적들을 물리쳤습니다. 다윗은 이제 전쟁터에서 싸우지 않아도 될 만큼 이스라엘은 강해졌습니다. 그러나 암몬 사람들과의 싸움은 계속되었습니다.

이스라엘 군의 지휘관인 요압이 병사들을 이끌고 싸움을 하고 있었습니다. 어느 날 저녁 무렵에 궁전 옥상을 거닐다가 다윗은 목욕을 하고 있는 한 아름다운 여인을 보게 되었습니다. 그 여인은 우리아라는 군인의 아내였습니다. 다윗은 그 여인 밧세바를 궁전으로 데려다가 정을 통한 뒤 돌려 보냈는데 얼마 안가 그녀에게는 태기가 있었습니다. 그 사실을 안 다윗은 전선의 우리아를 불러들여 밧세바와 동침케 해서 그 비밀을 감추려 했습니다. 그러나 우리아는 들판에서 야영을 하고 있는 군사들을 생각할 때 도저히 자기만이 집으로 돌아가 아내와 더불어 편히 쉴 수가 없었기 때문에 그는 집으로 돌아가지 않고 대궐 문간에서 근위병들과 함께 지냈습니다. 이 사실을 안 다윗은 군대장이던 요압에게 편지를 띄워 다음 전쟁 때는 우리아를 가장 격렬한 전쟁터로 보내라고 했습니다. 요압은 다윗이 시킨 대로 우리아를 격전지로 보냈고, 우리아는 급기야 강적과 싸우다 전사했습니다(삼하 11:2-21).

밧세바는 남편이 죽었다는 소식을 듣고 몹시 슬퍼했습니다. 남편을 잃은 슬픔이 가실 때쯤 다윗은 사람을 시켜 밧세바를 궁전으로 데리고 와 아내를 삼았습니다. 그들 사이에서 낳은 다음 아들 솔로몬은 다윗의 후계자가 되었습니다. 다윗이 한 짓에 몹시 화가 난 하나님은 선지자 나단을 보내어 다음과 같은 우화로써 다윗을 크게 꾸짖었습니다. "어떤 곳에 부자와 가난한 사람이 이웃하여 살고 있었답니다. 부자는 굉장히 많은 양과 소를 가지고 있었지만 가난한 사람은 암양 새끼 한 마리밖에 없었답니다. 그는 이 암양 새끼를 마치 자식처럼 아껴 먹기에도 모자라는 빵과 우유를 나누어 먹였고, 추위가 심할 때는 자기의 겉옷을 입혀주기도 했답니다. 그런데 어느 날, 그 부자집에 손님이 와 요리를 장만하게 되었더랍니다. 부자집에서는 자기네 양을 한 마리 잡아도 그것으로 충분했건만 그 사람은 자기 양을 잡지 아니하고 이웃집 가난한 사람의 한 마리 뿐인 암양 새끼를 훔쳐다가 식탁에 내놓았답니다"(삼하 12:1-4).

이 말을 들은 다윗은 몹시 화를 내며 하나님의 이름으로 "이 일을 행한 사람은 마땅히 죽을 자라"고 하였으며, 양을 네 배로 갚아야 한다고 거침없이 말하였습니다(삼하 12:5-6). 다윗은 그것이 자신을 가리키는 이야기인 줄 몰랐기 때문에 이같은 거침없는 선언을 했던 것입니다. 이것이 바로 나단이 바라는 바였습니다. 만일 이 비유가 다윗의 행동을 가리키는 것인 줄 다윗이 눈치챘다면 이렇게 선언하지는 않았을 것입니다.

그러나 그 다음 순간 선지자 나단은 벌떡 일어나 무서운 소리로 "왕이시여! 당신이야말로 염치없는 사나이요. 당신은 우리아의 아내를 왕비로 맞아들이기 위하여 그 우리아를 죽이지 않았소. 하나님은 반드시 당신과 당신의 가족을 처벌할 것이오"(삼하 12:7-14)라고 말하였습니다. 나단의 말을 듣고 다윗은 그 이야기가 바로 자신의 이야기임을 알아차립니다.

나단은 다윗으로 하여금 다윗 자신이 많은 양과 소(많은 궁정의 후궁들)를 소유한 부자인데도 불구하고 자기의 딸이나 아들처럼 아끼는 암양 새끼 한 마리(밧세바)를 가지고 있는 가난한 사람(우리아)의 소유를 빼앗아 가로챈 죄인이라는 것을 시인하도록 하기 위해서 이런 비유담의 형태를 취했던 것입니다. 더욱이 처음에는 다윗에 관한 이야기라는 것을 드러내지 않음으로써, 다윗이 전혀 의심하지 않고 자기의 감정을 드러낼 수 있도록 한 것이다. 결국 나단의 우화는 다윗의 양심에 호소하여 자기 죄를 고백할 수 있도록 자연스럽게 유도하는 효과를 거두었습니다. 다윗은 마침내 "내가 여호와께 죄를 범하였노라"(삼하 12:13)라고 철저한 고백을 하게 됩니다.

다윗은 위대한 왕이자 위대한 장군이었으며 또한 위대한 시인이었습니다. 그는 하나님을 찬양하는 아름다운 시를 많이 남겼습니다. 그러나 다른 사람들과 마찬가지로 죄에 굴복했었습니다. 이미 말한 바와 같이 그의 군대가 전쟁을 하려고 나가고 없을 때 그는 집에 머물다 그만 우리아의 아내 밧세바(Bathsheba)를 범하였을 뿐만 아니라 그녀의 남편을 최전방으로 보내어 전사케했습니다. 그러나 그는 나단 선지의 책망을 듣고 뼈저린 회개를 하고 하나님의 용서를 빌었습니다. 그의 간절한 사죄의 기도는 시편 51편에 실려 있습니다. 그래서 성경은 그를 하나님의 마음에 합한 사람이라고 묘사하고 있습니다(삼상 16:12-13; 왕상 2장; 대상 11장-29장).

하나님으로부터 용서를 받기는 했지만, 그 죄의 결과는 그를 계속 괴롭게 하였습니다. 다윗과 밧세바 사이에 태어난 첫 아이가 죽은 것 (삼하 12:18)도 그 탓이었다고 생각합니다. 아버지로서 그가 세운 모범은 그 아들들에게 나쁜 영향을 주었습니다. 다윗의 많은 아들 중 한 아들 암논(Amnon)은 그의 이복 누이 다말(Tamar)을 겁탈하여 욕보였고, 다윗이 총애하던 아들 압살롬(삼하 3:3)이 비록 패배하여 죽기는 하였지만 그의 보위를 찬탈하려 하였으며, 다윗이 늙었을 때는, 또 다른 아들 아도니아(삼하 3:2)가 모반을 꾀하기도 하였습니다. 다윗의 깊은 야망 중의 하나는 예루살렘 성전을 짓는 것이었는 데, 그것도 허락되지 않았습니다. 결국 다윗은 성전을 짓는데 필요한 물자를 모으기만 하였을 뿐, 그 성전을 지은 것은 그의 후계자이자 아들인 솔로몬이었던 것입니다(삼하 22:1-19).

다윗은 모든 면에서 볼 때 성서 중에서도 가장 복잡한 인물 가운데 하나라 할 수 있습니다. 그의 일생을 통하여 볼 때, 그는 목자, 용사, 신하, 왕, 친구, 남편, 아버지, 종교 지도자 따위의 복잡한 역할을 떠맡고 있습니다. 또한 그는 개인적 특성에 있어서도 복잡한 성격을 갖는 인물입니다. 다시 말해서 그는 행동적 인물인 동시에 사색적 인물로서의 특성을 갖고 있습니다. 행동적 인물로서의 특성은 그의 일생을 그린 이야기 속에 나타나고 사색적인 인물로서의 특성은 그의 시와 노래 속에 투영되어 있습니다.

그의 시나 노래를 보면 매우 강렬한 감정과 풍부한 상상력을 가진 인물로 나타나지만, 때로는 자제력을 발휘하여 두 번씩이나 그의 적 사울을 살해할 수 있는 기회를 그대로 넘기기도 합니다. 그런가 하면 어떤 때는 상상도 할 수 없는 격정에 휩싸여 밧세바와 간통을 하기도 하고 애매한 우리아를 최전선에 내보내어 살해하기도 합니다. 그러나 어떤 경우에 있어서도 정신적 차원이 무시된 때는 없었습니다. 죄를 지었을 때는 하나님께 죄를 지은 것으로 인식하여 통회하였고 승리하였을 때는 반대로 그에게 승리를 주신 하나님께 찬미를 돌렸던 것입니다. 이 점이 다윗의 위대한 신앙적 탁월성이었습니다.

다윗의 삶과 통치에 있어서 가장 밀접한 관계를 갖고 있는 인물이 선지자 나단(Nathan)입니다. 나단이라는 이름을 가진 사람이 여럿 있지만, 여기서 말하는 나단은 다윗 왕의 통치 기간 중에 살았던 선지자를 가리킵니다. 다윗은 하나님을 위해 성전을 건축하고 싶다는 자신의 소신을 나단에게 말했을 때, 이에 대해서 나단은 하나님의 지시에 따라 "성전을 건축할 자는 네가 아니라 네 아들이니라"고 말한 일이 있습니다(대상 17:1-15). 또 다윗이 밧세바를 그녀의 남편으로부터 취하고 남편을 모살했을 때, 나단은 아주 슬기로운 방법 즉 우화를 사용해서 다윗의 죄를 질책하였고(삼하 12:1-15), 솔로몬의 이름도 여디디야(Jedidiah)로 부르게 하였으며(삼하 12:25), 악기(제금과 비파와 수금)를 가지고 레위인으로 하여금 성전을 섬기게 하는 일을 다윗이 꾸미도록 조언을 하기도 하였습니다. 다윗이 늙어서는 나단과 사독을 시켜 솔로몬에게 기름 붓게 하였던 것입니다(삼하 7장-12장; 왕상 1장; 대상 17장). 이처럼 나단은 하나님의 공적인 심부름꾼으로서 실로 하나님의 계시에 따라 다윗의 영적 길라잡이(guide)가 되었었습니다. 나단이 없었더라면 다윗과 솔로몬의 역사도 없었을런지 모릅니다. 그 만큼 그는 하나님의 사자로서 또한 대언자로서 충실한 임무를 다한 선한 선지자였습니다. 대개 성공한 사람들 뒤에는 훌륭한 보조자들이 있기 마련인데, 다윗의 배후에도 역시 나단이라는 선지자가 있었던 것입니다.

다윗에 관한 기록은 삼상 19장-31장, 삼하 1장-24장, 왕상 1장-2장, 대상 10장-24장에서 찾을 수 있습니다. "다윗과 나단 선지"에 관한 이야기는 성서의 이야기들 중에서도 가장 길고 많은 에피소드와 관련을 갖습니다. 양적으로 볼 때 다윗 이야기는 구약 성서 중 다른 영웅적 이야기들보다는 비중이 크지만, 치밀한 통일성과 전체적 구성이 엉성하고 단편적이어서 역사적 연대기와 거의 비슷하기 때문에 문학성은 적습니다.

"다윗과 나단 선지"에 관한 이야기 중에서도 다윗과 골리앗에 관한 삽화(에피소드)는 특히 어린 아이들이 좋아하는 에피소드로, 훌륭한 이야기가 갖추어야 할 여러 요소를 갖고 있습니다.

그 첫째 요소는 선명한 선악의 갈등입니다. 이 갈등은 이교적 거인인 골리앗과 하나님을 섬기는 소년 다윗과의 전투에 집중됩니다. 다윗이 골리앗에게 "너는 칼과 창과 단창으로 내게 오거니와 나는 만군의 여호와의 이름 곧 네가 모욕하는 이스라엘 군대의 하나님의 이름으로 네게 가노라"(삼상 17:45)라고 했을 때 그 투쟁의 성격은 더욱 뚜렷해집니다. 골리앗은 하나님의 적으로 악을 대표하는 인물이요, 다윗은 하나님의 사랑으로 선을 대표하는 소년 영웅입니다. 이 상반되는 두 가지의 갈등이 전투라는 단순한 사건으로 나타나지만, 그 결과는 하나님이 어떤 분이신가를 천하에 알리는 것으로 끝나게 됩니다(삼상 17:46).

두 번째 요소로는 정확한 묘사를 들 수 있습니다. 그것은 골리앗이 이스라엘 군에게 욕설을 퍼붓는 장면이나 다윗이 다섯 개의 반들반들

한 돌을 집어들고 골리앗과 싸우는 장면을 예로 들어 설명할 수 있습니다.

마지막으로는 단단한 구조감각을 들 수 있습니다. 이 이야기에 있어서 설화자는 이야기 자체를 지나칠 정도로 상세하게 기술하지 않고 전체 구조를 통하여 설화적 효과를 나타내고 있습니다. 배경 설명부터 시작해서 상승적 행동, 클라이막스, 종결 등으로 이어지는 구조 속에서 우리는 성서 이야기만이 갖는 독특한 특징을 발견하게 됩니다.

또 한 가지 첨가할 것은 이야기의 책략으로서 아이러니를 채택했다는 것입니다. 다윗의 부정직과 고민은 우리아의 경건과 대조되며, 다윗이 우리아의 죽음을 꾀하는 편지를 우리아가 아무 의심도 없이 요압에게 전하는 것은 더할 수 없는 아이러니라 아니 할 수 없습니다. 그리고 우리아가 이스라엘 사람이 아니고 헷(Hittite) 족속이며, 용병인데도 경건했다는 것은 다윗의 책략에 비해 아이러니칼 한 것이라 할 수 있습니다.

솔로몬과 스바 여왕

솔로몬과 스바 여왕에 관한 이야기는 『열왕기상』 2장-11장에 나옵니다. 솔로몬은 다윗 왕과 밧세바 사이에서 태어난 아들로서 약관 20세에 왕위에 오른 인물입니다. 제사장 사독으로부터 기름부음을 받고(왕상 1:38) 왕이 된 솔로몬이 맨 처음 한 것은 그의 부친 다윗의 유언에 따라 국적(國賊) 4인 즉 아도니아, 아비아달, 요압, 시므이를 처벌한 것이었습니다(왕상 2:13-46). 그것은 이스라엘 왕국을 황금기로 이끌어가는 데 튼튼한 기반이 되었습니다. 그는 선왕 다윗과는 달리 태평성대(太平盛大)를 누리며 40년간(970-930 B.C) 왕노릇 하였습니다. 그 동안 그는 그의 왕국을 굳건히 지키기 위하여 군대를 강하게 육성하였고 그 군대가 주둔할 수 있는 많은 요새를 축성하였으며 평화를 유지하기 위하여 많은 강한 나라들과 동맹을 맺었던 것입니다. 특히 강대국 애굽과 동맹을 맺고 그것을 유지하기 위해 바로의 딸과 정략 결혼까지도 하였으며, 무역 거래를 통하여 나라를 더욱 융성하고 부강하게 만들었던 것입니다.

　그 당시의 국제적 상황은 팔레스틴(Palestine)에서 강력한 지도자가 나타나기를 기대하고 있었습니다. 이 시대의 무역 중심지는 애굽과 시리아였습니다. 솔로몬은 그의 나라를 무역제국으로 키우기 위하여 그 발전에 도움을 줄 수 있는 많은 도시를 세웠고, 해상 도시인 두로(Tyre)와 시돈(Sidon)과 무역 협정을 맺기도 하였습니다(왕상 5:12). 이스라엘의 어떤 교역은 대상(隊商)을 통하여 육로로 이루어지기도 하였지만, 대부분은 지중해를 넘어서 해상으로 이루어졌습니다. 고고학자들에 따르면 솔로몬의 무역선은 멀리 서쪽 스페인까지 은(silver)을 운반하기 위하여 진출했던 것이 틀림없습니다. 이렇게 해서 솔로몬은 왕이 된지 얼마 안되서 상업제국의 통치자가 되는 것입니다.

　그는 부강한 나라의 왕이면서도 매우 지혜로운 사람으로도 유명합니다. 그가 왕이 되어 한 일들 중에서 가장 중요한 것은 무엇보다 기브온으로 가서 일천 번제를 드린 일이었습니다(왕상 3:4-15). 속죄나 헌신의 목적으로 드려졌던(레 1:4, 9) 번제에 관한 기사는 성경 여러 곳에서 발견할 수 있습니다(창 8:20, 22:2-13; 출 32:6; 삿 20:26; 삼상 7:9-10; 삼하 6:17-18 등). 그 중에서도 솔로몬의 일천 번제는 그 규모면에서 가히 전무후무(前無后無) 하였다고 할 수 있습니다. 이는 그의 강렬한 헌신과 순종에의 열의를 표현한 좋은 표본이었습니다.

　일천 번제를 드리던 중 솔로몬은 꿈 속에 하나님을 만났는데, 그때 하나님께서는 "내가 네게 무엇을 줄꼬"(왕상 3:5)라고 물으셨습니다. 솔로몬 왕은 부와 장수와 정복 따위와 같은 세상적 가치를 제쳐놓고 이스라엘 백성들을 바로 재판할 수 있는 "지혜로운 마음"과 "선악을 분별할 수 있는" 능력(왕상 3:9)을 달라고 기도하였습니다. 하나님께서는 이를 가납(嘉納)해서 그에게 지혜 뿐아니라 그가 구하지 아니한 부와 영광까지도 주었습니다. 더욱 하나님께서는 그에게 다음과 같은 언약도 하셨습니다. "네가 만일 네 아비 다윗의 행함 같이 내 길로 행하며 법도(法度)와 명령을 지키면 내가 또 네 날을 길게 하리라"(왕상 3:14). 즉 이 언약을 잘 지키면 장수까지도 주시겠다는 것입니다.

여기서 보는 바와 같이 솔로몬의 지혜는 선천적으로 타고난 것이 아니라 기도의 응답으로 하나님으로부터 받은 후천적이고 신적인 것이었습니다. 이 지혜는 제일 먼저 그가 기도한대로 바른 재판에 응용됩니다. 그 재판은 한 아이를 놓고 저마다 자기 아이라고 주장하는 창기(娼妓) 두 여인 가운데서 진짜 어머니를 찾아 그 아이를 돌려주는 이야기 속에 나타납니다. 솔로몬은 그 진위(眞僞)를 가리기 위해 그 산 아이를 둘로 나누어 반쪽은 이 여자에게 또 반쪽은 저 여자에게 주라고 하였습니다. 그러자 그 아이의 진짜 어머니는 제 자식이 토막날 것을 생각하니 가슴이 메어지는 듯하여 그 아이를 가짜 어머니에게 주라고 하였습니다. 그러나 가짜 어머니는 둘로 나누어 반쪽씩 달라고 하였습니다. 솔로몬은 처음 여자가 진짜 어머니임을 알 수 있었습니다. 이처럼 그

솔로몬의 지혜가 나타나는 증거들

가지수	증 거 들	관련성구
1	지혜를 먼저 구함	왕상 3:9
2	재판의 깊은 판별력	왕상 3:16-28
3	솔로몬의 행정 능력	왕상 4:1-19
4	현인들을 능가한 지혜	왕상 4:29-31
5	노래와 잠언의 작시	왕상 4:32
6	박식함	왕상 4:33-34
7	성전 건축	왕상 5:1-6
8	성전 봉헌식의 기도	왕상 8:22-53

는 그 아이를 진짜 어머니에게 찾아 주었습니다. 실로 그의 지혜는 초인간적이어서 누구도 따를 수가 없었습니다(왕상 3:16-28).

위의 도표에서도 보듯이 솔로몬의 지혜는 재판하는 데에만 나타난 것이 아니라 그의 행정면에도 나타났습니다. 그것은 내각과 12 행정 구역을 관할하며 조세를 감독하는 열 두 관장(세금 징수관)을 두어 효율적인 행정을 편 사실에서 발견할 수 있습니다(왕상 4:1-19). 또한 그는

이 지혜를 응용하여 나라를 잘 다스리므로 외교(왕상 4:21, 24), 경제(왕상 4:20, 22, 23, 25), 국방(왕상 4:26) 등에 놀라운 발전과 번영을 가져왔습니다. 더욱 그는 예술(왕상 4:32), 학문(왕상 4:33) 분야에서도 놀라운 업적을 남길 만큼 지혜로웠습니다. 특히 그는 잠언 삼천을 말하였고 일천 다섯수의 노래를 남겼는데, 그것의 일부가 『잠언서』와 『아가서』에 실려있습니다. 그리고 말년에는 『전도서』를 썼습니다.

또한 솔로몬은 하나님을 위한 웅장한 성전을 건축한 건축가로도 유명합니다. 솔로몬의 성전은 전통적인 성막과 마찬가지로 동편을 향하도록 지었으며, 현관, 성소, 지성소 등 3중 구조로 이루어져 있었습니다(왕상 6:17-36). 다만 성막에는 없는 낭실(廊室)과 교창(交窓)이 있었습니다(왕상 6:2-4). 이 성전을 건축하는 데 있어서 이방 두로(Tyre)의 왕인 히람(Hiram)에게 큰 도움을 받았습니다. 두로는 에이커(Acre)만 북쪽에 있는 항구 도시로서 베니게의 수도였습니다. 당시 페니키아는 도시 국가의 형태를 취하고 있었으므로 수도인 두로가 국가 이름처럼 대용되기도 하였습니다. 두로의 왕인 히람의 도움을 받지 않을 수 없었던 것은 성전 건축의 중요한 자재인 백향목과 대부분의 성전 기구들을 주조하는 데 사용되었던 놋에 대한 일류 기술자가 두로에 있었기 때문입니다(왕상 5:6-11).

온 이스라엘에서 동원된 삼만 명의 역군(役軍)들과 두로에서 온 기술자들(왕상 5:18)이 7년 동안에 걸쳐서 완성한 것이 성전입니다. 성전이 완성되자 솔로몬은 정성껏 헌당 계획을 세웠습니다. 그는 이스라엘 장로와 12지파의 두목들을 소집하여 그 의식에 참석케 하였습니다. 그는 정중하게 언약궤(言約櫃 The Ark of the Covenant)를 다윗 성 곧 시온 성으로부터 성전의 가장 거룩한 곳으로 옮겼습니다. 솔로몬 왕은 여호와의 단 앞에서 온 회중을 위하여 축복하고 성전 건축의 역사를 말한 후 무릎을 꿇고 손을 펴서 하늘을 향하여 긴 기도를 올렸습니다(왕상

8:54). 그는 통치자로서 정치적인 탁월성도 가졌었지만(왕상 4:1-28), 무엇보다 감동적인 것은 하나님의 성전을 봉헌하면서 드린 그의 기도(왕상 8:22-53)였습니다.

열왕기상 10장을 보면 솔로몬의 성전 건축의 사실과 해상 무역을 통해 이룩된 솔로몬 제국의 부강함과 솔로몬의 탁월한 지혜의 명성은 먼 이방 나라까지 널리 알려졌던 것 같습니다. 그것은 당시의 지혜자로 그리고 부강한 나라의 왕으로 알려진 스바(Sheba)의 여왕이 솔로몬을 찾아온 것만 보아서도 알 수 있습니다. 여왕은 어려운 문제로 시험하기 위하여 1,600킬로미터 이상의 먼 거리를 낙타를 타고 찾아왔다고 합니다(왕상 10:1-13). 올 때에 많은 금과 보석도 약대에 싣고 왔습니다. 여기서 언급되는 스바는 남서 아라비아에 있던 나라로 지금의 예맨을 가리킵니다. 지중해 국가들과 향신료, 금 보석 무역을 통해 부국이 된 나라가 스바입니다. 이 스바의 여왕은 물론 솔로몬의 지혜도 시험해 보고 싶었겠지만, 그 이외에도 날로 팽창 일로에 있는 신흥국인 솔로몬 제국과 무역 협정도 맺고 정치적 경제적 친선을 도모하고 싶었던 것입니다. 그래서 그녀는 불원천리(不遠千里)하고 찾아왔던 것입니다. 그러나 다른 무엇보다도 스바의 여왕은 솔로몬의 지혜를 직접 확인하고 그 가르침을 받고자하는 열망에 사로잡혔음이 분명합니다(왕상 10:4,6,8).

솔로몬의 지혜와 그가 세워 놓은 성전을 직접 보고 넋을 잃을 정도로 감탄한 스바 여왕은 이렇게 찬사를 돌렸습니다. "내가 그 말들을 믿지 아니하였더니 이제 와서 목도(目睹)한즉 내게 말한 것은 절반도 못되니 당신의 지혜와 복이 나의 들은 소문에 지나도다. 복되도다 당신의 사람들이여 복되도다 당신의 이 신복(臣僕)들이여 항상 당신의 앞에 서서 당신의 지혜를 들음이로다"(왕상 10:7-8). 스바의 여왕이 회심하여 여호와 신앙으로 개종했다는 확실한 언급은 없지만, 위에서 든 그녀의 찬사와 마태복음 12장 42절에서 예수님이 하신 "심판 때에 남방 여왕이 일어나 이 세대사람을 정죄하리니"라는 말씀을 참조해 보면 그녀는 이방 여인으로 하나님 백성의 반열에 끼게 된 자들 중의 하나였다고 짐작할 수가 있습니다. 초기의 솔로몬은 스바의 여왕에게 감동을 줄만큼 그 인격이 매우 고결하고 신앙심도 두터운 경건한 왕이었습니다.

영국의 시인이며 소설가인 월터 드 라 메에어(John Walter, De la Mare, 1873-1956)는 프랑스 프로테스탄트 명가(名家)의 자손으로 영국의 켄트 주에서 태어났습니다. 석유회사의 사원 노릇을 하며 월터 라말(Walter Ramal)이라는 가명으로 발표한 시집『어린 아이들의 노래들』(Songs of Children, 1902), 『청취자들』(The Listener, 1912), 『공작 파이』(Peacock Pie, 1913) 등을 발표하면서 문단 일선으로 진출하게 됩니다. 시집『잡동사니』(Motley, 1918), 『베일』(The Veil, 1921), 『느낌』(The Feeling, 1933), 『추억』(Memory, 1938) 등은 서정시인으로서 비길 데 없는 모습을 보여주는 것들입니다. 그 외에도 많은 아동물을 썼습니다. 그는 "지나간 모든 것"(All That's Past)이라는 시에서 자연의 노래(겨울을 거쳐 솟은 시냇물의 한방울 한방울)를 다음처럼 솔로몬의 지혜에다 비유하고 있습니다.

> 푸른 하늘 밑에서
> 눈이 춥게 잠들어 있는 곳에
> 솟은 시냇물
> 오고 가는
> 역사를 노래하는 시냇물
> 그 한방울 한방울은 솔로몬처럼 지혜롭다.

그러나 초년과는 달리 말년의 솔로몬은 큰 실수와 여호와 하나님 앞에 크게 범죄하였습니다. 그는 무려 칠백 명이나 되는 후궁과 삼백 명이나 되는 빈장(嬪 =수청드는 여자)을 두고(왕상 11:3) 즐겼으며, 이방의 많은 여인들과 결혼까지 하였습니다(왕상 11:1). 이것은 모세의 율법을 어긴 것이요 또한 이방의 여인들과 결혼하지 말라는(왕상 11:2) 하나님의 명령을 고의적으로 어긴 것이 됩니다. 이보다 더 무거운 범죄는 순수한 여호와 하나님 숭배를 버리고 이방의 왕비들이 섬기는 우상을 섬기며 그 앞에서 제사하고 분향한 것입니다(왕상 11:1-13). 이러한 솔로몬의 실수와 범죄는 나이가 들어(왕상 11:4) 갑작스럽게 생긴 변화라기 보다는 젊어서부터 삶에 스며든 그의 관습에서 비롯되었다고 볼 수 있습니다.

하나님께서 "네가 나의 언약과 내가 네게 명한 법도를 지키지 아니하였으니 내가 결단코 이 나라를 네게서 빼앗아 네 신복에게 주리라"(왕상 11:9-11)고 선언한 그 대로 그의 나라는 두 쪽이 되고 맙니다(왕상 11:13-25). 솔로몬의 죽은 후 북방 열 지파는 그의 아들 르호보암을 반역하고, 반역의 지도자인 여로보암을 왕으로 삼았습니다(삼하 12:24, 왕상 1-11장, 대상 22:5, 31:1, 대상 28장, 대하 9장). 또한 하나님께서 "나의 계명과 법도를 지키지 아니하고 가서 다른 신을 섬겨 그것을 숭배하면…… 내가 거룩하게 구별한 이 전이라도 네 앞에서 던져 버리리니……"(왕상 9:6-7)라고 경고하신 대로, 솔로몬의 웅장한 성전도 세워진지 400년이 되던 해인 주전 586년 느부갓네살에 의해 훼파(毁破)되는 것입니다.

솔로몬은 지혜로운 왕으로서 그의 나라를 부강하게 만들고 많은 업적도 세웠으며 하나님의 성전도 세웠지만, 결국은 하나님의 언약과 다윗의 법도를 준수하지 않음으로써 비극적인 인생을 마치게 됩니다. 우리는 이 이야기를 통하여 일의 시작이 물론 중요하지만 그 끝은 더욱 중요하다는 사실(전 7:8)을 배울 수 있습니다.

분열 왕국 시대 6

- 엘리야와 바알 선지자들과의 대결
- 엘리사와 나아만 장군의 문둥병
- 요나와 큰 물고기
- 요아스와 그의 창의적인 우화
- 여로보암 2세와 정의의 예언자 아모스
- 호세아와 그의 사랑을 저버린 고멜
- 아하스와 사회 부정을 꾸짖는 미가
- 히스기야와 이사야의 메시야 왕국 예언
- 요시야와 용감한 눈물의 예언자 예레미야

엘리야와 바알 선지자들과의 대결

다음 도표에서 보듯이 엘리야(Elijah)는 북 이스라엘의 7대 왕 아합(Ahab, 주전 873-853))이 다스리던 때에 역사에 나타났다가 아히시야 왕(Ahaziah, 주전 853-852) 때 홀연히 그 웅자(雄姿)를 감춘 이스라엘의 예언자요 가장 강력한 이스라엘의 종교지도자들 중의 하나였습니다. 이 "엘리야와 바알 선지자들과의 대결" 이야기는 『열왕기상』 17장으로부터 『열왕기하』 2장 11절까지에 나옵니다.

엘리야는 길르앗의 디셉 사람(왕상 17:1)으로 그 시대의 역사를 형성했으며, 그 후 여러 세기 동안 히브리 사상을 지배했습니다. 그의 털이 많은 험상궂은 모양과 허리에 가죽띠를 띤 탈속한 옷차림(왕하 1:8), 마차를 탄 아합보다 앞서 달려가는 비호(飛虎) 같이 빠른 걸음(왕상 18:46), 기근도 걱정아니 할 정도의 건강한 몸(왕상 19:8), 굴에서도 살 수 있는 억센 습관(왕상 17:3, 19:9) 등은 주로 야외(野外)에서 살아간 엘리야만이 가질 수 있는 특색이었습니다.

북왕국의 왕들

대수	왕 명	관 련 성 구
1	여로보암	왕상 11:26-14:20
2	나답	왕상 15:25-31
3	바아사	왕상 15:16-16:13; 대하 16:1-6
4	엘라	왕상 16:8-14
5	시므리	왕상 16:9-20
6	오므리	왕상 16:16-28
7	아합	왕상 16:28-22:40
8	아하시야	왕상 22:51-왕하 1:18; 대하 20:35-37
9	여오람	왕하 3:1-9:28
10	에후	왕하 9:1-10:36
11	여오아하스	왕하 13:1-25
12	여오아스	왕하 13:10-25; 14:8-27; 대하 25:17-24
13	여로보암 2세	왕하 14:23-29
14	스가랴	왕하 15:8-12
15	살룸	왕하 15:13-16
16	므나헴	왕하 15:14-22
17	브가히야	왕하 15:23-26
18	베가	왕하 15:27-31
19	호세아	왕하 17:1-41

아합은 왕위에 오른 후에 그의 아버지 오므리의 외교정책을 따라 주변 나라들과 화친하며 동맹관계를 맺어 시리아의 침략으로부터 이스라엘을 지키는 정책을 펴 나갔습니다. 두로나 시돈이 있는 페니키아와의 관계는 말할 필요도 없이 우호적인 관계였습니다. 아합이 두로(Tyre) 왕 딸 이세벨(Jezebel)과 결혼한 것은 바로 이러한 동맹관계를 효과적으로 지속하기 위한 정략결혼이었습니다. 이세벨은 아합의 악명 높은 아내로서 사악하고 방탕한 여자였습니다(왕하 9:22). 사악한 왕비 이세벨은 아합과 함께 바알을 섬기고, 하나님의 선지자들을 죽임으로써 하나님께 범죄하였습니다. 이 일로 인해서 하나님께서는 이스

라엘에 가뭄이 들 것(왕상 17:1)을 알리기 위하여 엘리야를 아합에게 보내었습니다. 그 경고를 전한 엘리야는 그릿 시냇가로 가서 숨어지내는데, 초월적인 하나님의 도구라 할 수 있는 까마귀가 그에게 먹을 것을 날라다 주었습니다.

그러나 시내가 말라 버리자, 하나님께서는 그를 위하여 새로운 공궤지(供饋地)를 준비하였습니다. 즉 그는 하나님이 준비한 시돈 땅의 사르밧으로 가서 가뭄이 끝나기까지 거기서 머물렀습니다. 이는 아합의 통치력이 미치는 이스라엘 지경을 벗어나도록 하기 위함이었습니다. 거기서 엘리야는 한 과부의 가족들과 함께 지내게 됩니다. 그 과부는 마지막 음식까지 전부 다 엘리야와 함께 나누어 먹었습니다. 그러나 하나님은 가뭄이 다 지나도록 밀가루와 기름을 매일 채워 주셨습니다. 또한 과부의 아들이 죽자, 엘리야는 "나의 하나님 여호와여 원컨대 이 아이의 혼으로 그 몸에 돌아오게 하옵소서"(왕상 17:21)라고 간곡하게 기도하였습니다. 하나님은 그런 엘리야의 기도를 들으시고 그를 살려 주었습니다(왕상 17:23).

선지자를 핍박한 주요 왕들

왕	선지자	관련성구
아합	엘리야	왕상 19:1-2
아합	미가야	왕상 22:27
아하시야	엘리야	왕하 1:9-16
여호야김	예레미야	렘 36:20-23
헤롯	세례요한	눅 3:19-20

가뭄이 3년이 됐을 때 엘리야는 하나님의 지시에 따라 아합에게로 갔습니다. 당시 아합의 궁내 대신 오바댜라는 인물이 있었습니다. 그는 하나님을 "크게 경외하는"(왕상 18:3) 사람이었습니다.

위의 도표에서 보듯이 아합과 이세벨이 여호와 하나님의 예언자들을 죽이러 할 때 오바댜는 예언자 1백명을 5십명씩 동굴에 숨겨두고 먹을 것과 물을 날라다 살려 주었습니다. 이 때 아합이 오바댜를 불러 물의 근원을 찾도록 했습니다. 오바댜가 물의 근원을 찾으러 가는 도중에 엘리야를 만났습니다. 엘리야는 아합을 만나고 싶다는 전갈을 오바댜의 편에 보내었습니다. 아합은 즉시 오바댜와 함께 엘리야가 있는 곳까지 왔습니다. 엘리야는 바알과 아세라의 선지자들을 갈멜 산으로 모아 달라고 아합에게 요청하였습니다.

그 선지자들이 모이자 엘리야는 이렇게 말하였습니다. "너희가 어느 때까지 두 사이에서 머뭇 머뭇 하려느냐. 여호와가 만일 하나님이면 그를 좇고 바알이 만일 하나님이면 그를 좇을지니라"(왕상 18:21). 즉 만일 불을 내려 자기에게 바친 제물을 태울 경우에는 모든 사람들이 그를 경배해야 할 것이지만, 하나님께서 불을 내려 엘리야의 제물을 태울 경우에는 이것으로 하나님만이 참 신임을 증명하는 것이 될 것이라는 것이었습니다. 그러자 바알의 선지자 450명과 아세라의 선지자 400명은 춤추고 기도하고 심지어 자해(自害)를 가하기도 하며 불을 내려달라고 울부짖었습니다. 그러나 아무런 일도 일어나지 않았습니다. 엘리야는 그들을 향해 "저는(바알) 신인즉 묵상하고 있는 지 혹 잠깐 나갔는 지 혹 길을 행하는지 혹 잠이 들어서 깨워야 할 것인지"(왕상 18:27)라고 조롱하였습니다.

엘리야는 이렇게 조롱의 말을 퍼붓고는 야곱의 지파 수대로 열두 돌을 놓고 도랑을 만들어 나무를 쌓아 그 위에 송아지의 각을 떠서 놓고는 네 통의 물을 붓게 했습니다. 제단에 물이 넘치자, 엘리야는 이어 이렇게 기도했습니다. "아브라함과 이삭과 이스라엘의 하나님 여호와여…… 내게 응답하옵소서……"(왕상 18:36-37). 엘리야가 하나님께 기도드리자, 불이 내려와 제물을 살랐습니다. 그러자 모든 백성들은 "여호와 그는 하나님이시로다"라고 외쳤습니다. 그래서 엘리야는 백성들에게 바알 선지자들은 모조리 잡아오게 한 뒤 기손 시내로 내려가 그들을 다 죽였습니다. 엘리야가 사환 한 명을 갈멜 산 꼭대기로 데리고 올라가 땅에 꿇어 엎드려 그 얼굴을 무릎 사이에 넣고 기도하며 사환에게 바다 편을 바라보라고 하였습니다. 일곱 번째 바다 편을 보던 사환은 엘리야에게 놀란 목소리로 고했습니다. "보니 바다에서 사람의 손만한 작은 구름이 일어나고 있나이다"(왕상 18:44). 사람의 손만한 구름은 초자연적인 능력의 표시로 그것은 곧 구름과 바람을 더욱 일게 하여 큰 비를 몰고 와 가뭄을 완전히 해갈시켜 주었던 것입니다(왕상 18:25-46).

바알의 선지자들이 처형됐다는 소식을 듣고 이세벨은 몹시 화를 냈습니다. 엘리야는 목숨을 보존하기 위해 남쪽 광야로 도망하여야만 했습니다. 그는 40일 낮밤에 걸쳐 행하여 시내 반도 호렙 산까지 갔습니다. 도중에 배가 고파 죽을 지경에 이른 일도 있었으나 그때마다 천사가 나타나 먹을 것을 주었습니다. 엘리야가 호렙 산 위로 오르니 강한 바람이 산으로 불어와 바위를 부수었습니다. 바람이 잠잠해지자 지진이 일어났고 지진이 끝나자 불길이 일어났습니다. 그리고 불이 꺼지자 조용하고 작은 말소리가 들려, 엘리야에게 아직도 할 일이 있다는 사실을 알려 주었습니다.

그후 아합이 별궁 근처에 있는 나봇(Naboth)의 포도원을 차지하기 위하여 그를 죽였을 때, 엘리야는 왕에게 하나님께서 그의 가문을 멸하시리라고 경고했습니다. 하나님의 사람 엘리야는 이렇게 저주했습니다. "네가 사람을 죽이고 그의 땅마저 빼앗았구나. 나봇의 피를 핥던 개들이 같은 자리에서 네 피도 핥으리라. 개들이 이스라엘 성 곁에서 이세벨을 먹으리라. 아합 가문에 속한 자가 성 안에서 죽으면 개들이 뜯어 먹고 성 밖에서 죽으면 새들이 쪼아 먹으리라"(왕상 21:19-24). 아합은 이 말을 듣고 나서 옷을 찢으며 굵은 베옷을 걸치고 단식을 하며 크게 뉘우쳤습니다. 이렇게 아합이 크게 뉘우치므로 하나님은 그를 불쌍히 여겨 그의 진노를 유보하였고 그에게 내리려던 재앙을 그 아들들에게로 넘어가게 했습니다. 엘리야의 예언대로 이세벨은 비참한 최후를 마쳤고(왕하 9:29-37), 아합은 길르앗 라못 싸움에서 죽었으며(왕상

22:1-40) 그 아들 아하시야는 왕궁에서 낙상하여 죽었습니다. 형벌의 법칙은 엄격하였고 예언은 그대로 성취되었습니다. 마침내 엘리야는 엘리사를 제자로 선택하여 그에게 정신적 지도권을 넘기고 불사(不死)의 몸으로 에녹(Enoch 창 5:24)처럼 승천하였습니다. 그 승천의 장면을 성경은 매우 인상적으로 기록해 주고 있습니다. "홀연히 불수레와 불말들이 두 사람을 격(隔)하고 엘리야가 회리바람을 타고 승천하더라" (왕하 2:11).

엘리야는 이처럼 회리바람을 타고 다만 광명(큰 빛)만 있고 하나님만이 계신 곳으로 들리워졌습니다. 메어리 엘리자베스 코울리지(Mary Elizabeth Coleridge, 1861-1907)라는 영국의 여류시인은 "거기"라는 시에서 엘리야가 올라간 하늘나라를 다음과 같이 노래하였습니다.

거기 저 다른 세상에서는 무엇이 나를 기다리는가?
다시 태어난 뒤 나는 무엇을 발견할까?
폭풍치고, 요동하며, 거품 이는, 그리고 미소짓는
바다가 아니라 새로운 땅을 찾으리라.

하루하루의 변화를 기록하는 태양도
느리면서도 살며시 저무는 하루하루의 밤도
결코 달도, 별도, 그리고 빛도 없고
다만 '광명' (큰 빛)만 있으리라.

나의 선조들이 걷던 곳으로 나도 걸을 수 있도록
해 주는 넓고 무척이나 아름다운 잿빛 사원도,
하나님의 전도 거기엔 없고,
다만, 나의 영이여, 거기엔 하나님만 계시리라.

코울리지는 그녀의 처녀소설 『에베소의 일곱 잠자는 사람들』(The Seven Sleepers of Epheans, 1893)로 로벗 스티븐슨의 칭찬을 크게 받았다고 합니다. 그녀가 죽은 뒤 『신구시』(新舊詩, Poems Old and New, 1907) 라는 시집 한 권이 나왔습니다. "거기"라는 시는 이 『신구시』에 실려 있습니다. 이 시는 매우 간단하지만 신비로운 세계를 묘사해 주고 있는 시입니다. 하늘나라는 제1연에서는 "바다"로 상징되는 이 세상하고는 다른 새로운 땅이라는 것을, 제2연에서는 낮과 밤이 교체되는 시간의 세계가 아니라 오직 빛의 근원되시는 광명 즉 하나님만이 계신 곳이라는 것을, 제3연에서는 각양각색의 물체와 현상들을 볼 수 있는 그런 공간 세계가 아니라 오직 영적 존재들만이 있는 곳이라는 것을 묘사하고 있습니다.

이 이야기에 있어서 이와 같이 기적을 반복 사용한 것은 문학적으로 볼 때 매우 중요한 의미를 갖습니다. 그것은 하나의 기본 틀이 될 뿐아니라 설화자가 전달하고자 하는 의미를 강조해 주고 있습니다. 다시 말해서 이런 이중적 구조는 그런 기적의 근원이 엘리야에게 있는 것이 아니라 이스라엘의 주 하나님에게 있다는 것을 보여 주고 있습니다.

이처럼 여호와 하나님의 능력을 강조하는 까닭은 무엇인가? 당시 이스라엘의 환경은 이세벨이 바알의 종교를 이스라엘 사람들에게 강요하고 있던 때였습니다. 이세벨의 신 바알은 주로 농경의 신으로, 폭풍과 비를 지배하며, 풍요를 좌우하고, 곡식과 기름을 제공하며, 땅의 자연적 주기를 다스리는 힘을 가지고 삶과 죽음을 통하여 병든 자를 고쳐 줄 수 있는 것으로 간주되었던 신이었습니다. 그러나 바알은 겉으로만 그럴듯한 허울좋은 신이었을 뿐, 엘리야처럼 가뭄을 멈추고 비를 줄 수 없었으며, 풍요와 농사, 삶과 죽음 및 땅의 주기에 영향을 미칠 수가 없었습니다. 엘리야는 그것을 알고 있었고 그런 진리를 설화를 통해 전달해 주려고 하였습니다. 즉 기저 구조를 통해 그는 하늘과 땅과 만물을 지배하는 자는 여호와 하나님 뿐이라는 것을 알려주고 있습니다.

엘리사와 나아만 장군의 문둥병

엘리사는 요람(Jehoram), 예후(Jehu), 여호아하스(Jehoahaz), 요아스(Joash)의 통치 기간 중 하나님을 섬기면서 이스라엘의 북왕국에서 사역한 예언자였습니다. 엘리사는 사밧(Shaphat)의 아들로서 대머리였으며(왕하 2:23) 열두 겨리 소를 앞세우고 밭을 가는 평범한 사람이었습니다. 그는 보통 옷을 입고 지팡이를 잡고 다녔습니다(왕하 4:29). 엘리야는 엘리사를 만나 가까이 다가가서 자기 겉옷을 그의 어깨에 걸쳐 주었습니다. 이것은 때가 오면 엘리사가 엘리야의 뒤를 이어 하나님의 예언자로서 일해야 한다는 표시입니다.

엘리사가 엘리야에게 부탁하였습니다. "나로 내 부모와 입맞추게 하소서(작별 인사를 하게 하소서). 그러한 후에 내가 당신을 따르리이다"(왕상 19:20). 엘리야가 이렇게 대답하였습니다. "돌아가라". 집으로 달려간 엘리사는 소의 기구(쟁기)를 불살라 버리고 황소 두 마리를 잡아서 고기를 삶아 동네 사람들을 대접하였습니다. 엘리사는 부모님과 작별 인사를 나눈 다음 엘리야를 따라가 그의 제자가 되었습니다(왕상 19:21).

그러나 엘리사는 엘리야가 불병거를 타고 하늘로 승천하기까지는 역사의 전면에 나타나지 않습니다. 엘리사는 엘리야와 최후의 고별을 나누면서 그에게 이렇게 구했습니다. "청컨대 당신의 영감이 갑절이나 내게 있기를 구하나이다"(왕하 2:9). 엘리사(Elisha)는 엘리야의 사역(使役)을 계승하여 50년(주전 850-800) 동안 그 일을 수행한 능력있는 예언자가 되었습니다.

엘리야가 이렇게 영감의 두 몫(갑절)을 누리게 해달라고 애원하는 제자 엘리사에게 남겨 주고 간 것은 겉옷(mantle) 뿐이었습니다. 따라서 이 "엘리야의 겉옷"(Elijah's mantle)은 그 이후로는 직무의 계승(succession of office)을 뜻하는 말로 사용되고 있습니다. 이처럼 엘리야의 겉옷을 받자마자 엘리사는 요단 강 물을 갈라 육지처럼 건너가는 기적을 행할 수 있었습니다(왕하 2:14). 또한 엘리사는 엘리야 못지않게 많은 기적을 행하였습니다. 즉 엘리사는 여리고 사람들을 위해 쓴 물을 달게 했으며(왕하 2:19-22), 여호람과 여호사밧이 모압을 칠 때 물이 떨어진 그들의 군사들과 짐승들에게 물을 제공해 주었습니다(왕하 3:9-20). 그는 가련한 과부의 기름을 많게 해 주었고, 아이 못낳는 여인에게 아들을 낳게 해주었으며, 그녀의 죽은 아들을 살려 주었고, 예언자 생도들에게 해독(解毒)되는 국을 먹게 해주는 동시에 보리 떡 스무 개와 햇곡식 이삭으로 백 명을 먹여 주기도 하였습니다(왕하 4:1-43). 그리고 그는 나무를 베다가 빌어온 도끼를 물에 떨어뜨린 예언자의 한 생도를 불쌍히 여겨 그 빠진 곳에다 나뭇가지를 베어 던져서 도끼를 떠오르게 하여 그 잃었던 도끼를 찾아 준 일도 있습니다(왕하 6:1-7). 또한 그는 불말과 불병거로 그를 사로 잡으러 온 시리아 군의 눈을 멀게 하기도 하였습니다(왕하 7:3-8).

엘리사의 주요 행적

사 건	지 명	관 련 성 구
물 근원 정화	여리고	왕하 2:19-22
조롱한 아이들 저주	벧엘	왕하 2:23-25
홍수 예언	아랏	왕하 3:16-20
수넴 여인의 아들 살림	수넴	왕하 4:8-37
국해독, 식물 기적	길갈	왕하 4:38-44
문둥병자 치유	길갈	왕하 5:8-14
아람군대 인도	도단	왕하 6:13-23
하사엘 즉위 예언	다메섹	왕하 8:7-15
예후에게 생도 파송	라못길르앗	왕하 9:1-10

위의 도표에 나타난 대로 엘리사는 실로 많은 행적과 기적을 행하였습니다. 그런 중에서도 그가 행한 가장 중요한 기적은 나아만 장군의 문둥병을 고쳐 준 것이라 할 수 있습니다. 아람(시리아)에는 여러 장군이 있었지만 그 중에서도 나아만이 가장 용감한 장군이었습니다. 아람이 평화롭게 살 수 있었던 것도 그의 덕택이었습니다. 그러나 그는 나병환자였습니다.

아람 사람들과 이스라엘 사람 사이에 잠시 평화가 찾아왔던 때의 일이었습니다. 나아만이 아람 군을 이끌고 이스라엘에 쳐들어와 많은 사람을 포로로 잡아간 일이 있었는데, 그들 중에는 "작은 계집아이"(왕하 5:2)도 끼여 있었습니다. 그 소녀는 나아만 아내의 하녀가 되어 그의 집에서 살며 그의 아내에게 수종을 들고 있었습니다.

어느 날, 이스라엘의 소녀는 나아만의 병을 보고 가여운 생각이 들어 주모(여주인)께 아뢰었습니다. "우리 주인이 사마리아에 계신 선지자 앞에 계셨으면 좋겠나이다. 저가 그 문둥병을 고치리이다"(왕하 5:3).

그 주모는 이 말을 나아만에게 전했습니다. 다시 이 말은 왕에게까지 전해졌습니다. 아람의 왕은 나아만을 불러 이스라엘의 왕 여호람에게 쓴 편지를 건네주면서 사마리아로 보냈습니다. 나아만은 아람 왕의 편지를 가지고 하인과 함께 사마리아를 향해 떠났습니다. 나아만은 자기 병을 고쳐 줄 예언자에게 줄 선물로 은 열 달란트와 금 육천 세겔, 좋은 옷 열 벌을 준비하였습니다(왕하 5:5). 사마리아에 도착한 나아만은 이스라엘 왕에게 편지를 전했습니다.

편지를 다 읽은 이스라엘 왕은 아람 왕이 다시 싸움을 걸어오기 위해 트집을 잡는 것이라고 생각하고 자기 옷을 찢으며 말했습니다. "내가 하나님이관대 능히 사람을 죽이며 살릴 수 있으랴. 저가 어찌하여 사람을 내게 보내어 그 문둥병을 고치라 하느냐"(왕하 5:7). 이 소식을 들은 엘리사는 왕궁으로 사람을 보내어 왕에게 다음과 같이 전하라고 하였습니다. "왕이 어찌하여 옷을 찢었나이까. 그 사람을 내게로 오게 하소서. 저가 이스라엘 중에 선지자가 있는 줄을 알리이다"(왕하 5:8).

이렇게 하여 나아만은 엘리사를 찾아갔습니다. 그는 아람의 장군답게 훌륭한 마차와 여러 명의 하인을 데리고 엘리사의 집에 도착하였습니다. 엘리사는 자기 하인을 시켜 나아만에게 말했습니다. "요단 강에 몸을 일곱 번 씻으라. 네 살이 여전하여 깨끗하리라"(왕하 5:10).

이 말을 들은 나아만은 화가 났습니다. 그는 이스라엘의 예언자를 매우 못마땅하게 생각했습니다. "저가 내게로 나아와 서서 그 하나님 여호와의 이름을 부르고 당처(當處) 위에 손을 흔들어 문둥병을 고칠까 하였도다"(왕하 5:11). 나아만은 하인들을 돌아다보며 "다메섹 강 아마나와 바르발은 이스라엘 모든 강물보다 낫지 아니하냐. 내가 거기서 몸을 씻으면 깨끗하게 되지 아니하랴"(왕하 5:12)고 말하였습니다.

나아만은 수레를 돌려 자기 나라로 돌아가려고 하였습니다. 그러나 하인들은 주인을 달랬습니다. "내 아버지여, 선지자가 당신을 명하여 큰 일을 행하라 하였더면 행치 아니하였으리이까. 하물며 당신에게 이르기를 씻어 깨끗하게 하라 함이리이까"(왕하 5:13). 나아만은 하인들의 말을 듣고 자기가 어리석고 교만했다는 것을 깨닫고 요단 강으로 가서 일곱 번 몸을 씻었습니다. 그러자 나아만의 피부가 어린아이 피부처럼 부드러워졌습니다. 나아만은 너무 기뻐서 "하나님의 사람" 엘리사에게로 도로 와서 "내가 이제 이스라엘 외에는 온 천하에 신이 없는 줄을 아나이다. 청컨대 당신의 종에게서 예물을 받으소서"(왕하 5:15)라고 말하며 아람에서 가지고 온 예물을 엘리사에게 내놓았습니다.

그러나 엘리사는 자기가 섬기는 하나님께서 하신 일이므로 선물을 받을 수 없다고 단호하게 거절하였습니다. 그러자 이번에는 나아만이 엘리사에게 부탁하였습니다. "노새 두 마리에 실을 흙을 당신의 종에게 주소서. 이제부터는 종이 번제든지 다른 제든지 다른 신에게는 드리지 아니하고 다만 여호와께 드리겠나이다"(왕하 5:17). 엘리사는 매우 기뻐하며 "평안히 가라"고 하였습니다.

그러나 엘리사의 사환 게하시는 나아만이 가진 금을 보고 뒤쫓아가 주인인 엘리사의 심부름이라고 거짓말하여 은 두 달란트와 옷 두벌을 받아 가지고 돌아왔습니다. 종이 돌아오자, 엘리사는 종이 한 짓을 알고 있었기 때문에, "나아만의 문둥병이 네게 들어 네 자손에게 미쳐 영원토록 이르리라"(왕하 5:27)고 했습니다. 그러자 게하시는 문둥병으로 피부가 눈처럼 하얗게 되어 엘리사를 떠났습니다.

한 번은 아람 군이 이스라엘을 쳐들어왔습니다. 기습 작전을 미리 안 엘리사는 그 사실을 왕에게 알려 여러 번 아람 군을 막을 수 있었습니다. 이에 분노한 아람 왕은 부하들에게 그를 잡아오라고 명령하였습니다. 아람 왕은 기마 부대와 병거 부대와 강한 부대를 엘리사가 있는 도단으로 보내어 그 성을 포위했습니다.

엘리사의 시종이 아침 일찍 밖에 나갔다가 대군이 군마와 병거로 성을 포위하고 있는 것을 보았습니다. 그 시종이 엘리사에게 말했습니다. "아아, 내 주여, 우리가 어찌하리이까"(왕하 6:15). "두려워하지 말라.

우리와 함께 한 자가 저와 함께 한 자보다 많으니라"(왕하 6:16)라고 엘리사는 말했습니다. 시종은 눈 앞에 불말을 탄 기마 부대와 불병거 부대가 엘리사를 둘러싸고 온 산에 덮여 있는 것을 보았습니다.

아람 군대가 쳐들어오자 엘리사는 하나님께 "원컨대 저 무리의 눈을 어둡게 하옵소서"(왕하 6:18) 하고 기도했습니다. 그러자 그들의 눈이 멀었습니다. 엘리사는 그들을 유인하여 사마리아 성으로 끌어 들였습니다. 엘리사의 말대로 왕은 큰 잔치를 베풀고 잘 먹고 마시게 한 다음 그들을 돌려 보냈습니다. 그 후부터 아람 군은 쉽게 이스라엘을 쳐들어 오지 못했습니다.

여호아스가 나라를 다스리고 있을 때 엘리사의 나이는 대단히 높은 편이었습니다. 엘리사는 여호아스를 불러 동녘 창문을 연 후 활과 화살을 잡고 시위를 당겨 쏘게 했습니다. 왕이 엘리사의 말대로 동녘 창문을 열고 시위를 놓자 화살은 창 밖으로 날아갔습니다(왕하 13:14-19). "이는 여호와의 구원의 살 곧 아람에 대한 구원의 살이니 왕이 아람 사람을 진멸하도록 아벡에서 치리이다"(왕하 13:17)라고 엘리사는 왕에게 말했습니다. 이러한 일이 있은 후 엘리사는 죽어 하나님 곁으로 갔습니다.

롱펠로우의 시 가운데 "화살과 노래"라는 것이 있습니다.

　　　　나는 공중을 향해 화살을 쏘았네.
　　　　땅에 떨어졌으나 그 지점은 알 수 없었네.
　　　　너무나도 빨리 날았으므로
　　　　내 눈은 그것을 쫓을 수가 없었네.

　　　　나는 공중을 향해 노래를 불렀네.
　　　　땅에 떨어졌으나 그 지점은 알 수 없었네.
　　　　누가 노래의 비상을 쫓아갈 수 있을 만큼

예리하고 강한 시력을 지녔다는 말인가?

오랜 오랜 훗날 참나무에 박힌
아직도 꺾이지 않은 그 화살을 발견하였네.
그 노래 또한 처음부터 끝까지
벗의 마음 속에 있음을 발견하였네.

롱펠로우(Henry W. Longfellow, 1807-1882)는 19세기 미국 시인입니다. 그는 1807년 미국의 동북단에 있는 메인주의 해안 포트랜드에서 태어났습니다. 그의 아버지는 변호사로서 국회의원으로 당선된 사람이었습니다. 그는 유소년 때부터 수재였고, 1821년에는 보드윈 대학에 들어가 그 뒤에 유명한 소설가가 된 호손과 친교를 맺었습니다.

대학을 졸업한 뒤 3년간 유럽에 유학하였고, 1829년 귀국하고 나서는 강단에서 가르치면서 여행기 등을 써 발표했습니다. 1834년에는 하버드 대학으로부터 초빙되어 유럽에 다시 유학하였고, 1836년말에는 보스턴에 가까운 케임브리지에 거처를 정하고 시작 활동을 하였습니다. 그의 출세작은 『밤의 소리들』(Voices of the Night, 1839)과 『민요들』(Ballads, 1840)이라 할 수 있습니다. 그밖에 『노예의 노래』(Poems of Slavery, 1842), 『에반제린』(Evangeline, 1847), 『하이어워사』(Hiawatha, 1854), 『여인숙 이야기』(Tales of a Wayside Inn, 1863) 등과 같은 시집을 썼습니다.

그의 시는 서정적이고 평이한 맛을 갖고 있어 일반 대중들의 환영을 받습니다. 그래서 미국의 민중시인이라 불리워지고 있으며 외국시인이면서 그가 죽은 뒤 런던의 웨스터민스터 대성당에 매장된 것도 그 때문이라 할 수 있습니다.

위에서 소개한 "화살과 노래"는 널리 애송되는 시로 매우 간단하고 단순하지만 하나의 건전하고 보편적인 진리를 담고 있습니다. 제1연에서는 공중을 향해 화살을 쏘았는데 그 행방은 알 수 없고, 제2연에서는 공중(세상)을 향해 시와 노래를 지어 발표했지만 그 뒤 그것은 어떻게 되었는지 알 수 없다고 합니다.

자동차를 타고 한 시간에 달리는 마일 수는 정확히 계산할 수 있고 주어진 돈을 가지고 살 수 있는 상품의 양은 자세하게 헤아려 볼 수 있습니다. 그러나 선행이나 친절 또는 따뜻한 사랑과 믿음의 행위 같은 것은 아무리 재보려고 해도 재볼 수가 없습니다. 그러면 잴 수 없다고 해서 실재할 수 없고 볼 수 없다고 해서 존속할 수 없는 것인가? 화살이 날아가 꽂힌 지점이나 노래가 울려퍼진 곳은 알 수 없어도 아주 먼 훗날에 보면 화살은 참나무에 박혀 있고 노래는 친구의 마음 속에 남아 공명되고 있음을 알 수 있을 것입니다. 그와 같이 우리의 생각이나 말 또는 무상의 행위는 당장 어떤 보답을 받을 수 없을지 모르나 언젠가는 반드시 꽃이 피고 열매를 맺게 되는 것입니다.

엘리사가 왕에게 쏘라고 한 화살은 아람으로부터 이스라엘을 건져 줄 구원의 화살이지만, 그는 평상시 믿음과 소망과 사랑의 화살을 공중을 향해 늘 쏘았습니다. 그 화살은 어디론가 허무하게 사라져 버리고 마는 것이 아니라 하늘나라로 날아 올라가 차곡차곡 쌓이게 되고 먼 훗날 그 상급으로 영원한 생명과 평안을 얻게 되는 것입니다.

이 "엘리사와 나아만 장군의 문둥병"에 관한 이야기는 왕하 2장 12절부터 13장 25절까지에 나옵니다. "엘리야와 바알 선지자들과의 대결" 이야기에 있어서와 마찬가지로 "엘리사와 나아만 장군의 문둥병" 이야기도 여러 기적과 행사로 이루어져 있습니다. 이런 반복적 기적 구조의 사용은 문학적으로 볼 때 매우 중요한 의미를 갖습니다. 이미 앞에서도 언급했거니와 그것은 하나의 기본 틀이 될 뿐아니라 설화자가 전달하고자 하는 의미를 강조해 주게 됩니다.

다음으로는 기적과 관계된 것들—물, 비, 불, 번개, 곡식, 빵, 기름,

불임(不姙) 여성에게 아들을 준 것, 죽은 자를 살린 것, 하늘로 올라간 것 등을 살펴볼 필요가 있습니다. 이 모든 것들은 이스라엘의 하나님이 엘리야와 엘리사를 통하여 지배하고 있는 것이 무엇인가를 지시해 주고 있습니다. 요컨대 그는 문명의 상징인 불을 지배하고, 땅을 기름지게 하는 비와 폭풍을 지배하며, 보리 떡 스무개와 한 줌의 가루 및 한 병의 기름이 암시해 주고 있는 바와 같이 농사를 주관하고, 가뭄을 끝나게 한 것이나 불임 여성에게 아들을 준 것으로 알 수 있듯이 그는 풍요를 지배한다는 것입니다. 그가 삶과 죽음을 지배하고 있다는 것은 나아만의 문둥병을 고쳐준 것이나 죽은 자를 살려준 것으로 보여주고 있으며, 하늘을 지배하고 있다는 것을 엘리야의 승천 사건으로 나타내 보여주고 있습니다.

이스라엘의 질풍 노도 시대에 엘리야와 엘리사는 기적을 중심으로 활동을 전개하면서 이스라엘 민족을 영적으로 이끌었고 나라를 사랑하는 정열과 윤리적 확신을 가지고 왕을 책망하기도 하고 유일신교의 회복을 위해 목숨을 걸고 종교적인 투쟁을 벌였던 것입니다. 이 이야기는 오늘날처럼 종교 다원주의 시대에 살고 있는 현대의 신앙인들에게 많은 도전과 교훈을 줍니다.

요나와 큰 물고기

구약 성서 가운데 『요나서』(The Book of Jonah)라는 총 4장으로 구성된 한 작은 흥미있는 설화가 들어 있습니다. 『요나서』는 예언서 중의 하나이지만 다른 예언서와는 달리 요나라고 하는 인물의 개인적인 체험담입니다. 비록 설화방식을 취하고 있기는 하지만, 『요나서』는 결코 개인적인 체험의 허구화는 아닙니다. 그것은 역사적인 사실의 설화적인 기술로서 가장 길고 풍자성이 강한 하나의 이야기입니다.

『열왕기하』 14장 25절을 참고해 보면 요나는 이스라엘 민족의 르네상스라고도 할만한 실지회복(失地恢復)에 많은 공을 세운 아밋대(Amittai)의 아들로서 가드헤벨(Gath Hepher) 출신의 예언자였습니다. 그는 북이스라엘의 여로보함 2세(Jeroboam, 790-749 B. C.) 때 활동한 예언자인 동시에 위대한 정치가요 국왕 다음가는 권력자였습니다.

『요나서』 서두에 보면 그는 여호와 하나님으로부터 "너는 일어나 저 큰 성읍 니느웨로 가서… 그 악독(惡毒)이 내 앞에(=하늘에) 상달하였다고 외쳐라"(욘 1:2)라는 명령을 받았습니다. 그 당시 니느웨 (Nineveh)는 앗수르(앗시리아) 수도로 세계적으로 이름난 우상숭배의 중심지였으며, 늘 이스라엘을 위협하는 군사적 요새였습니다. 또한 니느웨에는 궤휼, 강포, 늑탈(나 3:1)과 극도의 이기심(습 2:15) 및 전쟁과 약탈, 냉정하고 비정한 인간성 등이 만연되어 있었습니다. 어느 주변 도시 보다도 이교적이고 가증한 앗수르 사람들은 이스라엘 사람들을 괴롭혔습니다. 그렇기 때문에 이스라엘 사람들은 그들을 싫어했을 뿐만 아니라 그들은 하나님의 벌을 호되게 받을 만도 하다는 생각을 하고 있었습니다. 그래서 하나님의 명령을 받고서도 요나는 곧바로 니느웨로 달려가 회개를 촉구하려 하지 않았습니다.

원래 예언자의 사명은 하나님으로부터 전달된 계시를 온전히 선포하는 것입니다. 그런데도 요나는 하나님의 명령을 못 들은 척하고 하나님을 피해 멀리 달아나야겠다고 생각하였습니다. 그는 이스라엘 사람들이 세계의 끝이라고 생각하던 스페인 남쪽 도시 다시스(Taeshish)로 가기 위해 욥바라는 항구에서 배를 탔습니다(욘 1:3). 요나는 어떤 의미에서 이기적이고 배타적이며 매우 편협한 국수주의적인 예언자였습니다. 실로 요나는 니느웨가 회개하는 것이 싫었습니다. 때문에 욥바 항구에서 배를 타고 다시스로 떠났던 것입니다.

불순종이 주는 위험

내 용	관련성구
나의 생명 위협	욘 1:4; 롬 6:23
이웃의 생명 위협	욘 1:5-17; 요삼 1:11
국가의 존립 위협	마 5:13-16

위의 도표에서 보듯이 니느웨로 가지 아니하고 다시스로 가는 배를 탄 그 불순종의 결과 요나는 여호와 하나님께서 보낸 대풍의 위협을 받게 되었습니다. 바다 가운데서 폭풍(욘 1:4)이 대작하여 배가 거의 깨어질 지경이 되었습니다. 선객(船客)들은 기도로써 바다를 진정시키려 하는 동안 요나는 배 밑층에 내려가 깊은 잠을 자고 있었습니다.

영국의 중세의 시인 가웨인(Gawain)이 쓴 시 가운데 『인내』(Patience)라는 시가 있습니다. 이 시의 소재는 『요나서』에서 끌어온 매우 단순한 것이지만 거기에다 더욱 자세한 내용을 첨가하고 색칠하여 생명감을 줍니다. 요나가 타고 가던 배와 승선(乘船) 및 대풍(大風)에 대한 생생한 묘사를 이 작품에서 발견할 수 있습니다.

> 지금 북과 동에서는 험상스러운 돌풍이 어스름하게 푸른
> 바다에서 움직일 때 포효(咆哮)가 일었다.
> 거칠은 뇌적운(雷積雲)이 일었고, 그 밑으로는 붉은 빛이 번쩍,
> 그리고 바다는 심하게 신음하니 듣기에도 놀라웠다.
>
> 잿빛 물 위의 바람은 함께 꼬여 엉키기 때문에
> 파도는 사나워졌고, 파동치며 높이 굽이쳤으며
> 심연까지 다시 부서지니 놀란 고기들은 미친 듯이
> 대양의 밑바닥으로 달아나 숨었다.
>
> 울부짖는 하늘과 바다와 배가 함께 나타날 때
> 요나가 승선한 선박에는 기쁨이 선혀 없었다.
> 넘실거리는 파도위에서 배는 쳐박히고 비틀거리고 요동쳤으며,
> 돌풍이 타격을 퍼부으니 전동장치가 산산조각이 났다.
>
> 키와 그 손잡이가 한 더미가 되어 외양(外洋)으로 내던져졌고
> 처음에는 돛대의 밧줄이, 그 다음으로는 돛대가 떨어졌다.
> 돛은 바다쪽으로 움직이고 고운 배는 둘러싸여
> 얼음처럼 차가운 바닷물을 마셨고, 그 다음에 그들의 울부짖음이 왔다.

폭풍의 묘사가 구체적이고 생생합니다.

이처럼 폭풍은 극심해서 배가 파선될 지경이었습니다. 사공들은 두려워 각기 자기 신들을 부르며 도움을 구했고, 배를 가볍게 하기 위하여 배에 실었던 물건을 바다에 던졌습니다. 그러나 폭풍은 가라앉지 않고 점점 더 심해졌습니다. 그래서 이 재난의 원인을 가려낼 목적으로

그들의 관습에 따라 제비를 뽑았습니다. 그 제비는 배 밑에서 잠을 자고 있던 히브리 사람 요나에게 떨어졌습니다. 사람들은 그것을 보고 요나에게 "이 재앙이 무슨 연고로 우리에게 임하였는가"(욘 1:8) 고하라고 하였습니다.

요나는 "나는 히브리 사람이요 바다와 육지를 지으신 하늘의 하나님 여호와를 경외하는 사람"인데, 하나님의 명령을 거역하고 다시스로 도망가는 중이라고 실토하였습니다. 그렇게 말하고는 바다를 잔잔케 하기 위해서는 자기를 바다에 던지라고 하였습니다. 이것을 보면 요나는 많은 낭만주의자들처럼 강렬한 정의감을 갖고 있었던 것 같습니다. 바다에 던져진 요나는 큰 물고기 뱃속에서 낮과 밤 사흘 동안 지내면서 하나님께 참회의 기도를 드렸습니다(욘 2:1-9). 여기서 큰 물고기는 바다 동물 중 가장 큰 부류에 속하는 고래나 상어로 추정되기는 하지만 정확히 어떤 물고기를 지칭하는지는 알 수 없습니다. 그러나 이 물고기는 하나님의 피조물 중 하나로서 요나가 삼일 동안 그 뱃속에서 체류할 수 있을 정도로 큰 것이었음에는 틀림없습니다. 이 기간 동안 물고기 뱃속에서 생존할 수 있는 가능성은 희박하였습니다. 그러나 요나는 삼일 동안 맑은 정신으로 상처없이 지낼 수 있었는데, 그것은 하나님의 은혜 덕분이었던 것입니다.

그리고 큰 물고기 뱃속은 "음부"에 해당하는 "스올"의 뱃속에 비유될 정도로 절망과 고통의 장소였습니다. 즉 이 비유는 요나가 지옥이나 무덤 속같이 두려운 상황에 처하게 되었음을 상징하고 있습니다. 그러나 요나는 이런 악조건 속에서도 절망하지 않고 기도를 드렸는데, 이는 고통이 자신의 죄로 말미암아 나타난 징벌임을 확신했기 때문입니다. 고난의 원인을 아는 것이야말로 고난을 해결하는 가장 현명한 방법이 될 수 있습니다. 사흘 후 이 큰 고기는 견디다 못해 요나를 육지에다 토해냈습니다. 한편 요나의 삼일간의 고기 뱃속 생활과 고기의 토해냄은 예수 그리스도의 죽으심과 부활을 예표하는 사건으로서(마 12:40; 16:4; 눅 11:29-32) 하나님의 초자연적인 섭리와 인류 구원에 대한 강한 의지를 시사해 줍니다.

구사일생으로 살아난 요나에게 하나님은 즉시 일어나서 니느웨 성으로 가라는 두 번째 명령을 내렸습니다. 그래서 요나는 일어나 니느웨 성으로 가서 하나님의 명령대로 "사십일이 지나면 니느웨가 멸망할 것이다"(요나 3:4)라고 외쳤습니다. 요나의 경고를 받은 니느웨 사람들은 즉시 금식을 선포하고 굵은 베옷을 입고 재 가운데 앉아서 하나님 앞에 그들의 죄를 회개했습니다. 때문에 니느웨는 하나님의 심판을 면할 수가 있었습니다. 그러나 편협하고 배타적인 생각을 가졌던 예언자 요나는 그 결과를 불쾌하게 생각했던 것입니다.

그는 성을 떠나 그 성 동편에 초막을 짓고 성이 어떻게 되는가를 보려 하였습니다. 밖으로는 태양이 타는듯 뜨겁고, 안으로는 분노가 불타올라 내우 외환으로 괴로움을 당하고 있을 때, 뜻밖에 박 넝쿨(gourd)이 나서 크게 자라 시원한 그늘을 지어 주었습니다. 그러나 새벽에 일어나 보니 한 마리의 벌레가 박 넝쿨을 모조리 씹어 해가 뜨니 곧 시들어지고 말았습니다. 다시 뜨거운 햇살을 받은 요나는 화를 내며 불평을 털어 놓았습니다. 이 때 하나님은 이 사건을 통하여 그분의 넓은 보편적 사랑을 요나에게 가르쳐 주었습니다. "네가 수고도 아니하였고 배양도 아니하였고 하룻밤에 났다가 하룻밤에 망한 이 박 넝쿨을 네가 아끼거든 하물며 이 큰 성, 니느웨에는 좌우를 분변치 못하는 자가 십 이만 여명이요 육축도 많이 있나니 내가 아끼는 것이 어찌 합당치 아니하냐?"(욘 4:10-11). 하나님은 이스라엘의 하나님만이 아니라 세계 만민의 하나님이라는 것이었습니다. 동시에 요나가 니느웨의 사람들에 대해 관심을 갖지 않는 것은 불합리한 것이라는 뜻이기도 합니다.

『요나서』는 어떤 교훈적 목적으로 기록된 것이 틀림없습니다. 독일

신학자 에발트(Ewald)에 의하면 그것은 오직 참된 두려움(경외)과 회개만이 여호와 하나님으로부터 구원을 끌어낼 수 있음을 가르치기 위한 것이라고 합니다. 가령 뱃사람들의 경우(1:14), 요나 자신의 경우(2장), 또는 니느웨 사람들의 경우(3:5-9)에 있어서 회개하고 하나님께 돌아올 때 하나님의 사랑(3:10-4:11)이 그들에게 다시 구원을 가능하게 하였다는 것입니다. 그런가 하면 어떤 학자는 하나님의 명령을 거역하는 것은 아무런 유익이 없는 것임을 가르치기 위한 것이라고 합니다.

물론 이런 목적들이 없는 것은 아니지만, 『요나서』를 단순한 교훈시로 볼 수는 없고, 풍자적 설화로 보는 것이 더 타당할 것입니다. 『요나서』가 풍자적 설화라면 그것은 무엇을 풍자하는 것인가? 한 마디로 말해서 그것은 유대인의 편협한 종교적 태도와 배타적인 민족주의 사상을 "폭풍"(욘 1:4)과 "큰 물고기"(욘 1:17)와 "박 넝쿨과 그것을 씹어 먹는 벌레"(욘 4:6-7) 그리고 북아프리카에서부터 지중해 연안으로 불어오는 열풍인 "뜨거운 동풍"(욘 4:8)의 비유를 동원해서 풍자한 것입니다.

이스라엘 민족은 요나와 같이 여호와 하나님은 팔레스틴 즉 육지에 계시는 유일신으로만 생각했습니다. 때문에 육지만 피하면 하나님의 낯(하나님의 권위와 임재)를 피할 수 있으리라 생각하였지만, 사실상 하나님은 바다에도 계셨던 것입니다. 요나는 육지의 하나님을 피해 도망했지만 강한 폭풍을 이용해서 그를 바다까지 쫓아왔습니다(1:4). 결국 요나는 추적하는 하나님을 통하여 이방인들도 그들 나름대로 신을 섬기고 있다는 것과 하나님은 육지의 신만이 아니라 바다의 신도 된다는 것을 깨달았습니다. 그는 다시 큰 물고기의 뱃속에 갇혔다가 기적적으로 구출되었을 때 놀라운 사랑의 늦추지 않는 추적을 의식하였고 하나님의 이방인에 대한 사랑까지도 느끼게 되었습니다. 그래서 그는 추적자의 명령에 따라 즉시 니느웨 성으로 들어가 회개운동을 전개했던 것입니다. 그러나 그의 고질적이고 편협한 배타성이 즉각적으로 깨진 것은 아니었습니다. 그에게는 여전히 도피심리가 남아 있었습니다. 그래서 니느웨 사람들이 회개하고 하나님의 심판을 면하게 된 것을 보았을 때 그는 불쾌한 감정을 억제하지 못하고 죽고 싶다고까지 했던 것입니다. 그러나 하나님은 박 넝쿨을 이용해서 쫓아왔고, 도망자 요나는 마침내 자신의 편협한 종교적 태도와 배타적 민족주의가 잘못된 것이었다는 것을 깨닫게 됩니다.

『요나서』의 설화자는 풍자라는 메스를 사용하여 요나로 대표되는 이스라엘인들의 종교적 편협성과 민족주의적 배타성이라고 하는 곪은 부분을 수술하려 하였습니다. 그 수술을 통하여 그 자리에 하나님은 만민의 하나님이라는 것과 어디에나 계시는 하나님이라고 하는 진리의 새살을 자라나게 하였습니다. 즉 여기서 설화는 풍자를 통해 요나의 잘못을 고쳐가는 역할을 합니다. 그리고 하나님은 쓰임받기를 원치않는 사람들까지도 사용할 수 있다는 사실을 알게 해줍니다.

『요나서』의 이런 개인적인 경험을 통해 가장 근본적인 목적을 달성해 가는 플롯 구성은 극히 단순하면서도 감동적입니다. 그리고 이 스토리의 전체적인 토운이나 스타일도 예언자나 종교적 교사의 그것이라기 보다는 스토리 텔러(이야기꾼)의 그것이고, 풍자성이나 해학성도 다른 작품에서는 발견할 수 없는 그런 경지를 보여 주고 있습니다.

『요나서』를 단순히 하나의 비유로만 해석하려는 사람들이 있습니다. 그러나 이런 접근은 예수님께서 그의 죽으심과 부활을 말씀하시면서 직접 언급하신 요나에 대한 문자적인 해석(마 12:40; 눅 11:29-32)을 무시하기 쉽습니다. 『요나서』는 "요나와 큰 물고기 이야기" 그 이상의 설화인 것입니다. 『요나서』는 세상 죄를 대신 하여 죽으신 예수 그리스도의 그 크신 사랑을 바라보게 하는 구약 속의 신약이요, 요나는 예수 그리스도의 예형적인 인물이라 할 수 있습니다.

요아스와 그의 창의적인 우화

아래 도표에서 보듯이 구약에는 요아스라는 이름을 가진 사람들이 여덟 명이나 나옵니다. 그 중에서도 여기서 다루게 될 요아스(Joash)는 북이스라엘 왕국의 12대 왕입니다.

예후가 죽은 다음 그의 아들 여호아하스가 왕이 되어 이스라엘을 다

구약에 나오는 요아스라는 이름을 가진 사람들

직 책	관련성구
기드온의 아버지	삿 6:11
예언자 미가야를 체포하여 감금한 자	왕상 22:26
유다의 8대 왕	왕하 11:2
여호아하스의 아들 이스라엘의 12대 왕	왕하 13:10, 25; 14:8-17
유다의 아들 셀라의 후손	대상 4:22
베냐민의 아들 베겔의 후손	대상 7:8
시글락에서 다윗을 도와준 용사들의 한 두목	대상 12:3
다윗의 기름 곳간을 맡았던 사람	대상 27:28

스렸습니다. 그런데 여호아하스는 하나님의 율법을 잘 지키지 않았고 바알을 섬기는 잘못을 저질렀습니다. 그 때문에 시리아의 벤하닷의 세력에 눌려 지내다가 세상을 떠났습니다.

여호아하스의 뒤를 이어 그의 아들 여호아스(요아스)가 이스라엘의 왕이 되었습니다. 요아스는 사마리아에서 이스라엘 왕이 되어 십 육 년을 통치하게 됩니다. 그는 시리아가 쇠약해진 틈을 타서 그의 아버지 여호아하스 시대에 시리아에게 빼앗겼던 요단 강 동쪽의 여러 도시들을 벤하닷의 손에서 탈환하였습니다. 요아스는 벤하닷을 세 번 쳐서 무찌르고 이스라엘의 도시들을 되찾았습니다(왕하 13:25). 시리아와의 전쟁이 있기 이전에 요아스가 이 전쟁에서 승리할 것을 엘리사가 이미 예언한 바 있습니다(왕하 13:14-19).

엘리사가 죽을 병이 들자 요아스는 그에게로 내려가서 그 얼굴에 눈물을 흘리며 엘리사를 향하여 "내 아버지여 내 아버지여 이스라엘의 병거와 마병이여"(왕하 13:14)하고 외쳤습니다. 이 말은 고대 세계에 있어서 최고의 무기라 할 수 있는 "병거나 마병" 만큼 엘리사의 영적인 권위가 당대 이스라엘 최고의 지위에 놓여 있었음을 단적으로 보여준 것입니다. 뿐만 아니라 이는 엘리사가 이스라엘을 외적(外敵)으로부터 지키는데 얼마나 중요한 역할을 하였는가를 말해주는 것이기도 합니다.

요아스는 또한 유다 왕 아마샤와의 전쟁에서도 승리하였습니다(왕하 14:8-14; 25:17-24). 에돔에 대한 승리로 인하여 마음이 교만해진 남왕국의 아마샤 먼저 선전 포고를 해왔습니다. 『열왕기하』 14장 8절 "우리가 서로 대면하자"는 말은 선전 포고에 대한 완곡한 표현이라 할 수 있습니다. 아마샤가 형제인 북쪽 이스라엘과 싸우고자 했던 원인에 대해서는 다음 몇 가지로 생각해 볼 수 있습니다. 첫째 유다는 아합 이후 이스라엘의 세력에 압도당했습니다. 이러한 상황을 극복하고자 에돔과의 승리로 의기 충천한 아마샤가 선전 포고를 했을 가능성이 있습니다. 『역대하』 25장 13절에 의하면 이스라엘 군대가 유다 도시들을 쳐서 3,000명을 죽이고 노략했습니다. 이것도 선전 포고에 대한 좋은 구실이 될 수 있었습니다. 무엇보다 아마샤의 교만한 마음이 전쟁을 하고자 하는 욕구를 부채질했던 것 같습니다.

아무튼 남왕국의 아마샤가 선전포고를 해오자(왕하 14:8; 대하 25:17), 요아스는 다음과 같은 우화를 통해서 아마샤로 하여금 선전포고를 철회하도록 경고하였습니다. "레바논 가시나무가 레바논 백향목에게 보내어 이르기를 네 딸을 내 아들에게 주어 아내를 삼게하라 하였더니 레바논 들짐승들이 지나가다가 그 가시나무를 짓밟았느니라"(왕하 14:9).

여기서 "가시나무"는 유다를, "백향목"은 이스라엘을 상징합니다. 그런데 가시나무가 갑자기 교만하여져서 백향목의 딸을 며느리로 달라고 요청한 것은 당시의 관습에 비추어 볼 때 도저히 있을 수 없는, 그리고 분수에 넘치는 일이었습니다. 아마샤의 주제넘은 태도를 책망하는 동시에 무서운 줄 모르고 날뛰다가 스스로 멸망을 초래하지 말라고 풍자한 것입니다. 그러나 아마샤가 그의 충고를 듣지 아니하므로 요아스는 하는 수 없이 그의 군사를 이끌고 나가 벳세베스(Bethshemesh)에서 싸움을 벌렸습니다. 마침내 아마샤는 패하여 도망하니 요아스는 그를 추격하여 사로잡고 예루살렘을 진격 성벽을 헐고 성전과 왕실 금고에 있는 금은과 세간을 탈취한 후 많은 사람을 볼모로 잡아가지고 사마리아로 돌아왔습니다.

요아스가 죽은 뒤에도 아마샤는 15년을 더 생존하였으나 결국은 예루살렘의 무리가 모반하여 라기스에서 그를 죽였습니다(왕하 14:19). 이런 역사적 사건에 비추어 볼 때 이 우화는 더욱 깊은 뜻을 갖게 됩니다. 보잘 것 없는 무가치한 것들이 정권을 잡고 요동하지만 스스로 멸망을 자처할 뿐이라는 것입니다. 결국 교만을 부리던 가시나무는 우연히 지나가던 들짐승에 의해 짓밟히게 되는 것입니다. 여기서 "들짐승"은 요아스의 군대를 표상합니다. 이는 들짐승을 통한 심판이 백향목 즉 이스라엘에 의해서 내려진 것이 아니라 하나님에 의해 내려진 것이라는 것을 암시해주고 있습니다. 이처럼 하나님께서는 교만한 자들을 흩으시고(눅 1:51) 몸소 그들을 대적하십니다(벧전 5:5).

이 "요아스와 그가 정략적으로 사용한 우화"는 이미 사사시대에 요담이 세겜 사람들에게 말한 비유와도 비슷합니다. 요담의 우화와 요아스의 우화와는 아무런 관계가 없습니다. 다만 그 비유와 풍자성이 비슷하다고 생각하기 때문에 여기서 같이 다루려고 합니다. 여기에 나오는 요담은 아래 도표에 나타난 대로 기드온의 맏째 아들을 가리킵니다. 그리고 그 기사는 『사사기』 9장 7-15절에 실려 있습니다.

요담이라는 이름을 가진 사람들

가 문	관 련 성 구
기드온의 맏째 아들	삿 9:5
유다 왕 웃시야의 아들	왕하 15:32-38; 대하 26:21-23
야대의 아들	대상 2:47

사사 기드온이 죽은 후 세겜에 있는 기드온의 첩이 낳은 아들인 아비멜렉이 세겜 사람들을 현혹하여 이들의 마음을 샀습니다. 그리고는 기드온의 아들 70인을 죽이고 스스로 세겜의 왕이 되었습니다. 이때 기드온의 아들 가운데 오직 요담만이 무사히 피신할 수 있었습니다. 요담이 형제들이 죽고 아비멜렉이 세겜의 왕이 된 것을 듣고는 세겜인들에게 다음과 같은 창의적인 우화로 그들이 내린 결정의 어리석음을 꾸짖었습니다.

하루는 나무들이 자신들의 왕을 뽑아 세우려고 감람나무를 찾아갔습니다. 감람나무는 나무들에게 귀한 열매와 기름을 내서 하나님과 사람을 영화롭게 하고 기쁘게 하는데 새삼스럽게 나무들 위에 올라가 잘

난체 하면서 요동하겠느냐고 그들의 요청을 거절합니다. 그래서 나무들은 무화과나무를 찾아가서 자기들의 왕이 되어달라고 간청하였습니다. 그러나 무화과나무도 달고 아름다운 실과를 버리고 새삼스럽게 나무들의 왕이 되어 요동하겠느냐고 거절합니다. 나무들은 다시 포도나무를 찾아가 자기들의 왕이 되어달라고 요청합니다. 포도나무 역시 하나님과 사람을 기쁘게 하는 새술을 버리고 어찌 나무들의 왕이 되어 요동하겠느냐고 그 요청을 거절합니다. 그래서 하는 수없이 나무들은 가시나무를 찾아가 자기들의 왕이 되어달라고 간청했습니다. 그러자 가시나무는 즉시 그대들이 나를 왕으로 삼으려면 "내 그늘에 와서 피하라"고 합니다. 그렇지 않으면 가시나무에서 불이 나와서 레바논의 백향목(착한 사람의 표상)을 사를 것이라고 위협합니다.

이 이야기에서 보는 바와 같이 감람나무, 무화과나무, 포도나무 등은 나름대로의 귀한 재능을 이웃을 위해 사용하며, 분수를 넘어 과욕에 빠지지 않는 겸허하고 선한 인간상을 대변하고 있습니다(롬 12:3). 그리고 가시나무는 아무런 자격이나 재능이 없음에도 불구하고 협박 공갈로 왕위를 서슴없이 가로챈 아비멜렉과 같은 무익하고 악한 사람을 비유하고 있습니다(시 12:8; 전 10:6).

나무들은 자기들을 다스릴 왕을 찾고 있었습니다. 감람나무와 무화과나무와 포도나무는 왕으로 추대 받았음에도 이를 거절하였으나 열매도 맺지를 못하는 아무런 쓸모없는 가시나무가 "그의 그늘" 즉 보호와 약속을 내세워 자기에게로 오라고 했습니다. 사실상 가시나무는 저주를 상징하는 나무(창 3:18)로 먹을 만한 열매도 태양 볕을 가리워 줄 만한 잎도 없습니다. 다만 땔감으로 아궁이에 들어갈 그런 나무일 뿐입니다. 그럼에도 불구하고 굳이 가시나무더러 왕이 되어달라고 나무들이 요청한 것은 스스로 파멸을 자초하는 행위였습니다. 그리고 이는 하나님의 섭리와 간섭을 배제하고 인간적 취향과 욕구에 따라 스스로 절대적 보호망을 만들고자 하는 부단한 인본주의적인 노력을 상징하고 있습니다. 이러한 무모한 요청에 대해 가시나무는 마치 기다렸다는 듯이 선뜻 나섰으며 심지어 위협하는 자세를 보이기까지 하였습니다. 이처럼 지극히 우매하고 무모한 대중들의 여망은 자기 분수도 모르는 파렴치한 지도자의 허세와 결탁하여 서로의 멸망을 초래하게 됩니다. 요담은 이 우화를 통해 가시나무가 내세운 제안과 나무들의 무모한 요청의 어리석음을 다같이 풍자하였습니다.

왕이 될 자격도 없는 자가 스스로 왕이 되고, 지키지도 못할 약속을 남발하면서 허세를 부리는 모습은 지탄을 받아 마땅합니다. 더욱이 세겜인들은 별 볼일 없는 가시나무의 그늘을 믿고 의지하는 우매함을 범하고 있습니다. 즉 그들은 아비멜렉과 언약을 맺고 그로부터 기대하는 축복보다는 저주가 더 많다는 것을 모르는 어리석고 무지한 사람들입니다.

헨리 보온(Henry Vaughan, 1622-1695)은 영국의 17세기 형이상학파 시인 중의 한 사람입니다. 브레크노크주의 우스크 호반 뉴튼 성 브리드겟에서 출생했습니다. 그는 초년에 그 지방의 아름다운 풍경과 시골 생활을 그린 『이스카의 백조』(Olor Iscanus, 1651)를 펴냈고, 얼마 뒤에는 종교시집 『불꽃 번쩍이는 수석(燧石)』(Silex Scintillans, 1650-56)을 내놓았습니다. 이 시집은 그의 자연적 신비주의를 형상화한 것이라 할 수 있습니다. 요담의 우화에서도 보듯이 사람들은 무지하고 어리석기 그지없습니다. 뿌리를 잃었기 때문에 방황하고 동요하며 불안한 마음으로 일시적 세속적 가치를 찾아 헤매고 있습니다. 그런 인간을 보온은 "인간"이라는 시에서 노래했습니다.

> 여기 이 낮은 곳에 사는 미친한 것들 중에도
> 변함없는 마음과 위엄을 갖는 것이 있다는 것을

헤아려 보면, 새들은 잠도 자지 않는 시계처럼
소리도 없이 지나가는 날과 세월의 왕래를 나누고,
벌은 밤에 벌집으로 돌아오며, 또한 꽃은,
일찍 피는 것이든 늦게 피는 것이든, 해와 함께
일어나고 해질 녘에는 같은 나무 그늘에서 휴식한다.

신이 이런 것들의 불변성을
인간에게도 주었으면 좋으련만, 그렇게 되면
언제나 거룩한 신의 명령에 따라 살며,
새로운 일을 추구하여 평화를 깨치는 일은 없을 테니까.
새들은 씨를 뿌리지도, 거두어 들이지도 않지만, 먹고 마시고
꽃들은 옷도 없이 살지만
솔로몬도 이들만큼 좋은 옷을 입지는 못했다.

인간은 여전히 취미도 관심도 갖고 있지만,
그에겐 뿌리가 없고 어디 매인 곳이 없다.
해서 언제나 불안하고 질서없이
이 세상 둘레를 뛰며 달리고 있다.
고향이 있다는 것은 알지만 그 있는 곳을 모르며,
그 곳은 너무도 멀리 떨어져 있어서
그 곳에 이르는 길을 잊었다고 스스로 말한다.

그는 집집마다 문을 두드리며 헤메고 다니지만
길가의 돌만큼도 지혜가 없구나.
어두운 밤이면 창조주가 준 잠재감각에 의해
저들의 고향으로 향하는 돌만큼도
인간은 한낱 베틀의 북, 신은 그 베틀의
구불구불한 올을 찾아나가도록 명하였으나
휴식을 주지는 않았다.

자연의 세계에서 늘 보는 미천한 것들 즉 새와 벌, 꽃과 돌 같은 것들도 잠재감각이 있어서 아침이면 일어나고 저녁이면 제자리로 돌아가는데, 우리 인간은 뿌리고 없고 매인 곳이 없어서 집집마다 문을 두드리며 헤메는 떠돌이 신세가 되었다는 것입니다. 베틀의 구불구불한 올을 끊임없이 찾아나아가도록 되어 있지만 이 세상 것에서 휴식을 얻으려고 방황하고 있는 것이 인간이라는 것입니다. 실로 인간은 어리석기가 돌보다도 못한데, 특히 고향을 찾아가는 데 있어서는 더욱 그렇다고 합니다.

요담의 우화는 직접적인 효과를 거두지는 못했습니다. 그것은 요담의 우화를 듣고도 세겜인들이 어떤 변화를 보이지 않았기 때문입니다. 그러나 설화자가 의도하는 목적을 달성하는데는 성공했습니다. 왜냐하면 요담의 이야기를 듣고도 세겜인들이 변화하지 않았기 때문에 결국은 세겜인들과 아베멜렉이 나중에 싸우다 함께 멸망하기 때문입니다. 이처럼 요담의 우화는 세겜인들에게 직접적인 효과를 주지는 못했지만 설화자의 의도를 극화하고 사건의 전개를 끌고 나가는 원동력이 됩니다.

여로보암 2세와 정의의 예언자 아모스

아모스』(The Book of Amos)를 썼으며 이 말씀의 설화자인 아모스는 스스로 예언자가 아니라(암 7:14)고 하였지만 실로 그는 진정한 예언자였습니다. 예언자 하면 미래의 일을 점치고 예고하는 사람들로 생각하기 쉽지만, 사실상 그것이 예언자들의 기본적인 임무나 기능은 아닌 것입니다. 예언자라는 말은 그리스어 프로페타스(Prophetas)에서 유래된 것으로 다른 사람(특히 하나님)을 대신해서 말하는 사람 곧 대언자(代言者)라는 뜻입니다. 히브리어의 나비(nabi)도 대변자(spokesman)라는 뜻입니다. 그러니까 예언자들의 주된 임무는 미래의 일을 예고하는 것이 아니라, 하나님의 뜻을 그 백성들에게 선포하는 것이라 할 수 있습니다.

따라서 그들은 "가서 내 백성 이스라엘에게 예언하라"(암 7:15)와 같은 하나님의 위임을 받아 그것을 대언하였습니다. 간혹 예언자들 중에는 "바람주머니"(렘 5:13)처럼 부름을 받지 않고 내용이 없는 말을 떠

들어 대는 거짓 예언자들도 있었지만, 대부분의 진실된 예언자들은 하나님을 위하여 하나님의 뜻을 설명해 주는 사람들이었습니다.

하나님의 부르심을 받아 예언자가 된 아모스는 역사의 선각자로 독특하고 두드러진 개성을 가진 사람이었으며, 가장 짧게 나타나기는 했지만 좀처럼 끌 수 없는 불길을 일으켰던 예언자였습니다.

아모스는 스스로 자기를 "드고아의 목자요 뽕나무를 배양하는 자"(암 7:14)라 하였는데, 이는 목축업을 한 부자라는 뜻도 될 수 있지만 그보다는 어떤 목장에 고용되어 삯을 받고 남의 양을 쳐준 평범한 노동자였다는 것을 말해 주는 것으로 보는 것이 더 타당할 것입니다. 그가 양을 치는 일 이외에 부업으로 뽕나무를 길렀다는 것을 보아서도 알 수 있습니다. 아무튼 그는 베들레헴 동남쪽에 있는 고원지대 드고아에서 품팔이를 하며 먹고 살아가던 노동자였으나 하나님의 부르심을 받고 예언자가 되었던 것입니다.

그가 예언한 때는 학자에 따라 견해가 다르긴 하지만 대체로 주전 760년 경으로 보고 있습니다. 이 때 북이스라엘의 왕은 여로보암 2세(Jeroboam II, 주전 787-747)였고 남유다의 왕은 웃시야(Uzziah, 주전 785-747)였습니다. 여로보암 2세는 정치적으로 유능한 왕이었으며, 이스라엘 역사에서 뛰어난 무인(武人) 가운데 한 사람이었습니다. 그는 41년간 통치하면서 국내외적으로 많은 업적을 남겼습니다. 여로보암 2세 치하의 북이스라엘은 흔히 솔로몬 시대의 이스라엘에 비유할 만큼 정치적 안정과 물질적 번영을 누린 시기였습니다.

그 당시 벧엘에는 아마시아라는 직업적인 예언자가 있었습니다. 따라서 소명감에 불타는 아모스와 그 세대와 중화하며 타협의 길을 걷고 있는 아마시아와는 대결할 수밖에 없었습니다. 아마시아는 어떤 결말을 지을 결심을 하고 아모스에게 이렇게 말했습니다. "선견자야 너는 유다 땅으로 도망하여 가서 거기서나 떡을 먹으며 거기서나 예언하고 다시는 벧엘에서 예언하지 말라. 이는 왕의 성소요 왕의 궁임이니라"(암 7:12-13).

아마시아의 이 말은 그 당시 예언을 해주고 싼 값을 받아 먹고 살아가던 다른 예언자들처럼 직업적인 예언자가 되라는 것입니다. 그러나 아모스는 이런 세찬 저항과 요구를 받으면서도 단호한 태도를 취하였는데, 이는 그의 소명 의식을 뚜렷이 한 것이라 할 수 있습니다(암 7:15-17).

하나님의 경고의 방법

방법	관련성구	결과
말씀을 통해	암 4:6	식량을 바닥나게 함
이웃을 통해	암 4:7-8	물을 바닥나게 함
환난을 통해	암 4:9-11	갖가지 자연적 재난을 내림

아모스는 이런 소명 의식을 갖고 위의 도표에서 보듯이 말씀을 통해 이스라엘 백성들의 죄를 여지없이 공격하고 심판을 경고했습니다. 그가 공격한 이스라엘의 죄악을 몇 가지로 분류해 볼 수 있습니다. 그 첫째는 권력가와 부자들이 가난한 사람들을 착취하고 어려운 사람들을 압제한 것입니다. 그들은 신 한 켤레 값으로 가난한 사람을 팔아 넘기기도 하고 가난한 자의 머리에 있는 티끌을 탐내기도 하며 겸손한 자의 길을 굽게 하기도 했습니다(암 2:6-7). 또한 그들은 가난한 자를 학대하며 궁핍한 자를 압제하고(암 4:1) 힘없고 가난한 자를 짓밟으며(암 5:11) 궁핍한 자를 삼키며 가난한 자를 망케 하였습니다(암 8:4-6).

둘째 죄는 그들이 정의를 공평하게 행하지 않은 것입니다. 당시 이스라엘 사람들은 의인을 학대했고, 뇌물을 받고 궁핍한 자를 억울하게 했으며(암 5:12) 저울눈을 속였으며(암 8:5), 돈을 인간의 가치보다 더 귀중하게 여겨 가난한 사람을 헐값으로 팔기도 하였습니다.

셋째 죄는 부자들이 검소한 생활을 버리고 지나치게 화려하고 사치한 생활을 하고 주색에 빠져 방탕한 생활을 일삼은 것입니다. 그들은 여름 별장과 겨울 별장을 짓고(암 3:15), 상아 침대에 누워 비싼 향수를 바르고 술에 취해 사는 사람들이었습니다(암 6:4-6). 그들은 양떼 가운데서 어린 양과 우리에서 송아지를 취하여 잡아 먹는 자들이었습니다(암 6:4).

넷째 죄는 그들이 종교적 신앙을 생명이 없는 기계적인 의식으로 바꾼 것입니다. 그들은 거룩하고 의로운 하나님을 의식적으로 찾으려 했습니다(암 4:4; 5:5; 6:3; 8:14). 마지막으로 그들은 남들이 갖지 못한 특권을 갖고 있으며, 자기들은 하나님의 재앙을 받지 않으리라는 하는 교만한 생각을 갖고 있었습니다(암 9:7-8). 그러나 아모스가 볼 때 이스라엘이라고 해서 다른 백성보다 나은 것이 없으며, 특별히 하나님의 심판을 면할 수 있는 것도 아니었습니다.

이스라엘을 포함해서 온 세상은 탐욕, 사회적 부정의, 사치, 도덕적 불감증, 종교적 의식화와 겉치레 같은 죄에 빠졌으므로 하나님의 심판을 받을 수밖에 없게 되었다고 아모스는 비판했습니다. 그러면서도 그는 백성을 통한 구원을 믿고 있었고, 그 전제로 회개를 촉구했습니다. 회개만이 구원의 전제조건이 됩니다.

영문학사에서 일반적으로 형이상학파 시인들(The Metaphysical poets)이라 일컫는 시인들 중의 선두에 위치한 존 던(John Donne, 1572-1631)은, 젊었을 때는 학문도 닦고 방탕한 생활도 하고 군인으로서 싸우기도 하였지만, 말년에는 성바울 대성당의 부감독으로 경건한 생활을 했던 사람입니다. 초기에는 대부분 연애시를 썼고 그것들을 모아놓은 것이 『노래들과 소넷들』(Songs and Sonnets)입니다. 말년에는 방탕한 생활을 청산하고 성바울 대성당의 부감독이 되어 감동적인 설교와 종교시를 많이 썼습니다. 그의 종교시의 주된 주제는 죄와 죽음, 회개와 용서(사랑)라 할 수 있습니다. 여기서는 회개를 다룬 한편의 시 『거룩한 소넷』 2번 "오 나의 검은 영혼이여!"를 소개하겠습니다.

오 나의 거룩한 검은 영혼이여! 이제 그대는 죽음의 사자이며
투사인 질병의 소환을 받고 있다.
그대는 나그네 길에서 반역을 행하고, 빠져 나왔던
곳으로 되돌아가지 않으려는 순례자와 같구나.
아니면 사형 선고문이 낭독되기 전까지는
감옥에서 구출되기를 소원하는 도적과 같구나.
하지만 선고를 받고 처형을 당하러 끌려 나갈 때는
차라리 투옥되어 있기를 소원하는 자와 같구나.
그러나 그대가 회개하면 은혜는 없지 않다.
하지만 회개하는 그 은혜를 먼저 그대에게 주실 분은 누구인가?
오 그대 자신을 거룩한 상복으로 검게 만들고,
죄 지었을 때처럼 부끄러움으로 붉게 만들거나,
아니면 그리스도의 피로써 그대를 씻으라. 그 피는
힘을 가지고 있기에, 붉은 영혼이라도 희게 염색할 수 있다.

"검은 영혼" 즉 죄 지은 사람은 위독한 병석에 누워있는 환자와 같은 처지라고 한다. 그 처지를 좀더 밝게 드러내기 위하여 두 개의 심상을 사용하고 있습니다. 그 하나는 조국을 배반하고 떠났기에 자기의 고국으로 돌아 올 수 없는 순례자의 심상이고, 다른 하나는 사형 선고를 받기 전에는 감옥에서 밖으로 나오기를 열렬히 희망했으나 막상 사형 집행장으로 끌려갈 시간이 되면 차라리 감옥에 갇혀있기를 소원하는 도적의 심상입니다.

   그러나 마지막 6행을 보면 이런 궁지에서 빠져나올 수 있는 길을 제시하고 있습니다. "검은 영혼"에게도 눈같이 희게 될 수 있는 은총이 주어지는데, 그것은 회개없이는 불가능하다고 주장합니다. "하지만 회개하는 그 은혜를 먼저 그대에게 주실 분은 누구인가?"라는 말을 첨가함으로써 그 자체는 철저히 그리스도에게 자신을 바치는 겸허한 반성과 감사에서 우러나와야 한다는 점을 강조하고 있습니다.

"거룩한 상복으로 검게 만들고"라는 말은 철저히 자기를 부정하고 아집과 모든 세속적인 욕망을 다 버려야 한다는 뜻이며, "부끄러움으로 붉게 만들거나"라는 말은 자신이 범한 죄악에 대한 숨김없는 고백과 통렬한 죄책감이 동반되어야 한다는 뜻입니다. 그리스도의 붉은 피로 인하여 진홍같이 붉은 죄를 눈같이 희게 염색할 수 있다는 표현은 기독교의 역설적 진리인 것입니다.

하나님께서는 모든 백성을 심판하여 형벌하지만 일부분 "남은 백성"을 통하여 세상을 구원하리라는 것을 아모스는 강조하고 있습니다. 그러나 아모스는 부드러운 위로의 예언자가 아니라 의와 심판의 예언자로 나타납니다. 그러나 심판의 예언은 기능면으로는 강한 빛을 띠고 있지만, 그 의도에 있어서는 회개를 촉구하는 것으로 해석할 수 있습니다. 그것은 『아모스서』 5장 14-15절과 같은 은혜의 약속을 포함한 경고, 4장 4-5절과 같은 아이러니칼 경고, 6장 10절과 같은 아이러니칼한 유우머를 보아서 그렇게 말할 수 있습니다. 왜냐하면 아이러니나 유우머는 현실의 완전한 부정 위에서는 성립되지 않기 때문입니다. 또한 『아모스서』 3장 3-6절, 5장 18-20절, 9장 7절과 같은 언어는 듣는 사람들의 논리적 응답을 구하는 것으로 일방적인 단절을 선고하지는 않습니다. 이런 점으로 보아서, 『아모스서』의 본질적인 의도는 심판보다는 회개를 촉구하는데 있었다고 할 수 있습니다.

『아모스서』의 문체는 에너지가 넘쳐 흐르는 극적인 문체라 할 수 있는데, 그것은 첫째 상승적인 말투에 나타납니다. 상승적인 말투의 예로서 『아모스』 1장 3절로부터 2장 16절까지 반복되는 "…… 서너 가지 죄로 인하여 내가 그 벌을 돌이키지 아니하리라"는 구절을 들 수 있겠습니다. 이 수의 반복에 의한 상승은 "내가 그 벌을 돌이키지 아니하리라"에서 절정에 이르게 됩니다. 이런 행동적 발언은 그 문체에 에너지를 더하게 해줍니다.

또한 극적인 문체의 특징으로 일인칭 대명사가 대립적으로 공세에 나온다는 것도 들 수 있고, 명령문이 아모스의 예언에 자주 쓰이고 있다는 것도 들 수 있겠습니다. 그러면서도 아모스의 독특한 논리구성 (암 3:3-8)이나 비유의 형성(암 5:18-20) 또는 의문형을 사용한 예언의 형태(암 6:12) 같은 것을 보면 그 문체가 사고형에 가깝다는 것을 알 수 있습니다. 이런 문체적 특징을 살리면서 이스라엘의 죄와 하나님의 심판이라는 이중적 의미구조로 회개를 촉구하고 있습니다.

『아모스서』는 『요나서』와는 달리 느슨하게 구성되고 다소 그 전개에 있어서도 비문학적인 단편적인 이야기들로 이루어져 있습니다. 이처럼 『아모스서』가 풍부한 풍자성을 갖고 있으면서도 형식적으로 빈약한 것은 아모스 자신의 사회적 소양의 빈곤에서 연유된 것으로 봅니다.

따라서 『아모스서』에 나타나는 문학적 상상력을 구조에서 찾아보려고 한다면 실망을 느낄 수밖에 없을 것입니다. 오히려 우리는 이 작품에 쓰여진 이미저리, 은유, 직유, 평행법, 수사적 질문, 역설, 야유 같은 수사적 기법을 살펴 볼 때 그 효과를 찾을 수 있을 것입니다.

가령 이스라엘의 부유한 여자를 야유하는 동물적 이미저리를 예로 들어 보겠습니다. "사마리아 산에 거하는 바산 암소들아 이 말을 들으라"(암 4:1). 남편을 졸라 술을 가져다 마시며 힘없고 가난한 자를 짓밟는 이스라엘 여인을 바산 풀밭의 암소에다 비유한 것은 실로 놀라운 일이라 아니 할 수 없습니다. 바산 풀밭은 힘없고 가난한 자를 비유한 것이고 암소는 그 풀밭을 짓밟는 이스라엘의 부유한 여자를 지칭한 것으로 볼 수 있습니다.

"주 여호와께서 자기의 거룩함을 가리켜 맹세하시되 때가 너희에게 임할지라. 사람이 갈고리로 너희를 끌고 가며 낚시로 너희의 남은 자들을 그리하리라"(암 4:2). 방탕한 생활을 하며 약자를 억압하는 자들을 심판하는 일을 갈고리로 끌어내는 일에 비유한 것은 매우 적절한 것이라 할 수 있습니다.

　이처럼 『아모스서』는 다양한 수사적 기법을 잘 구사했으며 극적인 문체를 잘 살린 작품이라 할 수 있습니다.

호세아와 그의 사랑을 저버린 고멜

아래의 도표에서 보듯이 구약에 호세아라는 이름을 가진 사람은 여러 명인데, 여기서 다루려 하는 사람은 『호세아서』를 썼으며 여로보암 2세때 예언활동을 했던 예언자 호세아입니다. 호세아는 북왕국 이스라엘 출신으로 아모스와는 달리 도시에서 출생한 브에리의 아들입니다. 그가 예언자로 소명을 받기 전 어떤 직업을 가졌었는지

구약에 나오는 호세아라는 이름을 가진 사람들

아버지	직 책	관 련 성 구
브에리	예언자	호 1:1-2
엘라	이스라엘의 마지막 왕	왕하 15:30; 17-1-6; 18:1, 9-10
아사시야	에브라임 관장	대하 27:20

는 확실치가 않습니다. 어떤 사람들은 빵 만드는(굽는) 직업(호 7:6-8)을 가졌던 것으로 추측하나 그런 것은 보통 사람이라도 할 수 있는 일이므로 『호세아서』에 가끔 빵 만드는 이야기가 나온다고 해서 그것을

그의 직업으로 보기에는 어려울 것 같습니다.

오히려 토지에 대한 언급이 많은 것으로 보아서 농부였을 것으로 생각됩니다. 그는 밭갈고 추수하는 이야기를 많이 했고 돌을 주워서 무더기로 쌓아 울타리를 만드는 일도 말하였습니다(호 2:6; 12:11). 또한 그는 연장을 다루는 일과 소를 모는 법도 알고 있었고(호 4:16; 10:11), 농부가 일기를 분간하는 일(호 6:4)이나 잡초가 곡식보다 더 잘 자란다는 것(호 8:7) 또는 마당질 하는 일(호 9:1; 10:11; 13:3) 등을 잘 알고 있었습니다. 뿐만 아니라 가루를 반죽하는 일(호 7:4-8)과 빵 만드는 법(호 7:8)도 잘 알고 있었습니다. 이런 모든 점으로 미루어 보아서 호세아는 엘리사처럼 농부였을 것으로 판단됩니다.

호세아는 농사짓는 일을 사랑했고(호 2:8-9), 자기 농장에 있는 초라한 집에서 하나님을 만날 수 있었습니다. 그런 만남 가운데서 예언자로 부름을 받았습니다(호1:1-2). 여로보암 2세의 말년부터 예언활동을 했는데, 여로보암 2세가 사망한 이후로는 정국이 불안정하여 앗수르(앗시리아)나 애굽과 동맹을 맺으려는 경향이 짙세나타났고 종교상황도 불확실하여 이교신을 따르는 일이 급증하게 되었습니다. 호세아의 예언활동은 이런 정치적 종교적 상황과 긴밀한 연계성을 갖습니다. 또한 그의 순수한 개인적 체험하고도 밀접한 관련이 있습니다.

『호세아서』는 크게 두 부분으로 나뉘어지는데, 첫째 부분은 1장으로부터 3장까지이며 분명치 않은 전기를 담고 있고, 둘째 부분은 4장으로부터 14장까지로 백성들에 대한 호세아의 발언을 포함하고 있습니다. 전기 부분에 따르면 호세아는 "너는 가서 음란한 아내를 취하여 음란한 자식들을 낳으라"(호 1:2)고 하는 하나님의 말씀을 들을 수 있었습니다. 그래서 호세아는 디블라임의 딸 고멜을 아내로 맞았습니다. 고멜은 호세아와 결혼한 후 두 아들과 딸 하나를 낳았지만 집을 뛰쳐나가 다른 정부와 놀아났습니다. 그때 하나님은 호세아에게 "너는 또 가서

타인에게 연애를 받아 음부된 그 여인을 사랑하라"(호 3:1)라는 명령을 하였습니다.

그래서 호세아는 은 열 다섯 개(15 세겔: 1세겔은 노동자의 4일간의 품삯에 해당됨)와 보리 한 호멜 반(15세겔에 해당) 즉 30세겔을 가지고 가서 그 여인을 산 뒤에, "너는 많은 날 동안 나와 함께 지내고 행음하지 말며 다른 남자를 좇지 말라"(호 3:3)라고 말하였습니다. 그 후 오랜 세월이 지난 다음에야 비로소 호세아는 고멜과 한 자리에 들었습니다.

이 이야기를 단순한 비유로 보는 학자들도 있지만, 그보다는 호세아의 쓰라린 가정적 체험으로 보는 것이 더 타당할 것 같습니다. 호세아는 이런 가정적 체험을 토대로 하나님과 이스라엘의 관계를 예언했습니다. 사실상 하나님과 이스라엘의 관계를 부부의 관계로 보는 것은 보편화된 것입니다.

호세아는 역사상 이스라엘 사람들이 세 가지 잘못을 저질렀는데, 그것은 고멜처럼 사랑을 저버린 데서 기인된 것으로 보았습니다. 먼저 그가 지적한 세 가지 과오를 들어보겠습니다. 첫째 아모스가 책망한 죄는 다른 나라 군대와 동맹을 맺어 안전을 구하려는 것입니다. "에브라임은 어리석은 비둘기 같이 지혜가 없어서 애굽을 향하여 부르짖으며 앗수르로 가는도다"(호 7:11). 다시 말해서 그들은 하나님을 의지하지 않고 인간의 힘을 의지하고 있다는 것입니다.

호세아가 책망한 두 번째 죄악은 제도 자체를 관신(過信)한 것이었습니다. "이스라엘아 네가 패망하였나니 이는 너를 도와주는 나를 대적함이니라. 전에 네가 이르기를 내게 왕과 방백들을 주소서 하였느니라. 네 모든 성읍에서 너를 구원할 자 네 왕이 이제 어디 있으며 네 재판장들이 어디 있느냐"(호 13:9-10). 호세아는 왕국의 제도 자체가 하나님과 인간의 사이를 가로 막아 방해하는 것으로 믿었습니다.

호세아가 책망한 세 번째 죄악은 이스라엘 사람들이 우상을 섬긴 것이었습니다. "에브라임이 우상과 연합하였으니 버려두라"(호 4:17). "저희의 행위가 저희로 자기 하나님에게로 돌아가지 못하게 하나니 이는 음란한 마음이 그 속에 있어 여호와를 알지 못하는 까닭이라"(호 5:4). 그들은 하나님으로부터 은혜를 받고도 다른 신에게 감사했으며 도덕적인 청결한 생활을 저버리고 바알 신당에서 육체적인 죄를 범하였던 것입니다(호 13:4-6). 이는 한때 살아계신 하나님의 사랑을 받던 자들이 그를 멀리 떠나 부정한 정부에 비유될 수 있는 송아지에게 입을 맞추는 음행 행위라 할 수 있습니다(호 13:2).

그들은 외적인 노력(군사동맹)과 모든 의식과 제도로써 끊어진 사랑의 줄을 이어볼려고 하지만 그것은 무용한 것이었습니다. 하나님께서 요구하시는 것은 신부로서 진실하고 성실한 마음을 갖고 그만을 의지하고 사랑하며 복종하는 것이었습니다. 그러나 이스라엘은 그 사랑을 저버린 것이었습니다. 그것은 하나님의 성격을 알지 못하는 무지에서 기인된 것입니다. 그래서 호세아는 "내 백성이 지식이 없으므로 망하는도다"(호 4:6)라고 말하였습니다.

하나님을 잘 알지 못하면 그를 저버리고 다른 속된 것과 짝하게 되는 것입니다. 그것은 고멜이 호세아의 사랑을 알지 못하여(호 2:9) 정부와 놀아난 것과 같습니다. 또한 그 속에는 역사적인 지식까지 포함됩니다. "네가 애굽 땅에서 나옴으로부터 나는 네 하나님 여호와라. 나밖에 네가 다른 신을 알지 말 것이라. 나 외에는 구원자가 없느니라. 내가 광야 마른 땅에서 너를 권고하였거늘 저희가 먹이운 대로 배부르며 배부름으로 마음이 교만하며 이로 인하여 나를 잊었느니라"(호 13:4-6).

그들은 그들을 지은 창조주를 잊었고, 애굽에서 구원하시고 고통 중에서 돌보아 주셨던 역사의 주를 잊었던 것입니다. 이와 같이 역사적 지식이 결여되거나 역사 속에 진행되는 계시를 망각하게 되면 하나님을 저버리게 됩니다. 결국 이스라엘의 죄는 고멜의 죄와 같이 사랑을 버린 죄라 할 수 있습니다. 그것은 은혜를 무시하고 사랑을 짓밟는 일이오 거룩한 혼인의 약속을 모독하는 일입니다. 그러나 하나님은 사랑이시므로 고멜과 같이 배신하고 부정한 짓을 일삼으며 방황하고 있는 사람일지라도 구원하신다는 것입니다.

"에브라임이여 내가 어찌 너를 놓겠느냐. 이스라엘이여 내가 어찌 너를 버리겠느냐. 내가 어찌 너를 아드마같이 놓겠느냐. 어찌 너를 스보임 같이 두겠느냐. 내 마음이 내 속에서 돌아서 나의 긍휼이 불붙듯 하도다. 내가 나의 맹렬한 진노를 발하지 아니하며 내가 다시는 에브라임을 멸하지 아니하리니 이는 내가 사람이 아니요 하나님이라. 나는 네 가운데 거하는 거룩한 자니 진노함으로 네게 임하지 아니하리라"(호 11:8-9).

여기에 나오는 아드마와 스보임은 소돔과 고메라와 더불어 하나님의 심판으로 인해 멸망한 도시들입니다(신 29:23). 하나님께서는 이같은 이방과 마찬가지로 이스라엘을 취급할 수 없다는 것입니다. 하나님은 마지못해 심판은 하시지만 그것은 죄에 대한 보복이 아니라 연단을 시키기 위한 것입니다. 그러므로 죄인이 자기 죄를 깨닫고 회개하면 자비를 베풀어 구원해 주시는 것입니다. 도덕적 영적인 새로운 변화를 가져오는 회개를 통하지 않고서는 진정한 사죄의 은총을 받을 수가 없습니다(호 3:3). 사죄받은 사람은 하나님을 경외하게 되고 그의 놀라운 사랑을 깨달아 그와 재결합하는 사랑의 최후 승리를 맛보게 됩니다.

"내가 이스라엘에게 이슬과 같으리니 저가 백합같이 피겠고 레바논 백향목같이 뿌리가 박힐 것이라. 그 가지는 퍼지며 그 아름다움은 감람나무와 같고 그 향기는 레바논 백향목 같으리니 그 그늘 아래 거하는 자가 돌아올지라. 저희는 곡식같이 소성할 것이며 포도나무같이 꽃이 필 것이며 그 향기는 레바논의 포도주같이 되리라. 에브라임의 발이 다시 우상과 무슨 상관이 있으리요 할지라. 내가 저를 돌아보아 대답하기를 나는 푸른 잣나무 같으니 네가 나로 말미암아 열매를 얻으리라"(호 14:5-8).

회개에 따르는 구원신앙이 에언되어 있습니다. 이슬은 아무도 모르는 시간 즉 밤에 조용히 내려 만물에 생기를 제공합니다. 이슬의 내림 같이 하나님의 은혜는 인간이 이해할 수 없고 볼 수 없는 모습으로 조용히 접근한다는 것입니다. 이슬과 같은 하나님의 조용한 은혜와 사랑만이 피곤에 지쳐 있는 인간을 소생시킬 수가 있고 그와 재결합하게 만드는 것입니다.

셰익스피어 비극의 맥베스 부인은 과거가 사멸되지 않음을 발견합니다. 참을 수 없는 죄의 중압감과 안식할 수 없는 상태, 잠을 잘 수 없는 고통 속에서 그녀는 이른 새벽에 이리저리 쏘다니게 됩니다. "나가거라! 저주받은 자여! 없어져라! 한 시, 두 시, 이제 시작할 시간이다. 지옥은 답답하구나. 헌데 누군들 저 늙은이가 저렇게도 많은 피를 가지고 있으리라고 생각이나 했을까? 아직도 피의 냄새가 나는구나! 모든 아라비아의 향료도 이 작은 손을 향기롭게 하지는 못힐 것이다. 오, 오, 오." 이 장면을 지켜보던 그녀의 남편 맥베스는 의사에게 묻습니다.

> 당신은 저 병든 마음을 고칠 수 없습니까.
> 저 기억으로부터 깊은 슬픔을 몰아내고,
> 저 머리로부터 기록된 고통을 쓸어 내고
> 향기로운 망각제로
> 저 가득 찬 가슴으로부터 저 마음을 짓누르는
> 사악한 것들을 정화시킬 수 없습니까?(『맥베스』 5막)

의사는 마음의 병을 고치는 치료약이란 없으며, "환자 자신이 고쳐야 한다"고 대답합니다. 모든 사람은 자기 자신의 구원이나 저주에 책임이 있습니다. 죄 사함과 멸망, 천국과 지옥 중에서 선택을 하지 않으면 안됩니다. 믿고 회개하면 아무리 주홍같이 붉은 죄라 할지라도 눈같이 희게 정화될 수 있습니다. 고멜과 같은 더러운 죄악도 용서되고 자비로운 하나님의 보이는 모형인 호세아와 재결합할 수가 있었습니다.

『호세아서』는 음행한 여인과의 결혼이라는 원체험(原體驗)을 토로하고 있습니다. 이 틀안에는 하나님의 사랑과 용서라고 하는 구원의 길이 포함됩니다. 호세아는 이런 사랑과 신학을 서정적인 문체로 기술하였습니다. 성서적 문체는 1인칭이 두드러지게 나타나지 않는다고 하지만, 호세아의 경우 예언자로서의 "나"와 신의 "나"가 미묘한 뉘앙스를 띠면서 중첩되어 있기 때문에 1인칭 단수가 자주 사용되었습니다. 또한 호세아는 이미지나 은유에 있어서 아모스와는 달리 구체적인 사물을 가지고 추상적인 것을 표현하고 있습니다.

"저는 내 아내가 아니요 나는 저의 남편이 아니라. 저로 그 얼굴에서 음란을 제하게 하고 그 유방 사이에서 음행을 제하게 하라. 그렇지 아니하면 내가 저를 벌거벗겨서 그 나던 날과 같게 할 것이요. 저로 광야같이 되게 하며 마른 땅같이 되게 하여 목말라 죽게 할 것이며"(호 2:2-3). 여기서 그 얼굴(외면적 태도)과 유방(감정) 사이에서 음란과 음행을 제거하지 아니하면 그녀를 벌거벗겨 아무런 자랑거리나 소망이 없게 하며 광야처럼 황량하게 만들어 도저히 생존할 수 없게 하겠다는 비유입니다.

호세아는 시인으로서 매우 풍부하고 도시나 시골의 생활 주변에서 얻을 수 있는 비유를 사용하고 있습니다. 예를 들어 이스라엘을 "완강한 암소"(호 4:16), 에브라임을 "좀", 그리고 유다 가문을 "썩이는 것"(속이 썩은 뼈, 호 5:12)와 같다고 하였고, 이스라엘 왕 즉 간음하는 자를 "달궈진 화덕"(hoted oven)과 같다고 하였습니다. 여기서 지적받은 간음은 육적인 간음과 동시에 영적인 간음 즉 우상숭배를 말합니다. "화덕"은 북이스라엘 백성들의 마음을 말합니다. 즉 우상숭배, 방탕,

무질서 같은 정욕의 불이 활활 타올라 뜨거워진 마음이 곧 "달궈진 화덕"입니다.

또한 에브라임을 "뒤집지 않은 전병"(an unturned cake, 호 7:8), "어리석은 비둘기"(a silly dove, 호 7:11), "속이는 활"(a decietful bow, 호 7:16)와 같다고 하였습니다. "뒤집지 않은 전병"이라는 비유에 있어서 "전병"은 가끔 뒤집지 않으면 안되는 케익을 말합니다. 만일 안뒤집으면 한쪽은 타버리고 다른 한쪽은 설익은 상태로 남게 되는 것입니다. 그래서 아무 짝에도 못쓰고 버리게 되어지는 것입니다. 여기서 탄 것은 종교적인 위선을 가리키고, 설익은 것은 이방인과 다름없는 세속화된 모습을 가리킵니다. "어리석은 비둘기"에 있어서 비둘기가 성서에서 여러 가지 뜻으로 사용되고 있지만 실제적으로는 가장 어리석고 무감각한 동물이라고 합니다. 에브라임은 당장의 위기를 극복하고자 친앗수르정책(왕하 15:19), 혹은 친애굽정책(왕하 17:4)을 썼습니다. 그만큼 에브라임은 어리석은 백성이라는 것입니다. 그리고 "속이는 활"이란 활을 쏘지만 잘못되어 엉뚱한 곳으로 간 것을 말합니다. 즉 과녁을 맞추지 못한 것을 말합니다. 빗나가는 것을 의미합니다. 이스라엘의 목표는 여호와인데도 그들은 여호와께로 돌아오지 아니하고 앗수르와 애굽 사이에서 방황하는 것은 목표가 빗나간 것이라는 것입니다.

이스라엘의 죄인들은 "타작 마당에서 광풍에 날리우는 쭉정이" 또 "굴뚝에서 나가는 연기"(호 13:3)와 같다고 하였습니다. 통틀어서 이스라엘은 "바람을 심고 광풍을 거두는"(호 8:7) 백성이라고 했습니다. 호세아의 전체적인 체험, 언어, 문체, 비유 따위를 볼 때 그는 예언자라기 보다는 시인으로 기억될 만합니다.

아하스와 사회 부정을 꾸짖는 미가

남왕국에서는 다음 도표에서 보는 대로 제1대 왕 르호보암의 뒤를 이어 그의 아들 아비야, 아비야의 아들 아사가 왕위에 올라 나라를 다스렸습니다. 아사는 그의 통치기간 중에 백성들이 이방 신을 섬기느라고 멀리 했던 하나님의 계명을 다시 지키도록 하였습니다. 이렇게 하나님 앞에서 바른 정치를 폈던 아사가 죽자 그의 아들 여호사밧이 왕위를 이어받아 나라를 다스리게 되었습니다. 그때 이스라엘의 왕은 아합이었습니다.

수십 년간 전쟁과 불화상태에 있던 유다와 이스라엘은 그런 불편한 관계에서 벗어나 동맹을 맺고 서로 우호관계를 회복하였습니다. 이 우호관계는 여호사밧의 아들 여호람과 아합의 딸 아달리야가 결혼을 하면서 더욱 고조됩니다. 그런 중에서도 여호사밧은 하나님의 뜻을 좇아 좋은 일을 많이 하였으므로 그의 축복과 백성들의 신뢰를 받았습니다.

여호사밧이 죽자 그 뒤를 이은 여호람은 아버지 여호사밧의 뜻을 어

남유다의 왕들

대수	왕 명	관 련 성 구
1	르호보암	왕상 12-14장; 대하 10-12장
2	아비얌	왕상 15:1-8; 대하 13장
3	아사	왕상 15:9-24; 대하 14-16장
4	여호사밧	왕상 22장; 대하 17-20장
5	여호람	왕하 8:16-24; 대하 21:2-20
6	아하시야	왕하 8:25-9-29; 대하 22:1-9
7	아달랴	왕하 11:1-20; 대하 22:10-23:21
8	요아스	왕하 12장; 대하 24장
9	아마샤	왕하 14:1-22; 대하 25:1-28
10	웃시야	왕하 15:1-7; 대하 26:1-23
11	요담	왕하 15:32-38; 대하 27:1-9
12	아하스	왕하 16장; 대하 28장
13	히스기야	왕하 18:1-21; 대하 29-32장; 사 36-39장
14	므낫세	왕하 21:1-18; 대하 33:1-20
15	아몬	왕하 21:19-26; 대하 33:21-25
16	요시야	왕하 22:1-23:30; 대하 34:35장
17	여호아하스	왕하 23-31-34; 대하 36:1-4
18	여호야김	왕하 23:34-24:7; 대하 36:5-7
19	여호야긴	왕하 24:6-17, 27-30; 대하 36-9-10; 렘 22:24-30
20	시드기야	왕하 24:17-25:30; 대하 36:10-21; 렘21:1-7; 24:8-10

기고 아내 아달리야를 따라 하나님의 길에서 벗어난 생활을 했습니다. 여호람이 죽자 그의 아들 아하시야가 왕이 되어 나라를 다스립니다. 왕이 된 아하시야는 수리아(시리아) 군과 싸우다가 부상당한 이스라엘의 왕 요람을 찾아갔습니다. 그런데 아하시야는 그때 일어난 반란의 소용돌이에 휘말려서 희생당하고 맙니다. 아달리야는 자기 아들 아하시야가 죽었다는 소식을 듣고 자기가 왕위에 앉으려고 자기 왕손들을 모두 죽였습니다. 요아스는 고모의 도움으로 겨우 죽음을 면하게 되어, 일곱 살 때, 제사장 여호야다에 의해 왕위에 오르게 됩니다. 그리고 아달리

야는 살해당합니다.

요아스는 여호야다의 가르침에 따라 하나님의 뜻에 맞는 정치를 하였으나 여호야다가 죽고 나자 그도 바알을 섬기게 됩니다. 여호야다의 아들인 스가랴가 왕과 백성에게 하나님의 율법에 준해서 살라고 충고하자 요아스는 신전에서 그를 돌로 쳐죽였습니다. 요아스는 그 후 자기의 두 신하에 의해 살해되고 맙니다.

요아스의 뒤를 이은 아마샤는 왕이 되자 우선 에돔과 싸움을 버렸습니다. 그 싸움에서 승리한 아마샤의 마음은 매우 교만해졌습니다. 그래서 이번에는 이스라엘에 대한 공격을 시도합니다. 그러나 아마샤는 여호아스(요아스)에게 패합니다. 그 후로도 아마샤는 15년을 더 왕노릇했지만 예루살렘에서 반란이 일어나 살해되고 맙니다. 그의 아들 우시야가 뒤를 이어 왕이 되었습니다. 그는 하나님 보시기에 좋은 일을 많이 했으나 유다 백성들이 이방 신을 섬기는 것은 금하지 않았고 자신도 다른 나라 왕처럼 성전에서 제사장만이 드릴 수 있는 제사를 드리려다 그만 나병에 걸려 죽는 날까지 외롭게 별궁에서 지내게 됩니다. 그의 아들 요담이 그의 뒤를 이어 왕이 되었으나 그도 후년에는 우상숭배에 빠졌고 사회는 부정한 쪽으로 기울기 시작했습니다.

그 무렵 미가라는 예언자가 나타나 예언을 하기 시작했고, 그 예언은 아하스, 히스기야 시대까지 이어집니다. 미가가 출현한 때는 앗수르(앗시리아)가 수리아(시리아)와 팔레스틴을 다스리던 유다의 전성기였습니다. 그는 요담 시대(주전 740년경)부터 세기가 바뀔 때까지 그의 사역은 계속되지만, 히스기야의 치세 동안에 동료 예언자인 이사야로 인해 가리워져 있게 됩니다.

미가가 예언을 시작했을 무렵, 유다는 번영과 국위를 떨치고 있었습니다. 상업적 세력을 넓히기 위해서 유다는 아라비아를 침투했고 군사적으로는 북쪽 앗수르의 군대와 맞서 도전하였습니다. 앗수르에 도전하던 웃시야가 죽자 요담이 왕위를 물려받아 그 현상을 그대로 유지했습니다. 그러나 주전 735년에 예루살렘의 친 앗수르 당파가 아하스를 왕위에 앉혔습니다. 수년 사이에 이 어린 왕은 앗수르와 동맹을 맺게 되는데, 그것은 실은 앗수르의 속국이 되는 것이나 다름없었습니다. 이 동맹이 유지되던 20년 동안에 수리아와 이스라엘 왕국은 앗수르의 진격 아래서 와해되고 맙니다.

미가는 이렇게 요동하던 열띤 시기에 예언자의 소명을 받았습니다. 미가는 이사야와 같은 시대 예언자였지만, 두 사람이 서로 만났거나 서로 사귄 일이 없었던 것 같습니다. 이사야는 귀족 출신으로 예루살렘을 중심으로 활동했지만 미가는 가난한 평민 출신으로 농촌에 관심을 두고 예언 활동을 했습니다.

미가의 고향은 불레셋의 유명한 도시 갓에서 건너다 보이는 이스라엘 땅 모레셋이란 작은 마을이었습니다(미 1:1). 모레셋은 유다 산지에서 해변 평야로 뻗은 낮으막한 산맥 가운데 해발 1,000피이트 가량 되는 지점에 있었습니다. 한때 이곳은 농산물이 많이 나고 건실하고 부지런한 자작농들이 사는 한적한 곳이었습니다. 그러나 이곳은 불레셋과 접경을 같이 하고 있었기 때문에 늘 싸움이 끊이지 않았습니다. 이러한 환경 속에서 자라난 미가는 언제나 농촌 문제에 대해 관심을 갖고 있었습니다.

농민에게 있어서 농토는 단순한 부의 근원일 뿐만 아니라, 그 곳에서 자연과 사귀며 정의와 인내와 동정과 희망을 얻어 영적인 큰 힘을 나타낼 수 있는 생명줄이었습니다. 그러므로 농토를 빼앗긴다는 것은 팔다리를 짤리는 것과 같고 가슴이 찢기우는 것과 같은 것이었습니다. 그런데도 애굽과 앗수르 군대가 밀려오고 밀려가는 동안 농민들은 빈궁에 빠졌고, 농토는 약탈당하여 황폐했고 살아갈 양식을 얻기 위해서는 땅을 저당 잡혀야만 했습니다. 때로는 땅을 저당 잡히고도 모자랄 때에는 자기들의 노동력을 저당 잡힐 수밖에 없었습니다. 그러나 되풀이 되는 전쟁 때문에 빚을 갚을 수 없어서 그들은 자신의 농토에서 쫓겨날 수밖에 없었습니다.

미가는 이러한 농민들의 처지를 뼈저리게 체험하면서 그런 비운을 자아내는 무리들에 대해 분노를 터뜨렸던 것입니다. 그는 그 분노를 이렇게 표현했습니다. "침상에서 악을 꾀하며 간사를 경영하고 날이 밝으면 그 손에 힘이 있으므로 그것을 행하는 자는 화있을진저 밭들을 탐하여 빼앗고 집들을 탐하여 취하니 그들이 사람과 그 집 사람과 그 산업을 학대하도다"(미 2:1-2).

미가는 가난한 사람을 억압하고 착취하는 이스라엘의 지도자들과 권력층들과 도시의 부유한 사람들의 죄를 비난하며 공격했습니다. 그들은 가난한 사람을 불쌍히 여기는 동정심도 없었고, 부를 늘리기 위해서는 사람을 팔고 사는 일까지 서슴치 않았습니다. 그들은 사람을 사람으로 취급하지 않고 물건으로 취급하였으며 재산을 늘려가는 데 필요한 수단으로 보았습니다. "그들의 살을 먹으며 그 가죽을 벗기며 그 뼈를 꺾어 다지기를 남비와 솥 가운데 담을 고기처럼 하는도다"(미 3:3).

미가는 더욱 온갖 부를 다 누리면서도 농민들을 착취하는 예루살렘 사람들을 책망하며 반드시 큰 멸망이 닥쳐오리라고 예언했습니다. "근래에 내 백성이 대적같이 일어나서 전쟁을 피하여 평안히 지나가는 자들의 의복 중 겉옷을 벗기며 내 백성의 부녀들을 너희가 그 즐거운 집에서 쫓아내고 그 어린 자식에게 나의 영광을 영영히 빼앗는도다. 이것이 너희의 쉴 곳이 아니니 일어나 떠날지어다. 이는 그것이 이미 더러워졌음이라. 그런즉 반드시 멸하리니 그 멸망이 크리라"(미 2:8-10).

이와 같은 이스라엘 백성이 지은 죄에 대한 엄중한 비판과 예루살렘에 하나님의 징벌이 내릴 것이라는 예언은 아모스나 이사야의 그것과 동일합니다. 또한 그런 비판의 기초가 되는 윤리적 종교관도 같다고 볼 수 있습니다.

"내가 또 이르노니 야곱의 두령들과 이스라엘 족속의 치리자들아 청컨대 들으라 공의는 너희의 알 것이 아니냐. 너희가 선을 미워하고 악을 좋아하여 내 백성의 가죽을 벗기고 그 뼈에서 살을 뜯어 그들의 살을 먹으며 그 가죽을 벗기며 그 뼈를 꺾어 다지기를 남비와 솥 가운데 담은 고기처럼 하는도다. 그 때에 그들이 여호와께 부르짖을지라도 응답지 아니하시고 그들의 행위의 악하던 대로 그들 앞에 얼굴을 가리우시리라"(미 3:1-4).

민중의 대언자로서 미가는 겨레를 그릇된 길로 이끄는 직업적 예언자들을 맹렬히 공격하고 신랄하게 비판하였습니다. "내 백성을 유혹하는 선지자는 이에 물면 평강을 외치나 그 입에 무엇을 채워 주지 아니하는 자에게는 전쟁을 준비하는도다. 이런 선지자에 대하여 여호와께서 가라사대 그러므로 너희가 밤을 만나리니 이상을 보지 못할 것이요 흑암을 만나리니 점치지 못하리라 하셨나니 이 선지자 위에는 해가 져서 낮이 캄캄할 것이라. 선지자가 부끄러워하며 술객이 수치를 당하여 다 입술을 가리울 것은 하나님의 응답지 아니하심이어니와"(미 3:5-8).

또한 미가는 돈에 팔려 재판을 하고 삯을 받고 판결을 내리는 제사장을 비판하고 있습니다. "그 두령은 뇌물을 위하여 재판하며 그 제사장은 삯을 위하여 교훈하며 그 선지자는 돈을 위하여 점치면서 오히려 여호와를 의뢰하여 이르기를 여호와께서 우리 중에 계시지 아니하냐 재앙이 우리에게 임하지 아니하리라 하는도다"(미 3:11).

미가는 그릇된 제의(祭儀) 개념을 비판하면서(미 6:6-7) 참 종교의 길을 보여 주었습니다. "사람아 주께서 선한 것이 무엇임을 네게 보이셨나니 여호와께서 네게 구하시는 것이 오직 공의를 행하며 인자를 사랑하며 겸손히 네 하나님과 함께 행하는 것이 아니냐"(미 6:8). 사무엘은 희생 제물보다 순종을(삼상 15:22), 아모스는 정의를, 호세아는 사랑을, 이사야는 거룩함(성결)을 종교의 근본으로 보았지만 미가는 이들이 보고 말한 것을 한 곳에 집약해 놓았습니다.

미가의 메시지에는 경고와 격려, 심판과 희망이 함께 담겨져 있습니다. 『미가서』 4장 3-4절을 보면 "그가 많은 민족 중 심판하시며 먼 곳 강한 이방을 판결하시리니 무리가 그 칼을 쳐서 보습을 만들고 창을 쳐서 낫을 만들 것이며 이 나라와 저 나라가 다시는 칼을 들고 서로 치지 아니하며 다시는 전쟁을 연습하지 아니하고 각 사람이 자기 포도나무 아래와 자기 무화과나무 아래 앉을 것이라 그들을 두렵게 할 자가 없으리니 이는 만군의 여호와의 입이 이같이 말씀하셨음이니라"는 기록이 있습니다.

예수 그리스도가 참된 통치자로서 이 땅에 오셔서 세울 나라는 세상 권세자들의 그것과는 달리 평화가 실현되며(사 9:11) 더 이상 불의와 무력의 힘이 아니라 사랑과 화해와 용서가 진정한 힘이 될 수 있다는 것을 예시해 준 것입니다(욥 4:10). "칼을 쳐서 보습을 만들고 창을 쳐서 낫을 만들며, 각 사람이 자기 포도나무와 자기 무화과나무 아래 앉을 것이라"는 미가의 말은 미래에 도래할 평화로운 메시야 왕국을 예시한 것이라고 할 수 있습니다.

그것이 5장 2절로 이어지면서 좀더 구체적으로 희망의 선포로 나타납니다. "베들레헴 에브라다야 너는 유다 족속 중에 작을지라도 이스라엘을 다스릴 자가 네게서 내게로 나올 것이라. 그의 근본은 상고(上古)에, 태초에니라"(미 5:2). 비록 심판의 예언으로 인하여 절망에 사로잡히긴 했으나 이스라엘 백성들 가운데는 이전부터 선지자들이 선포해 오던 메시야 왕국의 도래에 대한 예언(욥 3:18-21; 암 9:11-15)이 성취되기를 간절히 기대하는 신실한 자들이 있었습니다. 미가는 이처럼 절망 중에 소망을 가진 신실한 자들에게 메시야 왕국의 도래를 그 탄생에서부터 사역까지 매우 선명하게 묘사하므로 크게 위로를 베풀고 있습니다.

베들레헴은 유다 지경에 내에 있는 작고 아름다운 마을이며, 유대 산지의 동쪽 사면에 위치해 있었던 까닭에 큰 도시로 성장할 수가 없었습니다. 그러나 비천한 자를 높이셨던 (눅 1:52) 하나님은 비천한 이곳을 택하셔서 아래 도표에서 보듯이 영화롭게 변화시키고자 하셨습니다. 의미 심장하게도 베들레헴은 떡집이라는 의미를, 에브라다는 열매가 풍성하다는 뜻을 가지고 있습니다. 이런 지명과 걸맞게 전인류에게 생명의 양식을 풍성하게 제공하실 예수께서(요6:48) 이곳에서 출생하게 되리라는 것입니다.

베들레헴의 영적 의미

영적 의미	관련 성구
생명의 떡	요 6:41-58
풍성한 은혜	사 66:11
존귀케 하심	갈 3:26-27

다. 참된 예언자는 저주만 예고하고 심판만 선언하는 것이 아니라 반드시 희망을 제시해서 절망 중에 있는 사람들에게 위로와 소망을 갖도록 해주는 것입니다. 미가는 권력층과 부유층들의 부패와 영적인 타락으로 인하여 멸망할 것을 예고하는 동시에 그리스도를 통한 구원도 또한 선포하였습니다.

영국의 17세기 궁정파 시인 중의 한 사람인 로봇 헤릭(Robert Herrick)은 "병상에서 하나님께" 라는 시에서 절망 중에 있는 이스라엘 사람들에게 희망을 던져주듯이 "당신의 위대한 힘에 의해서 시든 꽃이기는 하지만 다시 싹이 돋아나리라는 희망을 갖는다"고 노래했습니다.

나의 수금과 비올이 버드나무 위에
걸려 있다 한들 어떠랴?
나의 침상이 무덤이 되고
나의 집에 어둠이 짙어진다 한들 어떠랴?

> 나의 건강한 날이 사라지고
> 내가 죽은 자들 가운데 끼여 누워 있다 한들 어떠랴?
> 그러나 나는 당신의 위대한 힘에 의해
> 다시 싹이 돋아나리라는 희망을 갖고 있다,
> 비록 지금은 시든 꽃이기는 하지만.

노래(기쁨)와 건강이 다 사라져 온 집 안에 어둠만 짙고 죽은 자들 가운데 누워 있는 것처럼 아무런 희망이 없다할지라도 시인 자신은 목사로서 하나님만을 의지하는 신앙을 갖고 있었으므로 미래의 다시 싹이 나서 꽃이 필 희망을 갖고 있다는 것입니다.

미가는 이런 그의 메시지를 극화하기 위하여 전원 생활에서 얻은 많은 이미지들을 사용하고 있습니다. 그런 예를 몇 개만 들어 보겠습니다.

"야곱아 내가 정녕히 너희 무리를 다 모으며 내가 정녕히 이스라엘의 남은 자를 모으고 그들을 한 처소에 두기를 보스라 양떼 같게 하며 초장의 양떼 같게 하리니"(미 2:12). 이스라엘의 필연적인 멸망을 선포하던 미가는 갑자기 "남은 자"들의 회복에 관해 언급하면서 하나님께서는 그들을 "보스라 양떼, 초장의 양떼" 같게 해주실 것이라고 하였습니다. "보스라"는 "벽으로 둘러막다"라는 뜻을 지닌 에돔의 한 성읍을 가리키는 지명이기도 하지만, 여기서는 그 지명의 뜻이 상징적으로 사용되었다고 볼 수 있습니다. 즉 이 이미지는 이스라엘의 "남은 자들"을 "요새와 같은 울타리 안에 보호받는 양떼 같게 하며 푸른 초장에서 배불리 풀을 뜯고 있는 양떼 같게 해주시겠다"는 비유입니다.

미가는 이미 앞에서도 언급하였지만 앞으로 도래한 메시야 왕국의 평화로운 모습을 "활을 쳐서 보습을 만들고 칼을 쳐서 낫을 만들며… 각 사람이 자기 포도나무 아래와 자기 무화과나무 아래 앉을 것이라"

(미 4:4)는 이미지로 표현하였습니다. 의인들이 모두 타락해서 사회가 최악의 상태에 처하게 된 것을 슬퍼하며 미가는 그 상태를 "나는 여름 실과를 딴 후와 포도를 거둔 후 같아서 먹을 송이가 없으며(미 7:1)라 하였습니다. 여기서 그는 의인을 무화과 열매와 포도송이에 비유하고 있습니다.

또한 예언자들은 상징적인 언어를 구사할 때 주로 일상적인 세계에서 따온 상징들을 많이 사용합니다. 예를 들어『미가서』5장 7-8절을 들 수 있습니다. 여기서 미가는 야곱의 남은 자들을 "여호와께서 내리시는 이슬", "풀 위에 내리는 단비", "수풀의 짐승 중의 사자", "양떼 중의 젊은 사자" 등과 같은 비유적 언어로 묘사했습니다. 이런 상징적 행동 방식은 예언적인 말씀을 행동으로 실연해 보이는 것이라 할 수 있습니다. 이런 상징적 행위는 하나님의 메시지를 생생하고 구체적으로 생각나게 하는 역할을 합니다.

히스기야와 이사야의 메시야 왕국 예언

이사야는 유다 왕 웃시야가 죽던 해(주전 740년) 성전에서 예언의 직무를 맡은 이후 요담, 아하스, 히스기야 시대에 걸쳐 사십 년 이상 예언 활동을 하였습니다. 그의 예언 활동은 비록 아하스의 통치하에서 시작되지만 주로 히스기야 시대에 이루어졌다고 해도 과언이 아닙니다.

히스기야는 주전 715-687년 사이에 유다를 통치한 왕입니다. 남북이 분단된 지 200여 년이 지난 후에 왕이 되었고 유다의 왕으로는 12대에 해당됩니다. 그의 아버지는 아하스 왕이었습니다. 아하스는 정치적으로 앗수르에 예속되었을 뿐만 아니라 종교적으로도 예속되어 있었습니다. 아하스는 앗수르의 최고 통치권자 앗수르 민족의 최고신을 인정한다는 표시로 예루살렘의 솔로몬 성전에 앗수르의 신을 위한 제단을 만들었습니다. 이러한 종교정책의 결과 여호와는 유다에서 제2의 신으로 전락하고 말았습니다(왕하 16:10-18). 이러한 정치적, 종교적 조치들이 유다 사람들의 자존심을 상하게 한 것은 두 말할 나위도 없었을 것입니다.

이처럼 역사적으로 어려운 처지에 있을 때 히스기야는 그의 아버지의 뒤를 이어 유다의 왕이 되었습니다. 그는 처음부터 그의 아버지와는 전혀 다른 정책을 무모하게 펼칠 수는 없었습니다. 그러나 앗수르의 사르곤 대왕이 죽은 다음 그의 아들 산헤립이 즉위하자 히스기야는 반앗수르 운동을 전개하였습니다. 그는 앗수르에 바쳐오던 조공도 끊어버렸습니다. 그는 보복이 예상되는 앗수르의 침공에 대비하여 예루살렘 성을 비롯하여 요새들을 강화하였습니다(대하 32:3-5). 이 때 저 유명한 실로암 급수로도 완공하였습니다(왕하 20:20). 이러한 히스기야의 자주 독립정책은 그의 애국심과 여호와 숭배사상에서 비롯된 것이었습니다.

결국은 히스기야의 자주 독립정책은 산헤립의 보복적 침공으로 좌절되고 말았지만, 종교적인 면에 있어서는 실로 위대한 일을 하였다고 생각합니다. 그는 그의 아버지 아하스가 예루살렘 성전에 세워 놓았던 앗수르신의 제단을 헐어버렸습니다. 그 외에도 앗수르의 통치권을 상징하는 종교적인 물건들을 성전에서 제거하여 버렸습니다. 히스기야는 앗수르 종교의 흔적들만 제거한 것이 아니라 여호와 종교와 가나안 토속종교의 혼합주의의 산물인 산당, 주상(柱像), 아세라 목상 등을 유다 땅에서 제거하였습니다(왕하 18:4). 한 걸음 더 나아가 그는 여호와 종교를 재건하고 활성하기 위한 적극적인 대책들도 강구하였습니다 (대하 31:2-19).

이와 같이 앗수르로부터 정치적 독립을 추구하고 종교개혁을 단행한 히스기야는 다윗, 솔로몬 이후 요시야와 함께 가장 모범적인 왕이었습니다(왕하 18:3; 20:3; 대하 18:3-5; 29:2; 31:21). 그러나 예언자 이사야로부터는 그가 여호와를 의지하기 보다는 애굽을 더 의지한다고 비판도 받았습니다(사 30:1-7; 31:1-3). 이런 비교적 훌륭한 유다 왕 히스기야가 통치하던 시대에 주로 활동한 예언자가 이사야입니다. 확실한 증거는 없지만 이사야는 왕족이었던 것 같습니다. 그가 평범한 가문의 출생이 아니었다는 사실로는 왕실에 대한 일을 자세히 알고 있었다는 것과 왕실과 밀접한 접촉을 이루어 왔다는 것을 들 수 있습니다. 그는 인격적으로나 정치가적 수완으로나 또는 웅변력이나 감화력에 있어서 다른 예언자들보다도 월등하게 뛰어난 사람이었습니다.

이사야는 웃시야 왕이 죽던 해에 드높은 보좌에 앉아 계시는 하나님을 보고 부름을 받았습니다. 그는 소명을 받던 순간을 이렇게 묘사하고 있습니다. "스랍들은 모셔 섰는데 각기 여섯 날개가 있어 그 둘로는 그 얼굴을 가리었고 그 둘로는 그 발을 가리었고 그 둘로는 날며 서로 창화하여 가로되 거룩하다 거룩하다 거룩하다 만군의 여호와여 그 영광이 온 땅에 충만하도다"(사 6:2-3).

스랍들(뜻: 불타는 자들)의 네 날개는 하나님을 높이고 예배하기 위하여 사용되고 두 날개는 봉사를 위하여 사용되었습니다. 따라서 그들의 날개들은 예배와 봉사로 신앙 생활을 시작하여야 한다는 것을 표상해 주고 있습니다. 또한 경건심은 연기로 가득찬 성전터를 흔들만치 크고 우렁찬 스랍들의 노래 소리로 표현되어 있습니다(사 6:4). 연기는 여호와 하나님께서 나타나실 때에 언제나 함께 하시는 것입니다. 왜냐하면 하나님은 인간의 죄를 샅샅이 꿰뚫어 보실 수밖에 없기 때문입니다. 그러나 하나님은 참아 인간의 죄를 그대로 보실 수가 없으십니다. 그러므로 하나님이 나타나실 때에는 연기가 따르게 됩니다. 『이사야서』 6장은 하나님의 임재와 위력을 강렬하게 느끼게 해주는 기록이라 할 수 있습니다.

높이 들린 주의 환상과 말로 다 할 수 없이 빛나는 거룩함 속에서 이사야는 자기 자신의 실상을 발견할 수가 있었습니다. "화로다 나여 망하게 되었도다 나는 입술이 부정한 사람이요 입술이 부정한 백성 중에 거하면서 만군의 여호와이신 왕을 뵈었음이로다"(사 6:5).

아모스는 환상 중에 불의한 세상을 보았고, 호세아는 환상 중에 부정한 아내를 보았지만 이사야는 자기 자신의 내면을 보았습니다. 이 사회는 무엇보다 먼저 내면부터 정화되어야 한다는 것입니다. 그때에 스랍들 가운데 하나가 제단에서 화저(火箸)로 핀 숯을 집어 가지고 날아와서 그것을 이사야의 입에 대고 말하였습니다. "보라 이것이 네 입에 닿았으니 네 악이 제하여졌고 네 죄가 사하여졌느니라"(사 6:5).

이것은 옛날 사람들이 귀중하다고 생각하는 것을 하나님께 바칠 때에는 그것이 불결한 것이면 제사장에게 가져다가 불에 한번 그을려서 하나님께 드리던 방법을 이용한 것입니다(민 31:22-). 따라서 그것은 정결의 표상이 됩니다. 불은 타오르며 정화시키고 확대 변형시킵니다. 이사야는 이로써 옛 사람을 벗고 새 사람이 되었습니다.

이렇게 새 사람이 된 이사야는 주의 목소리를 듣습니다. "내가 누구를 보내며 누가 우리를 위하여 갈꼬?" 그 때에 이사야는 "내가 여기 있나이다"(사 6:8)라고 응답합니다. 그 결단의 순간에 이사야는 하나님의 심판을 전달하라는 소명을 받았습니다(사 6:9-10). 그러나 그는 하나님의 사랑이 최후에는 승리한다고 믿었습니다.

이런 의미에서 그는 복음적 신앙의 예언자였으며 이스라엘의 성자였습니다. 복음적 신앙의 예언자 이사야의 눈에 비친 현실은 모두가 잘못된 일뿐이었습니다. "하늘이여 들으라 땅이여 귀를 기울이라 여호와께서 말씀하시기를 내가 자식을 양육하였거늘 그들이 나를 거역하였도다. 소는 그 임자를 알고 나귀는 그 주인의 구유를 알건마는 이스라엘은 알지 못하고 나의 백성은 깨닫지 못하는도다 하셨도다. 슬프다 범죄한 나라요 허물 진 백성이요 행악의 종자요 행위가 부패한 자식이로다. 그들이 여호와를 버리며 이스라엘의 거룩한 자를 만홀히 여겨 멀리

하고 물러갔도다. 너희가 어찌하여 매를 더 맞으려고 더욱 더욱 패역하느냐. 온 머리는 병들었고 온 마음은 피곤하였으며 발바닥에서 머리까지 성한 곳이 없이 상한 것과 터진 것과 새로 맞은 흔적 뿐이어늘 그것을 짜며 싸매며 기름으로 유하게 함을 받지 못하였도다"(사 1:2-6).

하늘과 땅을 증인으로 부르는 것으로 보아서 이사야의 예언은 고발의 형태를 취하고 있다는 것을 알 수 있습니다. 이사야가 증인 앞에서 고발하는 죄는 무엇인가요? 첫째 그것은 소나 나귀보다도 못한 반역행위(사 3:8; 5:24; 30:9)라 할 수 있고, 둘째로는 악취나는 제물이나 드리고 피묻은 손으로 기도할 때 치켜들며 의로운 체 하는 위선(사 1:11-15; 5:20; 29:13; 32:7)이라 할 수 있습니다. 세 번째로 그가 고발한 것은 지도자들의 부정부패와 인권유린(사 1:17, 23; 3:12-15; 5:7, 23; 10:1-2)이었습니다.

이런 이스라엘의 현실적인 죄악상을 보며 이사야는 격앙된 어조로 이스라엘의 땅은 쑥밭이 되고 도시들은 잿더미가 되리라고 예언하였습니다. 이는 이스라엘에 대한 하나님의 심판을 선포한 것입니다. 그러나 그는 보수적인 태도만을 지키지 않고 진취적인 정신으로 미래를 내다 보며 "남은 자"(사 45:20)는 구원을 받을 것이라고 했습니다. 아래 도표에서 보듯이 하나님께서는 오른 손을 붙들고(사 41:13) 신랑이 신부를 사랑하듯이 남은 자들에게 사랑을 베풀어 주시리라고 그는 예언하였습니다. 따라서 사람들은 오실 사랑의 구세주 메시야를 기다리게 되었습니다.

하나님의 사랑에 대한 묘사

묘 사	관련성구
오른손을 붙들고 도움	사 14:13
신랑이 신부를 기뻐하듯	사 62:5
눈동자처럼 지키심	시 17:8
목자가 양을 인도하듯	요 10:3
각각의 필요를 공급함	빌 4:19
이름을 기억하시며	말 3:16

"이는 한 아이가 우리에게 났고 한 아들을 우리에게 주신 바 되었는데 그 어깨에는 정사를 메었고 그 이름은 기묘자라, 모사라. 전능하신

하나님이라. 영존하시는 아버지라. 평강의 왕이라 할 것임이라. 그 정사와 평강의 더함이 무궁하며 또 다윗의 위에 앉아서 그 나라를 굳게 세우고 자금 이후 영원토록 공평과 정의로 그것을 보존하실 것이라. 만군의 여호와의 열심히 이를 이루시리라"(사 9:6-7).

이처럼 이사야는 위대한 꿈을 보여 주었고 황금 시대의 이상을 선포하였습니다. 그때에는 전쟁과 반역도 없고 부정부패와 인권유린도 없으리라는 것입니다. 이런 사상은 보다 높은 차원으로 승화됩니다.

"이새의 줄기에서 한 싹이 나며 뿌리에서 한 가지가 나서 결실할 것이요 여호와의 신 곧 지혜와 총명의 신이요 모략과 재능의 신이요 지식과 여호와를 경외하는 신이 그 위에 강림하시리니 그가 여호와를 경외함으로 즐거움을 삼을 것이며 그 눈에 보이는 대로 심판치 아니하며 귀에 들리는 대로 판단치 아니하며 공의로 빈핍한 자를 심판하며 정직으로 세상의 겸손한 자를 판단할 것이며 그 입의 막대기로 세상을 치며 입술의 기운으로 악인을 죽일 것이며 공의로 허리띠를 삼으며 성실로 몸의 띠로 삼으리라. 그 때에 이리가 어린 양과 함께 거하며 표범이 어린 염소와 함께 누우며 송아지와 어린 사자와 살진 짐승이 함께 있어 어린아이에게 끌리며 암소와 곰이 함께 먹으며 그것들의 새끼가 함께 엎드리며 사자가 소처럼 풀을 먹을 것이며 젖 먹는 아이가 독사의 구멍에서 장난하며 젖 뗀 어린아이가 독사의 굴에 손을 넣을 것이라. 나의 거룩한 산 모든 곳에서 해됨도 없고 상함도 없을 것이니 이는 물이 바다를 덮음같이 여호와를 아는 지식이 세상에 충만할 것임이니라"(사 11:1-9).

여기서 이사야는 하나님께서 처음에 하늘과 땅과 만물을 지으셨을 때 동물들과 사람이 함께 평화롭게 지내던 것을 생각하였습니다. 그러나 인간은 죄를 지었고, 그 죄는 만물에게까지 영향을 끼쳤습니다. 모든 만물이 인간의 죄로 인해 악화되고 저주를 받게 되었습니다. 그래서 모든 질서가 혼란해지고 파괴되고 말았습니다. 그러나 이사야는 장차 임할 구원은 다 모든 것을 원상태로 회복할 것이고, 그 영향은 전체에 미칠 것이라고 보았습니다. 그리고 그런 유토피아가 형성될 때에는 인간이 죄를 버리는 것 같이 짐승들도 그 야성을 버리게 될 것으로 그는 믿었습니다.

그것은 사람의 열심이나 노력에 의해서 이루어지는 것이 아니라 하나님의 은혜에 의해서 이루어지는 것입니다. 하나님의 의와 정의가 실현되고 인간이 그것을 누리게 되는 것은 "고난의 종"을 통해서만 가능하다고 보았습니다.

"그가 찔림은 우리의 허물을 인함이요 그가 상함은 우리의 죄악을 인함이라. 그가 징계를 받음으로 우리가 평화를 누리고 그가 채찍에 맞음으로 우리가 나음을 얻었도다. 우리는 다 양 같아서 그릇 행하여 각기 제 길로 갔거늘 여호와께서는 우리 무리의 죄악을 그에게 담당시키셨도다. 그가 곤욕을 당하여 괴로울 때에도 그 입을 열지 아니하였음이며 마치 도수장으로 끌려가는 어린 양과 털 깎는 자 앞에 잠잠한 양같이 그 입을 열지 아니하였도다. 그가 곤욕과 심문을 당하고 끌려 갔으니 그 세대 중에 누가 생각하기를 그가 산 자의 땅에서 끊어짐은 마땅히 형벌 받을 내 백성의 허물을 인함이라 하였으리요 그는 강포를 행치 아니하였고 그 입에 궤사가 없었으나 그 무덤이 악인과 함께 되었으며 그 묘실이 부자와 함께 되었도다. 여호와께서 그로 상함을 받게 하시기를 원하사 질고를 당케 하셨은즉 그 영혼을 속건제물(贖愆祭物)로 드리기에 이르면 그가 그 씨를 보게 되며 그 날은 길 것이요 또 그의 손으로 여호와의 뜻을 성취하리로다"(사 53:5-10).

하나님은 사랑의 신이므로 그의 외아들 예수를 구주로 보내어 그를 믿는 자들을 구원하리라고 믿었습니다. 이런 구원의 믿음을 소유한 사람은 이사야만이 아니라 오늘 우리들도 19세기 영국의 시인 알프레드 테니슨(Alfred Tenyyson, 1809-1892)처럼 하나님의 아들 사랑의 구세주를 찬미하게 될 것입니다.

> 신의 강한 아들, 불멸의 사랑이여,
> 당신의 얼굴은 본 일 없지만
> 믿음, 증명은 할 수 없으되, 그 믿음으로,
> 오직 그 믿음만으로 받아들입니다.
>
> 빛과 어둠의 천체들은 당신의 것,
> 사람과 짐승의 목숨을 지으시고
> 죽음도 지으신 당신, 아 당신은 그 발로
> 손수 지으신 해골을 밟고 서셨습니다.
>
> 당신은 우리를 흙 속에 버리시지 않을 것이니,
> 그 이유 모르나, 당신이 지으신 사람
> 죽으려 난 것은 아니니라 믿습니다.
> 그러니 사람을 지으신 당신은 옳으십니다.
> ―인 메모리엄 서시의 첫 세 연―

이 구세주 탄생에 대한 예언 기록은 흔히 제2의 이사야가 썼다고 하지만 이사야의 구원 신앙과 어긋나는 것은 아닙니다. 또한 예언자가 신앙을 통하여 본 것은 구원받은 세계와 새로 지어진 인간의 미래만이 아니었고 유다의 역사에 나타나는 실제적인 문제이기도 했습니다. 이런 점에서 우리는 이사야를 신앙의 정치인으로 보게 됩니다. 유다 왕 아하스 시대에 아람과 이스라엘은 힘을 합쳐 예루살렘을 쳐들어 왔습니다. 그 소식을 들은 왕과 백성의 마음은 바람에 휩쓸린 수풀처럼 흔들렸습니다. 그래서 아하스 왕은 앗수르 왕에게 사자를 보내어 아람과 이스라엘이 유다를 치려 한다는 것을 알리고 구원을 청했던 것입니다.

이 때 아하스 왕 앞에 나타나서 강력하게 충고한 사람이 이사야였습니다. "너는 삼가며 종용하라. 아람 왕 르신과 르말리야의 아들이 심히 노할지라도 연기나는 두 부지깽이 그루터기에 불과하니 두려워 말며 낙심치 말라"(사 7:4). 그러나 아하스 왕은 이사야의 충고에 귀를 기울이지 않고 앗수르의 강력한 힘을 빌려서 아람과 이스라엘의 군대를 내쫓으려고 했습니다.

아하스의 생각대로 앗수르의 대군은 아람과 이스라엘을 쳐부수어 주었습니다. 그러나 앗수르 군대는 그것으로 그치지 않고 유다에까지 쳐들어 와서 난폭한 행동을 자행하고 급기야는 유다도 자기 나라의 지배하에 두고 말았습니다. 그 후로는 이스라엘이나 유다는 매년 수많은 금과 은을 앗수르 왕에게 바치지 않을 수 없게 되었습니다.

그 때문에 국민은 무거운 세금을 내야했고 노예와 같은 작업을 하며 고생하지 않으면 안 되게 되었습니다. 더구나 백성들 중에는 앗수르인의 흉내를 내며 태양과 별을 예배하는 사람까지 생겨나게 되었습니다.

이런 꼴을 본 이사야는 머지않아 유다와 이스라엘이 멸망하고 말 것이라고 예언했습니다. 그의 예언대로 이스라엘은 멸망하고 유다는 위급한 사태에 처하게 되지만, 전능하신 하나님께서는 앗수르를 물리치고 그 원수의 손에서 구원하실 것이라고 예언하였습니다(사 37:1-).

또한 유다 민족이 시련을 겪을 때 메시야가 와서 모든 사람에게 욕을 당하고 수치를 당하면서도 우리의 죄를 짊어지고 구주가 되리라고 예언했습니다(사 53장). 이는 예수의 생애를 예시한 것이며 그 예언은 후일에 성취되었던 것입니다. 이와 같이 이사야는 메시야의 구속 사역에 대해 많이 말하고 있기 때문에 종종 복음적 예언자라고 불리워지기도 합니다.

다음으로는 『이사야서』의 문체적 특색을 간단히 살펴보겠습니다. 그 첫째로 표현의 간결성과 선명성을 들 수 있습니다. 이사야의 생생한 문체는 표현의 간결성에서 직접 나타나기도 하고 대조의 형태를 취하기도 합니다. 그 예로서 이미 인용한 바 있는 『이사야서』 1장 2-3절을 들 수 있는데, 여기서 이사야는 하늘과 땅, 여호와와 인간, 인간과 짐승을 대조시키고 있습니다. 더욱 이사야는 눈으로 직접 보듯이 생생하게 그려내는 비유적 표현력을 갖고 있었습니다. 이처럼 생생하게 그려내는 그의 묘사력을 잘 들어내 보여주는 한 예를 들어 보겠습니다.

"슬프다 많은 민족이 소동하였으되 바다 파도의 뛰노는 소리같이 그들이 소동하였고 열방이 충돌하였으되 큰 물의 몰려옴같이 그들도 충돌하였도다. 열방이 충돌하기를 많은 물의 몰려옴같이 하나 주께서 그들을 꾸짖으시리니 그들이 멀리 도망함이 산에 겨가 바람 앞에서 흩어짐 같겠고 폭풍 앞에 떠도는 티끌 같을 것이라. 보라 저녁에 두려움을 당하고 아침 전에 그들이 없어졌거니 이는 우리를 노략한 자의 분깃이요 우리를 강탈한 자의 보응이니라"(사 17:12-14).

우리는 위의 인용문을 읽으면서 많은 민족과 열방이 파도가 뛰노는 것처럼 소동을 빌이고 큰 물결이 몰려오는 것처럼 충돌하는 모습을 그려볼 수가 있습니다. 그러나 하나님께서는 밀려오는 거대한 세력들을 바람 앞의 겨처럼 또는 폭풍 앞의 티끌처럼 날려보는 모습이 선하게 보이도록 묘사하였습니다.

또다른 생생한 묘사는 『이사야서』 31장 4-5절에서 볼 수 있습니다. "큰 사자나 젊은 사자가 그 식물을 움키고 으르렁거릴 때 그것을 치려고 여러 목자가 불려 왔다 할지라도 그것이 그들의 소리로 인하여 굴복지 아니할 것이라 이와 같이 나 만군의 여호와가 강림하여 시온 산과 그 영 위에서 싸울 것이며 새가 날개치며 그 새끼를 보호함 같이 나 만군의 여호와가 예루살렘을 보호할 것이라. 그것을 호위하며 건지며 넘어와서 구원하리라"(사 31:4-5).

시온을 위해 싸워 주시며 지켜 주시는 용맹하신 여호와 하나님을 사냥한 것을 물고 으르렁거리는 사자나 하늘을 날며 그 새끼를 지켜주는 수리에 비유한 것은 실로 놀랍고 생생한 묘사라 아니 할 수 없습니다.

두 번째 특색으로 그의 유머(humor)를 들 수 있습니다. 우선 패악한 시온의 여성들을 질책하는 장면을 들어 보겠습니다. "시온의 딸들이 교만하여 늘인 목, 정을 통하는 눈으로 다니며 아기죽거려 행하며 발로는 쟁쟁한 소리를 낸다"(사 3:16). 이런 오만스럽고(늘인 목) 우상 숭배를 일삼으며(정을 통하는 눈으로 다니며) 공공연하게(발로는 쟁쟁한 소리를 낸다) 사치와 열락을 즐기던 여인들의 머리에 버짐(딱지)이 먹고(사 3:17) 대머리처럼 머리가 밀리고(사 3:24) 온갖 패물과 아름다운 옷이 벗겨져(사 3:19-23) 하체가 드러나게 되는(사 3:16) 수치를 당하는 날을 묘사한 대목을 읽으면서 우리는 웃음을 터뜨리지 않을 수 없습니다.

또한 아람 왕 르신과 그의 아들 르말리야(베가)가 연합하여 유다를 쳐들어 왔다는 소식을 듣고 아하스가 바람에 휩쓸린 수풀처럼 흔들리고 있을 때, 이사야는 아하스에게 "연기나는 두 부지깽이 그루터기" (사 7:4)와 같은 그들을 보고 겁내지 말라고 명령하였습니다. 여기서 적을 "부지깽이 그루터기"에다 비교한 것은 그들(적군)의 무기력함을 나타낸 것으로 웃음을 자아내며 또한 아하스에게는 큰 위로를 주었습니다. 그리고 앗수르 왕을 "이발사"에 비유하면서 그가 "삭도"(면도칼)를 가지고 유대인들의 머리털과 수염을 깎으리라고 했습니다(사 7:20). 하나님께서는 앗수르나 애굽을 심판의 도구로 사용하셨는데, 여기서는 앗수르가 바로 유대인의 머리털과 수염을 깎는 삭도가 되는 것입니다. 후에는 이 삭도는 유다를 함락(주전 586)한 바벨론을 가르키기도 하였습니다(겔 5:1). 이런 표현 속에서 우리는 익살스러운 요소를 발견할 수 있습니다.

이사야는 나귀와 낙타 등에 보화를 잔뜩 싣고 애굽으로 원군을 요청하러 가는 정치인들을 힐책하면서 애굽은 "가만히 앉은 라합"(사 30:7)이라 하였습니다. "거만" 또는 "자랑"이란 뜻을 가지고 있는 이 "라합"은 마귀의 힘이나 괴물을 상징하고 있습니다. 이렇게 볼 때 라합이란 단적으로 말하면 애굽이나 바벨론처럼 하나님을 대적하는 원수 사단을 상징하는 총칭이라 할 수 있습니다. 그러니까 "가만히 앉은 라합"이란 애굽은 전혀 움직일 힘 조차 없는 세력이므로 이스라엘에게 아무런 도움도 되지 못한다는 뜻입니다. 여기서 또한 야릇한 해학성을 발견할 수 있습니다.

  셋째 특색은 숭엄미를 들 수 있습니다. 여호와 하나님의 심판을 예고하는 다음과 같은 표현 속에서 그의 숭고한 믿음이 장엄하게 나타나는 것을 볼 수 있습니다. "너희는 바위 틈에 들어가며 진토에 숨어 여호와의 위엄과 그 광대하심을 피하라"(사 2:10). 팔레스틴 지방의 지질학적 특징 중의 하나는 석회석으로 된 바위가 많다는 것입니다. 이 석회석 바위는 용식(溶蝕) 작용으로 인한 많은 종유동을 가지고 있는데, 이 종유동이 종종 유다인들의 피신처가 되었습니다. 그들은 위험을 느낄 때마다 이 바위 굴 속에 들어가 피신하곤 했다고 합니다(삿 6:2; 삼상 13:6; 22:1). 그런데 유다인들은 이방의 침입은 두려워하면서 하나님의 진노는 두려워하지 않았습니다. 이사야는 이처럼 하나님을 두려워하지 않는 유다인들을 향하여 바위 틈에 피하라고 외침으로써 이방의 침입보다 하나님의 진노가 극심함을 현실감 있게 묘사해 주고 있습니다. 이 현실감 있는 하나님의 진노에 대한 묘사를 통하여 우리는 놀라운 두려움과 떨림을 느끼지 않을 수 없습니다. 그것이 바로 숭엄감이라 할 수 있습니다. 그러니까 숭엄감이란 질서나 균형감을 느끼게 할 수 있도록 잘 계산해서 구사한 말에서 나오는 것이 아니고 때에 맞게 밖으로 던진 말들의 완성에서 오는 엑스타시(exstasis)를 가리킨다고 할 수 있습니다.

『이사야서』 8장 9절-10절 속에서도 동일한 전율감 같은 것을 느낄 수 있습니다. "너희 민족들아 훤화하라. 필경 패망하리라. 너희 먼 나라 백성들아 들을지니라. 너희 허리를 동이라. 필경 패망하리라. 너희 허리에 띠를 따라. 필경 패망하리라. 너희는 함께 도모하라. 필경 이루지 못하리라. 말을 내어라. 시행되지 못하리라. 이는 하나님이 우리와 함께 하심이니라." 이사야는 이방 나라를 향하여 너희가 아무리 훤화(연합)하여도 나의 백성 유다는 영원히 멸망시킬 수 없을 것이라고 예언합니다. 왜냐하면 그것은 여호와 하나님께서 그들과 함께 하시기 때문이라는 것입니다. "필경 패망하리라"는 말의 반복적인 사용은 가슴을 서늘하게 해줍니다. 그런 전율감을 『이사야서』 30장 27절-33절에서도 느낄 수 있습니다.

마지막 특징으로 들 것은 적절한 비유(메타퍼)를 많이 쓰고 있다는 것입니다. 한 예만을 들겠습니다. "그 때에 소경의 눈이 밝을 것이며 귀머거리의 귀가 열릴 것이며 그 때에 저는 자는 사슴같이 뛸 것이며 벙어리의 혀는 노래하리니 이는 광야에서 물이 솟겠고 사막에서 시내가 흐를 것임이라. 뜨거운 사막이 변하여 못이 될 것이며 메마른 땅이 변하여 원천이 될 것이며 시랑의 눕던 곳에 풀과 갈대와 부들이 날 것이며 거기 대로가 있어 그 길을 거룩한 길이라 일컫는 바 되리니 깨끗지 못한 자는 지나지 못하겠고 오직 구속함을 입은 자들을 위하여 있게 된 것이라. 우매한 행인은 그 길을 범치 못할 것이며 거기는 사자가 없고 사나운 짐승이 그리로 올라가지 아니하므로 그것을 만나지 못하겠고 오직 구속함을 얻은 자만 그리로 행할 것이며 여호와의 속량함을 얻은 자들이 돌아오되 노래하며 시온에 이르러 그 머리 위에 영원한 희락을 띠고 기쁨과 즐거움을 얻으리니 슬픔과 탄식이 달아나리로다"(사 35:5-10).

35장 5절의 문자적인 의미는 예수께서 하신 "소경이 보며… 복음이 전파된다 하라"(마 11:4-5)는 말씀과 일치합니다. 6절-7절은 메시야 왕국의 성격을 비유로 표현한 것입니다. 메시야 왕국이 도래하면 저는 자가 사슴같이 뛰고 벙어리의 혀는 노래하리라는 것입니다. 그리고 광야에서는 물이 솟겠고 사막에서는 시내가 흐를 것이라고 하였습니다. 생명체가 존재하지 않는 광야에서 물이 솟는다고 하는 것은 생명체가 존재할 수 있게 되겠다는 것이며, 시내가 흐른다는 것은 광야가 기름진 축복의 땅으로 변모한다는 것입니다. 즉 죽음의 암운(暗雲)이 감돌던 세상에 은혜가 넘치는 곳으로 변모되리라는 의미입니다. "뜨거운 사막이 변하여 못이 될 것이며 메마른 땅이 변하여 원천이 될 것이며" 하는 표현은 일종의 점층법으로서 장차 도래할 그리스도 왕국에 넘쳐 날 은혜의 정도가 점점 더 깊어짐을 강조한 것입니다. 8-10절에서는 죄에서 해방된 자들이 기쁨과 즐거움으로 생명의 길에 들어설 것을 말하는 동시에 당시 포로에서 해방된 백성들이 약속의 땅 가나안으로 들어오게 될 것을 이중적으로 말하고 있습니다. 실로 아름답고 교묘한 비유적 표현들을 여기서 찾을 수기 있습니다.

이와 같이 『이사야서』는 하나님의 위엄으로부터 시작해서 용서하시는 사랑으로 끝나는 숭고한 이념을 뛰어난 문학적 기교로 형상화하고 있습니다.

요시야와 용감한 눈물의 예언자 예레미야

요시야가 왕위에 올라 나라를 다스릴 동안(주전 640-609)에는 그렇게 막강한 세력을 떨치던 앗수르도 기세가 꺾여 별로 힘이 없었습니다. 요시야는 남북 통일의 꿈을 실현해 보려고 어느 왕보다도 더 노력을 한 왕이었습니다. 부분적이기는 하지만 이러한 정치개혁의 꿈이 실현된 것은 바로 요시야 시대였습니다. 그의 정치개혁이 그 절정에 달했을 무렵(주전 622년경), 앗수르는 멸망 단계에 접어들어 있었고, 드디어 주전 612년에 그 수도 니느웨가 함락됨으로써 앗수르는 완전히 멸망하게 됩니다. 요시야는 이런 기회를 잘 포착하여 정치개혁에 어느 정도 성공하였습니다.

이러한 정치개혁의 성공은 종교개혁에도 이어졌습니다. 요시야는 종교의 중앙 집중화 정책 즉 예루살렘 성전만이 이스라엘의 유일한 합법적인 성소라는 정책에 따라 산재해 있는 많은 지방 성소들, 신당들을 파괴하고 폐쇄시켜 버렸습니다. 또한 그는 앗수르의 제단을 헐고 앗수르 제의행사를 폐쇄하였습니다. 또 가나안의 바알, 아세라 숭배, 그리고 일월성신 등 우상숭배를 금지하고 점술과 마술도 금지했습니다. 또 몰록에게 자녀를 바쳐 제사드리는 인신제도 금지하였습니다. 요시야는 이러한 종교개혁을 유다에만 국한시키지 않고 그가 회복한 북쪽 이스라엘 지역에까지 확대하였습니다. 그러나 앗수르를 치러 가는 애굽왕 느고의 길을 막다가 므깃도에서 전사했습니다(대하 35:20-25). 요시야가 죽자 그 아들 여호아하스가 대신 왕이 되었습니다.

이스라엘의 종교개혁을 단행한 요시야 왕 때 활동한 두 예언자가 있었는데, 하나는 스바냐요, 다른 하나는 예레미야였습니다. 스바냐는 보통 사람과는 달리 히스기야라고 하는 훌륭한 왕의 후손이었습니다. 이런 스바냐가 예언자로 부름을 받은 것은 요시야가 종교개혁을 시작하기 조금 전이었던 것 같습니다. 이 때는 이미 언급한 대로 앗수르의 세력이 꺾이고 유다에도 일시적으로 평화가 깃들게 되었고, 요시야에 의해 시작된 종교개혁의 기운이 널리 퍼지고 있었습니다. 스바냐는 이런 기운을 민감하게 느끼고 있었습니다.

스바냐는 무엇보다 하나님의 심판을 강조한 청교도적 예언자였습니다. "내가 지면에서 모든 것을 진멸하리라. 내가 사람과 짐승을 진멸하고 공중의 새와 바다의 고기와 거치게 하는 것과 악인들을 아울러 진멸할 것이라. 나 여호와의 말이니라"(습 1:2-3).

이런 하나님의 징벌은 우상을 섬기는 자들(습 1:4-7), 정치가들(습 1:8-9), 장사아치들과 고리 대금업자들(은을 수은하는 자-습 1:10-11), 불신자들(1:12-13) 위에 역마보다도 날쌔게, 군인보다도 잽싸게(습 1:14-15) 내린다고 했습니다. 그래서 스바냐는 하나님의 심판을 면하기 위해 회개하라고 다음처럼 권고를 합니다. "너희는 여호와를 찾으며 공의와 겸손을 구하라. 너희가 혹시 여호와의 분노의 날에 숨김을 얻으리라"(습 2:3).

하나님께서 그를 거역하는 자들과 거만을 떨며 흥청거리는 자(습 3:11)를 쓸어 버리고 나면, 겸손하게 하나님을 찾아 회개하고 그만 믿고 따르는, 기를 못 펴는 가난한 사람, 억울하게 속일 줄 모르고 거짓말을 할 줄도 모르며, 간사한 혀로 사기칠 줄도 모르는 사람(습 3:12-13)만이 남게 될 것이고, 그들은 배불리 먹고 편히 쉴 수 있으며 억눌림이나 들볶임을 당하지 않은 채 평안히 살게 되리라고 하였습니다. 아모스, 이사야, 미가, 스바냐, 그 후에는 예수로 이어지는 새로운 평화에의 희망이 엿보이고 있습니다.

예레미야는 예루살렘 북쪽 4.8km 지점에 위치한 아나돗(Anathoth)이라는 작은 마을에서 출생하였습니다(렘 1:1). 그의 아버지는 요시야 왕 때의 대제사장 힐기야(왕하 22:1-13)와 동명이인(同名異人)으로 고귀한 혈통의 가문이었습니다. 그러나 그의 조상들은 고난을 많이 겪은 듯합니다. 그는 요시야 왕 13년인 주전 627년에 비교적 어린 나이(대략 20세로 추정됨)로 감격적인 부름(렘 1:1-15)을 받았지만, 그가 고난과 역경을 헤쳐나가며 예언 활동을 펴나가기란 그리 쉬운 일이 아니었습니다. 아내를 얻고 자녀를 기르는 일까지도 단념하여야만 하는 일(렘 16:1)은 도저히 감당할 수 없을만한 아픔이었지만, 그때마다 그는 하나님께 매달려 간구하여 얻은 능력으로 견뎌나갈 수가 있었습니다. 그러므로 그의 예언은 대부분 하나님과 대화하는 형식으로 이루어지게 됩니다.

예레미야와의 대화 중에 하나님은 이스라엘의 배신을 꾸짖으셨습니다. "야곱 집과 이스라엘 집 모든 가족아 나 여호와의 말을 들으라. 나 여호와가 이같이 말하노라. 너희 열조가 내게서 무슨 불의함을 보았관대 나를 멀리 하고 허탄한 것을 따라 헛되이 행하였느냐. 그들이 우리를 애굽 땅에서 인도하여 내시고 광야 곧 사막과 구덩이 땅, 건조하고 사망의 음침한 땅, 사람이 다니지 아니하고 거주하지 아니하는 땅을 통과케 하시던 여호와께서 어디 계시냐 말하지 아니하였도다. 내가 너희를 인도하여 기름진 땅에 들여 그 과실과 그 아름다운 것을 먹게 하였거늘 너희가 이리로 들어와서는 내 땅을 더럽히고 내 기업을 가증히 만들었으며 제사장들은 여호와께서 어디 계시냐 하지 아니하며 법 잡은 자들은 나를 알지 못하며 관리들도 나를 항거하며 선지자들은 바알의 이름으로 예언하고 무익한 것을 좇았느니라. 그러므로 내가 여전히 너희와 다투고 너희 후손과도 다투리라. 여호와의 말이니라"(렘 2:4-9).

예루살렘 거리에도, 장터에도 바르게 살며 신용을 지키는 사람이 하나도 없다는 것이었습니다. 만일 그런 사람이 하나라도 있으면 예루살렘을 용서할 것이지만, 그런 진실과 공의를 일삼는 사람들이 하나도 없다는 것이었습니다(렘 5:1-2). 때문에 여호와는 이스라엘 백성을 쓸어 없애리라고 하였습니다.

"포도를 땀 같이 그들이 이스라엘 남은 자를 말갛게 주우리라. 너는 포도 따는 자처럼 네 손을 광주리에 자주자주 놀리라"(렘 6:9). 이스라엘 민족에게 있어서 수확할 때 남김없이 거둬들이는 것은 하나님의 규례를 거스리는 것(레 19:10; 신 24:21)이었으나 당시 유다인들은 탐람(貪婪)하여 곡식을 말끔히 수확했던 것 같습니다. 예레미야는 유다의 이러한 부류의 죄를 그들이 받게 될 심판과 연관시켜 언급하고 있습니다. 즉 유다인들은 가나안 자의 몫까지 말끔히 수확하듯이 악이라는 악은 빠드리지 않고 모두 다 저질렀던 것입니다. 이에 그 결과로 임할 심판도 곡식을 말끔히 수확하듯이 악을 행한 자 모두를 한 사람도 남기지 않고 무자비하게 쓸어 버리겠다는 비유입니다.

또한 여호와는 이스라엘을 불쌍히 여겨 도움을 주기는커녕 북녘땅에서 강대국이 일어나 쳐들어 오리라고 합니다. 예레미야의 비판과 경고의 기준은 아모스, 이사야, 미가 등과 같은 것이었습니다. 다른 예언자들과 마찬가지로 예레미야도 이스라엘의 회개를 촉구했습니다. 특히 이웃 사이에 억울한 일이 없도록 하고, 이방인과 고아와 과부를 억누르지 말며, 죄없는 사람을 죽여 피를 흘리지 말고, 다른 신을 섬겨 재앙을 불러 들이는 일이 없도록 하라고 경고합니다(렘 7:5-6). 그러면서도 예레미야는 자기의 동족을 사랑했기 때문에 하나님께 용서해달라고 빌었던 것입니다. 그러나 하나님은 무정하게도 그런 기도를 드리지 말라고 예레미야에게 명합니다. "그런즉 너는 이 백성을 위하여 기도하지 말라. 그들을 위하여 부르짖어 구하지 말라. 내게 간구하지 말라. 내가 너를 듣지 아니하리라"(렘 7:16).

『예레미야서』11장 14절에서도 다시 용서해 달라고 울며 불며 기도하지 말라고 명하고 있습니다. 예레미야는 하나님 편에 서서 "내가 그들을 불쌍히 여기지 아니하며 관용치 아니하며 아끼지 아니하고 멸하리라"(렘 13:14)는 하나님의 가혹한 말씀을 그대로 그의 백성들에게 전하면서도 한 인간으로서 그는 아픈 가슴을 억누를 길이 없었습니다. 그래서 그는 그의 백성을 향해 눈물을 흘리며 다음과 같이 권고합니다.

"너희는 들을지어다. 귀를 기울일지어다. 교만하지 말지어다. 여호와께서 이같이 말씀하시느니라. 그가 흑암을 일으키시기 전, 너희 발이 흑암한 산에 거치기 전, 너희 바라는 빛이 사망의 그늘로 변하여 침침한 흑암이 되게 하시기 전에 너희 하나님 여호와께 영광을 돌리라. 너희가 이를 듣지 아니하면 나의 심령이 너희 교만을 인하여 은근히 곡할 것이며 여호와의 양무리가 사로잡힘을 인하여 눈물을 흘려 통곡하리라"(렘 13:15-17).

너무도 괴로운 예레미야는 백성을 대신하여 용서해 달라고 빌지 말라는 명령을 받았지만 그것을 어기면서까지 하나님께 "우리를 저버리지 마십시오"(렘 14:7-9; 14:19-22)라고 호소합니다. 그러나 하나님은 그의 이런 호소에도 불구하고 그들을 쓸어 버리라고 합니다. "우리가 어디로 나아가리요 하거든 너는 그들에게 이르기를 여호와의 말씀에 사망할 자는 사망으로 나아가고 칼을 받을 자는 말로 나아가고 기근을 당할 자는 기근으로 나아가고 포로로 될 자는 포로 됨으로 나아갈지니라 하셨다 하라"(렘 15:2).

　하나님의 말씀을 받아 예레미야는 바벨론 왕 느부갓네살이 북녘의 모든 족속들을 거느리고 쳐들어 와 그 민족을 진멸시키고, 그 땅을 쑥밭을 만들 것이라고 예언하였습니다(렘 25:8). 이는 그 민족을 배신하는 것이요, 나라를 파는 이적행위로 들렸기 때문에 이 때부터 예레미야에 대한 박해는 시작되었습니다. 『예레미야서』 26장에 보면 제사장들과 예언자들과 일반 민중들이 예레미야를 붙잡아 죽이려는 이야기가 나오게 됩니다. 그러나 지방의 몇 장로들이 미가의 예를 들어 예레미야를 죽이는 것은 부당한 일이라고 편을 들어 주어서 사형을 면할 수 있었습니다.

　그 뒤 바벨론 왕 느부갓네살의 군대가 예루살렘을 포위했을 때, 예레미야는 유다 궁궐 근위대의 울 안에 갇혀 있었습니다(렘 32:1-2). 그 때에도 그는 "내가 이 성을 갈대아인의 손과 바벨론 왕 느부갓네살의 손에 붙일 것인즉 그가 취할 것이라"(렘 32:28)고 계속해서 바벨론에 의한 유다의 멸망을 예고했던 것입니다(렘 33:-34:). 나라가 위기를 당한 때 이러한 예언은 한층 위정자들의 격분을 자아냈습니다. 그래서 그는 여호와의 집에서 예언하는 것을 금지당했습니다(렘 36:5). 때문에 그는 서사 바룩에게 명하여 여호와로부터 던져 태워버렸습니다. 그러나 예레미야는 서사 바룩을 불러 여호야김 왕이 불에 태운 책에 적혀 있던 말을 그대로 불러주어 다시 적게 했던 것입니다(렘 36:32).

　다음의 도표에서 보듯이 여호야김의 뒤를 이어 시드기야가 왕이 되었을 때, 바벨론 군대는 예루살렘을 포위하고 있었지만 애굽의 군대가 출동했다는 소식을 듣고 잠깐 예루살렘에서 물러가게 되었습니다. 이 때 예레미야는 베냐민 지방에 있는 문중 땅을 유산으로 받으려고 예루

6. 분열 왕국 시대　321

살렘을 떠나게 되었는데, 그것이 바벨론 편으로 탈주하려는 구실이라 해서 체포되었습니다 (렘 37:13-15). 그리하여 그는 국무대신 여호나단의 관

예레미야 시대에 재위한 왕들

이 름	재위기간	관련성구
요시야	31년	왕하 21:26
여호아하스	3개월	왕하 23:30
여호야김	11년	왕하 23:34
여호야긴	3개월	왕하 24:6
시드기야	11년	왕하 24:17

저에 있는 구치소에 감금되었습니다. 그 뒤 그는 예루살렘 군위대 울 안에 있는 왕족 말기야의 집 진흙 구덩이에 던져졌습니다(렘 38:1-6). 사랑하는 동족들로부터 배척을 받아가면서까지 오직 하나님의 명하신 대로 유다의 멸망을 예언해야만 했던 그는 진정 눈물의 예언자가 될 수밖에 없었던 것입니다.

여호나단의 관저에 있는 구치소에 감금되어 있는 또는 예루살렘 군위대 울 안에 있는 왕족 말기야의 집 진흙 구덩이에 던져진채 울부짖는 예레미야를 상상할 때 독재에 항거하다가 붙잡혀 스위스의 쉬용 성에 감금되어 있는 프랑스와 보니발(Francois de Bennivard(1493-1570)의 모습이 떠오릅니다. 보니발은 쉬용성에 감금되어 있으면서도 그 감옥을 "성스러운 곳"이요 칙칙한 마룻방을 자기의 몸을 바칠 제단이라고 생각하며 자유를 위해 자기 자신을 희생 제물로 드렸습니다. 영국의 19세기 낭만시인 중의 한 사람인 바이런 경(Lord George Gorden Byron, 1788-824)은 다음과 같이 그 자유의 정신을 노래했습니다.

쉬용 성

속박없는 마음의 영원한 정신!
자유여! 너는 감옥에서 가장 찬란하게 빛난다.
왜냐하면 거기서 너의 집은 마음이니까ㅡ
너에 대한 사랑만이 속박할 수 없는 마음,

그래서 너의 아들들이 족쇄에 채워질 때-
족쇄와 축축한 지하감옥의 햇살 없는 어둠에 넘겨질 때,
저들의 조국은 저들의 순국으로 승리하고
자유의 명성은 온 누리에 퍼지리라.
쉬용! 너의 감옥은 성스러운 곳,
네 칙칙한 마룻방은 제단-왜냐하면
보니발 자신의 발걸음이, 마치 네 차가운 바닥이
흙인양, 닳아 빠진 자국을
남겼으니! 아무도 이 자국들을 지우지 말게 하소서!
그 발자국들은 폭정에 대항하여 신에 호소하는 것이기에.

예레미야가 이 진흙 구덩이에서 해방된 것은 느부갓네살 왕이 예루살렘을 함락한 뒤였습니다. 시드기야는 눈을 멀게 한 다음 쇠사슬로 묶어 바벨론으로 끌고 갔고, 그밖에 많은 사람들이 바벨론의 포로로 잡혀 갔습니다. 유다 민족 중에서 남은 자는 가진 것이 없는 영세민들 뿐이었습니다(렘 39장). 이 때부터 바벨론 포로 생활이 시작되는 것입니다 (주전 586년).

예레미야의 종교 사상에 있어서 주목할 점은 "새로운 계약"(The New Covenant)을 예언하여 종교를 내면화한 것이라 할 수 있습니다. "나 여호와가 말하노라. 보라 날이 이르리니 내가 이스라엘 집과 유다 집에 새 언약을 세우리라. 나 여호와가 말하노라. 이 언약은 내가 그들의 열조의 손을 잡고 애굽 땅에서 인도하여 내던 날에 세운 것과 같지 아니할 것은 내가 그들의 남편이 되었어도 그들이 내 언약을 파하였음이니라. 나 여호와가 말하노라. 그러나 그 날 후에 내가 이스라엘 집에 세울 언약은 이러하니 곧 내가 나의 법을 그들의 속에 두며 그 마음에 기록하여 나는 그들의 하나님이 되고 그들은 내 백성이 될 것이니라" (렘 31:31-33).

예레미야는 구약사상 최초의 인격적 개인 종교를 부르짖은 예언자였고, 나라의 멸망을 예고한 망국의 예언자였습니다. 30세도 채 되지 않은 다정다감함 예레미야는 하나님과 그 국민 사이에 끼어 어찌할 바를 모르고 통곡했습니다. 『예레미야 애가』는 외국 군대의 점령 아래 있는 예루살렘의 참상을 슬픈 곡조로 노래한 것으로 『예레미야서』의 부록이라 할 수 있습니다.

예레미야는 나라가 멸망하여 쑥밭이 된 것을 보고 애가를 불렀지만, 그는 또한 회개하면 용서함을 받고 나라가 부흥하게 될 것도 예언했습니다. 그리스도를 예레미야에 비교하는 까닭도 여기에 있습니다. 끝으로 『예레미야서』의 몇 가지 문학적 특색을 살펴 보겠습니다.

첫째 그 특색은 시적인 반복법을 많이 사용했다는 것입니다. 그 한 예를 들어 보겠습니다. "여호와께서 가라사대 너는 나의 철퇴 곧 병기라. 내가 너로 열방을 파하며 너로 국가들을 멸하며 내가 너로 말과 그 탄 자를 부수며 너로 병거와 그 탄 자를 부수며 너로 남자와 여자를 부수며 너로 노년과 유년을 부수며 너로 청년과 처녀를 부수며 너로 목자와 그 양떼를 부수며 너로 농부와 그 멍엣소를 부수며 너로 방백들과 두령들을 부수리로다"(렘 51:20-23). 여기서 하나님의 심판의 도구 곧 철퇴(병기)는 바벨론입니다. 바벨론을 이용해서 열방을 멸하시겠다는 선언입니다. 그런데 열방을 멸하시겠다는 하나님의 뜻을 강조하기 위하여 하나님의 대언자 예레미야는 "부수며"라는 말을 단 3행 속에서 여덟 번이나 반복적으로 사용했습니다.

『예레미야서』 4장 23절-26절에서도 "내가 본즉"이라는 말을 반복적으로 사용하고 있는 것을 볼 수 있는데, 이것은 하나님께서 창조한 하늘과 땅, 산들과 작은 산들, 좋은 땅과 성읍에 이르기까지 하나님께서 본즉 그의 진노가 미쳤다는 것을 강조한 것이라 할 수 있습니다.

그는 문장에서 반복적인 효과를 충분히 활용했습니다. 예를 들어

"이 백성을 위하여 기도하지 말라 혹은 복을 구하지 말라"는 표현을 세 번(렘 7:16; 11:14; 14:11) 반복하여 사용하고 있습니다. 이것은 예레미야의 중보 기도(렘 10:23-25)가 거절된 것을 의미합니다. 그까닭은 백성들이 우상숭배(렘 11:6-13)로 하나님과 맺은 언약(레 26:3-12)을 파기했기 때문입니다. 또한 "칼과 기근과 염병"이라는 구절이 15번이나 나옵니다(렘 14:12; 21:7, 9; 24:10; 27:8, 13; 29:17-18; 32:24, 36; 36:17; 38:2; 42:17, 22; 44:13). 이는 "어그러진 길"(렘 14:10)을 가는 유다 백성을 "칼과 기근과 염병"으로 멸하시겠다는 강력한 의지를 나타내신 것입니다.

둘째 특색은 적절한 곳에서 암시적인 문장을 사용했다는 것입니다. 가령『예레미야서』25장 26절을 보면 "북방 원근의 모든 왕과 지면에 있는 세상의 모든 나라로 마시게 하니라. 세삭 왕은 그 후에 마시리라"는 말씀이 나옵니다. 세삭은 바벨론의 별칭입니다(렘 51:41). 그렇다면 이 구절은 북방 원근에 있는 모든 나라들이 진노의 잔을 마신 후 마지막으로 바벨론도 진노의 잔을 마시게 된다는 뜻입니다. 바벨론이 맨마지막으로 멸망할 것을 "(세삭도) 마시리라"는 암시적인 말로 표현하고 있습니다.

셋째 특색은 상징적인 용법을 많이 쓰고 있다는 것입니다. "썩어서 쓸모없게 된 베띠"(렘 13:1-11), "깨어진 토기 그릇"(렘 19:1-12), "벽돌 깔린 곳의 진흙"(43:8-13) 등을 들 수 있습니다. 이와 같은 상징적인 용법은 하나님이 예레미야에게 결혼을 금하며 자녀를 낳지 못하도록 하신 일(렘 16:1-4), 상가(喪家)나 잔치집에 들어가지 말라고 하신 부분(렘 18:5-9), 그의 고향 아나돗에 가서 사라고 하신 부분(렘 32:6-15) 등에도 나타납니다.

마지막으로 그 특색은 메시지 전달 수단으로 시각적인 용법을 사용했다는 것입니다. 예를 들면 토기장이의 진흙(렘 18:1-10)을 그 예로 들 수 있습니다.

"여호와로부터 예레미야에게 임한 말씀에 가라사대 너는 일어나 토기장이의 집으로 내려가라. 내려가 거기서 내 말을 네게 들리리라 하시기로 내가 토기장이의 집으로 내려가서 본즉 그가 녹로로 일을 하는데 진흙으로 만든 그릇이 토기장이의 손에서 파상(破傷)하매 그가 그것으로 자기의 의견에 선한 대로 다른 그릇을 만들더라. 때에 여호와의 말씀이 내게 임하니라 가라사대 나 여호와가 이르노라. 이스라엘 족속아 이 토기장이의 하는 것 같이 내가 능히 너희에게 행하지 못하겠느냐. 이스라엘 족속아 진흙이 토기장이의 손에 있음 같이 너희가 내 손에 있느니라. 내가 언제든지 어느 민족이나 국가를 뽑거나 파거나 멸하리라 한다고 하자 만일 나의 말한 그 민족이 그 악에서 돌이키면 내가 그에게 내리기로 생각하였던 재앙에 대하여 뜻을 돌이키겠고 내가 언제든지 어느 민족이나 국가를 건설하거나 심으리라 한다고 하자 만일 그들이 나 보기에 악한 일을 행하여 내 목소리를 청종치 아니하면 내가 그에게 유익케 하리라 한 선에 대하여 뜻을 돌이키리라"(렘 18:1-10).

여기서 시각적으로 보여준 것은 어느 누구에게도 간섭받지 않으시는 하나님의 절대적 주권에 대한 묘사입니다. 이런 시각적 묘사는 "두 광주리의 무화과"(렘 24장) 비유에서도 찾아볼 수 있습니다.

바벨론 포로 시대와 그 이후 7

- 다니엘과 그의 세 친구
- 에스겔과 해골 골짜기의 환상
- 스룹바벨과 그의 성전 재건
- 에스라와 그의 종교개혁 운동
- 에스더와 유다 민족
- 느헤미야와 예루살렘 성벽 재건

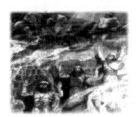

다니엘과 그의 세 친구

구약에 나오는 여러 다니엘 중에서 가장 잘 알려진 사람은 아래 도표에서 보는대로 느부갓네살의 1차 침공 때 즉 주전 605년에 십대의 나이로 바벨론에 포로로 끌려 갔던 왕족(단 1:3) 다니엘입니

북왕국의 왕들

단계	침공년대	중요사건	관련성구
첫째 단계	주전 605년	다니엘과 그의 세 친구 및 유다 귀족들 잡혀감	단 1:1-7
둘째 단계	주전 597년	여호야긴 왕과 에스겔 및 10,000명 포로로 잡혀감	대하 36:10; 왕하 24:8-20; 겔 1:1-3
셋째 단계	주전 586년	예루살렘과 성전 파괴 및 유다의 공동체 완전히 멸망함	왕하 25:1-7; 렘 34:1-7; 39:1-7; 52:2-11

다. 그는 뛰어난 지혜를 가졌을 뿐만 아니라 투철한 신앙심을 소유하고 있었습니다. 느부갓네살은 환관장(宦官長)에게 명하여 포로로 잡혀 온 이스라엘 자손 중에서 "흠이 없고 아름다우며 모든 재주를 통달한……

소년을 데려오라"(단 1:4)고 하였습니다. 환관장은 끌려온 유다인들 중에서 지혜롭고 재주가 뛰어난 젊은이들을 뽑아 왕궁으로 데려다가 바벨론의 말과 글을 배우게 한 후 거기서 일하도록 하였습니다. 그들 가운데에는 다니엘과 그의 세 친구, 하나냐, 미사엘, 아사랴라는 네 청년이 있었습니다. 환관장은 그들에게 새로운 이름을 지어 주었습니다. 다니엘은 벨드사살, 하나냐는 사드락, 미사엘은 메삭, 아사랴는 아벳느고라 하였습니다. 이런 개명(改名)은 피정복민의 민족혼을 말살하기 위해서 정복자들이 동원한 정책 중의 하나였습니다.

왕은 그들을 특별히 아꼈기 때문에 자기가 먹는 것과 똑같은 음식을 먹게 하였고 그들을 돌보는 관리인까지 두었습니다. 이러한 상황에서 유다의 네 젊은이들이 자기네 전통과 모세의 율법을 잘 지킨다는 것은 매우 어려운 일이었습니다. 그러나 다니엘은 자기가 받는 진귀하고 기름진 음식을 거절하고, 야채와 과일 그리고 물만 먹게 해 달라고 관리인에게 부탁했습니다. 그러나 관리인은 "너희 먹을 것과 너희 마실 것을 지정하였거늘 너희의 얼굴이 초췌하여 동무 소년들만 못한 것을 그로 보시게 할 것이 무엇이냐"(단 1:10)고 말하면서 거절하였습니다. 다니엘은 관리인에게 계속 청하였습니다. "당신의 종들을 열흘 동안 시험하여 채식을 주어 먹게 하고 물을 주어 마시게 한 후에 당신 앞에서 우리의 얼굴과 왕의 진미를 먹는 소년들의 얼굴을 비교하여 보아서 보이는대로 종들에게 처분하소서"(단 1:12-13)라 하였습니다.

관리인은 다니엘의 부탁을 받아들여 그대로 하였습니다. 그랬더니 자기가 돌보는 젊은이들이 다른 젊은이들보다 더 튼튼해 보였습니다. 그래서 그 이후부터는 유다의 청년들은 계속해서 다니엘이 부탁한 음식만 먹으며 지내게 되었습니다. 유다의 네 젊은이들은 하나님의 은총을 입어 모든 면에서 다른 젊은이들보다 탁월했습니다. 삼 년간의 교육을 마치고 왕이 그들을 불러 여러 가지로 시험해 보았더니 그들을 따라

갈 사람이 없을 만큼 그들은 뛰어났습니다. 그 중에서도 다니엘은 하나님의 특별한 은총을 입어 "이상(異像)과 몽조(夢兆)"(단 1:17)를 깨달아 알 수 있었습니다.

느부갓네살 왕은 재위 이년째 되는 해에 어떤 꿈을 꾸고 마음이 산란해져서 잠을 이룰 수가 없었습니다. 많은 술객과 점성가들도 못푸는 그 꿈(단 2:31-45)을 다니엘이 풀어 주었습니다. 그 해몽의 결론인즉 바벨론을 위시해서 많은 열국들이 나타나지만 산산조각이 나는 날이 올터인 데, 그 때가 되면 하늘에 계신 하나님께서 영원히 멸망하지 않는 나라를 세우신다는 것이었습니다. 그 꿈 해몽을 듣자 왕은 무릎을 꿇고 다니엘에게 절하며 감탄하였습니다. 그리고 나서 왕은 다니엘에게 높은 벼슬을 내리고 많은 선물을 주었으며 궁중에서 근무하게 했습니다. 그리고 사드락, 메삭, 아벳느고도 바벨론 지방 관리로 임명하였습니다.

느부갓네살 왕은 큰 금신상(金神像) 하나를 만들었습니다. 왕은 사람들에게 "너희는 모든 악기 소리를 들을 때에"(단 3:5) 엎드리어 금신상에게 절하라고 하였습니다. 그렇게 하지 않는 자는 훨훨 다는 풀무 속에 넣어 태워 죽이겠다고 했습니다. 왕의 명령대로 모든 백성들은 그 앞에 엎드려 절을 했으나 사드락, 메삭, 아벳느고는 그 명을 어겼습니다. 그 소식을 들은 왕은 몹시 화가 나서 그들을 잡아들이게 했습니다. 그리고 나서 그는 그들에게 "이제라도 악기 소리를 듣거든 내가 만든 신상 앞에 엎드리어 절하면 좋거니와 그렇지 아니하면 즉시 너희를 극렬히 타는 풀무 가운데 던져 넣으리라"(단 3:15) 하였습니다. 그러나 그들은 왕의 명령에 굴복하지 아니 하였습니다.

왕은 노기에 차서 풀무의 불을 여느 때보다 일곱 배나 뜨겁게 지피도록 하였고(단 3:17), 옷을 입은 그대로 그들을 그 속에 던져 넣게 했습니다. 그 순간 느부갓네살 왕은 깜짝 놀라 벌떡 일어나 모사(謀士)들에게 물었습니다. "우리가 결박하여 불 가운데 던진 자는 세 사람이 아니었느냐." 그런데 "결박되지 아니한 네 사람이 불 가운데로 다니니 (이 어찌된 일인가?)"(단 3:24-25). 이렇게 말한 뒤 왕은 다니엘의 세 친구를 불타는 풀무에서 나오게 했습니다. 풀무에서 나온 그들을 살펴보니 몸이 불에 데기는커녕 머리카락 하나 그슬리지 않았고 옷도 눋지 않았으며 불길이 닿은 냄새조차 나지 않았습니다. 왕은 그 놀라운 기적을 목격하고 나서 여호와 하나님을 찬양하였습니다(단 3:28). 그 이후로는 하나님을 욕하는 자는 토막내어 죽이고 그의 집은 거름더미로 만들겠다는 조서를 내렸습니다. 또한 다니엘의 세 친구에게는 더 높은 벼슬을 내려 지방에서 근무하게 했습니다.

느부갓네살 왕이 궁궐에서 아무 걱정없이 지내던 중 또 다시 무서운 꿈을 꾸었습니다. 이번에도 그는 다니엘을 불러 꿈 이야기를 들려준 후 해몽하게 했습니다. 왕이 들려준 꿈 이야기(단 4:10-18)는 대략 이런 것이었습니다. 세상 한 복판에 한 그루의 나무가 서 있는데, 너무도 우람져서 키가 하늘까지 닿았고 땅 끝 어디에서나 바라볼 수 있었습니다. 잎이 싱싱한 그 나무에는 사람들이 다 먹고 살 만큼 열매가 열려 있었습니다. 그런데 하늘에서 거룩한 말소리가 들려오기를, "그 나무를 베고 그 가지를 찍고 그 잎사귀를 떨고 그 열매를 헤치고 짐승들로 그 아래서 떠나게 하고 새들을 그 가지에서 쫓아내라. 그러나 그 뿌리의 그 루터기를 땅에 남겨두라(단 4:14-15). (그러면 사람은 정신을 잃고 짐승처럼 생각하면서 일곱 해를 지내게 될 것이라)"는 것이었습니다.

다니엘은 왕의 꿈 이야기를 듣고 이렇게 해몽했습니다. "그 나무는 바로 높고 강하신 임금님을 가리키지만 왕께서는 세상에서 쫓겨나 들짐승들과 같이 살게 될 것입니다. 그렇게 일곱 해를 지내고 나서야 인간 왕국을 다스리는 분이 지극히 높으신 하나님이심을 깨닫게 되실 것입니다. 하늘이 세상을 다스린다는 것을 왕께서 깨닫게 되시면 이 나라를 다시 왕께 돌려 주실 것입니다." 다니엘이 말한 대로 되었습니다.

느부갓네살 왕이 죽자 그 아들 벨사살이 왕이 되었습니다. 그러자 그는 성대한 잔치를 베풀고 만조백관들을 불러 함께 예루살렘 성전에서 약탈하여 온 금잔과 은잔으로 술을 마셨습니다. 이렇게 술을 마시며 그들의 신상을 찬양하고 있는데 갑자기 사람 손가락 하나가 나타나 왕궁의 벽에다 글씨를 썼습니다. 왕은 대단히 놀라 떨며 술사와 점성가들을 불러 들여 그 글을 읽고 그 뜻을 풀어달라고 하였으나 아무도 풀지 못하였습니다. 그래서 왕은 다니엘을 불러 그에게 요청하였습니다. 다니엘은 벽에 쓰여진 그 글은 "메네 메네 데겔 우바르신"(단 5:25)인데, "메네"는 "하나님께서 왕의 나라 햇수를 세어 보시고 마감하셨다"는 뜻이고, "데겔"은 "왕을 저울에 달아보시니 무게가 모자랐다"는 뜻이며, "우바르신"은 "왕의 나라를 메대와 바사에게 갈라 주신다"는 뜻이라고 설명해 주었습니다. 바로 그날 밤 벨사살 왕은 살해당하고 메데 사람인 다리우스가 왕이 되었습니다. 그 때 다리우스는 나이 육십 이 세였습니다.

다리우스는 다니엘이 대단히 마음에 들었습니다. 그래서 그는 다니엘을 1백 20명의 지방장관들보다 더 높은 자리에 앉히고 전국을 다스리게 했습니다. 지방장관들은 왕의 편애가 싫어서 다니엘의 종교를 걸어 트집을 잡았습니다. 그것은 "이제부터 삼십 일 동안에 누구든지 왕 외에 어느 신에게나 사람에게 무엇을 구하면 사자굴에 던져 넣기로 하자"(단 6:7)는 것이었습니다. 이 사실을 알면서도 다니엘은 그 방의 예루살렘으로 향하여 열린 창에서 전에 행하던 대로 하루 세 번씩 무릎을 꿇고 기도하며 하나님께 감사하였습니다. 모함자들은 이 사실을 왕에게 고했고 왕은 하는 수 없이 다니엘을 사자굴 속에 집어 넣지 않을 수 없었습니다.

왕은 왕궁으로 돌아와 뜬눈으로 밤을 새우며 먹지도 마시지도 아니하고 후궁의 수청도 물리쳤습니다. 이튿날 일찍 왕은 서둘러 사자굴에

가 보았습니다. 다니엘은 아무 일 없이 그 안에 있었습니다. 왕은 다니엘이 살아있는 것을 보고 크게 기뻐하며 다니엘을 사자 우리에서 풀어 주었습니다. 그 대신 다니엘을 참소한 자들을 처자와 함께 사자 우리에 처넣었습니다. 사자들은 그들이 바닥에 채 떨어지기도 전에 달려들어 뼈까지 삼켰습니다. 그 이후 다니엘은 다리우스가 왕으로 있는 동안 영광스럽게 지냈습니다.

이미 위에서 본 바와 같이 "다니엘과 그의 세 친구"에 대한 이야기는 유대 민족이 바벨론에 포로로 잡혀 간 때에 일어난 사건들로 구성되어 있습니다. 이 플롯에 있어서 투쟁은 개인적, 국자적 수준에서 일어납니다. 개인적 수준으로 볼 때 이 이야기의 주인공인 다니엘은 이교국의 왕들과 그 생활 스타일 및 유대적 주체성을 위협하는 동료들과 굶주린 사자들 같은 수많은 적대자들과 부딪히게 됩니다. 그러나 다니엘의 개인적 투쟁은 강렬한 종교 의식을 가지고 있는 유대 민족과 마찬가지로 강렬한 이교적 성향성을 가지고 있는 바벨론 사람들 사이에 벌어지는 국가적 투쟁 속에 포함될 수 있습니다.

이 이야기에 있어서 다니엘과 그의 세 친구들이 직면하는 갈등은 신앙의 시련으로부터 시작됩니다. 우선 그들이 겪는 갈등은 생활 양식의 차이에서 생기는 것으로, 왕궁의 생활은 단적으로 "기름진 음식과 술"(단 1:5)로 암시되는 지나친 사치와 쾌락으로 특징지울 수 있다면, 다니엘의 생활 양식은 "채소와 물만 마시는"(단 1:12) 검소하고 전원적인 것이었습니다. 이들의 갈등은 단순히 생활 양식의 차이에서 기인된 것만은 아닙니다. 성서에는 명확한 기록이 없지만, 왕이 베푸는 잔치에서 사용된 음식물은 주로 이방신(異邦神)들에게 바쳤던 것이었습니다. 그런 음식물을 먹는다고 하는 것은 이교의 신들을 숭상하는 것으로 결국은 신앙을 타협하는 것이 되며, 부정하고 불경스러운 행동이 되었습니다. 그러므로 다니엘은 그것을 거부했던 것입니다. 다니엘은 민족적인 영웅으로서 유대 민족과 다른 민족을 구분짓게 하는 음식물에 관한 의식적 법칙과 타협하지 않으므로 그의 신앙을 더럽히지 않았습니다. 풀무나 사자굴 속에 던져짐을 당하면서도 신상이나 왕 앞에 절을 하지 않은 것도 결국은 신앙을 타협하지 않으려는 정신 때문이었습니다. 그 결과 다니엘은 기적적인 구출을 받았고 이방 세계에서 이교국의 왕을 돕는 높은 자리까지 얻을 수 있었습니다. 다니엘의 이런 시련은 하나님의 전능하신 주권과 행위를 계시해주는 방편이 되었을 뿐입니다. 이 모든 사건들을 종합해 볼 때, 하나님의 백성들도 수없는 환란을 당할 수 있으나 그런 가운데서도 하나님은 그들을 구출하여 인도 보호해 주신다는 것을 알 수 있습니다.

이 이야기의 세계는 몇 가지 주목할 만한 특징을 갖고 있습니다. 그 첫째는 초자연적인 세계로 그 분위기가 신비롭고 사람들의 생활에 중요한 의미를 주는 많은 꿈이 나오며 왕궁 주변에는 그 꿈을 해석하는 많은 점성가들이 있다는 것입니다. 그 둘째는 정치적인 세계로 강력한 통치자의 궁정이 모든 행위의 배경을 이루고 있다는 것입니다. 다니엘의 개인적인 이야기는 이런 정치적인 궁정을 배경으로 진행되며 그 수많은 꿈도 결국은 정치적인 의미를 갖게 됩니다. 마지막으로 그 세계는 하나님이 통치하는 세계로 하나님 자신이 모든 사건을 통치하며 신비로 가득찬 세계에 진리를 계시하고 있습니다. 이런 점에서 하나님만이 변화무쌍한 세계 속에서 오직 변하지 않는 유일한 정지점(still point)이 됩니다.

다니엘의 이름이 "신은 나의 심판자"(God is my judge)라는 뜻을 갖고 있는 것으로 보아서 다니엘은 설화에서 흔히 주인공으로 등장시키는 이상화된 영웅이라는 것을 알 수 있습니다. 요셉의 이야기에 있어서와 마찬가지로 설화자는 그 영웅을 이상화하는 세목을 선택해서 그를 최상급의 말로써 서술합니다. 다니엘은 민족적 영웅으로서 유다 민족과 다른 민족을 구분짓게 하는 음식물에 관한 의식적 법칙과 타협하지 않았고, 종교적 영웅으로서 하나님을 중심으로 생활을 하며 그의 신앙을 더럽히지 않았습니다. 다니엘의 이런 확고한 믿음이 그 심각한 갈등 중에서도 그것을 극복할 수 있었고 어떠한 역경도 이길 수가 있었습니다.

영국의 19세기 빅토리아 시대의 시인인 알프레드 테니슨(Alfred Tennyson)은 "늙은 성인"이라는 시에서 다니엘이 가졌던 것과 같은 그런 기적까지도 창출해 낼 수 있는 믿음을 다음과 같이 노래하였습니다.

> 그대는 그대가 육체뿐이라는 것도,
> 그대가 영혼뿐이라는 것도 증명할 수 없고,
> 또한 그대는 그대가 그 둘 다라는 것도 증명할 수가 없다.
> 그러나 그대는 그대가 죽음의 존재라는 것도,
> 그대와 말하고 있는 내가 그대와 통하는
> 그대 자신이 아니라는 것도 증명할 수 없다.
> 증명할 만한 가치가 없는 것은 증명할 수 없지만
> 반증될 수도 없다. 그러므로 그대는 슬기롭고,
> 늘 회의의 밝은 쪽을 굳게 잡고
> 여러 모양의 신념 너머에 있는 믿음을 붙들어라.
> 믿음은 언쟁의 폭풍 속에서도 흔들리지 않고,
> 긍정과 부정의 충돌 중에서도 빛을 발한다.
> 믿음은 최악 속에서 어렴풋이 빛나는 최선을 보고,
> 태양은 밤에만 숨는다고 느낀다.
> 믿음은 겨울의 싹 속에서 여름을 찾아내고
> 꽃이 떨어지기 전에 열매를 맛본다.
> 믿음은 노래 없는 알 속에 종달새의 노래를 듣고
> 사람들이 신기루라고 울부짖는 곳에서 샘물을 찾아낸다.

실로 믿음은 다니엘이 사자굴 속에 던지워지는 경우처럼 역경의 폭풍 속에서도 흔들리지 않고 더욱 빛나게 하고 최악 속에서도 최선을 보게 만드는 것이라는 것입니다.

　다니엘의 이야기는 결론적으로 다른 구약 성서의 설화보다는 구술 서사시(oral epic)를 연상시키는 스타일을 채용하고 있다고 할 수 있습니다. 특히 그 특징은 정교한 어구와 말투의 반복에서 찾을 수 있습니다.

에스겔과 해골 골짜기의 환상

에스겔은 주전 622-621년에 제사장 가문에서 부시의 아들로 태어났습니다. 바로 이 때는 요시야 왕이 종교 개혁을 추진하고 있을 때였습니다. 이렇게 범국가적으로 개혁을 펴나가고 있었던 요시야 왕은 자기의 후원 아래 성전에서 융성한 종교 활동을 할 수 있도록 허락하였습니다. 때문에 제사장 가정의 일원이었던 에스겔은 유다의 경건한 백성들과 더불어 즐거운 교제를 했을 것이 틀림없습니다. 그의 집은 아마 예루살렘 동편 성벽에 위치하고 있었기 때문에, 바깥 뜰은 그의 놀이하는 마당이 되었고, 성전에 인접한 경내는 그의 공식적 훈련과 교육용 교실이 되었을 것입니다. 이처럼 솔로몬 성전 바로 곁에서 살아온 그의 어린 시절은 그로 하여금 이 웅장한 건물의 모든 세부와 매일의 집례 의식을 훤히 알게 해주었습니다. 게다가 에스겔은 소년 시절 동안 자기 아버지와 다른 제사장들을 도왔을 것으로 생각됩니다. 그의 어린 시절의 체험이 그의 예언 속에 특히 성전과 관련해서 반영되어 나타나는 것을 볼 수 있습니다.

  그는 이처럼 좋은 가문에서 태어나 어린 시절을 유복하고 경건하게 살았지만, 주전 597년 유다의 여호야긴 왕이 포로로 잡혀 갈 때 함께 바벨론에 사로잡혀 가서(겔 1:2) 그발 강가에 있는 텔아빕(Tell-Abib)이라고 불리우는 곳에서 살았습니다(겔 3:15). 남의 나라로 끌려왔지만 고국을 그리워하며 살아가는 슬픔은 유다인들의 가슴 속에서 사라지지 않았습니다. 그들이 바벨론에서 불렀던 애가가 시편에 실려 있습니다.

    우리가 바벨론의 여러 강변 거기 앉아서
    시온을 기억하며 울었도다.
    그 중의 버드나무에
    우리가 우리의 수금을 걸었나니
    이는 우리를 사로잡은 자가
     거기서 우리에게 노래를 청하며
    우리를 황폐케 한 자가
    기쁨을 청하고 자기들을 위하여
    시온 노래 중 하나를 노래하라 함이로다.
    우리가 이방에 있어서
    어찌 여호와의 노래를 부를꼬.
    예루살렘아 내가 너를 잊을진대
    내 오른손이 그 재주를 잊을지로다.
    내가 예루살렘을 기억지 아니하거나
    내가 너를 나의 제일 즐거워하는 것보다
    지나치게 아니할진대 혀가 내 입천장에 붙을지로다.
    여호와여 예루살렘이 해 받던 날을 기억하시고
    에돔 자손을 치소서.
    저희 말이 훼파하라 훼파하라
    그 기초까지 훼파하라 하였나이다.

> 여자 같은 멸망할 바벨론아
> 네가 우리에게 행한 대로
> 네게 갚는 자가 유복하리로다.
> 네 어린 것들을 반석에 메어치는 자는
> 유복하리로다. (시편 137편)

유다인들이 바벨론에 사는 동안에도 예언자들은 계속 하나님께서는 그들을 버리시지 않았다는 소망을 주려고 애썼습니다. 그런 예언자 중의 하나가 에스겔입니다. 에스겔은 포로된 지 5년째 되던 해인 주전 592년에 선지자로 부름을 받았습니다. 하나님은 바벨론에 사는 유다인들에게 에스겔을 보내어 이렇게 말씀하셨습니다. "인자야 내가 너를 이스라엘 파숫군으로 세웠으니 너는 내 입의 말을 듣고 나를 대신하여 그들을 깨우치라"(겔 3:17). 그들이 듣든 안 듣든 내말을 그들에게 전하라고 하나님께서는 말씀하셨습니다(겔 3:11).

제사장 겸 예언자였던(겔 1:3) 에스겔은 그로부터 22년 뒤인 주전 570년까지 예언 활동을 계속하다가(겔 1:1-3; 29:17), 아마도 바벨론에서 죽은 것으로 추측됩니다. 하나님의 명에 따라, 이스라엘의 파숫군(겔 33:7)이 된 에스겔은 이스라엘 백성이 악한 생활을 한 벌로 포로로 잡혀오게 되었지만 그들이 지난 날의 생활을 뉘우치고 돌이키면(겔 33:11) 하나님은 언젠가 다시 고국으로 돌아가게 해 주실 것이라고 예언했습니다. 그의 예언은 크게 두 부분으로 나누어집니다. 첫째 부분은 죄에 대한 심판과 경고(겔 1장-32장)이고 둘째 부분은 위로와 구원의 예언(겔 33장-48장)입니다.

에스겔의 시대는 정치적으로나 종교적으로 극도로 퇴폐한 때였고 대외적으로 일대 위기에 직면했던 때였습니다. 그는 이러한 어려운 상황 속에서 전기에는 주로 그 민족의 죄를 공격하고 그 형벌로써 예루살렘이 멸망할 것을 예언했습니다. 특히그는 이 예루살렘의 멸망을 상징적인 말로 선포한 매우 특이한 예언자라 할 수 있습니다. 그 사실을 가장 잘 설명해 주는 좋은 예로서 『에스겔서』4장 1절-3절을 들겠습니다.

"너 인자야 박석을 가져다가 네 앞에 놓고 한 성읍 곧 예루살렘을 그 위에 그리고 그 성읍을 에워싸되 운제(雲梯)를 세우고 토둔(土屯)을 쌓고 진을 치고 공성퇴를 둘러 세우고 또 전철(煎鐵)을 가져다가 너와 성읍 사이에 두어 철성을 삼고 성을 향하여 에워싸는 것처럼 에워싸라. 이것이 이스라엘 족속에게 징조가 되리라."

먼저 여기에 나오는 용어들에 대해서 이해하는 것이 필요하다고 생각됩니다. "박석"이란 당시의 건축 자재로서 흔히 사용되던 돌 혹은 불에 굽지 않고 햇볕에 말린 흙벽돌의 일종입니다. "운제"는 성을 에워싸고 공격할 때 사용하는 높은 사닥다리를 가리킵니다. "토운"은 성을 공격하려고 흙으로 높이 쌓은 언덕을 뜻합니다. "공성퇴"는 성벽 또는 성문을 파괴하기 위하여 사용된 기둥 같은 큰 나무를 말하는데, 그 나무의 머리는 금속으로 씌워졌다고 합니다. 그리고 "전철"은 지짐질에 쓰는 솥뚜껑 모양의 기구로서 철성(鐵城)을 만드는 데 사용한 철판을 가리킵니다. 전체적으로 볼 때 이 예언은 예루살렘이 바벨론 군대에 의해 포위당할 것을 상징적으로 보여주고 있습니다. 그것은 곧 예루살렘의 멸망을 뜻하는 것이기도 합니다. 특히 포위된 예루살렘과 포위자인 에스겔 사이에 철판으로 철성을 쌓도록 하신 것은 정복하려고 하는 바벨론 군대와 대항하는 유다인들 사이에 어떠한 타협도 없을 것임을 강력히 암시해 준 것입니다.

예루살렘의 멸망과 유다 민족들이 바벨론에 포로로 잡혀갈 것을 다른 상징을 사용해서 선포한 것이 『에스겔서』5장 1절-8절입니다. 이 본문의 문맥을 살펴 보면 결국 유다인들은 많은 사람들이 바람에 흩어지는 것처럼 바벨론으로 잡혀가게 된 것입니다. 그는 자기의 머리와 수염을 면도로 깎아서 저울에 달아 나누었다가 터럭 삼분지 일은 성읍 안에서 불사르고, 삼분지 일은 성읍 사방에서 칼로 치고, 삼분지 일은 바람에 날리고, 더러는 남겼다가 그것을 옷자락에 싸두는 것으로 유다가 당할 운명과 참상을 보여준 일이 있습니다(겔 5:1-8). 이 예언은 유다 민족이 하나님의 심판으로 완전히 멸망할 것을 상징적으로 보여준 것입니다. 여기서 언급된 "불과 칼과 바람"은 하나님의 심판이 매우 준엄함을 보여주는 상징입니다. 그리고 머리카락을 3등분 한 것은 형벌의 공평성과 필연성을 나타낸 것입니다(겔 7:4). 여기서 머리털은 단순히 신체의 일부분을 가리키는 것이 아니라 백성을 상징적으로 가리키는 말입니다. 유다 백성들은 예루살렘의 인구가 많으므로 자신들은 결코 망하지 않으리라는 교만을 품고 있었습니다. 그러나 에스겔의 머리털이 삭발됨 같이 그들에게는 애도와 슬픔이 임하게 될 것이라는 것입니다. 머리털을 나누었다가 삼분지 일씩 "불사르고, 칼로 치고 바람에 흩으라"고 한 표현은 백성들이 받을 심판이 각자의 행위에 따라 공평하게 적용될 것과 개개인의 운명이 서로 다를 것을 보여주는 상징입니다.

이처럼 바벨론으로 잡혀가게 된 것은 하나님을 외면하고 우상을 섬기고 있기 때문이라고 에스겔은 주장합니다. "나 주 여호와가 말하노라. 너희 요란함이 너희를 둘러 있는 이방인보다 더하여 내 율례를 행치 아니하며 내 규례를 지키지 아니하고 너희를 둘러 있는 이방인의 규례대로도 행치 아니하였느니라. 그러므로 나 주 여호와가 말하노라. 나 곧 내가 너를 치며 이방인의 목전에서 너희 중에 벌을 내리되 네 모든 가증한 일로 인하여 내가 전무후무하게 네게 내릴지라. 그런즉 너희 중에서 아비가 아들을 먹고 아들이 그 아비를 먹으리라. 내가 벌을 네게 내리고 너희 중에 남은 자를 다 사방에 흩으리라. 너희 가운데서 삼분지 일은 온역으로 죽으며 기근으로 멸망할 것이요 삼분지 일은 너희 사방에서 칼에 엎드러질 것이며 삼분지 일은 내가 사방에서 흩고 또 그 뒤를 따라 칼을 빼리라"(겔 5:7-12).

그 이유는 우상 숭배 때문이라고 에스겔은 분명하게 말했습니다. 그리고 이 우상 숭배자들을 "지아비 대신에 외인과 사통(私通)하여 간음하는 아내"(겔 16:32)와 같다고 하였습니다. 유다 민족은 하나님께 속해 있었음에도 불구하고 그들은 "행음하여 그 연애하는 자 곧 이웃 앗수르 사람을 사모하였(으며)…… 그가 젊었을 때에 애굽 사람과 동침하매 그 처녀의 가슴이 어루만진 바 되며 그 몸에 음란을 쏟음을 당한 바 되었더니 그가 그때부터 행음함을 마지 아니하였(다)"(겔 23:5-8)라고 그는 질타하였습니다.

에스겔은 이와 같이 여러 차례에 걸쳐 영적인 행음자들에게 경고했지만 그들은 그것을 깨닫지 못하고 죄의 길로 치닫기만 했던 것입니다. 그 결과 예루살렘은 쑥밭이 되고 백성은 포로로 끌려가게 되었습니다. 포로들 앞에 나타난 예언자 에스겔은 "우리의 허물과 죄가 이미 우리에게 있어 우리로 그 중에서 쇠패하게 하니 어찌 능히 살리요"(겔 33:10)고 하였는데, 그것은 회개하지 않고서는 살길이 없다는 것을 강조한 것입니다.

그발 강가에서 하나님의 묵시와 영광에 접한 에스겔은 나라를 잃은 민족의 살길은 개개인의 도덕적 재생 이외의 다른 길이 없다는 것을 깨닫고 그것을 백성들에게 일깨워 주려고 애썼습니다. 그들이 마음을 바꾸면 약속의 땅으로 다시 그들을 모아들이고 그들의 하나님이 되어 주시겠다는 희망의 말씀도 전하였습니다.

"맑은 물로 너희에게 뿌려서 너희로 정결케 하되 곧 너희 모든 더러운 것에서와 모든 우상을 섬김에서 너희를 정결케 할 것이며 또 새 영을 너희 속에 두고 새 마음을 너희에게 주되 너희 육신에서 굳은 마음을 제하고 부드러운 마음을 줄 것이며 또 내 신을 너희 속에 두어 너희로 내 율례를 행하게 하리니 너희가 내 규례를 지켜 행할지니라"(겔 36:25-27).

"맑은 물로 너희에게 뿌려서"라는 말은 육체적 청결을 종교적 청결에 대한 상징으로 이해하면 될 것 같습니다. 이것은 일종의 청결 예식인데, 이 역시 우상 숭배를 비롯한 온 갖 죄악으로 더럽혀진 이스라엘을 정화시킨다는 차원에서 해석될 수 있을 것입니다. 죄를 말끔히 씻는다고 하는 측면에서 신약 시대의 세례와 같은 의미를 갖는다고 할 수 있습니다. 그리고 하나님께서는 자기의 언약 백성에게 "새로운 마음"과 "새로운 영"을 주시겠다고 약속했습니다. 이 "새로운 마음"과 "새로운 영"만이 이스라엘의 신생의 희망이 되는 것입니다.

이렇듯 절망에 휩싸여 일어설 기력조차 없는 포로민들에게 에스겔은 저 유명한 "해골 골짜기"의 환상을 들어 하나님의 힘을 믿고 일어설 것을 역설했습니다.

"여호와께서 권능으로 내게 임하시고 그 신으로 나를 데리고 가서 골짜기 가운데 두셨는데 거기 뼈가 가득하더라. 나를 그 뼈 사방으로 지나게 하시기로 본즉 그 골짜기 지면에 뼈가 심히 많고 아주 말랐더라. 그가 내게 이르시되 인자야 이 뼈들이 능히 살겠느냐 하시기로 내가 대답하되 주 여호와여 주께서 아시나이다. 또 내게 이르시되 너는 이 모든 뼈에게 대언하여 이르기를 너희 마른 뼈들아 여호와의 말씀을 들을지어다. 주 여호와께서 이 뼈들에게 말씀하시기를 내가 생기로 너희에게 들어가게 하리니 너희가 살리라. 너희 위에 힘줄을 두고 살을 입히고 가죽으로 덮고 너희 속에 생기를 두리니 너희가 살리라. 또 나를 여호와인줄 알리라 하셨다 하라. 이에 내가 명을 좇아 대언하니 대언할 때에 소리가 나고 움직이더니 이 뼈, 저 뼈가 들어 맞아서 뼈들이 서로 연락하더라. 내가 또 보니 그 뼈에 힘줄이 생기고 살이 오르며 그 위에 가죽이 덮이나 그 속에 생기는 없더라. 또 내게 이르시되 인자야 너는 생기를 향하여 대언하라. 생기에게 대언하여 이르기를 주 여호와의 말씀에 생기야 사방에서부터 와서 이 사망을 당한 자에게 불어서 살게 하라 하셨다 하라. 이에 내가 그 명대로 대언하였더니 생기가 그들에게 들어가매 그들이 곧 살아 일어나서 서는데 극히 큰 군대더라"(겔 37:1-10).

하나님께서는 에스겔을 골짜기 가운데로 데려가서는 한 환상을 보여주었습니다. 그 골짜기에는 마른 뼈들이 심히 많아서 가득했습니다. 이 뼈는 곧 이스라엘 족속을 가리키는 것이며(겔 37:11), 멸망당한 지금의 이스라엘이 얼마나 소망이 없는 상태인가를 보여주기 위하여 하나님께서는 예언자를 이런 곳으로 데려오셔서 환상을 보여주신 것입니다. 그러나 하나님의 명령에 따라 에스겔이 "뼈들아 들으라, 너희가 살리라"고 외치자 이 뼈들은 서로 연결되고 살과 가죽이 생겼습니다. 그러나 여기에 생기가 없었습니다. 에스겔이 하나님의 명령을 다시 받아 생기를 그들에게 들어가게 하니 마른 뼈가 큰 군대를 이루었습니다.

이 환상을 통하여 우리가 배우는 것은 생사화복(生死禍福)이 다 하나님께 달렸다는 것입니다. 하나님의 사역을 통하여 마른 뼈도 살아있는 큰 군대가 될 수 있습니다. 이처럼 우리 인간은 육체를 다 갖추고 있어도 영혼이 없으면 살아있는 존재가 될 수 없습니다. 또한 이 환상은 곧 육체적인 이스라엘의 회복인 동시에 영적인 이스라엘의 회복에 대한 예언이라고 생각합니다. 여기서 우리가 알아야 할 것은 육적인 이스라엘보다는 영적 이스라엘을 하나님께서는 더 중요시하고 있다는 사실입니다.

다른 나라에도 예언자는 존재하지만, 구약성서에 나오는 이스라엘의 예언자는 그 사회적, 윤리적, 종교적 지위에 있어서 독특한 성질을 갖기 때문에 그들의 정신사적 역할은 막중한 것이었습니다. 예언자는 앞 일을 미리 예시해 주는 예고자(foreteller)도 되지만, 이스라엘 예언자들에게 있어서 공통된 특질은 하나님의 대변자(spokesman)라는 것입니다. 다시 말해서 그들은 하나님의 부르심 곧 소명체험(召命體驗)

을 갖고, 하나님으로부터 받은 말씀을 그의 백성들에게 전하는 하나님의 대변자라는 것입니다.

예언자들의 메시지는 역사적인 상황이 달라질 때마다 그 적용이 달라지기는 했지만, 그 중심 메시지는 변함이 없었습니다. 그것은 즉 역사의 중심은 하나님이시라는 것입니다. 역사 과정 속에 하나님은 나타나 죄에 대하여 회개를 촉구하고 심판하며 마침내는 악을 멸하고 복된 시대를 이끌어 들인다는 것입니다. 이러한 하나님의 뜻과 계시를 대변하여 전달한 자들을 일컬어 예언자들이라고 하였고, 그들이 종교 체험과 활동을 기록한 문서를 예언서라고 하는 것입니다.

끝으로 『에스겔서』의 문학적 특색을 간단히 살펴보기로 하겠습니다. 첫째 특색은 하나님의 계시가 환상(vision)을 틀로 해서 전달된다는 것입니다. 이 틀은 1장, 8장 및 40장으로 짜여져 있습니다. 아래 도표에서 보는 바와 같이 중요한 틀을 이루는 환상은 세 가지라고 할 수 있다

에스겔이 본 중요한 환상들

환 상	의 미	관련성구
네 생물에 대한 이상	하나님의 끊임없는 세상 통치와 보살핌	겔 1:4-28
불같은 형상에 대한 이상	하나님의 분노와 심판	겔 8:1-4, 17
성전에 대한 계시	말세를 위한 하나님의 세부적인 계획	겔 40장-42장

고 생각합니다.

우선 1장의 환상을 살펴 보겠습니다. 1장의 환상은 바벨론의 제2차 예루살렘 침략 때 여호야긴 왕 등과 함께 포로로 잡혀 와서 아무런 소망도 위로도 가질 수 없었던 상황에서 여호와의 말씀이 환상을 통하여 계시되었습니다. 그 계시를 통하여 에스겔은 하나님께서는 그의 뜻대로 세상을 통치(섭리)하시며 언제나 그의 백성을 보살피고 계신다는 것을 알았습니다.

에스겔이 본 이상(異象)은 네 생물에 대한 것입니다(겔 1:4-14). 이

네 생물에게는 네 바퀴가 달려 있었습니다(겔 1:15-21). 그리고 생물의 머리 위에 있는 수정 같은 궁창과 궁창 위 보좌에 있는 한 모습이었습니다(겔 1:22-28). 여기서 네 생물은 하나님의 천사 곧 하나님의 뜻을 수행하는 종들을 가리킵니다. 이 종들은 하나님의 뜻을 수행하기 위한 날개와 봉사를 위한 손을 가지고 있었습니다(겔 1:6, 8). 그 생물들은 사람, 사자, 황소, 독수리의 얼굴을 가졌는데(겔 1:10), 그것들은 각각 지능, 용맹, 힘 그리고 날으는 능력을 상징합니다. 그들은 성령에 순종하여 서로 밀접한 연락을 취하면서 번개 같은 기동력으로 그들의 직무를 수행했습니다(겔 1:9-14). 이것은 곧 하나님께서 세상사에 대하여 방관하시거나 아무 일도 하시지 않는 것처럼 보이는 때에도, 실상은 결코 쉬지 않고 큰 능력으로 일하고 계시다는 사실을 보여 주는 것입니다.

이 생물들에게는 네 바퀴가 달려 있는데 그것은 무엇을 가리키는 것일까? 그것은 이스라엘의 하나님 여호와께서는 막강한 군대가 있어서, 완벽한 기동력으로 만사를 그의 뜻대로 인도해 가신다는 사실을 말해 주고 있습니다. 그 바퀴가 땅에 닿아 있는 것은(겔 1:15) 하나님이 이 세상 사건들에 깊이 관여하고 계심을 보여 주신 것입니다. 바퀴 둘레에 눈이 가득한 것은(겔 1:18) 하나님께서 지상의 모든 사건을 일일이 다 보고 계시므로, 그가 모르는 가운데 발생하는 일이라고는 도무지 없다는 사실을 가르쳐 줍니다.

그리고 생물의 머리 위에 있는 수정 같은 궁창과 생물들의 날개 소리를 통해서 에스겔이 깨달은 것은 전능하신 하나님 앞에 자기 자신과 세상의 온갖 분요한 일들이 참으로 보잘 것 없다는 사실이었습니다. 보좌에 위에 있는 한 형상(겔 1:25-28)은 사람의 모양인데, 그의 허리 위는 온통 불 같고 아래쪽도 불 같아서 광채가 났으며 그 모양은 무지개와 같았습니다. 이것은 "여호와의 영광의 형상의 모양"(겔 1:28)으로서, 하나님의 거룩하심과 그의 지극하신 자비와 사랑을 상징하고 있습니다.

　이러한 하나님의 이상을 통하여, 에스겔은 하나님을 확고하게 신앙하게 되었고 스스로 겸비하게 되었습니다(겔 1:28-).

　그러나 유다 사람들은 미련하고 어리석고 교만해서 하나님을 저버리고 다른 이방신들과 행음을 일삼았습니다. 그래서 여호와 하나님께서는 질투하시는 하나님이시기 때문에 예루살렘을 멸망케 했고 또 유다 민족을 바벨론 포로로 잡혀가게 했습니다. 『에스겔서』 제8장에서 에스겔이 본 "불 같은 형상"(8:2-4)은 하나님의 모습입니다. 특히 불은 심판을 비유하는 것이므로(히 12:29), "불 같은 형상"은 심판하시는 하나님을 상징한다고 하겠습니다. 하나님은 자기 백성들이 다른 나라의 신들과 놀아나는 것이 하도 가증스러워 하나님은 진노하사 긍휼이 없는 심판을 하시겠다는 것입니다(겔 8:18).

　그러나 40장으로 42장까지에서 에스겔이 본 환상은 성전에 관한 것입니다. 그것은 유다 민족들이 돌이켜서 회개하면 예루살렘으로 다시 모으고 성전을 재건하고 회복시켜 주시겠다는 구체적인 약속입니다. 한 마디로 『에스겔서』는 죄에 대하여 심판하시는 하나님의 사역과 회개하면 긍휼을 베풀어 돌이켜 주시고 다시 회복시켜 그의 축복을 함께 누릴 수 있다는 메시지로 구성되어 있습니다. 그것이 환상의 구조로 나타나는 것을 볼 수 있습니다.

　둘째 그 특색은 풍유적 상징들을 많이 사용했다는 것입니다.

　다음의 도표에 제시한 상징 말고도 더 많이 나오지만 대표적인 것들만 열거하였습니다. 그 중에서도 두 여인의 행음과 두 막대기의 연합을 예로 들어 그 상징의 의미를 설명해 보겠습니다. 우선 23장 2절-4절까지를 인용하겠습니다. "인자야 두 여인이 있었으니 한 어미의 딸이라. 그들이 애굽에서 행음하되 어렸을 때에 행음하여 그들의 유방이 눌리며 그 처녀의 가슴이 어루만진 바 되었었나니 그 이름이 형은 오홀라요

에스겔이 본 중요한 환상들

환 상	의 미	관련 성구
박석 위의 그림	예루살렘 포위	겔 4:1-3
모로 눕는 날수	430년간의 포로생활	겔 4:4-8
부정한 떡 먹음	백성의 기근	겔 4:9-17
머리털 수염 깎음	유다의 멸망	겔 5:1-4
두 여인의 행음	사마리아와 예루살렘의 우상숭배	겔 23:1-49
두 막대기의 연합	이스라엘의 연합된 회복	겔 37:15-17

아우는 오홀리바라. 그들이 내게 속하여 자녀를 낳았나니 그 이름으로 말하면 오홀라는 사마리아요 오홀리바는 예루살렘이니라."

여기서 한 어미의 딸인 두 여인이 애굽에서 어렸을 때 행음했다는 말이 나오는데, 이 상징은 이스라엘 족속이 출애굽하기 전 애굽에 있을 때부터 하나님을 버리고 우상을 섬긴 일을 영적인 간음으로 묘사한 것입니다. 두 여인 오홀라와 오홀리바는 사마리아와 예루살렘을 가리키는 비유적 명칭입니다(겔 23:4). 이들이 "한 어미에 속했다"(겔 23:2)는 것은 그들이 아브라함의 아내 사라의 자손들이라는 뜻이거나 혹은 한 민족이라는 것을 나타냅니다.

다른 풍유적 상징 하나를 더 들겠습니다. "여호와의 말씀이 또 내게 임하여 가라사대 인자야 너는 막대기 하나를 취하여 그 위에 유다와 그 짝 이스라엘 자손이라 쓰고 또 다른 막대기 하나를 취하여 그 위에 에브라임의 막대기 곧 요셉과 그 짝 이스라엘 온 족속이라 쓰고 그 막대기들을 서로 연합하여 하나가 되게 하라. 네 손에서 둘이 하나가 되리라"(겔 37:15-17).

북이스라엘과 남유다 즉 이스라엘의 모든 족속이 고토(故土)로 돌아가서는 "한 나라"가 되고 "한 임금"에 의해 다스려질 것을 묘사한 상징입니다.

셋째 그 특색은 비유를 많이 사용했다는 것입니다.

다음 도표에서 보듯이 많은 비유들이 『에스겔서』에는 나옵니다. 그 중에서도 단 한 가지만 선택해서 비유에 대한 설명을 드리겠습니다.

에스겔서에 나타난 비유들

내 용	관련성구
열매없는 포도나무	겔 15:1-8
간음하는 아내	겔 16:1-63
독수리 두 마리	겔 17:1-21
아름다운 백향목	겔 17:22-24
암사자와 새끼들	겔 19:1-9
두 음녀	겔 23:1-48

"여호와의 말씀이 내게 임하여 가라사대 인자야 포도나무가 모든 나무보다 나은 것이 무엇이랴. 삼림 중 여러 나무 가운데 있는 그 포도나무 가지가 나은 것이 무엇이랴. 그 나무를 가지고 무엇을 제조할 수 있겠느냐. 그것으로 무슨 그릇을 걸 못을 만들 수 있겠느냐. 불에 던질 화목이 될 뿐이라. 불이 그 두 끝을 사르고 그 가운데도 태웠으면 제조에 무슨 소용이 있겠느냐. 그것이 온전할 때에도 아무 제조에 합당치 않았거든 하물며 불에 살리지고 탄 후에 어찌 제조에 합당하겠느냐. 그러므로 주 여호와 내가 말하노라. 내가 수풀 가운데 포도나무를 불에 던질 화목이 되게 한 것 같이 내가 예루살렘 거민도 그같이 할지라. 내가 그들을 대적한즉 그들이 그 불에서 나와도 불이 그들을 사르리니 내가 그들을 대적할 때에 너희가 나를 여호와인 줄 알리라. 내가 그 땅을 황무케 하리니 이는 그들이 범법함이니라. 나 주 여호와의 말이니라 하시니라"(겔 15:1-8).

이 비유의 핵심은 열매를 맺지 못하는 포도나무는 아무 쓸모가 없으며, 따라서 불에 태워질 수밖에 없다는 것입니다. 이 비유에서 "포도나무"는 예루살렘 거민 곧 유다 백성을 상징하고 있습니다. 따라서 포도나무의 비유는 유다가 하나님의 사랑과 기대를 저버리는 생활을 했다는 사실을 지적해 주고 있습니다. 이처럼 그들이 스스로 무가치하게 살았으므로, 쓸모없는 포도나무를 잘라 화목(火木)으로 쓰듯이 징벌하겠다는 하나님의 뜻을 보여주는 비유입니다.

마지막으로 그 특색은 애가를 사용한 비유가 많다는 것입니다. 27장은 두로의 온갖 세상적인 아름다움이 하나님의 심판을 받아 멸망하게 될 것을 노래한 일종의 애가입니다. 두로의 왕은 "기름부음을 받은 덮는 그룹"(겔 28:14) 같은 왕이었으며 그의 나라는 마치 "에덴 동산"(겔 28:13)처럼 아름다웠지만, 마음의 교만으로 인하여 타락했으므로 영원히 멸망케 되는데, 그것을 애도한 노래가 『에스겔서』 28장 11절-19절입니다. 32장 1절-16절은 멸망당한 애굽의 비참한 모습을 슬퍼하는 애가이고, 17절-32절은 음부에 떨어질 애굽을 슬픈 곡조로 노래한 애가입니다.

『에스겔서』는 바벨론에 포로로 잡혀간 유다인을 대상으로 선포된 예언을 기록한 책입니다. 그 내용은 『예레미야서』와 대동소이(大同小異)한데, 그것은 모두 하나님에 대하여 신실하지 못한 유다에 임한 심판과 장래의 회복을 선포하고 있습니다. 이런 내용을 독특한 기술 방법으로 기록한 책이 『에스겔서』입니다.

스룹바벨과 그의 성전 재건

이사야 선지자가 예고한 대로(사 44:28; 45:1) 바벨론은 바사(페르시아)의 왕 고레스에 의해서 주전 539년에 멸망당하였습니다. 더욱 고레스는 바벨론 유다 포로들에게 예루살렘으로 돌아가서 여호와의 집을 건축해도 좋다는 칙령을 주전 538년에 반포하였습니다. 고레스는 안샨(Anshan) 왕국의 캄비세스 1세 왕과 메데 왕 아스티야게스(Astyages, 주전 585-559)의 공주 만다네 사이에서 태어났습니다. 고레스는 남부 페르시아의 작은 속주(屬州)를 다스리는 총독으로 정계에 입문하였으며, 외조부인 아스티야게스의 영토를 잠식하며 세력을 키워 나갔습니다. 이에 아스티야게스 왕이 고레스를 치러 나섰으나 군대의 반란으로 고레스의 포로가 되고 말았습니다. 이렇게 메데 제국을 장악한 고레스는 근동 아시아의 강자로 떠올랐고 마침내 주전 539년 신바벨론(갈대아)을 티그리스 강변 오피스(Opis) 전투에서 멸망시켰습니다.

고레스 왕은 바벨론의 주신(主神)인 마르둑(Marduk)에 대한 자신의 의무를 다 할것을 다짐했을 뿐만 아니라 피정복민들의 신들에 대해서도 경의를 표하였습니다. 고레스 이전의 왕들은 피정복민들의 신들을 전승 기념물로 취급하였습니다. 그러나 고레스는 외교 정책상 회유 정책을 펴서 피정복민들이 재량껏 예배할 수 있도록 허락하였던 것입니다. 이처럼 고레스는 매우 개방적인 훌륭한 통치자였습니다.

  앗시리아나 바벨론의 왕들은 자기들이 정복한 나라를 완전히 없애 버리기 위하여 그 나라 사람들을 포로로 잡아갔으며 여기저기 흩어져 살게 하였습니다. 그리고는 한민족끼리 서로 사랑하지도 못하게 하였고, 같이 모여 살지도 못하게 하였습니다. 그러나 페르시아의 왕 고레스는 자기가 정복한 나라를 철저히 다스리면서도 그 나라 사람들에게 자유를 주어 그들의 하나님을 섬기면서도 그들의 풍습대로 살게 하였습니다. 더욱이 그는 포로살이를 하는 사람들에게 고국으로 돌아가 자기네 하나님을 섬기며 살고 싶은 사람은 그렇게 하도록 허락하였습니다.

  고레스는 바벨론에 사는 유대인들에게 다음과 같은 명령을 내렸습니다. 이는 하나님께서 고레스의 마음을 움직여 예레미야를 통해 말씀하신 예언이 이루어지도록 하신 것입니다(스 1:1).

  "하늘의 신 여호와께서 세상 만국으로 내게 주셨고 나를 명하사 유다 예루살렘에 전을 건축하라 하셨나니 이스라엘의 하나님은 참 신이시라. 너희 중에 무릇 그 백성된 자는 다 유다 예루살렘으로 올라가서 거기 있는 여호와의 전을 건축하라. 너희 하나님이 함께 하시기를 원하노라…… 은과 금과 기타 물건과 짐승…… 그 외에도 예루살렘 하나님의 전을 위하여 예물을 즐거이 드릴지니라"(스 1:2-4).

  이 말을 들은 바벨론의 유다인들은 대부분 예루살렘에 돌아갈 준비를 하였습니다. 그러나 육십여 년 동안 남의 나라에서 살았기 때문에 고국을 모르는 2세, 3세들이 많았습니다. 그들은 고국으로 돌아가지 않고 예루살렘 성전을 짓는데 필요한 물건들 즉 은그릇과 황금과 기타 물건과 짐승과 보물을 모아서 고국으로 보냈습니다(스 1:6). 또한 고레스는 옛적에 예루살렘에서 옮겨다가 자기 신들의 당에 두었던 여호와의 전 기명(器皿)들 즉 금반(金盤), 은반, 칼, 금대접, 은대접, 기타 기명들을 꺼내어 계수하여 여호야긴의 아들이요(대상 3:18) 스룹바벨의 숙부요, 회복된 유대의 초대 총독으로 임명된 세스바살에게 주어 예루살렘으로 운반케 하였습니다(스 1:7-11). 『에스라서』에서는 그를 가리켜 유다 목백(=방백)이라 하였습니다(스 1:8).

세스바살이 예루살렘 총독이 된다는 것은 유다 포로민들의 가슴을 설레게 하는 충격적인 소식이었습니다. 50년간 다윗 가문의 어떤 인물도 물리적으로 예루살렘의 권좌(權座)에 앉은 적이 없었기 때문입니다. 그러나 다른 한편으로 살펴보면 전망이 그리 밝은 것만은 아니었습니다. 예루살렘은 폐허였으며, 이미 바벨론에서 삶의 기반을 닦아놓은 사람들이 다시 삶의 터전을 옮긴다는 것은 쉬운 일이 아니었기 때문입니다. 그러나 페르시아인들의 도움을 받아 제1차 포로 귀환이 이루어졌습니다. 이 때의 두 지도자는 세스바살과 스룹바벨(Zerubbabel)이었습니다. 고레스에 의해 총독으로 임명된 세스바살(스 1:8; 2:2; 3:2,8)이 귀환민들을 지도하다가 곧 스룹바벨에 의해 물러난 것으로 보입니다.

맨먼저 다윗의 후손인 스룹바벨이 수만 명을 인도하여 귀국길에 올랐습니다. 귀국길에 오른 때는 칠월(스 2:1)이었습니다. 이 칠월은 유다인들에게 있어서는 1년 중 가장 거룩한 달이었습니다. 이 달의 첫째 날은 나팔을 불어 성회로 모이는 나팔절이었고(렘 23:24), 10일은 속죄일이었습니다(레 23:27; 민 29:7). 그리고 15일은 3대 절기 중의 하나인 초막절로서 22일에 끝이 났습니다. 따라서 스룹바벨과 예수아(Jeshua)는 이 거룩한 달을 맞으면서 우선 번제를 드릴 제단을 세웠던 것입니다

(스 3:2). 그들은 모세의 율법에 기록된 대로 초막절을 지켜 번제를 드리고(스 3:4) 성전 재건의 사역을 시작하였습니다.

그리고 이십 세 이상의 레위 사람들을 세워 여호와의 전 역사를 감독하게 하였으며 건축자가 여호와의 전 지대를 놓았습니다. 제사장들은 예복을 입고 나팔을 들고 아삽 자손 헤위 사람들은 제금을 들고 서서 이스라엘 왕 다윗의 규례대로 여호와를 찬송하였습니다. 어떤 늙은 사람들은 첫 성전을 보았었기 때문에 다시 놓는 지대가 너무나 초라해서 대성 통곡하였고 어떤 사람들은 기뻐하며 즐거이 부르짖었습니다(스 3:8-13).

첫 두 해 동안 성전의 지대를 놓은 후 착수하였으나 그 사역은 15년간 중단되었습니다. 그것은 사마리아인들을 중심으로 한 팔레스틴의 주민들이 성전 건축에 동참할 것을 표시하였으나, 이들이 전에 하나님께 불충했다는 이유로 스룹바벨과 예수아가 이 제안을 거부하자 성전 건축을 반대하기 시작하였기 때문입니다(스 4:1-4). 이에 이들이 "바사 왕 고레스의 시대부터 바사 왕 다리오가 즉위할 때까지 의사들에게 뇌물을 주어 그 경영을 저희(沮戱)함"(스 4:5)으로 성전 건축이 15년간 중단되었습니다. 즉 사마리아인들은 뇌물로 의사들(변호사, counselors)을 사서 고용하여 예루살렘 거민들을 고소하였습니다(스 4:6). 그리고 페르시아 왕으로 하여금 명령을 내려 다시 조서가 내려질 때까지 성을 건축하는 것을 못하게 하였습니다(스 4:21). 성전 건축이 이렇게 지연된 것은 자신들만을 위해서 여호와의 집을 짓는다고 하는(학 1:2-4) 스룹바벨과 다른 귀환 포로들의 선입견 때문이었습니다.

선지자 학개(Haggai)와 스가랴(Zechariah)의 재촉을 받아 스룹바벨은 다리오가 통치하기 시작한지 2년 후 성전 재건의 역사를 부지런히 다시 시작하였고(스 5:1-2) 그 선지자들은 스룹바벨을 도왔습니다. 이 성전 재건의 노력은 귀환 포로들과 선지자 및 페르시아 왕(스 6:4)의 협동의 모델을 제시해 주게 됩니다. 스룹바벨은 페르시아 왕으로부터 상당한 액수의 돈과 물자를 공급받았고(스 6:5) 동시에 선지자 학개와 스가랴의 지속적인 격려를 받았습니다(스 5:2).

물론 총독 닷드내가 페르시아 왕에게 성전 건축에 대해 알아보라는 서신을 보냄으로써 성전 건축이 또다시 중단될 위기가 없었던 것은 아니지만(스 5:6-6:12), 선지자 학개와 스가랴의 활동과 하나님의 "돌아보심"과 다리오 왕의 도움으로 성전 공사를 주전 516년에 마무리 할 수 있었습니다. 이스라엘 사람들은 "즐거이 하나님의 전 봉헌식"을 행하였습니다(스 6:16). 이 축하 행사는 유월절을 지키는 것으로 절정에 이르게 됩니다(스 6:19).

성전을 완성하자 스룹바벨은 공적인 생활에서 물러났거나 죽은 것 같습니다. 그러나 그의 영향은 지대해서 역사가들은 제2의 성전을 다음 도표에서 보듯이 "스룹바벨 성전"이라고 명명합니다. 하나님은 스룹바벨을 세워 포로들을 예루살렘으로 데려오게 하셨고 돌아와서는 제2성전을 건축하는 일을 스룹바벨에게 맡기셨습니다. 『학개』2장 23절에는 "스알디알의 아들 내 종 스룹바벨아 나 여호와가 말하노라. 그 날에 내가 너를 취하고 너로 인을 삼으리니 이는 내가 너를 택하였음이니라. 만군의 여호와의 말이니라"는 말씀이 있습니다.

이스라엘의 세 성전

성전 이름	완 공 년 대	관련성구
솔로몬 성전	주전 959년	왕상 6:1-38
스룹바벨 성전	주전 516년	스 6:15-18
헤롯 성전	주전 20-주후 63년	요 2:19

여기서 학개 선지는 스룹바벨이 스알디의 아들임을 강조하고 있습니다. 이것은 스룹바벨이 다윗의 후손임을 강조한 것이며(창 49:8-10) 다윗의 후손 곧 메시야를 통하여 성취될 인류 구속과 하나님 나라 건설의 위업은 오직 만군의 여호와의 지혜와 능력으로써만 성취될 수 있다

는 것을 보여 주기 위한 것이라 할 수 있습니다. "내 종 스룹바벨"이라는 말씀 속에서 "내 종"이란 하나님의 거룩한 계획을 받들기 위하여 하나님께서 주권적으로 선택하신 자라는 의미와 함께 그는 세상의 종 곧 세상 나라를 위해 봉사하는 인간 총독이 아니라는 의미가 포함되어 있습니다. 이러한 종 개념은 하나님 앞에서 비굴한 위치를 강조하기보다는 하나님과 날마다 인격적 관계를 유지하는 자라는 영광스러움을 담고 있습니다(사 42:1; 49:3; 스 5:11). 이런 의미에서 스룹바벨은 친히 종의 신분(빌 2:7)으로 오셔서 인류 구속을 위해 십자가에 달리신 예수 그리스도를 예표합니다(사 41:8; 42:1; 겔 34:23). 그리고 스룹바벨의 지도 아래 성전 재건 공사를 시행하도록 촉구한 것도 결국 성전의 완성자는 오직 예수 그리스도이심을 바라보게 하기 위함이었던 것입니다(요 2:18-22).

"스룹바벨과 그의 성전 재건"에 관한 이야기에서 가장 주목을 끄는 것은 여호와 하나님께서 세우신 섭리와 언약은 신실하고 영원하다는 것입니다. 예레미야의 예언대로 이스라엘 민족이 바벨론 포로로 잡혀가 70년 동안 종살이를 하고 있을 때는 이 지상에서 멸절되는 듯한 위기감을 느끼게도 하지만, 이스라엘을 향하신 영원한 그의 언약을 완성시키기 위해 하나님께서는 고난 가운데 있는 이스라엘 백성들과 늘 함께 계셨던 것입니다. 그러시다가 하나님께서는 그의 언약을 이루시기 위해 "바사 왕 고레스의 마음을 감동시켜서"(스 1:1) 포로 석방과 예루살렘 성전 재건을 허락케 하고 그 일을 적극적으로 돕게 하셨던 것입니다.

늘 유다인들은 하나님을 배반하고 그를 거슬려 살았지만, 하나님께서는 항상 그들과 함께 하시며 그들을 돌보셨습니다. 이런 점에서 우리는 영국의 17세기 형이상학 시인 중의 한 사람인 조오지 허벗(George herbert, 1593-1633)이 찬양한 사랑의 하나님을 연상하게 됩니다.

사랑은 나에게 환영한다고 하였지만, 나의 영혼은
주춤했다, 죄 많은 몸인 것을 의식하고서.
그러나 눈이 빠른 사랑은, 처음 들어서면서부터
힘이 빠져 있는 나의 모습을 보고,
나에게로 가까이 다가와 상냥하게 물었다,
무엇이 부족한 것이 있느냐고.

이 장소에 알맞는 손님이 없다고 대답하자,
사랑은 말했다, 그대가 그런 손님이 되라고.
불친절하고 감사할 줄 모르는 제가요? 아 그대여,
나는 당신을 바라볼 수가 없습니다.
사랑은 내 손을 잡고 미소지으며 대답했다,
그대의 눈을 만든 자가 나 이외의 또 누군가고.

주님 옳습니다, 그러나 나는 그것을 못쓰게 만들었습니다.
그러니 나의 수치에 걸맞는 곳으로 가게 해 주십시오.
사랑은 말한다, 그 책망을 누가 내렸는지 그대는 모르는가.
나의 사랑하는 이여, 그렇다면 나에게 종노릇하게 해 주십시오.
이에 사랑은 앉아 이 식사를 맛보라고 하였다.
래서 나는 그 자리에 앉아 음식을 먹었다.

    사랑의 하나님께서는 유다인처럼 늘 죄를 짓고 살아가는 우리 인간들을 초대하여 한 자리에 앉아서 함께 식사를 하기를 원하고 계십니다. 비록 유다인들을 쳐서 바벨론 포로로 끌려가도록 하시기는 하셨지만, 그것은 유다인이 미워서가 아니라 오히려 강하게 쳐 그들을 돌이켜서 다시 제자리로 돌아오게 하려는 사랑의 역설적 행위라 할 수 있습니다.
    스룹바벨의 성전 재건은 사마리인들의 반대로 15년 동안 중단 되었으나 하나님께서는 학개와 스가랴 선지를 세워 스룹바벨을 독려하여 재개케 하고 마침내 주전 516년에 완공케 하셨습니다. 포로 귀환과 제

2성전 건축(재건) 등이 모두 사람들이 힘을 합쳐서 이루어진 것 같지만 실은 하나님의 섭리와 성실한 약속 이행 없이는 이루어질 수 없었습니다. 제1성전은 솔로몬이 단독으로 세웠지만 제2성전은 국민 전체의 손에 의해 이루어졌다고 해도 과언이 아닙니다. 이렇게 제2성전이 재건됨으로써 예루살렘 공동체는 다시 일어서게 되는 것입니다.

에스라와 그의 종교개혁 운동

바벨론 포로로 잡혀갔던 유다인들의 귀환은 모두 세 번에 걸쳐서 이루어졌습니다. 아래 도표에서 보듯이 첫 번째 귀환한 사람들은 스룹바벨의 인도로 주전 538년에 고국에 돌아왔습니다(스 1장-

포로 귀환의 과정

과정	귀환의 시기	통치자	인도자	귀환한 후 한 일	관련성구
제1차	주전 538년	고레스 왕	스룹바벨	성전 재건	스 1:1-6:22
제2차	주전 458년	아닥사스다 1세	에스라	종교개혁 운동	스 7:1-10:44
제3차	주전 444년	아닥사스다 1세	느헤미야	예루살렘 성벽 재건	느 1:1-13:31

6장). 이들은 성전 재건에 온 힘을 기울였습니다. 두 번째 그룹은 주전 458년에 에스라의 인도로 고국에 귀환했습니다(스 7장-10장). 이 사람들은 먼저 그 자신들이 개혁되어야 할 필요가 있었습니다. 그들은 자신들에게 주어진 계약의 의무를 다시 한 번 확인해야만 했습니다. 그리고 세 번째 그룹은 주전 444년에 느헤미야의 인도로 귀환했습니다. 느헤

미야는 예루살렘의 성벽을 재건하는 데 관심을 기울였으며, 에스라가 그랬던 것처럼 백성들이 하나님께 복종하도록 권고했습니다.

이미 앞에서도 언급한 바와 같이 두 번째 바벨론 포로 귀환은 아닥사스다 즉위 7년째인 주전 458년에 이루어졌습니다(스 7:7). 제1차 귀환 후 스룹바벨의 성전 재건이 완성된 때로부터 57년이라는 세월이 흘러서 이루어진 귀환이었습니다. 이 귀환의 인도자는 에스라였습니다. 에스라는 바벨론에서 유다인들과 함께 살아가던 아론가의 경건한 레위인이었습니다. 에스라는 제사장일 뿐만 아니라 바벨론에서 유다인들과 함께 살며 모세의 율법을 열심히 읽고 실천하는 율법 학사였습니다(스 7:11). 여기서 학사는 기록자, 서기관, 비서, 작가(삼하 8:17; 에 3:12; 8:9; 시 45:1) 등을 가리키는 말입니다. 학사라는 말은 또한 읽고 쓸 줄을 아는 지식이 있는 사람(렘 36:23)과 하나님의 율법을 읽고서 그것을 가르칠 수 있는 학식이 있는 사람을 말합니다. 그리고 『느헤미야서』에서는 6번씩이나 에스라를 서기관이라고 부르고 있습니다(느 8:1, 4, 9, 13; 12:26, 36). 그는 오랜 포로 생활 동안 학자들이 여기저기서 모아 정리한 모세 오경을 연구하며 베껴 쓰는 일을 했습니다.

에스라는 이스라엘의 계약의 하나님의 축복 뿐만 아니라 아닥사스다라는 이방 왕의 축복도 받았습니다. 에스라 후에 느헤미야는 왕 앞에서 시중드는 직분을 맡았지만(느 1:11) 에스라는 아무런 공식적인 직책이 없었습니다. 에스라는 율법에 익숙한 학사였다는 사실만 언급되고 있습니다. 학사로서의 직분은 에스라가 그의 생애에 있어서 그가 행하여야 할 가장 중요한 임무였습니다.

항상 팔레스틴으로 돌아가기를 열망했던 에스라는 이 귀환 운동의 승인을 아닥사스다에게 호소했습니다. 포로들이 에스라의 인도 아래 예루살렘으로 돌아가는 것을 권하기 위해 바사 왕은 뜻 깊은 칙령을 공포했고(스 7:11-26), 에스라에게 강 서편에 있는 지방의 유사

(magistrate)와 재판관 임명에 관한 권리를 위임했습니다(스 7:25). 게다가 에스라는 순응하지 않는 자는 누구나 재산을 몰수하고 투옥이나 처형을 시킬 수 있는 권세도 맡았습니다(스 7:26).

아닥사스다는 에스라의 임무를 위해 가장 너그러운 재정 지원을 했습니다. 왕궁의 기부금, 포로들이 자원해서 바친 예물, 신성한 기명(器皿) 등이 예루살렘 성전을 위해 에스라에게 주어졌습니다(7:15-23). 아닥사스다는 에스라를 크게 신뢰하여 그가 성전 봉사에 필요하다고 보는 것은 무엇이나 무제한으로 왕의 내탕금(內帑金)을 쓸수 있게 했습니다(스 7:20). 그들은 성전을 짓는데 긴히 필요한 최소한의 물품들을 갖고 돌아왔습니다(스 7:21-22). 밀과 기름과 소금은 소제를 드리는데 사용되었고(레 2:1, 2, 7, 13), 포도주는 유제(drink offering)에 사용되었습니다(레 12:13). 그리고 제사장들과 레위인들은 세금을 내지 않았습니다(스 7:24).

에스라는 하나님의 은혜와 아닥사스다의 정성어린 후원에 용기를 얻어 아하와로 흐르는 강가에 이스라엘의 지도자를 모았습니다(스 8:15). 그 중에는 레위인들이 하나도 없는 것을 발견하고, 에스라는 모든 족장들을 불러 가시뱌 지방으로 보내어 그곳 족장 잇도에게 하나님의 전을 위하여 수종드는 자를 데리고 오라고 명하였습니다(스 8:15-17). 이에 응하여 40명의 레위인과 220명의 성전 봉사자들이 귀환대에 합세하였습니다(스 8:18-20). 약 1,800명의 남자와 그 가족으로 구성된 귀환대는 예루살렘까지 거의 1,600km 되는 길고도 위험한 여행을 시작하게 됩니다. 그들은 시작에 앞서 금식과 기도로써 하나님의 인도와 보호를 간구하였습니다(스 8:21-23).

여행은 니산월(정월) 12일에 시작되었습니다(스 8:31). 3개월 반 후 예루살렘에 도착하여 제사장들과 레위인들이 바벨론으로부터 가지고 온 보화와 기명을 확인하여 성전에 들인 후 귀환자들은 뜰에서 정성들인 예물을 드렸습니다(스 8:34-35).

하나님의 은혜를 크게 입어 예루살렘으로 돌아왔음에도 불구하고 유다인들은 아직껏 모세에 의해 기록된 하나님의 말씀을 지키지 못하고 거기서 벗어나 방황하고 있었습니다. 그들은 율법을 잘 지키지 않을 뿐더러 율법을 잘 모르고 있었습니다. 그래서 에스라는 그들에게 하나님의 법을 가르쳐 주고 실천할 수 있도록 도와 주었습니다. 그것이 그의 종교개혁 운동의 핵심이 되었습니다. 에스라의 종교개혁은 그가 예루살렘에 도착한지 5개월도 채 못되어서 일어났습니다(스 10:9).

지방의 방백들이 에스라를 찾아와 이스라엘 사람들이 이방인 거주자와 통혼(通婚)하는 죄를 범했다고 고했습니다(스 9:1-2). 그들은 스룹바벨의 인도로 에스라 이전에 예루살렘에 온 사람들인데, 그 가운데서 종교 지도자들과 민간 지도자들까지도 통혼에 가담한 사람들이 있었습니다. 통혼은 하나님께서 금하신 법입니다. 하나님께서 통혼을 금하신 것은 종족이 달라서가 아니라 단순히 종교적인 이유 때문이었습니다. 만약 이스라엘 백성들이 이방 사람들과 통혼을 하게 되면, 솔로몬이 그랬던 것처럼(왕상 11:3-5), 그들이 이방인들로부터 유혹을 받아서 그들이 드리는 우상 숭배에 탐닉할 수도 있었기 때문이었습니다. 만일 유다인들이 이 명령을 깨뜨린다면, 그 이외의 다른 것들도 얼마든지 범할 수 있다는 것을 에스라는 알고 있었습니다. 그래서 에스라는 엄격하게 유다인들에게 통혼의 죄를 범하지 말라고 권면했습니다.

그럼에도 불구하고 유다인들은 예사롭게 통혼을 하였고, 거기에 종교 지도자들까지 합세하고 있었습니다. 이 사실을 안 에스라는 깊은 슬픔에 잠길 수밖에 없었습니다. 그는 그 슬픔의 표로 옷을 찢었을 뿐 아니라, 도덕적 분노와 노여움을 표현하기 위해 머리털을 뜯었습니다(스 9:3). 백성들이 그의 주변에 모여 두려워하는 동안, 그는 기가 막혀 통곡하며 성전 뜰에 그대로 앉아 있었습니다. 저녁 제사는 오후 세시 경에 드렸는데, 그때 그는 금식하던 자리에서 일어나 찢어진 옷 그대로 무릎을 꿇고 하나님을 향하여 "우리 죄악이 많아 정수리에 넘치고 우리 허물이 커서 하늘에 미칩니다"(스 9:6)라고 기도하며 이스라엘인들의 귀에 들릴 정도로 크게 죄를 고백했습니다. 그리고 그는 너무 얼굴이 부끄러워서 낯을 들 수 없다고 하였습니다(스 9:7).

에스라가 하나님 전 앞에 엎드려 울며 죄를 자복(自服)하는 기도를 드리고 있을 때, 많은 백성들도 심히 통곡하며 함께 죄를 회개하는 기도를 드렸습니다(스 10:1). 엘람 자손 중 여하엘의 아들 스가냐가 에스라에게 새로이 언약을 맺으면 소망이 있을 것이므로 이러한 사회적 악습을 제거하는 일에 전적으로 돕겠다고 확약을 했습니다(스 10:2-4). 에스라는 즉시 지도자들에게 스가냐의 말대로 행하도록 순종의 맹세를 하게 하였습니다(스 10:5).

에스라는 밤에 여호하난의 방으로 물러가 계속하여 금식 기도를 드리며, 자기 백성들의 죄많음을 자복하고 애통했습니다(스 10:6). 에스라는 3일 안으로 백성들을 예루살렘 성전 앞 빈 광장에 모이도록 온 나라에 선포케 하였습니다. 만약 오지 않으면 추방하거나 재물을 몰수하겠다고 위협했습니다. 성전은 『에스라서』에서는 항상 모든 사건이 벌어지는 중심지였습니다. 에스라의 지시가 공포된지 삼 일 안에 백성들이 예루살렘 성전으로 모여들자 큰 비가 내렸습니다(스 10:9). 그때는 우기였습니다. 그렇지만 서약(스 10:5)과 벌을 받는다는 것 때문에 그 모임은 예정대로 진행되었습니다.

에스라는 떨고 있는 회중들에게 자신들이 귀환할 수 있었던 것은 바로 하나님의 은혜였다고 선포했습니다. 그럼에도 불구하고 그들은 자신들을 하나님 앞에서 순결토록 해주는 하나님의 계명을 깨뜨렸으므로 어떤 형벌을 하나님께서 내리시더라도 달게 받아야 한다고 했습니다(스 10:8-14). 그러니 그들의 죄를 자각하고 진정한 회개의 표로 이방인 아내들과 헤어지라고 권고했습니다. 백성들은 에스라의 말에 기꺼이 순종하겠다고 대답했습니다. 이스라엘 백성들의 신앙 부흥 운동은 모든 죄악을 회개하는 데서부터 시작되었습니다.

  그러나 거기에 관련된 사람이 많고 또 비가 내려서 그것을 당장 시행할 수는 없고 조금 시간을 두고 행하기로 했습니다. 그리고 그 일을 조사할 대표들을 뽑고 백성들은 해산하게 하였습니다. 선발된 일단의 사람들에게서 조력을 받고 유대도의 각 부에서 온 여러 대표들에게 도움을 받아 에스라는 통혼한 법법자들을 3개월 간 조사하게 하였습니다. 모든 사항은 개별적으로 처리해서 정의가 이루어지도록 했습니다(스 10:16-17).

  에스라는 그의 기록을 마치면서 끝부분에 이방인들과 결혼한 사람들의 명단을 제시하고 있습니다. 이 중대한 범죄에 가담한 사람은 제사장이 17명(스 10:18-22) 그리고 노래하는 사람 1명과 문지기 3명을 포함해서 레위인 10명(스 10:23-24) 또한 이스라엘 주변의 민족들 중에서 귀환한 사람들 84명(스 10:25-43)이었습니다. 백성들은 지도자들이 말한 것처럼(스 9:1), 제사장들과 레위인들조차도 범죄하였습니다. 범죄한 네 제사장들은『레위기서』5장 14절-15절에 명시되어 있는 것처럼 속죄제를 드리면서 제물로 양 한 마리씩을 각각 바쳤습니다. 이방인들과 결혼한 사람들 가운데는 이미 자녀를 가진 사람들도 있었습니다(스 10:44).

  에스라의 기록은 여기서 갑작스럽게 끝나고 있습니다. 그러나 에스라가 주려고 한 메시지는 분명하고 완벽합니다. 백성들이 하나님과의 교제를 회복하기 위해서는 그들이 바른 성전예배를 드리며(스 1장-6장) 또한 하나님의 말씀에 따라서 사는 것이 절대적으로 요구된다는 것이었습니다(스 7장-10장). 에스라는 유다인들에게 깨끗한 마음과 올바른 생활을 함으로써 다가올 메시아를 맞이할 준비를 하도록 도와 주었습니다.
 "에스라와 종교개혁 운동"에 관한 이야기를 마치면서 떠오르는 시는 조오지 허벗의 "속죄"라는 시입니다.

> 오랫동안 어떤 부유한 지주의 소작인이었지만
> 계속 가난하였기에, 나는 대담해지기로 결심하고,
> 낡은 토지는 버리고 소작료가 적은 새로운
> 토지를 빌려달라고 지주에게 청원키로 하였다.
> 하늘에 있는 그의 장원으로 나는 지주를 찾아갔다.
> 그곳 사람들이 말하기로는 지주는 근래에
> 오래전에 지상에서 비싼 값으로 사두었던
> 토지를 손에 넣기 위하여 떠났다는 것이었다.
> 나는 즉시 되돌아왔다. 그리고 그분의 위대한 출생을 알기 때문에
> 사람들이 많이 모이는 곳에서 그분을 찾았다.
> 도시, 극장, 정원, 공원 그리고 궁전에서.
> 드디어 나는 도적들과 살인범들의 떠드는 소음과 환성을
> 들었다. 거기서 나는 그분을 보았다.
> 그분은 즉시 "너의 청원은 허락되었느니라"고 말씀하시고 죽으셨다.

 교회의 사제였던 헐벗은 예수께서 하신 것처럼 비유를 사용하여 자기 교구의 신자들에게 진리와 교훈을 쉽게 전달하였습니다. 14행으로 구성된 위의 시에서 그는 의미 심장한 종교적 내용을 평이하고 단순한 이미지로 묘사했습니다. "부유한 지주"는 그리스도를 가리키고, 가난한 "소작인"은 신자를 가리킵니다. "오랫동안"이란 말은 전후의 문맥으로 미루어 보았을 때, 어디서 하나님을 찾아야 할지를 몰랐던 어리석은 유다인들로 대표되는 인간의 우상숭배를 비롯한 긴 종교적 탐색을 함축하고 있다고 할 수 있습니다. "낡은 토지"란 형식과 규율이 엄격하고, 충족되어야 할 조건이 까다로운 유대교의 율법주의를 암시하며,

"소작료가 적은 토지"란 단순히 예수께로 나아가 믿고 의지하기만 하면 구원받는다는 그리스도의 은혜를 암시합니다. 에스라 시대에는 아직 그리스도가 오시지는 않았지만, 때가 되면 그리스도 즉 메시아가 오실 것인데 이방 사람들과 통혼하고 그들이 섬기던 신을 섬기던 일을 회개하고 새로운 마음과 바른 생활을 회복하여야만 구원의 축복을 누릴 수 있다는 것입니다.

에스더와 유다 민족

바벨론의 왕 느부갓네살은 예루살렘으로 쳐들어가 많은 사람을 바벨론으로 끌고 왔습니다. 그들은 바벨론에서 수십 년 동안 귀향살이를 했습니다. 그러던 중 페르시아의 왕 고레스가 바벨론을 멸망시켜 유다인들에게 예루살렘으로 돌아가도 좋다는 명령을 내렸습니다. 그래서 많은 유다인들이 예루살렘으로 돌아갔지만 그대로 바벨론에 머물러 사는 유다인들도 꽤 있었습니다. 그들 중의 하나가 바로 모르드개(Mordecai)였습니다.

그 당시의 페르시아 왕은 아하수에로(Ahasurus=Xerxes 크세륵세스, 주전 486- 465)입니다. 그는 인도(파키스탄)에서 구스(이디오피아)까지의 1백 27도를 다스리고 있었습니다. 나라를 다스리기 시작한 지 삼 년째 되던 해, 왕은 각 도의 귀족과 방백(지방 관리)들을 모아놓고 자신의 부귀와 혁혁(赫赫)한 위엄을 드러내 보이려고 1백80일 동안 잔치를 베풀었습니다. 그것이 끝나자 왕은 또다시 수산 성의 백성들을 위해 이레

동안 잔치를 열었습니다. 잔치가 끝날 무렵, 왕은 와스디(Vashti) 왕후의 아름다운 모습을 여러 사람에게 보여 주고 싶어 몇 차례 사람을 보내어 왕후에게 잔치에 참석하라고 명했습니다. 그러나 부인들을 따로 초대하여 잔치를 벌이고 있던 왕후는 초대에 응하지 않았습니다. 화가 난 왕은 이러한 일 때문에 왕후와 이혼을 하였으며 이 사실을 나라 안 곳곳에 알렸습니다(에 1장). 이런 일이 있은 지 얼마 지나지 않아서 신하들은 왕에게 새 왕비를 맞이하라고 권하였습니다. 왕이 이 의견을 받아들이자, 신하들은 전국 각 도에 관리들을 보내어 "아리따운 처녀들"을 뽑아 들이라는 명령을 내렸습니다.

 그 때 수산 성에는 모르드개가 살고 있었는데, 그는 하나님의 법대로 사는 용기있는 사람이었습니다. 그에게는 부모없는 사촌 누이가 있었습니다. 그 이름은 에스더(Esther)였습니다. 에스더는 몸매도 아름다웠고 용모도 단정하였습니다. 모르드개는 이 에스더를 왕비 간택 자리에 내보내었습니다. 왕은 다른 어느 아가씨들 보다도 에스더에게 마음이 끌렸습니다. 왕은 에스더가 유다 사람이라는 것을 몰랐습니다. 그래서 왕은 에스더의 머리에 면류관을 씌우고 와스디를 대신하여 왕비를 삼은 뒤 호화로운 잔치를 베풀었습니다. 어느 날 모르드개는 왕에게 큰 불만을 품고 있던 두 신하가 왕을 죽이려고 음모를 꾸미고 있는 이야기를 우연히 들었습니다. 모르드개는 이 사실을 못 들은 체하고 지나칠 수 없어 에스더를 통하여 즉시 이 사실을 왕에게 알렸습니다. 왕은 두 신하를 불러 심문을 하였습니다. 그 결과 왕을 죽이려고 음모하였다는 사실이 드러났습니다. 왕은 그들을 반역자로 사형에 처하는 한편 모르드개에게 고마워 하면서 왕실의 일을 낱낱이 적어두는 관리에게 이 일을 적어두라고 명령하였습니다(에 2장).

 왕의 대신중에는 하만(Haman)이라는 사람이 있었습니다. 그는 여러 가지 방법으로 왕의 신임을 얻어 대신들 중에서 제일 높은 총리 자리에 앉게 되었습니다. 페르시아에서는 신을 섬기듯이 왕을 섬기고 있었습니다. 그때부터 하만은 왕의 신임을 빙자(憑藉)하여 자기에게도 무릎을 꿇어 절을 하게 하였습니다. 모든 사람이 다 그에게 절을 하였지만, 오직 유다인 모르드개만이 절하지 않았습니다. 주위의 사람들이 왕의 명령을 거역하는 것은 옳지 못하다고 권유했지만, 끝내 그의 뜻을 굽히지 않았습니다. 마침내 당시 실권자(實權者)였던 하만에게 그 사실이 알려졌습니다. 하만은 언제든지 기회가 오면 그를 없애버리기로 작심하였습니다(에 3장). 어느 날 모르드개가 유다인이라는 사실을 알게 된 하만은 유다인 모두를 진멸하기로 결심하였습니다. 그래서 그는 왕 앞에 나아가 왕의 법을 무시하고 그들 자신들의 법과 풍습만을 따르는 유다 민족을 진멸해달라고 요청하였습니다. 왕은 반지를 손에서 빼어 하만에게 주며 "(그대) 소견에 좋을 대로 행하라"(에 3:11)고 하였습니다.

하만은 왕을 빙자하여 모든 지방 관리에게, "아달월(12월) 13일 하루 동안에 모든 유다인을 노소나 어린아이나 부녀를 무론하고(가리지 말고) 죽이고 도륙(屠戮)하고 진멸하고 또 그 재산을 탈취하라"(에 3:13)고 영을 내렸습니다. 이 소식을 전해 들은 모르드개는 옷을 찢고 굵은 베옷을 걸친 다음, 재를 무릎쓰고 단식하고 기도하며 울면서 거리를 돌아다녔습니다. 한편 왕궁에 사는 에스더는 모르드개가 이상한 옷차림을 하고 울며 거리를 돌아다닌다는 소문을 듣고 사람을 보내어 그 까닭을 물었습니다. 모르드개는 유다인을 모두 죽이라는 왕의 명령이 내려졌으니 유다인을 살리기 위해 왕에게 애원하라는 말을 에스더에게 전하였습니다. 이 말을 들은 에스더는 몹시 당황하였는데, 그것은 자기 힘으로서는 그런 일을 할 수가 없었기 때문입니다. 페르시아의 법에는 어떤 사람이든지, 비록 왕후라 하더라도 왕이 부르지 않으면 왕 앞에 나아가지 못하게 되어 있었고, 이 법을 어기는 사람은 사형을 당하게 되어 있었습니다.

에스더는 모르드개에게 사람을 보내어 그런 힘이 자기에 없다는 것을 알렸습니다. 그러나 모르드개는 물러서지 않고 에스더가 보낸 사람에게 다시 "네가 왕후의 위를 얻은 것이 이 때를 위함이 아닌지 누가 아느냐"라고 하였습니다. 모르드개의 말을 들은 에스더는 "죽으면 죽으리이다"(에 4:16)라는 일사의 각오로 왕에게 나아가기로 결심하였습니다. 에스더는 유다인들과 함께 단식하고 기도한 다음 화려하게 몸단장을 하고 왕 앞에 나아갔습니다. 뜻밖에도 왕은 손에 잡았던 금홀(金笏)을 그녀에게 내밀어 반갑게 맞아 주었습니다. 왕은 왕후에게, "에스더여 그대의 소원이 무엇이뇨"라고 물었습니다. 에스더는 왕에게 왕을 위하여 잔치를 베풀려 하는데 선히 여기시면 하만과 함께 참석해 달라고 간청하였습니다. 하만은 왕후가 베푸는 잔치에 자기만을 초청받은 것을 매우 기뻐하며 돌아왔으나 궁궐문에 있으면서도 절을 하지 않는 모르드개를 보고는 그만 분노하여 그를 매달아 죽일 오십 규빗(23미터)이나 되는 나무를 세웠습니다(에 5장).

한편 왕은 잠이 오지 아니하므로 역대 일기를 가져다가 읽게 했습니다. 그 기록에 따르면 왕의 내시 빅다나와 테레스가 왕을 암살하려는 것을 모르드개가 고발하여 왕의 생명을 구했다고 적혀 있었습니다. 왕은 이 기록을 보고 모르드개에게 어떤 농공행상이 있었느냐고 물었습니다. 그러나 아무 것도 베푼 것이 없다는 대답을 듣고, 왕은 하만에게 일러 그의 머리에 왕관을 씌우고 거리로 다니며 왕이 존귀케 하고자 하시는 사람은 이렇게 된다라고 외치게 하였습니다(에 6장). 이런 왕명을 받은 하만은 기가 막혔지만 그대로 시행할 수밖에 없었습니다.

그의 아내와 가까운 친구들은 하만에게 큰 액운이 돌아오리라고 예고했지만, 그는 이 일을 미쳐 생각도 해보지 않고 에스더가 베푸는 둘째 날 잔치에 나아갔습니다. 왕은 술을 마시며 에스더에게 "왕후 에스더여 그대의 소청이 무엇이뇨 곧 허락하겠노라"고 재촉했습니다. 이것은 아하수에로 왕이 조건없이 에스더를 사랑했기 때문에 이루어질 수 있는 일이었습니다.

아하수에로의 에스더에 대한 사랑은 19세기 영국의 유명한 시인인 브라우닝의 아내이며 여류 시인이었던 엘리자베스 브라우닝(Elizabeth Barret Browning, 1806-1861)의 남편에 대한 사랑과도 같은 그런 사랑이었습니다. 이 사랑은 조건이 없는 사랑이라 할 수 있습니다. 어떤 조건을 두고 사랑한다는 것은 참사랑이라 할 수가 없습니다. 그래서 브라우닝은 이런 노래를 불렀습니다.

    당신이 날 사랑해야 한다면, 오직
    사랑을 위해서만 사랑해 주세요.
    "난 그 미소와 얼굴과 부드러운 말씨와
    나와 꼭 어울리는 생각의 실마리 때문에,
    또한 어느날 즐거운 느낌을 주었기 때문에
    "사랑한다"고 말하진 마십시오.
    이러한 일이란, 님이여, 그 자체가 변할 수도 있고,
    당신에게 있어서도 변할 수도 있으니까요─
    그렇게 짜인 사랑은 그렇게 풀려버릴 수 있을 거예요.
    내 뺨의 눈물을 닦아주는 당신의 사랑어린 연민으로
    날 사랑하진 마세요─ 당신의 위안을 오래 받았던 사람도 울기를
    잊어 버려 그로써 당신의 사랑을 잃을지도 모르니까요!
    언제까지나 사랑의 영원을 통해 사랑할 수 있도록,
    오직 사랑을 위해서만 날 사랑해 주세요.

조건이 없는 오직 사랑을 위해서만 사랑하라고 주장한다. 그 미소나 얼굴에 반해서 또는 말씨나 재주 때문에 사랑하는 것은 참사랑이 아니라는 것입니다. 왜냐하면 이러한 사랑의 조건은 변하게 마련이고, 조건

이 변하면 그 사랑은 마침내 깨지고 말 것이기 때문입니다. 적어도 에스더가 아무런 허락도 없이 아하수에로 왕 앞에 나갔을 때 그가 "무엇을 원하느냐"고 물으시며 그녀를 받아들인 것은 전혀 조건이 없는 그런 사랑이었다고 생각합니다.

에스더는 왕에게 "나와 내 민족의 생명을 구해 주소서"라고 애걸하였습니다. 왕은 "이런 일을 심중에 품은 자가 누구며 그가 어디 있느뇨"라고 따져 물었습니다. 에스더는 "대적과 원수는 이 악한 하만이니이다"라 하였습니다(에 7장). 크게 노한 왕은 모르드개를 죽이려고 세운 오십 규빗의 나무 장대에 하만의 목을 달게 했습니다. 왕은 유다인의 생명과 재산은 보호하라는 조서를 내리고 모르드개를 하만의 자리에 앉힌(에 8장) 반면, 수많은 하만의 자손들과 그들의 원수들은 죽이도록 하였습니다. 유다인들은 그들의 원수를 죽인 것을 큰 기쁨과 영광으로 생각하고, 아달월 14일과 15일을 영구히 기념할 기쁨의 날로 정하고, 이날에는 잔치를 베풀고 서로 즐기며 서로 예물을 교환하며 가난한 자를 구제케 하였습니다(에 9장). 이 날을 아래 도표에서도 열거한 대로 부림절(the days of Purim)이라 합니다. 그 이후 모르드개는 왕 다음가는 높은 자리에 앉았고 왕후 에스더는 왕의 많은 사랑을 받으며 살았습니다(에 10장).

히브리의 구원사 기념절기

절기수	절기명	관련성구
1	유월절	출 12:6
2	무교절	레 23:5-6
3	수전절	요 10:22
4	부림절	에 9:17

"에스더와 유다 민족"에 이야기는 전 10장으로 이루어진 『에스더서』 전 편에 나옵니다. 이 이야기는 두 위대한 인물 즉 모르드개와 에스더를 중심으로 구성한 일종의 민족적 서사시라 할 수 있습니다. 그러나 문학적 양식면에서 보면 일종의 짧은 소설(설화)이라 할 수 있습니다.

모르드개는 예레미야 못지 않은 신앙의 투사였고 에스더도 민족적

여걸 즉 유다 민족의 대표자였습니다. 비록 하나님이라는 이름은 이 이야기에는 한번도 나오지 않지만, 이 이야기 속에 전개되는 사건 안에 하나님은 존재하며 그 속에서 역사하시는 하나님의 섭리를 찾아볼 수 있습니다. 유다의 한 무명 소녀가 바사(페르시아) 제국의 왕후로 간택되었으며(에 2:15-18), 모르드개의 충성스러운 행적이 궁중 일기에 기록되었고(에 2:19-23), 한 달 동안이나 에스더를 부르지 아니했던 아하수에로 왕이 그녀를 반겼으며(에 5:2), 왕이 불면증에 시달리며 역대 일기를 읽던 중 모르드개의 공적을 알게 되었으며(에 6:1-3), 모르드개를 달아 죽이기 위하여 만든 나무에 오히려 적그리스도의 상징인 하만 자신이 달렸으며(에 7:9-10), 그리고 왕이 새 조서를 내려 유다인들로 하여금 승리를 거두도록 한 사실(에 9:1-19) 등이 모두 하나님의 섭리에 의해 이루어진 것이었습니다. 여기서 에스더는 자기 백성을 구해내는 중보자의 역할을 다 합니다.

이 이야기에서 돋보이는 것은 이야기의 설화적 기교 중의 하나라 할 수 있는 구성(plot)입니다. 여기서 플롯은 발단, 투쟁, 결말로 전개됩니다. 발단의 단계는 가난한 유다 민족의 환경과 대조를 이루는 호화로운 왕궁의 잔치, 왕의 초청을 거절하는 왕후 와스디의 반응, 에스더의 왕후 간택 따위를 설명하는 것으로 이루어져 있습니다. 그 다음으로는 구성상의 투쟁이 나오는데, 개인적으로는 아하수에로 왕과 와스디 왕후, 하만과 모르드개 사이에 벌어집니다. 그것은 개인적인 충돌로 그치지 않고 하만의 군대와 유다 민족의 투쟁으로 확대됩니다. 더욱 악의 세력을 극복하기 까지 따르는 많은 장애물이 거기에 끼여 있어서 독자가 체험하는 서스펜스는 결말 부분까지 연속됩니다. 유다 민족을 구해달라는 모르드개의 간청을 받고도 에스더가 주저하는 것이나 왕의 허락없이 왕궁에 나갈 수 없다는 것은 사건 해결을 어렵게 만드는 장애적 요소가 되지만, 에스더가 법을 어기고 왕에게 접근하는 장면에서 일대 전기가 마련됩니다.

　"에스더와 유다 민족"에 관한 이야기는 점진적인 전개를 통하여 시적 정의(poetic justice)가 충족되며 결론에 이릅니다. 그 시적 정의는 첫째로 왕이 역대 일기로부터 모르드개가 세운 공로를 알아내고 하만을 시켜 그의 적 모르드개를 높여 주게 한 것이고, 둘째로 모르드개를 죽이기 위해 세워놓은 나무 장대에 하만 자신이 달려 죽게 한 것이며, 셋째로 모르드개가 왕 다음 가는 높은 자리에 올라 왕이 하만에게서 찾은 인장 반지를 받게 됨으로써 구체적으로 이루지는 것을 볼 수 있습니다.

　실로 모르드개의 애국심과 에스더의 "죽으면 죽으리라"는 일사각오(一死覺悟)의 신앙은 적그리스도가 난무하고 있는 현대인들에게 신앙생활의 지표가 될 것입니다.

느헤미야와 예루살렘 성벽 재건

북왕국의 이스라엘 백성들은 앗수르에 예속 되어서 결국 다른 문화권에 동화되었지만, 남왕국 유다의 백성들은 바벨론에서 바벨론의 문화에 물들지 않은 채 자신들의 문화를 고수했고, 바벨론이 주전 539년에 메대와 바사에 의해서 붕괴된 후에 많은 유다인들은 고국으로 돌아왔습니다.

제1차로 스룹바벨이 귀환하였고, 제2차로는 에스라가 귀환하였으며, 에스라가 귀환한 지 14년이 지난 주전 444년에, 느헤미야가 제3차로 귀환했습니다. 느헤미야의 어린시절, 청년시절 그리고 그의 가문에 대해서는 전혀 알려진 바 없습니다. 단지 그의 부친의 이름이 하가랴(느 1:1)라는 것과 그의 형제의 이름이 하나니(느 1:2)라는 사실만이 밝혀져 있습니다. 아마도 느헤미야의 조부는 예루살렘이 바벨론에 의해서 점령되었을 때 포로로 끌려간 것 같습니다.

느헤미야는 이방 사회에서 높은 지위에 오른 인물이었습니다. 그는 아닥사스다 왕의 술관원의 직분을 맡고 있었습니다(느 1:11). 왕의 궁정에 있어서 술관원은 상당한 지위였는데, 느헤미야가 그러한 위치에 있었다고 하는 것은 느헤미야의 삶과 성격을 파악하는데 많은 도움을 준다고 생각합니다. 바사의 왕과 같은 막강한 힘을 가진 군주들은 자신의 술관원을 택할 때 지혜롭고 식견이 있으며 성품이 정직하고 신뢰할 만한 사람을 원했습니다. 그래서 느헤미야의 지위는 그가 지적으로 탁월한 능력을 지니고 있었다는 것과 그가 정서적으로 성숙했으며 또한 영적으로도 높았다는 것을 알려줍니다.

바사 만의 북동쪽 160km 가량에 있는 수산궁서, 느헤미야는 편안하게 살고 있었습니다. 그런 그에게 예루살렘의 성벽이 아직도 폐허 가운데 있다는 소식이 전해지자, 그는 깊은 슬픔에 젖게 됩니다. 그는 며칠 동안 금식하며 애곡했고 울며 예루살렘에 있는 자기 백성을 위해 기도했습니다(느 1:2-4).

『느헤미야서』 1장 5절-11절에 기록된 기도는 이 애곡 기간 중 그가 행한 중보 기도의 정수라 할 수 있습니다. 이것은 그가 이스라엘 역사, 시내 산에서의 언약, 모세에게 주어진 율법, 그 율법을 이스라엘이 깨뜨린 것, 회개하는 망명민들에 대한 회복의 약속 등에 정통해 있음을 반영해 주고 있습니다. 느헤미야는 "하늘의 하나님"(느 1:4)을 언약의 하나님으로 인정했고, 그분께서 이스라엘에게 자비를 베풀어 주시기를 간청했습니다. 결론적으로 그는 주인인 바사 왕으로부터 은총을 입을 수 있게 해달라고 하나님께 간구했습니다(느 1:11).

3개월 후에 느헤미야는 황금 같은 기회를 얻게 됩니다. 그가 아닥사스다의 시중을 들 때, 왕은 그가 매우 수심에 싸인 것을 알아차렸습니다(느 2:1). "네가 병이 없거늘 어찌하여 얼굴에 수색이 있느냐?"(느 2:2)라는 주인의 질문에 대해 느헤미야는 두렵고 떨림으로 예루살렘의 혼돈스런 상태에 대한 자신의 슬픔을 왕에게 고했습니다. 아닥사스다가 소원이 무엇인지 말해보라고 관대히 물었을 때, 느헤미야는 재빨리 은밀한 기도를 드린 후 담대히, "자기를 보내서 자기 열조 묘실의 성읍인 예루살렘을 재건케 해 달라"고 요구했습니다(느 2:5). 느헤미야는 그의 원수들의 반대에 직면하게 될 것으로 예견하고, 그는 유프라테스 유역과 강서부의 대평야 지역을 통과할 수 있는 왕의 허가서를 왕에게 요청했으며(느 2:7), "왕의 삼림 감독 아삽"(느 2:8)에게 편지를 써줄 것을 간청했습니다. 그것은 그가 성문과 벽과 성의 다른 부분을 재건하는 데는 많은 목재가 필요했기 때문이었습니다.

군대 장관과 마병과 더불어 느헤미야가 예루살렘에 도착한 것은 주변 지역의 총독들에게는 실로 놀라운 일이 아닐 수가 없었습니다. 즉시 느헤미야는 두서너 사람을 대동하고 성벽의 상태를 점검하는 야간 순시를 돌았습니다(느 2:13). 그리고 사람들을 모아 성벽을 재건하자는 제안을 내놓았습니다. 그들은 열성적으로 느헤미야를 지지했습니다(느 2:18-20). 느헤미야는 민완한 조직가로서, 아래의 도표에서 보는대로, 예루살렘 성벽의 여러 문과 구역에 사람들을 배치하였습니다(느 3:1-32).

이러한 급작스러운 집중적인 활동은 주변의 여러 지역으로부터 반발을 샀습니다. 호론 사람 산발랏과 암몬 사람 도비야 및 아람 사람 게셈 같이 영향력 있는 지도자들은 일이 시작되자마자 유다인들을 반역자라고 비난 했습니다(느 2:18). 수리 계획이 신속하게 진행되는 것을 보자, 그들은 저항 세력을 조직할 정도로 분격했습니다. 그 결과 산발랏과 도비야는 아라비아인, 암몬인, 아스돗 사람들

예루살렘의 성문들

이 름	관 련 성 구
양문	느 3:1; 요 1 1:29
어문	느 3:3; 마 4:19
옛문	느 3:6; 마 11:29
골짜기문	느 3:13; 눅 14:11
분문	느 3:14; 고후 7:1
샘문	느 3:26; 요 7:38
수문	느 3:26; 요 15:3
마문	느 3:28; 엡 6:11
동문	느 3:29; 계 22:12
입갑문	느 3:31; 고후 5:10

의 지지를 받아서 예루살렘 공격의 계획을 꾸몄습니다.

이 때쯤에 성벽은 그 높이의 반쯤 완성되었습니다. 느헤미야는 기도만 한 것이 아니라 주야로 파숫군을 세워 적들을 막았습니다(느 4:9). 이 효율적이고, 효과적인 파수 체제 때문에 적들의 계획은 좌절되었습니다. 그러자 유다인들은 힘을 얻어 성벽 건축을 재개하기 시작했습니다. 느헤미야는 백성들 가운데서 절반은 일을 하게 하고 나머지 절반은 갑옷을 입고 창과 방패와 활을 들고 파수를 보도록 했습니다. 예루살렘의 민관(관리)들은 성벽 재건 작업에 직접 참여하지는 않았지만, 일하는 사람들 뒤편에서 파수를 본 것으로 추측됩니다. 느헤미야는 거기에 덧붙여서 자신 옆에 나팔수를 대동했는데, 그 나팔수는 느헤미야가 일을 감독하기 위해서 가는 곳마다 따라다녔습니다. 만약 외부에서 적들이 공격해오면 나팔수는 나팔을 불어서 백성들로 하여금 공격받는 장소로 집결하게 하였습니다. 그들은 새벽부터 밤까지 일했고, 밤에는 파숫군의 직무를 감당하여야만 했습니다(느 4:15-23).

성벽이 거의 준공되어갈 무렵, 느헤미야는 이방인들 보다는 유다인들의 도전을 더 받게 됩니다. 당시에 그들에게는 세 가지 어려움이 있었습니다. 첫째, 예루살렘의 거민들은 식량난에 허덕이고 있었습니다. 그들은 자신들과 그들의 가족들이 먹고 살기 위한 식량이 필요하다고 말했습니다(느 5:2). 성벽에서 일하는 동안 그들은 농사일을 돌볼 수가 없었습니다. 그래서 수확을 할 수가 없었고 이것은 기근을 가져왔습니다. 둘째, 수확을 하지 못한 사람들은 전답과 포도원, 집을 팔아서(느 5:3) 그것으로 곡식을 살 수밖에 없었습니다. 셋째, 재산을 팔지 않으려는 사람들은 재산이 넉넉한 유다인들에게서 돈을 빌려서 그것으로 아닥사스다 왕에게 재산세를 바쳤습니다. 그런데 돈을 빌려준 사람들이 엄청난 이자를 부과해서 이것이 문제를 더욱 복잡하게 만들었습니다.

느헤미야는 이 어려운 문제들을 과감히 해결해 나가기 시작했습니다. 첫째, 느헤미야는 하나님의 백성에게 돈을 빌려주고 이자를 받지 말라고 하신 하나님의 계명(출 22:25; 레 25:35-38; 신 23:19-20)을 범하고 다른 사람의 고통에는 참여하지 않는 사람들을 책망했습니다. 둘째, 느헤미야는 대집회를 열고, 자신과 또 다른 사람들이 유배생활을 하면서 자신들의 동포인 유다인들을 개인적으로 도와주었던 사실과 비교하면서 탐욕스러운 자들의 행위를 지적했습니다. 느헤미야나 다른 사람들은 외국인들에게 팔리우는 몇몇 노예들을 돈을 지불하고 사서 그들을 속전(贖錢)시켜 주었습니다. 이런 일을 함에 있어서 느헤미야는 본을 보였습니다(느 5:10-11). 게다가 예루살렘을 드나들던 150명의 유다인과 민장들은 무료로 느헤미야의 식객이 되어 식사 문제를 해결했습니다. 그도 그의 종자도 가난한 자들을 도울 때, 돈이나 옥수수의 대여에 의해 땅을 전당 잡힌 일은 없었습니다. 이렇게 하여 느헤미야는 이 중대한 보수 시기 중에 있던 경제적 위기를 효과적으로 해결했습니다.

유다인의 적들은 그들의 방해에도 불구하고 성벽이 완공되어 간다는 소리를 듣자, 느헤미야를 함정에 빠뜨릴 계획을 고안해냈습니다. 산발랏과 게셈은 네 번이나 그를 "오노 평지 한 촌에서"(느 6:2) 만나자고 청하였습니다. 그들에게 악한 의도가 있는 것을 어렴풋이 알아챈 느헤미야는 초대를 거절하고 자기가 너무 바쁘다는 그럴 듯한 핑계를 댔습니다. 다섯 번째의 제안은 산발랏으로부터 온 공개 서한이었는데, 느헤미야에게 반역의 계획과 왕이 되려는 개인적 야심이 있다며 비난했습니다(느 6:5-6). 이말이 바사 왕에게 알려지리라는 경고와 함께 산발랏은 느헤미야를 재촉해 문제를 토의할 회합에 참여하라고 했습니다. 느헤미야는 산발랏에게 말하기를 이것은 단순히 산발랏 자신의 마음에서 지어낸 것이라고 비난하는 것으로써 이 협박에 담대히 응했습니다. 동시에 그는 하나님께서 이 책임을 수행함에 있어서 자기를 강건하게 세워주실 것을 소청(所請)하였습니다(느 6:8-9).

그 다음 계략은 백성 앞에서 느헤미야의 체면을 손상시키는 일이었습니다. 산발랏과 도비야가 교활하게도 뇌물을 주고 거짓 선지자인 스마야를 고용한 것은 느헤미야를 두렵게 하고 이렇게 함으로써 범죄하게 하고 악한 말을 지어내는 것은 그를 비방하기 위한 것이었습니다(느 6:10-14). 느헤미야가 두문분출하던 스마야를 방문했을 때 거짓 선지자는 성전에 숨자고 제안했습니다. 그는 그를 죽이려는 모략이 있다고 느헤미야에게 경고했습니다. 느헤미야는 결단코 "들어가지 않겠노라"(느 6:11)라고 힘주어 말했습니다. 우선 그는 도망하지도 않겠고, 또 성전에 들어가지도 않겠다고 했습니다. 분명 느헤미야는 이런 행동이 자기 백성으로부터 심한 비난을 듣게 되고 제사장이 아닌 연고로 성전에 들어가는 것 때문에 하나님의 심판까지도 받으리라는 것을 예견했습니다. 그는 스마야가 산발랏과 도비야에게서 뇌물을 먹는 거짓 선지자라는 것도 잘 알고 있었습니다.

이런 모든 문제를 더욱 악화시킨 것은 도비야와 그의 아들 여호하난이 유다의 저명한 가족과 연관이 있었다는 사실입니다. 도비야의 장인인 스가냐는 스룹바벨과 함께 돌아온 아라의 아들이었습니다(스 2:5). 여호하난의 장인 무술람도 성전 재건에 있어 능동적인 참여자였습니다(느 3:4; 4:30). 그 관계가 언급은 안 되었지만, 심지어는 대제사장 엘리아십도 도비야와 관련이 있었습니다. 따라서 도비야와 이들 유다에 있는 가족 사이에는 잦은 통신이 오갔습니다. 이 효과적인 의사 소통의 연결점이 느헤미야에게는 가장 어려웠으나 이는 그의 행동과 발표 계획이 계속 도비야에게 보고되기 때문이었습니다. 비록 도비야의 친척들이 느헤미야의 선행에 대해 칭찬의 보고를 했다손 치더라도 도비야가 예루살렘의 백성에 대해서 악한 의도밖에는 가진 것이 없다는 것을 느헤미야는 알고 있었습니다.

이런 방해에도 불구하고 예루살렘 성벽은 52일만에 완공되었습니다. 원수들은 체면을 잃었고 주변의 국가들은 당연히 감명을 받았으며 하나님께서 느헤미야에게 은혜 베푸심을 다시 한번 더 깨달았습니다. 원수의 방해에 직면해서도 느헤미야의 보수 계획이 성공적으로 완료되자, 유프라테스 서방의 여러 지역들 사이에 유다 국가의 위세는 확립될 수가 있었습니다.
　느헤미야는 성을 재건했을 뿐 만 아니라 꾸어준 돈을 갚지 못하는 가난한 사람들을 노예로 삼아버리는 부자들의 못된 행동을 꾸짖는 등 올바른 정치를 폈습니다. 그는 가난한 사람들 편에 서서 정의를 위해 불의와 싸웠습니다. 미국의 시인인 로웰(James Russel Lowell, 1819-1891)도 느헤미야와 마찬가지로 노예 폐지론을 주장한 기독교 휴머니스트였습니다. 그는 그런 기독교 정신을 "왕좌는 가난한 자와 더불어"라는 시에서 이렇게 노래했습니다.

　　　나는 그들이 가는 곳에 따라갔다.
　　　거기는 허름한 오막살이었는데
　　　비와 바람을 막을 것이라고는 아무것도 없었다.
　　　하지만 거기에
　　　내가 계속해서 찾던 왕 그리스도가
　　　부드러운 미소를 머금고 서 있었다.
　　　굶주린 소년이 맨발로
　　　그 사랑어린 무릎 주위에서 놀고 있었고,
　　　초라한 노예 한 명이 얼굴을 들어
　　　자기 마음을 해방시켜 준 그리스도의 미소에 마주 미소짓고 있었다.
　　　새로운 기적이 그의 임재하심에 의하여 생기는 것을
　　　나는 내 눈으로 똑똑히 본 것이다.
　　　거기에는 이미 벌거숭이 같은 오막살이는 없었다.
　　　모아졌던 나무 토막은 장작더미가 되고

> 잘려진 한 덩어리 빵조각은 부풀어
> 먹음직스러운 음식이 되었다.
> 나는 꿇어앉아 울었다.
> 나는 이미 나의 그리스도를 찾지 않는다.
> 그의 왕좌는 의지할 데 없는 자와 더불어 있다.

유다의 율법주의자들은 율법 준수를 최고의 가치로 알아겠지만 그리스도교는 의지할 데 없는 자들과 가난한 자들과 노예들을 더 소중하게 여깁니다. 정치가들은 대부분 부정직하며 부요하고 가난한 자들을 억누르고 착취하는 도적들이라 할 수 있지만 느헤미야는 실로 백성을 참으로 사랑하고 특히 가난한 자들을 돌보고 노예들을 위하여 싸운 참으로 모범적인 정치가였습니다. 메시아의 세계가 멀지 않아 도래할 조짐을 여기서 보게 됩니다.

예수 그리스도의 신세계 8

- 예수의 길을 예비하러 온 세례 요한

우리의 구주 예수
- 사람의 아들로 태어난 예수
- 가르치시는 예수
- 병을 고치시는 예수
- 하늘 나라의 복음을 전파하시는 예수
- 기적을 행하시는 예수
- 우리의 구주가 되시는 예수

예수의 문학
- 예수의 풍성한 상상력과 시적 자질
- 예수의 비유와 그 사상

예수의 길을 예비하러 온 세례 요한

유다 나라에 살고 있는 사람들 사이에 "다윗의 자손 가운데서 구세주 그리스도가 태어나리라"는 소문이 널리 퍼져 있었습니다. 때는 디베료(Tiberius, 눅 3:1) 황제가 로마 제국을 다스리기 시작한 지 14년째가 되는 해였습니다. 그 당시 지금의 팔레스틴 지역은 로마 제국의 식민지였습니다. 로마 황제는 이두메아 사람인 헤롯(Heord)을 유다 나라의 왕으로 임명하였습니다. 그러나 헤롯은 유다인을 위해서는 일을 하지 않고 황제의 신임을 얻어 자기 왕위를 보존하고 호화롭게 사는 일에만 온 정신을 쏟고 있었습니다. 따라서 하나님의 선택을 받은 유다인들은 로마인들의 감시와 탄압을 받아야 했습니다. 그리고 로마를 위해 많은 세금을 바쳐야 했고, 로마인들이 명하는 여러 가지 질서를 지켜야 했으며, 그들의 앞잡이인 본디오 빌라도 총독과 헤롯 왕의 직접적인 간섭을 받아야만 하는 매우 고통스러운 나날을 보내고 있었습니다.

따라서 유다 사람들은 그 옛날 유다인들을 잘 다스리던 다윗 대왕이

나 솔로몬 대왕의 시대를 그리워 하며 약속된 메시아를 애타게 기다리고 있었습니다. 그러던 어느 날 팔레스틴 북쪽에 있는 갈릴리 호수로부터 유다 남쪽에 있는 사해를 향해 흐르는 요단 강가에 한 사람이 나타났습니다. 그는 많은 사람들이 예루살렘으로 오가는 중요한 길목에서 조금 떨어진 강변에 서서 위엄있는 모습으로 "회개의 세례"(눅 3:3)를 전파했습니다. 요단 강가에 나타난 예언자가 바로 세례 요한이었습니다. 요한은 제사장 사가랴와 엘리사벳 사이에서 예수님보다 6개월 앞서 태어난 그리스도의 선구자였습니다. 그의 양친 사가랴와 엘리사벳은 의인으로 하나님 앞에 흠이 없는 사람들이었지만 나이가 많도록 자식이 없었습니다. 마침 사가랴가 성소에 들어가 백성을 대표하여 분향하고 있을 때 그 오른쪽에 주의 사자가 나타났습니다. 사가랴가 보고 놀라자 천사는 그에게 이렇게 말하였습니다. "사가랴여 무서워 말라. 너의 간구함이 들린지라. 네 아내 엘리사벳이 네게 아들을 낳아 주리니 그 이름을 요한이라 하라"(눅 1:13).

　이 말을 들은 사가랴는 천사에게 이렇게 물었습니다. "내가 이것을 어떻게 알리오. 내가 늙고 아내도 나이 많으니이다"(눅 1:18). 그러자 천사는 사가랴를 나무라며 이렇게 말하였습니다. "나는 하나님 앞에 섰는 가브리엘이라. 이 좋은 소식을 전하여 네게 말하라고 보내심을 입었노라. 보라 이 일의 되는 날까지 벙어리가 되어 능히 말을 못하리니 이는 내 말을 네가 믿지 아니함이어니와 때가 이르면 내 말이 이루리라 하더라"(눅 1:19-20).

　그 뒤 몇 달이 흘렀지만, 사가랴는 천사의 말처럼 귀머거리와 벙어리 신세가 되고 말았습니다. 친구들이 찾아와도 수화로 이야기할 수밖에 없었습니다. 믿음을 잃으면 생을 누릴 수 없을 뿐만 아니라 인생 그 자체가 쓸모없게 되는 수가 많이 있습니다. 사가랴의 경우가 바로 그러했습니다. 열 달이 지나자 엘리사벳은 사내 아이를 낳았습니다. 아이가 태어난 지 8일째 되던 날, 그의 이웃의 친척들은 몰려들어 크게 기뻐하며 아버지의 이름을 따서 아이의 이름을 사가랴라고 부르자고 우겨댔습니다. 그 때 엘리사벳은 "아니라 요한이라 할 것이라"(눅 1:60)고 하였습니다.

사람들은 당황한 나머지 이렇게 말했습니다. "이 아이가 장차 어찌 될꼬"(눅 1:66). 이렇게 말을 하고는 아기의 아버지를 향해 친척들은 그 이름을 무엇이라 하겠느냐고 손짓으로 물었습니다. 그러자 사가랴는 떨리는 손으로 서판에다 "그 이름은 요한"(눅 1:63)이라고 썼습니다. 그가 이처럼 불신을 버리고 천사의 말이 성취된 것을 인정하는 순간 그의 입이 열렸고 혀가 풀려서 하나님을 찬미하게 되었습니다. 이 모든 일은 온 유다 지경에 두루 퍼져 이야기거리가 되었고, 이 말을 들은 사람들은 한결 같이 기뻐하며 즐거워 하였습니다.

요한의 출생을 예고해 준 천사는 그가 태어나면서부터 포도주나 독한 술을 입에 대지 않는 대신 성령이 넘치게 될 것을 예언한 바 있습니다(눅 1:15). 모든 알콜성 음료를 삼가는 것은 긴 머리를 하고 사체(死體)를 삼가는 것과 마찬가지로 나실인의 독특한 상징이었습니다. 경우에 따라서는 나실인의 서약이 일시적이기도 했지만, 삼손. 사무엘, 요한에게서처럼 일생 동안 지속되는 경우도 있었습니다. 그 기간의 길고 짧음과 관계없이 나실인은 하나님을 섬기는 일에 바쳐진 사람이었습니다.

요한도 나실인으로서 포도주를 마시지 않았고(눅 7:33), 머리에 평생 가위를 대지 않았습니다. 어린시절에 대한 기록이 별로 없지만 그 아이는 "심령이 강하게 자랐다"(눅1:80)라 한 것으로 보아 특이한 생활을 한 것만은 틀림없습니다. 그리고 그는 그의 조그만 집을 버리고 사람들의 눈에 띄지 않는 광야에서 청소년시절을 보냈습니다. 유대의 광야는 무섭도록 황폐한 곳으로 독수리나 늑대가 살 뿐 먹을 것이라고는 하나도 없었습니다. 이 넓고 소름끼치는 광야에서 요한은 메뚜기와 바위 틈에 있는 꿀을 먹으며 살았고, 의복으로는 오늘날도 아랍 여인들이 짜는 빳빳한 낙타 털로 된 코트와 가죽띠 뿐이었습니다. 그의 부하들과 종종 살던 동굴을 집으로, 사해로 빠르게 흐르는 개울물을 식수로 대신했습니다. 이런 외롭고 적막한 상황에서 그는 오로지 하나님과 마주치며 강하게 자랐던 것입니다.

30년 동안 이 선구자는 황량한 광야의 바위 동굴 속에서 살았습니다. 마침내 그는 광야의 생활을 끝내고 무질서와 범죄로 물든 이스라엘 백성들 앞에 나타나 아래 도표에서 보듯이 "회개하라, 천국이 가까웠느니라"(마 3:2)고 외치기 시작했습니다.

신자가 외쳐야 할 세 가지 소리

소 리	관 련 성 구
회개의 소리	눅 3:3-14; 벧후 3:9
정의의 소리	암 5:24
선행과 봉사의 소리	행 9:36

이것은 마치 불꽃이 바짝 마른 풀쏘시개에 떨어지는 것과도 같아서 순식간에 온 사방으로 퍼져나갔습니다. 이처럼 밀려드는 군중에게 요한은 진실한 어조로 "하나님 나라"를 선포하는 동시에 "임박한 진노"를 끈질기게 강조했습니다. 따라서 다가오는 무서운 형벌을 면하기 위하여 "회개하라"는 것이었습니다. 그는 회개하는 자의 징표로써 세례를 베풀었습니다. 그가 세례를 베푸는 요단 강에는 매일 같이 여러 사람들이 나왔는데 그 중에는 바리새인과 사두개인도 끼어 있었습니다. 요한은 그들이 세례 베푸는데 나오는 것을 보고 이렇게 말했습니다. "독사의 자식들아, 누가 너희를 가르쳐 임박한 진노를 피하라 하더냐. 그러므로 회개에 합당한 열매를 맺으라"(마 3:7-8).

그의 주장에 따르면 종교는 형식이나 규칙이 아니라 생활이요, 이런저런 행동이 아니라 결실이었습니다. 바리새인과 사두개인들에게는 그런 생활과 결실이 없었기 때문에 요한은 분노를 느꼈던 것입니다. 이 당시 요한의 생활은 특이했습니다. 낮에는 몰려드는 군중에게 설교를 하며 세례를 베풀었고, 밤에는 허술한 오두막이나 동굴 속에서 지냈습니다. 그러나 메시아가 가까이 와 있다는 확신은 더욱더 커졌으며 이 확신은 마침내 계시로 변했습니다. 그것을 가르쳐 준 이는 그에게 충만해 있던 성령이었습니다.

그가 본 다가올 왕은 나무 뿌리에 도끼를 들이대고 있는 나무꾼, 모든 신실한 자들을 불로 세례할 세례자, 시간으로 봐서는 자기보다 뒤에 오지만 영원 속에서 볼 때에는 자기보다 앞섰기 때문에 윗자리를 차지해야 하는 선배였습니다(요 1: 15-30).

요한은 이런 계시를 받았기 때문에 "(내 뒤에) 나보다 능력이 많으신 이가 오시나니 나는 그의 신들메를 풀기도 감당치 못하겠노라"(눅 3:16)라고 말할 정도로 겸손한 자세를 취했습니다. 그래서 요한은 예수가 세례를 받으러 요단 강에 나왔을 때 이렇게 말했습니다. "내가 당신에게 세례를 받아야 할 터인데 당신이 내게로 오시나이까?"(마 3:14). 그러나 "이제 허락하라"는 예수의 말을 따라서 요한은 더 이상 고집하지 않고 예수에게 세례를 베풀었습니다. 예수가 세례를 받고 물에서 올라왔을 때 하늘이 열리더니 그 위에 하나님의 영이 비둘기처럼 내려 임했고, 하늘에서는 "이는 내 사랑하는 아들이요 내 기뻐하는 자라"(마 3:17)는 음성이 들렸습니다. 이 표징을 보고 세례 요한은 예수는 기다리던 메시아시오, 자기는 그의 증인일 뿐이라는 사실을 더욱 확신하게 되었습니다.

유다인들은 예루살렘에서 제사장들과 레위인들을 보내어 요한에게 "네가 누구냐?"고 물었습니다. 백성들은 기대감에 차 있었으며 요한이 혹 그리스도일까 하고 마음 속으로 생각하고 있었습니다(눅 3:15).

"나는 그리스도가 아니라"(요 1:20).

"그러면 네가 엘리아냐?"

"나는 아니라."

"그러면 네가 그 선지자냐?"(요 1:19-21).

이것은 하나님께서 자기와 같은 선지자를 일으켜 세울 것이라는 모세의 예언(신18:15)을 염두에 두고 물은 질문이었습니다. 그러나 요한은 "아니라"고 대답했습니다. 자신들의 심부름이 허탕으로 끝날 것을 두려워한 그들은 어떻게 해서든 대답을 얻어내려고 다시 물었습니다

"너는 네게 대하여 무엇이라 하느냐"(요 1:22).

나는 선지자 이사야의 말대로 "주의 길을 곧게 하라"고 광야에서 외치는 자의 소리요"(요 1:23).

"당신이 그리스도도 아니요, 엘리야도 아니요, 그 선지자도 아닐진대 어찌하여 세례를 주느냐?"(요 1:25).

"나는 물로 세례를 주거니와 너희 가운데 너희가 알지 못하는 한 사람이 있으니 곧 내 뒤에 오시는 그이라. 나는 그의 신들메 풀기도 감당치 못하겠노라"(요 1:26- 27).

그 이튿날 요한은 예수께서 자기에게 오시는 것을 보고 다시 청중을 향해 다음과 같이 외쳤습니다. "보라, 세상 죄를 지고 가는 하나님의 어린 양이로다. 내가 전에 말하기를 내 뒤에 오시는 사람이 있는데 나보다 앞선 것은 그가 나보다 먼저 계심이라 한 것이 이 사람을 가리킴이라"(요 1:29-30).

요한은 이 때부터 회개보다는 하나님의 아들 예수를 증거하는 일에 더 열을 올렸을 뿐만 아니라, 그는 주의 증인으로 자처했습니다. 한 번은 그의 젊은 제자들이 그에게 질투의 눈빛을 띠고 나타나서 이렇게 보고하는 것이었습니다. "랍비여 선생님과 함께 요단 강 건너편에 있던 자 곧 선생님이 증거하시던 자가 세례를 주매 사람이 다 그에게로 가더이다"(요 3:26).

이것은 마치, "선생님, 이럴 수 있습니까? 해도 너무하지 않습니까?"

하는 억울해 하는 말투와 같았습니다. 이처럼 예수의 인기에 질투를 표시한 제자들에게 요한은 이렇게 대답했습니다. "만일 하늘에서 주신 바 아니면 사람이 아무것도 받을 수 없느니라. 나의 말한 바 나는 그리스도가 아니요 그의 앞에 보내심을 받은 자라고 한 것을 증거할 자는 너희니라"(요 3:27-28).

요한은 성령이 밝혀주는 빛을 통해 이것이 하늘의 뜻이라는 것을 알 수 있었습니다. 그 당시의 왕은 예수께서 여우에다 비유한 헤롯이라는 인물이었습니다. 헤롯 역시 다른 군중들과 마찬가지로 요한의 설교 활동에 지대한 관심을 갖고 주목하고 있었습니다. 헤롯은 몇 달 간 요한의 행동을 주시하면서 그가 정직하고 거룩한 사람이라는 것을 알게 되었습니다.

어느 날 요한은 매우 어려운 이야기를 헤롯에게 했습니다. "동생의 아내를 취한 것이 옳지 않습니다"(막 6:18). 헤롯은 이런 간을 들을 때마다 속으로는 괴로와하면서도 요한의 말이 옳다고 생각해 왔습니다. 그러나 정부 헤로디아의 성화에 못이겨 헤롯은 요한을 잡아 감방에 가두었습니다. 그러나 헤롯은 무서워 하고 있었습니다. 그것은 요한이 의롭고 거룩한 사람이라는 것을 알았기 때문이며, 그리고 헤롯은 백성들을 두려워 하고 있었습니다. 그것은 그들이 요한을 선지자로 받들기 때문이었습니다. 그래서 헤롯은 크게 번민하였습니다(막 6:20). 그러는 동안 열 두 달이 흘러 갔습니다.

이 무렵 요한의 제자들은 예수의 행적과 말씀을 듣고 와서 요한에게 일일이 고했습니다. 이 가운데서 믿음직한 두 제자를 뽑아 예수에게 보내면서 요한은 이런 질문을 하라고 일렀습니다. "오실 그이가 당신이오니이까. 우리가 다른 이를 기다리오리이까?"(눅 7:19). 옥에 갖혀 있는 요한으로서는 울적하기도 하고 어떤 방법으로든 자신을 구해주지 않는 예수에게 대해 실망을 느꼈을 지도 모릅니다. 그리고 예수가 하고 있는 일을 모두 이해할 수 없었던 것 같습니다.

그러나 예수는 매우 이상한 대답을 하셨습니다. "너희가 가서 보고 들은 것을 요한에게 고하되 소경이 보며 앉은뱅이가 걸으며 문둥이가 깨끗함을 받으며 귀머거리가 들으며 죽은 자가 살아나며 가난한 자에게 복음이 전파된다 하라. 누구든지 나를 인하여 실족하지 아니하는 자는 복이 있도다 하시니라"(눅 7:22-23). 이것은 극히 간접적인 대답이었지만 구약의 예언(사 61:1)을 살펴보라는 뜻이므로 그것만으로도 충분한 대답이 되었던 것입니다.

요한의 제자들이 떠나자 예수는 군중에게 이렇게 물으셨습니다. "너희가 무엇을 보려고 광야에 나갔더냐. 바람에 흔들리는 갈대냐. 그러면 너희가 무엇을 보려고 나갔더냐. 부드러운 옷 입은 사람이냐. 화려한 옷 입고 사치하게 지내는 자는 왕궁에 있느니라. 그러면 너희가 무엇을 보려고 나갔더냐. 선지자냐. 옳다 내가 너희에게 이르노니 선지자 보다도 나은 자니라"(눅 7:24-26).

그리고 나서 예수는 요한을 이렇게 소개했습니다. "여자가 낳은 자 중에서 요한보다 더 큰 이가 없도다"(눅 7:28). 예수는 요한의 겸손한 성품 정도가 아니라, 그가 예언자로서 고귀한 직분을 갖고 온 인물이라는 것을 주저없이 밝혔던 것입니다. 실로 요한은 태우면서 비치는 등불이었습니다.

헤롯은 자기의 생일날이 되자 수많은 귀인들과 더불어 잔치를 벌였습니다. 잔치가 끝날 무렵 그 자리에 헤로디아의 딸이 나와서 춤을 추며 헤롯과 그의 손님들을 매우 기쁘게 해 주었습니다. 그러자 왕은 마음이 흡족해서 그 소녀에게 이렇게 맹세했습니다. "무엇이든지 너 원하는 것을 내게 구하라 내가 주리라"(막 6:23).

그 소녀는 신이 나서 자기 어머니에게 달려가 의논했습니다. "내가 무엇을 구하리이까?" 어머니는 어쩌면 그런 순간을 예상하고 있었는지

즉석에서 "세례 요한의 머리를 구하라"고 일러 주었습니다. 그녀는 쏜살같이 달려가 이렇게 청하였습니다. "세례 요한의 머리를 소반에 담아 곧 내게 주기를 원하옵나이다"(막 6:25).

헤롯은 심히 근심했으나 맹세한 일이라 곧 시위병 하나를 보내어 요한의 머리를 가져 오라 명했습니다. 그 사람이 요한의 머리를 소반에 담아다가 그 소녀에게 주니 그 소녀는 그것을 그 어머니에게 갔다 주었습니다. 그 뒤 소식을 들은 요한의 제자들이 와서 그 시체를 거두어다가 장사를 지냈습니다.

헤롯은 요한의 무죄를 인정하면서도 정욕에서 비롯된 약속 때문에 그만 그를 죽이고 맙니다. 우리 인생은 대부분 이처럼 어리석고 모순된 것이 너무나 많이 있습니다. 세례 요한은 회개를 촉구하며 예수 그리스도의 길을 곧게 하려고 온갖 심혈을 다 기울이다가 결국 매우 변덕스러우며 어리석고 모순된 헤롯과 간교하고 정욕적인 여인 헤로디아의 합작에 의해서 희생되고 만 것입니다. 이런 인생의 모순을 뼈아픈 마음으로 노래한 시인이 존 던(John Donne)입니다.

> 아, 모순되는 것이 내심 하나가 되어 나를 괴롭힌다.
> 변하기 쉬운 것이 부자연스럽게도 불변의 인습을 낳고
> 마음으로 원치 않건만 맹세와 신앙에 변화가 온다.
> 나의 참회는 속된 사랑처럼 변덕스러워 금세 잊는다.
> 참으로 그것은 수수께끼처럼 이상도 해서,
> 차기도 하고 덥기도 하고
> 기도하는가 하면 침축하고, 무한한가 하면 전혀 아무것도 아니다.
> 어제는 하늘을 바라볼 수조차 없었는데,
> 오늘은 기도와 감언으로 신을 찾고,
> 내일은 정녕 그의 지팡이가 두려워 떠는도다.
> 이와 같이 나의 신앙심은 괴이한 학질처럼
> 발작적으로 왔다가 사라지니,
> 다만 두려움으로 떠는 날만이
> 오 나의 최고의 날이로다.

요한의 죽음은 위대하고 획기적인 사건이었습니다. 요한의 생애에 아무런 기적이 없었다고 해서 그를 얕잡아 보려는 사람들이 있을는지 모르지만, 그의 삶은 신령한 능력으로 고동쳤고, 그를 통해 민중들은 죄를 깨닫게 되었고, 복음의 빛은 더욱 찬연히 빛나게 되었으며, 그가 뿌린 순교의 씨앗은 알차고 풍성한 열매를 맺게 되었던 것입니다. 실로 세례 요한은 태우면서 비치는 등불이었습니다(요 5:35). 그 자신이 빛이 아니라, 참빛 되시는 예수 그리스도를 증거하기 위해 몸을 태운 최후의 예언자였습니다.

세례 요한의 이야기는 구약에 나오는 많은 영웅 설화들과는 달리 삽화적인 유형의 설화라 할 수 있습니다. 즉, 복음서에 끼워넣은 다른 이야기들과 마찬가지로 세례 요한의 이야기도 예수의 이야기 중간에 삽입된 것으로, 그 자체만으로서는 독립된 하나의 설화가 구성 될 수 없고 예수의 사건과 유기적으로 연결지어 볼 때에만 의미를 가질 수 있습니다.

구약의 오랜 예언적 전통이 되어 있는 『이사야서』에 쓰여진 대로 요한은 예수의 선구자로 왔습니다. 그는 광야의 사람으로 약대 털옷을 입고 허리에 가죽띠를 띠고 메뚜기와 석청을 먹으며(마 3:4) 회개의 세례를 베풀었습니다. 예수도 요단 강변에서 세례를 받은 후 광야로 나가 거기서 40일 동안 먹지 못한 채 짐승들과 함께 지냈습니다. 요한과 예수는 다 같이 광야의 사람이었지만, 예수는 요한보다 훨씬 위대한 인물이었습니다.

그 증거를 여러 가지로 들 수 있는데, 첫째는 세례를 받을 때 성령이 비둘기같이 그 위에 내려온 일이 있고, 둘째는 하늘이 열리더니 "이는 내 사랑하는 아들이라"는 하나님의 음성이 들렸고, 셋째는 광야에서 짐승들과 같이 있을 때 천사들이 내려와 그를 수종들었다는 사실입니다. 또한 요한이 물로 세례를 베풀었다는 사실도 들 수 있습니다. 이런 여러 증거로 볼 때 요한은 그 뒤에 올 보다 큰 인물 곧 예수의 선구자에 지나지 않았다는 것을 알 수 있습니다.

　요한은 많은 민중의 환영을 받았지만, 어떤 잘못도 없이 헤롯 왕에게 잡혀 죽게 되는데, 이는 곧 예수의 운명을 예시해 주는 것이라 할 수 있습니다. 요한이 사라지자 예수가 나타나 회개를 외치며 하나님 나라가 가까왔음을 전파하였는데, 이 소식을 들은 헤롯 왕은 요한이 살아났다고 생각했습니다. 설화적 관점에서 볼 때 이미 이야기는 끝이 났습니다. 그러나 헤롯의 관점에서 볼 때 과거는 현재가 되는 것입니다. 다시 말해서 요한이 살아났다는 것입니다. 헤롯의 이런 시점은 미래에 일어날 것을 예시해 주는 것으로 풀이할 수 있습니다. 즉 예수는 원수의 손에 잡혀 죽고 죽은 자들 가운데 다시 살아나리라는 것입니다. 이런 점에서 요한의 이야기는 예수의 이야기를 짤막하게 줄인 개요로 볼 수도 있습니다. 한 이야기의 끝이 실제에 있어서는 시작이 되는 연속적 패턴을 취하고 있습니다.

　헤롯은 예수를 심문한 빌라도와 같은 인물로 실은 요한을 두려워하고 그에게 매력을 느끼고 그를 매우 흠모하면서도 헤로디아 때문에 요한을 옥에 잡아 가두었던 것입니다. 그러므로 헤로디아는 예수를 잡아 죽이려고 음모를 꾸민 서기관들과 같다 할 수 있습니다. 헤롯이 생일 잔치를 베풀고 있는 동안 헤로디아의 딸 살로메의 요청에 따라 요한의 목을 잘라 소반에 담아 주는데 이것은 유월절 잔치 때 군중들의 요청에 따라 빌라도가 강도 바라바를 놔주고 예수를 십자가에 내주는 것과 조금도 다를 것이 없습니다.

　요한이 죽은 뒤 그 시체를 제자들이 가져다 무덤에 장사지낸 것 처럼, 예수의 시체도 요셉이 가져다 그 무덤에다 장사지냈던 것입니다. 요한은 예수의 예형적 인물로서 예수 이야기의 플래시백(flashback)이 되므로 그의 삶의 끝은 예수의 삶의 시작이 됩니다.

우리의 구주 예수

사람의 아들로 태어나신 예수

예수의 이야기는 네 복음서에 기록되어 있는데 그의 탄생을 말하고 있는 것은 『마태복음』(1:18-2:23)과 『누가복음』(1:26-2:20) 뿐입니다. 이 두 복음서에 따르면 예수가 태어난 것은 헤롯 왕 때입니다(마 2:1; 눅 3:1). 여기서 말하는 헤롯 왕은 헤롯 대왕을 말하고 있습니다. 그는 주전 4년에 사망했습니다. 그러면 예수는 주전 4년 그 이전이거나 그 해에 태어났다고 볼 수 있습니다.

헤롯 왕 때에 팔레스틴의 북쪽에 있는 갈릴리 지방에는 나사렛이라는 마을이 있었으며 거기에는 마리아라는 아가씨가 살고 있었습니다. 마리아의 부모는 다윗 왕의 후손이었으나 일찍 죽었습니다. 마리아의 친척들은 마리아를 젊은 목수인 요셉과 결혼을 시키기로 하여 마리아와 요셉은 약혼을 하였습니다. 요셉은 마리아와 약혼만 하였지만 함께 살지는 않았습니다. 그런데 마리아가 아기를 가졌다는 사실을 알고 요셉은 매우 놀랐습니다. 그는 이 일이 성령에 의해 이루어진 것인

줄 모르고 있었습니다. 요셉은 의로운 사람이었으므로 마리아가 아기를 가졌다는 사실을 다른 사람에게 알리지 않고 남몰래 헤어져야겠다는 생각을 하였습니다. 그 때 하나님의 사자가 나타나 이렇게 말하였습니다

"다윗의 자손 요셉아, 네 아내 마리아 데려오기를 무서워 말라. 저에게 잉태된 자는 성령으로 된 것이라. 아들을 낳으리니 그 이름을 예수라 하라. 이는 그가 자기 백성을 저희 죄에서 구원할 자이심이라"(마 1:20-21). 그래서 요셉은 마리아를 아내로 맞이했고 얼마 안되어 예수가 태어나게 되었습니다. 요셉은 그 아기의 이름을 하나님의 사자가 지시한 대로 예수라고 하였습니다.

요한이 태어난 지 6개월쯤 되었을 때, 로마 황제 디베료 가이사가 인구 조사를 하라는 명령을 내렸습니다(눅 3:1). 그래서 유다인들은 제각기 자기 본고장으로 등록을 하러 가지 않을 수가 없었습니다. 나사렛에 살던 마리아와 요셉도 길을 떠났습니다. 다윗의 후손인 요셉은 다윗 왕의 고향인 베들레헴으로 가야 했습니다. 나사렛에서 베들레헴까지는 거의 3일쯤 먼지가 나는 길을 걸어가야 한다고 합니다. 언제 아기를 낳게 될 지 모르는 마리아에게 이 여행은 매우 힘든 것이었습니다.

해가 이미 서산으로 기울어 가는 저녁 무렵, 거리는 온통 멀리서 온 사람들로 붐비고 있었습니다. 요셉은 재빨리 숙소를 찾기 시작했습니다. 그러나 여관마다 모두 만원이었습니다. 여관뿐 아니라 일반 가정집에서도 빌려 줄 방이 없다고 거절을 당하였습니다. 요셉과 마리아는 간신히 마굿간을 얻어 거기에 유하게 되었습니다. 그날 밤, 마리아는 마굿간에 사내아기를 낳았습니다. 예수께서 이처럼 베들레헴 마굿간에서 나신 것은 선지자 미가의 "메시아 예언"(미 5:2)을 성취한 것입니다. 예수의 탄생은 단순한 인간의 태어남과는 달리 다음 도표에

서 보듯이 세 가지 영적인 의미가 있습니다. 마리아가 예수를 낳는 날 밤, 들에서는 목자들이 양을 치고 있었습니다. 별안간 하늘이 낮처럼 밝게 빛나더니 음성이 들려 왔습니다. "무서워 말라.

예수 탄생의 세 가지 영적인 의미

의 미	관 련 성 구
영적 교제의 회복	눅 2:14; 고후 4:6
구원 계획의 실현	눅 2:14; 요 3:16
자유와 평화의 선포	눅 2:14; 사 55:1-3

온 백성에게 미칠 큰 기쁨의 좋은 소식을 너희에게 전하노라. 오늘 날 다윗의 동리에 너희를 위하여 구주가 나셨으니 곧 그리스도 주시니라. 너희가 가서 강보에 싸여 구유에 누인 아기를 보리니 이 분이 만민의 주가 되실 그리스도시니라"(눅 2:10-11).

그 음성이 그치자 하늘에서는 기쁨에 찬 노래소리가 들려왔습니다. 그 노래소리가 멀어지고 빛도 사라지니 주위는 다시 어둠에 싸였습니다. 목자들은 막 꿈에서 깬 듯한 기분으로, "우리 함께 베들레헴으로 가보세" 이렇게 되뇌이며 발길을 재촉하였습니다. 베들레헴은 집집마다 문이 잠겨 있었고 주위는 고요히 어둠에 싸여 있었습니다. 어느 한 곳에 이르자 마굿간에서 불빛이 새어나와 목자들이 마굿간에 들어가 보니 하늘에서 들려온 음성대로 구유 안에 강보에 싸인 아기가 새근새근 잠자고 있었습니다. 목자들은 이 일을 보고 깜짝 놀랐으나 그들의 마음에는 구주가 나셨다는 생각으로 기쁨에 넘쳤습니다. 목자들은 서로 이 기쁜 이야기를 나누며 다시 들로 되돌아 갔습니다.

하늘에서는 천군이 그 천사들과 함께 하나님을 찬양하여 이르기를 "지극히 높은 곳에서는 하나님께 영광이요 땅에서는 기뻐하심을 입은 사람들 중에 평화로다"라 하였습니다(눅 2:14). 로제티(Chritina Georgina Rossetti, 1830-1894)라고 하는 19세기 영국의 여류시인은 "별빛이 사라지기 전에"라는 시에서 구주의 탄생을 이렇게 찬미했습니다.

별빛이 사라지기 전에,
겨울의 아침이 밝기 전에,
첫 닭이 울기 전에,
예수 그리스도는 나셨느니라.
그 곳은 마굿간
구유는 요람.
자기가 만드신 세상에
사람으로 새롭게 태어나셨느니라.

사제도 왕도 깊이 잠들어 누워 있는
예루살렘에서,
젊은이도 늙은이도 깊이 잠들어 누워 있는
집들이 꽉 들어찬 베들레헴에서,
성자도, 천사도, 소도, 나귀도,
모두 함께 지켜 보았느니라.
겨울철
그리스도 탄생의 새벽이 밝기 전에.

엄마 품에 안겨
추운 마굿간에 뉘인 예수,
그는 흠없는 하나님의 어린양,
양무리의 목자시니라.
성모 마리아와 함께,
허리 굽고 백발이 성성한 요셉과 함께
성자와 천사, 황소와 나귀와 함께 우리도 무릎 꿇고
모두 함께 영광의 왕을 기리리.

요셉과 마리아는 예수가 난지 8일이 되어 모세의 율법에 따라 할례 (割禮) (창 17:12)를 받게 하였고, 40일이 되는 날에는 예루살렘에 있는 성전으로 가서 결례(潔禮 레 12:1-8) 즉 헌신례(민 18:15-16)를 드렸습니다. 요셉은 모세의 율법에 정해져 있는 대로 이 예식을 올릴 때 쓸 예물로 비둘기 한 쌍을 준비하였습니다. 부자들은 양을 바치기로 되어 있었습니다만 요셉과 같이 가난한 사람들은 비둘기 한 쌍을 예물로 바쳐도 된다는 규정이 있었습니다(눅 2:21-23). 마리아와 요셉 외에도 아기를 성전에 데리고 와서 하나님께 바치려는 부부들이 있었습니다. 그러나 성전에서 일하는 제사장들과 성서를 가르치는 학자들 및 성전에 들어가 있는 많은 사람들 중 그 어느 누구도 검소한 차림으로 성전에 올라간 마리아와 요셉을 눈여겨보고 있는 사람은 없는 것 같았습니다.

예루살렘에 사는 한 노인이 성전으로 들어왔습니다. 그 노인의 이름은 시므온이었습니다. 그는 구세주를 간절히 기다리며 끊임없이 기도하며 의롭고 경건하게 살아가는 사람이었습니다. 이 시므온이 성령의 지시를 받아 성전에 들어왔을 때 마리아 품에 안겨 있는 아기 예수를 보았습니다. 시므온의 눈에는 기쁨의 눈물이 넘쳐흘렀습니다. 시므온은 마리아에게서 아기 예수를 받아 안고 감격하여 떨리는 목소리로 하나님을 찬송하였습니다.

"주재(主宰)여 이제는 말씀하신 대로 종을 평안히 놓아 주시는도다. 내 눈이 주의 구원을 보았사오니 이는 만민 앞에 예비하신 것이요 이방을 비추는 빛이요 주의 백성 이스라엘의 영광이니이다"(눅 2:29-32)

시므온의 이 같은 말을 들으며 예수의 부모는 감격과 놀라움을 숨기지 못하고 서 있었습니다. 마리아를 처다보며 시므온은 "이 아이는 이스라엘 중 많은 사람을 패하고 흥함을 위하며 비방을 받는 표적되기 위하여 세움을 입었습니다"(눅 2:34)라고 말하였습니다.

시므온이 이 말을 마치기도 전에 안나라고 하는 여자 예언자가 성전으로 들어왔습니다. 예언자 안나는 84세나 된 할머니인데, 젊어서부터 매일 단식을 하며 성전에 와서 하나님을 섬기며 살아 왔습니다. 안나

할머니도 아기 예수를 보고 하나님을 찬미하였고, 구원을 기다리고 있는 모든 사람에게 이 아기 예수 이야기를 하였습니다. 예식을 마치고 마리아와 요셉은 그 날 일어난 여러 가지 일들을 생각하면서 집으로 돌아갔습니다.

이 무렵 동방의 나라에서도 세 사람의 박사가 이상한 별이 하늘에 나타난 것을 보고 그 별을 따라 멀리 사막을 넘어서 예루살렘으로 왔습니다. 그들은 예루살렘에 도착하자, "유대인의 왕으로 나신 이가 어디 계시뇨? 우리가 동방에서 그의 별을 보고 그에게 경배하러 왔노라"(마 2:2)고 만나는 사람이면 누구에게나 물었습니다. 예루살렘에는 이 소문이 쫙 퍼져 있었습니다.

헤롯은 세 사람의 박사가 새 왕을 찾아다닌다는 소문을 듣고 깜짝 놀랐습니다. "동방의 박사라는 자들이 이스라엘 왕으로 태어난 아기에게 경배하러 왔다고? 내가 있는데 나 말고 누가 왕이 된다는 거야!" 헤롯은 제사장과 학자들을 불러 그들에게 물었습니다. "구주가 태어났다고 하는데 그 곳은 어디인가?" "베들레헴일 것입니다. 구주가 태어나는 곳은 다윗 왕의 고향인 베들레헴이라"(마 2:5-6 참조)고 예언자들이 써 놓았습니다. 학자들은 예언자 미가의 말을 헤롯 왕에게 읽어주면서 대답했습니다. 헤롯 왕은 동방박사 세 사람을 불러놓고 베들레헴으로 가서 그 아기를 만나거든 알려달라고 했습니다. 자기도 경배하러 가야겠다는 것이었으나 그것은 그 아이를 잡아 죽이려는 속셈에서 나온 것이었습니다. 박사들은 헤롯을 만난 후 그를 떠나 베들레헴으로 발걸음을 재촉하였습니다. 동방에서 보았던 그 별은 앞서 인도하여 가다가 아기 있는 곳에 이르러 머물러 섰습니다. 집안에 들어와 아기와 그 모친 마리아가 함께 있는 것을 보고 박싸들은 엎드려 경배하고 보물함을 열어 황금과 유향과 몰약을 예물로 바쳤습니다(마 2:11).

새 임금을 만나본 세 명의 박사는 고향으로 되돌아가게 되었는데 꿈에 천사들이 나타나 헤롯 왕에게로 가지 말라고 했습니다. 그래서 그들은 예루살렘을 지나지 않고 다른 길로 되돌아갔습니다. 헤롯 왕은 박사들의 소식을 기다리다 못해 더 이상 참을 수가 없어 가혹하기 짝이 없는 명령을 내렸습니다. 그것은 곧 베들레헴에 있는 두 살 미만의 사내아이를 모두 죽이라는 것이었습니다. 그러나 이 명령이 떨어지기 며칠 전 요셉은 주의 사자로부터 현몽을 받았습니다. "헤롯이 아기를 찾아 죽이려 하니 일어나 아기와 그의 모친을 데리고 애굽으로 피하여 내가 이르기까지 거기 있으라"(마 2:13).

요셉은 그날 밤중으로 예수와 마리아를 데리고 먼 길을 떠났습니다. 그 후 헤롯 왕은 사람을 보내어 베들레헴과 그 모든 지경 안에 있는 두 살 밑의 사내아이를 모두 다 죽였습니다. 애굽에서 몇 해를 보낸 요셉에게 주의 사자는 다시 나타나 꿈으로 알려 주었습니다. "아기와 그 모친을 데리고 이스라엘 땅으로 가라. 아기의 목숨을 찾던 자들이 죽었느니라"(마 2:20).

그래서 요셉은 예수와 마리아를 데리고 이스라엘 땅으로 돌아왔습니다. 고국에 돌아온 그들은 베들레헴으로 가지 않고 나사렛 마을로 향했습니다. 예수는 소년 시절을 바로 이 한 작은 가난한 마을 나사렛에서 평범하게 지냈습니다. 예수가 나사렛에서 어떻게 그 소년시절을 보냈는지는 자세히 알 수 없지만 다만 열두 살 때의 일만은 기록으로 남아 있습니다.

그 때는 유월절 축제 때였습니다. 유월절이란 것은 이스라엘 백성이 모세의 지도 아래 애굽을 탈출하고자 했을 때 일어났던 장자 죽이는 재앙에서 면제된 것을 기념하기 위해 지키는 유대교의 중요한 행사입니다. 예루살렘의 거리는 각지에서 몰려든 사람으로 인산 인해를 이루고 있었습니다. 예수도 유월절을 지키기 위해 부모와 함께 예루살렘으로 갔습니다. 소년 예수는 화려한 거리 풍경을 신기한 눈으로 바라 보면서 부모와 함께 성전으로 예배드리기 위해 들어갔습니다.

예배가 끝난 후 요셉과 마리아는 귀향길에 올랐으나 예수는 예루살렘에 남아 있었습니다. 하루가 지난 후에야 예수가 없어진 것을 안 그의 부모들은 부랴부랴 예루살렘으로 되돌아갔습니다. 그들은 예루살렘 성전 속에 있는 예수를 발견했습니다. "어찌하여 우리에게 이렇게 하였느냐. 보라 네 아버지와 내가 근심하여 너를 찾았노라"(눅 2:48)라고 어머니 마리아가 달려와 말하였습니다. 그러자 예수는 오히려 이상하다는 표정으로 말하는 것이었습니다. "어찌하여 나를 찾으셨나이까? 내가 내 아버지 집에 있어야 될 줄을 알지 못하셨나이까?"(눅 2:49)

예수는 지혜와 키가 자라나 하나님과 사람에겐 더욱 총애를 받게 되었습니다(눅 2:52). 그러나 그는 정식 학문을 닦은 흔적은 없습니다. 그러면서도 그는 그의 설교 중에 많은 구약 성서의 구절을 인용하고 있습니다. 그것은 정식 교육을 받지 않았다 해도 독서량이 많았다는 증거가 됩니다.

이 무렵 광야에서는 한 힘찬 소리가 들려왔습니다. "회개하라. 천국이 가까웠느니라." 이 충격적인 소리를 외친 사람은 요한이라는 인물이었습니다. 모든 죄를 회개하고 깨끗한 마음을 갖지 않으면 결단코 구원을 얻을 수 없다는 것입니다. 그리고 죄를 용서받기 위해 세례를 받으라고 했습니다. 요한은 요단 강에서 죄를 회개하고 나오는 자들에게 세례를 베풀었습니다. 앞에서 이미 언급한 대로 사람들은 요한을 구주라고 생각했지만, 요한 자신은 그렇겐 생각지 않았습니다. 그는 열렬히 환호하는 군중들에게 그들이 대망하는 구주(메시아)는 곧 오시리라고 했습니다.

예수는 요한에게 간청하여 세례를 받았습니다 세례를 받고 물에서 올라와 보니 하나님의 성령이 예수 위에 비둘기같이 내리는 것이 보였습니다. 그리고는 하늘로부터 한 소리가 들려왔습니다. "너는 내 사랑하는 아들이요, 내 기뻐하는 자니라"(눅 3:22). 예수는 이 음성을 듣고 하나님의 아들로서의 사명감을 강렬히 느끼며 성령에 이끌려 쓸쓸한 광야로 나갔습니다. 거기서 예수는 40일 동안 밤낮으로 아무것도 먹지 않고 깊은 사념에 잠겨 기도를 했습니다. 예수는 마침내 배고픔에 지치고 그 몸은 심히 피로했습니다. 그때 예수 앞에 나타난 것이 마귀였습니다. "네가 만일 하나님의 아들이거든 이 돌들에게 명하여 떡덩이가 되게 하라"(눅 4:3).

마귀는 이렇게 말하며 예수를 유혹했습니다. 만일 돌을 가지고 떡을 만들 수 있다면 예수는 배고픔을 면할 수 있었을 것이고 굶주린 사람들도 구제할 수가 있었을 것입니다. 그러나 예수는 마귀에게 이렇게 대답하였습니다. "사람이 떡으로만 살 것이 아니오. 하나님의 입으로 나오는 모든 말씀으로 살 것이라"(마 4:4).

그러나 마귀는 물러가지 않고 예수를 다시 예루살렘 성전 꼭대기로 데리고 가서 거기에 세우고 유혹하는 것이었습니다. "네가 만일 하나님의 아들이거든 여기서 뛰어 내리라." 이에 대해서도 예수는 단호하게 말하였습니다 "주 너의 하나님을 시험치 말라"(마 4:7).

이 말을 듣자 이번에는 예수를 높은 곳으로 이끌고 올라가서 세상 모든 나라와 그 영광을 보여주며 마귀는 말하였습니다. "네가 만일 내게 엎드려 경배하면 이 모든 것을 네게 주리라." 예수는 조금도 망설이지 않고 이렇게 대답했습니다. "사탄아 물러가라. 오직 하나님께 경배하고 그만 섬기라"(마 4:10).

얼마 뒤 마귀는 예수의 곁을 떠났고, 그는 갈릴리로 되돌아갔습니다. 그때 세례 요한은 이미 헤롯 왕에게 붙잡혀서 옥에 갇혀 있었습니다. 세례 요한으로부터 세례를 받고 하나님의 증거를 통하여 자기는 하나님의 아들이라는 깨달음을 새롭게 하였고 광야에서의 40일 간의 마귀 유혹을 통하여 공적인 생애의 준비를 마친 예수는 요한이 간 자리를 메꾸면서 천국 복음을 전파하기 시작하였습니다. 그는 공적인 생활을 통하여 주로 많은 병자를 고치시고 남을 섬기고 무지한 자들을 가르쳐 깨우치시고 마지막에는 십자가에 달려 돌아가 우리를 구원하셨습니다. 다음으로는 이런 공적 생활에 이루어진 일들을 중심으로 이야기 해 보겠습니다.

가르치시는 예수

다음 도표에 나타난 대로 예수께서는 세례 요한이 체포된 직후부터 그의 여러 사역(使役)을 시작하였습니다. 그 중에서도 그의 가르치심의 사역 기간 중 예수는 "선생"으로(막 5:35; 마 12:38; 눅 18:18) 또는 선교사로(막 1:14, 38, 39; 마 4:17, 23; 9:35; 11:1; 눅 4:44; 8:1) 불리워

그리스도의 사역

사 역	관련성구
가르치심	눅 21:7-8; 마 5:2
죄를 담당하심	눅 21:5-36; 요일 1:7
사망 제거함	눅 21:5-36; 요 5:24
마귀의 정복	눅 21:5-36; 히 2:14
육신의 소유 제거	눅 21:5-36; 갈 5:24
질병 치유하심	눅 21:5-36; 마 8:1-17
영생 공급하심	눅 21:5-36; 요 5:21, 24
천국 복음 증거함	눅 21:5-36; 마 4:23

졌습니다. 마가는 예수의 생애를 "예수께서 갈릴리에 오셔서 하나님의 복음을 전파하였다"(막 1:14)라는 말로 소개하였습니다. 당시 갈릴리는 학식있고 종교적으로 경건하며 권력과 부귀를 가진 자들이 주로 모

여서 사는 유대 땅에 비해 비천하고 무식하고 종교적으로 불경건한 사람들이 주로 모여 살아가는 땅이었습니다. 바로 이런 빛이 없는 어두운 땅을 예수는 제일 먼저 찾아가 복음을 전파하고 가르쳤습니다. 『요한복음서』에서 마르다는 자기 동생 마리아에게 "선생님이 오셔서 너를 부르신다"(11:28)고 하였습니다. 즉 마르다도 예수님을 복음을 가르치시는 존경하는 선생으로 받아들이고 있었다는 뜻입니다. 또한 예수는 세례 요한의 두 제자에 의해 "선생님"을 뜻하는 "랍비"라고 불리워졌고(요 1:38), 마리아가 무덤에서 울면서 예수를 찾고 있을 때 등뒤에서 그가 그녀에게 "여자여 어찌하여 울며 누구를 찾느냐"(요 20: 15)라고 물었을 때, 그녀는 몸을 돌이켜 히브리 말로 "랍오니"(이는 선생님이라)(요 20:16)라고 불렀다고 기록되어 있습니다.

복음서의 저자들은 예수의 사역을 보고하는데 있어서 교훈과 설교의 작용을 날카롭게 구분하지는 않았습니다. 가끔 설교와 교훈이 연결되어 일반 활동을 대신하기도 하였습니다(마 9:33; 11:1). 예수의 설교와 교훈을 들으려고 많은 무리들이 그의 뒤를 따라 다녔는데, 그것은 청중의 마음을 뒤흔드는 힘이 그의 설교 속에 있었다는 증거가 됩니다. 예수께서 말씀하시는 지혜로운 말에 무리들은 놀랐고 그것을 권위있는 가르침이라고 하였습니다(눅 2:46-47). 옳고 진솔한 그의 말은 사람들을 결단시키는 호소력도 갖고 있었습니다. 누가는 그의 가르치심의 특수한 면을 "친히 그 여러 회당에서 가르치심에 뭇 사람에게 칭송을 받으시더라"(눅 4:15)고 하였습니다. 즉 예수께서 말씀하신 바가 무리들의 큰 호응과 환영을 받은 것을 지시해 주는 말입니다.

예수께서는 주로 실내에서 가르치신 것이 아니고 밖에서 하셨습니다. 가끔 회당에서 인도하기도 하셨지만 대부분 노천 설교자로서 여러 가지 조건 밑에서 말씀하셨습니다. 그는 산에서(마 5:1; 24:3), 배를 타고 바다에서(막 4:1), 길 가에서(막 10:7), 집 안에서(눅 5:19) 조건을 가리지 않으시고 늘 가르치셨습니다. 그의 가르치심이 많은 사람들에게 감동을 준 것을 생각하면 그는 힘있고 풍부한 목소리 외에도 죄인들을 속속들이 꿰뚫어 보는 그런 눈을 가지고 계셨으며 그는 특별히 손을 유효하게 사용하여 교훈과 설교에 능력을 더했던 것 같습니다. 그는 병자의 머리 위에 손을 얹었고, 사람들의 복을 빌 때 그 손을 들어 축복했습니다. 그 능숙한 웅변은 손을 사용함으로써 한층 효과적인 힘을 갖게 되었던 것으로 인식합니다.

대체적으로 예수의 교훈과 설교는 비공식적이었습니다. 그것은 계획을 세워서 준비한 웅변도, 또는 현대 설교와 같은 그런 설교도 아니었습니다. 예수의 설교는 예수님 자신이 스스로 만들어낸 것이라기 보다는 주어진 환경에 의하여 진심으로 우러나왔다고 할 수 있습니다. 예수께서는 설교를 준비하고 예배를 인도할 기회는 극히 드물었습니다. 길 가에서의 우연한 모임(막 10:17), 지나가던 사람들의 기대하지 않았던 돌연한 질문(마 19:3), 갑자기 하는 제자들의 질문(눅 11:1), 이런 모든 것들은 예수의 교훈과 설교를 더욱 힘차게 만들어준 특별한 기회들이 되었습니다.

그리고 예수님께서 사용한 그 가르치심의 방법도 전혀 새로웠던 것만은 아닙니다. 당시의 랍비들이 구사했던 교육적 고안들을 예수님은 모두 알고 있었고, 사실 그는 그 방법들을 이용하였습니다. 그러나 그는 랍비들이 했던 것보다도 훨씬 더 효과적으로 그것들을 구사했던 것입니다. 뭇사람들이 "그의 교훈에 놀라니 이는 그가 가르치는 것이 권세 있는 자와 같고 서기관들과 같지 않았기"(막 1:22) 때문이었습니다. 예수님의 가르침 속에는 그 당시의 랍비들보다 더 효과적인 직접성과 새로움, 그리고 권세가 들어 있었습니다. 그는 더할 나위 없는 교사였고, 무지한 무리들과 완고한 자들을 깨우치는 기술은 어느 누구도 필적할 수 없는 것이었습니다.

그 중에서도 그가 그 가치를 가장 잘 알고 있었던 가르침의 방법은 비유입니다. 비유란 일종의 연장된 은유로 하나의 영적인 진리의 예시로서, 어떤 평범한 행동 혹은 대상물에 대한 설명이라 할 수 있습니다. 예수님께서 들어서 설명한 새 것과 낡은 포도주 가죽부대에 관한 비유(막 2:22), 서로 다른 토양에 떨어진 씨앗(막 4:2-8), 소금(마 5:13), 좋은 열매와 나쁜 열매 맺는 나무들(마 17:16-20), 슬기로운 처녀와 미련한 처녀들(마 25:1-13), 그리고 불의한 청지기(눅 16:1-8)와 같은 여러 비유들은 이런 유형적 가르치심을 보여주는 뛰어난 예들입니다. 각 비유의 상황은 그의 청중들에게 아주 친숙한 일상생활로부터 취하여진 것들이었습니다. 비유의 요점은 명백하고 열 처녀의 비유 즉 "그런즉 깨어 있으라 너희는 그 날과 그 시를 알지 못하느니라"(마 25:13)의 경우처럼 때로는 종결부에서 응용되기도 하는데 있습니다.

그가 사용한 두 번째 방법은 듣는 이의 마음을 바늘처럼 찌르는 거칠고도 신랄한 경구(epigram)라 할 수 있습니다. 이 범주에 속하는 것은 산상수훈의 팔복들(마 5:3-12), 혹은 "자기 목숨을 얻는 자는 잃을 것이요 나를 위하여 자기 목숨을 잃는 자는 얻으리라"(마 10:39)는 말씀과 같은 것이 그런 것입니다. 이 경구들 중 다수가 역설(paradox)을 담고 있어서 그것들이 훨씬 인상적으로 만듭니다.

예수님께서는 자신의 가르치심 속에서 논증을 사용하기도 하였습니다. 그 경우 그는 어떤 추상적인 전제들이나 혹은 가정들에서 보다는 성경적 기초 위에서 논증하는 것이 보통이었습니다. 이런 점에서 그는 보통 공통적 동의에 의해서 어떤 공리적(公理的) 진실을 수립한 연후에 그 의미를 하나의 체계로 발전시켰던 그리스의 철인들과는 달랐습니다. 『마태복음』 22장 15절-45절에는 예수님께서 바리새인들과 사두개인들을 상대로 펼친 논쟁들이 기록되어 있습니다.

예수님께서 애용한 방법들 중 또다른 하나는 질문과 응답의 방법이었습니다. 그의 질문은 결코 하찮은 것이 아니라 일반적으로 인간적인 문제들의 가장 깊은 것과 관련된 것들이었습니다. 종종 그 질문들은 "네 죄사함을 받았느니라 하는 말과 일어나 걸어라 하는 말이 어느 것이 쉽겠느냐"(마 9:5), "사람이 만일 온 천하를 얻고도 제 목숨을 잃으면 무엇이 유익하리오"(마 16:26) 하는 것들과 같이 사람들을 놀라게 하는 질문들이었습니다. 그 질문은 그것이 직접적이든 수사적이든지 간에 사람들로 하여금 생각하도록 만듭니다. 예수님께서 한 질문은 항상 양자택일의 선택에로, 특히 "사람들이 나를 누구라고 하더냐? …너희는 나를 누구라 하느냐?" 하는 것과 같이 자신에게 관련짓는 것들로 청중을 이끌었습니다. 또한 예수님께서는 자기 제자들로 하여금 질문을 하도록 고취시키기도 했습니다. 그의 가르치심은 자유 토론을 동반하기도 했는데(요 13:31-14:24), 제자들이 자신들의 문제를 내놓았고, 예수님께서는 그 답변을 주었습니다.

어떤 경우들에 있어서는 그는 객관적 교훈들을 사용하기도 했습니다. 그는 겸양의 예시로 어린 아이들을 택했으며(마 18:1-6), 연보궤에 헌금을 하고 있는 그 과부의 행동에서 헌금에 관한 교훈을 끌어내기도 하였습니다(눅 21:1-4). 이처럼 예수님께서 사용한 교육 방법은 실로 다양했으며 또한 성공적이었습니다.

예수님의 가르침은 그가 아버지로부터 보내심을 받은 사명과 분리될 수 없는 도덕적이고 영적인 한 가지 목적을 갖고 있습니다. "내가 너희에게 이르는 말이 스스로 하는 것이 아니라 아버지께서 내 안에 계셔 그의 일을 하시는 것이라"(요 14:10). 그는 자신의 가르침을 단순한 좋은 충고나 보편적 이론들에 관한 소망적인 사색 같은 것으로 간주하지 않았습니다. 그에게는 가르침이 하나의 도덕적 내지 영적 최종 선언이었던 것입니다. "그러므로 나의 이 말을 듣고 행하는 자는 그 집을 반석 위에 지은 지혜로운 사람 같으니…"(마 7:24). 그는 사람들의 운명이 결정되는 하나님의 권위적 말씀을 사람들에게 가르쳐 주기 위함이었습니다.

예수의 교훈 가운데 윤리적 가르치심은 산상수훈에 집약되어 있습니다(마 5장-7장). 하늘 나라에 관한 비유들은 『마태복음』 13장에 모여 있습니다. 이 세대의 끝에 관한 종말론적 가르치심은 대부분 『마태복음』 24장-25장과 『마가복음』 13장 그리고 『누가복음』 21장의 평행구절 들에서 발견됩니다. 『요한복음』는 강화들로 채워져 있습니다. 즉 그의 인격에 관한 강화(요 5:19-47), 생명의 떡(요 6:32-59), 그의 인격과 사명의 성격(요 8:12-59), 목자와 양(요 10:1-30), 그리고 제자들에게의 고별강화인데, 그 강화 속에서 그는 자신의 죽음을 대비해 제자들을 준비시키려 하고 있습니다(요 13:31-16:33).

이 여러 가르치심들의 중심 교리는 "하늘에 계신 아버지 하나님"이라 할 수 있습니다. "내 아버지께서 모든 것을 내게 주셨으니 아버지 외에는 아들을 아는 자가 없고 아들과 또 아들의 소원대로 계시를 받은 자 외에는 아버지를 아는 자가 없느니라"(마 11:27). 그가 제자들에게 가르쳐 준 주의 기도문도 보면 "우리 아버지"(마 6:9)가 중심을 이루고 있습니다.

아마도 예수께서 논의한 한 가지 최대의 단일 주제라면 "그 나라"(The Kingdom)일 것입니다. 그 나라에 대한 논의는 여러 가지로 다르지만 복음서들 모두가 그 나라를 언급하고 있고(마 6:33; 막 1:15; 눅 4:43; 요 3:3), 예수님께서 그에 관해 전파하였던 것입니다. 『요한복음』에서는 단지 두 번의 경우에만 그 나라를 언급하고 있습니다. 즉 니고데모와의 담화(요 3:3, 5)와 빌라도 앞에서 재판의 경우가 그 좋은 예가 될 것입니다(요 18:36). 예수님께서는 하나님 통치의 전영역이 그 나라였습니다.

그 나라에 관한 교리는 구약과 관련을 맺고 있습니다. 그 윤리로서 그 나라는 회개를 요구하며(마 4:17), 율법의 계명들을 지킬 것(마 5:19)과 하나님의 뜻을 전심을 다해 행할 것(마 4:21)이 요구되었습니다. 그러나 이것은 율법주의와 같은 내용은 아니었습니다. 예수께서는 하늘 나라의 복음을 전파하기 위하여(눅 4:43), 죄인들을 회개로 부르려고(마 9:13), 잃은 자들을 찾아 구할 목적으로(눅 19:10), 섬기며 자기 목숨을 많은 사람의 대속물로 주기 위해(막 10:45) 왔습니다. 그는 아버지에 의해 보내심을 받았고(요 20:21), 죽음 직전에 "아버지께서 그에게 하라고 보내신 사명을"(요 17:4) 마쳤음을 고했습니다. 계시와 구속 모두가 그에게 맡겨졌었고 그는 그 모두를 이루었습니다. 예수께서 언명한 그 많은 윤리적 주제들은 너무도 많아서 여기서 모두 다루기란 불가능하기 때문에 이 정도로 줄이려고 합니다.

이런 예수님의 사역을 생각할 때 이력은 전혀 알 수 없는 무명의 신앙 시인 서코우(W. J. Suckow)가 고백한 대로 "예수를 보고 싶다"는 그리움에 젖어들게 됩니다.

> 예수를 보고 싶다.
> 드높은 위엄과 자애로운 은혜가 어려 있는
> 아름다움 속에 빛나는
> 그 엄숙하신 모습 안에서 빛을 우러르고 싶다.
>
> 예수를 보고 싶다, 다시 한 번 듣고 싶다.
> 바닷가에서 가르치시며 많은 사람의 마음을 사로잡고
> 죄인에게는 평화를 말하고 갇힌 자를 놓아 주고
> 괴로움 겪는 이에게 위로를 주던 가르침을 듣고 싶다.
>
> 예수를 보고 싶다. 그러나 그 혼자만이 아니고
> 창조주의 손에 있던 당시의 우리네 모습과
> 또한 인자의 아름다움 가운데서

보좌에 앉으시는 사람이신 예수의 모습을 보고 싶다.

예수를 보고 싶다. 그로 하여금 사람 안에 오게 하여
말씀하시려는 진리의 말씀을 지금 말하게 하라.
이윽고 은혜 가득 찬 메시지 안에
하나님의 마음이 고동하는 것을 느끼는 날이 올 것이다.

병을 고치시는 예수

하늘나라가 가까웠다고 선포하는 예수의 행동은 매우 극적이었기 때문에 그 선포는 멸망의 선고 그 이상이었습니다. 실망에 싸이고 죄의식에 눌리고 병과 고통에 얽매인 사람들을 대할 때 예수의 마음 가운데는 그들에게 기쁨을 주고, 용서해 주고, 고쳐 주고 싶은 의욕이 끓어 올랐던 것입니다. 예수께서 어디로 가든지 그러한 독특한 사건들이 벌어져 많은 사람들이 그의 주위에 모였고 또 대단한 인기가 그의 하시는 일에 집중되었습니다. 예수의 명령으로 악령들은 사귀들렸던 사람에게서 쫓겨났습니다. 사람들은 이를 보고 놀라서 말하기를 "이는 어찜이뇨. 권세 있는 새 교훈이로다. 더러운 귀신들을 명한즉 순종하는도다"(막 1:27)라고 하였습니다. 마가는 특히 어느날 저녁의 이야기를 우리에게 들려 주고 있습니다. "저물어 해질 때에 모든 병자와 귀신 들린 자를 예수께 데려오니 온 동네가 문 앞에 모였더라. 예수께서 각색 병든 많은 사람을 고치시며 많은 귀신을 내어 쫓으시되 귀신이 자기를 알므로 그 말하는 것을 허락지 아니하시니라"(막 1:32-34).

병을 고쳐줌으로 말미암아 생긴 인기로 많은 사람들이 따르는 것이 예수께는 심각한 문제가 아닐 수 없었습니다. 예수께서는 이런 종류의 활동이 자기의 복음전도에 나쁜 영향이 될 것을 근심하였습니다. 그래서 그는 가버나움에서 병을 고쳐주고 난 다음 새벽 일찍이 한적한 곳을 찾아서 하늘 아버지께 이 문제에 대하여 땀을 흘리고 애쓰며 기도하였습니다(막 1:35-53). 제자들이 그를 발견했을 때 예수께서는 거기에 남아서 병고치기를 계속하는 것보다는 오히려 다른 동네로 가야하겠다고 결심하고 있었습니다. 이것은 바로 그가 하여야할 일의 성격을 강조한 것이라 할 수 있습니다.

특히 유대인들은 여러 가지 병들을 사귀의 장난으로 간주하였습니다. 문둥병, 천식, 후두염, 심장병 등은 푸닥거리로써 사귀를 내어 쫓는 방법으로 고치려 하였습니다. 한번 바알세불 즉 귀신의 왕의 힘으로 사귀들을 내쫓는다고 비난할 때 예수께서는 내가 바알세불을 힘입어 귀신을 쫓아내면 너희들은 누구를 힘입어 쫓아내느냐?(마 12:27)라는 반문으로 대답한 일이 있습니다. 이런 비난과 반문 속에서 우리는 유대인 제사장들이 직무를 수행할 때 병 고치는 일까지도 하지 않으면 안 되었다는 사실을 명백히 알 수가 있습니다.

그러므로 병고치는 행동은 종교에 종사하는 사람들에게는 보통 있는 일이었습니다. 예수께서 만일 그의 종교적 가르침에 병고치는 능력을 같이 하지 않았더라면 그 시대에 맞지 않았으므로 환영을 받을 수가 있었을런지가 의문스럽습니다. 어찌해서 예수께서는 메시아로서의 자기 사업의 일부로 병고침을 포함하였을까요? 궁금하지 않을 수 없습니다. 그것은 예수님께서 병고치는 활동을 하나님 나라의 좋은 소식의 일부로 인식하신 데서 연유된 것입니다. 그런데 예수께서는 그 요소를 이사야의 예언에서 보았던 것이 틀림없고, 또한 그것을 자기에게 적용시켰습니다(사 35:5-6).

"그 때에 소경의 눈이 밝을 것이며 귀머거리의 귀가 열릴 것이며 그 때에 저는 자는 자는 사슴같이 뛸 것이며 벙어리의 혀는 노래하리니 이는 광야에서 물이 솟겠고 사막에서 시내가 흐를 것임이라"(사 35:5-6).

이미 전술한 바와 같이 예수께서는 바알세불의 힘을 입어 사귀들을 내좇는다고 비난했을 때 "그러나 내가 하나님의 성령을 힘입어 귀신을 쫓아내는 것이면 하나님의 나라가 이미 너희에게 임하였느니라"(마 12:28)라는 말씀으로 그 논쟁을 끝냈습니다. 병고치는 일은 예수에게 있어서는 메시아로서 자기가 가져 올 복음의 중요한 일부분이었던 것입니다.

병고치려는 충격은 인간 생활에 있어서 하늘에 계신 아버지의 사랑을 실제화하려는 욕망에서 비롯된 것이라 할 수 있습니다. 우리는 이것을 예수께서 고향인 나사렛 동네를 방문한 데서 찾아 볼 수 있습니다. 누가는 마태와 마가의 기록에다 예수께서 『이사야서』(61:1-2)에서 읽었다는 기록을 다음과 같이 덧붙이고 있습니다.

"주의 성령이 내게 임하셨으니 이는 가난한 자에게 복음을 전하게 하시려고 내게 기름을 부으시고 나를 보내사 포로된 자에게 자유를, 눈 먼 자에게 다시 보게 함을 전파하며 눌린 자를 자유케 하고 주의 은혜의 해를 전파하게 하려 하심이라 하였더라"(눅 4:18-19). 예수께서 이 구절을 읽은신 후 그들에게 이미 이사야의 예언이 응하였음을 말하였고 또 그것이 바로 그 자신에 관한 것임을 명백히 하였습니다(눅 4:21).

예수님의 병고치심이 그가 메시아라는 것을 보여주는 또하나의 다른 증거가 있습니다. 그 증거는 제자들이 전도여행을 시작하려 할 때 그들에게 준 교훈에서 찾을 수 있습니다. 예수께서 그들을 내어보낼 때 더러운 귀신을 다스릴 수 있는 권능을 제자들에게 주었다고 하였습니다(눅 6:7). 이에 대하여 누가는 병고치는 힘을 주었다고 하였습니다

(눅 9:11). 마태는 한걸음 더 나아가서 모든 병고치는 권능을 주었다고 하였습니다(마 10:1). 이것은 예수가 메시아라는 증거를 제시해 줍니다.

예수께서 취급하신 병은 어떤 종류의 것이었을까요? 첫째 그것은 사귀들린 병입니다. 그 예로서 일곱 사귀가 나간 마리아가 있었습니다(눅 8:2). 사귀들린 마리아는 전통적으로 음탕한 여인을 대표하지만, 여기서는 차라리 광기(狂氣)에 사로잡혀 있었다고 봄이 더 타당할 것 같습니다. 4복음서에 마리아라는 이름을 가진 여성이 여럿 나오고 있습니다. 그런데 아래 도표에서 보는대로 여기서 말하는 사귀들렸던 마리아는 막달라 마리아를 가리킵니다.

4복음서에 나타난 마리아들

이 름 과 신 분	관련성구
예수의 어머니 마리아	눅 2:16
야고보와 요한의 어머니 마리아	마 27:56
사귀들렸던 막달라 마리아	눅 8:2
나사로와 마르다의 동생 마리아	요 11:1

그 다음으로는 수르보니게 여인의 딸이 있습니다. 그의 어머니는 이방인으로서 뛰어난 믿음을 표시하였으므로 그녀의 강열한 병고침의 요구는 묵살되지 않았습니다(막 7:24-30). 예수께서는 사역 초기로부터 회당에서 큰 소리로 부르짖는 사람에게서 사귀를 쫓아냈습니다. 이런 행사가 사람들에게 결국 놀라움을 주었습니다. "다 놀라 서로 물어 가로되 이는 어쩜이뇨. 권세있는 새 교훈이로다. 더러운 귀신들을 명한즉 순종하는도다 하더라"(막 1:27).

다음은 가장 큰 강적이었던 거라사인에게 들어갔던 사귀(군대마귀)를 내어 쫓은 일입니다(막 5:1-20). 그 사람은 자기에게 많은 귀신이 들려 있음을 확신하였기 때문에 자기 이름을 군대라고 했습니다. 그 군대마귀는 예수님께 자기들을 돼지에게 보내줄 것을 간청합니다. 그것은 황무지를 헤메기보다는 동물 속에 들어가 사는 것이 더 낫다고 판단했기 때문이었습니다. 사귀가 쫓겨나가는 여러 경우를 살펴보는 것은 흥미있는 일입니다. 병자는 굉장한 고통을 느끼고 잠시동안 근육이 몹시 꾀인다고 합니다. 그 다음에는 기진맥진해지거나 또는 기절같은 상태로 땅에 쓰러진다고 합니다(막 1:26; 9:26). 이것은 사귀가 쫓겨나가는 것을 강력하게 거부할 때 육체 속에서 일어나는 투쟁의 반영이라 할 수 있습니다.

예수의 병고치시는 일은 사귀를 내어쫓는 것 만으로 그치지는 않았습니다. 고침을 받은 자 중에는 여러 가지 병이 포함되어 있습니다. 그 중에는 꼬부라져서 바로 서지 못하는 여인이 있었습니다(눅 13:11-17). 간질병의 소년(막 9:14-29), 문둥병자(막 1:40-45), 동시에 깨끗해진 열 명의 문둥병자 중 한 사람(눅 17:11-19), 지붕을 통하여 내려보내진 중풍병자(막 2:3-12), 못 가에 있던 힘 없는 병자(요 5:1-18) 등도 있었습니다. 몇번 장님을 고쳐준 것도 여기에 포함됩니다. 소경 거지 바디메오(막 10:46-52), 천천히 보게한 벳세다의 소경(막 8:22-26), "다윗의 자손이여 우리를 긍휼히 보소서" 하고 소리 질렀을 때의 다른 두 사람(마 9:27-31), 또 나면서부터 소경된 사람(요 9장)들이 모두 여기에 속합니다.

예수께서 손 마른 사람(막 3:1-5), 고창병 든 사람(눅 14:1-6), 열병 앓던 시몬의 장모(막 7:31-37), 혈루증 있는 여인(막 5:25-34), 동산에서 귀가 떨어진 대제사장의 종 등을 고쳐주었습니다(눅 22:50-51). 이와같은 여러 기록이 있으며 이 외에도 예수께서 죽은 사람을 살리셨다는 기록이 세 번 있습니다. 야이로의 딸(막 5:21-24, 35-43), 나인성 과부의 아들(눅 7:11-17) 그리고 나사로(요 11장). 이러한 예에서 우리는 예수님께서는 사귀들린 자를 비롯하여 어떤 병이라도 고치셨다는 것을 알 수 있습니다.

이런 병고치는 그의 행동도 여러 가지로 다르게 나타납니다. 사귀를 내쫓을 때 예수께서는 보통 명령을 하셨습니다(막 1:25). 문자 그대로 병이 물러갈 것을 명하였습니다. 때로 예수께서는 명령대신 육체를 사용하기도 하였습니다. 즉 소경의 눈을 만지셨습니다(막 8:23-25). 자신의 손을 귀머거리 귀에, 또는 벙어리의 혀에 얹었습니다(막 7:33). 진흙과 춤을 섞은 것을 나면서부터 소경된 사람을 고칠 때에 사용하였습니다(요 9:6). 또 한편 그가 병자로 하여금 어떤 행동을 하라고 요구를 하면 가끔 그렇게 하는 동안 병자의 병은 나았습니다. 가령 열 문둥이에게 그들의 깨끗함을 제사장들에게 가서 보이라고(눅 17:14)한 것이라든지, 중풍병자에게 자기 상을 거두라고 한 것(막 2:11), 그리고 소경에게 실로암 못에 가서 눈을 씻으라고 명한 것 등이 그런 경우이었습니다(요 9:7).

예수의 병고치는 일은 예수의 자신의 치료하는 능력과 그 방법이 문제라기보다는 병자들이 예수를 향하여 취한 태도에 달려 있었습니다. 이 태도를 가장 잘 표현할 수 있는 말은 믿음입니다. 이런 믿음은 여인이 예수의 옷자락을 만지고 나음을 얻은 경우에서 볼 수 있습니다(막 5:34). 예수를 따라가며 "다윗의 자손이여 우리를 불쌍히 보소서"하고 소리 지르던 두 소경에게 예수께서는 "너희들은 내가 이 일을 능히 할 것으로 믿느냐"고 물었습니다. "네 주여 믿습니다"라고 그들은 대답하였습니다. 그래서 예수께서는 그들의 눈을 만지며 "너희 믿음대로 되라" 하시며 그들의 눈을 띄워 주었습니다(마 9:27-31). 복음서들은 병고침을 가능하게 한 믿음의 태도가 예수께 집중되어 있음을 표시하고 있습니다.

어느 날 귀신 들린 딸을 가진 가나안 여자 하나가 예수를 찾아왔습니다. 그녀는 예수를 붙들고 자기 딸을 구해 달라고 요청했습니다. 그러나 예수는 다음과 같은 말로 거절했습니다. "나는 이스라엘 집의 잃어버린 양 외에는 다른 데로 보내심을 받지 아니 하였노라"(마 15:24). 그런데도 그 여자는 결사적으로 예수를 부르며 애걸했습니다. "주여 저를 도우소서." 예수는 다시 대답했습니다. "자녀의 떡을 취하여 개들에게 던짐이 마땅치 아니하니라"(마 15:26). 그러자 여자가 말했습니다. "주님의 말씀이 옳습니다만 개들도 제 주인의 상에서 떨어지는 부스러기를 먹나이다."

이 말을 들은 예수는 그 여자의 두터운 믿음에 감동되어 이렇게 말씀했습니다. "여자야, 네 믿음이 크도다. 네 소원대로 되리라"(마 15:28). 가나안의 여자는 이 말을 듣고 집으로 돌아갔습니다. 돌아가 보니 예수의 말씀대로 딸은 건강한 몸으로 어머니를 기쁘게 맞았습니다. 이 사건은 이방에게까지 복음이 전파될 것을 미리 보여준 것으로 깊은 의미를 갖습니다.

예수가 많은 병을 고쳐주시고 기적을 행하신 것은 단순히 청중들에게 놀라움을 주기 위해서라기 보다는 그런 병고침과 기적 행하심을 통하여 그들을 복음의 세계로 이끌어 들이고자 하는 데 그 목적이 있었다고 할 수 있습니다. 병을 고친다고 하는 것은 죄를 사할 능력이 있음을 의미합니다. 치유와 용서는 하나님의 특권입니다(막 2:7). 그리고 예수께서 병자를 고치신 사실이 믿음의 눈으로 볼 때는 예수님이 메시아라는 증거가 된다고 할 수 있습니다(눅 13:1-; 요 9:2-3).

19세기 미국의 시인인 롱펠로우(Henry Wadsworth Longfellow, 1809-1882)는 예수의 많은 병고치심 중에서도 소경 바디메오의 눈뜨는 장면을 "소경 바디메오"라는 시에서 이렇게 감동적으로 묘사했습니다.

> 누구를 기다리나 눈먼 거지 바디메오
> 어둠이 드리운 여리고 성문 가에
> 무리들이 몰려 온다, 그 떠드는 소리-

"나사렛 예수다!"
폐부를 찌르는 듯 크나큰 외침 소리,
"예수여, 나를 불쌍히 여기소서."

예수를 따르는 무리 그 수를 더하고
제각기 꾸짖는다, "조용해, 바디메오."
그러나 그 소리에 아랑곳없이,
거지의 외침 소리가 날카롭게 울린다.
이윽고 사람들, "안심하고 일어서게,
예수께서 그대를 부르신다" 전한다.

무리들 고요히 지켜보는 가운데 그리스도는
"그대는 무엇을 원하고 있는가?"
소경은 대답한다, "보는 것입니다,
주여, 감긴 내 눈을 뜨게 해 주오."
예수는 대답한다. "안심하고 가라,
그대의 믿음이 너를 구원했느라."

눈이 있으면서도 어둠과 비참 속에 앉아,
올바르게 보지 못하는 자여,
이 힘찬 세 마디 말씀을 기억하여라,
"예수여, 나를 불쌍히 여기소서."
"안심하라, 일어나라."
"안심하고 가라, 그대의 믿음이 너를 구원했느라."

하늘 나라의 복음을 전파하시는 예수

예수가 그의 사역을 시작했을 때, 그가 담당했던 두 가지 일은 병을 고치는 것과 복음을 전하는 것이었습니다. 이 둘은 예수의 생애에 걸쳐 계속되었습니다. 예수의 전도 생활은 "하나님 나라"에 대한 선포로부터 시작되었습니다. 즉 "때가 찼고 하나님 나라가 가까웠으니 회개하고 복음을 믿으라"(막 1:15). 그 날로부터 생이 끝나는 날까지 그는 비유로, 권고로, 행동으로 하늘 나라를 선포하였습니다.

예수께서는 하늘 나라를 인생 생활의 최고 가치로 생각하였고, 또 그것을 얻기 위해서는 최대의 노력을 들여야 한다고 생각하였습니다. 예수께서는 "너희는 먼저 그의 나라와 그의 의를 구하라, 그리하면 이 모든 것을 너희에게 더하시리라"(마 6:33)라 하였는데, 이 말씀 속에 그 사상이 들어 있습니다. 여기서 말씀하시는 하늘 나라는 이때까지 사람들이 값 있는 것으로 가졌던 어떤 것보다도 더 가치 있는 그런 것입니다. 우리 인간이 그 하늘 나라에 들어가서 그 풍부함을 누리기 위해서는 예수의 많은 비유 중에서도 진주 장사의 비유에 나오는 장사 (merchant)처럼 값비싼 희생을 치루어야 한다고 합니다. "극히 값진 진주 하나를 만나매 가서 자기의 소유를 다 팔아 그 진주를 샀느니라"(마 13:45-46). 또는 예수께서 나타낸 감추인 보화를 찾은 그 사람처럼 하늘 나라의 보화에 경계하지 않으면 안됩니다. 이 눈치 빠른 사람이 그 보화를 발견하였을 때 빨리 그것을 덮어놓고 그것을 사기 위하여 자기가 가졌던 모든 것을 다 팔았습니다 (마 13:44). 이 두 소유는 물질적인 부를 의미합니다만, 그 사람들은 그것을 확보하려고 모든 것을 희생하였습니다. 사람이 하늘 나라를 소유하려면 위의 비유에 나온 장사나 보화 발견자처럼 어떤 희생도 달게 치루어야 한다는 뜻입니다.

천국 입성자

입성자의 자격	관련성구
거듭난 자	요 3:6, 7
의가 충만한 자	마 5:20
주님의 뜻대로 산 자	마 7:21
어린아이같은 자	막 10:15
악을 멀리 한 자	딤후 4:18
심령이 가난한 자	마 5:3
의의 핍박 받는 자	마 5:10

하나님의 나라는 침노하는 자가 빼앗을 수 있다고 하였지만, 또한 위의 도표에 제시된 그대로 어린 아이 같이 아니하면 들어갈 수가 없습니다. 예수는 한 어린 아이를 불러 제자들 한가운데 세우고 조용한 어조로 말하였습니다. "너희가 마음을 돌이켜 이 어린 아이와 같이 되지 아니하면 결단코 하늘나라에 들어가지 못하리라. 그러므로 누구든지 이 어린 아이와 같이 자기를 낮추는 그 사람이 하늘 나라에서는 큰 자니라."(마 18: 3-4).

어느 날 예수가 군중에게 설교를 마치고 돌아오려고 할 때 한 젊은이가 예수에게 물었습니다. "선생님이여, 내가 무슨 착한 일을 하여야 영생을 얻으리이까?" "네가 영생을 얻으려면 계명들을 지키라." "어떤 계명이옵니까" "살인하지 말라, 간음하지 말라, 도적질하지 말라. 증거하지 말라, 네 부모를 공경하라, 네 이웃을 네 몸과 사랑하라 하신 것이니라"(마 19:18-19).

"그 모든 것을 다 지켰습니다. 이제 무엇이 또 부족한지요?" "네가 온전하게 되려면 네게 있는 모든 것을 팔아서 가난한 사람들에게 주어라. 그리하면 하늘에서 네게 보화가 있으리라."

젊은이는 가진 것이 많으므로 근심하며 돌아가고 말았습니다. 이것을 본 예수는 다시 말했습니다 "부자가 하나님의 나라에 들어가기가 얼마나 어려운지, 약대가 바늘귀로 들어가는 것이 부자가 하나님의 나라에 들어가는 것보다 쉬우니라(마 19: 23-24).

유월절이 가까와 오자 예수는 제자들과 함께 예루살렘을 향해 길을 떠나, 요단 강변의 어느 마을에 이르렀을 때, 사람들이 어린 아이들을 데리고 와서 축복해 주기를 빌었습니다. 그것을 본 제자들은 갈 길에 방해된다고 생각했던지 그들을 돌려보내려고 했습니다. 그러자 예수는 오히려 제자들을 나무라시며 이렇게 말씀하셨습니다. "어린 아이들이 내게 오는 것을 막지 말라. 하나님의 나라는 어린 자의 것이니라. 누구든지 하나님의 나라를 어린 아이와 같이 받들지 않는 자는 결단코 들어가지 못하리라"(막 10:14-15).

하나님의 나라는 회개하고 복음을 믿는 어린 아이처럼 겸손하고 순종하는 사람들은 누구나 다 들어갈 수가 있습니다. 이 하늘 나라의 복음을 전파하는 것이 병고치는 일이나 기적을 행하는 일 못지 않게 중요하고 그보다 더 본질적이라는 것을 예수께서는 늘 생각하였던 것 같습니다. 이 본질적인 사업을 위하여 그는 자기를 도와줄 사람들을 모으는 것이 중요했습니다. 예수는 자신의 사역을 시작하면서 하루가 다르게 예수를 따르게 된 그 많은 사람들 가운데서 자기의 제자, 즉 자기의 증인이 될 사람들을 뽑기로 하였습니다.

어느 날, 예수는 산으로 올라가 밤이 맞도록 하나님께 기도하였습니다(눅 6:12). 날이 밝자 다시 여러 제자들이 예수의 곁으로 모여들었습니다. 예수는 그들 중에서 12명을 선택하여 제자로 삼기로 마음먹었습니다. 12제자의 이름은 다음과 같습니다. 베드로라고 하는 시몬, 그의 동생 안드레, 세베대의 두 아들 야고보와 요한, 빌립, 바돌로매라고 불리우는 나다나엘, 마태와 도마, 알패오의 두 아들 야고보와 다대오, 가나안인 시몬, 가룟 유다였습니다(막 3:16-19; 마 10:2-4; 눅 6:14-16).

예수는 고향에서 나와 여러 고을로 다니며 말씀을 전하는 한편, 12제자를 두명씩 짝을 지워 보내어 회개의 복음을 전파하게 했습니다. 예수께서는 공생애 기간 동안 직접 제자들을 대동하고 다니면서 제자들을 말씀으로 양육시키는 복음 전도의 실례를 보이심으로써 산 제자 훈련을 실시하였습니다. 그런데 이제 제자들을 직접 복음 전도 현장에 파송시킴으로써 복음 사역의 확장과 제자들에게 현장 훈련을 시키는 이중적 효과를 거두고 있습니다. 예수는 그들을 보내며 이렇게 당부했습니다.

"여행을 위하여 지팡이 외에는 양식이나 주머니나 전대의 돈이나 아무것도 가지지 말며 신만 신고 두 벌의 옷도 입지 말라 하시고 또 가라사대 어디서든지 너희를 영접지 아니하고 너희 말을 듣지도 아니하거든 거기서 나갈 때 발 아래 먼지를 떨어버려 저희에게 증거를 삼으라" (막 6:8-11). 제자들을 둘씩 짝지어 보내어 전도하게 한 방법은 여러 가지 의미가 있다고 봅니다. 그 하나는 하나가 실망하면 다른 한 사람이 위로하고 힘을 줄 수 있게 하기 위한 것이고 다른 하나는 서로 부족한 점을 보충해서 전도를 극대화하자는 것이었습니다.

12명의 제자들을 파송할 때와는 달리 예수께서는 일반 제자들 중에서 70인의 전도자를 세워 파송한 일도 있습니다(눅 10:1-24). 유대인들에게 있어서 70인이란 숫자는 세계 열국(列國)을 상징하는 숫자입니다. 따라서 예수께서 70인의 전도자를 세우셨다는 것은 복음이 전세계를 위한 것이며 또한 전세계에 전파되어야 한다는 의미를 지니고 있습니다(마 24:14; 28:19, 20; 행 1:8). 그런데 예수께서는 12사도를 파송하실 때와 마찬가지로 두 사람을 1개조로 편성하여 각 동네로 보내신(막 6:7) 까닭은 앞에서도 언급한 바와 같이 어려움에 부닥칠 때 서로를 격려하며 힘을 합하여 난국을 타개하기 쉬울 뿐 아니라 복음을 보다 힘있게 증거할 수 있기 때문이었습니다.

『누가복음』 10장 1절-16절에서 강조하신 것은 서너 가지로 집약할 수 있을 것 같습니다. "첫째는 험악한 세상 가운데로 보냄을 받은 전도자는 마치 어린 양같이 유약하기만 한 존재이니 그는 전적으로 하나님을 의지하여야 한다. 둘째는 전도 사역을 수행함에 있어서 비둘기 같이 순결한 마음을 가지고 임해야 하지만 그 방법적인 면에 있어서는 뱀과 같이 지혜롭게 처신할 줄 알아야 한다(마 10:16). 셋째는 전도자는 복음 전파의 사명이 시급히 실행되어야 하는 것임을 깨달을 뿐 아니라 그 일을 수행함에 있어서 필요한 물건은 하나님께서 성도들을 통하여 준비해 주신다는 사실을 믿어야 한다(눅 9:1-6). 넷째는 전도자는 사람들이 복음을 받아들이지 않는 것은 곧 그리스도와 하나님을 거역하는 행위임을 분명히 깨닫고 이에 대해 가슴 아파하며 뭇 심령을 구원하는 일에 더욱더 전심 전력해야 한다"(행 13:1-28).

이처럼 제자들은 여러 곳으로 흩어져 귀신을 쫓고 많은 병자를 고쳐주며 회개하라고 전파했습니다(막 6:12-13). 그리하여 예수의 복음은 날로 크게 퍼졌고 항상 많은 무리들이 예수가 가는 곳마다 모여들었습니다. 예수는 많은 비유로써 "하늘 나라"를 그들에게 알려주었고 너무도 유명한 산상의 설교를 남겨 주었습니다. 경력은 전혀 알 수 없는 한 무명의 신앙 시인 버제스(Stella Fisher Burgess)가 묘사한 대로 실로 예수는 하나님이시면서 모든 일에 의미를 부여해 주신 한 사람입니다.

한 사람 있어 이상한 일을 하신다.

걸어가시며 만지어지는 것은 생기가 돌고
들풀과 하늘의 새는
그의 마음에 하나님이 계시다고 이른다.
흔해빠진 소금과 낡아버린 멍에는
영원을 사모하는 사람에게 말해진 비유.
길 가의 샘물과 곡식은
불멸한 진리의 상징.
겨자씨와 가지 뻗은 포도나무
그것은 거룩한 것의 비유
누룩을 넣어 빵을 부풀게 하는 데 의미를 부여하고
빵을 떼는 데 성례의 의무를 부여한 사람
여기에 계시다.

기적을 행하시는 예수

예수께서 병을 고치시고 기적과 이사를 행하신 것은 예수가 메시아이심을 스스로 나타내신 것입니다. 메시아로서 병고치심과 기적행하심은 그의 특권 중의 하나라 할 수 있습니다. 먼저 "바람과 바다"를 잔잔케 한 기적(마 8:23-27; 막 4:35-41)을 살펴 보겠습니다.

한 번은 해가 질 무렵, 예수께서 배에 오르자 제자들도 곧 그의 뒤를 좇았습니다. 그들은 배를 타고 떠났습니다. 노를 저어 호수 중간쯤에 이르렀을 때, 갑자기 세찬 바람이 불기 시작하더니 높은 파도가 배를 삼킬 듯이 덮쳐 왔습니다. 그 때 예수는 뱃고물을 베개 삼아 깊이 잠들어 있는 상태였습니다. 제자들은 바람이 세고 파도가 높이 일면 배가 부서진다는 사실을 너무나 잘 알고 있었습니다. 그래서 겁이 난 그들은 곤하게 자고 계시는 예수를 깨웠습니다. 그리고 그 제자들은 예수님께 "주여 구원하소서 우리가 죽겠나이다"(마 8:25)라고 구원을 요청하였습니다.

그러자 예수께서는 제자들에게 "어찌하여 무서워 하느냐, 믿음이 적은 자들아"(마 8:26)라고 꾸짖으시면서 일어나서 바람과 사나운 파도를 꾸짖었습니다. 이에 바람과 바다가 순종하였습니다(마 8:27). 그들은 두려워하고 놀라면서 서로 수군거렸습니다. "이 어떠한 사람이기에" 바람과 바다까지도 순종하는가?

죽은 야이로의 딸을 살리신 기적(막 5:35-43)도 있습니다. 예수가 회당장 야이로의 집으로 가던 도중이었는데 어떤 사람이 와서 야이로에게 말했습니다. "당신 딸이 죽었나이다. 어찌하여 선생을 더 괴롭게 하나이까"(막 5:35). 이 말을 들은 예수는 야이로에게 "두려워 말고 믿기만 하라"고 말씀하셨습니다. 그리고는 베드로와 야고보 그리고 요한만을 데리고 야이로와 함께 그의 집으로 갔습니다. 가서 보니 집안 식구들은 울고 있었고, 아이가 죽었다는 소식을 듣고 몰려온 동네 사람들로 집 안이 아주 시끄러웠습니다. 예수는 이것을 보시고 그들에게 말하기를 "너희가 어찌하여 훤화하며 우느냐. 이 아이가 죽은 것이 아니라 잔다"(막 5:39)말씀하시자, 그들은 입을 삐죽이며 비웃었습니다(막 5:40).

예수는 아이의 부모와 세 제자만을 데리고 방으로 들어가 아이의 손을 잡고 말했습니다. "달리다굼 하시니 번역하면 곧 소녀야 내가 네게 말하노니 일어나라 하심이라"(막 5:41). 그러자 죽었던 야이로의 딸이 즉시 일어났습니다. 예수는 너무 놀라서 아무 말도 못하고 어리둥절해하는 부모에게 이 일을 아무에게도 말하지 말라고 한 다

회당장 야이로의 믿음의 특성

믿음의 특성	관련성구
겸손함	막 5:22
전적 신뢰	막 5:23
소망을 바라봄	막 5:23
간절함	막 5-23
주의 능력을 확신함	막 5:36
확고부동함	막 5:36
응답받음	막 5:42

음 "소녀에게 먹을 것을 주라"고 말씀하시고 떠나갔습니다. 회당장 야이로는 위의 도표에서 보듯이 실로 믿음의 사람이었습니다. 그 믿음

이 예수 그리스도를 통하여 딸을 죽음으로부터 살아나게 하였던 것입니다.

수 많은 기적과 이사 가운데서 소위 "오병이어(五餠二魚)의 기적" (마 14:13-21; 막 6:30-44; 눅 9:10-17)을 실례로 들지 않을 수 없습니다. 예수가 갈릴리의 여러 곳으로 파견했던 12명의 제자들은 거의 한 달이 지나자, 출발 때와 마찬가지로 짝을 지어 돌아왔습니다. 그들은 자기들이 가르친 일, 사람들의 병을 고쳐 준 일, 악령들린 사람들에게서 악령을 몰아 낸 일 등을 예수께 보고하였습니다. 예수께서는 보고를 들으시고 배를 타고 떠나사 따로 빈들에 가셨습니다. 무리들이 그 소식을 듣고 빈들에 많이 몰려 와 있었습니다. 이것을 본 예수는 목자 없는 양 같은 백성들을 보고 불쌍히 여기사 그 중에 있는 병인을 고쳐 주셨습니다 (마 14:14).

저녁때가 되자 제자들은 예수에게 말했습니다. "이곳은 빈들이요 때도 이미 저물었으니 무리를 보내어 마을에 들어가 먹을 것을 사 먹게 하소서"(마 14:15). 그러자 예수께서는 "갈 것 없다 너희가 먹을 것을 주어라"라고 하였습니다. 제자들은 "우리에게 있는 것은 떡 다섯 개와 물고기 두 마리뿐이니이다"라고 하였습니다. 예수께서는 무리를 잔디 위에 앉히시고 떡 다섯 개와 물고기 두 마리를 가지시고 하늘을 우러러 축사하시고 떡을 떼어 제자들에게 주셨습니다. 제자들이 그것을 무리에게 나누어 주니 배불리 먹고 남은 조각이 열 두 바구니에 가득찼다고 하였습니다.

클라크(Leslie Savage Clark)라는 무명의 신앙 시인은 "생명의 빵"이라는 시에서 예수님의 그런 기적의 행사를 다음과 같이 묘사했습니다.

그는 굶주림이 어떤 것인지 잘 알고 계셨다.
그러기에 따라오는 수천 명 무리들을

힘 주고 키우시기 위하여
물고기와 빵을 나누어 주셨다.

그는 돼지먹이 콩을 헤칠 정도로
굶주림을 느끼는 영혼의 아픔을 잘 알고 계셨다.
때문에 찢긴 살과 그 사이에서 떨어지는 피를
산 빵과 산 피로서 우리에게 주셨다.

  사도들은 자신의 선생님이 인기가 올라가자 신이 났습니다. 그러나 예수는 제자들에게 배를 타고 가버나움으로 가라고 말한 다음, 무리들을 다 보내신 후 산으로 올라가 기도하였습니다.
  날은 이미 저물었고 제자들이 탄 배는 호수 한가운데쯤 저어 가고 있었습니다. 제자들은 배 위에서 그 이상한 오병이어 사건에 대해서 계속 이야기를 하고 있었습니다. 이야기에 정신이 팔려서 잔잔하던 호수에 물결이 이는 줄도 몰랐습니다. 그런데 갑자기 세찬 바람이 불어 오더니 파도가 높아져 아무리 노를 저어도 배가 앞으로 나아가지를 않았습니다. 제자들이 한창 파도와 싸우고 있는데 배 뒤편에서 예수님께서 바다 위를 걸어오고 있었습니다. 이것을 본 어떤 제자가 "유령"(마 14:26)이라고 소리를 질렀습니다.
  예수님은 가까이 다가오시사 "안심하라 내니 두려워 말라"(마 14:27)고 말씀하셨습니다. 베드로가 나서며 "주여 만일 주시어든 나를 명하사 물 위로 오라 하소서"라고 요청했습니다. 예수님께서는 "오라" 하였습니다.
  베드로는 배 위에서 내려 물 위를 걸어갔습니다. 그러나 그는 바람과 파도가 거센 것을 보고 가라앉을 것 같아 겁이 났습니다. 겁을 먹는 순간 베드로는 물 속으로 빠져들기 시작했습니다. 베드로는 황급하게 "주여 나를 구원하소서"(마 14:30)라고 외쳤습니다. 예수께서는 베드로의 손을 잡아 물 속에서 끌어올리며 "믿음이 적은 자여 왜 의심하였느냐"(마 14:31)라고 꾸짖었습니다. 예수가 베드로와 함께 배에 올라가자 바람은 잔잔해졌고 배는 어느 새 건너편 기슭에 닿아 있었습니다.

배에 있던 사람들은 예수께 절하며 "진실로 하나님의 아들이로소이다"(마 14:33)라는 신앙 고백을 하였습니다.

예수를 따르는 많은 무리들은 그의 가르침과 능력과 기사를 보고 놀라며 그를 하나님의 자들로 믿는 신자가 되었습니다. 그러나 예수에 대해 적의를 품고 있는 바리새인들이나 헤롯의 무리들은 어떤 구실을 만들어서라도 그를 잡아 죽이려 했다. 예수가 그렇게 많은 기적과 이사(異事)를 행하신 것은 단순히 대중들의 인기를 끌기 위한 것이 아니라 메시아로서 그가 가지고 계신 구원의 능력을 물리적으로 보여준 것이라 할 수 있습니다.

우리의 구주가 되시는 예수

우리의 구주(救主)라는 말은 "우리 구원의 주인"이라는 뜻입니다. 신약의 모든 책들은 구원이 예수 그리스도의 오심으로 성취되었다고 주장합니다. 아직도 구원은 근본적으로 구약에서와 마찬가지로 역사 안에서 이루어지는 하나님의 구원행위를 의미합니다. 그 구원행위로 하나님은 그의 백성을 멸망에서 구원하시고 또한 그의 백성들에게 장차 올 위대한 구원을 보증하십니다. 그러므로 전 신약은 "구원에 이르는 하나님의 능력"(롬 1:16)인 복음을 선포하는 일에 관심을 갖고 있습니다.

특히 공관복음서(마태복음, 마가복음, 누가복음)에 보면 예수의 전도는 구원의 역사에 관심을 두고 있습니다. "인자의 온 것은 잃어버린 자를 찾아 구원하려 함이라"(눅 19:10), 공관복음서에 따르면 예수 자신의 사명은 잃은 자 혹은 이스라엘의 잃은 양에 관심을 갖는 것이라고 가르치고 있습니다(마 10:6; 15:24; 18:12-14; 눅 15:3-10). 예수의 구원

사역은 예루살렘으로 들어가시면서부터 시작된다고 할 수 있습니다. 이 사실이 여러 가지 사건과 비유들을 통하여 나타나므로 논리적으로 보다는 서술적으로 설명할 수밖에 없습니다.

갈릴리 호숫가에서 복음을 전하다가 한번은 고향 나사렛을 찾은 일이 있었습니다. 안식일에 그는 소년시절부터 다니던 회당에 가서 『이사야서』에 기록된 말씀을 읽은 다음 그 속에 예언된 메시아가 바로 자기라고 가르치신 일이 있습니다. 그러나 고향 사람들은 그것을 인정하지 않고 수근거리며 말했습니다. "이 사람이 요셉의 아들 예수가 아니냐"(눅 4:22). 예수는 그들이 믿지 않는 것을 이상히 여기며 이렇게 말했습니다. "선지자가 고향에서 환영을 받는 자가 없느니라"(눅 4:24). 이 무렵부터 예수의 고뇌는 더욱 심해갔습니다. 즉 예수가 고향으로 찾아가 구주로서의 자기 정체성을 확인하려고 하였는데, 고향 사람들은 예수를 구주로 보는 것이 아니라 목수의 아들로 보는 것이었습니다.

어느 날 요단 강 상류지방으로 올라가던 도중 예수는 12제자에게 이런 질문을 던졌습니다. "사람들이 인자를 누구라 하느냐"(마 16:13) "더러는 세례 요한, 더러는 엘리야, 어떤이는 예레미야나 선지자 중의 하나라 하나이다"(마 16:14). 제자들의 이 말을 듣고 예수는 다시 물었습니다 그러면 "너희는 나를 누구라 하느냐?"(마 16:15)

이에 베드로가 선뜻 나서며 이렇게 대답했습니다. "주는 그리스도시요, 살아계신 하나님의 아들이시니이다"(마 16:16). 예수는 베드로의 고백을 듣고 매우 기뻐하면서도 자신이 그리스도인 것을 아무에게도 알리지 말라고 했습니다. 그러나 제자들에게만은 앞으로 자신이 걸어가야할 길을 말하지 않을 수가 없었습니다. 나는 머지 않아 예루살렘으로 가야하는데, "(거기 가면 틀림없이) 장로들과 대제사장들과 서기관들에게 많은 고난을 받고 죽임을 당하고 제 삼 일에 살아나리라"(마 16:21)고 예수는 제자들에게 가르쳤습니다.

제자들은 이 뜻하지 않은 예수의 말씀을 듣고 깜짝 놀랐습니다. 그들은 예수가 그리스도라는 것을 의심하지는 않았지만, 이 그리스도야말로 머지 않아 이스라엘의 왕이 되어 이 세상을 다스리게 될 것이라고 생각하고 있었습니다. 그렇게 되면 자기들도 각기 높은 자리에 앉게 되리라 믿었는 데, 예루살렘에 가서서 죽어야 한다니 청천벽력이 아닐 수가 없었습니다. 베드로는 자기도 모르게 이렇게 눈물로 호소하였습니다. "주여, 그리 마옵소서. 이 일이 결코 주에게 미치지 아니하리이다"(마 16:22).

그러나 예수는 베드로를 크게 나무라며 이렇게 말씀하셨습니다. "사단아 내 뒤로 물러가라. 너는 나를 넘어지게 하는 자로다. 네가 하나님의 일을 생각지 아니하고 도리어 사람의 일을 생각하는도다"(마16:23)

예수는 제자들을 엄히 타이르시고 나서 이렇게 말씀하셨습니다. "아무든지 나를 따라 오려거든 자기를 부인하고 자기 십자가를 지고 나를 좇을 것이니라. 누구든지 제 목숨을 구원코자 하면 잃을 것이요, 누구든지 나를 위하여 세 목숨을 잃으면 찾으리라. 사람이 만일 온 천하를 얻고도 제 목숨을 잃으면 무엇이 유익하리요. 사람이 무엇을 주고 제 목숨을 바꾸겠느냐"(마 16:24-26). 예수는 이미 자신에게 어떤 운명이 찾아 올 것을 미리 알고 계셨습니다. 그러나 그를 따르는 제자들은 예수가 이스라엘의 왕이 될 날만을 기다리며 각기 높은 자리를 차지할 꿈만을 꾸었던 것입니다.

유월절이 가까와 오자 예수는 제자들과 함께 예루살렘을 향해 길을 떠났습니다. 얼마 뒤 예수와 그의 제자들은 요단 강을 건너 여리고에 도착했습니다. 여리고에서 예루살렘까지는 지척이었습니다. 이 여리고에는 삭개오라는 세리장이 살고 있었습니다. 그는 부자였으나 세리라는 직업 때문에 남들로부터 미움을 받고 있었습니다. 삭개오는 메시야로서 평판이 높은 예수가 이곳으로 지나간다는 말을 듣고 그 모습이라도 한 번 보기를 원했으나 키가 작아서 사람들에 둘러싸인 예수를 볼 수가 없었습니다. 하는 수 없이 삭개오는 길 옆에 있는 뽕나무에 올라갔습니다. 예수는 뽕나무 위에 있는 삭개오를 보고 다음과 같이 말씀하셨습니다. "삭개오야, 속히 내려오라. 내가 오늘 네 집에 유하여야 하겠다"(눅 19: 5).

삭개오는 급히 내려와서 기꺼이 예수를 맞이했습니다. 사람들은 이것을 보고, "저가 죄인 집에 유하러 들어갔도다"(눅 19:7)라고 수군거렸습니다. 그러나 삭개오는 예수를 만난 후 새 사람이 되었습니다. 그래서 그가 가진 재산의 반을 가난한 사람에게 나누어 주고, 세금을 받을 때 부정과 토색한 것이 있으면 4배나 갚겠다고 예수께 약속을 했습니다.

하나님의 용서가 필요함을 알며 예수의 복음에 응답한 사람은 죄인들이었지 율법을 따르는 바리새파 사람들이 아니었습니다. "세리와 창녀들이 너희보다 먼저 하나님 나라에 들어가리라"(마 21:31). 주인(메시야)의 큰 잔치(=하나님 나라)에 참석한 손님들은 시내의 거리와 골목에서 함께 모여든 가난한 자들과 병신들과 소경들과 저는 자들로 구성된다는 것입니다(눅 14:16-24).

따라서 구원은 죄의 용서, 하나님과의 화해, 그리고 거기서 흘러 나오는 평화를 의미합니다. "네 믿음이 너를 구원하였으니 평안히 가라"(눅 7:50). 회개와 개심은 이런 의미에서 구원과 화해를 얻기 위한 조건이며, 이것을 위에서 언급한 "삭개오 이야기"에서 찾을 수가 있습니다. 삭개오는 죄인이었지만 회개와 믿음을 통해서 예수님의 용서를 받고 구원을 얻을 수 있었습니다. 그러나 가장 율법을 잘 지키며 선한 일을 행했다고 자랑하던 바리새파 사람들은 구원은 커녕 오히려 예수님의 심한 책망을 받았습니다.

예수와 그 일행은 제자들이 예수의 명령에 따라 동네에서 끌고 온 나귀를 타고 유월절 축제 때 예루살렘에 들어가게 됩니다. 예루살렘 성전에 이르렀을 때 그 경내는 제물로 바칠 비둘기와 양을 파는 상인들로 꽉 차 있었습니다. 예수는 이 광경을 지켜보다가 모두 내쫓으며 외쳤습니다. "내 집은 기도하는 집이라 일컬음을 받으리라하였거늘 너희는 강도의 굴혈을 만드는도다"(마 21:13). 예수는 노기에 차서 돈 바꾸는 자들의 상을 뒤엎고 비둘기와 양을 몰아냈습니다. 상인들은 화가 났지만 예수의 위세에 눌려 어쩔 수가 없었습니다.

제사장과 율법학자와 장로들이 몰려와서 대들었습니다. "네가 무슨 권세로 이런 일을 하느뇨 또 누가 이 권세를 주었느뇨"(마 21:23). 예수도 이에 위압적으로 반문했습니다. "나도 한 말을 너희에게 물으리니 너희가 대답하면 나도 무슨 권세로 이런 일을 하는지 이르리라 요한의 세례가 어디로서 왔느냐. 하늘에서냐 사람에게서냐"(마 21:24-25).

제사장들은 대답을 하지 못했습니다. 하늘에서 왔다고 하면 어찌하여 그를 믿지 않고 죽였느냐며 추궁할 것이고, 사람에게서 왔다고 하면 요한을 선지자로 믿고 있는 군중들이 대들 것이기 때문이었습니다. "나도 무슨 권세로 이런 일을 하는지 너희에게 이르지 아니하리라"(마 21:27). 그리고 나서 예수는 군중을 향하여 설교를 했는데, 그 설교는 4일 동안 계속되었습니다. 그 설교 가운데 이런 비유가 들어 있었습니다

한 집 주인이 포도원을 만든 후 농부들에게 세를 주고 여행을 갔다가 수확 때가 가까와 오자 그 수확을 받으려고 종들을 농부에게 보냈습니다. 농부들은 수확을 주기는 커녕 하나는 심히 때리고, 하나는 돌로 패고 하나는 죽여버렸습니다. 그 주인은 이 소식을 듣고 전보다 더 많은 다른 종들을 보냈습니다. 그런데 이번에도 농부들은 같은 짓을 했습니다. 후일 주인은 자기 아들을 보내면서 이번에는 농부들이 그 아들을 공경하리라고 생각했는데, 농부들은 의논하기를 이는 상속자니 죽이고 그 유산을 우리가 차지하자 하고 아들을 붙잡아 포도원 밖으로 내쫓

은 뒤 죽여버렸습니다.

예수께서는 이렇게 비유를 설명하시고는 군중들에게 물으셨습니다. "그러면 포도원 주인이 올 때에 이 농부들을 어떻게 했겠느뇨"(마 21:40).

"이 악한 자들을 진멸하고 포도원은 제 때에 실과를 바칠 만한 다른 농부들에게 세로 줄지니이다"(마 21:41). 이것은 두말할 것도 없이 제사장들과 바리새인들을 비유로 말한 것이었습니다. 그 다음 날은 더욱 직접적인 말로 그는 그들을 공격했습다. "화 있을진저 외식하는 서기관들과 바리새인들이여 회칠한 무덤 같으니 겉으로는 아름답게 보이나 그 안에는 죽은 사람의 뼈와 모든 더러운 것이 가득하도다. 이와 같이 너희도 겉으로는 사람에게 옳게 보이되 안으로는 외식과 불법이 가득하도다… 뱀들아 독사의 새끼들아 너희가 어떻게 지옥의 판결을 피하겠느냐"(마 23:27-28, 33).

예수는 바리새인과 서기관들을 "위선자" "외식하는 자" "소경이 소경을 인도하는 자" "회칠한 무덤" "독사의 새끼들" 따위로 부르며 그들의 거짓됨을 비판했습니다. 그러나 제자들은 예수의 생각을 깊이 깨닫지 못했던 것 같습니다. 바래새인들과 서기관들은 위선자들로서 자기들이 가장 선한 일을 많이 행하고 있다고 자랑하였지만 그들은 독사의 새끼들로서 예수를 물어 죽이려는 자들이었을 뿐입니다. 예수를 전혀 구주로 받아들이지 않았던 것입니다.

한번은 예수가 성전에 나가 설교를 하고 있을 때 제사장과 바리새인들은 간음하는 현장에서 붙잡은 여자를 끌고 와서 이렇게 물었습니다. "선생이여 이 여자가 간음하다가 현장에서 잡혔나이다. 모세는 율법에 이런 여자를 돌로 치라 명하였거니와 선생은 어떻게 말하겠나이까"(요 8:4-5). 만일 예수가 이 여자를 죽이지 말라고 하면 모세의 율법을 어긴 것이 되니 율법을 지키지 않은 죄로 예수를 체포할 수가 있었습니다. 바리새인과 율법학자들은 어떻게든 예수의 입에서 그를 체포할 수 있는 구실이 나오기를 바라면서 이런 수단을 썼던 것입니다. 그러나 예수는 조용히 몸을 굽히더니 땅 위에 무엇인가를 쓰고 있었습니다. 그것을 본 바리새인들과 율법학자들은 예수에게 다그쳐 물었습니다. 그러자 예수는 조용히 일어나 이렇게 말씀하셨습니다. "너희 중에 죄 없는 자가 먼저 돌로 치라(요 8:7).

그들은 예수의 말을 듣고 양심의 가책을 느껴 한 사람 두 사람 그곳을 떠나가고 나중에는 예수와 그 여자만이 남게 되었습니다. 예수는 조용히 일어나 여자 이외에 아무도 없는 것을 보고 여자에게 말씀하셨습니다. "여자여 너를 고소하던 그들이 어디 있느냐. 너를 정죄한 자가 없느냐"(요 8:10). "주여 없나이다." "나도 너를 정죄하지 아니하노니 가서 다시는 죄를 범치 말라"(요 8:11).

예수는 이렇게 말하고 그 여자를 용서한 후 돌려 보냈습니다. 그러나 바래새인들과 율법학자들은 어떻게 해서든 예수를 결코 용납하지 않았고 오히려 어떻게 하든지 잡아 죽일 계략을 짰습니다. 예수도 자신의 죽음이 불원간 닥쳐올 것을 짐작했든지 이런 말을 한 일이 있습니다. "인자의 영광을 얻을 때가 왔도다. 내가 진실로 진실로 너희에게 이르노니 한 알의 밀이 땅에 떨어져 죽지 아니하면 한 알 그대로 있고 죽으면 많은 열매를 맺느니라"(요 12:23-24).

이 무렵 예루살렘 성전을 중심으로 제사장과 율법학자 그리고 바리새인들은 힘을 합쳐 구주라고 자칭하는 예수를 잡아 죽이려고 혈안이 되어 있었습니다. 그때 마귀에게 예수의 12 제자 중의 하나인 유다가 넘어가고 말았습니다. 그는 은 30냥을 받고 예수를 그들에게 팔아버렸습니다. 그 다음 날은 유월절의 첫날이었습니다. 예수는 그 날 저녁 식사를 12 제자들과 함께 했습니다. 이것을 최후의 만찬이라고 합니다(막 14:17-31).

최후의 만찬이 끝나자 예수는 제자들과 함께 찬미하며 감람산으로 가서 피와 땀을 흘리며 기도했습니다. "내 아버지여 만일 할 만하시거든 이 잔을 내게서 지나가게 하옵소서 그러나 나의 원대로 마옵시고 아버지의 원대로 하옵소서"(마 26:39). 그때 몽둥이와 검을 가진 제사장의 무리들이 다가왔습니다. 그 무리 속에서 유다가 나타나 예수에게 입을 맞추었습니다. 그 신호를 받고 무리들은 예수에게 달려들어 밧줄로 묶었습니다. 이것을 보고 있던 제자 중 한 사람이 검을 뽑아 대제사장의 종을 쳐 귀를 떨어 뜨렸습니다. 그러나 예수는 그를 꾸짖으며 말했습니다. "네 검을 도로 집에 꽂으라 검을 가지는 자는 다 검으로 망하느니라"(마 26:52).

예수가 잡혀가는 것을 본 제자들은 다 도망쳐 버렸습니다. 다만 베드로만이 멀찍이 예수를 쫓아 대제사장 가야바의 집 뜰에까지 갔습니다 그러나 예수가 예언한 대로 그는 대제사장의 하속들에게 세 번이나 예수를 부인했습니다. 대제사장 가야바에게 끌려간 예수는 그들 앞에서 재판을 받게 되었습니다. 대제사장 가야바는 예수에게 물었습니다. "네가 하나님의 아들 그리스도인지 우리에게 말하라"(마 26:63). 이에 예수는 분명히 대답했습니다. "네가 말하였느니라. 내가 너희에게 이르노니 이 후에 인자가 권능의 우편에 앉은 것과 하늘 구름을 타고 오는 것을 너희가 보리라"(마 26:64).

이 말을 듣고 예수를 죽일 구실을 찾고 있던 가야바는 옷을 찢으며 이렇게 말했습니다. "저가 참람한 말을 하였으니 어찌 더 증인을 요구하리요 보라 너희가 지금 이 참람한 말을 들었도다"(마 26:65). 그 자리에 있던 모든 사람들은 한결같이 예수를 죽이라고 외쳤습니다. 이렇게 해서 예수는 사형언도를 받게 되었습니다. 그러나 사형을 집행하는 데는 로마에서 파견된 총독의 허락을 받지 않으면 안되었습니다. 그래서 장로들은 예수를 총독 빌라도에게로 끌고 갔습니다. 빌라도는 예수를 취조했으나 로마의 법률에 저촉되는 것을 찾아 내지 못했습니다. 예수는 제사장이나 장로들이 여러 가지 죄상을 들었지만 이상할 정도로 아무 말도 하지 않았습니다. 빌라도는 예수에게서 아무런 잘못을 찾아낼 수가 없었습니다. 그래서 그를 때려서 놓아주려고 했습니다. 그러나 군중들은 일제히 소리 질렀습니다. "이 사람을 없이 하고 바라바를 우리에게 놓아 주소서"(눅 23:18). 이 이상 더 빌라도는 예수를 옹호할 수 없었습니다. 그래서 군중들에게 다시 물었습니다. 무리들은 다시 이렇게 외쳤습니다. "저를 십자가에 못박게 하소서 십자가에 못박게 하소서"(눅 23:21). 그래서 하는 수없이 빌라도는 군중들의 뜻대로 예수를 십자가에 못박게 했습니다.

예수는 죄수복을 입고 머리에는 가시관을 쓴 채 무거운 십자가를 지고 채찍을 맞으며 처형장인 골고다(해골이라는 뜻) 언덕을 향하여 걸어갔습니다. 막달라 마리아와 작은 야고보의 어머니인 마리아 그리고 그밖의 여자들이 그 뒤를 따르고 있었습니다. 언덕에 이르자 예수는 다른 두 명의 강도 사이에서 벗겨진 채 십자가에 달리고 손과 발에는 못이 박혀졌습니다. 제사장들과 장로들은 예수를 쳐다보며 조소했습니다. 예수와 함께 나란히 달려있던 오른쪽 강도까지도 그를 비웃었습니다. 그러나 예수는 이렇게 말했습니다. "아버지여, 저희를 사하여 주옵소서. 자기의 하는 것을 알지 못함이니이다"(눅 23:34).

정오가 되기 전에 십자가에 달렸고 창에 찔렸으며, 숨을 거둔 것은 오후 3시경이었습니다. 그 사이에 태양은 빛을 잃었고 온누리는 어둡게 되었다고 합니다. 최후로 예수는 다음과 같은 말을 남기고 운명 하였습니다. "아버지여, 내 영혼을 아버지의 손에 부탁하나이다"(눅 23:46). "엘리 엘리 라마 사박다니" 이를 번역하면 "나의 하나님, 나의 하나님 어찌하여 나를 버리셨나이까"(막 15:34).

밤이 되자 한 대의원이 빌라도의 허락을 받고 예수의 시체를 가져다가 정성껏 세마포에 싸서 바위굴에 판 묘지에 장사지내고 큰 돌로 입구를 막아놓았습니다. 이 대의원은 아리마대 요셉으로서 전부터 예수를 존경하며 그의 가르침을 받아왔던 사람이었습니다. 그 무렵 예수를 은 30냥에 적의 손에 넘겼던 유다는 돈을 성전의 연보궤에 집어던지고 목매달아 죽고 말았습니다.

예수가 운명한지 사흘 째 되던 날 아침, 미명에 막달라 마리아 등 세 여자가 예수의 몸에 뿌리기 위해 비싼 향유를 가지고 묘지를 찾아갔습니다. 그들이 묘지에 도착해 보니 묘의 입구를 가렸던 돌이 치워져 있었고 묘 안에는 눈보다 더 흰 옷을 입은 젊은이가 앉아 있었습니다. 젊은이는 깜짝 놀라는 세 여자를 보고 말했습니다.

"놀라지 말라. 너희는 십자가에 못박히신 나사렛 예수를 찾는구나. 그가 살아나셨고, 여기 계시지 아니하니라. 보라, 그를 두었던 곳이라. 가서 그의 제자들과 베드로에게 이르기를 예수께서 너희보다 먼저 갈릴리로 가시나니 전에 너희에게 말씀하신 대로 너희가 거기서 뵈오리라" (막 16:6-7).

세 여자는 제자들이 있는 곳으로 달려가서 이 이야기를 했지만 제자들은 믿으려고 하지 않았습니다. 그러나 베드로만은 이 말을 듣더니 한걸음에 묘지까지 달려갔습니다. 과연 묘지에는 예수의 시체를 쌌던 흰 헝겊만 있을 뿐이었습니다. 베드로가 다녀간 후에 막달라 마리아가 다시 찾아와서 묘지 밖에서 울고 있었습니다. 제일 먼저 그녀에게 예수님은 나타나셨지만 믿지를 아니했습니다. 막달라 마리아는 제자들에게로 가서 예수가 부활하셨다는 소식을 전했습니다. 이 이야기는 예루살렘에 있는 제사장들과 장로들에게로 전해졌습니다.

그 날 엠마오라는 마을로 가던 두 제자에게 예수는 나타났고, 호수에 배를 띄우고 그물을 던지고 있는 제자들에게도 나타났습니다. 얼마 후 오순절에 제자들은 예루살렘에 모여 다시 한번 그 최후의 만찬을 했던 2층에서 조용한 기도를 올리고 있었습니다. 기도를 하던 도중 제자들은 이상한 영(성령)을 받고 서로 위로하며 예수의 복음을 전하기로 결심들 했습니다. 그 때 예수는 모여든 군중과 제자들을 축복하면서 조용히 하늘로 올라갔습니다.

예수 그리스도는 그를 구주로 인정하지 않는 바리새인들과 장로들과 서기관들의 합작된 공모로 인하여 죄없지만 십자가에서 죽게 되었고 부활하사 승천하는 일련의 사건을 통하여 구원을 이루었습니다. 죄인들은 오직 예수를 믿기만 하면 구원을 받을 수가 있습니다. 예수는 우리의 구주가 되십니다.

복음서에 나오는 예수의 이야기는 역사적 발전이나 놀라움 보다는 극적인 구조를 갖습니다. 다시 말해서 짧은 설화들이나 말씀들이 반복되고 쌓여가면서 복음의 절정을 이룬다는 말입니다. 그 짧은 설화들이나 말씀 사이의 연결은 매우 느슨하지만, 그 반복적 효과는 누진적으로 예수의 이야기를 극적으로 몰고가며 결과의 불가피성을 강조해 주고 있습니다.

예수 이야기의 전체 구조를 볼 때, 그것은 구출 이야기의 틀, 즉 구약성서에 나타난 많은 설화들을 앞서 살펴본 대로 과거지향적인 재연(再演)과 미래지향적인 희망을 표현하는 이야기의 틀 속에서 이루어졌다고 할 수 있습니다. 이 설화에 있어서 초기 예수는 이스라엘과 동일시되고 있습니다. 따라서 그는 이스라엘의 약속과 희망이 되며, 제자들까지도 그는 이스라엘 왕국을 세우고 세세토록 왕노릇 하며 백성을 구해 줄 지상적 메시아라고 생각했습니다. 그러나 그 다음 이야기에 있어서 예수는 하나님의 나라와 그것을 구현하는 도구로 쓰이고, 끝에 가서는 그의 별난 운명을 상연하는 것을 사명으로 삼는 모습으로 나타나게 됩니다. 따라서 예수 이야기의 절정은 그의 수난 설화와 부활 설화에서 찾을 수 있습니다.

죽은 자의 부활을 믿는 새로운 묵시문학적 신앙의 의미 가운데서 우리는 예수의 이야기는 끝이 있는 이야기가 아니라, 끝이 없는 이야기라는 것을 확인 할 수 있게 됩니다. 그러므로 그 이야기는 과거의 사실로서 끝나는 것이 아니라, 오늘 속에 새로운 미래로 존재하며 희망을 던져주고 있는 것입니다. 이와 같이 복음서의 설화는 미래 지향적이라는 점에서 그 독특한 가치를 갖습니다. 그러므로 이 이야기들을 말한다고 하는 것은 하나님을 믿는 것과 기능상 동일한 것이라 할 수 있습니다.

예수의 문학

예수의 풍성한 상상력과 시적 자질(資質)

예수는 정식으로 수사학(修辭學)을 배운 일도 없고 또 다윗처럼 직접 시를 쓰신 일도 없습니다. 그러나 그의 근 140종에 달하는 비유(Parable)와 산상 설교(The Sermon on the Mount, 마 5장-7장)나 설화 같은 것들을 보면 매우 시적입니다. 이런 작품들 속에 예수의 풍부한 상상력과 시적인 자질이 잘 나타나 있습니다. 그래서 오스카 와일드는 "그는 상상력이 풍부하다. 그의 자질의 밑바닥에는 예술가의 자질과 같은 것 즉 강렬하고 불꽃 같은 상상력이 있었다"라 했습니다. 이런 오스카 와일드의 주장은 틀림없이 옳다라고 생각합니다. 오스카 와일드가 한 말의 옳음을 입증하기 위해서 복음서에 나오는 몇개의 실례를 들어서 설명하겠습니다.

"목숨을 위하여 무엇을 먹을까 무엇을 마실까 몸을 위하여 무엇을 입을까 염려하지 말라. 목숨이 음식보다 중하지 아니하며 몸이 옷보다 중하지 아니하냐. 공중의 새를 보라. 심지도 않고 거두지도 않고 창고에 모아들이지도 아니하되 너희 천부께서 기르시나니 너희는 이것들보다 귀하지 아니하냐. 너희 중에 누가 염려함으로 그 키를 한자나 더 할 수 있느냐. 또 너희는 어찌 의복을 위하여 염려하느냐. 들의 백합화가 어떻게 자라는가 생각하여 보라. 수고도 아니하고 길쌈도 아니하느니라. 그러나 내가 너희에게 말하노니 솔로몬의 모든 영광으로도 입은 것이 이 꽃 하나만 같지 못하였느니라"(마 6:25-29).

위에서 인용한 구절 중 특히 "들의 백합화가 어떻게 자라는가 생각하여 보라. 수고도 아니하고 길쌈도 아니하느니라. 그러나 내가 너희에게 말하노니 솔로몬의 모든 영광으로도 입은 것이 이 꽃 하나만 같지 못하였느니라"(마 6:28-29)는 성구에 대해서는 토마스 칼라일이 그의 『영웅과 영웅숭배론』이라는 책에서 다음과 같이 평한 일이 있습니다. "그것은 가장 깊은 미의 심저(深底)를 일견한 것이다. "들의 백합화" — 초라한 들판에 피여 있으나 지상의 군왕보다 더 아름다운 옷으로 차려 입은 그 백합화. 내면적 미의 대해(大海)로부터 그대를 내다 보는 그 아름다운 눈! 이 황량한 대지가 표면적으로 융단 같이 보이고 사실 또 그렇다 할지라도, 그 본질이 내면적으로 아름답지 않다면, 어떻게 이런 아름다운 것을 만들어 낼 수가 있었겠는가?" 여기서 "내면적 아름다움"이란 무엇을 두고 한 말일까요? 그것은 아름다운 것을 아름답게 내다보는 맑고 아름다운 시인의 눈과 같은 "마음의 눈"을 가리킨다고 생각합니다. 분명히 예수는 풍성한 상상력과 사물을 아름답게 바라보고 감지하는 심미안(審美眼)을 갖고 계셨다고 할 수 있습니다.

다음 귀절은 복음에로 초청하는 예수의 말씀인데, 그 토운(tone)에는 인류의 왕자다운 풍격이 반영되어 있습니다. "수고하고 무거운 짐 진 자들아 다 내게로 오라. 내가 너희를 쉬게 하리라. 나는 마음이 온유하고 겸손하니 나의 멍에를 메고 내게 배우라. 그러면 너의 마음이 쉼을 얻으리니"(마 11:28-29). 여기서 "나의 멍에를 메고 내게 배우라"는 말은 유대인 사회에서는 스승과 제자 사이의 훈육 관계를 가리킬 때 늘 사용했던 관용적 표현입니다. 한편 예수는 우리의 스승으로서 참 구원을 주지 못하는 세상 멍에(율법 멍에)를 내어 버리라고 하시는데 이는 곧 예수 자신의 선하고 즐거운 멍에를 대치시켜 주시기 위함입니다. 당시 팔레스틴의 멍에는 혼자 메는 것이 아니라 꼭 짝(pair)이 되어 두 사람이 함께 메었는 바 예수께서 주신 멍에를 멘다고 하는 것은 곧 예수와 함께 메는 것이 되는 것입니다. 그러므로 예수의 멍에는 가볍고 "쉼"(만족, 평안, 휴식, 즐거움)을 주게 된다는 것입니다. 이처럼 예수는 매우 함축적인 시어(詩語)를 택하여 늘 말씀하셨습니다. 그것은 일부러 지어서 되는 것이 아니고 인격이 성숙되고 어느 정도는 타고나야만 가능하다고 생각합니다.

다시 시적인 정서가 풍부한 예로 그리스도가 세례 요한을 평한 산문시를 인용해 보겠습니다. "너희는 무엇을 보려고 광야에 나갔더냐. 바람에 흔들리는 갈대냐. 그러면 너희가 무엇을 보려고 나갔더냐. 부드러운 옷 입은 사람이냐. 부드러운 옷을 입은 자들은 왕궁에 있느니라. 그러면 너희는 무엇을 보려고 나갔더냐. 선지자를 보려더냐. 옳다 내가 너희에게 이르노니 선지자보다도 나은 자니라"(마 11:7-8). 여기서 예수는 "광야, 바람, 갈대, 부드러운 옷"과 같은 일반 사람들에게 아주 친숙한 이미지를 선택해서 선지자보다 나은 자 곧 세례 요한을 소개하고 있습니다. 적절한 이미지를 골라내는 일을 하는 것이 상상력이 하는 일 중에서 대표적인 일이라 할 수 있습니다. 그런 의미에서 예수의 시적 상상력은 매우 풍부하고 맑고 깨끗했음을 알 수 있습니다.

예수는 탁월한 상상력을 가졌을 뿐 아니라, 늘 노래와 자연을 사랑했습니다. "이에 저희가 찬미하고 감람산으로 나아가니라"(마 26:30; 막14:26)라는 기록을 보아도 예수는 시와 노래를 사랑했던 것이 틀림없습니다. 그리고 예수는 산문화된 군중들의 생활을 벗어나서 시간이 있을 때면 늘 한적한 곳을 찾아가 휴식을 취하시며 자연 속에서 영감을 받았습니다(마 6:6; 막 6:46; 눅 4:42, 5:16; 요10:40). 바이런은 "인간보다는 자연을 좋아한다"라 하였지만, 예수는 인간을 사랑하기 때문에 자연을 사랑했고, 거기서 예술적 체험을 하셨던 것입니다. 이처럼 예수는 자연을 예술로서 즐겼던 예술적 자질이 풍부한 성숙한 인격자였습니다.

예수의 종교는 누구나 경험할 수 있는 극히 단순하고 간명한 종교였습니다. 그는 자신이 체험한 종교적 진리를 당시 유행하던 스토아 철학이나 플라톤 또는 아리스토텔레스의 이름을 인용하여 논한 일은 한번도 없고 오히려 단순한 비유를 들어 말하였습니다.『마태복음』에 기록된 비유가 64종이고,『마가복음』에는 24종,『누가복음』에는 41종, 그리고『요한복음』에는 8종이 있다고 합니다. 실로 예수는 비유가 아니면 말씀하시지 않을 정도였습니다(마 13:13, 34-35). 그러나 비유문학에 대해서는 따로 취급할 것이므로 여기서는 예를 들어 설명하는 일은 피하겠습니다. 다만 이렇게도 많은 비유를 사용했다는 것만으로도 그가 시적인 천재였다는 것을 알 수 있습니다. 이 점은 바울과 비교해 보면 더욱 뚜렷해 진다고 생각합니다. 바울은 훌륭한 학자요 심오한 철학을 가진 사람이었지만, 바울의 서신 가운데는 단 10여종의 비유만이 나올 뿐입니다. 이로 보아도 예수는 시인적 자질이 풍부한 시적 천재였음을 알 수 있습니다.

예수의 언어는 구체적이고 회화적이었습니다. 원래 시는 추상적인 추론이 아니라, 구체적인 사실로써 보편성을 암시하는 것이라 할 수 있습니다. 밀턴이 시를 가리켜 "그렇게 기묘하고 섬세하지는 않지만, 보다 단순하고 감각적인 묘사가 풍부하며 감정에 호소하는 것"이라 한 것은 천고불변(千古不變)의 명언이라 할 수 있습니다. 예수가 비유를 많이 사용한 것도 보다 추상적이고 정신적인 진리를 구체적으로 묘사해서 어리석은 자들에게 그것을 깨우쳐 주려는 데 그 목적이 있었습니다. 예수는 그의 설교나 비유에서 뿐 아니라, 그밖의 다른 곳에서도 사실을 상상적으로 파악해서 보다 정교하고 구체적인 언어로 표현했습니다. 예를 들어 그는 "영원자"(The Eternal)라는 표현대신 "너희 아버지"(Your Father)라는 말을 사용했고, "인류"(Humanity)라는 말 대신 「너희 형제들(Your brethren)이라는 말을 썼습니다. 또한 「자연의 과정(The process of nature)이라는 말 대신에 「백합화, 그것이 어떻게 자라는가」(lilies, how they grow)라고 표현 하였습니다. 또 그의 "운명"을 "쓴잔"에다 비유했습니다. 얼마나 그의 언어가 구체적이고 사실적이었는가를 이런 표현들만 가지고서도 알 수 있습니다.

예수는 수학가나 법률가와는 달리 가능한 한 예술적 효과를 낼 수 있는 표현법을 많이 사용했습니다. 그 일례로 그가 사용한 과장법을 들 수 있습니다.

"너희 믿음이 적은 연고니라. 진실로 너희에게 이르노니 너희가 만일 믿음이 한 겨자씨만큼만 있으면 이 산을 명하여 여기서 저기로 옮기라 하여도 옮길 것이요 또 너희가 못할 것이 없으리라"(마 17:20).

"네가 점심이나 저녁이나 베풀거든 벗이나 형제나 친척이나 부한 이웃을 청하지 말라… 가난한 자들과 병신들과 저는 자들과 소경들을 청하라"(눅 14:12-13).

"약대가 바늘귀로 들어가는 것이 부자가 하나님 나라에 들어 가는 것보다는 쉬우니라"(마 19:24).

"만일 네 오른눈이 너로 실족케 하거든 빼어내버리라… 만일 네 오른손이 죄를 짓게 하거든 찍어 내버려라"(마 5:29-30).

또한 예수는 깊은 사상을 사람들에게 보다 깊게 심어 주고 또 강렬한 인상을 남겨 주기 위해서 히브리 시인들이 즐겨 사용했던 평행법(parallelism)을 썼습니다.

여우도 굴이 있고 공중의 새도 거처가 있으되
인자는 머리 둘 곳조차 없다(마 8:20).

선지자의 이름으로 선지자를 영접하는 자는 나를 영접하는 것이요
나를 영접하는 자는 나 보내신 이를 영접하는 것이니라(마 10:40).

자기 목숨을 얻는 자는 잃을 것이요
나를 위하여 자기 목숨을 잃는 자는 얻으리라(마 10:39).

이와 같이 나중 된 자로서 먼저 되고
먼저 된 자로서 나중 되리라(마 20:16).

그러므로 내일을 위하여 염려하지 말라.
내일 일은 내일 염려할 것이요(마 6:34).

내가 세상에 화평을 주러 온 줄로 생각지 말라.
화평이 아니요 검을 주러 왔노라(마 10:34).

이처럼 예수는 동의적, 반의적, 종합적 평행법을 가장 적절하게 사용하여 예술적 효과를 나타냈습니다. 지금까지 간단히 살펴본 바와 같이 예수는 여러 면에서 시인적 자질이 풍부한 인물이었음을 알 수 있었습니다.

예수의 비유와 그 사상

비유는 예수의 독특한 문학형식이라 할 수 있습니다. 비유라는 그리스어 "파라볼레"(Parabole)는 "사물을 나란히 놓는다"는 뜻입니다. 그러므로 비유의 기본적인 이념은 비교(comparison)에 있습니다. 따라서 비유는 구약의 "마샬"((mashal)과 같이 잠언, 수수께끼, 속담, 신탁, 조소의 노래 등을 다 포함할 수 있습니다. 그러나 복음서에 사용된 문학형식으로서의 비유는 그 전통적인 개념을 넘어서 일정한 이야기식의 교훈을 일컫습니다.

비유는 철학적 논의도 교리적 서술도 아닙니다. 그렇기 때문에 논리적인 일정한 설명도 없고 체계적인 교리도 제기하지 않습니다. 다만 인생의 체험을 바탕으로 해서 사람의 표상성에 호소하고 있습니다. 따라서 비유가 주는 한 상황의 그림을 풍부한 상상력으로 이해하고 그것을 자기의 책임으로 다시 그려놓지 않으면 안되는 것입니다.

『시편』의 시인은 "내가 입을 열고 비유를 베풀어서 옛 비밀한 말을 발표하리니"(시 78:2)라 했고, 바로 같은 말씀을 예수도 되풀이 한 일이 있습니다(마 13:35). 이 만큼 비유는 예수의 지혜를 전달하기 위한 독특한 문학 형식으로 사용되었습니다. 비유의 기본 이념은 비교에 있지만. 예수의 비유 문학은 그런 단순한 차원을 넘어서 심오한 종교적 진리나 이념을 내포하고 있습니다. 그러므로 종교적 진리(지혜)를 계시해 준다고 하는 점에서 예수의 비유는 지혜 문학의 한 형태로 다룰 수가 있을 것입니다.

예수가 사용한 비유는 수없이 많지만 원래의 의미를 구조적으로 되찾아 보면 몇 가지 사상을 여러 가지 다른 비유로 표현하고 있다는 것을 알 수 있습니다. 그런 기본적인 사상을 몇 개의 범주로 나누어 편안하게 살펴 보겠습니다.

1. 하늘 나라

보통 하늘 나라 하면 종말론적인 견해로 받아들여 미래에 성취될 것으로 이해하게 됩니다. 그러나 예수의 비유에 표현된 하늘 나라는 이런 미래적인 것이 현재의 사실로 나타나 있습니다. "그러나 내가 하나님의 성령을 힘입어 귀신을 쫓아내는 것이면 하나님의 나라가 너희에게 임하였느니라"(마 12:28; 눅 11:20)라고 하신 예수 자신의 말씀이 그 사실을 분명히 하고 있습니다. 이 말씀을 새겨볼 때 전에는 일어나지 않았던 일이 지금 일어나고 있다는 것이고, 그것은 곧 하나님의 주권이 이 지상에서 발효되고 있다는 뜻이 되는 것입니다. 그러니까 하나님의 나라는 하나님을 왕으로 모시게 되는 나라라기 보다는 현재 행사되고 있는 하나님의 주권과 직면하게 되는 나라라는 것입니다

예수는 갈릴리 해변에서 복음을 전하시는 중에 이런 말씀을 하셨습니다. "때가 찼고 하나님의 나라가 가까왔으니 회개하고 복음을 믿으라"(막 1:15). 하늘 나라가 임하는 것은 인간의 태도 여하에 달려있는

것이 아니라 하나의 역사적인 사건으로 사람들이 회개하던 안 하던 간에 그것은 현재 속에 다가 왔다는 것입니다. 『누가복음』 10장 9절-11절에서도 예수는 제자들에게 사람들의 병을 고쳐 주며 하나님의 나라가 다가왔다고 선포하라고 하였습니다. 곧 하늘 나라는 예수 그 자신과 더불어 왔다는 것입니다.

옥에 갇힌 세례 요한이 "오실 이가 당신입니까?"라고 물었을 때 예수는 다음과 같은 비유적인 대답을 하셨습니다. "너희는 가서 보고 들은 것을 요한에게 고하되 소경이 보며 앉은뱅이가 걸으며 문둥이가 깨끗함을 받으며 귀머거리가 들으며 죽은 자가 살아나며 가난한 자에게 복음이 전파된다 하라"(눅 7:22). 이것은 예수의 이적 행위를 보도한 것이지만, 단순히 이적 행위만 열거하려는 데 뜻이 있는 것은 아니었습니다. 이것을 『이사야』 35장 5절-10절과 29장 18절 등과 연결시켜 볼 때, 예수의 비유는 단순히 자기가 행한 이적 행위를 듣고 본 대로 말하라는 것이 아니라 하늘 나라가 바로 지금 이르렀다는 것을 알리라는 것입니다. 왜냐하면 하늘 나라가 임하면 이런 이적 행위가 있으리라는 오랜 예언의 말씀이 있었기 때문입니다.

그래서 예수는 "너희의 보는 것을 보는 눈은 복이 있도다. 내가 너희에게 말하노니 많은 선지자와 임금이 너희 보는 바를 보고자 하였으되 보지 못하였으며 너희 듣는 바를 듣고자 하였으되 듣지 못하였느니라"(눅 10:23-24)라고 하였습니다. 과거에 일어나지 않았던 일이 현재의 체험으로 나타날 때 그것은 하늘 나라가 도래했다는 증거가 된다는 것입니다. 『누가복음』 11장 31절-32절에 이런 말씀이 있습니다.

"심판 때에 남방 여왕이 일어나 이 세대 사람을 정죄하리니 이는 그가 솔로몬의 지혜로운 말을 들으려고 땅 끝에서 왔음이어니와 솔로몬보다 더 큰 이가 여기 있으며 심판 때에 니느웨 사람들이 일어나 이 세대 사람을 정죄하리니 이는 그들이 요나의 전도를 듣고 회개 하였음이

어니와 요나보다 더 큰 이가 여기 있느니라"(눅 11:31-32).

이 예언자 요나나 지혜로운 왕 솔로몬보다 더 위대한 것은 누구겠습니까? 정녕 그것은 예수요, 예언자들과 왕들이 보기를 원했던 하나님의 나라일 것입니다. 그 하늘 나라가 지금 여기에 와 있다는 것입니다. 때로 예수는 하늘 나라의 도래를 결혼식과 비유한 일이 있습니다. 어째서 그의 제자들은 금식을 하지 않느냐는 질문에 대한 예수의 답변을 살펴보는 것이 좋겠습니다. "혼인집 손님들이 신랑과 함께 있을 때에 금식할 수 있느냐 신랑과 함께 있을 동안에는 금식할 수 없나니"(막 2:19).

『요한계시록』에서도 "어린양의 혼인 기약이 이르렀고 그 아내가 예비하였으니"(계 19:7)라 하여 하나님의 나라가 다가 왔음을 결혼식에 비유한 일이 있습니다. 하늘 나라를 표상하는 기쁜 결혼식이 시작되었으니 금식과 비탄은 어울리지 않는다는 것입니다. 또한 『마태복음』 9장 16절-17절도 동일한 문맥에서 보아야 할 것입니다.

"삼베 조각을 낡은 옷에 붙이는 자가 없나니 이는 기운 것이 그 옷을 당기어 헤어짐이 더하게 됨이요 새 포도주를 낡은 가죽 부대에 넣지 아니하나니 그렇게 하면 부대가 터져 포도주도 쏟아지고 부대도 버리게 됨이라. 새 포도주는 새 부대에 넣어야 둘이 다 보전되느니라"(마 9:16-17).

『히브리서』 10장 10절-12절 및 『시편』 102편 26절-28절과 연결지어 볼 때. 장막과 옷은 흔히 우주의 표상으로 사용된다는 것을 알 수 있습니다. 이런 문맥에서 위에 인용한 귀절을 본다면, 이제 옛 시대는 지나가고 새 시대(하늘 나라)가 도래했다는 뜻으로 풀이 할 수 있습니다. 또한 포도주도 하늘 나라의 표상으로 쓰이는 때 가 있습니다. "내가 포도나무에서 난 것을 하나님 나라에서 새것으로 마시는 날까지 다시 마시지 아니하리라"(막 14:25).

이것은 예수 자신 죽음을 맛보게 될 것을 비유로 표현한 것이지만, 한편으로는 하늘 나라를 표상하고 있다고도 할 수 있습니다. 하나님 나라의 개념에 있어서 가장 기본적인 요소가 되는 것은 죄에 대한 심판이라 할 수 있는데, 그것이 예수의 수난과 죽음으로 표현되었던 것입니다. 그러므로 예수의 죽음은 하나님의 나라(신의 주권)안에서 일어난 것으로 이해되어야만 하는 것입니다. 다시 말해서 하나님의 나라는 실제적인 경험의 문제이지만, 예수의 수난과 죽음이라는 역설적인 형태로써만 경험 될 수 있는 것이라 할 수 있습니다.

2. 회 개

"내가 진실로 너희에게 이르노니, 세리들과 창녀들이 너희보다 먼저 하나님의 나라에 들어가리라"(마 21:31). 세리와 창녀들은 하나님의 계명을 어긴 죄인들입니다. 그러나 그들이 자기들의 죄를 깊이 뉘우치고 회개하면 의롭고 경건한 체 하는 바리새인들보다는 먼저 하나님의 나라에 들어갈 수도 있다는 것입니다. 예수는 바리새파의 율법학자들에게 이렇게 말한 일이 있습니다.

"건강한 자에게는 의원이 쓸데 없고 병든 자에게라야 쓸데 있느니라. 내가 의인을 부르러 온 것이 아니요 죄인을 부르러 왔노라"(막 2:17). 여기서 성한 사람은 스스로 의롭다 생각하며 다른 사람을 멸시하는 사람이고, 병든 사람은 죄인이며 의사는 예수를 가리키고 있습니다. 예수는 비록 천대와 멸시를 받는 세리나 창녀들이라 할지라도 회개하고 그의 앞으로 나오면 의사가 병든 사람을 고쳐주듯이 그들을 구원해 주시는 것입니다. 고침을 받고자 하면 무엇보다 먼저 자기의 병을 깨닫고 꼭 의사를 찾아가지 않으면 안되는 것입니다.

한번은 바리새인이 예수를 초대하여 만찬을 베풀었습니다(눅 7:36-50). 이것은 예수에 대한 존경심을 표시한 것으로 가히 칭찬 받을만한 일이라 아니 할 수 없습니다. 그때 동네 한 여인이 바리새인의 집을 찾아왔습니다. 그 여인은 죄인이었습니다. 그 여인을 죄인이라 한 것은 창녀이거나 불명예스러운 직업을 가진 남자의 아내임을 뜻합니다. 이런 여인이 예수의 발 곁에 서서 울며 그 눈물로 그의 발을 적셨습니다. 그 눈물이 무엇을 의미하는지는 분명치 않습니다. 다만 무한히 감사하는 마음의 표시였다는 것만은 알 수가 있습니다.

왜냐하면 무릎이나 발에 입맞추는 것은 생명의 은인에게만 표시하는 아주 겸허한 감사의 표시이기 때문입니다. 이 여인이 얼마나 감사한 마음으로 가득 차 있었는가는 남자들 앞에서 머리를 풀고 그 눈물을 그것으로 닦아준 것으로 보아 알 수 있습니다. 그 감사는 용서를 받은 것을 진실로 고마워서 표현한 것이었습니다. 이처럼 예수는 참회의 눈물을 흘리며 회개하는 자를 용서하시고 그에게 구원의 위로를 주시는 것입니다.

예수는 백 마리의 양 가운데서 잃어버렸던 한 마리의 양을 찾으면 그 양으로 해서 기뻐하십니다(마 18:12-14). 또한 잃었던 탕자가 돌아왔을 때 아버지는 기뻐하시며 잔치를 베풀어 주었습니다(눅 15:11-32). 이 탕자의 이야기는 어느 비유보다도 감동을 주는 설화입니다. 그 이야기를 대충 소개하면 다음과 같습니다.

어떤 한 아버지에게 두 아들이 있었습니다. 그런데 둘째 아들이 자기의 유산을 요구하여 분배해 갖고서는 먼 나라로 가서 허랑방탕한 생활로 그의 재물을 탕진해 버렸습니다. 그가 가진 모든 것을 다 써버렸을 때 그 나라에는 흉년이 들었고 따라서 그는 극심한 빈곤에 처하게 됩니다. 하는 수 없이 그는 남의 더부살이 노릇을 하게 되었고. 그 주인은 그를 들로 보내어 돼지를 치게 하였습니다. 그래서 그는 들로 나가 돼지를 치며 돼지가 먹는 쥐엄나무 열매로 주린 배를 채우려 했습니다. 그러나 그것마저 주는 사람이 없었습니다. 돼지는 부정한 동물(레

11:7)인데, 그런 돼지의 먹이를 먹으며 배를 채우려 했다는 것은 그가 인간 이하의 차원으로 떨어진 것을 뜻합니다. 그제야 제 정신이 든(도덕적 자각) 그는 자기 집에라도 돌아가서 종으로 일할 수 있게 해달라고 애원해 보기로 결심하게 됩니다. 마침내 그는 일어나서 아버지께로 돌아갔습니다. 집에 돌아와 보니 아버지는 의외로 따뜻하고 기쁘게 맞아들이고는 종들에게 명하여 옷과 반지와 구두를 가져오게 하고 "살진 송아지"(눅 15:23)를 잡아 잔치를 차리게 했습니다.

여기서 옷은 아들을 가족의 일원으로 받아들이는 일종의 의례를 상징하고 있고, 반지는 그를 종으로서가 아니라 아들의 신분으로서 받아들여 그에게 가족 일원의 권리를 주는 것을 뜻하며, 구두 역시 아들로서의 신분을 상징하고 있습니다. 왜냐하면 노예는 신분상 맨발로 다녔기 때문입니다. 또한 "살진 송아지"는 특수한 손님을 영접하는 때에만 썼던 것으로 미루어, 이 이야기에 있어서 아버지는 죽었던 아들이 되살아 온 것으로 여기고 영접한다는 것을 알 수 있습니다. 한참 큰 잔치를 베풀고 모두가 즐기고 있을 때, 큰 아들이 밭에서 일을 마치고 돌아왔습니다. 그 광경을 본 형은 크게 노하여 집에 들어오지도 않고 아버지를 향하여 다음과 같이 불평을 털어 놓았습니다.

"내가 여러 해 아버지를 섬겨 명을 어김이 없었거늘 내게는 염소 새끼라도 주어 나와 내 벗으로 즐기게 하신 일이 없더니 아버지의 살림을 창기와 함께 먹어 버린 이 아들이 돌아오매 이를 위하여 살진 송아지를 잡으셨나이다"(눅 15:29-30). 아버지는 불평을 늘어놓는 큰 아들을 부드럽게 나무라면서 이렇게 말했습니다. "너는 항상 나와 함께 있으니 내 것이 다 네 것이로되 이 네 동생은 죽었다가 살았으며 내가 잃었다가 얻었기로 우리가 즐거워하고 기뻐하는 것이 마땅하다 하니라"(눅 15:31-32).

이 비유는 죄인의 정신적인 개심 또는 회개를 묘사하고 있습니다. 여기서 죄인은 두 말할 것도 없이 둘째 아들이라 할 수 있습니다. 둘째 아들의 죄는 아버지를 떠나 독립적인 생활을 하려고 한 것이었습니다. 그렇지만 잘못을 뉘우치고 돌아올 때에는 한 마디 꾸지람도 없이 아버지 곧 하나님은 그를 반가이 맞아 그 죄를 용서해 주시고 위로와 희망을 주시는 것입니다. 그러나 회개나 용서의 본질을 이해하지 못하며 통속적인 행동규범 속에 사로잡혀 자기의 의를 주장하는 형으로서는 도저히 납득할 수가 없었습니다. 그래서 형은 동생을 영접하는 광경을 보고 불평을 털어 놓았던 것입니다.

이런 유형의 성서적 인물은 서기관과 바리새인 같은 사람들이라 할 수 있습니다. 이 비유는 회개와 용서에 초점을 맞추고 있지만 한편으로는 진리의 세계에 깊이 들어가지 못한 형식주의자나 독선주의자를 풍자하기도 하는 것입니다. 이 비유의 주제는 하나님은 의인뿐 아니라 죄인을 사랑하시며, 회개하는 죄인은 용서는 물론 그에 따르는 위로와 기쁨을 누리게 된다는 것입니다. 또한 하나님과 인간의 관계에 있어서 인간의 책임이 크다는 것을 강조하고 있습니다. 그 책임이란 죄의 고백과 회개를 통하여 하나님의 사죄를 구하는 것을 말합니다. 그러나 이 비유에 있어서 형은 탕자의 기쁨을 같이 누리려는 마음이 없었고 용서의 참된 뜻을 이해하지 못하는 인물로 나타납니다.

예수는 자기만 의롭다고 믿고 다른 사람을 멸시하는 형과 같은 인물을 바리새인과 세리의 비유로 풍자했습니다(눅 18:9-14). 바리새인은 성전에 들어가 기도할 때에 토색도, 불의도, 간음도 행하지 않았으며, 일주일에 두 번씩 금식하고 소득의 십일조를 드렸노라고 으시대며 자기의 의를 내세우지만, 세리는 성전 안으로 깊숙이 들어오지도 못한 채 멀리 서서 얼굴을 떨구고 가슴을 치며 "나는 죄인입니다"라고 기도올렸습니다. 이 두 사람 중에 누가 더 옳고 높임을 받을 수 있겠습니까? 하는 것이 이 비유의 주제라 할 수 있습니다. 그것은 더 말할 것도 없이

"나는 죄인입니다"라고 고백하며 회개하는 죄인이 더 축복받을 수 있다는 것입니다. 스스로 높다고 하는 자는 낮아지는 역설적 진리를 말씀하고 있습니다.

3. 사랑과 용서

예수의 비유 중에서 가장 아름다운 것은 "착한 사마리아인의 이야기" 입니다. 하나님을 사랑하고 자기의 이웃을 사랑하는 것이 율법 중에서 가장 중요한 두 계명이라고 율법교사에게 말하자, 그 율법교사는 "누가 내 이웃이 됩니까?"라고 물었습니다. 이에 예수는 다음과 같은 비유로써 대답했습니다.

"어떤 사람이 예루살렘에서 여리고로 내려가다가 강도를 만나매 강도들이 그의 옷을 벗기고 때려 거반 죽은 것을 버리고 갔더라. 마침 한 제사장이 바로 그 길로 내려가다가 그를 보고 피하여 지나가고 또 이와 같이 한 레위인도 그곳에 이르러 그를 보고 피하여 지나가되 어떤 사마리아인은 여행하는 중 거기 이르러 그를 보고 불쌍히 여겨 가까이 가서 상처에 기름과 포도주를 붓고 싸매고 자기 짐승에 태워 주막으로 데리고 가서 돌보아 주고 이튿날에 데나리온 둘을 내어 주막 주인에게 주며 가로되 이 사람을 돌보아 주라. 부비가 더 들면 내가 돌아올 때에 갚으리라 하였으니 네 의견에는 이 세 사람 중 누가 강도 만난 자의 이웃이 되겠느냐"(눅 10:30-37).

중세의 교부(敎父) 어거스틴(Augustine)은 이 비유를 알레고리로 보고 해석하였습니다. 그의 해석에 따르면 "예루살렘"은 아담(Adam)이 타락해서 쫓겨난 평화로운 천성(天城)이고 "여리고"는 달을 의미하는 말이므로 우리들의 세상 또는 사멸(死滅)을 지칭하고 있다고 할 수 있습니다. 왜냐하면 달은 생겨나 커졌다가는 이지러져 사라지는 속성을 가지고 있기 때문입니다. "강도들"은 악마와 그 일당들이고, "옷을 벗기고"는 불멸을 빼앗아간 것을 말하며, "두들겼다"는 것은 인간을 설복하여 죄를 짓게 하는 것을 뜻합니다. "거반 죽은"이라는 말은 인간이 하나님을 인식하는 한에 있어서는 살고, 죄에 억눌려 약화되는 한에 있어서는 죽게 된다는 것을 암시하고 있습니다. 산 것도 죽은 것도 아닌 상태가 거반 죽은 상태입니다. "강도 만난 자를 보고 피해가 버린 제사장과 레위인"은 구원에 아무런 도움을 주지 못하는 종교 지도자들을 의미하고, "어떤 사마리아인"은 보호자 또는 예수 자신을 뜻하고 있습니다. "상처를 싸매 준" 것은 죄를 구속하는 것이고, "기름"은 위로와 희망을, "포도주"는 뜨거운 정기를 갖고 일하라고 하는 권고입니다. 그리고 "나귀"는 예수가 입고 우리에게 오도록 되어 있는 육체를 말하고, "나귀에 태웠다"는 것은 그리스도의 성육신(incarnation)에 대한 믿음을 뜻한다고 할 수 있습니다. "여관"은 천성으로 돌아가고 있는 나그네들이 쉬어 가는 교회요, "다음날"은 그리스도의 부활 이후를 말한다고 합니다. "돈 두 데나리온"은 사랑에 대한 두 가지 가르침이거나 아니면 이 생명과 올 생명에 대한 약속을 말하고, "여관 주인"은 사도(使徒)를 뜻합니다. 그러므로 "비용이 더 들면"하는 것은 그리스도의 독자적 역사를 말한다고 할 수 있습니다. 예수는 약한 형제에게 부담을 주지 않는다는 뜻입니다.

예수는 이 비유를 통하여 종교 지도자들(제사장과 레위인)과 당시 천대받던 사마리아 사람을 대조시키면서, 억눌림을 당하며 어려움에 부닥쳐 반쯤 죽어있는 이웃(인간)을 돕고 위험을 무릅쓰고서라도 그들에게 안보와 위로를 주라고 가르친 것입니다. 기독교의 생명은 교리와 독단에 있는 것이 아니라, 이웃과 바른 인간 관계를 맺고 돕는 사랑하는 행위에 있다는 것입니다. 그러므로 이 비유는 기독교 윤리의 시금석이 되며 모든 행동의 지표가 되는 사랑의 실천을 설화적 틀과 기교로써 제시한 것이라 할 수 있습니다.

『마가복음』 12장 30절-31절에 마음과 목숨과 뜻과 힘을 다하여 하나님을 사랑하고 네 이웃을 네 몸과 같이 사랑하라는 말씀이 있는 바와 같이, "선한 사마리아인의 비유"에서도 그런 사랑의 표본을 보여주고 있습니다.

"사랑"은 모든 죄를 덮는다(벧전 4:8)는 말씀 그대로 사랑에는 봉사의 행위도 따라야지만 용서의 행위도 선행되어야 한다는 것입니다. 그러므로 예수는 여러 비유를 통하여 형제의 허물과 죄를 용서해 줄 것을 가르치고 있습니다.

한번은 예수께서 예루살렘 성전에 올라가 무리들에게 가르치고 있을 때, 서기관들과 바리새인들이 그를 시험하려고 간음하다가 현장에서 잡힌 여자를 끌고 왔습니다. 그들은 그 여자를 무리들 한가운데 세우고 예수에게 이렇게 물었습니다. "선생이여, 이 여자가 간음하다가 현장에서 잡혔나이다. 모세는 율법에서 이러한 여자를 돌로 치라고 명하였거니와 선생은 어떻게 말하겠나이까"(요 8:4-5).

이 물음은 예수의 대답을 물고 늘어져 그를 고소할 조건을 찾아내려 함이었습니다. 예수께서 돌로 치라 하면 사랑이 없다고 책잡을 수 있고, 돌로 치지 말라하면 모세의 율법을 어기는 것이라고 책잡을 수 있기 때문이었습니다. 이런 난처한 질문을 받은 예수께서는 곧 몸을 굽혀 땅에다가 손가락으로 글을 쓰시더니 그들이 다그쳐 묻자 다시 일어나 이렇게 말씀하셨습니다. "너희 중에 죄 없는 자가 먼저 돌로 치라"(요 8:7).

이 말을 듣고 온 무리들은 양심의 가책을 느껴 돌을 버리고 돌아가 버렸습니다. 이것을 본 예수는 죄지은 여인을 일으켜 세우시고 "나도 너를 정죄하지 아니하노니 가서 다시는 죄를 범치 말라고 하셨습니다. 이것은 비유는 아니지만 서로 사람을 따스한 사랑으로 용서하라는 귀한 진리를 담고 있습니다. 예수는 그런 사랑을 십자가 위에서 몸소 실

8. 예수 그리스도의 신세계 463

천해 보이셨습니다(눅 23:34).

다음과 같은 단순한 비유도 남을 용서하고 먼저 자기의 허물을 알리는 교훈을 담고 있습니다. "어찌하여 형제의 눈 속에 있는 티는 보고 네 눈 속에 있는 들보는 깨닫지 못하느냐. 보라 네 눈 속에 들보가 있는데 어찌하여 형제에게 말하기를 '네 눈 속에 있는 티를 빼게 하라' 하겠느냐"(마 7:3).

티는 작은 것이요, 들보는 큰 것입니다. 그런데 사람들은 자기에게는 들보만한 허물이 있으면서도 남의 작은 허물만 찾아내 비판하고 헐뜯고 있다는 것입니다. 이 배후에도 서로 사랑하고 허물을 덮어주라는 박애 정신이 들어 있습니다.

4. 성 장

예수의 비유 가운데는 일련의 성장의 이념을 공통적으로 갖고 있는 것들이 있습니다. 그 첫 번째 예로 겨자씨의 비유를 들 수 있습니다. "천국은 마치 사람이 자기 밭에 갖다 심은 겨자씨 한 알 같으니 이는 모든 씨보다 작은 것이로되 자란 후에는 나물보다 커서 나무가 되며 공중의 새들이 와서 그 가지에 깃들이느니라"(마 13:31-32).

겨자씨는 바늘귀만한 크기의 것으로 사람의 눈으로 볼 수 있는 것 중에서는 가장 작은 씨라고 합니다(막 4:31). 그러나 이것은 자라 나면 모든 재배식물 중에서 가장 큰 것이 되고 큰 가지를 냄으로써 공중의 새들이 그 그늘에서 깃들일 수가 있습니다. 이 비유의 요점은 작은 시작과 큰 결과를 대조시키려는 데 있는 것이 아니라 작은 씨앗이 새들이 깃들일 수 있을 정도로 자라난다는 데 있습니다. 『다니엘』 4장 12절과 『에스겔』 17장 23절 또는 31장 6절에 비추어 볼 때, "새들이 깃들이는 나무"는 그 백성들을 정치적으로 보호해주는 거대한 나라의 상징이 된다는 것을 알 수 있습니다. 이처럼 하늘 나라도 성장의 과정을 거쳐 크고 강대한 나라가 된다는 것입니다.

다음으로는 누룩의 비유를 들 수 있습니다. "천국은 마치 여자가 가루 서 말 속에 갖다 넣어 전부 부풀게 한 누룩과 같으니라"(마 13:33). 누룩도 역시 겨자씨와 마찬가지로 아주 미미한 것으로써 많은 밀가루에 비하면 정말 보잘 것이 없는 적은 것입니다. 그러나 밀가루에 섞어서 반죽을 개가지고 하룻밤 동안 그대로 두면 그 반죽은 모두 발효되고 맙니다. 발효됨에 따라 밀가루 전체를 부풀게 하고 기포되게 만듭니다. 하늘 나라도 이와 같다는 것입니다. 그러나 그것은 외부적인 어떤 강압에 의해 이루어지는 것이 아니라, 그 내면에서부터 발효의 힘이 작용해서 이루어진다는 것입니다. 하나님 나라의 힘(세력)은 이처럼 그 안에서부터 솟구쳐 주변으로 널리 침투되게 되는 것입니다. 『누가복음』 17장 20절-21절에 나오는 비유도 이런 문맥에서 해석 될 수 있겠습니다. "하나님의 나라는 볼 수 있게 임하는 것이 아니요 또 여기 있다 저기 있다고도 못하리니 하나님의 나라는 너희 안에 있느니라"(눅 17:20-21). 하늘 나라는 이처럼 은밀히 성장의 과정을 거쳐 온 세상에 퍼져나간다는 것입니다.

또 다른 성장의 비유로『마가복음』 4장 26절-29절을 들 수 있습니다. "하나님의 나라는 사람이 씨를 땅에 뿌림과 같으니 저가 밤낮 자고 깨고 하는 중에 씨가 나서 자라되 그 어떻게 된 것을 알지 못하느니라. 땅이 스스로 열매를 맺되 처음에는 싹이요 다음에는 이삭이요 그 다음에는 이삭에 충실한 곡식이라. 열매가 익으면 곧 낫을 대나니 이는 추수 때가 이르렀음이니라"(막 4:26:-29).

농부는 씨를 뿌린 후에 밤낮 자고 깨는 똑같은 순환 속에서 그의 생활을 계속해 나가지만, 씨앗이 어떻게 자라는지 설명할 수가 없습니다. 그래도 씨앗은 싹이 나고, 그 싹은 이삭이 되어 알찬 곡식을 맺게 됩니다. 이처럼 하늘 나라는 우리 인간의 의지나 행위에 관계없이 은밀하고 독자적인 과정을 거쳐 성장하고 그 결실을 거두게 된다는 것입니다.

다음 비유도 성장에 관련되는 것으로 널리 알려진 것 중의 하나입니다. "들으라 씨를 뿌리는 자가 뿌리러 나가서 뿌릴새 더러는 길가에 떨어지매 새들이 와서 먹어 버렸고 더러는 흙이 얇은 돌밭에 떨어지매 흙이 깊지 아니하므로 곧 싹이 나오나 해가 돋은 후에 타져서 뿌리가 없으므로 말랐고 더러는 가시떨기에 떨어지매 가시가 자라 기운을 막으므로 결실치 못하였고 더러는 좋은 땅에 떨어지매 자라 무성하여 결실하였으니 삼십 배와 육십 배와 백 배가 되었느니라"(막 4:2-8).

이 비유에 있어서 농부(씨 뿌리는 자)는 네 종류의 땅에다 씨를 뿌렸는데, 그 가운데서 생산적인 땅은 오직 하나 뿐입니다. 이로 볼 때 씨 뿌리는 자와 씨는 한결같지만, 땅의 유형은 다양하다는 것을 알 수 있습니다. 여기서 씨 뿌리는 자는 전도자이거나 그리스도 자신이라 할 수 있고, 씨는 하나님의 말씀이요, 네 종류의 땅은 그 말씀을 듣는 자들의 반응이라 할 수 있습니다. 씨 뿌리는 자와 씨는 한결같지만 땅의 유형은 다양한 것으로 보아서 복음을 전파함에 있어서 동일한 결과를 기대할 수 없다는 것을 알 수 있습니다. 이 비유는 구원은 하나님의 말씀을 듣는 사람들의 반응을 내포하고 있다는 것을 보여 주고 있습니다.

이 비유에 있어서 세 종류의 땅은 진리에 대해 저항적 반응을 보이지만, 네 번째 땅은 그와는 달리 생산적이어서 삼십 배, 육십 배 또는 백 배의 결실을 맺을 수 있습니다. 이런 관점에서 본다면 추수의 비유도 성장의 과정과 그 완성을 보여주는 것으로 해석할 수 있을 것 같습니다. "추수할 것은 많되 일꾼은 적으니 그러므로 추수하는 주인에게 청하여 추수할 일꾼들을 보내어 주소서 하라 하시니라"(마 9:37-38).

『마태복음』 13장 39절에 "추수 때는 세상 끝이요 추수꾼은 천사들이니"라는 말이 있지만, 여기서 일꾼은 천사들이라기 보다는 예수의 제자들을 가르친다고 생각합니다. 따라서 추수 때는 세상 끝나는 날이라 할 수 없고 현재의 사명 완수를 강조하는 것이라 할 수 있습니다. 예수는 현재 무르익은 곡식을 바라보며 그 곡식에 낫을 댈 일꾼이 많지 못하다고 말씀하시고 계신 것입니다. 그러나 이 과정을 완성시키는 것은 인간의 노력이 아니라 하나님의 선행적 은총이라 할 수 있습니다.

5. 심판의 날

예수의 비유 가운데는 심판의 날을 예시해주는 것들이 있습니다. "화가 있을진저 고라신아 화가 있을진저 벳새다야 너희에게서 행한 모든 권능을 두로와 시돈에서 행하였더면 저희가 벌써 베옷을 입고 재에 앉아 회개하였으리라. 내가 너희에게 이르노니 심판 날에 두로와 시돈이 너희보다 견디기 쉬우리라"(마 11:21-22).

고라신은 가버나움 북방 4킬로쯤 되는 곳에 있는 도시요, 벳새다는 갈릴리 바다 북쪽 끝에 있는 도시입니다. 그리고 두로와 시돈은 페니키아에 있는 이교적 도시들입니다. 이 비유는 이런 이교적 도시 두로와 시돈이 예수 자신의 도시 고라신과 벳새다보다도 그의 권능과 기적에 대해 더 좋은 반응을 보였으므로 심판 날 오히려 가벼운 벌을 받으리라는 것입니다.

『마태복음』 12장 41절-42절에 위에 인용한 비유와 비슷한 것이 나옵니다. "심판 때에 니느웨 사람들이 일어나 이 세대 사람을 정죄하리니 이는 그들이 요나의 전도를 듣고 회개하였음이어니와 요나보다 더 큰 이가 여기 있으며 심판 때에 남방 여왕이 일어나 이 세대 사람을 정죄하리니 이는 그가 솔로몬의 지혜로운 말을 들으려고 땅 끝에서 왔음이어니와 솔로몬보다 더 큰 이가 여기 있느니라"(마 12:41-42).

심판 날이 오면 니느웨 사람들과 남쪽 나라의 여왕이 예수의 말씀을 듣고도 무시한 유대인들에 대한 심판의 증인으로 나타나리라는 것을 비유로 말씀하신 것입니다. 이미 죽은지 오래된 사람들이 증인으로 나타난다는 것은 그것이 역사적 질서 밖에 존재한다는 것을 암시해주고 있는 것입니다.

『마태복음』 24장 37절-39절에 따르면 심판의 날은 노아 때의 홍수처럼 예기치 못한 그런 때에 갑자기 온다고 합니다. 또한 『마태복음』 24장 27절에서는 번개 치듯이 올 것이라 했고, 『마가복음』 13장 24절-26절에서는 "그 때에 그 환난 후 해가 어두워지며 달은 빛을 내지 아니하며 별들이 하늘에서 떨어지며 하늘에 있는 권능들이 흔들리리라. 그 때에 인자가 구름을 타고 큰 권능과 영광으로 오는 것을 사람들이 보리라"고 했습니다.

그 날에 사람의 아들(심판자)은 천사들을 보내어 땅 끝에서 하늘 끝까지 사방으로부터 뽑힌 사람들을 모을 것이라고 했습니다(막 13:27). 이와 비슷한 비유들이 『마태복음』과 『누가복음』에 나옵니다. "그 때에 두 사람이 밭에 있으매 하나는 데려감을 당하고 하나는 버려둠을 당할 것이요 두 여자가 매를 갈고 있으매 하나는 데려감을 당하고 하나는 버려둠을 당할 것이니라"(마 24:40-41). "그 밤에 두 남자가 한 자리에 누워 있으매 하나는 데려감을 당하고 하나는 버려둠을 당할 것이요 두 여자가 함께 매를 갈고 있으매 하나는 데려감을 당하고 하나는 버려둠을 당할 것이니라"(눅 17:34-35).

여기서 하나는 데려가고 하나는 버려 둔다는 것은 사실상 풀기 어려운 문제지만 뽑힌 자들을 모은다는 것과 연결지을 수 있을 것 같습니다. 더욱 이 비유는 일상적인 생활을 하고 있는 사람들을 갑작스럽게 데려 간다는 것이므로, 심판의 사건은 돌발적이요, 개별적이라는 뜻도 내포하고 있습니다. 그날에는 개별적으로 심판할 뿐 아니라, 이스라엘의 열두 지파도 심판할 것이라고 합니다. "내가 진실로 너희에게 이르노니 세상이 새롭게 되어 인자가 영광의 보좌에 앉을 때에 나를 좇는 너희도 열두 보좌에 앉아 이스라엘 열두 지파를 심판하리라"(마

19:28).

『마태복음』 13장 24절-30절과 36절-43절에서는 추수 때 가라지를 뽑아서 묶어 불에 태우리라 했는데, 여기서 추수 때는 역시 세상 끝 날을 뜻합니다. 그리고 그날에는 먼저 부름을 받은 사람이나 나중 부름을 받은 사람이나 조금도 구별없이 일단 부름에 응한 사람이면 누구나 동일한 보상(구익)을 받으리라고 합니다(마 20:1-16). 또한 어떤 직무를 맡고도 그것을 잘 감당치 않는 사람이나 어떤 재능을 갖고도 그것을 썩히는 사람은 형벌을 받으리라고 합니다(마 25:14-30).

다시 말해서 부지런하고 충성스러운 종은 보상을 받지만, 악하고 게으른 종은 심판 날에 형벌을 받으리라는 것입니다. 그러므로 그날이 오기 전에 깨어 등불과 기름을 준비했다가 신랑이 오면 즐겁게 맞아야 한다고 합니다(마 25:1-13). 또 그날에는 목자가 양과 염소를 갈라 놓듯이 사람들을 불러모아 축복받을 사람과 저주받을 사람을 갈라 놓을 것이라고 합니다(마 25:31-46). 그러나 그날과 그 때는 언제인지 누구도 알 수 없습니다. 그러므로 도덕적(정신적)으로 경성하여 그날을 맞을 준비를 하지 않으면 안된다는 것입니다.

비유는 예수의 독특한 문학형식으로 알레고리로 알려진 문학가족에 속합니다. 그 특징으로는 첫째 리얼리즘의 기술에 전적으로 의존하고 있다는 것을 들 수 있겠습니다. 다시 말해서 비유는 듣는 사람들(청자들)의 친숙한 체험을 바탕으로 하고 있다는 것입니다. 직접적인 상황에 대한 반응을 담은 문학이라 할 수 있습니다. 따라서 비유를 세련시키면 기술적으로 구성된 플롯과 상세한 배경 및 대화를 갖는 짧은 이야기가 될 수 있습니다.

둘째 특징으로 풍자성을 들 수 있지만, 그 풍자성은 실제적으로는 명확한 수사적 목적을 충족시켜 주는 구실을 합니다. 다시 말해서 비유는 청중을 감동시키기 위해 사용된 설득의 수단이 된다는 것입니다.

세 번째 특징으로 비유는 기본적인 교리나 윤리적 신념을 취급하는 경향이 있다는 것입니다. 예수의 비유를 보면 구원, 하늘 나라. 회개, 사랑, 봉사, 심판. 재림 같은 교리와 윤리적 이념이 담겨져 있다는 것을 알 수 있습니다. 예수는 대부분의 비유를 잘 이해되지 않고 있는 진리 특히 하늘 나라의 개념을 가르치기 위하여 사용했습니다. 그러므로 독자는 간접적으로 진술된 비유를 읽고 그 속에 담긴 상황을 독자적으로 판단하고 그것을 정신적인 차원으로 전이시켜야만 합니다.

예수와 만난 사람들

예수와 만난 제자들
- 부름받은 갈릴리 어부들 : 베드로, 야고보, 요한
- 복음 전도자 안드레와 빌립
- 의심 많은 제자 도마
- 세리(税吏) 출신의 제자 마태

예수와 만난 여자들
- 일곱 귀신이 나간 여자 막달라 마리아
- 베다니의 두 여인: 마르다와 마리아
- 남편 다섯을 두었던 사마리아 여인

예수와 만난 사도들
- 『마가복음』을 쓴 저자 요한 마가
- 최고의 교육을 받은 최초의 의료 선교사 누가
- 기독교 최초의 세계 선교사 바울

예수와 만난 제자들

부름받은 갈릴리 어부들 ● 베드로, 야고보, 요한

예수에게는 열두 제자가 있었습니다. 그 중에서도 예수의 수제자는 베드로였습니다. 베드로는 갈릴리 호수의 서북쪽 모퉁이에 있는 벳새다라는 이름 없는 촌락에 살았던 어부였습니다. 역시 어부였던 안드레가 베드로의 동생입니다. 베드로는 동생 안드레의 인도로 예수를 처음 만나 그 순간부터 깊은 인상에 사로잡히게 되었고, 예수가 갈릴리로 가시기로 작정했다는 소식을 듣고는 그를 따르기로 결심했던 것입니다. 베드로의 본명은 시몬이었으나 이 때부터 게바 곧 베드로라 불리우게 되었습니다(요 1:42).

예수는 안드레와 베드로 그리고 같은 벳새다 출신인 빌립을 데리고서 갈릴리 가나라는 마을에 이르렀습니다. 마침 가나에 혼인 잔치가 있었는데, 주로 이 자리에는 포도원의 농부들이 모여 축하하고 있었습니다. 이곳에 초대받은 예수와 그 일행은 환대를 받았고, 포도주가 다 떨어지자 어머니의 요청에 따라 예수는 물로 포도주를 만들어 그 자리를 더욱 즐겁고 풍성하게 만들었습니다. 베드로는 이 감격스러운 순간을 통하여 어머니를 깍듯이 모시면서도 그 언행과 능력을 가지고 삶의 자리(현장)를 더욱 좋게 만드시는 예수를 보며 그는 보통 사람이 아니라 하나님의 아들이라는 확신을 갖게 되었습니다(요 2:11).

이렇게 베드로는 9개월 동안 예수를 모시고 다니면서 스승이 하는 일을 도왔습니다. 그 후 베드로는 자기 집으로 돌아갔고, 예수는 홀로 갈릴리로 다니면서 하늘나라의 복음을 전파했는데, 실로 수많은 사람들이 그를 좇게 되었습니다(마 4:24-25).

어느 가을 이른 아침이었습니다. 베드로는 동료 어부들과 함께 배에서 내려 그물을 씻고 있었습니다. 그때 마침 많은 무리들에 둘러싸여 예수께서 거기에 나타나셨습니다. 곧장 베드로의 배에 오르신 예수는 무리를 가르친 뒤 베드로를 향해 "깊은 데로 가서 그물을 내려 고기를 잡으라"(눅 5:4)고 하셨습니다. 베드로는 순간 머뭇거릴 수밖에 없었습니다. 왜냐하면 어릴적부터 고기잡이를 해온 베드로로서는 이른 아침에 그것도 깊은 데로 가서 그물을 던진다고 하는 것은 공연한 헛수고라는 것을 잘 알고 있었기 때문입니다.

그러나 스승의 명령인지라 그는 그대로 행하였습니다. 그 결과 어찌나 많이 잡혔든지 그물이 찢어질 정도였습니다. 그는 하는 수 없이 다른 배에서 구경하고 있던 동료들에게 도움을 요청하였습니다. 그들이 와서 두 배에 가득 채우니 뱃전이 물에 잠길 지경이었습니다. 이것을 본 베드로는 예수의 무릎 아래 엎드려 "주여, 나를 떠나소서. 나는 죄인이로소이다"(눅 5:8)라고 자기의 어리석음을 고백했습니다.

예수는 죄책을 느끼며 놀라고 감탄하는 제자들에게 말씀하셨습니다 "나를 따라 오라. 내가 너희로 사람을 낚는 어부가 되게 하리라"(마 4:19). 베드로는 그때부터 예수를 따라 다니면서 바리새인이나 서기관과는 달리 권위있게 가르치는 것도 보았고, 귀신 들린 자, 눈먼 자, 절름발이, 열병 앓는 자, 손이 마른 자, 귀가 먹은 자와 같이 온갖 질병으로 고통을 당하는 자들을 고쳐주고, 억눌린 자를 풀어주고, 온갖 소외당한 자들의 친구가 되어 주며, 그들의 영혼을 구원해 주는 기적을 보았습니다. 그는 예수가 그리스도라는 것을 확신했습니다.

오랜 세월이 흐르고 난 어느 날, 예수는 갑자기 제자들을 향해 이런 질문을 던졌습니다.

"사람들이 인자를 누구라 하느냐?" (마 16:13).

"주는 그리스도시요, 살아계신 하나님의 아들이시니이다" (마 16:16).

예수는 어부였던 베드로가 신비의 비밀을 터득한 것을 보고 다음과 같이 축복했습니다. "바요나 시몬아, 네가 복이 있도다. 이를 네게 알게 한 이는 혈육이 아니요 하늘에 계신 내 아버지시니라. 또 내가 네게 이르노니 너는 베드로라. 내가 이 반석 위에 내 교회를 세우리니 음부의 권세가 이기지 못하리라. 내가 천국 열쇠를 네게 주리라" (마 16:17-19).

이는 베드로가 고백한 그 위대한 진리를 교회의 기초로 삼겠다는 것이며, 그런 진리를 좇아 사는 사람에게 복된 삶을 여는 열쇠를 주겠다는 것입니다. 가이사랴 빌립보 지방을 여행하던 마지막 날 오후, 예수는 사랑하는 세 제자 베드로, 야고보, 요한을 데리고 잠깐 휴식을 취하려고 헐몬 산 정상에 올라갔습니다. 흰 눈이 덮인 자연 제단이라 할 수 있는 이 헐몬 산에서 놀라운 사건이 일어났습니다. 세 제자가 지켜보는 가운데 영광스럽게도 예수의 모습이 변하였는데, 그 얼굴은 해와 같이 빛나고 그 옷은 빛과 같이 희게 되었던 것입니다. 그러자 율법의 대표자인 모세와 선지자의 대표인 엘리야가 나타나 예수와 더불어 말씀을 나누었습니다. 이 황홀한 변형 광경에 도취한 베드로는 그만 앞뒤를 가릴 사이도 없이 불쑥 이런 말을 하였습니다.

"주여, 우리가 여기 있는 것이 좋사오니, 주께서 만일 원하시면, 내가 여기서 초막 셋을 짓되, 하나는 주를 위하여, 하나는 모세를 위하여, 하나는 엘리야를 위하여 하리이다"(마 17:4). 그때 구름 속에서 이런 소리가 들렸습니다. "이는 내 사랑하는 아들이요, 내 기뻐하는 자니 너희는 저의 말을 들으라"(마 17:5). 제자들은 이 말을 듣고 심히 두려워 엎드려 있었습니다.

"일어나라. 두려워 말라"(마 17:7)

제자들이 눈을 들어보니 구름은 걷히고 예수만 홀로 계셨습니다. 그들은 예수의 원대로 그를 따라 갈릴리로 직행하게 되었습니다. 때는 유월절이었습니다. 그래서 감람산은 각 지역에서 모여든 인파로 들끓고 있었습니다. 예수와 그 일행은 시몬의 집에 이르러 최후의 만찬을 들었습니다. 이 자리에서 예수는 대야에 물을 떠다가 제자들의 발을 씻겨주시며 "너희도 서로 발을 씻기는 것이 옳으니라"(요 13:14)고 마지막 교훈을 주셨습니다. 그리고 새 계명도 주셨습니다. 그것은 "내가 너희를 사랑한 것같이 너희도 서로 사랑하라"(요 13:34)는 것이었습니다.

최후의 만찬을 나눈 예수와 제자들은 찬미하며 감람산으로 나갔습니다(막 14:26). 감람산 겟세마네 동산으로 향해 가는 도중 예수는 제자들을 돌아보며 말했습니다. "너희가 다 나를 버리리라"(막 14:27). 그러나 베드로는 이렇게 맹세했습니다. "다 버릴지라도 나는 그렇지 않겠나이다"(막 14:29). 이 말을 듣고 예수께서는 이어서 "내가 진실로 네게 이르노니 오늘 이 밤 닭이 두 번 울기 전에 네가 세 번 나를 부인하리라"(막 14:30)라고 경고했습니다. 이러한 예수님의 말씀을 듣고 베드로는, "내가 주와 함께 죽을지언정 주를 부인하지 않겠나이다"(막 14:31)라고 맹세하였습니다.

이윽고 겟세마네 동산에 이르른 예수는 베드로와 야고보와 요한을 좀 떨어진 곳으로 데리고 갔습니다. 두려움을 느낀 예수는 할 수만 있으면 자기에게 닥칠 고난의 쓴 잔을 자기에게서 거두어 달라고 기도했습니다. 그가 세 번이나 제자들에게 돌아와보니 언제나 그들은 졸고 있을 뿐이었습니다. "너희가 나와 함께 한 시 동안도 이렇게 깨어 있을 수 없더냐"(마 26:40)라고 꾸짖으신 후, 그는 "일어나 함께 가자 보라 나를 파는 자가 가까이 왔느니라"(마 26:46)고 했습니다. 그 때 배신자 유다가 검과 몽치를 든 폭도들과 함께 나타났습니다. 유다의 입맞춤을 신호로 삼아 폭도들은 예수를 잡아 대제사장 가야바에게로 끌고 갔습니다.

제자들은 예수를 버리고 모두 도망쳤습니다. 그러나 베드로는 그 결과를 보려고 멀리 떨어져 예수를 쫓아가 대제사장의 집 바깥 뜰에 앉아 있었습니다. 베드로가 들어와 있는 것을 본 한 비자(婢子)가 그에게 다가서며, "너도 갈릴리 사람 예수와 함께 있었도다"(마 26:69)라고 다그쳤습니다. 그러나 베드로는 "나는 네 말하는 것이 무엇인지 알지 못하겠노라"(마 26:70)고 얼버무리면서 살짝 현관 쪽으로 다가섰습니다. 이때 어둠 속에서 닭우는 소리가 들렸습니다.

그 곳에 있는 동안 베드로는 또 다른 비자에게 발각되었습니다. 그 비자는 곁에 서 있는 사람들에게, "이 사람은 나사렛 예수와 함께 있었도다"(마 26:71)라고 소리 쳤습니다. 이 번에도 그는, "내가 그 사람을 알지 못하노라"(마 26:72)라고 다짐까지 곁들이면서 예수를 부인했습니다. 한 시간쯤 지난 뒤 그는 위기를 모면해 보려고 다시 북쪽으로 자리를 옮겼습니다. 그러자 곁에 섰던 사람들이, "너도 진실로 그 당이라. 네 말소리가 너를 표명한다"(마 26:73)라고 했습니다. 그러나 베드로는 예수를 저주하며, "나는 그 사람을 알지 못하노라"(마 26:74)고 부인했습니다. 그때 다시 닭이 또 울었습니다.

베드로는 이처럼 예수가 예언한 대로 세 번 그를 부인했습니다. 닭 울음 소리를 듣고서야 그는 자신의 비극적인 실수를 깨닫고 통곡하며 울었습니다. 그런데도 예수는 죽었다가 삼일 만에 부활하신 후 베드로에게 나타나셨습니다(눅 24:34; 고전 15장). 그리스도와 베드로가 어디서 만났으며 무슨 말을 나누었는 지는 알 수 없지만, 베드로는 그 순간 감격의 눈물을 흘렸을 것입니다. 그 후 베드로는 오랫동안 잊고 있던 어부의 생활로 되돌아갔습니다. 어느 날 그는 다른 제자 여섯 명과 함께 큰 고깃배를 타고서 그들의 친근한 어장으로 나섰습니다. 그 배 뒤에는 좀더 작은 배가 달려 있었습니다. 어둠이 산을 덮고 있었으며 강변의 불빛도 하나 둘 꺼져가는 대신 온 하늘은 별빛으로 환했습니다. 그들은 밤새도록 그물을 던졌으나 잡은 것이라고는 하나도 없었습니다.

어슴프레 날이 밝아 왔을 때 예수가 거기 나타나셨습니다. 그러나 아무도 그가 예수인 것을 몰랐습니다. 그러나 요한은 어김없는 사랑의 본능으로 주님인 것을 알아차리고 재빨리 베드로에게 알려주었습니다. 베드로는 그 순간 일하느라 벗어 놓은 겉옷을 걸치고서 차가운 물 속으로 뛰어들었습니다. 그렇게 함으로써 그는 잠시나마 예수님과 단독 면담할 기회를 가질 수 있었습니다.

조반 먹은 후에 예수는 베드로에게 세 번 거듭해서, "요한의 아들 시몬아 네가 이 사람들보다 나를 더 사랑하느냐"고 물으셨습니다(요 21:15-17). 베드로는 세 번씩이나, "네가 나를 사랑하느냐"고 물음으로 근심하면서도 "내가 주를 사랑하는 줄 주께서 아시나이다"라고 대답했습니다. 이런 베드로에게 예수는 "내 양을 먹이라"는 새로운 임무를 주셨습니다. 이때부터 베드로는 어떤 역경이라도 이겨낼 수 있는 새로운 용기를 갖게 되었습니다

예수께서 하늘로 올라가시는 것을 직접 보고 마가의 다락방으로 돌아온 베드로와 다른 제자들은 함께 기도하는 중에 성령을 충만히 받고 권능을 얻게 되었습니다 (행 1:8). 그때부터 베드로는 부활의 증인으로

서 다른 제자들을 격려하며 선두에 서서 스승의 가르침을 전파하기에 힘썼고 최후에는 로마에서 붙잡혀 순교당했다고 합니다.

베드로와 안드레는 형제로서 일명 게네사렛 호수라고 하는 갈릴리 바다가에서 고기잡이를 하던 평범한 어부였습니다. 그 가운데는 세베대의 아들 야고보와 요한도 끼어 있었습니다. 그들은 예수의 부르심을 받기 전 고기잡이를 하고 있을 그 당시 아마도 서로 고기를 더 많이 잡기 위해 서로 싸우기까지 했던 경쟁자였을 것입니다. 왜냐하면 호수라고는 갈릴리 한곳밖에 없는 데다가 고기잡이 하는 배는 수없이 많았기 때문입니다.

베드로와 야고보와 요한 이 세 사람은 각자 독특한 성격을 가지고 있었으므로 그들 스스로의 힘으로는 서로 협동하거나 친밀하게 교제하는 팀을 만들기 힘들었을 것입니다. 베드로는 불같은 성격으로 먼저 일을 저질러 놓고 뒤에 생각하는 타입의 사람이었습니다. 또한 그는 예수님을 따르는 12제자의 대변자 노릇을 했으며, 종종 앞뒤를 가리지 않고 말을 내뱉었습니다. 야고보와 그의 동생 요한은 한 형제로서 똑같이 성급하고 열렬한 성격을 가지고 있었습니다. 그래서 예수께서는 그들에게 "보아너게"(우뢰의 아들들) 즉 "급히 성내는 사람들"이라는 별명까지 붙혀주었습니다. 예를 들어 이 두 사람의 조급하고 열렬한 성격은, 예수께서 사마리아인들의 동네에서 배척을 당하시자 하늘에서 불을 내려 그 동네를 태워버리자고 예수께 요청한 사건 속에 잘 나타나 있습니다. 『마가복음』 10장 35절-41절을 보면 예수께서 죽음을 얼마 남겨 놓지 않은 시기에 야고보와 요한에게 "너희에게 무엇을 하여 주기를 원하느냐?"고 물으시자, 그들은 "주의 영광 중에서 우리를 하나는 주의 우편에, 하나는 좌편에 앉게 하여 주옵소서"(막 10:37)라고 대답할 정도로 명예와 높은 자리에 대한 욕심도 강했습니다.

또한 그들은 각자 처한 환경도 달랐습니다. 예를 들면 베드로는 결혼하여 아내가 있었으며(눅 4:38), 요한은 집을 가지고 있었습니다(요 19:27). 이들 세 사람은 아주 사소한 일에도 쉽게 화를 냈으며, 더구나 고기 잡는 일에 있어서는 서로를 경쟁 상대로 삼고 있었습니다. 이처럼 그들은 서로 상이한 성격과 환경, 그리고 남다른 경쟁심을 갖고 있었으므로 아무도 그들을 서로 융합시킬 수가 없었습니다.

『마태복음』4장 18절-22절을 보면 베드로와 안드레는 "나를 따라 오너라 내가 너희로 사람을 낚는 어부가 되게 하리라"(마 4:19)고 말씀하셨을 때, 그들은 곧 그물을 던져버리고 예수님을 따라갔습니다. 예수께서는 그들을 부르신 후 거기서 더 가시다가 배에서 그물을 깁고 있는 다른 두 형제 야고보와 요한을 보시고 부르시니 저희도 곧 배와 부친을 버려 두고 예수를 좇았습니다(마 4:21-22). 예수의 제자가 된 이후의 세 제자 베드로와 야고보, 요한은 12 제자들 중에서도 제일 중요한 자리에 있게 됩니다. 바울은 베드로, 야고보, 요한을 교회의 기둥이라고 하였습니다(갈 2:9). 이처럼 이 세 제자는 예수의 일을 돕는 공동 사역자(使役者)들이 되었습니다.

예수께 가장 가까운 베드로, 야고보, 요한 세 제자 중 야고보에 대한 사적이 제일 적습니다. 사적이 제일 많은 제자는 베드로입니다. 야고보에 대한 성서 기사는 비교적 적으나 그는 제자들 중에 뛰어난 인물이었습니다. 12제자 중에 야고보와 유다의 죽음만 성경에 기록되어 있는데 야고보는 12제자들 중에 첫 순교자였습니다.

야고보는 주님이 특별히 사랑하신 요한의 형이었습니다. 요한은 세례 요한을 따르다가 그를 떠나 예수를 따랐습니다. 그러나 야고보는 요한의 제자였다는 기록이 없습니다. 야고보는 예수를 따르며 얼마 동안 견습 후 가버나움에서 베드로 장모의 병을 고치는 데에 참여했습니다(마 8:14-15). 그 후에 야고보는 예수의 12제자의 하나가 되었는데, 그 때부터 제자들 간에 중요한 지위를 차지했습니다. 그는 베드로와 요한과 함께 주께서 야이로의 딸을 살리실 때(막 5:37), 변화산에서 변화하셨을 때(마 17:1-2), 겟세마네 동산에서 고민하실 때(마 17장) 같이 참여했습니다.

야고보는 헤롯 아그립바 1세가 죽기 직전인 44년 경에 헤롯에게 참수되었습니다(행 12:1-2). 그리하여 "너희도 내가 마실 잔을 마시고 내가 받을 세례를 받으리라"(막 10:39) 하신 예언을 성취했습니다.

요한은 예수님의 사랑을 가장 많이 받았던 제자입니다. 마지막 만찬 때 주님 바로 우편에 앉는 특권을 누렸으며(요 13:23), 주님의 십자가 앞에 서서 그의 어머니 공양 부탁을 받았습니다(요 19:26). 그는 베드로와 함께 주님의 시체를 무덤에 모시는 것을 보았으며 베드로 보다 먼저 무덤에 달려와 그와 함께 빈 무덤을 발견하였습니다. 그의 가장 큰 신앙 행위는 수의만 있는 빈 무덤을 보고 예수의 부활을 믿은 것입니다 (요 20:8).

요한은 베드로가 성전 문에서 앉은뱅이를 일으킬 때 같이 있었으며(행 3:1-10) 베드로가 사마리아 새 신자들에게 성령 받을 안수를 위해 내려갈 때 요한도 동행했습니다(요 8:12). 베드로와 주의 동생 야고보와 함께 요한은 예루살렘 교회의 기둥들이었습니다. 『요한복음』 18장 16절에 베드로와 다른 제자 하나가 예수의 뒤를 따라가다가 베드로는 문밖에 남고 그 제자는 대제사장을 아는 사이라 뜰에 들어갔습니다.

요한은 기독교 시대가 동틀 때부터 거의 주후 100년까지 장수했습니다. 그의 편지서들이 보임 같이 그는 기독교 세계의 중진으로 예루살렘 멸망 직전 소아시아의 에베소로 이주해 그 곳 교회를 목회하며 그 요지에 앉아 근방 교회들과 특별 관계를 가진 것을 그의 아시아 일곱 교회에 보낸 편지들로 알 수 있습니다. 그의 형 야고보가 제자들 중에 첫 순교자임에 반해 요한은 제자들 중에 마지막으로 죽었습니다. 사도들은 거의 다 형장에서 횡사했으나 요한은 백발노인으로 신도들에게 둘러

싸여 와석종신했다고 합니다.

베드로와 야고보 그리고 요한은 예수님께서 가장 사랑하던 제자였습니다. 그래서 어디를 가든 세 제자를 데리고 다녔습니다. 그들은 단순 소박한 어부로서 사람을 낚는 어부가 되리라는 약속을 받고 예수를 따르게 되고 예수가 그리스도라는 것을 믿게 됩니다. 그런데도 예수는 독립된 이스라엘 나라의 새로운 왕이 되어야 한다고 믿었기 때문에, 그는 예수가 제자들에게 고난을 받고 죽음의 쓴잔을 받게 되리라고 말했을 때 예수를 비난하며 이 세상의 왕이 되어 줄 것을 간청했던 것입니다. 예수가 헐몬 산에서 변형 되었을 때(마 17:1-2)도, 베드로와 야고보, 요한은 피곤하여 졸고 있었습니다. 『마가복음』 9장 5절-6절에는 베드로가 졸다가 일어나 예수께 초막 셋을 치자고 하는 장면이 나옵니다. 그러나 그때 그는 자신이 무슨 말을 하는지조차도 모르고 있었습니다.

한편 우리는 이와 비슷한 그들의 잘못을 『마가복음』 14장에서 또 보게 됩니다. 예수께서는 죽음을 앞에 놓고 기도하시기 위해 겟세마네 동산에 올라가셨습니다. 이때에도 변화산에 올라가실 때와 마찬가지로 베드로와 야고보, 요한을 데리고 가셨습니다. 그리고 그들에게 "너희는 여기 머물러 깨어 있으라"(막 14:33)고 부탁하셨습니다. 예수께서 마지막 고통스러운 기도를 하시고 돌아와 보니 그들은 자고 있었습니다. 예수께서는 세 번이나 그 일을 반복하셨습니다. 그런데도 베드로와 야고보, 요한은 세 번의 시험에 모두 실패하고 말았습니다. 또한 예수가 부자는 하나님 나라에 들어가기 어렵다고 했을 때도, 베드로는 우리가 모든 것을 다 버리고 주를 따랐다고(막 10:28) 은근히 보상을 기대하는 발언을 하였고, 예수가 다 나를 버리게 될 것이라고 했을 때도 설사 모든 사람이 다 버린다 할지라도 자기는 죽으면 죽을지언정 주를 버리지는 않을 것이라고 했습니다. 그러나 그는 세 번 씩이나 주를 모른다고 부인했던 일이 있습니다.

베드로와 야고보, 요한 이들 세 사람의 이야기가 절정을 이루는 것은 오순절의 성령 강림 이후입니다. 성령을 받은 후 이들 세 사람의 삶은 변화되어서, 그들의 매일매일의 삶은 주님을 증거하는 삶이 되었습니다. 『사도행전』 8장 1절에서 보여 주듯이 스데반의 죽음 이후 많은 그리스도인들은 충격과 두려움 때문에 뿔뿔이 흩어져 버렸습니다. 그러나 베드로와 야고보, 요한은 예루살렘을 떠나지 않고 서로 모여 기도하며 주님을 증거하였습니다.

베드로, 야고보, 요한, 이들은 모두 위대한 믿음의 사람들이었습니다. 야고보는 주님을 증거하다가 열 두 제자 중 최초의 순교자가 되었으며, 베드로는 주님의 예언에 따라 늙어서 십자가에 거꾸로 매달려 죽었고, 요한은 아흔 살이 넘도록 살면서 많은 신약의 책들을 썼습니다. 요한은 다른 두 사람보다 우리에게 더 알려져 있는데, 그 이유는 그가 기록한 복음서와 세 편의 서신서, 그리고 계시록 때문입니다.

복음전도자 안드레와 빌립

안드레와 빌립은 예수님을 따르기 이전에 이미 하나님의 위대한 종인 세례 요한으로부터 많은 영향을 받고 있었습니다. 세례 요한은 새로운 가르침을 통해 인간의 진정한 필요와 영적인 굶주림을 일깨워 줌으로써 사람들의 많은 관심을 끌었습니다.

안드레와 그 형제 베드로, 그리고 빌립은 모두 다 벳새다 사람들이었습니다(요 1: 44). 벳새다는 나사렛에서 동으로 약 40킬로 떨어진 지역에 있는 작은 마을입니다. 말하자면 12제자 중의 4분의 1인 3 명이 같은 마을 출신이었습니다. 안드레가 세례 요한의 제자였다는 사실은 당시 세례 요한의 설교가 벳새다 지역에 많이 알려져 있었다는 사실을 암시해 주고 있습니다. 세례 요한 뿐만 아니라 예수 그리스도께서도 벳새다에서 많은 능력과 기적을 행하셨습니다(마 11:20-22). 그럼에도 불구하고 그 지역 사람들은 하나님을 믿거나 받아들이지 않았습니다. 그래서 예수께서는 벳새다가 진노의 심판을 받을 것이라고 선언하였습니다(마 1:21). 그러나 그 심판에서 단 세 사람만이 제외되었는데, 그들이 바로 안드레, 빌립 그리고 베드로입니다.

이처럼 안드레와 빌립은 완악하고 마음이 굳은 동네인 벳새다 출신입니다. 그리고 그 둘은 모두 세례 요한의 제자였습니다. 그래서 그들은 다음과 같은 세례 요한의 네 가지 주요한 가르침에 익숙해 있었습니다. 첫째 죄사함을 얻게 하는 회개의 세례를 받을 것(눅 3:3), 둘째 회개에 합당한 열매를 맺을 것(눅 3:8), 셋째 예수 그리스도를 만나 하나님의 구원을 맛볼 수 있도록 준비할 것(눅 3:6, 15), 넷째 성령으로 세례를 주실 능력 있는 분이 곧 오시리라는 하나님의 약속을 전파할 것(눅 3:16) 따위가 곧 그것들입니다.

세례 요한이 자기 제자 중 두 사람과 함께 섰다가 예수의 다니심을 보고 "하나님의 어린 양이로다"(요 1:36)라고 증거하였습니다. 그 제자 중 하나가 시몬 베드로의 형제 안드레였습니다(요 1"40). 그는 세례 요한의 소리를 듣는 순간부터 세례 요한을 버려두고 예수 그리스도를 따르기 시작했습니다. 세례 요한의 설교를 듣고 안드레는 그의 죄악을 인식하고 있었고 자신의 죄 용서받을 수 있는 길을 찾고자 준비하고 있었습니다. 그러던 중 "보라 세상 죄를 지고 가는 하나님의 어린 양이로다"(요 1:29)라고 요한이 말하는 것을 듣고 자신의 구원받을 수 있는 길과 그 방법을 깨닫게 된 것입니다. 안드레는 세례 요한의 말을 듣고 예수의 뒤를 좇았습니다. 예수께서는 그의 몸을 돌이켜 그 좇는 것을 보시고 "무엇을 구하느냐"(요 1:38)고 물었습니다. 안드레는 "랍비여 어디 계시오니이까"라고 물었습니다. 그러자 예수께서는 "와서 보라"(요 1:39)는 유명한 말씀을 하셨습니다.

전도 여행의 초기, 안드레에게 있어서 예수 그리스도는 그의 모든 것이었으며 전도 여행이 거의 끝나갈 무렵의 그에게 있어서 예수 그리스도는 모든 면에 있어서 충족한 분이었습니다. "그 안에 신성의 모든 충만이 육체로 거하였습니다"(골 2:9). 모든 것을 충족시켜 주실 수 있는 예수 그리스도를 만난 안드레의 기쁨이 얼마나 컸는가는 상상하기 어려울 정도입니다. 그는 벅차고 떨리는 가슴으로 그의 형제 베드로에게로 뛰어가서 "우리가 메시야를 만났다"(요 1:41)고 말하였던 것입니다. 먼저 자기의 형제 시몬을 찾아간 안드레의 순종은 역사상 모든 기독교회의 큰 기쁨이 되고 있습니다. 안드레의 위대한 일 중의 하나는 5병 2어를 가진 아이를 예수께로 인도해(요 6:8-9) 주님의 5,000명 먹이시는 기적을 도왔습니다.

복음서에 기록된 제자 12명 중 안드레의 이름은 처음에 제자로 부름받은 네 사람 중에 들어 있습니다. 그러나 안드레가 주께로 인도한 베드로와 자기의 동류였던 야고보와 요한은 주님의 심복들 같이 되고 그 자신은 그 뒷자리로 물러났지만 그는 그에 대해 원한을 품지 않았습니다. 그는 주님을 먼저 생각하며 주님을 섬기기 위해 언제나 차석으로 만족했습니다.

빌립도 안드레나 마찬가지로 탁월한 재능이나 조건을 전혀 갖고 있지 않은 평범한 사람이었습니다. 그가 가진 것이라고는 진리에 목말라 하는 마음과 헌신하려는 자세밖에 없었습니다. 그는 예수께서 "나를 좇으라"(요 1:43)라고 하신 단 두 마디 말을 듣고 그를 따르게 되었습니다. 예수께 대한 그의 순종하는 자세는 안드레의 경우처럼 곧바로 나타났습니다. 아마 그는 형제가 없었던 것 같습니다. 그러기에 그는 형제 대신에 나다나엘을 찾아갔습니다. 나다나엘을 찾아가 예수님에 대한 소식을 전하는 빌립의 모습은 기교라고 전혀 없는 너무나 단순한 것이었지만 사랑으로 가득 찬 모습이었습니다. 빌립은 나다나엘에게 "그이를 우리가 만났으니 요셉의 아들 나사렛 예수니라"(요 1:45)는 말로 이야기를 시작하고 있습니다. 나다나엘은 빌립의 말을 듣고 "나사렛에서 무슨 선한 것이 날 수 있느냐"(요 1:46)라고 반박했습니다. 그러자 빌립은 "와 보라"고 대답하였습니다.

　신약에 있어서의 빌립의 마지막 출현은 다락방에서 아버지께로 가신다고 하는 주님께 "주여 아버지를 우리에게 보여 주옵소서"(요 14:8) 한 때였읍니다. 믿기 어려워하는 빌립은 주님의 "나를 본 자는 아버지를 보았거늘 어찌하여 아버지를 보이라 하느냐"(요 14:9)는 유명한 대답을 받았습니다. 묻기를 주저하지 않은 빌립은 큰 진리 곧 나사렛 예수가 최종적인 하나님의 현시(顯示)라는 것을 발견했습니다.

　평범한 두 사람 안드레와 빌립의 위대한 점은 바로 그들이 맺은 전도의 열매에 있습니다. 안드레와 빌립은 후에 『요한복음』 12장 20절-22절에 한번 더 등장하고 있습니다. 명절을 지키러 예루살렘에 올라온 사람들 중에 유대교를 믿는 헬라인 몇 명이 있었는데 그들은 예수 그리스도를 만나기를 간절히 바랐습니다. 그들은 빌립에게 예수를 만나게 해 달라고 요청하였습니다. 그래서 아주 훌륭한 어부, 즉 사람을 낚는 복음 전도자 빌립은 안드레에게 가서 그물을 끌어 올릴 수 있도록 도와 달라고 부탁하게 되었습니다. 그래서 그들은 함께 헬라인들에 전도하여 그들이 고향으로 돌아가서 예수 그리스도를 전파할 수 있도록 만들었습니다. 마침내 빌립은 오순절 날 성령을 받고서 개인적으로 하나님의 말씀을 전하는 복음 전도자로서의 사명을 잘 감당했던 것입니다.

의심 많은 제자 도마

도마는 그리스어로 "쌍둥이"를 뜻하는 디두모라고도 불렸는데 그는 의심 많기로 유명했습니다. 도마는 예수님의 제자가 되기는 했지만 주님의 능력을 믿지 못했던 제자입니다. 도마는 직접 눈으로 증거를 확인하고 나서야 비로소 그 증거를 받아들이는 사람의 표본이 됩니다. 비록 한 순간 그에게 의심의 그림자가 드리워져 있었다 하더라도, 평소에 그는 용감한 사람이었습니다.

『요한복음』 11장 8절에 묘사되어 있듯이 당시 유대의 상황은 매우 위험한 상황이었습니다. 그리스도께서 유대에 계셨을 때 유대인들은 그를 돌로 쳐서 죽이려 했으며, 다행스럽게도 예수께서는 제자들과 함께 유대를 떠나셨기 때문에 그 봉변을 면할 수 있었습니다. 그런데 예수께서는 다시 그 위험한 곳에 가시려고 계획하고 계셨던 것입니다. 이와 같은 예수님의 계획은 도마를 제외한 다른 모든 제자들을 두려움에 떨게 만들었습니다.

우리는 여기서 모든 일이 잘 될 때에는 기쁘게 그리스도와 동행을 하지만 일이 잘 될 것 같지 않거나 위험이 따를 것처럼 보일 때에는 그리스도로부터 등을 돌리는 사람들의 모습을 볼 수 있습니다. 바로 이와 같은 때에 도마는 자신의 참 모습을 드러내었던 것입니다. "우리도 주와 함께 죽으러 가자"(요 11:16). 도마는 최악의 경우 그리스도와 함께 가서 죽어도 좋다는 마음의 준비를 갖추고 있었던 것을 알 수 있습니다.

도마는 매우 담대한 인물이었으나 그와 동시에 때로는 매우 어리석고 까다로운 사람이기도 했습니다. 그는 솔직하고 직선적인 사람이었습니다. 이러한 모습은 특별히 『요한복음』 14장 5절에 잘 묘사되어 있습니다. 예수께서는 공생애 끝에 제자들을 불러놓고 때가 되었으므로 그들을 떠나야 할 것과 가서 그들이 기거할 처소를 예비해 놓겠노라고 했습니다. 그러면서 예수께서는 "내가 가는 곳에 그 길을 너희가 알리라"(요 14:4)고 말씀하셨습니다. 물론 대부분의 제자들이 예수님의 말씀을 이해하지 못했다는 것은 충분히 있을 수도 있는 일입니다. 그런데 도마와 같은 솔직하고 직선적인 인물은 찾아보기 드물다고 생각합니다. 그는 예수님의 말문을 막고 다짜고짜로 이렇게 말하였습니다. "주여 어디로 가시는지 우리가 알지 못하거늘 그 길을 어찌 알겠삽나이까"(요 14:5). 한 마디로 말해서 도마는 정직한 사람이었습니다. 그러나 동시에 그는 무뚝뚝하고 퉁명스러운 사람이기도 했습니다. 예수님께서는 도마의 논쟁적인 언사를 꾸짖는 대신에 이렇게 말씀하셨습니다. "내가 곧 길이요 진리요 생명이니 나로 말미암지 않고는 아버지께로 올 자가 없느니라"(요 14:6). 다른 제자들이 부활하신 그리스도를 보았을 때 그들의 반응은 기쁨 바로 그것이었습니다(요 20:20). 안식 후 첫 날 저녁 때에 부활하신 주님께서 제자들에게 나타나 "너희에게 평강이 있을지어다"(요 20:19) 라고 문안하시며 성령을 받으라고 권면했습니다. 이 자리에 디두모라는 도마는 없었습니다. 얼마 지나 제자들이 있는 곳으로 도마가 왔을 때 그들은 도마에게 주를 보았노라고 했습니다. 그러나 도마는 그들의 말을 믿지 않고 거부했습니다. 그리고 그는 다른 제자들에게 솔직한 심정에서 우러나오는 도전적인 말을 퍼붓기도 했습니다. "내가 그 손의 못자국을 보며 내 손가락을 그 못자국에 넣으며 내 손을 그 옆구리에 넣어 보지 않고는 믿지 않겠노라"(요 20:25).

그러나 여기서 도마는 예수님으로부터 책망을 받았습니다. "믿음 없는 자가 되지 말고 믿는 자가 되라"(요 20:27). 도마는 좀 망설이기는 했지만 진리를 눈으로 확인하고 난 후에는 그것을 신속하게 받아들였습니다. 즉 그는 자기 앞에 서 계신 부활하신 주님을 바라보고는 즉시 주님을 경배하고 "나의 주시며 나의 하나님이시니이다"(요 20:28)라고 신앙 고백을 하였습니다. 그리스도께서는 그 고백을 들으시고 그에게 이렇게 말씀하셨습니다. "너는 나를 본 고로 믿느냐 보지 못하고 믿는 자들은 복되도다"(요 20:29).

도마는 의심이 많기는 했지만 일단 확인만 되면 그것을 신속하게 받아들이는 아주 명쾌하고 정직한 사람이었습니다. 이처럼 참된 신앙을 소유한 사람들에게 베풀어지는 축복에 대해 성서는 자세하게 설명해 주고 있습니다. "오직 이것을 기록함은 너희로 예수께서 하나님의 아들 그리스도임을 믿게 하려 함이요 또 너희로 믿고 그 이름을 힘입어 생명을 얻게 하려 함이니라"(요 20:31). 그리스도께서 생명을 가져다 주신다는 것을 믿는 자가 복된 것입니다.

의심 많은 도마였지만 부활하신 주님을 만난 이후로는 예루살렘을 떠나지 않고 120명의 성도가 모인 자리에 있다가 오순절 성령을 받았습니다. 그 이후의 기록은 없지만 그는 성령을 받고 권능을 힘입어 능력있게 주님의 사역을 감당했을 것으로 믿습니다.

세리(稅吏) 출신의 제자 마태

레위라고 부르는 마태는 갈릴리 사람입니다. 그러나 성서에는 그가 어느 지방에서 태어났는지 이스라엘의 어느 지파 사람인지에 대한 기록이 없습니다. 마태는 유대인이었지만 로마 사람들을 좋아했고 세금을 거두어 들이는 세리였습니다. 그의 직책은 갈릴리 지방과 다메섹 지방으로 통하는 길 어구에서 지나가는 사람과 물건에 대한 통관세를 받는 것이었습니다. 그 당시의 세리는 사람들로부터 가장 천대받고 멸시받는 직업이었습니다. 그런데 예수님께서는 그를 제자로 부르셨습니다.

예수께서 마태를 부르실 때 이미 가버나움 사람들인 베드로, 야고보, 요한은 제자들이 되어 있었습니다(마 9:11; 14:18; 막 5:57). 어떤 다른 제자들과는 달리 마태는 세례 요한의 제자가 아니었습니다. 마태가 "나를 좇으라"(마 9:9)라는 예수의 부르심을 받고 제일 먼저 한 것은 예수와 제자들을 자기 집에 청하고 아무 거리낌 없이 많은 "세리와 죄인들"을 오게 하여 그들과 함께 식사를 하게 한 것이었습니다. 그들과 식사를 같이 한다고 비난하는 사람들에게 예수께서는 "건강한 자에게는 의원이 쓸 데 없고 병든 자에게라야 쓸 데 있느니라"(마 9:12)라고 말씀하셨습니다. 그리고 나서 예수님은 "내가 긍휼을 원하고 제사를 원치 아니하노라 하신 뜻이 무엇인지 배우라. 내가 의인을 부르러 온 것이 아니요 죄인을 부르러 왔노라"(마 9:13) 하셨습니다.

마태는 예수님을 만나기 이전의 생활과 환경에서 새로운 인격으로 변화되어 갔습니다. 그는 지식과 재산이 있었고 돈을 취급하는 사람이었습니다. 어떻게 보면 현대인처럼 탐욕이 가득한 사람이었는지 모릅니다. 그러나 예수를 만나고 나서 그는 변하여 새 사람이 되었습니다. 예수께서 승천하신 후 마태는 다른 제자들과 함께 예루살렘에 머물러 있었습니다. 오순절에 그는 성령의 은사를 받았습니다.

기독교 신자들은 예수님의 말씀과 비유를 상세하게 기록한 『마태복음』을 읽을 때마다 감사하여야 합니다. 성서에는 예수님이 승천하신 후 마태가 얼마 동안 유대에 머물러 있었는지 확실한 기록을 찾아볼 수 없으나 교회 역사가들은 그가 이디오피아에서 복음을 증거하다가 순교당했다고 합니다.

『마태복음』은 다른 복음서들에 비해 상대적으로 예수의 메시야직을 강조하며 이를 증명하기 위해 예수가 구약을 통해 숱하에 약속되고 계시되었던 메시야 예언의 성취자임을 보여줌으로써 구약과 신약의 교량 역할을 하여 줍니다. 이처럼 구약에서 신약으로 새 장을 열어주는 『마태복음』은 예수가 왕으로 오신 메시야임을 선포하기 위해 예수의 행적과 설교 및 교훈들을 대체로 시간순에 맞추어 왕이심을 나타내는 여러 가지(7 가지) 주제로 나누어 내용을 전개하고 있습니다.

예수와 만난 여자들

일곱 귀신이 나간 여자 막달라 마리아

누가복음 8장 2절에 "일곱 귀신이 나간 자 막달라인"이라는 진술이 있는 것으로 보아 막달라 마리아는 일곱 귀신이 들렸던 여인이라 할 수 있고 『누가복음』 7장 37절에 나오는 "죄인인 한 여자"와 동일시되는 여인이라고 생각합니다. 이 여인을 죄인과 동일시 할 때 그것은 창녀 아니면 세리 같은 불명예스러운 직업을 가진 남자의 아내였던 것을 뜻합니다. 성서상으로 보아서는 창녀였다는 기록이 없지만, 일곱 귀신 들렸던 여자라는 데 이미 그것이 암시되어 있다고 볼 수 있고 그래서 그런 서구의 성인 문학에는 흔히 창녀로 나타나고 있습니다. 이런 죄인이었던 여자가 예수 그리스도를 영접한 이후 지난 날의 죄를 회개하고 그를 가까이 모실 수 있었던 것입니다. 예수와 관련지어 볼 때 다음과 같은 아름다운 이야기가 있습니다.

"한 바리새인이 예수께 자기와 함께 잡수시기를 청하니 이에 바리새인의 집에 들어가 앉으셨을 때에 그 동네에 죄인인 한 여자가 있어 예수께서 바리새인의 집에 앉으셨음을 알고 향유 담은 옥합(玉盒)을 가지고 와서 예수의 뒤로 그 발 곁에 서서 울며 눈물로 그 발을 적시고 자기 머리털로 씻고 그 발에 입맞추고 향유를 부으니"(눅 7:36-38).

이 여인의 눈물이 무엇을 의미하는지는 분명치 않으나 다만 그것이 무한한 감사의 표시라는 것만은 짐작할 수 있습니다. 왜냐하면 무릎이나 발에 입맞추는 것은 생명의 은인에게 표시하는 아주 겸허한 감사의 표시이기 때문입니다. 이 여인이 얼마나 감사의 마음으로 가득 차 있었는가는 남자들 앞에서 머리를 풀고 그 눈물을 그것으로 닦아준 것으로 보아 알 수 있습니다. 그 감사는 영적으로 죽을 수밖에 없었던 자기의 죄에 대해 용서받은 것이 진실로 고마워 수치를 무릅쓰고 나가 표현한 것이었습니다.

이와 같이 막달라 마리아는 죄많은 창녀였지만 예수 그리스도를 만나 회개한 이후에는 완전히 경건한 사람이 되어 주를 섬겼습니다. 성서상의 기록으로 보면 예수께서 십자가에 달리실 때 그 모친 마리아와 글로바의 아내 마리아와 함께 그 곁에 있었던 것을 알 수 있고(요 19:25), 안식 후 첫날 미명에 예수의 시체를 묻은 무덤을 찾아갔다가 그가 부활하신 것을 맨 처음 알았고(요 20:14-18), 또한 그 소식을 제자들에게 제일 먼저 전할 수가 있었습니다(20:2-10). 이 정도로 주를 사랑하였고 또 주님의 사랑을 받았던 것입니다. 성서는 그 사실을 다음과 같이 기록해 주고 있습니다.

"예수를 섬기며 갈릴리에서부터 좇아온 많은 여자가 거기 있어 멀리서 바라보고 있으니 그 중에 막달라 마리아와 또 야고보와 요셉의 어머니 마리아와 또 세배대의 아들들의 어머니도 있더라.… 안식일이 다하여 가고 안식 후 첫 날이 되려는 미명에 막달라 마리아와 다른 마리아가 무덤을 보려고 왔더니 큰 지진이 나며 주의 천사가 하늘로서 내려와 돌을 굴려 내고 그 위에 앉았는데 그 형상이 번개 같고 그 옷은 눈같이 희거늘 수직하던 자들이 저를 무서워하여 떨며 죽은 사람과 같이 되었더라. 천사가 여자들에게 일러 가로되 너희는 무서워 말라 십자가에 못 박히신 예수를 너희가 찾는 줄을 내가 아노라. 그가 여기 계시지 않고 그의 말씀하시던 대로 살아나셨느니라. 와서 그의 누우셨던 곳을 보라. 또 빨리 가서 그의 제자들에게 이르되 그가 죽은 자 가운데서 살아나셨고 너희보다 먼저 갈릴리로 가시나니 거기서 너희가 뵈오리라 하라. 보라 내가 너희에게 일렀느니라 하거늘 그 여자들이 무서움과 큰 기쁨으로 무덤을 빨리 떠나 제자들에게 알게 하려고 달음질할새 예수께서 저희를 만나 가라사대 평안하뇨 하시거늘 여자들이 나아가 그 발을 붙잡고 경배하니 이에 예수께서 가라사대 무서워 말라. 가서 내 형제들에게 갈릴리로 가라 하라. 거기서 나를 보리라 하시니라"(마 27:55-56; 28:1-10).

부활하신 주와 막달라 마리아의 만남은 너무나 극적이고 아름답다고 아니 할 수 없습니다. 막달라 마리아가 예수님의 시체가 어디로인가 옮겨졌다는 전갈을 달려왔던 베드로와 다른 제자가 빈 무덤인 것을 확인하고 집으로 돌아갔습니다. 그리고 막달라 마리아만이 혼자 무덤가에 남아서 눈물을 흘리는 장면이 소개됩니다. 그녀는 왜 울고 있는지를 묻는 한 음성을 듣습니다. 그녀는 그 목소리의 주인공이 동산지기일 것이라고 믿고서 주님의 시신이 없어졌다고 그를 향해 한탄합니다. 예수가 "마리아야"(요 20:16)라고 자기 이름을 부를 때에야 비로소 그녀는 그를 알아 보고 소리쳤습니다. "랍오니여!"(요 20:16).

이 얼마나 아름다운 만남인가요? 그만큼 막달라 마리아는 예수님을 사랑했고 주님도 또한 그녀를 사랑했습니다. 그녀가 예수님이 생전시에 바리새인의 집에 계실 때 가서 눈물을 흘린 것이나 돌아가신 후 무덤을 찾아와 빈무덤을 보고서 눈물을 흘린 것은 참으로 아름다운 눈물이라 할 수 있습니다. 눈물(회개)를 통하여 주님과 연합해 가는 영적 발전을 표상하는 여인으로 막달라 마리아는 취급됩니다. 리처드 크래쇼 (Richard Crashaw, 1613-1649)라는 17세기 영국의 형이상학 시인은 "성 막달라 마리아"라는 시에서 그 눈물을 이렇게 묘사하고 있습니다.

> 찬미하라, 자매 샘을!
> 발이 은빛인 시내의 근원(어버이)!
> 언제나 졸졸 흐르는 것들!
> 녹는 수정! 언제나 소비되지만
> 소비되지 않는 눈덮인 언덕!
> 그대 달콤한 막달라, 그대의 아름다운 눈이구나!
>
> 그대는 위쪽을 향해 눈물을 흘리는구나.
> 하늘의 가슴은 평온한 시내를 마신다.
> 젖과 같은 강이 서서히 흐르는 곳,
> 그곳에서 그대의 눈물은 떠다니다 크림이 되는구나.
> 하늘 위의 물들, 그것들이 무엇이든
> 우리들은 그대의 눈물과 그대에 의해 가장 훌륭한 가르침을 받는다.
>
> ....
> 맹렬한 불꽃으로 고민하는 고통의 장미(마리아)는
> 너무도 따뜻한 침대에서 발하는
> 그런 눈물을 흘린다.
>
> ....
> 면류관 쓴 머리들은 보잘것없는 것. 우리들은
> 보다 가치 있는 대상, 우리 주의 발에 접촉하려고 간다.

발에 입맞춤 하는 것은 자기 정화를, 손에 입맞춤 하는 것은 자기 조명을, 입에 입맞춤 하는 것은 완성을 신비적으로 나타내는 표상입니다.

막달라 마리아는 그리스도의 사랑 때문에 눈물을 흘리며 주의 발에 입맞춤함으로써 깨끗이 정화를 받아 과거에는 매춘부였지만 예수 그리스도를 만난 이후부터는 성인(聖人)이 되어 주님을 가장 사랑하고 그 곁에서 그를 모셨습니다.

베다니의 두 여인 ● 마르다와 마리아

고통의 집 혹은 "무화과의 집"이라는 의미를 가진 베다니는 예루살렘에서 여리고로 가는 길, 그러니까 예루살렘 동쪽 약 4킬러 남짓한 지점에 있는 작은 마을이었습니다. 그런데 이 마을에는 그리스도와 둘도 없이 소중한 우정을 나누었던 세 남매가 살고 있었습니다. 성서에는 그 세 남매에 대해서만 언급되어 있었을 뿐 그들의 가족이나 생활에 대해서는 별다른 언급이 없습니다.

세 남매 중에서 마르다는 "여주인"이라는 뜻을 가진 그녀의 이름이 보여 주듯이 마리아의 언니였던 것이 틀림없습니다. 이 세 남매는 제각기 다른 성품을 소유하고 있었지만, 그들 모두 그리스도의 사랑을 받았습니다. 예수님께서는 그 바쁜 공생애의 여정 중에서도 두 번씩이나 베다니를 방문하였습니다.

예수님의 일차 베다니 방문에 대한 기록은 『누가복음』 10장 38절-42절에 나옵니다. "저희가 길 갈 때에 예수께서 한 촌에 들어가시매 마르다라 이름하는 한 여자가 자기 집으로 영접하더라. 그에게 마리아라 하는 동생이 있어 주의 발 아래 앉아 그의 말씀을 듣더니 마르다는 준비하는 일이 많아 마음이 분주한지라. 예수께 나아가 가로되 주여 내 동생이 나 혼자 일하게 두는 것을 생각지 아니하시나이까 저를 명하사 나를 도와주라 하소서. 주께서 대답하여 가라사대 마르다야 마르다야 네가 많은 일로 염려하고 근심하나 그러나 몇 가지만 하든지 혹 한 가지만이라도 족하니라. 마리아는 이 좋은 편을 택하였으니 빼앗기지 아니하리라 하시니라"(눅 10:38-42).

우선 마르다를 살펴보면 그녀는 굉장한 행동파였으며 손님 맞는데 열성인 봉사자였습니다. 마르다가 앉아 있거나 쉬고 있는 모습을 성서 어디에서도 찾아볼 수가 없습니다. 예수님께서 첫 번째 방문했을 때(눅 10:38-42) 그녀는 만찬 준비를 하고 있었습니다. 마지막 장면(요 12:1-3)에서도 역시 잔치 준비를 하고 있습니다. 그리고 『요한복음』 11장에서는 예수님을 맞으러 나오고(요 11:20), 동생을 부르러 가며(요 11:28), 무덤으로 달려가는 마르다의 모습(요 11:34)이 보입니다. 이처럼 그녀는 항상 움직이고 있습니다. 하지만 마르다에게 있어서 한 가지 약점은 그녀가 너무도 자기 자신의 힘에만 의존하고 있다는 것입니다. 마르다는 어디에서나 혼자만 분주했습니다. 마르다가 도맡아 하고 있는 그 모든 바쁜 일들은 그녀 자신이 만들어낸 일이었으며, 그 많은 일들은 "염려"와 "근심"을 일으키고 있었습니다. 그래서 위의 인용문에서 보듯이 예수께 동생 마리아를 보내서 돕게해 달라는 원망어린 요청을 합니다(눅 10:40).

그것이 비록 그리스도를 위한 일이었다고 할지라도 모든 일의 중심은 언제나 그리스도가 아니라 마르다 자신이었습니다. 마르다는 혼자 힘으로 모든 것을 해결하려 했지만 결코 성공할 수 없었습니다. 우리가 직면하는 모든 문제를 해결할 수 있는 비결은 우리 자신의 노력이 아니라 그리스도의 능력 안에 있습니다(빌 4:12-13). 그것을 마리아는 알았기에 그녀는 그리스도 앞에서 조용히 앉아 말씀을 들었던 것입니다. 그런 그녀에게 예수께서는 "마리아는 이 좋은 편을 택하였으니 빼앗기지 아니하리라"고 칭찬을 아끼지 않았습니다.

물론 마르다에게도 좋은 면이 많이 있었습니다. 마르다는 결코 함부로 말을 내뱉지 않는 신중한 성격의 소유자였습니다. 그녀의 말은 언제나 그녀의 행동과 일치했습니다. 『요한복음』 11장 22절에서 마르다는 예수께 대하여 "나는 이제라도 주께서 무엇이든지 하나님께 구하시는 것을 하나님이 주실 줄을 아나이다"라고 했고, 24절에서는 "마지막 날 부활에는 다시 살 줄 내가 아나이다"라고 했으며, 27절에서는 "주여 그러하외다"라고 했습니다. 그런데 22절의 말은 어린아이 같이 순진한 기대감을 내포하고 있습니다. 사랑하는 오라비 나사로는 죽었으나, 그리스도께서 모든 생활의 열쇠를 쥐고 계시므로 기적이 일어날 가능성은 아직도 있는 것이라고 마르다는 믿고 있었습니다. 이처럼 마르다가 믿음의 문을 활짝 열어 놓았을 때 그녀의 입으로부터 엄청난 신앙 고백이 흘러 나왔습니다. "주는 그리스도시오 세상에 오시는 하나님의 아들이신 줄 내가 믿나이다"(요 11:27).

하지만 얼마 못 가서 그녀는 마치 베드로처럼 또다시 나약한 모습을 드러냈습니다. 『요한복음』 11장 39절에서 그녀는 "주여 죽은 지가 나흘이 되었으매 벌써 냄새가 나나이다"라고 했습니다. 주님께서 그녀의 오라비를 재생시키기 위한 계획에 착수했을 때 그녀는 부패한 시체가 다시 살아날 가능성에 대해 이의를 제기했던 것입니다. 이로 미루어 보건대 아마도 마르다의 믿음은 그리스도께 대한 완전한 신뢰에서 우러나온 것이라가보다는 그녀 자신의 머리에서 나온 이성적인 믿음이었던 것 같습니다.

이와는 대조적으로 마리아는 바쁜 일상 생활에 얽매여 있지 않았으며 오로지 그리스도께만 의존하고 있었던 것을 알 수 있습니다. 마리아의 성품에서 강조된 것은 영적인 면이었습니다. 이것은 『누가복음』 10장 41절-42절의 말씀에 잘 나타나 있습니다. "마르다야 마르다야 네가 많은 일로 염려하고 근심하나 그러나 몇 가지만 하든지 혹 한 가지만이라도 족하니라. 마리아는 이 좋은 편을 택하였으니 빼앗기지 아니하리라." 마르다도 역시 좋은 편을 택할 수는 있었으나 그보다는 자신의 일에 더 단단히 묶여 있었습니다. 반면에 천진 난만한 마리아는 그리스도의 말씀을 듣기 위해 그의 발 아래 앉는 그 영광스러운 기회를 움켜잡았던 것입니다.

마리아는 확실히 마르다보다 훨씬 정에 약한 성격을 지니고 있었으며, 일보다 사람에게 더욱 관심을 가지고 있었습니다. 나사로의 죽음은 그녀에게 있어서 몹시 견디기 어려운 충격이었음에 틀림없습니다. 『요한복음』 11장 31절에서 우리는 마리아의 집에 있던 유대인 친구들은 마리아가 급히 밖으로 나가자 모두 그녀를 따라가는 것을 볼 수 있습니다. 그러나 아무도 마르다를 따라가지는 않았습니다. 그녀는 언제나 강인한 여자였기 때문이었습니다.

마리아가 한 말은 오직 한 마디 뿐이었습니다. "주께서 여기 계셨더면 내 오라비가 죽지 아니하였겠나이다"(요 11:32). 이 말 속에는 단 두 사람 즉 그리스도와 그녀의 오라비 나사로만이 언급되어 있습니다. 그 둘은 마리아가 누구보다도 특별히 사랑했던 사람들이었습니다. 마르다도 이와 똑같은 말을 한 바 있습니다(요 11:21). 하지만 그것은 마리아와는 다른 의도로 한 말이었습니다. 마리아의 말은 슬픔으로 산산조각이 난 마음을 드러내는 비극적인 어조였던 반면, 마르다의 말은 도전적이고 일말의 기대감을 내포한 것이었습니다. 슬픔에 잠긴 마리아의 모습에는 틀림없이 무엇인가 사람을 깊이 감동시키는 것이 있었습니다. 왜냐하면 『요한복음』 11장 33절은 예수께서 그녀가 우는 것을 보셨을 때 심령에 통분히 여기셨다고 전하고 있기 때문입니다. 마리아는 온 몸을 들먹이며 흐느껴 울었습니다. 예수께서도 눈물을 흘리셨습니다(요 11:35). 그러나 아무데서도 마르다가 울었다는 이야기는 나오지 않습니다.

마리아는 그리스도에 대한 자신의 사랑과 존경심을 매우 극적인 방법으로 증명해 보였습니다(요 12:3). 지극히 비싼 향유 곧 순전한 나도 한 근을 가져다가 예수의 발에 붓고 자기 머리털로 그의 발을 씻는 행위는 그녀와 똑같은 일을 했던 다른 한 여인을 생각나게 합니다. 즉 죄를 지은 한 여인이 진심으로 죄를 뉘우치고 후회하며 예수님의 발을 자기 눈물로 적시고 머리털로 씻겼던 장면을 연상시켜 주는 것입니다. 그러나 두 사건의 차이는 여기서 말하는 마리아는 이 장면에서 눈물을 흘리지 않았다는 것입니다. 마리아는 매우 값비싸고 진귀한 향유를 그리스도의 발에 부었으며, 그래서 그 집은 향유 냄새로 가득 차게 되었습니다. 그녀가 향유를 그릇에 담아서 간직하고 있는 동안에는 향유의 귀중한 가치가 밖으로 드러날 수 없었습니다. 그러나 그녀가 그것을 밖으로 쏟아 부어졌을 때 비로소 값비싼 향유는 모든 사람들의 관심을 끌게 되었으며, 그 관심은 그리스도께로 향하게 되었습니다. 마리아의 행위는 예수 그리스도의 죽음을 미리 기념하는 행위라 할 수 있으며 동시에 그녀 자신의 헌신 행위라 할 수 있습니다. 이처럼 최선을 다해 성도가 겸손히 헌신하면 그리스도께 영광이 될 뿐 아니라 자신에게도 유익하고 이웃에게도 향기를 발하게 된다는 것입니다.

베다니의 두 여자 마르다와 마리아 자매의 이야기는 오늘을 살아가는 신도들에게 유익한 교훈을 주고 있습니다. 마르다는 우리가 그리스도를 위해 할 수 있는 일이 무엇인가를 가르쳐 주고 마리아는 우리가 그리스도께 무엇을 드릴 수 있는가를 배우게 하는데 모범을 보여 주고 있습니다.

남편 다섯을 두었던 사마리아 여인

사마리아 여인의 이야기는 『요한복음』 4장 7절-42절에 기록되어 있습니다. 이 이야기에는 중요한 두 사람이 등장합니다. 이 두 사람은 곧 유대인인 예수님과 남편을 다섯 번이나 갈아치운 부정한 사마리아 여자입니다.

전통적으로 유대인과 사마리아인은 사이가 좋지 않았습니다. 사마리아인들은 주전 722년 앗시리아에 의해 북왕국(즉 이스라엘)이 멸망된 후 팔레스틴에 이주해온 이방인들과 유대인들 사이에서 태어난 혼혈인들입니다. 그들은 혼혈인들이라는 사실 때문에 정치적, 종교적으로 예루살렘에서 예배를 드렸으나 그들은 그리심 산에 성전을 세우고 예배를 드렸습니다. 또한 그들은 유대인들과 마찬가지로 메시야를 믿고 기다렸으나 유대인들처럼 그렇게 확고한 믿음은 없었습니다.

수세기 동안 유대인들은 사마리아인들을 혼혈인이라는 이유로 경멸하고 박대하였습니다. 그래서 사마리아인들은 유대인들의 수많은 욕설과 조소를 받고 살아왔으며 이로 말미암아 그들은 항상 심한 인종적 열등감에 사로잡혀 있었습니다. 이와 같은 유대인들과 사마리아인들 사이의 뿌리깊은 인종적 적대감 때문에 서로 왕래가 없었습니다. 그런 사이로서 유대인인 예수께서 사마리아 여인에게 전도하기란 사실상 힘든 일이었습니다.

예수께서는 유대 땅에서 전도하시고 난 후 갈릴리로 가시면서 그 도중에 사마리아 땅을 통과하시게 되었습니다. 그때 들린 곳이 바로 지금 우리가 살펴보고 있는 수가라는 마을입니다. 그런데 예수께서 그 곳에 당도하실 때는 아주 뜨거운 햇빛이 내리쬐는 대낮이었습니다. 따라서 예수께서도 인간이신지라 오랜 여행으로 인하여 극도로 피곤하셨으며 목말라하셨습니다. 그 뜨거운 대낮에 한 여자가 야곱의 우물가로 물을 길으러 나왔습니다. 그 여자는 영적으로, 도덕적으로, 그리고 육체적으로 심히 타락한 상태에 있었으며 그 비참한 구렁텅이에서 자신을 건져줄 구원의 손길을 간절히 갈망하고 있던 여인이었습니다.

이 사마리아 여인에게는 다섯 명의 남편이 있었습니다. 다른 말로 말하면 그녀는 창녀였습니다. 아마, 그녀와 함께 살았던 남자들도 모두 타락한 사람들이었을 것입니다. 그런데 그 다섯 명의 남편이 그녀 곁을 떠나자 그녀는 이제 또 다른 남자와 관계를 맺고 같이 살고 있었습니다.

예수는 이 여인에게 다가가 "물을 좀 달라"(요 4:7)고 요청하였습니다. 사마리아 여인은 예수의 그 요청을 듣고 "유대인으로서 어찌하여 사마리아 여자 나에게 물을 달라하나이까"라는 말로 거절하였습니다. 예수님께서는 다시 다정하게 "네가 만일 하나님의 선물과 또 네게 물 좀 달라 하는 이가 누구인 줄 알았더면 네가 그에게 구하였을 것이요 그가 생수를 네게 주었으리라"(요 4:10)고 말씀하셨습니다. 예수님께서 사마리아 여인을 구원하신 방법은 먼저 그 여자로 하여금 목마르지 않을 생수를 구하도록 인도하셨습니다. 그리고서 이 생수는 구원과 영생의 축복을 주는 것이라고 가르치셨습니다. "이 물을 먹는 자마다 다시 목마르려니와 내가 주는 물을 먹는 자는 영원히 목마르지 아니하리니 나의 주는 물은 그 속에서 영생하도록 솟아나는 샘물이 되리라"(요 4:13-14).

사마리아 여인은 처음에 예수님이 말씀하시는 것이 우물물인줄 알았으나 곧 그것은 영생하도록 솟아나는 샘물인 줄 깨닫고 자기에게 생수를 달라고 소리쳤습니다(요 4:15). 예수께서 사마리아 여인을 대하신 태도는 마치 의사가 환자를 다룰 때의 모습과 흡사했습니다. 의사는 환자의 신체 어느 한 곳을 절단해야 할 경우 수술칼로 단번에 제거하는 것과 마찬가지로, 예수님도 "가서 네 남편을 불러 오라"(요 4:16)라는 말씀의 칼로서 사마리아 여인이 갖고 있던 암적인 요소인 죄를 단번에 제거하려 하셨습니다.

사마리아 여인은 "영적 예배"라는 문제에 대해서는 잘 알지 못하였습니다. 그래서 그녀는 그리심 산이나 또는 예루살렘에서만 예배를 드려야 한다고 생각했는지 모릅니다. 그러나 예수께서는 하나님을 예배할 때 장소에 얽매일 필요가 없이 신령과 진정으로 예배하면 된다고 가르쳤습니다.

예수님의 가르침을 받은 사마리아 여인이 이제 해야 할 일은 죄를 두려워하고 그것에 용감히 맞서는 것이었습니다. 그녀는 예수님을 통하여 이러한 일을 성공적으로 마칠 수 있었으며 그로 말미암아 무한한 평화와 새로운 심령에서 솟아나는 기쁨을 맛보게 되었습니다. 그런 사마리아 여인에게 예수님은 자신을 "메시야"로 말씀하셨습니다(요 4:26). 바로 그 때에 예수님의 제자들이 돌아와서는 예수님께서 여자와 말씀하시는 것을 보고 이상하게 여겼습니다(요 4:27).

사마리아 여인의 마음은 자기를 구원해 준 예수님으로 충만해 있었습니다. 이 사마리아 여인은 예수님을 만남으로 해서 받은 충격은 대단한 것이었습니다. 그래서 그녀는 물동이까지도 팽개치고 동리로 달려가 구원의 기쁜 소식을 전했습니다(요 4:28). "나의 행한 모든 일을 내게 말한 사람을 와 보라. 이는 그리스도 아니냐"(요 4:29).

지금까지는 죄에 묶여 두려움에 떨며 지냈으나 이제 예수 그리스도의 능력을 힘입어 죄와 대항할 수 있게 되었으며 새로운 소망을 갖고 살게 되었습니다. 예수님께서는 이 여인을 통하여 많은 사마리아인들을 구원하실 수가 있었습니다.

예수와 만난 사도들

마가복음을 쓴 저자 요한 마가

요한 마가는 초기 기독교 전도자들의 한 동료이며 『마가복음』의 서사로 추정되는 인물입니다. 베드로와 바울 주변에는 그들을 따라 다니던 많은 사람들이 있었는데, 그 중의 하나가 요한 마가입니다. 요한이란 유대식 이름이고 마가란 로마식 이름입니다(행 12:12, 25; 15:37).

성서의 묘사를 따르면 요한 마가는 예루살렘에 살았던 인물입니다. 그는 분명 그의 어머니 마리아의 집에 살고 있었습니다(행 12:12,25). 마리아는 많은 사람들이 모임을 가질 수 있을 만한 넓은 집을 소유하고 있었으며 여종을 거느리고 있었다는 『사도행전』의 기록을 통하여 알 수 있듯이(행 12:12 이하), 상당한 재산을 지닌 과부였습니다. 최후의 만찬은 이 마리아의 집에서 있었으며 소년 요한은 예수의 생애의 마지막 사건을 어느 정도 목격하였을 것으로 추정할 수 있습니다. 겟세마네 동산에서 벌거벗고 달아난 청년은 요한이었는데(막 14:51-52), 그는 어느 개인의 소유인 정원의 정원사로 일하고 있었으며, 예수가 체포된 때에 그는 망대에서 잠을 자고 있었습니다. 이러한 추측은 왜 청년이 벌거벗고 달아나야 했던가의 이유를 설명해 줄 것입니다.

요한은 『사도행전』 12장-15장에서부터 비로소 교계의 인물로 등장합니다. 여기서 그는 그의 사촌 바나바(골 4:10)와 사울(바울)과 함께 안디옥으로 여행했던 사람으로 보도되어 있습니다. 요한은 소위 바울의 1차 선교 여행에 그들과 함께 조수로서 바나바의 고향인 구브로까지 갔습니다(행 13:5). 그가 지닌 임무에 대해서는 여러 가지로 논란이 있습니다. 그는 식량과 숙소를 준비하고 바울과 바나바에게 들어오는 면회신청을 취급하여 세례식을 준비하고 돕는 등 선교 여행에서 보조적 역할을 하였습니다. 이처럼 요한은 바울의 여행 비서인 동시에 교사였던 것 같습니다.

무슨 이유인지는 알 수 없지만, 요한은 밤빌리아의 버가에서 바울과 바나바를 저버리고(행 13:13) 예루살렘으로 돌아왔습니다. 그의 귀환 이유로 선교 일행이 안디옥 오지로 떠나기 전에 버가에서 바울이 열병에 걸렸는데 마가도 같이 걸렸거나 아니면 중앙산지에 산적들이 득실거린다는 불길한 이야기에 용기를 잃었던 것이라고 합니다. 또 어떤 이들은 『사도행전』 13장 5절과 13절을 보기로 해서 마가가 그때 은혜를 통해 믿음으로만 구원을 얻는다는 바울의 교리에 동감하지 않았기 때문이라고 하기도 합니다. 그 때 마가는 아직도 경건한 유대교인으로서 바울의 교리에 불만했을는지 모르며 바울은 바울대로 그 교리를 고집했습니다. 아마도 그의 사촌 바나바와 바울 사이에 선교사업의 지도권 다툼이 또하나의 이유였다고 볼 수도 있습니다.

마가가 버가에서 후퇴한지 2년 후에 바울과 바나바가 안디옥에서 다시 선교여행을 떠나려 할 때 바나바는 다시 마가를 데리고 가려 했으나 바울이 불응했습니다. 격론 끝에 바울은 실라를 데리고 터키로 들어가 첫 번 선교 길에 바나바와 함께 세운 교회들을 다시 방문하였고 바나바는 마가를 데리고 구브로로 건너갔습니다. 바나바는 구브로에서 전도하다가 58년 경에 죽었습니다(고전 9:6).

우리는 마가에 관해 바울의 선교의 말엽까지 더 이상 듣지 못합니다. 『골로새』 4장 10절과 『빌레몬』 1장 24절에서 바울은 그가 마가와 화해하였다는 것을 암시하는 듯한 어조로 마가에 대해 언급하고 있습니다. 마가는 동역자로서 바울과 함께 있으며 마가는 그 후 곧 골로새 교인들을 방문할 계획이었음이 분명합니다. 『디모데 후서』 4장 11절에서 바울은 디모데에게 마가를 소아시아로부터 데려오라고 부탁하고 있습니다. "저가 나의 일에 유익하니라". 마가가 바울에게 돌아왔는지의 여부는 언급되지 않습니다. 이 청년이 나중에는 결국 존경스러운 선교사 바울의 눈에 들게 되었다는 증거는 분명합니다.

『베드로전서』 5장 13절의 독자들에게 보내는 문안 인사에서는 마가는 로마교회에 다니는 베드로의 아들로서 묘사되어 있습니다. 여기서 "바빌론"은 로마를 가리키는 별칭입니다. 베드로와 마가 사이의 깊은 애정이 있음을 증명해 주며 바울이 죽은 후에 로마에서 이 두 사람은 굳게 결속되어 있었음을 추측케 하는 근거도 됩니다. 이 기간 동안에 마가가 바울과 베드로를 동시에 사귈 수 있었다는 사실은 지난 날에 있었던 날카로운 의견 대립이 어느 정도로까지 화해되었는지를 보여주고 있습니다.

베드로의 제자요 통역인 마가가 로마에 있는 형제들의 요청에 따라 베드로에게서 들은 것을 기초로 해서 짧은 복음서를 썼습니다. 그것을 『마가복음』이라고 합니다. 4복음서 가운데 가장 간결한 본서는 "종되신 예수" 즉 하나님 아들 예수가 영광스러운 자리를 버리고 이 세상에 인간으로 오셔서 종으로서의 봉사와 수난과 희생 당하심에 강조점을 두고 있습니다. 그리하여 『마가복음』은 예수의 설교나 가르침에 중점을 둔 『마태복음』에 반하여 예수의 사역들을 묘사함으로써 하나님과 인간을 위해 봉사하시는 종의 모습을 부각시키고 있습니다. 이렇듯 본 『마가복음』은 예수의 종으로서의 행적을 강조하여, 십자가에 못 박히기까지의 예수의 희생적 모습, 그러나 결국 부활. 승천하신 예수의 복음을 통해 핍박받고 있는 로마 성도들에게 위로와 힘을 얻게 하고 있습니다.

최고의 교육을 받은 최초의 의료 선교사 누가

누가라는 이름은 단지 신약성서에서 세 번 언급되어 있습니다. 그 모두가 바울이 감옥에 있는 동안 그에 의해 불려졌습니다(골 4:14; 딤후 4:11; 몬 1:24). 그는 자신의 글 속에서는 결코 자기 이름을 언급하지 않습니다. 하지만 그의 신원은 분명히 데오빌로에게 알려져 있었고 당시의 일반 독자들에게도 알려졌던 것은 의심할 여지가 없습니다. 누가는 예수의 70문도의 하나였거나 빌립이 예수께 안내한 그리스인들 중의 하나였거나(요 12:20) 엠마오로 간 글로바의 동행인이었다는(눅 24:13) 이야기는 전설에 불과합니다.『누가복음』1장 2절로 미루어 볼 때 누가는 친히 예수를 따라 다닌 제자들 중의 하나는 아니었습니다.

어떤 사람은 그가 디도의 형제였을 것이라고 생각하기도 합니다(고후 8:18; 12: 18). 누가가 디도의 형제였다면, 이 사실은『사도행전』이 디도에 관해 침묵하고 있는 사유를 밝히는데 도움이 될 수 있을 것입니다. 혹자들은 누가가 해방된 노예였으리라고 생각해 왔습니다. 그리스와 로마의 노예 주인들은 종종 노예들을 의사로 교육시켜 후에 그들의 봉사의 대가로 그들을 해방시켜 주었다고 합니다. 누가가 안디옥의 부유한 정부관리인 데오빌로의 가솔로 태어났다(눅 1:3)는 추측까지도 있습니다.

『골로새서』 4장 14절에 바울이 누가를 할례자들(아리스다고, 마가, 유스도)과 구별해 누가를 에바브로, 데마와 함께 이방인 그룹에 넣었습니다. 초대 교회 기자들은 누가를 이방에서 기독교로 들어온 사람으로 보았습니다. 그가 이방인으로 유대교에 개종자였는지 아니였는지도 알 수가 없습니다. 누가는 아마도 시리아의 안디옥에서 태어났고, 이 안디옥에 관해 비상한 관심을 갖고 있었습니다(행 6:5; 11:19-27; 13:1; 14:19, 21, 26; 15:22, 23, 30, 35; 18:12). 바울과 실라가 빌립보를 떠날 때(행 16:40) 누가는 거기 머물렀고 바울이 예루살렘으로 올라가는 길에 들렀을 때도 여기 있었습니다.

바울은 그를 "사랑하는 의원"(골 4:14)이라 불렀습니다. 누가는 바울과 드로아에서 처음 만났고 그 이후로 바울의 시의로서 그의 여러 가지 질병을 고쳐 그의 수명을 연장시켜 주었다고 생각합니다. 그는 의료 선교사로 로마에서도 의업에 종사했을 것입니다. 바울은 2차 선교 여행 때 드로아에서 누가를 만났고, 3차 선교 여행에서 예루살렘 귀환 때 빌립보에서부터 로마에 2년간 머물 때까지 거의 계속적으로 바울을 동반했습니다. 바울이 로마에서 『골로새서』, 『빌레몬서』를 쓸 때에는 누가도 거기 있었으나 『빌립보서』를 쓸 때에는 거기 있지 않았습니다(행 2:20). 바울이 두 번째 로마 수감 중에는(딤후 4:11) 누가가 그의 유일한 동반자였습니다. 그 위험한 때 바울에게 충성이란 실로 아름다운 것이었습니다.

이 사랑받는 의사 누가는 바울의 허약한 건강을 보호해 주어 그의 생명을 몇 년 더 연장시켜 주었을 뿐만 아니라 종종 의술로 선교지의 병자들을 치료해주었습니다. "낫게 하매"(행 28:8-10)라는 구절은 "의술로 치료를 했다"는 것을 의미하고 있습니다. 누가는 바울과 함께 노고를 같이 했으며 그에 대한 보답도 함께 받았습니다. 또한 누가는 복음 전파의 소명을 함께 받아 그 소명을 위해 함께 힘썼습니다(행 16:10-13). 그는 최고의 교육을 받은 최초의 의료 선교사였습니다.

또한 누가는 신약 성서에 유일한 역사적 저술을 남긴 유능하고 사려 깊은 역사가였습니다. 그는 『누가복음』과 『사도행전』의 저자입니다. 일반적으로 『누가복음』의 저자는 『사도행전』의 저자와 동일 인물로 믿고 있습니다. 『누가복음』 서문(1:1-4)에는 데오빌로 각하가 수신인으로 되어 있으며 『사도행전』 1장 1절에서도 그가 두 번째에 편지의 수신자로 나타나 있습니다. 『사도행전』은 동일한 인물에게 보내어졌으며, 또한 이전 편지를 회상하도록 하는 의도로 보내어졌습니다.

『누가복음』은 4복음서 중에서 가장 포괄적인 내용을 다루고 있으며, 예수에 대한 복음이 사실임을 입증하고자 역사성에 기인하여 연대기적으로 기록하였습니다. 특히 본서는 이방인 독자를 염두에 두고 의도적으로 하나님인 동시에 완전한 한 인간인 예수의 생애, 곧 예수의 인자로서의 사역을 강조하여 인간 예수의 하나님께 대한 순종하는 삶과, 질병과 죄 그리고 가난과 고통 속에 있는 자들을 구원하시는 모습에 초점을 맞추고 있습니다. 그래서 인자 예수의 소개 부분에 있어서도 다른 복음서들에 비해 예수의 수태고지(受胎告知) 사실과 성전에 올라 갔던 어린 예수의 모습을 좀더 자세히 기록하고 있습니다. 아울러 세리, 고아와 과부, 이방인, 가난한 자 등 당시의 유대 사회에서 소외된 계층에 대한 예수의 사랑을 강조하여 각계 각층 사람들의 구원과 사회의 제반 문제에 대한 예수의 세심한 관심을 증거하고 있습니다.

이처럼 『누가복음』은 예수의 능력 행하심과 비유, 교훈 등의 모든 행적이 인간이신 예수의 인간에 대한 사랑과 인간의 삶에 대한 깊은 이해의 표출로서 그 초점을 맞추며 "그는 정녕 의인이었도다"라는 고백으로 예수가 우리의 주님되심을 결론짓고 있습니다.

『사도행전』은 데오빌로 한 사람뿐만 아니라 모든 성도들에게 사도들의 행적과 가르침을 통하여 그리스도인들간의 교제와 봉사 생활, 그리고 전도 생활의 중요성을 교훈하는 신약의 유일한 역사서입니다. 또한 교회 태동의 선교 과정에 대한 구체적인 기록으로서의 의의를 띠고 있습니다. 이러한 『사도행전』은 성령행전(聖靈行傳)이라 불리울 정도로 매우 강력하고 직접적인 성령의 강림과 사역을 묘사하고 있습니다. 이처럼 『사도행전』은 "오직 성령이 너희에게 임하시면 너희가 권능을 받고 예루살렘과 온 유다와 사마리아와 땅끝까지 이르러 내 증인이 되리라"(행 1:8)하신 예수의 말씀이 성취됨을 보여 주고 있습니다.

기독교 최초의 세계 선교사 바울

바울은 지중해의 동쪽 끝에서 멀지 않은 비옥하고 풍요로운 평야 다소라고 하는 곳에서 태어났습니다. 이 곳은 당시 상업의 중심지요, 정신 문화와 종교 활동의 본거지로 바울은 이런 번화한 도시에서 히브리인 가문에 태어났습니다. 또한 그는 바리새인이요, 바리새인의 아들이었습니다. 오늘날 바리새인하면 종교적 교만과 위선으로 통하지만(행 23:6) 옛날 유대인들이 살고 있던 그 당시에는 바리새인이 엄격한 종교 생활과 깨끗한 윤리적 전통을 대변하고 있었습니다.

그는 소년시절 예루살렘으로 나와 엄격한 종교적 교육을 받았으므로 그는 율법 준수에 있어서 흠잡을 데가 없었습니다. 또한 그는 처음부터 다정하고 열렬한 성격을 갖고 있었습니다. 이런 그의 열정은 예수 믿는 사람들을 핍박하고 예수의 가르침을 뿌리뽑으려는 행동으로 나타났습니다.

예수가 십자가에 달린 후에 기독교는 날로 왕성해 갔고 그 반대 운동

9. 예수와 만난 사람들 515

도 극렬해졌습니다. 그 결과 스데반이라는 교회의 집사가 예수를 증거하다가 돌에 맞아 순교했습니다. 스데반을 예루살렘 성문 밖으로 끌어내어 돌로 쳐 죽일 때 바울은 민중을 선동했고 증인들의 옷을 맡았던 장본인이라고 합니다. 그러나 바울은 순교자의 얼굴에 비치는 그 광채, 눈으로 보이지 않는 거룩한 자를 응시하는 모습. 그의 말과 인내 그리고 용서, 목을 떨구는 순간 짓이겨져서 피를 뚝뚝 떨어뜨리는 몸에 배어 있는 평화, 이 모든 것을 잊을 수가 없었습니다.

이처럼 박해가 날로 심해 갔지만, 예수의 가르침은 산불과 같이 사방으로 퍼져서 마침내는 시리아의 다메섹에도 전파되었습니다. 그 소식을 듣자 젊은 바울은 그 불이 더 퍼지기 전에 그 확산의 불을 끄기 위해 제사장의 편지를 받아 예수 믿는 신자를 잡으려고 다메섹으로 향했습니다. 그런데 다메섹에 거의 갔을 때 갑자기 하늘에서 빛이 비치었습니다. 그는 땅에 무릎을 꿇고 말았습니다. 그러자 그때에 하늘에서 이상한 소리가 들렸습니다. "사울아 사울아 네가 어찌하여 나를 핍박하느냐"(행 9:4).

"주여 뉘시오니이까"(행 9:5).

바울이 두려워하며 묻자 하늘에서 또 다시 소리가 들려왔습니다. "나는 네가 핍박하는 예수라. 네가 일어나 성으로 들어가라. 행할 것을 네게 이를 자가 있느니라"(행 9:5-6). 이 음성은 바울 뿐만 아니라 함께 가던 사람들도 확실히 들었지만 바울은 그때부터 눈이 보이지 않았습니다. 앞을 보지 못하게 되자 그는 사흘 동안 먹지도 못하고 마시지도 못하며 생각했습니다. 이윽고 사람의 손에 이끌려 바울이 다메섹 성안으로 들어가자 아나니아라고 하는 예수의 제자가 찾아왔습니다.

"형제 사울아 주 곧 네가 오는 길에서 나타나시던 예수께서 나를 보내어 너로 다시 보게 하시고 성령으로 충만하게 하신다 하니 즉시 사울의 눈에서 비늘 같은 것이 벗어져 다시 보게 된지라 일어나 세례를 받고 음식을 먹으매 강건하여지니라"(행 9:17-19).

이때부터 바울은 열렬한 예수의 신자가 되었으며, 바로 다메섹 회당에서 예수야말로 하나님의 아들이며 구주인 것을 힘차게 설교하기 시작했습니다. 그 때 바울의 나이는 삼십세 정도였습니다. "이 사람이 예루살렘에서 이 이름 부르는 사람을 잔해하던 자가 아니냐. 여기 온 것도 저희를 결박하여 대제사장들에게 끌어 가고자 함이 아니냐"(행 9:21).

예수를 믿는 사람들은 모두 바울을 의심했으나 바울의 설교는 날로 힘이 더해가 마침내는 그 누구도 바울의 신앙을 의심치 않게 되었습니다. 그뿐 아니라 그의 열띤 설교에 모두 감동했습니다(행 9:19-25). 이렇게 되니 이번에는 바리새인들이 공모하여 바울을 죽이려 했습니다 그래서 바울은 몸을 피하여 예루살렘으로 오게 되었습니다. 그러나 여기서도 처음에는 베드로를 위시한 예수의 제자들로부터 의심을 받았습니다. 물론 얼마 뒤 그 의심은 풀렸지만 그는 예루살렘도 떠나고 맙니다. 오히려 나라 밖에서 이방인들에게 예수의 가르침을 전파해야겠다고 결심했기 때문이었습니다.

그는 천막을 만들면서 그 누구의 도움도 받지 않고 세 번씩이나 긴 선교 여행을 했습니다. 바울이 가장 힘을 기울였던 곳은 서아시아 지방과 그리스였습니다. 그는 그리스도가 자기 안에 있다는 강한 신념을 가지고 예리한 논리와 유창한 언어를 구사하며 열심히 전도에 힘썼습니다. 그러므로 어디를 가든지 사람들의 마음을 사로잡았고 예수의 가르침을 그 지방에 전파할 수 있었습니다. 그의 전도 여행의 대강은 『사도행전』에 쓰여져 있고, 『로마서』를 비롯한 13통의 편지 속에 그의 인간됨과 사상이 기록되어 있습니다.

끝으로 바울의 전도로 구원을 받은 몇 인물의 이야기를 덧붙이고자 합니다. 소아시아의 루스드라라는 마을에 모든 사람들의 칭찬을 받는 디모데라는 젊은이가 있었습니다. 그의 아버지는 헬라인이지만, 그의 어머니는 유대교에서 그리스도교로 개종한 유대인이었습니다. 그의 어머니 유니게 뿐만 아니라 그의 할머니 로이스도 믿음이 두터운 여성이었습니다(딤후 1:5). 디모데는 루스드라에서 세례를 받고 바울의 제자가 되었던 것 같습니다. 디모데는 비록 젊은이이기는 하지만 그속에 거짓이 없는 믿음을 갖고 있었고 바울과 뜻을 같이 하여 복음을 전하는 일에 수고를 아끼지 않았습니다(빌 2:20-22). 그래서 그는 세 차례에 걸친 바울의 전도 여행에 참가했고 마지막에는 로마에까지 동반했던 것입니다. 바울은 디모데를 아들같이 사랑했고 모든 사람에게 신망있고 충실한 동노자(同勞者)로 추천했습니다(빌 2:19-24). 전설에 의하면 디모데는 에베소 교회의 감독으로 있다가 순교했다고 합니다.

또한 바울은 드로아 지방에서 처음으로 누가를 만났습니다. 바울이 혼잡한 유대인 거리에서 지내는 동안 갈라디아에서 겪은 심한 병이 재발했거나 아니면 말라리아 열병으로 몸져 눕게 되자 가장 가까이 있던 의사를 부르게 되었는데, 그가 바로 누가였던 것 같습니다. 여기서 바울은 해방받은 노예로서 의사 직업을 갖고 있던 누가를 구주에게로 인도했던 것입니다. 누가는 "사랑을 받는 의사"(골 4:14)로서 바울의 제자가 된 이후로는 늘 열렬한 마음에 이끌려 바울의 동역자(빌 24)가 되었고 바울의 순교 직전까지 그와 행동을 같이 하며(딤후 4:11) 바울의 허약한 몸을 보살펴 주었습니다. 누가의 만년에 대해서는 알 수가 없지만 『누가복음』과 『사도행전』을 기록한 점으로 보아서 바울이 죽은 후 약 20년간 생존했던 것으로 볼 수 있을 것 같습니다.

에베소란 곳에서는 빌레몬과 에바브라라는 두 청년이 바울의 열렬한 설교에 감동되어 신앙 생활을 하게 되었습니다. 이 두 사람은 사이가 좋은 친구였습니다. 그들은 고향인 골로새로 돌아오자 자기 집을 교회로 삼아 열심히 전도를 하기 시작했습니다(빌 2). 빌레몬은 부자집 청년이었습니다. 그는 에베소에서 바울의 설교를 들었을 무렵 오네시모라고 하는 종을 데리고 다녔었는데, 이 종은 골로새로 돌아오자 주인의 돈을 훔쳐가지고 도망을 쳤습니다. 그는 이곳 저곳을 떠돌아다니다가 마침내 로마로 가게 되었습니다. 그 무렵 로마는 세계의 도읍이라고 할 정도로 큰 도시였으며, 1백 20만 명의 인구 중 태반은 사방에서 모여든 노예들이었다고 합니다.

그러나 노예인 오네시모는 이 큰 도시에서도 발 붙일 곳이 없었습니다. 누구 한 사람 상대해 주는 사람이 없었던 것입니다. 그리운 것은 골로새의 주인 빌레몬 뿐이었으나, 돈을 훔쳐 달아난 노예로서는 아무리 그리워 해도 돌아갈 수는 없었습니다. 어느 날 오네시모는 주린 배를 움켜잡고 거리를 방황하다가 바울을 만나게 되었습니다. 바울은 세 번째 선교 여행을 마치고 예루살렘으로 돌아갔으나 잡힌 몸이 되어 로마에까지 이송되었던 것입니다. 바울은 죄수의 몸으로 족쇄를 차고 있었으나 임의로 설교하는 것만은 허용이 되어 있었습니다.

오네시모는 바울 앞에서 자기 죄를 고백하고 그 날부터 옥에 갇힌 바울을 정성껏 모셨습니다. 바울도 또한 그를 동생처럼 사랑했습니다. 바울은 드디어 2년 동안의 죄수 생활을 마치고 무죄가 되어 자유로운 몸이 되었습니다. 이 무렵 빌레몬의 친구인 에바브라가 먼 로마에까지 와서 바울을 찾았습니다. 이 때 오네시모는 주인의 친구인 에바브라를 만나게 되었습니다. 그후 오네시모는 에바브라와 함께 그립던 골로새로 돌아가게 되었습니다. 그 때 바울은 빌레몬에게 편지를 써서 보냈는데 그것이 신약 성서 속에 들어 있는 『빌레몬서』입니다. "나이 많은 나 바울은 지금 또 예수 그리스도를 위하여 갇힌 자 되어 갇힌 중에서 낳은 아들 오네시모를 위하여 네게 간구하노라. 저가 전에는 네게 무익하였으나 이제는 나와 네게 유익하므로 저를 네게 돌려 보내노니 저는 내

심복이라… 이후로는 종과 같이 아니하고 종에서 뛰어나 곧 사랑받는 형제로 둘 자라… 그러므로 네가 나를 동무로 알진대 저를 영접하기를 내게 하듯 하고 저가 만일 네게 불의를 하였거나 네게 진 것이 있거든 이것을 내게로 회계하라"(빌 9-18).

바울의 열네 편지 가운데 이것은 제일 짧은 것이지만 매우 감동적입니다. 바울은 이 때 무사히 옥에서 나올 수가 있었지만, 얼마 안 되어 네로의 박해로 순교당했던 것입니다. 그러나 바울의 열기와 예수의 가르침은 온 세계로 퍼지게 됩니다.

성서의 많은 부분은 이야기로 구성되어 있습니다. 기독교에 있어서 설화양식(narrative mode)은 비길 데 없이 중요합니다. 어떤 의미에서 성서적 형식으로서 설화가 보편화되었다고 하는 것은, 인간은 누구나 설화에 관심을 갖고 있다는 증거가 되기도 합니다. 특히 성서에 설화 양식이 많이 사용된 것은 성서의 신관에서 비롯된 것이라 할 수 있습니다.

성서의 하나님은 무엇보다도 행동하는 신입니다. 그는 인간의 내면적 의식 속에서만 역사하는 것이 아니라 역사의 무대 위에서 행동하는 것입니다. 그러므로 역사 속에서 움직이는 하나님에 관해 기술 하려면 무엇보다도 역사적 설화 양식이 필요했을 것입니다. 기독교인은 어디서나 자기의 신앙을 고백할 수 있고, 성서 없이도 이야기를 통해 하나님의 의도와 행위를 나타낼 수가 있습니다. 이야기가 없다면 하나님의 행동은 처음과 중간과 끝을 가질 수가 없습니다. 그런 의미에서 설화 형식은 성서의 진리를 구체화하는 데 있어서 가장 적합한 수단이 될 수 있습니다.

성서의 설화에 나오는 인물들은 각기 다르지만, 그 인물들을 통해 강조되는 것은 역사 속에서 움직이는 하나님의 의도와 행위인 것입니다. 성서의 설화에서 다루는 주요한 주제는 이처럼 허구(fiction) 가 아니라 역사(history)이기 때문에 독자는 사건 자체나 인물보다도 설화 형식의 내면적 역학 관계를 면밀히 살피지 않으면 안됩니다. 성서의 모든 이야기는 결국 인간 체험의 전후 관계가 되는 정신적 실재(reality)를 조명해 주고 있다는 사실을 잊어서는 안 될 것입니다.

바울의 문학 10

바울 서신의 세계
- 로마인들에게 보낸 편지
- 고린도인들에게 보낸 첫째 편지
- 고린도인들에게 보낸 둘째 편지
- 갈라디아인들에게 보낸 편지
- 에베소인들에게 보낸 편지
- 빌립보인들에게 보낸 편지
- 골로새인들에게 보낸 편지
- 데살로니가인들에게 보낸 첫째 편지
- 데살로니가인들에게 보낸 둘째 편지
- 디모데에게 보낸 첫째 편지
- 디모데에게 보낸 둘째 편지
- 디도에게 보낸 편지
- 빌레몬에게 보낸 편지
- 히브리인들에게 보낸 편지

바울 서신의 문학적 특징

바울 서신의 세계

신약 성서는 복음과 역사, 서신과 예언으로 이루어져 있습니다. 신약 성서에는 21편의 서신이 들어 있습니다. 일반적으로 편지는 문학 작품으로 높은 평가를 받고 있지는 못하지만, 편지 중 어떤 것은 탁월한 수사적 형식과 설득력 있는 문체 때문에 그 예술성을 인정받을 수도 있습니다. 또한 어떤 것은 자서전적인 성격을 띠고 있는 것이 있어서 필자 자신이 주인공으로 나타나는가 하면 그 주인공의 경험적인 사실을 담게 되는데, 이런 것들은 편지라 할지라도 상당한 문학적 관심을 끌게 됩니다.

신약 성서에 나오는 21통의 편지들 중 바울(Paul)이 14편을 썼습니다. 그러나 순수 문학에 넣을 만한 것은 별로 없습니다. 사도 바울은 그리스어를 말하는 유대인으로 그리스 문학과 철학에 대한 깊은 지식을 갖고 있었지만, 그는 선교사겸 설교자였지 단순한 작가는 아니었습니다. 따라서 그의 편지들은 선교 사업에 대한 보조 수단으로 쓰여진 것이었다고 보는 것이 좋겠습니다. 그래서 바울서신 14권을 중심으로 간략한 그 내용과 서신들이 가지고 있는 공통적 문학적 특징들을 살펴보겠습니다.

로마인들에게 보낸 편지

바울은 3차에 걸친 선교 여행 후 주후 57년경에 이 편지를 썼습니다. 이 편지는 한 번도 가 본 적이 없는 로마의 신자들에게 그리스도교의 신앙을 전하는 것으로서 바울이 쓴 편지 중에 제일 길고 신학적으로 매우 중요한 내용이 담긴 어려운 편지입니다.

로마서는 바울이 이해하고 있는 복음을 상세히 서술하는 것으로 시작됩니다. 이 편지는 『데살로니가서』, 『갈라디아서』, 『고린도서』 다음에 씌여졌습니다. 그리고 이 편지는 그리스도교 신앙에 대해 완전하고도 가장 명백하게 논증하고 있는 바울의 강령이라 할 수 있습니다.

바울은 로마의 그리스도인들에게 문안하면서 편지를 시작하고 있습니다. 그는 편지를 쓰는 근거를 설명합니다. "복음에는 하나님의 의가 나타나서 믿음으로 믿음에 이르게 하나니"(1:17).

이어서 바울은 유대인이든 이방인이든 죄인이었던 우리 모두는 그리스도의 죽음과 부활을 믿음으로써 중병(重病)에서 고침을 받을 수 있다고 설명하고 있습니다(3-4장). 바울은 하나님께서 그리스도를 통해 주신 새 생명과 죄를 용서받은 자유를 기술하였고 모든 그리스도인의 삶에서 율법과 성령의 역사와의 관련성을 설명 하였습니다. 기독교인의 삶을 위한 능력은 모세의 율법을 순종하는 가운데서가 아니라 성령의 법을 믿음으로써 이루어진다고 합니다. 이제 우리는 아무것도 우리를 우리 주 그리스도 예수 안에 있는 하나님의 사랑에서 끊을 수 없게 된다는 것입니다(5-8장).

9장-11장에서 바울이 시도하는 것은 이스라엘의 전 역사를 통해서 하나님께서는 친히 통치하시고 계신다는 것을 보여 줍니다. 비록 이스라엘이 메시야를 거절했지만, 하나님은 이것을 이방인들에게 복음을 전하시는 데 사용하셨습니다. 그들의 언약의 수가 차면 그때는 이스라엘도 역시 구원을 받게 될 것입니다. 하나님은 이스라엘에 대한 그의 계약을 신실하게 지키실 것임을 보여 주실 것이며 역시 이방인들에게도 신실하실 것입니다.

이 복음의 기초 위에서 우리는 하나님께 예배하는 가운데 우리의 몸을 드리게 되며, 유대인과 이방인들이 그리스도의 지체들로서 함께 살게 됩니다. 사역을 위해서 은혜를 받은 새로운 신분의 신자들은 세상에서 그로 말미암아 담대하게 살도록 성장될 것이며, 그것은 하나님의 정하신 뜻을 이루는 데까지 도울 것입니다(12-13장). 그리스도의 몸 안에서 함께 사는 것은 기독교인들이 관습의 문제들과 관련된 각자의 양심을 지키며, 항상 믿음으로 행한다는 것을 의미합니다. 믿음이 강한 자들은 약자들을 도와야 하며 그리고 그들은 다같이 하나님께 영광 돌리도록 해야 한다고 합니다(14장). 바울은 예루살렘과 로마 그리고 스페인에 가려는 계획을 세움으로써 결론을 맺으며 많은 친구들에게 문안을 보냅니다(15-16장).

그의 편지는 유대인들과 이방인들 모두에게 보내는 복음의 해설이라 할 수 있습니다. 유대인들과 이방인들은 예수 그리스도 안에서 믿음으로 받아들이게 되며, 서로를 돌아보면서 그들의 새 삶을 살게 된다는 것입니다.

고린도인들에게 보낸 첫째 편지

사도 바울이 에베소에 머물던 3년 중 언제 쯤이었는지는 모르겠으나 고린도에 다녀온 사람이 고린도 교회에 있는 신자들의 소식을 전해 주었습니다.

이 소식에 의하면 고린도 교회의 신자들은 서로 갈라졌다는 것입니다.『고린도전서』는 이렇게 격심하게 분열된 상태에 있는 교회에 보낸 편지입니다. 문제들은 마른 나무 숲에서 일어나는 불길과 같이 퍼졌습니다. 바울의 권위는 의문시되고, 그의 가르침의 형식과 사역이 의심을 받으며 그의 금전 문제에 대한 책임감도 의심을 받았습니다.

교회의 질서는 깨어져 가고 있었습니다. 고린도의 어떤 사람들은 근친상간을 하며 살고 있는 남자가 보여준 "기독교인의 자유"를 자랑하고 있습니다. 다른 이들은 동료 교인들을 법정에 넘겼으며, 또 어떤 사람들은 계속해서 창녀들을 찾아갔습니다. 다른 사람들은 우상들에게 바쳐진 고기를 먹음으로 그들의 자유를 증명했으며, 술취하여 주의 만찬의식을 더럽혔습니다. 영적 은사들은 질투를 유발하는 데 오용되었습니다. 방언들은 그것의 덕을 위한 예언보다도 황홀함에 의해서 가치가 매겨졌습니다. 요컨대 개인의 도덕과 회중의 생활이 모두 무너졌습니다.

 교회 내의 분쟁과 혼란은 복음의 오해에서부터 오는 것입니다. 고린도 교인들은 그리스도께서 십자가에 못박히신 십자가의 말씀을 넘어서 신비주의적인 흥분의 영적 신학 속으로 빠지는 상태에 있었습니다. 바울은 이 거짓된 열광으로 인해서 교회를 책망합니다. 고린도교인들에게 그리스도의 십자가와 부활을 다시 불러 일깨웁니다(1, 15장). 그는 고린도 교인들을 세상에서 하나님의 성품을 보여줄 개인의 도덕을 불러 일깨웁니다(5-7장). 즉 바울은 그리스도인들이 음식을 두고 당하는 양심의 문제를 다룹니다(8-10장). 대부분의 상점에서 우상에게 바쳤던 고기를 팔고 있습니다. 교인이 그것을 먹는 것이 잘못된 것인지? 하는 문제 등이 대두되었습니다. 11-14장은 교회에서 질서 있게 예배하는 일, 특히 성찬의 원리를 제시하고, 하나님께서 백성에게 주신 특별한 은사들을 열거합니다. 이 편지는 초대 교인들의 상태와 행동을 생생하게 보여 줍니다. 그것은 모두 다 감동적인 것만은 아닙니다.

 바울은 또한 예수님의 부활의 의미와, 그를 믿고 죽은 자들에 대하여 설명하고 있습니다(15장). 마지막 장에서 그는 유대의 가난한 교인들을 위한 연보에 관해 언급합니다. 그는 개인적인 인사로 편지를 마치고 있습니다.

고린도인들에게 보낸 둘째 편지

이 편지는 첫 번째 편지를 쓴 뒤 1년 남짓(주후 56년) 만에 쓴 것으로 보이며, 이때 이 교회와 그의 관계가 어떤 분기점에 처해 있었던 것 같습니다. 그동안 고린도 교회의 어떤 교인들이 그를 맹렬히 비난했습니다. 또 그는 곧 그 교회를 방문하고자 했습니다. 이 편지에는 그가 얼마나 간절히 고린도 교회에 가고 싶어했는지를 보여 주고 있습니다.

1-7장에서 바울은 자기와 고린도 교회간의 관계를 말함으로 시작하고 있습니다. 그는 이전에 자기가 했던 심한 말과, 그들의 마음이 바뀌었다는 것을 듣고 그가 얼마나 기뻐했는지를 말합니다. 그리고 그가 세 번째로 보다 기쁜 방문을 하기 원한다는 뜻을 전합니다.

바울은 유대의 가난한 교인들을 위해 후하게 연보할 것을 호소합니다(8-9장). 마지막 장들(10-13장)은 자기의 사도직에 대한 변증입니다. 고린도 교회의 어떤 사람들은 그가 이 명칭을 가질 자격이 있는지 의문을 제기합니다. 때로 무척 화를 내고, 때로 매우 기뻐함으로, 감정의 기복을 매우 크게 나타내는 『고린도후서』는 바울 서신 중 가장 개인적인 성격을 띠고 있습니다. 교회에 대한 그의 사랑, 고난, 불굴의 신앙이 이 편지에 일관되게 나타납니다.

갈라디아인들에게 보낸 편지

이 서신은 바울 서신 중의 초기 작품으로, 주후 47-48년경에 씌여졌습니다. 바울은 2차 선교 여행을 했을 때 갈라디아(터키 중부)에 들러 선교를 하며 교회를 세웠는데, 3차 선교 여행 중에 잠시 그곳에 들러 신자들을 격려하였습니다. 그런데 예루살렘에서 개종한 유대인 신자들이 갈라디아에 와서 구원을 받으려면 할례를 받고 모세의 율법을 지켜야 한다고 하면서 바울의 말과 반대되는 주장을 했기 때문에 갈라디아 신자들 사이에는 혼란이 생겼습니다. 바울은 이 소식을 에베소에서 들었습니다. 뿐만 아니라 그들은 바울이 예루살렘에 있는 사도들같은 예수의 제자가 아니므로 잘 몰라서 그렇게 가르친다는 소문을 퍼뜨렸습니다.

바울은 자기가 그런 말을 들어서가 아니라 예수의 기쁜 소식이 잘못 전달되는 것이 가슴 아프고 화가 나서 즉시 편지를 썼습니다. 자기는 분명히 예수 그리스도와 예수를 죽은 이들 가운데서 다시 살리신 하나님으로부터 사도로 임명을 받았다고 강조하면서 편지를 쓰기 시작했습니다(1-2장).

자기가 어떻게 회개하였으며 사도가 되었는지를 그들에게 다시 설명했습니다. 그리고 구원은 할례를 받고 율법을 잘 지켜서 얻게 되는 것이 아니라, 우리를 사랑하시어 십자가에 달려 죽으신 주의 은혜로써 얻는 것이므로 그리스도를 믿는 것이라고 하였습니다. 또한 아브라함의 이야기를 하면서 우리는 신앙에 의해 하나님 앞에서 올바른 사람이 된다고 했습니다(3-4장).

바울은 그리스도의 행동 방식은 그리스도에 대한 믿음에서 오는 사랑의 바탕 위에 있다는 것을 보여 줌으로써 강한 어조로 그의 편지를 마치고 있습니다(5-6장). 그의 편지는 그리스도인의 자유를 옹호하고 있습니다. "그리스도께서 우리를 자유케 하려고 자유를 주셨으니 그러므로 굳세게 서서 다시는 종의 멍에를 메지 말라"(5:1).

에베소서인들에게 보낸 편지

바울은 3차 선교 여행 중에 삼 년간 에베소에 머물면서 복음을 전했습니다. 바울은 에베소 교회의 신자들이 예수를 믿고 형제들을 서로 사랑한다는 말을 듣고 그들을 격려하고 위로하기 위하여 편지를 써서 보냈습니다. 바울이 에베소 교인들에게 보낸 편지는 오늘날의 서부 터키 지역에 산재했던 교회들이 서로 돌려 볼 수 있도록 한 회람 서신임이 분명합니다. 그 지역에서 가장 큰 도시인 에베소의 교회가 그 중 가장 중심되는 교회였습니다. 바울은 이 편지를 『빌립보서』, 『골래서』, 『빌레몬서』 등과 같이 옥중에서 아마 60년대 초기에 로마 옥중에서 썼을 것으로 생각합니다(에 4:1). 그래서 이 네 통의 편지를 보통 옥중서신이라고 합니다.

이 편지의 큰 주제는 "하늘에 있는 것이나 땅에 있는 것이 다 그리스도 안에서 통일되게 하려는"(에 1:10) 하나님의 경륜을 강조하고 있습니다. 이 편지는 통일에 대한 사상으로부터 시작합니다(1-3장). 성부

하나님께서 자기 백성을 택하였고, 성자 예수께서 그들을 그 죄에서 자유케 하셨고, 인종과 종교와 문화의 벽을 철폐하셨습니다. 하나님의 성령은 그들을 더욱 강건하게 하기 위하여 그들의 생활 속에서 역사하셨습니다.

이 편지의 두 번째 부분(4-6장)은 그리스도 안에서 하나 됨이 서로 사랑으로 나타나야 함을 촉구합니다. 우리들은 어두움에서 나와 빛 가운데 행하여야 한다고 주장합니다. 그리고 우리는 그리스도와 하나가 되고 하나님의 가족이 되도록 빛의 자녀로 살아야 하며, 남편과 아내, 자녀와 부모, 종과 주인은 사랑의 생활을 하기 위하여 새 생활의 규범대로 살아야 한다는 것 등을 가르치고 있습니다(4-6장). 바울은 "종말로 너희가 주 안에서와 그 힘의 능력으로 강건하여지고 마귀의 궤계를 능히 대적하기 위하여 하나님의 전신갑주를 입으라"(에 6:10-11)고 격려하는 말로 이 편지를 맺고 있습니다.

빌립보인들에게 보낸 편지

바울은 주후 50년경, 유럽 최초의 교회를 빌립보에 세웠습니다. 그는 이 편지를 아마도 주후 61-63년 사이에 로마 감옥에서 썼을 것으로 봅니다. 혹은 주후 54년에 에베소에서 썼을 수도 있습니다.

바울은 빌립보의 그리스도인들에게 자신의 상황을 설명하고, 그들이 자신에게 보낸 선물을 감사합니다. 바울은 그들의 신앙을 격려하면서, 교만을 버리고 "자기를 낮추시고 죽기까지 복종하신" 예수님을 본받을 것을 권합니다. 그는 그리스도를 신뢰하는 이들이 갖는 기쁨과 평안을 보여 줍니다. 빌립보 교회의 거짓 선생들로 인한 바울의 염려에도 불구하고 빌립보의 그리스도인들을 향한 그의 사랑이 줄곧 돋보이고 있습니다.

감옥이라는 암울한 배경에도 불구하고, 이 편지는 그리스도인의 삶에 따르는 기쁨과 확신, 소망으로 충만합니다. "너희는 내게 배우고 받고 듣고 본 바를 행하라. 그리하면 평강의 하나님이 너희와 함께 계시리라"(빌 4:9)는 권고로 편지를 끝냅니다.

골로새인들에게 보낸 편지

바울은 주후 61년 로마 옥중에서 골로새 교인들에게 이 편지를 써서 보낸 것 같습니다. 비록 골로새 교회를 세우지는 않았지만, 바울은 이 교회에 큰 관심을 가지고 있었습니다. 이 교회의 설립자는 바울의 복음을 받고 신자가 된 사람 중의 하나인 에바브로였습니다. 로마에서 바울은 이 골로새로부터 도망해 온 노예 즉 빌레몬 을 만났습니다. 그는 것짓 선생들이 이 교회에 들어 온 것을 알았습니다. 그 것짓 선생들은 하나님을 알기 위해서는 다른 영적 존재들에게 예배하고 또 절기와 율법을 지켜야 한다고 주장하였습니다. 이들은 다른 철학과 종교의 사상에 젖어있는 사람들이었습니다.

바울은 참 기독교 진리를 진술했습니다(1:1-2:19). 오직 예수, 한 분만이 사람을 구원하고 생명을 줄 수 있다고 하였습니다. 예수 그리스도를 통하여 하나님께서 세상을 창조하셨습니다. 또 바울은 이 새 생명이 실제적인 차원에서 무엇을 의미하는지 설명해 주었습니다(2:20-4:6). 새 생명은 우리가 말하고 행하는 것, 즉 집에서, 직장에서, 교회에서 관계를 갖고 느끼는 모든 것에 영향을 준다는 것이었습니다. 바울은 개인적인 소식을 전하면서 이 편지를 끝맺고 있습니다(4:7-18).

데살로니가인들에게 보낸 첫째 편지

데살로니가는 로마의 마게도니아 속주의 수도입니다. 바울은 2차 전도 여행 기간에 이곳에서 교회를 개척했습니다. 바울은 그린도에 머무는 동안 데살로니가 신자들에게 두 통의 편지를 썼습니다. 이 편지는 신약 성서 중에 제일 먼저 씌어진 것입니다.

디모데가 데살로니가에서 가지고 온 소식은 기쁜 것이었습니다만 걱정이 되는 것도 있었습니다. 기쁜 소식이란 많은 고통 속에서도 데살로니가인들은 즐겨 말씀을 받아들여 믿음과 희망과 사랑을 실천하며 살아갔는데, 그리스도를 본받는 그들의 생활이 여러 지방에 두루 퍼져 다른 신자들의 모범이 되고 있다는 것이었습니다. 그리고 걱정되는 소식은 데살로니가인들이 예수의 다시 오심과 죽은 사람의 부활에 대해 그릇된 생각을 가지고 있다는 것이었습니다.

바울은 몇 번이고 데살로니가에 갈 생각이었으나 갈 수가 없었으므로, 편지라도 써서 그들을 격려하고 그릇된 생각을 바로 잡아 주고 싶었습니다. 그는 먼저 그들에게서 능력 있는 복음의 소식을 듣고 하나님께 감사하고 그의 방문을 회상하고 있습니다(1-3장). 그는 하나님을 기쁘시게 하는 삶을 살라고 그들에게 요구합니다(4:1-12). 그리고 예수님의 예정된 재림에 대한 여러 가지 문제들에 대답합니다(4:13-5:11). 즉 그는 언제 다시 오시는가? 재림하시기 전에 죽은 그리스도인들에게는 어떤 일이 일어나는가? 하는 문제 등에 대해서 대답하고 있습니다. 마지막으로 그는 "항상 기뻐하라. 쉬지 말고 기도하라. 범사에 감사하라. 이는 그리스도 예수 안에서 너희를 향하신 하나님의 뜻이니라"(살전 5:16-18)는 교훈으로 끝맺습니다(5:12-28).

데살로니가인들에게 보낸 둘째 편지

바울의 첫째 편지에도 불구하고 데살로니가 교회의 성도들은 예수님의 재림에 대해 여전히 이해하지 못한 상태였습니다. 어떤 사람들은 이미 재림의 날이 임했다고 생각했습니다. 많은 사람이 일도 하지 않고 게으름을 피우며 흥청거린다는 소식을 들었습니다. 바울은 즉시 달려가서 그들의 그릇된 생각을 바로잡아 주고 싶었지만, 고린도를 떠날 수 없어 다시 편지를 썼습니다.

  이 편지를 통하여 바울은 예수께서 재림하시기 전에 크게 악한 시대가 있을 것이라고 경고합니다(2장). 바울은 믿음을 지키고 자기 사명을 감당하라는 말로 그리스도인들을 권고하고 서신을 끝맺고 있습니다(3장).

디모데에게 보낸 첫째 편지

디모데는 헬라인 부친과 유대인 모친을 부모로 한 젊은 그리스 도인이었습니다. 그는 로마 속주 갈라디아(중앙 터키)에 있는 루스드라 출신이었습니다. 그는 바울과 여행했으며, 바울의 후기 전도 여행 때 바울을 도왔습니다. 그는 다소 소심한 사람이었고 몸이 약했습니다. 그에게는 격려와 지지가 필요했습니다.

바울이 디모데에게 편지를 보냈을 때 그는 에베소 교회에서 목회하고 있었습니다. 그 편지는 교회 사역에 관해 충고와 도움의 내용을 많이 담고 있습니다. 거기에서 교회 안에 들어 온 거짓 가르침, 특히 구원과 물질 세계의 본질에 관한 유대교와 영지주의적 개념의 혼합에 대해 경고하고 있습니다. 디모데는 교회의 조직과 지도에 관한 교훈을 받았으며(1-3장), 그 편지는 디모데에게 보다 사적인 당부 곧 교회에 대한 직무를 충실히 감당할 것을 부탁하는 말로 끝맺고 있습니다(4-6장).

디모데에게 보낸 둘째 편지

이 편지 내용의 대부분은 디모데를 향한 바울의 개인적인 당부라 할 수 있습니다. 바울은 디모데에게 담대히 예수 그리스도의 복음을 전할 것을 권고하며, 대적과 핍박에 굴하지 말고 굳건하게 서서 교사와 복음 전도자의 사명을 다하라고 격려합니다. 바울은 부질없는 변론을 삼가라고 경계하고, 고난의 삶 가운데서도 굳게 서 있는 자신의 믿음의 본을 보임으로써 디모데를 격려합니다. "나의 달려갈 길을 마치고 믿음을 지켰으니 이제 후로는… 의의 면류관이 예비되었으므로…" 라고 바울은 쓰고 있습니다(4:7-8).

디도에게 보낸 편지

디도는 이방인 그리스도인으로서 바울의 동역자이자 조력자였습니다. 디도는 바울이 예루살렘을 방문할 때 함께 한 일행 중 한 사람이었으며, 필시 바울과 자주 함께 여행했을 것입니다. 디도는 고린도에서 얼마 동안 사역했습니다. 그는 고린도 교회와 바울 사이의 석연치 못한 감정을 해소시켰습니다. 디도가 바울을 다시 만나 그간의 경위가 호전되었음을 알렸을 때, 바울은 고린도 교회에 두 번째 편지를 썼습니다. 디도는 이 편지를 갖고 고린도로 돌아가서 유대의 가난한 그리스도인들을 위한 연보를 모으는 일을 도왔습니다. 바울이 디도에게 편지를 보냈을 때 디도는 그레데에서 사역하고 있었습니다. 그 교회에 디모데가 에베소에서 겪었던 것과 비슷한 문제들이 있었습니다. 즉 거짓 교훈과 무익한 변론이 있었습니다.

이 편지에서 바울은, 그릿도의 일꾼들은 훌륭한 성품의 소유자여야 할 것을 디도에게 일깨워 주었습니다(1장). 교회 안의 여러 연령층에 대한 그의 책임을 나열 설명한 다음 그리스도인들끼리 행동과 태도를 어떻게 취하여야 할 것인가에 대한 전체적인 경계와 권고에 관한 내용으로 끝맺고 있습니다.

빌레몬에게 보낸 편지

바울이 골로새(터키 서부)에 있던 그리스도인 친구인 빌레몬에게 보낸 편시입니다. 빌레몬에서는 오네시모라는 종이 있있는데, 이 종이 달아났다가 우연히 감옥에서 바울을 만나 그리스도인이 되었습니다. 바울은 빌레몬에게 그 종을 용서하고 그리스도인 형제로 맞아들이기를 권고합니다. 이 편지는 아마도 골로새 교회에 보내는 편지와 함께 오네시모 편으로 골로새에 보냈을 것입니다.

히브리인들에게 보낸 편지

히브리서는 주후 1세기경 그리스도인이 된 유대인들에게 보낸 편지입니다. 그들은 그리스도에 대한 믿음을 포기할 위험에 빠져 있었던 것으로 보입니다. 저자는 예수님이 하나님을 인간에게 참되게 최종적으로 계시한 분이라고 설명합니다.

저자는 예수께서 천사나, 구약 성경의 위대한 인물인 모세나 여호수아보다 더 위대한 분이심을 보여 주고 있습니다(1:1-4:13). 예수님은 영원한 제사장으로서 예수님은 구약 성경의 제사장들보다 훨씬 뛰어난다고 말합니다(4:14-7:28). 예수님은 하나님과 인간 사이에 더 나은 언약을 마련했으며, 최종적으로 단번에 드려진 희생 제물로서 구약 성경의 저자들이 한결같이 가리키던 분이라고 말하고 있습니다(8-10장). 예수님은 완전한 제사장으로서 완전한 희생을 드리고 하나님과 인간을 화해시킵니다.

저자는 이스라엘 역사상 위대한 신앙인들의 빛나는 모범을 보여 줍니다(11장). 그는 독자들에게 고통과 핍박이 온다 할지라도 믿음에서 떠나지 말고 예수께 대한 믿음에 굳게 서라고 권고합니다(12-13장). 히브리서의 저자가 누구인지는 알려져 있지 않습니다. 그러나 바울이 썼다고 생각하는 사람들도 많기 때문에 본 필자는 바울 서신에 넣어서 취급했습니다.

바울 서신의 문학적 특징

바울의 14편의 서신 중에서도 『에베소서』는 신약 성서에 나오는 편지의 전형적인 특징을 가장 많이 포함하고 있다고 할 수 있습니다. 『에베소서』는 바울이 옥에 갇혀있는 동안 쓴 것이므로, 여러 교회가 돌려가며 읽을 수밖에 없었고, 그런 성격상 그것은 공적인 어조를 짙게 띠고 있습니다. 이 편지는 관행상 따르는 감사의 부분을 빼버렸지만, 바울의 편지가 일반적으로 갖는 구조 곧 인사(1:1-2), 기독교 교리에 대한 해설(1:3-3:21), 실제적인 권고(4:1-6:20), 개인적인 전갈과 인사 부분으로 이루어져 있습니다.

『에베소서』는 교회(church)라고 하는 핵심적인 주제를 중심으로 긴밀하게 통일되어 있습니다. 다시 말해서 이 주제를 촛점으로 하여 바울은 일련의 관련된 주제들―교회의 기원(1:3-23), 그리스도의 교회 구원(2:1-10), 교회의 통일과 일치(2:11-22), 교회의 소명과 목적(3:1-21) 등을 발전시키고 있습니다.

이러한 교리론에 이어서 바울은 실제적인 문제로 교인들 간의 화합(4:1-16), 신자들의 도덕적인 기준(4:17-5:20), 기독교 가정의 역할을 언급하고 있습니다. 이 편지의 문학적 특징을 보면 우선 의미를 바로 밝히지 않고 길게 끌고 가면서 점진적으로 드러나게 하는 유보적 문장들을 많이 사용했다는 것입니다.

"이를 인하여 주 예수 안에서 너희 믿음과 모든 성도를 향한 사랑을 나도 듣고 너희를 인하여 감사하기를 마지 아니하고 내가 기도할 때에 너희를 말하노라. 우리 주 예수 그리스도의 하나님, 영광의 아버지께서 지혜와 계시의 정신을 너희에게 주사 하나님을 알게 하고 너희 마음눈을 밝히사 그의 부르심의 소망이 무엇이며 성도 안에서 그 기업의 영광의 풍성이 무엇이며 그의 힘의 강력으로 역사하심을 따라 믿는 우리에게 베푸신 능력의 지극히 크심이 어떤 것을 너희로 알게 하시기를 구하노라. 그 능력이 그리스도 안에서 역사하사 죽은 자들 가운데서 다시 살리시사 하늘에서 자기의 오른 편에 앉히사 모든 정사와 권세와 능력과 주관하는 자와 이 세상 뿐아니라 오는 세상에 일컫는 모든 이름 위에 뛰어나게 하시고 또 만물을 그 발 아래 복종하게 하시고 그를 만물 위에 교회의 머리로 주셨느니라. 교회는 그의 몸이니 만물 안에서 만물을 충만케 하시는 자의 충만이니라"(엡 1:15-23).

여기서 바울은 연속적인 관계절과 대구절을 자주 사용하였고 "주 예수", "우리 주 예수 그리스도의 하나님", "영광의 아버지"와 같은 장중한 호칭을 사용하였으며, "하나님, 영광, 지혜, 소망, 빛, 풍부함, 능력, 충만 따위의 풍부한 이미지와 예수의 구속적 생애에 일어난 사건에 대한 암시를 통해 문학적 효과를 거두고 있습니다.

바울은 가장 열변적이며 감동적인 클라이막스를 설정한 수사적 명수였습니다. 그 예를 『에베소서』에서 찾아 보겠습니다. "종말로 너희가 주 안에서와 그 힘의 능력으로 강건하여지고 마귀의 궤계를 능히 대적하기 위하여 하나님의 전신갑주를 입으라. 우리의 씨름은 혈과 육에 대한 것이 아니요 정사와 권세와 이 어두움의 세상 주관자들과 하늘에 있는 악의 영들에게 대함이라. 그러므로 하나님의 전신갑주를 취하라. 이는 악한 날에 너희가 능히 대적하고 모든 일을 행한 후에 서기 위함이라. 그런즉 서서 진리로 너희 허리띠를 띠고 의의 흉패를 붙이고 평안의 복음의 예비한 것으로 신을 신고 모든 것 위에 믿음의 방패를 가지고 이로써 능히 악한 자의 모든 화전을 소멸하고 구원의 투구와 성령의 검 곧 하나님의 말씀을 가져라"(엡 6:10-17).

바울은 여기서 기독교인의 생활을 전투로, 그리고 기독교인의 자원을 일련의 갑옷으로 비교하는 확대된 은유와 평행법을 사용하여 선명하게 표현하고 있습니다. 또한 바울은 고결한 문체(high style)의 하나로서 수사적 질문을 사용한 일이 있습니다.

"그런즉 이 일에 대하여 가 무슨 말하리요(?) 만일 하나님이 우리를 위하시면 누가 우리를 대적하리요(?) 자기 아들을 아끼지 아니하시고 우리 모든 사람을 위하여 내어주신 이가 어찌 그 아들과 함께 모든 것을 우리에게 은사로 주지 않겠느뇨(?) 누가 능히 하나님의 택하신 자들을 송사하리요(?) 의롭다 하신 이는 하나님이시니 누가 정죄하리요(?) 죽으실 뿐아니라 다시 살아나신 이는 그리스도 예수시니 그는 하나님 우편에 계신 자요 우리를 위하여 간구하시는 자시니라. 누가 우리를 그리스도의 사랑에서 끊으리요(?) 환난이나 곤고나 핍박이나 기근이나 적신이나 위험이나 칼이랴(?)"(롬 8:31-36).

그리스도의 사랑에서 우리를 떼어 놓을 수 없다는 신학적인 사상을 강렬하게 표현하기 위해 바울은 이 짧은 구절 속에서 일곱 번이나 수사적 질문을 사용하고 있습니다. 뿐만 아니라 그는 그 자신의 확신에 활력을 더해 주기 위해 균형법과 대조법을 사용하기도 하였습니다. "내가 확신하노니 사망이나 생명이나 천사들이나 권세자들이나 현재 일이나 장래 일이나 능력이나 높음이나 깊음이나 다른 아무 피조물이라도 우리를 우리 주 그리스도 예수 안에 있는 하나님의 사랑에서 끊을 수 없으리라"(롬 8:38-39).

대조법을 사용하여 그의 논의에 강력한 힘을 주고 있는 예를 하나만 들어 보겠습니다. "우리가 사방으로 우겨쌈을 당하여도 싸이지 아니하며 답답한 일을 당하여도 낙심하지 아니하며 핍박을 받아도 버린 바 되지 아니하며 거꾸러뜨림을 당하여도 망하지 아니하고"(고후 4:8-9).

바울은 또한 고결한 문체를 좀더 설득력 있게 사용하기 위해 평행구를 끌어들이기도 했습니다. "종말로 형제들아 무엇에든지 참되며 무엇에든지 경건하며 무엇에든지 옳으며 무엇에든지 정결하며 무엇에든지 사랑할 만하며 무엇에든지 칭찬할 만하며 무슨 덕이 있든지 무슨 기림이 있든지 이것들을 생각하라"(빌 4:8). 또 이런 예도 들 수 있습니다. "그러므로 그리스도 안에 무슨 권면이나 사랑에 무슨 위로나 성령의 무슨 교제나 긍휼이나 자비가 있거든 마음을 같이하여 같은 사랑을 가지고 뜻을 합하여 한 마음을 품어"(빌 2:1-2).

때때로 바울은 서로 반대되는 사실을 생생하게 표현하기 위해 역설법을 사용한 일이 있습니다. "영광과 욕됨으로 말미암으며 악한 이름과 아름다운 이름으로 말미암으며 속이는 자 같으나 참되고 무명한 자 같으나 유명한 자요 죽는 자 같으나 보라 우리가 살고 징계를 받는 자 같으니 죽임을 당하지 아니하고"(고후 6:8-10).

육체의 부활을 논하는 『고린도전서』 15장에는 여러 가지 수사적 기법 곧 평행법과 반복법, 균형법과 대조법이 함께 섞여져 있습니다.

"죽은 자의 부활도 이와 같으니 썩을 것으로 심고 썩지 아니할 것으로 다시 살며 욕된 것으로 심고 영광스러운 것으로 다시 살며 약한 것으로 심고 강한 것으로 다시 살며 육의 몸으로 심고 신령한 몸으로 다시 사나니 육의 몸이 있은즉 또 신령한 몸이 있느니라. 기록된 바 첫 사람 아담은 산 영이 되었다 함과 같이 마지막 아담은 살려 주는 영이 되었나니 그러나 먼저는 신령한 자가 아니요 육 있는 자요 그 다음에 신령한 자니라. 첫 사람은 땅에서 났으나 흙에 속한 자이거니와 둘째 사람은 하늘에서 나셨느니라. 무릇 흙에 속한 자는 저 흙에 속한 자들과 같고 무릇 하늘에 속한 자는 저 하늘에 속한 자들과 같으니 우리가 흙에 속한 자의 형상을 입은 것같이 또한 하늘의 속한 자의 형상을 입으리라. 형제들아 내가 이것을 말하노니 혈과 육은 하나님 나라를 유업으로 받을 수 없고 또한 썩은 것은 썩지 아니한 것을 유업으로 받지 못하느니라. 보라 내가 너희에게 비밀을 말하노니 우리가 다 잠잘 것이 아니요 마지막 나팔에 순식간에 홀연히 다 변화하리니 나팔 소리가 나매 죽은 자들이 썩지 아니할 것으로 다시 살고 우리도 변화하리라. 이 썩을 것이 불가불 썩지 아니할 것을 입겠고 이 죽을 것이 죽지 아니함을 입으리로다. 이 썩을 것이 썩지 아니함을 입고 이 죽을 것이 죽지 아니함을 입을 때에는 사망이 이김의 삼킨 바 되리라. 기록된 말씀이 응하리라. 사망아 너의 이기는 것이 어디 있느냐. 사망아 너의 쏘는 것이 어디 있느냐. 사망의 쏘는 것은 죄요 죄의 권능은 율법이라. 우리 주 예수 그리스도로 말미암아 우리에게 이김을 주시는 하나님께 감사하노니 그러므로 내 사랑하는 형제들아 견고하여 흔들리지 말며 항상 주의 일에 더욱 힘쓰는 자들이 되라. 이는 너희 수고가 주 안에서 헛되지 않은 줄을 앎이니라"(고전 15:42-58).

『고린도전서』 13장은 기초적인 수사법을 사용한 대표적인 예라 할 수 있습니다. 그런 기초적인 수사법의 하나로 바울은 세겹(三重) 형식 곧 "만일 내가 …할지라도 사랑이 없으면… 아무것도 아니요"라고 하는 구조를 사용한 것입니다. 그러면서도 그는 이런 법식화된 구조 안에서 그 이상의 반복법과 대조법을 구사하는 문학적 역량을 보여 주었습니다.

"내가 사람의 방언과 천사의 말을 할지라도 사랑이 없으면 소리나는 구리와 울리는 꽹과리가 되고 내가 예언하는 능히 있어 모든 비밀과 모든 지식을 알고 또 산을 옮길 만한 모든 믿음이 있을지라도 사랑이 없으면 내가 아무것도 아니요 내가 내게 있는 모든 것으로 구제하고 또 내 몸을 불사르게 내어줄지라도 사랑이 없으면 내게 아무 유익이 없느니라"(고전 13:1-3).

이런 세겹의 형식에 이어서 바울은 평행법과 대조법을 사용하여 사랑의 본질을 논의하고 있습니다. "사랑은 오래 참고 사랑은 온유하며 사랑은 투기하는 자가 되지 아니하며 사랑은 자랑하지 아니하며 교만하지 아니하며 무례히 행치 아니하며 악한 것을 생각지 아니하며 불의를 기뻐하지 아니하며 진리와 함께 기뻐하고 모든 것을 참으며 모든 것을 믿으며 모든 것을 바라며 모든 것을 견디느니라"(고전 13:4-7).

8절에서는 사랑의 영속성과 세 영적 은사의 덧없음을 대조하면서 3행 연구(triplet)로 전개하고 있습니다. "사랑은 언제까지나 떨어지지 아니하나 예언도 폐하고 방언도 그치고 지식도 폐하리라"(고전 13:8). 그 다음 9절과 10절에서는 불완전한 것과 완전한 것을 대조시키고 있습니다. "우리가 부분적으로 알고 부분적으로 예언하나 온전한 것이 올 때에는 부분적으로 하던 것이 폐하리라"(고전 13:9-10). 바울은 반복법과 대조법 및 세겹의 형식을 다시 사용하여 『고린도전서』 13장을 끝맺고 있습니다. "내가 어렸을 때에는 말하는 것이 어린 아이와 같고 깨닫는 것이 어린 아이와 같다가 장성한 사람이 되어서는 어린 아이의 일을 버렸노라. 우리가 이제는 거울로 보는 것같이 희미하나 그 때에는 얼굴과 얼굴을 대하여 볼 것이요 이제는 내가 부분적으로 아나 그 때에는 주께서 나를 아신 것같이 내가 온전히 알리라. 그런즉 믿음, 소망, 사랑, 이 세 가지는 항상 있을 것인데 그 중에 제일은 사랑이라"(고전 13:11-13).

마지막으로 바울의 편지에 나타나는 풍부한 은유와 유추법에 의한 논의, 대조법과 수사적 질문 등을 『야고보서』에서 찾아 보겠습니다.

　"혀는 곧 불이요 불의의 세계라. 혀는 우리 지체 중에서 온 몸을 더럽히고 생의 바퀴를 불사르나니 그 사르는 것이 지옥불에서 나느니라. 여러 종류의 짐승과 새며 벌레와 해물은 다 길들므로 사람에게 길들었거니와 혀는 능히 길들일 사람이 없나니 쉬지 아니하는 악이요 죽이는 독이 가득한 것이라. 이것으로 우리가 주 아버지를 찬송하고 또 이것으로 하나님의 형상대로 지음을 받은 사람을 저주하나니 한 입으로 찬송과 저주가 나는도다. 내 형제들아 이것이 마땅치 아니하니라. 샘이 한 구멍으로 어찌 단 물과 쓴 물을 내겠느뇨. 내 형제들아 어찌 무화과나무가 감람 열매를, 포도나무가 무화과를 맺겠느뇨. 이와 같이 짠 물이 단 물을 내지 못하느니라"(약 3:6-12).

　앞에서 예를 든 바와 같이 바울은 수사와 응변술에 능한 사람이었지만, 늘 그 형식에 얽매어 독자에게 전달하고자 하는 진리를 구속한 일은 없습니다. 그의 편지를 보면 자주 문장이 끊기기도 하고 의도된 그의 사상 체계가 흩어지는 것도 보게 되는데, 그것은 폭풍처럼 밀어치는 진리를 무엇보다 앞세워 나갔기 때문입니다. 그만큼 그의 편지에는 강렬한 감정이 불타고 있습니다. 따라서 경우에 따라서는 설득으로, 때로는 위로로, 때로는 비난으로, 때로는 풍자로 나타나게 되는 것입니다.

11 사도 요한의 문학

하나님의 역사
● 생명사(生命史)의 시작 :
『요한복음』과 『요한의 일 이 삼서』
● 생명사의 종결 : 『요한 계시록』
요한 문학의 묵시문학적 특징

하나님의 역사

생명사(生命史)의 시작
요한복음과 요한의 일, 이, 삼서

예수님의 생애를 기록한 신약의 네 번째 책인 『요한복음』은 다른 세 복음서들과는 내용면에서 구별됩니다. 그래서 『마태복음』, 『마가복음』, 『누가복음』을 공관복음이라 하지만 『요한복음』은 세 복음서와 관점을 달리한다고 해서 제4복음서라고 합니다. 『요한복음』은 네 복음서 중 가장 나중에, 즉 주후 90년경에 기록되었습니다. 『요한복음』은 그때까지 잘 알려진 사건 자체보다는 그 사건들의 의미에 치중하고 있습니다. 저자는 사도 요한이라고 하고, 장로 요한이라고 하지만 『요한 일 이 삼서』와 『요한 계시록』을 쓴 저자와 동일한 사람이라고 보고 본 필자는 이 글을 전개하려고 합니다.

『요한복음』은 1장 1-4절에서 요한은 생명사 다른 말로는 구원사의 시작을 다음과 같이 선포하고 있습니다. "태초에 말씀이 계시니라, 이 말씀이 하나님과 함께 계셨으니 이 말씀은 곧 하나님이시니라. 그가 태초에 하나님과 함께 계셨고 만물이 그로 말미암아 지은 바 되었으니 지은 것이 하나도 그가 없이는 된 것이 없느니라. 그 안에 생명이 있었으니 이 생명은 사람들의 빛이라. 빛이 어두움에 비춰되 어두움이 깨닫지 못하더라."

이것은 태초에 하나님과 함께 계셨던 말씀 즉 그의 독생자 예수 그리스도께서 어두움에 처해 있는 인간을 빛 가운데로 또는 생명의 세계로 옮겨 놓기 위하여 육(인간)이 되어 오셨다고 선포한 것입니다. 예수 그리스도의 활동의 세계는 하나님이 계신 높은 영역(요 8:23)이 아니요 그 영역과 대조되는 낮은 영역 즉 이 세상입니다. 이 세상을 요한은 어떻게 보았을가요?

첫째, 이 세상은 어두움 혹은 빛의 부재로 특징지워지는 곳입니다(요 1:5; 12:46; 요일 2:8-11). 그래서 참 빛이 세상에 비쳐도, 이 빛은 영접받지 못하고(요 1:9), 사람들은 그 자신의 행실이 악하기 때문에 빛을 거부합니다(요 3:19). 또한 이들은 고의적으로 빛에 대하여 소경이 되었으며(요 9:39-41), 결국 그들에게 내리는 심판은 그들이 결코 거기서부터 회복될 수 없는 상태로 그들의 눈을 멀게 하는 것입니다(요 12:37-40).

둘째, 이 세상은 인간이 자유를 상실하게 된 속박의 장소라고 말할 수 있습니다(요 8:8:34). 즉 인간은 그들이 복종하여야 하는 통치자 밑에 있으며, 그 통치자는 이 세상의 왕자인 악마입니다(요 12:31; 14:30).

셋째, 이 세상은 죄악이 가득 찬 곳입니다. 눈멈 또는 어두움, 허위와 미혹 그리고 노예의 상태가 이 세상의 근본적인 성격을 표현주고 있습니다(요일 5:19; 요이 1:7; 요삼 1:11).

이처럼 이 세상은 그 자신의 죄된 특성 때문에 하나님의 심판 아래 있습니다. 예수가 이 세상에 오심은 하나님의 심판의 행위이며(요 9:39), 여기서 인간은 구원을 받거나 심판에 넘겨지거나 하는 갈림길에 서게 됩니다. "하나님이 그 아들을 세상에 보내신 것은 세상을 심판하려 하심이 아니요 저로 말미암아 세상이 구원을 받게 하려 하심이라. 저를 믿는 자는 심판을 받지 아니하는 것이요 믿지 아니하는 자는 하나님의 독생자의 이름을 믿지 아니하므로 벌써 심판을 받은 것이니라"(요 3:17-18).

우리가 주가 "하나님의 거룩하신 자신 줄"(요 6:69)로 믿으면 영생을 얻으리라고 합니다. 『요한복음』만큼 믿음을 강조한 복음이 없습니다. 이 믿음은 예수 그리스도의 신분을 그대로 인정하는 것을 말합니다. 마르다는 "주는 그리스도시오, 세상에 오시는 하나님의 아들이신 줄 내가 믿나이다"(요 11:27)라고 해서 역시 그리스도의 정체를 시인하는 믿음을 말하였습니다. 『요한 일서』에서도 "그 아들 예수 그리스도의 이름을 믿고 그가 우리에게 주신 계명대로 서로 사랑하라"(요일 3:23)하였습니다. 예수를 하나님의 아들로 믿으면 하나님께서 우리에게 약속하신 "영원한 생명"(요일 2:25)를 누리게 된다고 합니다.

또한 『요한복음』에 나타나는 믿음은 하나님의 사랑에 대한 인간의 반응으로서의 믿음입니다. 『요한복음』 3장 16절이 그것을 잘 표현해 주고 있습니다. "하나님이 세상을 이처럼 사랑하사 독생자를 주셨으니 이는 저를 믿는 자마다 멸망치 않고 영생을 얻게 하려 하심이니라"(요 3:16). 하나님의 사랑을 본받아 사는 사람은 "서로 사랑하라"(요 13:34; 15:12, 17; 요일 3:23)는 명령을 따라야 합니다. 그것이 하나님께서 우리에게 주신 새로운 계명인 것입니다(요일 5:3). 그 사랑이 있으면 "사망에서 옮겨 생명으로 들어가게 된다고 합니다(요일 3:14). 하나님을 사랑하는 것은 곧 그의 계명을 지키는 것입니다(요일 5:3). 그의 계명을 지키는 자는 하나님의 사랑과 연합하여 새로운 생명의 세계로 들어가게 되고 그는 세상을 이기게 됩니다(요일 5:4). 하나님을 사랑하는 것과 하나님을 믿는 것은 거의 동일한 것입니다. 하나님을 믿는 자는 그 속에 증거가 있는데 그 증거는 하나님이 그 아들을 통하여 주신 영생 곧 새로운 생명입니다(요일 5:10-13).

결국 『요한복음』의 목적은 "예수께서 제자들 앞에서 이 책에 기록되지 아니한 다른 표적도 많이 행하셨으나 오직 이것을 기록함은 너희로 예수께서 하나님의 아들 그리스도이심을 믿게 하려 함이요 또 너희로 믿고 그 이름을 힘입어 생명을 얻게 하려 함이니라"(요 20:30-31)라는 말씀 속에 요약되어 있습니다.

요한은 다른 복음서의 저자들과는 달리 이 사실들을 상징적이며 암시적인 방법으로 파악하고 있습니다. 그러므로 『요한복음서』의 내용은 좀더 풍부한 영적인 의미를 갖게 됩니다. 그런 예로서 『요한복음』 10장 1-18절에 나오는 "양의 문" 비유를 들 수 있습니다. 이것은 비유이지만, 비유 그 이상의 뜻을 함축하고 있습니다. 하나님의 양들을 돌본다고 주장하면서 양의 문이신 그리스도 자신을 통해 양무리에게로 들어가지 않는 자들은 모두가 절도며 강도(요 10:1)라는 것입니다. 바로 이 절도와 강도가 누구냐 하면 그 당시 종교 지도자들 특히 바리새인이라고 꼬집고 있습니다. 바리새인들은 소경된 지도자들이므로 또한 삯군 목자가 아닐 수 없으며 절도와 강도(요 10:8)의 범주에 안 넣을 수 없습니다.

"말씀(하나님)이 육(인간)이 되었다"는 이 선언은 우선 예수 이전의 역사와 그 이후의 역사를 엄격히 구분해 줍니다. 예수 이전의 역사 자체 안에는 의미가 없었습니다. 그것은 그 안에 목적이 없었기 때문입니다. 따라서 그 역사는 계속 생성 변화하고 소멸하는 영원한 반복과 회귀(回歸) 밖에 없습니다. 그것은 그리스 철학이 이해한 역사관 그대로입니다. 그러므로 그것은 역사이면서 역사가 아닙니다. 왜냐하면 그것은 자연에서 보는 대로 법칙에 의해서 기계처럼 도는 데 불과하기 때문입니다.

이 선언은 이 기계가 그 궤도를 따라 계속 돌 듯이 필연밖에 없는 이 역사에 새로운 가능성이 배태했다는 선언이라 할 수 있습니다. 이것은 예수의 출현으로 역사는 그 자체의 리듬에 의해서 또 그 리듬을 위해서 반복되지 않고 한 구심점이 생겼다는 뜻이 될 것입니다. 예수님은 보통 인간과 마찬가지로 피곤함도 느끼시고 목말라 하시기도 하셨습니다. 그런데 그 예수가 바로 영원한 생수를 줍니다(요 4:7-42). 인정에 약해 눈물을 흘리는(요 11:35) 그 예수가 바로 생명이요 부활의 주입니다. 십자가상에서 목마르다고 하던 바로 그가 "다 이루었다"(요 19:30)고 하십니다. 요한은 바로 순수한 인간의 몸으로 오시는 예수의 모습에서 "아버지의 독생자의 영광"과 그 속에 충만한 "은혜와 진리"(요 1:14)를 보았습니다.

요한은 『요한복음』에서 단순한 예수의 생애를 기록한 것이 아니고 하나님의 아들 예수 그리스도가 빛으로 그리고 생명으로 이 세상에 육(인간)으로 오심으로써 "하나님의 역사"가 시작되었다고 선포합니다.

생명사의 종결 ● 요한 계시록

요한복음에서 시작된 생명사의 서막은 『요한 계시록』에서 심판을 통해 막이 내려집니다. 그것이 구원사의 종결입니다. 그 종결은 미래에 일어날 일입니다. 기독교 박해때 요한이라는 교회 지도자가 밧모 섬(터키 서쪽의 외딴 섬)에 유배되어 있으면서 아시아의 일곱 교회를 향하여 편지 형식으로 격려와 위로의 글을 썼는데 그것이 바로 『요한 계시록』입니다. 도저히 감당할 수 없는 심한 박해로 인하여 연약한 신앙을 가진 사람들은 낙심하고 배교하고야 말 그러한 상태에서도 역사는 세상 권세를 잡은 마귀와 그 하수인인 세상 집권자들의 손에서 좌우되는 것으로 보이지만 실상은 그렇지 않다는 사실을 말하고 있습니다. 세상의 역사는 그저 암흑 속에서 사단의 뜻하는 방향으로 끝없이 진전되는 것 같이 보이지만 실상은 그런 것이 아니며 하나님께서 주관하신다는 것입니다.

우선, 예수는 로마의 권력과 그에 합세하는 세력에 의해서 무참히 살해당해서 죽어 없어진 것으로 보이지만 실은 그가 하늘에 살아계시고 막강한 권능과 위엄을 가지고 존재하면서 교회를 돌보고 교회의 사자들을 보호하고 계시다는 것을 『요한 계시록』 1장 9-20절에서 환상으로 제시합니다. 그리고 일곱 교회를 일일이 언급하면서 잘한 점, 못한 점을 지적하고 끝까지 참고 이기라는 격려를 합니다(2-3장). 이렇게 참고 이길 수 있기 위해서 보다 확실한 환상으로 승리의 가능성과 그 확실성을 보여 줍니다. 4장에서 역사의 주인공은 로마의 가이사가 아니라 하늘 보좌에 앉으신 하나님이심을 보여 줍니다.

5장에서는 그 하나님의 손에 역사의 두루마리가 들려 있는 광경을 보여 주며, 역사가 얽히고 얽혀 꽉 막힌 듯하지만 다윗의 후손에서 나온 사자, 곧 예수가 그 역사를 제길로 풀어 나갈 자격을 가지셨다는 사실을 보여줍니다. 즉 예수가 하나님의 어린 양으로 오셔서 만인을 위하여 속죄 제물이 된 사건을 통하여 인간은 구원을 받고 영생의 길을 가게 된다고 합니다. 즉 복음의 사건만이 역사가 바른 길로 가게 만든다는 것입니다. 이렇게 『요한 계시록』 전권에서 어린 양이란 말이 28회나 사용되면서 결국 어린 양(복음)의 역사를 통하여 우주 역사가 아름다운 종결을 짓고 승리에 도달되는 것입니다.

6장 이하에서 잠시 악마가 득세하여 인간 사회에서 횡포하며 갖은 소란을 다 피우고 따라서 교회는 어려움을 겪게 되지만, 그리고 사단의 하수인으로서 정치권력들과 문화, 사상 등이 세상을 어둡게 하고 선한 세력과 싸워 득세하는 것 같지만, 하나님은 살아계셔서 그들을 이기시고 마침내 그들이 멸망하고, 사단도 갇히고 맙니다. 다만 어린 양 예수의 피로 인해서 죄 씻음을 받은 성도들, 끝까지 믿음을 지키고 승리한 자들만이 하나님의 어린 양의 혼인잔치에 참여하는 영광을 차지하게 됩니다. 오직 하나님과 그 어린 양만이 찬양을 받는 새 하늘과 새 땅이 이루어지고 생명강과 생명나무를 즐기는 영원한 나라를 차지하게 되는 희망 찬 미래가 있음을 말해 줍니다. 그러므로 역사는 하나님의 손 안에 있다는 사실과 어린 양 예수를 믿고 그를 증거하다가 고난을 당하더라도 끝까지 참아 최후의 영광을 얻을 수 있도록 하자는 목회자적인 권면을 상징적으로 또는 적극적으로 하는 책이 바로『요한 계시록』입니다.

요한 문학의 묵시문학적 특징

계시(啓示)는 "열어 보인다"는 뜻입니다. 비밀로 있던 것을 공개하는 것을 말하는데, 하나님의 경륜은 영원한 비밀로 그것이 하나님 자신에 의해서 공개될 때 그것을 계시라고 합니다. 구약의 『다니엘서』나 신약의 『요한 계시록』 같은 계열에 속하는 책들을 묵시 문학이라고 합니다. 이런 문학은 주로 주전 200년과 주후 100년 사이에 유대교들과 기독교인들 사이에 성행한 문학 양식이라 할 수 있습니다. 그러나 좀더 깊이 따지고 보면 예언 운동이 자연적인 과정을 밟아서 묵시 문학으로 발전된 것이라 할 수도 있습니다.

이런 의미에서 구약의 『에스겔서』를 묵시 문학의 시조로 보는 이들도 있다. 그는 예언자들 가운데서 누구보다도 여러 가지 상징과 상(像)을 많이 썼고, 마곡의 땅에서 온 두발 왕 곡에 관해서 흥미있는 예언을 했기 때문입니다(38-39장). 또한 이사야서 24-27장이나 『요엘서』를 묵시 문학에 넣을 수 있는 것이라고도 합니다. 그러나 성서 중에서 묵시 문학으로 꼽을 수 있는 최초의 작품은 『다니엘서』라 할 수 있습니다.

『다니엘서』 1-4장에서는 느부갓네살 왕의 치하에서 받은 박해 이야기를 다루었고, 6장에서는 다리우스 왕의 치하에서 받은 박해와 그것을 참고 충성을 다한 유대인들의 이야기를 말하고 있습니다. 그 다음으로는 안티오커스 4세 치하에서 유대인들이 받은 박해를 연막을 치면서 기술하고, 백성들에게 배교하지 말고 신앙의 신실을 지키라고 권면합니다. 결국은 하나님의 거룩한 백성들이 영원히 나라를 차지하게 되리라는 것입니다(단 7장).

이와 같이 묵시 문학가들은 현재 어떠한 박해와 시련이 있다해도 죽음을 무릅쓰고 하나님과 그의 계명에 충성을 다하라고 격려합니다. 그것은 마지막 날 하나님께서 반드시 악을 쳐 물리치고 충성을 다한 백성들에게 승리를 가져다 주리라고 확신하기 때문입니다.

『요한 계시록』도 로마의 박해 밑에서 정신적인 고통을 당하고 있는 사람들에게 희망을 주기 위해 기록된 일종의 봉인된 책입니다. 그러면 "이 봉인을 떼고 두루마리를 펼 자격이 있는 자는 누구인가요?"(요 5:2).

제6장에는 "어린 양이 일곱 인 중의 하나를 떼시는 것"(계 6:1)을 보았다라는 기록이 있습니다. 일정한 자격을 갖춘 자(예수 그리스도)가 일곱 봉인을 가지고 봉해 놓은 두루마리를 교묘하게 열 때 비로소 그 속에 감추인 비밀은 풀리게 된다는 것입니다.

어째서 이 책은 봉인하지 않으면 안 되었을까요? 그것은 한 마디로 말해서 비밀문서이기 때문입니다. 기독교인을 박해하는 로마 제국에 대해 저항하는 내용을 담고 있는 글을 그 당시로서는 공공연히 내놓을 수 없었을 것입니다. 그래서 여러 가지 부호와 상징을 사용하여 기록했던 것이라 할 수 있습니다. 이 책은 필름과 같아서 그 두루마리를 차근차근 풀어나가면 그 내용은 선명하게 드러나게 될 것입니다.

『요한 계시록』에서는 모든 사건이 하나님에 의해 지배되는 역사적 과정의 일부로써 취급되고 있습니다. 다시 말해서 모든 것이 다 하나님의 섭리아래 있다는 말입니다. 모든 것이 다 하나님의 섭리인 이상, 어떠한 박해와 시련이 있다 할지라도 두려울 것이 없습니다. 왜냐하면 최후에는 하나님의 정의로운 심판이 있을 것이고, 따라서 성도는 승리할 것이기 때문입니다.

"또 내가 새 하늘과 새 땅을 보니 처음 하늘과 처음 땅이 없어졌고 다시 있지 않더라. 또 내가 보매 거룩한 성 새 예루살렘이 하나님께로부터 하늘에서 내려오니 그 예비한 것이 신부가 남편을 위하여 단장한 것 같더라. 내가 들으니 보좌에서 큰 음성이 나서 가로되 보라 하나님의 장막이 사람들과 함께 있으매 하나님이 저희와 함께 거하시리니 저희는 하나님의 백성이 되고 하나님은 친히 저희와 함께 계셔서 모든 눈물을 그 눈에서 씻기시매 다시 사망이 없고 애통하는 것이나 곡하는 것이나 아픈 것이 다시 있지 아니하리니 처음 것들이 다 지나갔음이러라"(계 21:1-4).

여기서 보는 바와 같이 『요한 계시록』은 박해를 당하고 있는 사람들의 눈물을 씻어 주고 그들에게 최후의 승리를 약속해 주기 위해 쓴 것입니다. 성도는 최후 승리를 얻고 새 예루살렘에서 그리스도를 신랑으로 모시고 살게 되지만, 그것은 용과의 싸움이 끝나고 엄청난 탕녀(蕩女)에 대한 심판이 끝난 뒤에 비로소 이루어집니다.

"하늘에 큰 이적이 보이니 해를 입은 한 여자가 있는데 그 발 아래는 달이 있고 그 머리에는 열두 별의 면류관을 썼더라. 이 여자가 아이를 배어 해산하게 되매 아파서 애써 부르짖더라. 하늘에 또 다른 이적이 보이니 보라 한 큰 붉은 용이 있어 머리가 일곱이요 뿔이 열이라. 그 여러 머리에 일곱 면류관이 있는데 그 꼬리가 하늘 별 삼분의 일을 끌어다가 땅에 던지더라. 용이 해산하려는 여자 앞에서 그가 해산하면 그 아이를 삼키고자 하더니 여자가 아들을 낳으니 이는 장차 철장으로 만국을 다스릴 남자라. 그 아이를 하나님 앞과 그 보좌 앞으로 올려가더라. 그 여자가 광야로 도망하매 거기서 일천이백육십일 동안 저를 양육하기 위하여 하나님의 예비하신 곳이 있더라"(계 12:1-6).

여기 나오는 여자는 교회의 상징입니다. 하나님의 교회를 상징하기 때문에 태양을 입고 달을 밟고 별이 열 두 개 달린 월계관을 머리에 쓴 것으로 비유할 수 있습니다. 하나님의 교회는 해와 달과 같이 이 세상에서 최고의 빛과 아름다움을 발휘하는 기관이라 할 수 있습니다. 별이 열 두 개 달린 월계관은 이스라엘 민족의 열 두 지파를 의미합니다. 이 여자가 해산한 사내 아이는 메시야입니다. 그리고 이 사내 아이를 낳기만 하면 삼켜버리려고 하는 붉은 용은 사단(악마)을 상징합니다. 여기서 붉은 색은 박해를 받아 죽은 성도들의 피를 의미하고 일곱 머리는 로마의 칠인의 황제를 의미합니다.

"여자가 광야로 도망쳤다"는 것은 기원 70년에 예루살렘이 로마의 군대에 침략되었을 때, 그 성 안에 살던 기독교들이 지방으로 피난한 것을 의미합니다. 붉은 용 사단(로마 제국)은 늘 예수를 삼켜버리고 믿는 자들을 박해하려고 합니다. 그러나 미가엘(천사장)과 그 부하들이 붉은 용과 싸워 완전히 무찔러 주는 것입니다(계 12:7).

『요한 계시록』 17장에는 큰 음녀에 대한 심판이 기록되어 있습니다. 이 큰 음녀는 일곱 머리와 열 뿔이 달린 붉은 빛의 짐승을 타고 있습니다. 그리고 자주 빛과 붉은 빛의 옷을 입고, 금과 보석과 진주로 그 몸을 꾸미고 있습니다. 그 이마에는 "큰 바벨론"(계 17:5)이라는 이름이 쓰여 있었습니다. 여기 바벨론은 로마의 부호라 할 수 있습니다. 그러니까 큰 음녀는 로마 제국의 상징인 것입니다.

이 큰 음녀는 성도들의 피와 예수의 증인들의 피에 취해 있었습니다. 이것은 믿는 성도들에 대한 로마 제국의 박해를 뜻합니다. 그러나 어린 양(예수 그리스도)은 이 음녀와 싸워 이기고 성도들에게 최후 승리를 주는 것입니다. 박해가 아무리 극심하다 해도 최후의 승리는 순결과 정의와 평화를 사랑하는 성도에게 주어지는 것이라는 것을 보여 주고 있습니다. 그 때 성도는 새 예루살렘에서 살게 됩니다.

새 예루살렘은 크고 높은 산위에 자리잡고 있는 네모가 반듯한 전원도시입니다. 한가운데로는 수정같이 맑은 생명수가 흐르고 있고, 그 강 좌우에는 생명 나무가 있어 열 두 가지 열매를 맺고 있습니다. 그 크고 높은 성곽에는 열 두 진주문이 있지만 닫히는 일이 없습니다. 여기서는 해도 달도 필요없습니다. 이는 하나님 자신만의 영광이 비춰고 어린 양(그리스도)이 그 등이 되기 때문입니다. 이런 이상국이 약속되어 있으므로 죽도록 충성하라는 것이었습니다.

『요한 계시록』의 기초가 되는 주된 구조적 요소는 광대한 대조체계(system of contrasts)라 할 수 있습니다. 선과 악(하나님 및 그리스도와 사탄), 이스라엘과 바벨론의 음녀, 어린 양과 용, 성삼위일체와 부정한 삼위일체(용. 바다의 짐승. 땅의 짐승), 미가엘의 천사와 용의 천사, 하늘과 무저갱, 거룩한 성 새 예루살렘과 큰 악의 도시 바벨론, 새 예루살렘의 건설과 바벨론의 파괴, 영원과 일시적인 역사 따위가 대조를 이루고 있습니다.

두 번째 구조적 원리가 되는 것은 7이라는 숫자를 반복하여 사용하고 있다는 것입니다. 일곱 교회(1-3장), 일곱 봉인(4-6장), 일곱 나팔(7-10장), 일곱 재난(11-14장), 일곱 대접(15=18장), 일곱 심판(19-20장), 일곱 소리(21-22장)의 순서로 발전되어 가고 있습니다.

세 번째 구조적 요소는 비전, 소리. 심상, 사건들이 현대의 영화처럼 연속되며 직선적으로 전개된다는 것입니다. 그러니까 항상 변이되고 한 사건이나 비전에 촛점이 오래 맞추어지는 일이 없습니다.

네 번째 구조적 요소로 지적하고 싶은 것은 동물과 색채 이미지를 많이 쓰고 있다는 것입니다. 동물 심상으로는 하늘의 보좌를 둘러싸고 있는 영물, 어린 양, 여러 가지 빛깔의 말, 메뚜기, 용, 무서운 바다와 육지의 짐승 같은 것을 들 수 있습니다. 빛깔의 심상으로는 흰 빛(white)과 붉은 빛(red)이 많이 사용되고 있습니다. 흰 빛은 그리스도 (1:14), 성도들(3:18; 4: 4; 7: 9, 14; 19:8), 하늘의 군대(19:14), 하나님의 심판좌 (20:11)와 연결되어 있고, 붉은 빛은 전쟁(6:4), 용의 모습(12:3), 바벨론의 음녀와 그 짐승 (17:3-4)과 연결되어 있습니다.

구조상으로 보아서『요한 계시록』은 희극적인 플롯을 갖고 있다고 할 수 있습니다. 희극적 플롯의 결말은 보편적으로 결혼이나 잔치로 매듭되는데,『요한 계시록』에서도 악의 세력이 파괴된 후 새 예루살렘에서 어린 양과 성도가 결혼하는 것으로 끝납니다. 이런 의미에서『요한 계시록』은 신곡(divine comedy)이라 할 수 있습니다. 그러므로 묵시 문학은 어둠의 세력과 싸우는 사람들에게 믿음과 용기와 희망을 주는 것입니다.

끝맺는 말

성서는 하나님의 말씀으로 기독교의 유일한 경전입니다. 그러나 성서는 문학으로서도 위대합니다. 흔히 성서를 문학으로 취급하면 자연 그 종교적 가치를 소멸하게 된다고 하지만, 그것은 문학을 깊이 이해하지 못하는 데서 오는 천박한 통념에 불과합니다. 존 디링크워터(John Drinkwater, 1882-1837)가 『문학으로서의 영어성서』에서, "성서를 문학으로서 생각한다는 것은 그 신성한 성질을 무시하는 것이 아니며, 더 더구나 그것을 부정하는 것이 아니다. 성서의 문자적 영감설을 항상 믿고 있는 사람들이야말로 먼저 신성한 표현법 그 자체가 신성한 것이며, 또한 그 방법은 그것을 받는 사람이 알고 있는 가장 아름답고 감동적인 언어를 사용하는데 있다는 것을 알아야만 한다. 만일 그렇다면, 문학으로서의 성서의 아름다움을 연구하는 것은 하나님의 말씀으로서의 성서의 일반적 연구보다도 훨씬 더 타당한 것이다"라고 말한 취지를 음미해 볼 필요가 있습니다.

성서는 물론 하나님의 말씀으로, 그것 없이는 교회도, 교회 교육도, 존재할 수 없고, 신학이니 교회 정치니 하는 것도 존재할 수 없습니다. 기독교의 생명은 계시의 말씀 곧 성서에 있습니다. 그러나 외형적 문학 형식에 대한 깊은 이해는 내면적 의미를 심화시켜 줄 수 있다는 사실을 알아야 합니다. 더 더구나 성서를 문학으로 생각하는 것은 그 신성한 성질을 무시하거나 부정하는 것이 아니라는 것도 알아야 합니다. 성서를 "봉인된 책"(The sealed book)이라 하여 경의를 표하는 사람들이야말로, 경의만 표하면서 일반적 연구로 그치는 우를 범하지 말고, 그 표현 자체가 신성한 것이므로 그것을 깊이 이해하게 되면 자연 계시의 내용을 보다 깊이 이해할 수 있게 된다는 사실에 유의할 필요가 있습니다.

그린(J. R. Green, 1837-1883)이 "영국은 한 책의 민족이 되었고, 그 책은 성서였다"고 할 정도로, 영국민은 성서를 애호하는 민족이었습니다. 우리가 잘 알다싶이 그들의 정신적 골격을 형성해 준 것이 성서였고, 그들의 문화적 기초가 된 것도 성서였습니다. 또한 수많은 영국 작가들의 영감과 문학적 발상, 용어와 문체 등에 지대한 영향을 미친 것도 성서였습니다. 그들은 성서를 거룩한 하나님의 말씀으로 알아 일반적 연구도 게을리 하지 않았지만, 보다 중요한 것은 그것을 문학으로 취급하여 그것의 신성한 표현법과 상징적인 언어를 깊이 연구하는 동시에 그것을 생활화 내지 문학화했던 것입니다. 그 결과 그들은 위대한 성서의 민족이 되었고, 따라서 그들은 성서적 정신을 창조적 원동력으로 하여 훌륭한 문화 예술(특히 문학)을 창조할 수가 있었습니다. 이런 민족적 사례만을 보아도 성서의 문학적 연구 즉 외형적 문학 양식과 표현법의 연구는 그 신성한 특질을 무시하거나 부정하는 것이 아니라 오히려 그것을 심화해 주며 더 나아가서는 기독교적 문화 창조의 원동력이 된다는 것을 알 수 있습니다.

헨리 밴 다이크(Henry Van Dyke, 1852-1933)가 "현대 세계에 있어서 기독교가 절대적인 영향력을 갖게 된 것은 현대문학에서 차지하는 성서의 지위 때문이다. 성서가 그 최대의 유력한 힘을 발휘하는 것은, 성서가 그밖의 다른 책의 대용품이 될 때가 아니라, 모든 문학 속에 침투 할 때다"라고 말한 바와 같이, 성서는 한 국민의 문화적 내질을 변화시킬 수 있는 유력한 힘을 갖고 있습니다. 그러나 성서가 다른 가짜 문학에 대치될 때가 아니라 그 문학 속에 침투될 때 그것은 최대의 유력한 힘 을 발휘할 수 있습니다. 마찬가지로 그것이 우리의 생활에 침투될 때 유력한 힘으로 나타날 수 있습니다. 이런 의미에서 성서의 토착화 곧 사회 문화 속에 깊은 뿌리를 내리게 하는 것이 시급하다고 생각합니다. 그러면 성서적 문화의 찬란한 꽃이 필 수 있을 것입니다. 본서가 이런 역할의 일부를 담당할 수 있기를 바랍니다.

저자와 협의하에
인지부착을
생략하였음.

멀고도 가까운 이야기 탐험
재미있고 신나는 성서의 세계

1999. 9. 10 초판 인쇄
1999. 9. 15 초판 발행

지은이 조 신 권
발행인 김 영 무

발행처 : 도서출판 아가페문화사
156-094 서울 동작구 사당4동 254-9
전화 3472-7252, 3 팩스 523-7254
등록 제3-133호(1987. 12. 11)

보급처 : 아가페문화사
156-094 서울 동작구 사당4동 254-9
전화 3472-7252, 3 팩스 523-7254
온라인 국민은행 098-01-0036-905 (김영무)
우 체 국 011791-0027379 (김영무)

정가 14,800 원
ISBN 89-8424-012-5 03230